화보와 사진으로 읽는 중국 근대의 기원

중국 근대의 풍경

KB192453

중국 근대의 풍경

초판1쇄 펴냄 2008년 3월 25일
초판2쇄 펴냄 2022년 12월 15일

지은이 문정진, 민정기, 박소현, 백광준, 이성현, 차태근, 천진, 홍영림
펴낸이 유재건
펴낸곳 (주)그린비출판사
주소 서울시 마포구 와우산로 180, 4층
대표전화 02-702-2717 | **팩스** 02-703-0272
홈페이지 www.greenbee.co.kr
원고투고 및 문의 editor@greenbee.co.kr

편집 이진희, 구세주, 송예진, 김아영 | **디자인** 권희원, 이은솔
마케팅 육소연 | **물류유통** 유재영 | **경영관리** 유수진

ISBN 978-89-7682-503-2 03910

學問思辨行: 배우고 묻고 생각하고 판단하고 행동하고

독자의 학문사변행을 돕는 든든한 가이드 _그린비 출판그룹

그린비 철학, 예술, 고전, 인문교양 브랜드
엑스북스 책읽기, 글쓰기에 대한 거의 모든 것
곰세마리 책으로 크는 아이들, 온가족이 함께 읽는 책

중국 근대의 풍경

화보와 사진으로 읽는 중국 근대의 기원

문정진·민정기·박소현·백광준·이성현·차태근·천진·홍영림 지음

그린비

| 일러두기 |

1 본문의 화보 및 기사 제목은 한자음 그대로 옮기지 않고 기사 내용을 참작해 풀어서 번역했다.
  (예: `不堪回首` → 「차마 고개를 돌리지 못하다」)
2 간행물의 발간 시기는 확인한 바에 따라 가능한 자세히 양력으로 환산하여 밝히는 것을 원칙으로 했다.
3 본문의 중국 인명과 지명, 서명 등의 간행물명은 우리말 한자음에 따라 표기하는 것을 원칙으로 했다.
  단, 중국어음 표기가 익숙한 경우에는 중국어음에 따라 표기했다. (예: 와이탄(外灘), 양징방(洋涇浜))
  그 밖의 외국어 고유명사는 〈국립국어원〉에서 2002년에 펴낸 '외래어 표기법'을 따라 표기했다.
4 전집·단행본·정기간행물의 제목은 겹낫표(『』) 안에 두었으며, 논문·단편·시·회곡·영화·기사·그
  림 등의 제목은 낫표(「」) 안에 두어 표시했다.

이 저서는 2005년 정부(교육인적자원부)의 재원으로 한국학술진흥재단의 지원을 받아 수행된
연구임.(KRF-2005-078-AM0032)

책머리에

풍경은 있는 그대로의 '자연'이 아니다. 풍경은 보는 이의 시선에 따라, 시야에 따라, 입장에 따라, 혹은 욕망에 따라 변하며 재구성되는 어떤 것이다. 보이지 않던 것이 보이게 되기도 하고, 보이던 것이 보이지 않게 되기도 한다. 근대 중국의 '풍경'들 또한 마찬가지일 터이다.

우리가 근대 중국의 풍경들을 바라보는 입장은 오늘과 같은 삶의 방식의 기원에 대한 관심과 무관치 않다. 그리고 보다 나은 내일에 대한 탐색은 오늘의 삶이 뿌리를 둔 지점들에 대한 면밀한 관찰과 이해를 통해 가능할 터, 우리는 19세기 후반 중국이 근대 기원의 다기한 양상을 보여 준다는 점에서 흥미로운 관찰과 이해의 대상이 아닐 수 없다고 생각한다. 우리가 이 책에서 펼쳐 보이는 여덟 개의 주제로 묶인 풍경들은 기본적으로 이와 같은 입장에서 포착된 것들이다.

이 책의 발단은 2004년 초, 당시 신촌에 자리하고 있던 중국학 연구실 '근사재'(近思齋)에서 서로 다른 관심과 전공을 가진 사람들이 모여 『점석재화보』라는 지난날의 재미있는 '그림책'을 함께 보기 시작한 데 있다. 어언 4년여의 시간이 흐른 셈이다. 19세기 말의 15년 동안 발행된 이 그림 신문 한 장 한 장은 근사재의 프로젝터 스크린 위에서 다시 살아났고, 우리는 당시를 살았던 중국인들의 삶이 시각적으로 구성된 다양한 풍경들을 그렇게 접했다. 각자의 관심과 근대 중국을 대하는 시선이 같지 않은 만큼 이 풍경들은 우리의 시야에서 다시금 재구성되었다. 이 책은 그 같은 다채로운 관심과 시선을 반영하고 있다. 한 가지 공통된 점이라면 각각의 장을 구성한 여덟 개의 주제들이 무엇보다도 『점석재화보』의 그림들을 보며 독해하는 과정에서 도출되었다는 점이다. 그렇다고 특별히 새로운 주제가 있는 것은 아니다. 하지만 그림들이 이들 주제를 환기하는 방식은 사뭇 달랐으며, 이는 다소간 주제를 다루는 관점과 방법에 영향을 미쳤음이 사실이다. 그림을 매개로 과거에 벌어졌던 일들과 사유의 결들을 운위하는 것은 아직 우리 모두에게 생소한 방법이다. 우리는 그림에 담긴 의미들을 해독하기 위해 글로 쓰인 문헌들과 연구들 사이를 오고가야 했으며, 그림과 문자 텍스트들이 밀고 당기는 가운데 더욱 풍성한 의미들이 생성됨을 경험할 수 있었다. 그 과정에서 다른 시각적 재현들이 우리 시야로 끌어들여지기도 했다. 이러한 경험과 과정이 오롯이 이 책에 담겼다고는 자신할 수 없으나 아직은 새로운 시도에 속하는 이러한 공부에 어설프나마 하나의 단초가 되었으면 하고 감히 희망해 본다.

이 책은 여덟 명의 필자가 각기 한 장씩을 집필했지만 주제의 구성에서부터 자료의 검토와 집필에 이르기까지 공동 작업의 성격이 강하다. 그러면서도 각각의 필자들이 그림과 글 사이를 오가며 주제에 관해 서술하는 방식의 차이, 그림을 '이용'하는 방식의 차이는 그대로 두었다. 그것이 근대 중국의 다기한 모습을 보여 주는 또 하나의 방법이라고 생각했기 때문이다.

*   *   *

『점석재화보』 읽기가 이처럼 한 권의 책으로 결실을 맺기까지 너무나도 많은 도움을 받았다. 이 흥미로운 매체를 본격적으로 다루어 보고자 작심할 수 있었던 것은 이 책의 필자로도 참여한 이성현 선생과의 의기투합이 없었다면, 그리고 함께 근사재에서 공부하던 차태근 선생의 지지가 없었다면 불가능했을 것이다. 2005년 9월부터 1년 동안 이루어진 한국학술진흥재단의 지원은 이 자료를 꼼꼼히 읽고 정리할 수 있도록 해주었다. 모두 근사재 『점석재화보』 읽기 모임'의 일원이기도 했던, 이 과제의 연구책임자, 다섯 명의 전임연구원 그리고 박사과정을 수료한 두 명의 연구보조원이 이 책의 집필에 참여했다. 직접 집필에 참여하지는 않았지만 모임에 참여한 다른 구성원들 역시 못지않은 열정으로 함께했다. 무엇보다도 이 책이 실현 가능했던 것은 그린비 출판사의 적극적인 제안과 독려 덕이다. 모임 초기 그린비 출판사는 4,500여 장에 이르는 자료를 일일이 스캔하여 우리가 손쉽게 자료를 보고 활용하는 데 없어서는 안 될 초석을 놓아 주었다. 유재건 사장님, 김현경 편집주간님, 여러 필자들을 독려해 가며 많은 도판이 들어가는 까다로운 편집 과정을 맡아 해준 주승일·강혜진 님께 감사할 따름이다. 끝으로 우리의 작지만 큰 공간 근사재를 함께 꾸려 온 여러 분들에게 감사한다. 근사재가 없었다면 우리가 지난날의 텍스트들을 매개로 서로 만나고 공부를 나누는 일이 아마도 불가능했을 것이다.

2008년 2월
봉천동 근사재(近思齋)에서
여러 필자들을 대표하여
민정기 씀

차 례 중국 근대의 풍경

1장 |

타자의 시선과 근대 중국

■ 차태근

'타자의 시선과 근대 중국' 개관

"중국인은 물체의 명암 및 그 빛은 단지 우연적인 것으로, 이러한 우연적 현상을 그대로 화폭에 옮겨서 빛과 밝기의 균일함을 파괴해서는 안 된다고 생각한다. 또 그들은 화폭의 사물들을 인간의 시선에 비친 원근감에 따라서 크거나 작게 그리는 것에 반대한다. 왜냐하면 그들은 크기가 같은 사물들인데도 단지 시각상의 착각에 의해 크기가 달라질 뿐이라고 보기 때문이다. 따라서 그릴 때는 반드시 이러한 착각을 바로잡아 화폭에 본래와 같은 크기로 그려야 한다고 보고 있다. 그러나 실은 화폭에 담긴 이러한 착각이야말로 풍경의 아름다움과 조화에 필수적인 것이다."[1]

1793년 대서양과 인도양의 해상패권을 장악한 대영 제국이 청 제국과 항구적이고 안정적인 무역거래를 위해 매카트니(George Macartney) 백작을 대사로 임명하고 사절단을 파견하였을 때 부대사로서 수행하였던 스톤턴(George Staunton)은 중국의 정원과 그림을 보고 이와 같이 평하고 있다. 단순히 중국화와 서양화에 대한 비교 서술인 것처럼 보이지만, 여기에는 서양화에서의 명암법과 원근법이 회화의 기본이라는 우월의식뿐만 아니라 사물을 바라보는 중국인과 서양인의 관점 차이가 선명히 드러나 있다. 여기서 스톤턴은 중국화를 폄하하고자 한 것이 아니라, 단지 그의 개인적 취향을 드러낸 것으로 이해할 수도 있다. 하지만 그렇다고 하더라도 스톤턴이 제시한 예술작품에 대한 심미적 척도에는 편견에 앞서 보다 심각한 소위 '근대성의 함정'이 드러나 있다. 즉 우주·세계·예술에서 코스모스가 존재의 필수불가결한 요소이고, 회화에서 이는 원근법에 의해 구현된다고 이해하더라도, 문제는 그가 이 원근법을 '시각'적 원근법으로 단일화했다는 데 있다. 그에

---

1) George Staunton(斯当東), 葉篤義 譯, 『英使謁見乾隆紀實』, 上海書店出版社, 1997.[George Staunton, *An Authentic Account of an Embassy from the King of Great Britain to the Emperor of China*, W. Bulmer, 1797.]

게 있어 시각적 원근법은 다양한 원근법(perspective) 가운데 하나가 아니라 그것이 곧 유일한 원근법 자체(Perspective)인 것이다. 이러한 원근법 기준에서 본다면 중국화는 무질서하고 부조화한 것으로 간주되고, 예술품으로서의 기본적인 가치를 상실할 수밖에 없다. 중국화에서 말하는 대상은 단지 시각적으로 포착된 것만이 아니라, 화가의 주관적 세계 속에 자리 잡고 있는 대상이다. 또 대상은 화가의 주관에 소극적으로 이끌리는 대상이 아니라 화가에게 무언의 말을 건네는, 그리하여 화가의 주관과 교호(交互)적 관계를 맺는 존재이며, 바로 이 교호가 일정한 균형을 이룬 상태, 즉 심(心)과 물(物)의 관계가 도달한 순간적 조화상태에 의해서 원근법이 결정된다.

이와 같이 중국화에서는 한 대상이 다른 대상과 맺는 관계 속에서의 상대적인 지위와 가치의 크기를 중요시하는 데에 비해 서구는 일정한 시선과 규칙을 중심으로 한 형식적인 평등관계를 중시한다. 영 제국의 매카트니 사절단 파견도 바로 서구 국가 간의 무역관계 질서를 중국에도 동일하게 적용하려는 시도에서 비롯되었다. 그들은 중국에 영사관을 설치하여 법적으로 보장되는 상호 호혜의 원칙에 따라 새로운 외교관계를 수립하려고 하였다. 반면 청 제국은 개별적 상황에 따른 다양한 특수관계를 인정하고 이들 관계를 전체적으로 조화시키는 세계질서를 형성하고자 하였다. 흔히 말하는 조공체계는 중심으로부터 원심적인 단계를 형성하는 일종의 원근법적 질서를 지니고 있기는 하지만, 이때의 기준은 단순히 거리상의 원근에 의한 형식적이고 일률적인 배치가 아니라 대상의 특수성 및 그와의 관계 성격에 의해 결정되고 변화 가능한 것이었다. 세계질서에 대한 이러한 의식의 차이로 인해 상대의 질서체계를 서로 수용하기가 어려웠고, 결국 매카트니 사절단은 그 궁극적 목적을 이루지 못한 채 다음 해 귀국하고 만다. 그러나 이 사절단의 중국 방문은 이후 세기적인 외교 활동으로 간주되었고, 중국에 대한 서구의 정책과 인식에 큰 영향을 미쳤다.

매카트니는 자신의 특사 활동을 계기로 영 제국과 청 제국 간에 점차적인 우호관계가 진전될 것이라고 믿었지만, 그가 중국 내에서 부딪혔던 여러 충돌과 마찰은 이후 영국과 중국 간에 벌어질 세기적인 임팩트의 전조였다. 특히 그와 그의 사절단이 중국으로부터 가져온 중국 관련 정보는, 새로운 역사 주도세력으로 등장한 서구의 부르주아 계급에게 '오만'과 '편견'으로 가득 찬 청 제국의 이미지를 강화시켰다. 그들은 이미 청 제국을 이상적인 전제국가, 종교의 억압 없이 이성적인 이념과 제도를 지니고 있는 풍요로운 나라로 바라보던 이전의 예수회교도나 계몽주의자, 중농학파들과는 달랐다. 중국은 더 이상 윌리엄 템플 경(Sir William Temple)이 말한 것과 같은 "최

그림1 조지 매카트니 백작의 초상. 전 러시아 대사이자 마드라스(Madras)의 총독으로서 뛰어난 외교 능력을 발휘하였던 그는 84명의 수행원과 함께 600여 상자의 선물을 가지고 1893년 중국을 방문하였다.

상의 군대와 인간의 지혜, 이성, 계획이라는 범위 안에서 틀을 잡고 치안을 유지하는" 국가가 아니라 '조산한' 문명국에 지나지 않았다. 즉 "화약의 발명은 중국의 손에서 폭죽과 무해한 불꽃놀이로 폭발했다. 항해용 나침반은 연안을 항해하는 정크선 이상의 것을 만들어 내지 못했다. 인쇄술은 공자에 대한 상투적인 책들에 머물렀으며, 가장 냉소적인 그로테스크한 표현은 장엄한 아름다움에 관한 중국의 인식이 낳은 주산물이었다."[2]

물론 이 시기 그들의 자부심은 해부학, 화학, 박물학, 전자학, 기계학 등의 초보적인 발전 수준에 비해 지나친 것이었다. 매카트니가 청나라 황제와 관료들 앞에서 영국 문명의 발전상을 보여 주고자 꺼내 놓은 대표적인 것들은 이미 수세기 전부터 포르투갈, 네덜

2) 존 M. 흡슨, 정경옥 옮김, 『서구 문명은 동양에서 시작되었다』, 에코리브르, 2005, 256쪽 재인용.

그림2 19세기 초의 광주(廣州). 광주는 청 정부가 유일하게 공인한 상인조합인 공행(公行)을 중심으로 서구 상인들과 교역하도록 허용된 항구도시로서 18세기에 이미 서구의 무역 상인들로 북적거리는 대도시였다. 그러나 남경조약이 체결되기 전까지는 외국인의 장기 체류가 허용되지 않았다. 1800년 이곳을 통한 영국의 차 수입은 10,419톤에 달했으며, 그로 인한 영국 정부의 관세수입은 전체 국세의 1/10을 차지하였다.

란드 등 서구의 상인과 사절단들에 의해 조공품으로 중국에 전해진 시계·지구의·천체의·망원경 등이었으며, 새로운 것으로는 열을 이용해 풍선을 떠워 올리는 기구(氣球) 정도였다.

　　타자에 대한 인식은 항상 일정한 추상화·개념화를 수반하거나 이로부터 시작할 수밖에 없다. 부정적이든 긍정적이든 간에 타자에 대한 인식은 자신에 대한 지시를 함축하고 있으며, 또 그렇기 때문에 더더욱 의미를 지닌다. 중국이 17세기부터 18세기 중반까지 서구의 사상과 문화에 미친 영향은 바로 중국 그 자체에 의해서라기보다는 오히려 예수회 선교사들과 계몽주의 사상가들에 의해 해석된 중국이었으며, 그들에게 중국은 서구의 정치와 문화를 비판하기 위한 수단이었다. 이런 의미에서 중국은 서구의 근대 형성에 중요한 역할을 하였음을 부정할 수 없다. 그러나 서구에서 자기에 대한 비판이 자부심으로

그림3 1842년 남경조약 체결 모습. 양자강에 정박한 영국 군함 콘월리스 호에서 중국 대표 기영(耆英) 등이 영국 병사들에 둘러싸여 조약에 서명하고 있다.

변해 갈 때 중국은 이제 이상적인 발전모델이 아니라 극복해야 할 대상으로 바뀌었다. 이미 그들은 중국을 넘어서고 있다고 믿었고, 그에 비례하여 중국은 그들의 과거로 밀려나기 시작했다. 고상한 사상과 이념을 함축하고 있던 한자(漢字)는 이제 이집트 문자처럼 시대에 뒤떨어진 낡은 고대문자에 불과했으며, 중국은 "방부제 처리된 비단에 감싼 다음 상형문자를 새겨 넣은 미라"(헤르더, 『인류의 역사철학에 대한 이념』)로 형상화되었다. 그러나 중국에 대한 이러한 상상이 서구에서 대중화되기 시작한 것은 매카트니 사절단의 귀국 이후였다.

　　1814년 발표된 제인 오스틴(Jane Austen)의 소설 『맨스필드 파크』에서는 청 제국의 건륭황제가 오만한 권력의 메타포로 그려지고 있다. 그리고 아편전쟁 직전 존 데이비스(John Davis)는 중년의 중국인을 로마의 풍자시인 유베날리스의 시구를 빌려 "인도의 깊은 산림 속의 한 노쇠한 원인(猿人)" 같은 모습으로 그리고 있다. 그리고 중국의 차 수입으로 인한 무역수지의 악화를 만회하기 위해 인도산 아편을 중국에 밀매하면서 중국의 많은 사람들이 아편에 중독되자, 서구 문학작품에는 아편을 피는 '동양의 원숭이'들이 종종 등장하기 시작했다. 이와 같이 오만한 '동양 원숭이'에게 아편을 판매하는 것은 그들

(중국인)에게 과분한 것일 뿐 비인간적인 것은 아니었으며, 영국인들은 1840년 '불의의 전쟁'이자 영국의 영원한 '치욕'이 될 거라는 영국 글래드스턴(William E. Gladstone) 의원의 비판에도 불구하고 '오만'한 권력에 대한 '본보기'로서 마침내 아편전쟁을 일으켰다. 즉 아편전쟁은 영국이 동아시아에서 '문명'의 이름으로 전개한 최초의 전쟁이었다. 이 전쟁 결과 남경조약이 체결되었는데, 이 조약에는 아편에 대한 언급은 없이 단지 광동에서 '위협' 당한 영국인(아편상인)의 피해를 명목으로 2,100만 달러 배상, 홍콩 할양, 5개 항구 개방, 영사관 설치 등을 요구하는 조항이 담겨 있었다. 이와 함께 1860년 제2차 중영전쟁(애로호 사건)으로 서양인의 중국 내지 여행이 허용되기 전까지, 중국인 복장에 변발을 늘어뜨린 서구의 관찰자들(상인, 선교사, 외교관, 기자, 여행객 등)의 다양한 '동방견문록'이 출판되었는데, 이들 중 상당수는 이전의 몽테스키외나 이후의 헤겔·마르크스·베버 등에게 서구 동양학 이론에 대한 '물증'이 되었을 뿐만 아니라 서구인들에게 근대 중국의 풍경에 대한 상상력을 제공하였다.

이들이 그린 근대 중국의 풍경화는, 중국을 일률적·단편적으로 바라보거나 서구적 시각으로 접근하려는 관점에 대한 경계와 비판이 없는 것은 아니었지만, 대부분이 중국의 문화와 풍속, 중국인의 성격, 중국의 정치제도·국가관계 등을 유럽의 시점에서 형성된 원근법으로 조망하고 있다. 즉 이들은 서구 문명의 보편성을 의심의 여지가 없는 것으로 간주하였고, 이러한 관점에서 근 2세기 동안 중국이라는 풍경을 바라보았을 뿐만 아니라, 더 나아가서는 무엇이 풍경인지조차도 규정하였다. 19세기 이후 중국을 여행하거나 공적·사적인 업무로 중국에 체류한 사람들, 그리고 중국을 연구하는 여러 서구 사람들이 중국을 관찰하거나 서술할 때 보이는 유사성은 단지 관점만이 아니라 그 관찰 대상을 통해서도 잘 드러난다.

그러나 더 중요한 것은 그들에 의해서 묘사된 중국 풍경이 현재까지도 중국에 대한 보편적인 풍경으로 받아들여지고 있으며, 중국에 대한 우리의 인식이나 심상지리 또한 그들과 큰 차이가 없다는 것이다. 즉 중국인의 모습과 여성·아동, 중국인의 풍속, 중국의 정치제도, 교육·경제활동 등에 대한 묘사 방식이나 이미지는 2세기라는 시간이 흐른 현재에도 여전히 과거의 풍경화에 오버랩되고 있다. 그럼에도 타자로서의 그들이 서술한 중국을 단순히 '왜곡'과 '오류' 투성이로만 간주할 수는 없다. 그들 서술상의 퍼스펙티브가 지니는 문제점을 의식하면서 본다면, 그들의 서술 속에는 본토인으로서의 중국인도 말해 주지 않는 그 무엇이 있으며, 그들의 시선과 언술의 행간에 근대 중국의 모습이 드러나고 있음도 부정할 수 없다. 특히 모든 역사가 어느 정도 상상적 구성물의 성격을 피할 수 없다고 할 때, 다른 상상 방법과의 반성적 대면은 교차 시각적인 방식으로 역사를 상상할 수 있는 한 방법이기도 하다.

┃두 제국의 문화충돌┃

무릎을 꿇는 것과 손에 입을 맞추는 것. 신체의 한 동작이 사람들 간의 소통을 가능케 하는 하나의 부호이자 언어라고 한다면, 서로 다른 의미체계를 가진 문화권끼리 만날 때 어떤 신체적 동작을 취해야 하는가는 그리 간단한 문제가 아니다. 매카트니가 황제 앞에서 삼궤구고(三跪九叩 ; 세 번 무릎을 꿇고 각각 세 번씩 머리를 땅에 닿도록 조아리는 예. 이후 '고두'라 약칭함)의 예를 거부했을 때, 서구의 예절 방식을 알고 있는 중국 관원은 그에게 황제의 손에 입을 맞추는 예를 하지 말라고 주문하였다.

  1894년 11월 청일전쟁에서 중국이 한창 수세에 몰리고 있을 무렵, 북경의 자금성에서는 중국의 문무백관이 배열한 가운데 어린 광서제가 흥분으로 들뜬 서구의 공사들을 불러 접견하고 있었다. 그날은 황제에게 머리를 세 번 숙이는 것으로, 그토록 서구 외교관들을 수치스럽게 했던 고두를 대신하는 역사적인 순간이었다. 광서제 뒤에는 공작 깃털로 수놓은 비단

그림4 황실 피서산장인 승덕(承德 : 박지원의 일기에 의해 널리 알려진 열하熱河)의 몽고 파오식 접견장에서 건륭제가 매카트니 사절단을 접견하는 모습. 스톤턴의 아들이 영국식으로 한 무릎만 꿇은 채 건륭제로부터 선물을 받고 있다. 그러나 이 아이는 후에 영국의 하원의원이 되어 중국과의 전쟁을 주장하며 아편전쟁을 야기한 핵심인물이 된다. 제도(製圖) 담당자로서 매카트니를 수행했던 알렉산더의 그림.

휘장을 둘러 밖에서는 얼굴을 볼 수 없는 서태후가 앉아, 턱수염이 덥수룩한 서구 남성의 일거수일투족을 유심히 지켜보고 있었다. 하지만 각각 친왕들의 안내를 받으며 어전 앞에 들어선 서구의 공사들은 마음속으로 상상한 서구와 같은 화려하고 친숙한 접견의례의 기대가 무너지는 것을 느꼈다. 뿐만 아니라 이 접견례를 황제에게 직접 자신들의 주장을 자유롭게 전달할 수 있는 기회로 삼고자 했지만, 자신들보다 다섯 계단 높이 앉아 있는 황제는 영어를 한어로, 다시 만주어로 번역하여 황제에게 전달되는 의사소통만큼이나 그들과는 여전히 먼 거리에 위치해 있었다. 그러나 이보다 더 실망스러운 것은 며칠 후 『경보』(京報)에 실린 그들 접견례에 관한 보도였다.

> 폐하께서는 문화전(文華殿)에서 다음과 같은 외국 공사들의 알현을 받았다──미국, 러시아, 영국, 프랑스, 벨기에, 스위스 그리고 일본 대리공사.

처음으로 중국에 서구의 국제법을 『만국공법』(萬國公法)으로 한역하여 소개했고, 19세기 중국 신학(新學)의 중심이던 경사동문관(京師同文館)의 총교습이였던 마틴(William A. P. Martin; 중국명 丁韙良)은 위 『경보』의 기사를 본 당시 중국인들이 가졌을 상상을 다음과 같이 묘사하였다──서구의 공사들이 황제의 위엄 앞에 일일이 고두를 하고, 특히 일본의 대리공사는 감히 황제의 나라를 침범한 무례를 사죄하며 용서를 구하는 모습.[3] 그러나 이 접견례에 일본 대리공사는 물론 스위스의 공사도 참여하지 않았다.

외국의 조공사절들이 청 황제를 알현할 때 의례적으로 행하던 고두에 대한 문제는 매카트니 사절단이 청 제국에 도착하면서부터 황제를 알현하기까지 지속된 협상의제였을 정도로 갈등을 일으켰다. 두 무릎을 꿇고 엎드려 절하는 것을 노예의 습관이나 오직 신에게만 행하는 것으로 여기고 있던 영국 신흥 부르주아 계급의 문화의식과 대영 제국을 대표하여 제국의 존엄을 지켜야 한다는 외교관으로서의 소명의식이 청 황제 중심의 세계질서에 대한 승인을 상징하는 고두의 예와 충돌하는 것은 불가피한 것이었다. 이 접견례를 둘러싼 협상은 매우 조용했지만 일종의 언어 전쟁이라 할 만큼 격렬했다. 영국의 입장에서 중국과의 평등한 외교관계는 단지 제도나 기구 설립의 문제뿐 아니라 그것을 호명하는 온갖 호칭을 재조정하는 문제이기도 했다. 그들은 '조공'이나 '공품'(貢品)과 같은 언어를 기피하거나 거부하고, 대신 '외교'나 '선물'과 같은 용어를 사용하는가 하면, 청 황제와 자국 왕에 대한 존엄을 나타내는 호칭에도 동일한 언어를 사용하였다. 매카트니의 이러한 태도에는 당시 유럽을 중심

---

3) William A. P. Martin, *A Cycle of Cathay or China, South and North with Personal Reminiscences*, Fleming H. Revell Company, 1897.

으로 한 국제법이라는 '보편질서' 의식이 자리하고 있다.

청 제국의 입장에서 볼 때, 고두의 예는 표면적으로는 의례의 문제이지만 그 이면에는 정치적인 의미가 함축되어 있었다. 그것은 청 제국을 중심으로 한 천하질서에 대한 승인이 자, 중국 문명을 기준으로 한 예의적인 행위였다. 따라서 이 예는 중국 황제가 면해 줄 수는 있어도 그 예를 행하는 당사자가 회피하거나 면례 요구를 할 수는 없었다. 즉 건륭제가 보여 준 것처럼 예의는 특별한 '대우'와 '배려' (즉 은사恩賜)로서 융통성 있게 처리할 수 있는 것이 었지만, 그 기준은 여전히 정치적 고려에 의해 결정되었다. 이것은 이후 수없이 지적당하는 중국의 '폐쇄주의', '완고함', '과대망상증'에서 비롯되는 것이 아니라 다층적으로 구성된 중국 중심의 '천하질서' 유지에 대한 정치적 판단에 따른 것이었다. 매카트니가 제안한 영사관 설치, 항구개방, 관세우대 같은 무역관계는 기존 질서에 부합하지 않을 뿐만 아니라, 큰 영향을 미칠 수도 있는 선례였다. 따라서 매카트니 사절단의 실패는 유럽과 아시아 두 지역의 질서체제 차이가 낳은 결과였고, 두 지역 간의 긴장이 고조될수록 두 질서체제 간의 갈등도 심화될 수밖에 없었다. 영국의 아시아 진출이 본격화되던 1816년 영국이 애머스트(William Amherst)를 단장으로, 매카트니 사절단 때 건륭제로부터 귀여움과 선물을 받았던 스톤턴을 부대표로 한 사절단을 중국을 파견했을 때, 가경제(嘉慶帝)는 부친 건륭제와 달리 고두의 예를 면하는 '특혜'를 베풀지 않았고, 유럽 지역 질서체제의 보편적 가치를 더욱 신봉하고 있던 애머스트는 북경까지 갔지만 결국 가경제를 접견조차 하지 못하고 귀국하고 말았다.

이와 같이 고두의 예는 당시 청 제국과 대영 제국의 질서와 문화가치의 정점에 있는 정치적 알레고리였다. 앞서 말한 바와 같이 영국과 서구의 각 국가는 고두의 예로부터 청 제국

그림5 고두는 황제 앞에서뿐만 아니라 재판 과정에서도 일반적으로 행해졌는데, 조계지에서 중국 관원과 서양 관원이 함께 재판을 진행하게 되면서 피고와 원고의 고두 문제는 회심공당(會審公堂)의 논쟁거리가 되었다. 결국 서구 영사관의 요구로 서양인이나 서구 정부에 고용된 중국인은 재판 과정에서 고두를 하지 않아도 되었다. 「남편의 권위가 서지 않다」(乾綱不振) 부분, 『점석재화보』(點石齋畵報) 제25호, 1884. 12.

의 오만함과 불평등, 전족과 같은 야만적이고 비인간적인 관습 등을 읽어 냈고, 여기에 자신들의 평등하고 '문명'적인 질서와 문화를 대비시켰다. 그러나 중국은 아편전쟁 등 몇 차례의 전쟁과 조약을 통해 서구의 질서를 일부 수용하고 심지어는 중국에 매우 불리한 '불평등'한 조건을 수용하기는 했지만, 이는 어디까지나 무례하고 '야만'적인 서구인들에 대한 '양보'의 의미였고, 중국 중심의 천하질서는 여전히 존속한다고 보았다. 이러한 질서의 존속을 가늠하는 것이 바로 고두의 예였고, 서구 국가들이 평등한 국가관계를 요구했을 때 가장 우려했던 것이 이 고두 예의 손상이었다. 따라서 고두의 예를 서구 외교관들이 수용할 리 없다는 것을 잘 알고 있는 이홍장(李鴻章)을 비롯한 중국 관원들은 온갖 이유를 들어 중국 공사들의 황제 알현 요구를 회피하였다.

서양에 맞설 무기를 중국에게 쥐어 주는 것이라고 주중 프랑스공사가 비난했음에도, 마틴이 주권국 사이 외교관계의 상호 평등성을 강조한 휘튼의 국제법을 한역(만국공법)한 이유도 바로 국제법이야말로 중국의 천하질서를 붕괴시킬 수 있는 유력한 수단이라는 것을 알고 있었기 때문이었다. 뿐만 아니라 마틴은 중국의 만국공법 수용이 곧 서구 문명질서에 대한 편입을 의미한다고 보았다. 그러나 양무운동을 이끌었던 공친왕(恭親王) 등 중국 정부는 서구의 불평등 조약이나 요구사항에 대해 중국 국가이익을 지키는 수단으로 만국공법을 활용하는 한편, 여전히 중국 중심의 천하질서를 지키려고 하였다. 그리고 이 질서와 직접 연관된 고두의 예가 공식적으로 깨진 것은 바로 청일전쟁(1894~5년)으로, 줄곧 주변의 속국으로 간주하였던 일본에 의해 중국이 위기에 처하여 더 이상 이전의 중국 중심 천하질서를 유지하기 어려워졌다는 판단 때문이었다. 즉 영 제국이 주도한 서구 문명 질서와 청 제국 질서 간의 헤게모니 투쟁은 아이러니하게도 같은 동양 국가인 일본의 무력에 의해 영국의 승리로 귀결되었다.

▎청 제국의 천하질서 ▎

1780년 건륭제 칠순을 경축하기 위해 박지원이 사절단의 일원으로 중국을 방문하고 기록한 일기가 북경일기가 아닌 열하일기가 되었던 것은 만주족인 건륭제가 승덕(承德)에 머물고 있었기 때문이지만, 당시 건륭제는 단순히 피서를 위해 그곳에 있었던 것은 아니다. 박지원 일행이 방문한 지 14년이 지난 후 청 제국 황제가 매카트니 사절단을 맞이한 곳 역시 북경이 아닌 승덕이었다. 중화문화의 정통 계승자임을 표방한 청 제국이 외국 사절을 맞이하는 곳이 공식적인 정치 중심인 북경이 아니라 라마교 사원 등을 중심으로 세워진 북방 승덕이었던 것은 청 제국이 구상한 독특한 천하질서에 따른 것이었다. 즉 승덕은 단순히 피서지가 아니라 청 제국 체제의 특수성과 직결된 의미 있는 정치공간이었다.

청 제국의 통치 시스템은 지역에 따라 크게 세 부분으로 나뉘어 있었다. 명 왕조가 통치하던 지역인 18행성(行省)과 동북삼성을 중심으로 한 만주족 발상지, 그리고 몽고와 신강, 서장의 번부(藩部) 지역이 그것인데, 이 세 곳을 통치하는 시스템은 각기 달랐다. 소수민족인 만주족으로서 중원을 장악한 청 제국은 다수의 한족을 지배하기 위해 명 왕조의 정통성을 계승한다는 것을 천명하고, 18행성 지역에 대해서는 기본적으로 명대의 통치 시스템을 적용하였다. 그리고 만주 지역은 만주족 발흥 지역으로서의 가치를 보존하기 위해 이민금지정책을 실시하였다. 문제는 번부 지역인데, 이들 지역은 종교·정치·경제 등 다방면에서 한족의 중원과는 전혀 다른 문화와 역사를 지닌 곳으로, 일률적인 통치 방식을 적용할 수 없었다.

특히 소수민족으로서 광대한 영토를 관리해야 하는 만주족에게 변방(屛藩)은 특수한 의미를 지니고 있었다. 변방은 일반적으로 현대의 국민-민족국가에서 말하는 국경과 달리 일정한 경계와 완충의 의미를 지닌 지역공간이었으며, 그 주요 의미와 기능은 외부로부터 내지를 방비하는 것이었다. 그러나 청 제국은 제국의 변방에 대해 대외적인 방어의 의미뿐만 아니라 중화문명의 주변민족으로서 중원을 통제해야 하는 새로운 의미와 기능을 부여하였다. 그리고 구체적인 방식으로서, 한족 거주지인 중원을 정복한 후 한족의 발흥을 견제하기 위해 서부와 북부 변방의 강력한 민족들과 정치적 동맹관계를 형성하였다. 따라서 한족 중심의 명 왕조의 영토 외에도 자신의 발흥 지역인 만주 지역과 몽고 지역, 티베트와 신강 등을 포함하여 명대의 두 배에 해당하는 영토를 장악한 청 제국은 강력한 통일적인 통치 시스템을 적용하지 않고, 한족 중심의 내지에 대한 통치와 주변 변방민족에 대한 통치를 이원화하여 서로 다른 형태의 통치질서체계를 수립하였다. 즉 내지에 대해서는 동수의 만주족과 한족 출신 관료들로 구성된 황제 중심의 중앙통치 시스템(省制)을 채택한 반면, 티베트와 내몽고, 신강 지

그림6 승덕의 황실 원림(園林)과 외팔묘(外八廟). 가운데가 황실 원림이고 원림을 에워싸고 있는 강 위쪽과 오른쪽에 티베트, 몽고, 신강 등의 대표적인 불교사원을 모방하여 만든 여덟 개의 사묘(寺廟)가 들어서 있다. 승덕은 바로 만주족·한족·몽고·티베트·신강이 정치적·문화적으로 연합하여 형성된, 청 제국을 상징화한 천하질서도(天下秩序圖)라고 할 수 있다.

역에 대해서는 그 지역의 문화적·행정적 자치를 허용하면서도 군사적·정치적 견제체계를 갖춘 권력연합체 형식의 통치체계를 수립하였다. 그리고 이들 지역에 대한 업무를 위해 한족을 완전히 배제한 이번원(理藩院)을 설치하고, 그들 지역과 한족의 접촉을 억제하는 격리정책을 실시하였다.

하지만 이들 번부 지역은 여전히 만주족인 청 제국과 경쟁관계에 있었고, 역량이 허락하기만 하면 청 제국에 맞서거나 독립하려고 하였다. 이에 청 제국은 이들을 무마하기 위해 군사적인 진압과 함께 회유정책을 병행하여, 중국 서부와 북부의 각 민족들을 만주족을 중심으로 통합하는 일종의 정치연맹을 형성하였다. 뿐만 아니라 이들 지역은 종교적 색채가 강하였고, 특히 몽고와 티베트는 불교 중에서도 라마교의 영향이 강하여 이들 지역과의 정치적 연맹에 종교적 관계가 종종 개입되기도 하였다. 즉 청 제국은 명조를 계승한 유교국가이긴 했지만 번부 지역을 정치적으로 통합하기 위해 라마교를 통치이념으로 수용하기도 했다. 그 결과 달라이 라마와 청 황제 사이에는 정신적 지도자와 세속권력 사이의 힘겨루기가 발생했고, 청 황제는 문수보살 등의 칭호를 받으며 자신의 권력 아래 번부의 권력을 종속시키려 하였다. 그리고 몽고인의 거주 지역이라고 할 수 있는 승덕에 한족의 문화와 티베트·몽고·위구르 등의 문화를 융합하거나 번부 각 민족의 문화를 모방한 문화공간을 형성하여, 다민족 연합과 유대를 통한 제국질서의 상징적 공간으로 만들었다. 즉 승덕은 유교를 중심으로 한 내

그림7 외팔묘 가운데 하나인 승덕의 보타종승지묘(普陀宗乘之廟). 달라이 라마가 거주하던 라사의 포탈라 궁을 본떠서 세웠다.

지의 통치와 다르게 번부의 수장과 외국의 사절단을 접견하고 연회를 열었던, 민족 간 정치 질서의 안정을 조율하고 점검하는 정치공간이었던 것이다.

매카트니가 건륭제를 접견하기 위해 승덕에 갔을 때 접한 것은 휘장을 두른 파오와 라마교 사원 등 몽고식 생활과 종교 색채가 농후한 문화였다. 뿐만 아니라 황제의 생일 축하연인데도 한족은 거의 찾아볼 수 없었고, 번부와 이국에서 온 사절단과 만주족 대신들만이 참여하였으며, 건륭제는 라마교에 심취해 있었다. 스톤턴은 건륭제가 자주 각 성의 관리들과 장군, 그리고 번속과 조공국의 대표들을 불러들여 그들의 보고를 듣고 자신의 위엄을 과시하는 것에 대해 다음과 같이 말하고 있다.

이는 단지 그의 개인적인 허영심을 만족시키기 위한 것이 아니라 정치적 의미를 지니고 있다. 일부 사람들에게 관작을 수여함으로써 그들이 돌아간 후, 자신에 대해 두려움과 은혜를 느끼게 하기 위한 것이다.

이뿐만 아니라 건륭제의 생일 축하연 첫날, 이러한 제국통치의 상징적 의미로서 열병식을 거행하였는데, 매카트니 사절단의 한 상위(上尉)의 통계에 따르면 참여한 병사가 8만 명, 관원은 1만 2천 명이었다. 이 열병식은 단순히 황제 만수를 위한 축연이 아니라, 참여한 내번과 조공국, 그리고 더 멀리서 온 매카트니 사절단과 같은 외국에 청 제국의 힘을 과시하고 군사적 위압감을 주기 위한 일종의 정치적 행사였다.

한편 여기서 매카트니는 반갑지 않은 특사활동의 장애를 만나게 된다. 그는 바로 사절단의 열하 원림 관람을 안내한 만주족 대학사 복강안(福康安)으로, 그는 매카트니 사절단에 대해 노골적으로 적대의식을 표출하였다. 직접 네팔로 들어가 구르카 부족의 정복에 나섰었던 복강안은 영국을 중국과 관계없는 먼 지역의 국가가 아니라 티베트 서쪽의 네팔을 사이에 두고 인접해 있는 '외번'(外藩)으로 인식하고 있었다. 뿐만 아니라 매카트니 사절단이 중국을 방문하기 2년 전인 1791년에 티베트에 대한 종주권 문제로 중국과 네팔이 전쟁을 할 때, 중국에서는 영국군이 네팔을 지원하고 있다고 생각했을 만큼, 영국은 중국에게 있어 정치적·군사적 측면에서도 깊이 고려해야 할 대상이었다. 또 스

그림8 예수회 선교사 카스틸리오네(Giuseppe Castiglione)가 그린 건륭제의 모습. 그는 60년 재위 기간 동안 직접 10번에 걸쳐 원정에 올라 준가르·구르카·티베트 등을 복속시켰고, 또 미얀마·베트남·타이·라오스 등을 조공국으로 만들어 중앙아시아와 동아시아에 걸친 광활한 지역 대부분을 중국 중심의 천하질서로 재편하였다. 현재 중국의 영토는 건륭제 때에 비해 훨씬 줄어들었지만, 기본적인 국경은 바로 청조에 의해 형성된 것이다.

톤턴에 의하면 당시 청 제국 정부는 프랑스혁명 소식을 접하고 서양에 대한 경계를 더더욱 강화하고 있었다. 따라서 만주족의 청 제국은 영국과의 관계를 설정함에 있어서도 기타 번부들과 마찬가지로 다수의 한족에 대한 안정적인 통치와 만주족을 중심으로 한 청 제국 번부의 질서체제 안정이라는 두 가지 정치적 차원의 문제를 고려하지 않을 수 없었다. 매카트니 사절단의 방문이 야기한 문제는 단순히 중국의 폐쇄적이고 과대망상적인 태도나 예의문제라기보다는 무역·통상의 차원을 넘는 청 제국 전체의 통치질서 안정이라는 문제와 연관되어 있었던 것이다.

다시 말해 무굴제국을 무력화하여 이미 인도를 식민지화하고, 중앙아시아 및 동남아시아에까지 군사적인 진출을 꾀하고 있던 대영 제국은 청 제국의 영토 확장으로 얻게 된 한족 중심의 중원과 몽고·티베트·위구르의 신강 등 내번(內藩), 그리고 조선·유구·베트남·태국 등의 조공국, 이 세 개의 고리로 형성된 청 제국의 천하질서와 직접적으로 대면하고 있었다. 따라서 19세기는 바로 팽창하는 청 제국과 대영 제국, 두 세계가 직접 맞부딪쳐 세계질서의 새로운 재편이 일어나기를 기다리고 있었고, 이는 매카트니 사절단 이후 반세기도 지나지 않아 아편전쟁으로 현실화되었다.

아편전쟁의 결과는 단지 중국의 '문호개방'과 서구 학문과 문물 수용에 국한된 것이 아니었다. 물론 아편전쟁으로 인해 중국의 서방 연구와 그 문물 수용이 가속화되고, 중국 내부의 변화가 촉진되었지만, 더 중요한 것은 하나의 통합된 국가를 형성하지 않고, 소수의 만주족을 중심으로 다양한 민족의 상호견제와 통합이라는 긴장되고 불안정한 연계를 형성하고 있던 청 제국 질서에 균열이 일어났다는 것이다. 더 정확히 말하면, 이러한 불안정과 균열은 외적인 요인에 의한 것이라기보다는 이미 그 구조 자체에 내재되어 있는 한 속성이었고, 그러한 체제가 거의 완성되어 갈 즈음인 18세기 말부터 백련교(白蓮敎)의 난을 비롯한 내부로부터의 파열이 시작되고 있었다. 그리고 19세기 이후 끊임없는 청 제국의 내우외환은 모두 이 민족이라는 균열된 지각판의 접점에서 지각변동의 일환으로 표출되었다. 아편전쟁(제1차 중영전쟁), 제2차 중영전쟁(1856~60년), 청불전쟁(1884~5년), 청일전쟁, 의화단의 난(1900년)은 직접적으로 중국과 타민족 간의 분쟁 결과이었고 태평천국의 난, 신강의 회교도 반란, 손문(孫文)이 이끈 혁명운동 역시 민족 간 갈등에 근거를 둔 것이었다. 이러한 민족 간 갈등으로 청 제국의 천하질서도 동요하게 되자, 청 제국은 1884년에는 신강을, 1907년에는 동북 만주 지역을 중앙에서 직접 통치하는 성제(省制)로 편입하고, 민국 시기로 들어선 1914년 내몽고를 특별구로 편성하는 등 정치적 통일을 추진하였다. 즉 19세기 중반 이후 다민족으로 구성된 청 제국은 민족 분리와 중앙집권적 통합이라는 상반된 두 힘의 장력 속에서 자기 변화를 추구했다고 할 수 있다.

그러나 이러한 민족 간의 갈등과 분열에도 불구하고, 청 제국의 통치질서를 단순히 실패한 모델로 평가할 수 없다. 오히려 그것은 세계 역사상 존재했던 다른 제국과 마찬가지로 거의 불가능할 것 같았던, 종교·문화·언어·정치 등 여러 방면의 완전히 이질적인 요소들을 통합하여 하나의 질서체계를 수립했다는 점에서 여전히 의미를 지니고 있다. 또한 만주족 왕조가 멸망한 이후에도 중국이 다양한 민족으로 분할되지 않고 여전히 청 제국의 기본 영토를 유지하고 있는 것도 바로 이러한 질서모델의 현실적용 가능성에 힘입은 바가 크다. 물론 다른 민족을 통한 한족 견제라는 의미가 없어지고, 국민국가의 모델에 따라 한어를 공통어로 하여 언어와 문화의 통일성을 지향하고, 행정적으로 모든 민족에게 북경 중앙정부의 보다 직접적인 지배를 강화시켜 가고 있지만, 중앙통제와 민족자치의 역학관계에 대해서 청 제국의 민족연합 모델은 현재도 여전히 중요한 비교·참조의 기능을 하고 있다고 할 수 있다.

▎관료제 중심의 권력과 민권 ▎

"중국인은 정부와의 관계에서 비할 바 없는 자유를 향유하고 있으며, 국민 생활에 대한 정부의 관여는 매우 미약하다. 이것은 매우 중요한 사실이다. 이 점은 특히 강조해 둘 필요가 있다. 왜냐하면 중국을 이해하지 못하는 사람들은 대부분 이와 상반된 견해를 지니고 있기 때문이다. 중국인은 완전한 공상업의 자유, 거주(이주)의 자유, 오락의 자유, 신앙의 자유를 가지고 있다."(콜커훈)[4]

"중국의 정치·윤리·역사문헌 속에는 어떠한 자유 색채의 이론도 없다. 그들은 이러한 이론이 결국 반란을 일으킬 것이라고 믿는다. 모 소식에 따르면 프랑스인이 제창한 민주원칙과 '인권선언' 등이 인도의 범어(梵語)로 번역되었지만, 온순하고 체격이 약한 인도인에게는 아무런 영향도 미치지 못했다. 그러나 중국인은 성격이 동적인 것을 좋아하고 진취적이어서 이러한 학설이 중국에 전파되면 아마 인도와는 상황이 다를 것이다."(스톤턴)[5]

위 두 주장이 제기된 시점은 근 1세기의 차이가 있지만, 언급되는 대상은 동일하게 청 제국의 정부와 민(民)의 관계에 대한 것이다. 이 두 주장은 서로 반대되는 것처럼 보이지만 실은 둘 다 똑같이 자유는 근대의 주요 이념이자 가치라는 점에서 출발하고 있다. 하지만 스톤턴은 추상적·이념적 측면에서 중국 사회의 자유문제를 접근하고 있는 반면, 콜커훈은 서구 자유개념의 구체적인 내용으로부터 중국 사회를 바라보고 있다. 이 두 주장의 차이점에서 유의할 것은 어떤 보편적 가치라는 것이 특정한 이념으로서 부각될 때는 그 가치의 역사적 원인이 있다는 것이다. 즉 콜커훈이 지적한 것은 중국에는 제반 자유권리가 의미가 없다는 것이 아니라, 특별한 이념으로서 부각될 역사적 이유가 서구에 비해 상대적으로 약했다는 점이다. 이러한 역사적 차이를 무시하고 '왜 중국에는 자유에 대한 체계적 이론이 없는가' 라고 묻는 것은 서구에서는 '천하 = 공(公)' 이라는 관념이 상대적으로 발전하지 못한 이유를 묻는 것과 같다.

　　스톤턴 역시 중국의 정치가 가부장제에 기초해 있음을 지적하면서 18세기 후반의 서구 정치제도와 비교하고 있다. 하지만 그의 시선은 18세기 중반 이전의 재중 예수회 선교사들

---

4) Archibald R. Colquhoun, *China in Transformation*, Harpers, 1895, p.296.
5) George Staunton(斯當東), 葉篤義 譯, 『英使謁見乾隆紀實』, 上海書店出版社, 1997.[George Staunton, *An Authentic Account of an Embassy from the King of Great Britain to the Emperor of China*, W. Bulmer, 1797.]

이나 19세기 말 미국의 외교관 체스터(Holcombe Chester), 사회학자 로스(E. A. Ross)처럼 중국 사회와 정치에 대한 보다 세밀한 관찰력을 보여 주고 있다. 이들의 눈에 비친 중국 정치의 특징은 체계적인 관료행정과 역동성이다. 특히 이들은 표면상 황제 1인 중심의 통치체제 아래 운영되는 관료들에 대한 효과적인 통제 시스템과 민·관 사이의 상호견제 시스템을 주목하고 있다. 광대한 영토에 대한 관리자로서 청 황제와 중앙정부는 지방 관리들에게 통치권한을 상당수 이전할 수밖에 없었고, 대신 이들을 견제하고 통제하는 시스템을 고안해 왔다고 할 수 있다. 즉 서구 근대에서 권력분립이 횡적으로 이루어졌다면 중국에서는 종적인 분립이 이루어지고 있었다.

실질적으로 지방을 통치하고 있던 관리는 여러 방식으로 감독과 견제를 받았다. 그 중 하나는 자기 출생 지역에서 임명을 금하는 지역연고 회피제였고, 다른 하나는 세력 구축을 방지하기 위해 일정한 기간에 따라 근무지를 바꾸는 제도였다. 또한 근무지 변경과 승진 등에 있어 중요한 기준이 되는 업적평가 및 상벌제는 공적 업무의 수행능력(세수, 소송 등)과 함께 관리에 대한 백성들의 자유로운 의견을 반영하는 아래로부터의 평가도 포함하고 있었다. 뿐만 아니라 중앙정부에 전문적인 관찰·감독기관인 도찰원을 두어 지방 관리는 물론 중앙 관리와 황제를 포함한 모든 정치 라인에 견제 시스템을 도입하였다. 19세기 미국 선교사이자 외교관으로서 중국에서 40여 년간 활동했던 윌리엄스가 청 왕조의 통치질서의 특징을 엄격한 감독과 상호연대 책임제에 있다고 본 것도 바로 이와 같은 맥락에 근거한 것이었다.[6]

이러한 권력견제에 바탕을 둔 관료주의는 일반적으로 전제주의의 특징이라기보다는 오히려 중앙집권적인 소위 근대국가의 특징에 더 부합한다. 그런데 19세기 말~20세기 초 중국의 정치 개혁은 이와는 다른 권력견제론과 중앙집권주의에 모아졌다. 즉 중앙정부 권한의 이전 및 지방정부의 자율권 확대라는 방향으로 전개되었던 것이다. 예를 들어 양계초는 당시 중국의 쇠퇴 원인을 위진시대 이후 통치 시스템의 전개 양상, 즉 관료의 폐단을 억제하려는 지나친 견제에 있다고 주장하였다. 즉 관료들, 특히 지방 관리들에 대한 지나친 제약이 보다 자주적이고 책임 있는 행정 관리를 가로막고 무사안일의 관료주의를 낳았다는 것이다.[7]

그리고 청 제국의 안정적이고 관료 중심적인 통치질서를 지탱하는 또 하나의 토대는 바로 법률이었다. 이른바 『대청율례』(大淸律例)는 단지 민사나 형사에 관한 규정 외에 국가 행정의 세부적인 부분까지 명시하여 법률에 근거한 국가 운영체제를 뒷받침하였다. 이 법률은

---

6) Samuel Wells Williams, *The Middle Kingdom*, Charles Scribner's Sons, 1907, p.382.
7) 梁啓超, 「論中國積弱由於防弊」, 『時務報』, 第9冊, 1896年10月27日(光緒二十二年九月一日). 중국의 이러한 통치질서는 현대의 관료주의와 완전히 동일시할 수 없지만, 19세기까지 세계의 어떤 통치 시스템에 견주어도 매우 효율적인 것이었음은 부정할 수 없다. 그리고 중국 문화와 정치이념의 장기적인 지속과 안정도 바로 이러한 행정 관리 시스템과 연관이 있다고 볼 수 있다.

그림9 남경공원(南京貢院)의 과거시험장. 이곳에서만 2만 명이 동시에 향시(鄕試)에 응시할 수 있었다. 질서 정연하고 엄격하게 밀폐된 공간은 중국 관료제도의 공정성과 체계성을 상징적으로 보여 준다. 그러나 획일화된 관료 선발은 안정된 사회에서는 중요한 기능을 발휘하였지만, 급변하는 시대에는 오히려 사회발전의 장애물이 되기도 하였다. 19세기 시대의 변화에 부응하기 위해 과거제도의 개혁을 시도하였지만, 다양하고 새로운 지식에 대한 요구로 서구식 학교제도가 보급되면서 1905년 폐지되었다. 그러나 이는 근대 관료국가의 발전과 더불어 새로운 공무원 선발제도로 다시 역사에 등장하였다.

일찍이 스톤턴에 의해 영어로 번역되어 서양에도 많이 알려졌는데, 1810년 『에딘버러 리뷰』 (*Edinburgh Review*)에서는 "합리적이고, 명확하며, 논리적인" 이 법률은 비록 "정치자유와 개인의 독립"에 대한 규정이 미비하긴 하지만, 서양 법률보다도 풍부하여 방대한 지역과 인구를 혼란 없이 통치하기에는 매우 효율적이라고 평하였다.[8]

제도·법률과 더불어 국가의 통치에 있어 중요한 요소가 바로 이들을 실제로 운용하는 인재 선발이다. 정치에 선거제가 도입되기 이전, 한 사회의 민권의 신장 정도를 가늠할 수 있는 것이 바로 관리 선발제도라고 할 수 있다. 즉 한 사회의 구성원이 얼마나 자유롭고 공정하게 관리 선발에 응할 수 있는 자격이 부여되느냐는 것이다. 윌리엄스도 지적하고 있듯이, 이 점에 있어서 중국은 일찍이 권력세습이나 봉건제와 대조적인 "평등"(equality)과 "공화적 방법"(republican method)에 기초한 매우 독특하고 완비된 체계를 갖추고 있었다.[9] 청 제국에도 만주족과 몽고족을 중심으로 소위 세습적인 귀족들이 존재하기는 했지만, 국가의 행정 업무를 직접 담당하는 관리는 통일된 과거제도를 통해 선발했다. 특히 과거시험은 여성 및 소수의 특수 계층을 제외한 민간 전반에까지 그 지원 자격을 부여함으로써 평등주의에 입각하여 관과 민 사이의 상호 유동성을 높이고 양자 간의 세력 균형에도 영향을 미쳤다. 엄격한 방식과 절차에 의해 시행되는 관료 선발은 중국 특유의 엘리트 중심주의와 관료주의를 잘 보

8) Williams, 같은 책, pp.391~392에서 재인용.
9) 같은 책, pp.563~564.

도표1 태평천국의 난 전후의 신사계층 임용 경로

구 분		태평천국의 난 이전	태평천국의 난 이후
거인 이상	과거시험 경로	8만 명	10만 명
	기부금 등 기타 경로	4만 명	10만 명
거인 미만	과거시험 경로	67만 명	82만 명
	기부금 등 기타 경로	31만 명	43만 명
계		110만 명	145만 명

※ 태평천국의 난(1851년) 이전 관직에 임용될 자격을 갖춘 거인 이상의 신사는 12만 명으로 전체의 11% 정도이고, 기부금 등 기타 경로를 통해 신사가 된 경우는 35만 명으로 32% 정도이다. 태평천국의 난 이후에는 거인 이상의 신사가 20만 명으로 전체의 14% 정도이고, 기부금 등 기타 경로를 통해 신사가 된 경우는 53만 명으로 36% 정도이다. 여기서 주목할 것은 태평천국의 난 이후 관직을 맡을 수 있는 거인 가운데 기부금 등 기타 경로를 통하는 자가 급증하고 있는 것으로, 이는 과거제도 존재 의미를 위협하는 요소였다. Chung-li Chang(張中禮), *The Chinese Gentry: Studies on Their Role in Nineteenth-Century Chinese Society*, University of Washington Press, 1955, pp.137~138.

여 준다. 또 과거제도는 유능한 인재를 선발하는 데 효율적이었을 뿐만 아니라 국가의 운영을 민간에 근거를 둔 사(士) 계층에 둠으로써 민과 사(士) 계층 모두에게 국가의 통치질서에 대한 장기적인 지지를 이끌어 낼 수 있었다. 이것은 중국 사회가 왕조의 교체에도 불구하고 상대적으로 안정된 통치 시스템을 유지할 수 있는 한 동력이었다.[10]

그러나 여러 감독 장치와 완비된 제도에도 불구하고 중국의 관료제는 관료의 전횡과 같은 폐단을 근절할 수 없었고, 이는 제도 그 자체의 안정성을 크게 훼손시켰다. 예를 들어 19세기 이래 국가의 재정난과 일부 관리들의 직권남용으로 과거시험을 통해 얻어야 할 일정한 명예와 직위를 기부금을 통해 매관매직하는 상황이 증가하고, 시험에서의 교묘한 부정과 과거시험 합격 이후 관료 임용의 적체현상이 누적됨으로써 과거제의 체제안정적 기능은 매우 약화되었다.[11] 뿐만 아니라 관료들의 분파와 상호결탁에 의한 뇌물수수는 결국 민간의 부담

10) 한편 과거제도는 서구에서 19세기 중반 이후에서야 시행하기 시작한 공무원 선발제도에 해당하는 것으로, 일반적으로 근대국가의 특징으로 간주되고 있다. 이와 관련하여 마틴은 다음과 같이 말하고 있다. "영국, 프랑스와 프로이센의 공공기관 중 일부 부문에서 이미 경쟁적인 고시제도를 시행하고 있다. …… 그러나 이들 국가의 실험은 단지 최근의 일이고, 그 응용범위도 매우 제한적이다. 만약 우리가 대규모 범위의 장기적이며 유효한 운영을 통해 이 제도의 장점과 단점을 충분히 인식하고자 한다면, 우리는 반드시 시선을 먼 동방으로 돌리지 않으면 안 된다. …… 만약 우리가 중국인의 관리 선발 고시제도를 채택한다면, 중국이 예술 영역에서 일찍이 보여 주었던 영향만큼이나 가장 우수한 인재를 선발하기 위한 우리나라의 문관제도 변화에 큰 영향을 줄 것이다." W. A. P. Martin, *The Chinese : Their Education, Philosophy and Letters*, Harper & Bros, 1881, pp.39~40.

11) 윌리엄스에 따르면 19세기 전반 과거시험 합격자 중에서 대기발령자가 진사(進士) 5,000명, 거인(擧人) 27,000명에 달하였으며, 그 중에 30년 이상 대기자도 포함되어 있었다. Williams, *The Middle Kingdom*, p.566.

을 가중시켰고, 이로 인한 관과 민 사이의 분쟁은 중국 역사에서 빈번히 발생하는 사회불안의 주요 원인 가운데 하나였다. 이렇게 체제를 불안하게 하는 관료들의 부패가 만연하게 된 원인은 여러 가지가 있지만 그 중 중요한 요인은 관료들의 저임금이었다. 예를 들어 두 개의 성을 감독·관리하는 총독의 합법적인 월급은 180∼200냥에 정도였는데, 청조는 저임금으로 인한 뇌물수수나 공금착복 등의 비리를 막기 위해 결국 실제 봉급 외에 '청렴지원금'〔養廉〕이라는 명목으로 별도의 급료를 지급했다.[12] 그러나 이 액수는 결코 적은 편이라 할 수 없지만 당시 관계(官界)에서 소요되는 비용을 감안하면 아주 많은 편도 아니어서, 결국 관리들의 부정행위는 근절될 수 없었다. 하지만 관과 민 사이 분쟁의 직접적 원인은 관료제의 불철저성에 기인한 면도 없지 않았다. 즉 과거시험을 통해 선발된 한 관료가 책임지고 관리해야 할 업무와 지역이 너무 많고 넓어서, 효율적인 관리를 위해 그 지역의 인물들을 채용하여 업무를 분담할 뿐만 아니라 많은 업무를 그들에게 의존하지 않으면 안 되었다. 소위 리(吏)라고 불리는 계층이 바로 그들로서, 이들은 지방의 기초행정을 실질적으로 담당했지만 일정한 보수가 있는 것이 아니었기 때문에, 민으로부터 뇌물을 수수하거나 세금을 초과징수하여 국고로부터 자기 이익을 챙기는 것이 관행이었다.

특히 민은 생산업 종사자뿐만 아니라 예비관료 후보인 지식인 계층과 퇴임 관리들까지 포함하고 있었고, 이들은 자기 지역에서 일정한 권력망을 형성하고 있었다. 사(士)·농(農)·공(工)·상(商)과 같은 계층의 구분도 신분제가 아닌 직업에 대한 사회적 위상에 불과한 것으로, 상호 간의 유동성이 강하였다. 즉 모든 관리는 이들 계층에서 나왔고, 사(士)로 뜻을 펴지 못하면 농(農)이나 상(商)으로 계층이동 하였으며, 이들을 겸하는 계층도 많았다.

따라서 관리가 직권을 남용할 경우, 곧 상부기관에 대한 투서나 폭력을 수반한 민의 저항에 부딪혔고, 이러한 저항운동은 빈번히 발생하였다. 중국의 민들은 자신들의 권리에 대한 일정 정도의 불합리한 억압이나 수탈에 대해 인내심을 보이다가도 상대를 제압할 수 있는 조건이 성숙되면 과감하게 반란을 일으켰다. 이로 인해 중국인들의 자기 권리를 지키려는 시도는 개인적인 차원이 아니라 집단적인 방식으로 나타나고, 그들의 공격 대상도 대부분 제도 자체가 아니라 그 제도가 부여한 권력을 남용한 특정 관리들이었다.

매카트니 사절단이 중국을 방문하고 있을 때, 그들이 중국 관리들로부터 듣거나 직접 관찰한 중국 사회의 분열 요인은 두 가지였다. 하나는 만주족과 한족 간의 불화이고 다른 하나는 민간의 광범위한 비밀결사조직이었다. 이 중에서 민간의 비밀결사조직은 주로 종교적인

---

12) 그 액수를 보면 총독의 경우 매년 15,000∼25,000냥, 순무 10,000∼12,000냥, 포정사(布政使) 4,500∼10,000냥, 안찰사 3,000∼8,000냥, 학정 2,000∼5,000냥, 지부(知府) 2,000∼4,500냥, 지현(知縣) 700∼1,000냥 정도였다. Williams, 같은 책, p.294.

색채를 지니고 있었지만, 그들의 세력 확장은 빈부격차와 관의 수탈, 그리고 객가(客家)라 불리는 타지방 출신과의 갈등 등이 주요 요인이었다. 건륭제 말기 청 제국은 외면적인 태평성대와 달리 부패 등으로 인한 사회적 문제는 매우 심각한 상태에 처해 있었다. 특히 건륭제의 총애를 받으며 막강한 권력을 행사한 화신(和珅)은 도찰원 조석보(曹錫寶)에 의해 그의 마차가 불태워지고 그의 가신들은 탄핵을 받기도 했지만, 뇌물수수 등을 통해 천문학적인 부를 축적하고 있었다. 건륭제가 죽고 가경제가 그의 집안을 조사했을 때, 그의 재산은 11년 동안의 국가 재정 수입에 해당하는 은 8억 냥에 달했다고 한다.

이러한 사회문제가 폭발한 것은 바로 매카트니가 중국을 떠난 지 2년 후인 1796년에 일어난 백련교(白蓮敎)의 난이다. 백련교는 아미타불 신앙에 미륵불 신앙이 결합된 민간신앙 조직이었지만, 경제적 불평등과 관의 수탈에 맞서 봉기하여 근 10년간 중국 사회를 뒤흔들었다. 그러나 19세기 들어 인구의 계속된 증가와 구조화되어 가는 사회적 부정, 그리고 외국과의 전쟁으로 인한 천문학적인 배상금 지불로 인해 하층민의 생존권은 더욱 악화되어 민란이 지속적으로 발생하였다. 이러한 민란의 이념적 바탕은 자유가 아니라 바로 전통적으로 뿌리 깊은 생존 권리와 공평성[公], 그리고 평등한 사회[均分]에 대한 동경이었다.

민간-공공영역과 사회질서

광대한 영토에 풍요로운 대지, 국가의 개인재산 보호, 근면·절약하는 민족성, 발달한 생활기술과 수공업은 서양인이 중국의 땅을 밟은 이후로 줄곧 중국을 묘사할 때 구사하는 표현들이었다. 그러나 이러한 묘사 뒤에 이어지는 것은, 이상적 환경과는 매우 대조적인, 대다수 중국인들의 빈곤한 생활이었다. 이는 18세기 이후 특히 두드러졌다. 이러한 이해하기 어려운 현상의 원인은 빈번한 대규모 자연재해와 전쟁 등으로 인한 경제적 조건의 파괴가 그 하나일 것이지만, 빈곤을 지속적이고 상시적인 상태로 만드는 것은 바로 인구의 급증이었다. 오히려 강희제와 건륭제까지 이르는 1세기 반 동안, 상대적으로 유리한 기후와 사회의 안정이 경제력의 발전을 가져왔지만, 이와 함께 인구가 급증하면서 18세기 후반 중국 사회는 이미 적지 않은 압력을 받고 있었다. 스톤턴이 중국의 고위관리로부터 직접 얻은 자료에 의하면 1790년대 티베트, 만주, 몽고, 신강을 제외한 중국의 인구는 3억 3천 3백만 명이었다.[13]

　　인구의 과잉과 경제적 빈곤의 직접적인 결과는 생활의 불안정과 이주민의 증가였다. 또 재산을 모든 자손에게 거의 균등하게 배분하는 가족제도, 대규모의 자연재해 등 예측 불가능한 조건으로 인해 상대적으로 부유한 가정도 미래가 불안정한 것은 매한가지였다. 특히 경제적 능력이 부족한 계층(독거노인, 과부, 불구자, 고아 및 유기된 영아 등)은 더욱더 경제적 압박을 받았고, 생존을 위해 정절과 같은 사회·윤리적 규범으로부터 일탈하는 경우가 빈번해졌으며, 장례나 혼례와 같이 중요하지만 비용이 많이 소요되는 관습도 사회적 통념을 벗어나는 경우가 종종 발생하였다. 즉 인구의 증가와 그로 인한 경제적 곤경은 바로 사회질서와 규범을 위협하였다. 그 중에서도 가장 심각한 사회문제는 바로 영아 가운데서도 여자 아이에 대한 유기였다. 여자 아이의 유기는 바로 가부장적 가족제도, 남존여비 등의 중국 문화와 관념의 폐단을 보여 주는 대표적인 사례로서 거론되었다. 19세기 후기 한 서구 여성은 『자림서보』(字林西報: 일명 『화북일보』)의 한 기고문을 통해 "(그녀가 알고 있는 당시) 50세 이상의 중국 부녀자 160명은 전체 631명의 아들과 538명의 딸을 낳았는데, 그 자녀들 가운데 10세 이상 생존한 경우는 아들이 366명(약 58%), 딸이 205명(약 38%)이었으며, 그녀들의 진술에 따르면 160명의 부녀자가 158명의 여자 아이를 살해했다"[14]라고 하면서 중국인의 도덕불감증

13) 베넷(M. K. Bennett)에 의하면 1800년 세계 전체 인구는 9억 1천 9백만, 그 중 유럽 인구는 2억 6천 6백만, 중국 주요부의 인구는 3억 4천 5백만이었다(안드레 군더 프랑크, 이희재 옮김, 『리오리엔트』, 이산, 2003, 284쪽의 표4-1).
14) Henry Norman, *Far East collection*, Circa, 1890.

그림10 절강(浙江) 가흥(嘉興)의 한 노인의 팔순 축하연에 천여 명의 하객이 참여하였는데, 그들은 모두 노인이 버려진 아이들을 걷어 양육하고 출가시킨 80여 명과 또 그들이 대대로 20년 동안 양육한 버려진 아이들이었다. 「버려진 여아들을 구제하다」(溺女宜拯), 『점석재화보』 제17호, 1884. 10.

을 비판하고, 이것은 열악한 생존환경 때문이라고 지적하고 있다.

생존권을 포함한 미래에 대한 불확실, 관의 민에 대한 느슨한 통제로 인해 사람들은 자구책을 취하지 않을 수 없었는데, 종족제도와 각종 회관(會館), 그리고 비밀결사조직은 조직이나 집단의 힘을 통해 자신의 권익을 보호하려는 목적과 긴밀하게 연관되어 있었다. 일반적으로 종족제도는 유교 관념과의 연관성 속에서 이해하지만, 실제에 있어서는 종족공동체라는 '자연'적 울타리 속에서 자신의 이익을 보호하려는 의미가 강하였다. 즉 종족 간의 상호부조, 공동자녀교육, 공동양로, 타 집단이나 비적 등에 대한 공동방어 등을 통해 개인적으로 해결하기 어려운 난관을 집단적으로 해결하려는 것이었다. 뿐만 아니라 한 개 혹은 몇 개의 종족으로 구성된 촌(村)은 자체적으로 촌장을 선출하여 촌의 업무를 관장케 하는 한편, 관(官)에 대해 촌의 이익을 대변하게 했다. 즉 개인이 권력으로서의 관과 개별적으로 상대하는 것이 아니라, 집단의 이익 대변자인 촌장을 통해서 관과 관련된 일을 처리토록 함으로써 약소자인 민(民)의 권리를 보호하고자 한 것이었다.

한편 향촌의 가족 일원 중 생업을 위해 타지로 이주하는 사람들이 늘어나면서 도시에 호조(互助)를 목적으로 조직된 동향조직과 동업조직이 종족제와 유사한 역할을 하였다. 즉 타지에서 생업에 종사하는 사람들은 고립되고 불안정한 생활에서 벗어나기 위해, 같은 업종의 길드조직에 가입하거나 동향조직에 가입하였다. 이들 조직은 회관을 건설하여 공동제사, 문화공연 등 지연 및 동업관계를 통한 상호 교류활동과 장례식 지원과 같은 부조활동도 함께 진행하였다. 특히 상업적인 측면에서 이는 보험과 같은 역할을 했는데, 성원들이 일정한 비율로 기금을 내고 나서 7년에 걸쳐 매년 일정한 액수를 반환받는 형식을 취하는 경우도 있었다. 그래서 19세기 전반 중국을 방문하여 관찰한 적이 있는 프랑스의 올드 닉(Old Nick)은 이러한 상호부조적인 조직은 당시 막 서구에 보급되고 있던 보험회사들이 본받을 만하다고 말하고 있다.[15]

그러나 이들의 활동은 여기서 그치지 않고 더 나아가 지역사회의 불안정한 질서와 사회

규범을 유지하기 위해 다양한 공적활동에 참여
하였다. 즉 그들은 토지, 건물, 자금 등을 출자
하여 선회(善會), 선당(善堂)과 같은 각종 자선
단체를 결성하고 다양한 자선활동과 복지활동
을 전개하였다. 구체적으로는 각종 자연재해를
당한 난민에 대한 지원 외에 과부나 노인·고
아·극빈자에 대한 경제적 지원, 관이나 공동묘
지 제공 등을 통한 장례식 지원, 육영사업, 양
로원 설립, 무료 의료활동 등을 펼쳤으며, 이후
소방과 방범 같은 치안활동, 학교와 기술 강습
소 같은 교육활동, 그리고 문화공연과 종교활
동에도 참여하였다.

　　중국인의 성격을 비판적으로 분석하여 중
국인에게 많은 영향을 주었을 뿐만 아니라 인
종주의적 편견에 사로잡힌 자로 비난을 받은
아서 스미스(Arthur H. Smith)는 1894년에 출
판한 『중국인의 특성』(Chinese Characteristics)
에서 "동정심이 결핍된 중국인"과는 사뭇 다른
그들의 특징을 다음과 같이 말하고 있다.

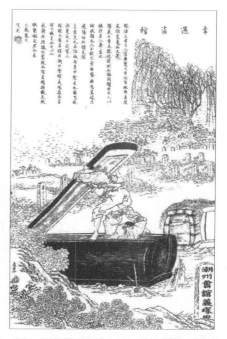

그림11　'조주회관의총계'(潮州會館義冢界)라는 푯말이
세워져 있는 공동묘지. 중국에서는 장례식을 무엇보다도
중시하기 때문에, 동향회관의 주요 기능 가운데 하나가
바로 가난한 동향인을 위해 장례를 치러 주고, 이후에 그
시신을 동향에 묻도록 해주는 것이었다. 조주회관은 주
로 상업을 중심으로 한 상방(商幇)이었으며, 민국 초기
손문의 임시정부와 호법운동을 위해 많은 재정 지원을
하였다. 「다행히 도굴꾼을 만나다」(幸遇監棺), 『점석재화
보』 제53호, 1885. 10.

　　매번 홍수나 기근이 발생하면 도처에 거대한 죽을 나누어 주는 시설이 들어서는 것을 볼 수
있으며, 겨울에는 옷이 없는 사람에게 겨울옷을 나누어 주는 것을 볼 수 있다. 이는 정부뿐만
아니라 평민들도 적극적으로 참여하고 있으며 …… 결코 드문 일이 아니다.

　　이러한 조직은 19세기 광주에만도 150개가 존재했을 정도로 중국 사회를 유지시키는
중요한 토대였다고 할 수 있다. 이외에도 민간 사회에는 다양한 비밀결사조직이 있었다. 백
련교를 비롯하여 천리회(天理會)·삼합회(三合會)·천지회(天地會) 등 다양한 형태의 비밀결
사조직은 대부분 종교적인 색채를 띠고 있었지만, 실제로는 조직원 간의 상호부조와 집단활
동을 통해 개인의 권익을 보호하거나 이익을 추구하려는 목적에 기반해 있었다. 그러나 종족

15) Old Nick, *La Chine ouverte. Aventures d'un fan-kouei dans le pays de Tsin*, Fournier, 1845. 錢林森, 蔡宏寧
　譯, 『開放的中華: 一個番鬼在大淸國』, 山東畵報出版社, 2004, 122쪽.

그림12 상해의 인제선당(仁濟善堂)에서 매년 동지에서 청명절까지 가난한 사람들을 위해 죽을 제공해 주고 있다. 이런 죽창(粥廠)을 설치하고 기민을 돕는 활동은 정부나 민간 차원에서 흔히 볼 수 있는 일이었다. 「굶주린 백성이 덕을 입다」(飢民戴德), 『점석재화보』 제37호, 1885. 4.

제도나 회관의 활동과 영향이 특정 지역에 제한되어 있었다면, 비밀결사조직의 영향은 몇 개의 성 또는 그 이상의 전국적인 조직망을 형성하고 있어서 종종 정치적인 운동으로 표출되기도 하였다. 그리하여 정부는 각종 종교집단에 대해 억압정책을 실시하였지만, 생존 목적과 긴밀한 연관을 지니고 있던 이러한 조직들이 민간에 자생적으로 만연하는 것을 억제할 수 없었다. 그리고 이러한 조직은 이후 의화단의 난(1900년)이나 혁명활동 참여 등을 통해서 보여지듯이 중국 사회의 변화에 있어서 부정적이든 긍정적이든 간에 중요한 역할을 담당하였다.

이와 같이 중국 사회는 전체적으로 관료행정체계를 갖추고 있었지만, 실질적으로 기층 사회는 정부에 의해 질서가 유지되기보다 민간조직에 의해 유지되는 자치의 성격이 강하였다. 1790년대 청 제국의 총독부터 현관(縣官), 그리고 학정(學政)·번대(藩臺)·안찰사(按察使)와 같이 특수 업무를 맡은 관리까지, 지방통치를 위해 중앙에서 임명한 문관은 모두 대략 2,000명(1852년 기준 총독 8명, 순무 15명, 포정사 19명, 안찰사 18명, 학정 17명, 장군 15명, 지부와 지현 1,740명)[16]을 넘지 않았다. 물론 이들의 업무를 보조하는 관리들이 상당수 존재하였지만, 광대한 영토를 이들이 세세하게 관리하기에는 매우 역부족이었을 뿐만 아니라 보조관리들 또한 이러한 민간조직의 일원이었다.

따라서 중국에는 일찍이 반관반민(半官半民) 혹은 민간조직들이 자발적으로 조직되어 기층사회의 질서를 유지하는 한편, 이러한 조직을 통해 사회의 공공영역이 형성되었다. 즉 이들 조직은 특정한 이익집단이면서도 사회의 질서와 규범을 유지하는 데 중요한 역할을 하였다. 이는 중국인들이 자신의 안전과 소속감, 즉 정체성을 국가라는 추상적인 것이 아니라 자신들의 삶과 직결되어 있는 종족이나 동향, 동업과 같은 공동체 조직에서 구하고 있었다는 것을 말해 준다. 이러한 중국 사회의 특성에 대한 평가를 둘러싸고 20세기 초 중국에서는 적잖은 논쟁이 전개되기도 하였다. 양계초는 가족과 지역 이기주의로 인해 중국인들에게는 국가의식이 존재하지 않는다고 비판하였고, 진독수(陳獨秀)는 이들로 인해 중국인들에게는 개인의 자주, 권리의식이 존재하지 않는다고 비판하였다. 그러나 손문(孫文)은 중국인은 국가나 신분 등으로부터 비교적 자유롭기 때문에 개인의식이 발전했다고 보고, 오히려 종족이나 회관, 지역공동체 등을 매개로 한 국가건설을 구상하기도 하였다.

16) Williams, *The Middle Kingdom*, p.438.

┃제국의 자기 전환┃

"중년의 고관은 도덕과 정치에 관한 이야기를 하고 나서 이 도시에서 상인을 추방해야 하는 이유를 열거하였다. 물론 의약품은 예외였다. 그리고 거래를 할 수 있는 담장이 없는 장소를 지정하였다. …… 설교를 마치자 모든 청중들은 …… 탁자 앞에 엎드렸고, …… 성부(聖父)에 대한 기도처럼 보이는 몇 분 동안의 침묵 시간이 지나고 나서 일어나 각자 흩어졌다."[17]

1861년 3월 23일 토요일, 에드킨스 부인은 선교사 남편을 따라 남경으로 가 태평천국의 안식일 예배에 참석하고 있었다. 그렇게 열망했던 기독교화된 중국이 눈앞에 있었고, 수많은 사람들이 자신과 똑같이 성부를 향해 기도를 하고 있었다. 다만 상업을 금지하는 설교는 서구인인 그녀로서는 이해하기가 쉽지 않았다. 홍수전(洪秀全)의 기독교 스승이자 처음 태평천국에 참여하였던 선교사 로버츠(Issachar J. Roberts)는 상업에 대한 태평천국의 반대와 기독교 교리 해석에 있어서의 '이단성', 홍수전의 개인적 성격에 환멸감을 드러내며 1862년 1월 남경을 떠났다.

　　이에 앞선 1836년 광주에 과거시험을 보러 갔던 홍수전은 과거시험장 입구에서 선교사들이 배포하는 책을 한 권 받았다. 이 책은 중국에 온 최초의 서양 프로테스탄트 선교사인 모리슨(Robert Morrison)을 도와 비밀 선교활동을 하던 양발(梁發)이 쓴 『권세양언』(勸世良言)이라는 기독교 입문서였다. 집으로 돌아온 홍수전은 이미 세 번이나 실패한 시험의 압박감에 40여 일 동안 혼수상태에 빠졌고, 그 상태에서 환상을 보았다. 그는 하늘에 올라가 궁전에서 금발흑의(金髮黑衣)의 노인을 만났는데, 그 노인은 인류가 모두 자신의 아들이고 세상에는 악이 가득하다고 한탄하면서, 검은 칼 한 자루와 인수(印綬)를 그에게 주며, 세상의 악마를 말끔히 일소하라고 지시하였다. 또 그 노인은 한 젊은 사람을 소개하며 그의 형제라고 소개하였다. 이러한 환상을 겪고 나서 혼수상태에서 벗어난 홍수전은, 이후 『권세양언』을 읽고 자신이

그림13 태평천국의 천왕 홍수전.

17) Jane R. Edkins, *Chinese Scenes and People*, J. Nisbet, 1863, pp.275~277.

그림14 태평천국의 예배당. 남녀가 같이 예배당에 모여 정치적이고 종교적인 설교를 듣고 있다.

본 노인이 여호와이며, 자신은 그의 아들이고, 그 형제라는 젊은이는 바로 예수라고 믿게 된다. 그는 사당의 공자상(像)을 부순 다음, 형제와 더불어 배상회(拜上會)를 조직하고 선교활동을 전개하였는데, 그 과정에서 계투(械鬪: 중국의 집단 간 싸움)에 불리한 소수종족이나 비밀결사 등을 결집하여 민간에서의 세력을 확장하였다. 이어 당시 단속(斷續)으로 일어나던 민란을 조직하여 1850년 7월 광서(廣西)에서 반정부 기의를 일으켰다. 그는 추종자들에게 사당과 우상을 파괴하고, 아편과 술을 끊고, 전족을 금하게 하였으며, 만주족을 사악한 억압자라며 비판하였다. 기의 이후 곳곳의 비밀결사와 농민들을 조직하여 1853년 3월 남경을 함락시키고, 천경(天京)으로 개칭하여 1864년 증국번(曾國藩)이 조직한 의용군에 의해 점령될 때까지 남경을 태평천국의 근거지로 삼았다.

　태평천국은 중국 역사에서 중요한 의미를 지니고 있다. 여기에는 당시 빈부 간의 갈등, 민과 관의 갈등, 토박이와 객가(客家)의 갈등 같은 사회적 갈등 요인과 종교적 요인이 응축되어 있을 뿐만 아니라 홍수전의 개인 환상이 보여 주는 바와 같이 과거를 통해 관료가 되는 것이 유일한 입신양명의 길로 강요되면서, 치열한 경쟁 속에서 과거에 몰두해야 하는 당시 지식인들의 심리적 압박도 중요한 계기가 되고 있다. 공자상의 훼손은 바로 우상파괴의 결행인 것만이 아니라 좌절에 빠진 수많은 과거 응시생들의 분노 표출이기도 했다. 뿐만 아니라 사회적 가치의 계서화(階序化)와 다양성의 결여는 당시 과거제로 인한 지식의 편중과 왜곡 현상도 엿볼 수 있는 대목이기도 하다.

　태평천국은 기독교를 표방하기는 했지만, 주요 정책은 천조전묘제도(天朝田畝制度)가 보여 주는 바와 같이 전통적인 균전법을 중심으로 한 대동사상에 근거하고 있었다. 이후 모

그림15 중국번이 이끄는 의용군과 태평천국군이 전투를 벌이는 모습. 제목은 「광서토비토벌전」(光緒土匪討伐戰)으로 청 제국의 입장에서 전투 장면을 그렸다.

택동(毛澤東)에 의해 채택되기도 했던 균전법은 가족 수 및 토지의 질과 양에 따라 토지를 균분하는 제도였다. 또 여성들도 전족을 하지 않고 전투에 참여했으며, 남관(男館)과 여관(女館)으로 나누어 엄격한 금욕주의와 공동체 생활을 시행하였다. 이들은 기독교에 근거하여 유교와 불교 등의 종교문화재를 파괴하였다. 그러나 얼마 후 왕조의 통치 시스템을 정비하고 이에 따라 폐지했던 과거제를, 중역본 성경을 포함한 새로운 시험 과목을 채택하여 여성에게까지 확대 시행하였으며 관료제를 부활시켰다.

그러나 태평천국이 근대 중국 역사에 끼친 영향은 무엇보다도 청 제국 권력구조에 변화를 가져왔다는 점이다. 청 제국은 다수의 한족을 견제하기 위해 핵심 군사권에 대해서는 만주족이 장악하도록 했다. 하지만 태평천국의 진압에 나섰던 청의 정규 팔기군이 연이어 패하고 태평천국 세력이 북경 부근까지 밀려오자, 함풍제(咸豊帝)는 상(喪) 중이던 증국번을 시켜 고향에서 향토 자위대인 단련(團練)을 조직하게 하였다. 이에 증국번은 1854년 「토월비격」(討粵匪檄)을 통해 유가 명교(名敎)의 수호를 내걸고 태평천국에 격분해 있던 지주·부상(富商), 그리고 지식인〔紳士〕들의 지원을 받아 호남 의용군인 상군(湘軍)을 조직하였다. 즉 증국번이 비격문에서 내세운 궐기 이유는 만주족 황제에 대한 충성이 아니라, 기독교라는 이국문화를 가지고 중국의 고유문화와 가치를 파괴하는 것에 대한 분노였다. 또 이홍장도 안휘(安徽)에 단련을 조직하여 회군(淮軍)을 결성하였는데, 이 두 의용군의 힘으로 태평천국의 수도인 남경이 1864년 함락되게 된다. 그리고 그 공로로 증국번과 이홍장 등은 한족으로서 청 제국의 요직에 오르고, 이후 북양군(北洋軍)과 신군(新軍) 등의 편성을 맡아 중요한 군사권도 아울러 장악하게 된다. 이로써 한족은 다시 중국 역사의 중심세력으로 등장하였다. 1912년 신해혁명 이후, 남경과 북경에서 각각 권력을 장악하고 있던 인물은 홍수전을 만주족에 대항한 한족의 혁명인물로 받들던 손문, 그리고 증국번·이홍장을 이어 한족으로서 실질적인 군권(軍權)을 장악한 원세개(袁世凱) 두 사람이었다.

한편 태평천국과 한창 내전을 치르고 있던 청 제국은 1856년 무단으로 영국 국기를 끌어내렸다는 이유로 영국과 프랑스의 공격을 받았다(애로호 사건). 영국과 프랑스는 미국·러시아의 외교적 지원을 받으며 외교관의 북경 주재·내륙여행의 자유·양자강의 개방·기독교 공인·영사재판권 등을 요구하였으나, 협상이 부진하자 북경에까지 진격하였다. 그 와중에 중국이 영국과 프랑스 포로를 살해함으로써 '문명적 전쟁'의 원칙을 위배한 것에 분격하여, 연합군을 이끌던 엘긴(James Bruce Elgin)은 건륭제가 서구식 건축으로 꾸민 궁전인 원명원 (圓明園)을 불태우도록 지시했다. 이때 원명원에는 바로 매카트니가 건륭제에게 선물로 바친 마차가 전시되어 있었는데, 연합군은 이를 다시 영국으로 회수해 갔고, 원명원을 뒤덮은 불길은 3일 동안 계속되었다. 청 제국은 결국 북경조약(1860년)을 체결하고, 열하로 피신했던 함풍제는 북경으로 돌아오지 못한 채 1861년에 사망하였다.

두 차례에 걸친 영국과의 전쟁과 태평천국의 진압에 참여했던 서양의 상승군(常勝軍) 등을 통해 서구의 군사력과 문물의 우수성, 새로운 시대적 변화를 체험한 공친왕과 증국번 등

그림16 원명원을 불태우기 전에 약탈하고 있는 영국과 프랑스 연합군.

그림17 서양인 지휘관이 이끄는 상승군.

은 서구에 대한 배타적 태도를 바꾸어 서구의 문물을 적극 수용하기 위한 정책을 펴 나갔다. 티베트, 신강, 몽고 등 내번관계를 전문적으로 담당하던 이번원과 같이 서구와의 관계를 전문적으로 처리하는 총리아문(總理衙門, 1861년)을 두고 서구와의 대외관계를 담당할 수 있는 외교관을 양성하기 위해 경사동문관(京師同文館, 1862년), 상해 광방언관(廣方言館, 1863년), 광동 광방언관(1864년)을 설치하여 영어·러시아어 등 외국어 및 국제법, 천문학, 수학 등을 가르쳤다. 또 서구의 과학지식과 교육·역사 등에 관한 지식의 보급을 위해 강남제조국(江南製造局) 산하에 번역관(1868년)을 두었으며, 북경조약에 따라 외국 외교관의 북경 상주를 허용하고, 중국 역시 런던·파리·베를린·워싱턴·도쿄·페테르부르크 등 외국에 공사관을 파견하였다. 뿐만 아니라 서양식 무기와 전함을 제조할 공장과 조선소를 설립하였으며, 윤선초상국(輪船招商局), 전신망, 면방공장 등과 같은 새로운 산업 관련 시설들을 건립하여 경제의 근대화에도 주의를 기울였다.

이와 같이 태평천국의 난과 제2차 중영전쟁을 거치면서 청 제국은 체제조정에 들어갔다. 서구의 지역체계 규범이라 할 수 있는 '국제법'이 앞서 말한 바와 같이 1864년 공친왕의

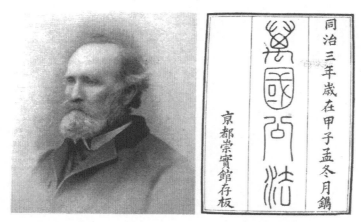

그림18, 19 마틴과 그가 1864년 번역한 만국공법. 마틴이 만국공법을 번역하기 직전인 제2차 중영전쟁 당시 영국의 아길(Argyll) 공작은 다음과 같이 주장했다. "우리가 유럽에서 국제관계를 규제하는 것과 같은 규칙에 의해 중국인에게 구속당하는 것처럼 말하는 것은 완전히 비상식적이다. …… 그 규칙에 우리가 야만인들과 함께 묶이는 것은 바보짓이다. 그들은 그것을 알지도 못할뿐더러 안다고 해도 따르지 않을 것이다."(홉슨, 『서구 문명은 동양에서 시작되었다』, 331쪽)

지원 하에 마틴에 의해 번역되어, 청 제국은 자국의 이익을 위해 점차 서구의 국제법 질서에 참여하기 시작했다. 처음에 서구는 기독교 국가 사이에 통용되던 '국제법'을 중국에 적용하기 않고, 힘의 논리에 의해 불평등한 조약 체결을 요구하였다. 이에 아편전쟁 직전에 임칙서가 영국 여왕에게 보낸 서신에서 보편적이고 합리적인 이치를 강조하였던 것과 같이, 청 제국은 '국제법'이 표방하는 보편적 이치에 근거하여 자신의 이익을 보호하고자 하였다. 그러나 이는 곧 기존의 천하질서에 대한 부정을 의미하는 것이었고, 이를 통해 청 제국은 보통국가 혹은 보통제국으로 전환해 갔다. 1860년 북경조약을 체결한 엘긴의 손에 들려 있었던, 이제 막 출판된 다윈의 『종의 기원』의 규칙에 따라 청 제국은 열국 가운데 하나로서 적자생존과 약육강식의 게임에 참여하기 시작한 것이다.

|서구 문명의 두 거울 | — 불야성의 신세계와 민교 분쟁

서역에서 들어온 불야성	西域移來不夜城
절로 나오는 등빛, 달빛보다 더 밝아	自來火較月光明
통금시간 잊은 사람들	居人不信金吾禁
거리 거닐다 새벽 종 소리 듣노니	路上徘徊聽五更[18]

태평천국의 난으로 중국에서 가장 크게 변화한 지역은 바로 상해였다. 조계지라는 독특한 방식으로 남경조약 이후 상해에 근거지를 마련한 영국은 1843년 처음 830묘(畝: 1묘는 30평, 곧 99.174㎡)에서 시작하여 1848년 2,820묘, 1893년 10,676묘(영미 공동조계지)로 점차 그 범위를 확대해 나갔다. 프랑스 역시 처음 986묘에서 시작하여 1861년에는 1,124묘로 조계지를 확장하였다.

태평천국의 난으로 중국에서 가장 변화하고 인구가 조밀하던 강남 지역이 점령되자 그 지역의 신사(紳士)와 상인 등은 난을 피해 외국인이 거주하고 있는 상해 조계지로 대거 모여들었다. 그리하여 1854년 영국 조계지의 중국 주민이 1년 사이에 500명에서 20,000명으로 증가하였고, 1865년 프랑스 조계지의 중국인은 55,465명에 달했다. 이러한 인구의 증가와 함께, 소도회(小刀會: 1853년 결성)의 상해 점령과 태평천국의 난을 계기로 영국·프랑스·미국 등은 자위를 목적으로 내세워 조계지에 대한 자치관리를 주장하고 1854년 공부국(工部局)을 수립하였다. 그러나 프랑스는 1862년 프랑스 조계지에 단독으로 공동국(公董局)을 설치하고 산하에 시정총리처(市政總理處)·공공공정처(公共工程處)·경무처(警務處)를 두고 독자관리를 시작했으며, 이에 영국과 미국도 공부국의 기능을 확대하여 산하에 총판처(總辦處)·만국상단(萬國商團)·경무처·화정처(火政處: 소방대)·위생처·교육처·재무처·공공도서관·음악처·화문처(華文處) 등을 두고 치안과 재무·위생·교육·문화 등 전 분야에 걸쳐 독자적인 경영에 들어갔다.

이러한 조계지 관리 방식의 변화와 더불어 상해에는 19세기 서구의 신문물과 오락, 스포츠와 같은 문화들이 들어왔다. 높이 우뚝 솟아올라 사면의 유리창이 오색찬란하게 빛을 내며 즐비하게 늘어선 서구식 건물, 마차 3~4대가 나란히 달릴 수 있고 작은 돌을 평평하게 깔

---

18) 『申報』, 1872년 7월 12일자.

그림20 1893년 상해 공공조계지에서 개항 50주년 기념으로 남경로(南京路)를 만국기와 등으로 꾸며 놓은 모습.

아 비가 와도 진흙 웅덩이가 생기지 않고 또 쉽게 길을 잃을 정도로 종횡으로 뻗은 도로, 그리고 아름다운 호텔과 클럽, 공원과 다리 등의 휴식 공간.[19] 이러한 이국적 도시는 살수차와 청소차가 정기적으로 도로의 먼지와 오물을 청소하고, 밤에는 앞의 시에서 노래하고 있는 것처럼 가스등이 거리를 밝히고, 남녀들이 밤새 거리를 산보하며 무덥고 긴 여름 밤을 보내고 있었다. 또 상해는 서구의 가무회와 잡기가 공연되고 환등기와 같은 영상을 통한 공연도 열려 불야성 도시를 이루었다. 상점에는 이제 막 수입된 재봉틀과 비누와 양탄자·서양 옷감·양산·서양 종이와 필기도구·칫솔과 치약·시계 등이 전시되어 있었고, 영문과 중문으로 된 신문과 잡지가 매일 혹은 매주 발간되고, 출판사에서는 각종 신학(新學) 서적을 출판하여 점차 신문화와 신지식의 중심지로 자리를 잡아 가고 있었다. 그래서 중국 내지여행을 막 마치고 상해로 돌아온 한 서양인은 조계지에 들어서는 순간 암흑에서 광명의 세계로 들어서는 것 같았다고 술회하기도 했다. 물론 이러한 도시의 한 켠에선 급증한 기루(妓樓)에서 매음과 도박이 밤낮으로 행해지고, 돈벌이를 위해 각지에서 모여든 갖가지 사람들로 수레와 마차, 말과 자전거 등이 도로 한가운데서 사고를 일으켜 시끌벅적하게 다투는 장면도 이 도시의 빼놓을 수 없는 한 풍경이었다.

19) 黃樊材,『滬游勝記』.

그러나 이런 외면적인 것보다도 상해가 중국인에게 준 충격은 바로 그 도시의 관리체계였다. 1845년 12월 영국 조계지에 공포된 규정에는 다음과 같은 행위에 대해 5파운드 이하의 벌금을 부과하고 있다.

노상, 공공장소 혹은 강이나 우물에 쓰레기를 버리는 자, 공공장소 혹은 인가에서 소란을 피우는 자, 기와나 잡다한 것을 길에 버리거나 벌여 놓아 혹은 문 입구나 창 밖에 대나무 간판을 걸어 놓아 교통을 방해하는 자, …… 개 짖는 것을 방치하여 행인을 놀라게 하는 자, 나무로 만든 통을 길에서 굴리는 자, 길에서 불필요하게 나팔이나 북과 같은 것으로 행인이나 가축을 놀라게 하는 자, 길에 돌을 던지는 자, 밤에 큰 소리로 문을 두드리거나 가로등·문 입구의 등을 끄는 자, 길에서 구걸하는 자…….[20]

1882년 북경 순천(順天)의 향시에 응시했다 낙방하고 광동으로 돌아가는 길에 상해에 들렀던 강유위(康有爲)는 상해의 이러한 모습을 보고 서양에도 치술에 도(道)가 있음을 보고 서구에 대한 인식이 바뀌어, 기존의 학문 태도를 버리고 서학을 연구하기 시작했다고 자술하였다. 즉 상해는 당시 서양 근대문명의 축소판이었던 것이다.

그러나 서구에 대한 새로운 인식의 확대에도 불구하고 중국 곳곳에서는 중국인과 서구인 사이의 충돌이 빈번히 발생하였다. 특히 북경조약 이후 서양인의 중국 내지 여행과 선교활동이 자유롭게 되면서 기독교도와 중국인 간의 충돌은 하나의 사회적인 문제였다. 1868년 서구 선교사가 운영하는 양주(揚州)의 육영당에서 여러 명의 영아가 죽는 사건이 벌어지자, 양주 부시(府試)에 참여했던 생원들이 선교사가 중국 아동을 살해했다는 벽서를 붙였다. 그러자 분노한 1만 명의 군중들이 선교사를 구타하고 교회를 불살랐으며 기독교도와 그 가족을 폭행하였다. 이러한 사건은 이후에도 사천(四川)·귀주(貴州)·강소(江蘇) 등지에서 연이어 발생하여, 1860년부터 40년 동안 크고 작은 종교사건이 810여 건에 달할 정도였다. 그리고 이들 사건의 이면에는 양주 사건에서 보이듯이 군중들이 기독교도와 직접 충돌하도록 사대부들이 추동하고 있었다.

기독교를 내세우고 유교를 비판하며 일어났던 태평천국을 경험한 데다 서구의 선교사들이 불평등 조약에 의거하여 중국인과 중국 관원들에게 고압적인 태도를 보이자, 중국 지식인들은 선교사와 기독교에 대한 적대감을 노골적으로 드러냈다. 선교사의 파워는 중국 지방관원이 한 지방에 부임하면 제일 먼저 그 지역의 선교사를 예방할 정도였다. 왜냐하면 지방에

---

20) 李長莉, 『近代中國社會文化變遷錄』, 浙江人民出版社, 1998, 125쪽.

그림21 과거시험의 한 단계인 부시(府試)를 보기 위해 모여든 응시생들이 교회당에서 소란을 피우고 있다. 「교회당에서 소란을 피우다」(大鬧教堂), 『점석재화보』 제71호, 1886. 3.

서 선교사나 기독교 관련 문제가 발생하면 바로 서구 해당 국가의 영사관에서 중국 정부에 항의하고 배상을 요구하여 중국 정부는 재정적으로나 외교적으로 적잖은 손실을 입고 있었고, 따라서 기독교 관련 사건이 발생하면 그 지역의 관리는 중앙정부로부터 면직과 같은 심한 처벌을 받았기 때문이다. 그리고 바로 이러한 상황을 이용하여 선교사의 힘을 빌려 개인적 이익을 도모하기 위해 기독교에 귀의하는 사람들도 적지 않았다. 이에 대해 중국 지방 사대부들은 사상적·문화적으로 선교사들의 활동을 자신들의 권위에 도전하고 지방에서의 그들의 지위를 위태롭게 하는 것으로 간주하였다. 따라서 직접 겉으로 드러내지는 않았지만, 기회가 되면 군중들을 동원하여 선교사들에게 맞서고 자신들의 지위를 지키려고 하였다.

　그런데 군중들이 쉽게 사대부들의 선동에 호응할 수 있었던 것은 바로 당시 중국 민간에서 개신교와 천주교를 바라보던 태도와도 밀접한 관계가 있었다. 즉 중국 사대부들과 민간에서는 천주교를 백련교(白蓮敎), 관음교(觀音敎), 삼양교(三陽敎), 전진교(全眞敎), 청정교(淸靜敎) 등과 같은 민간 밀교나 불교와 유사한 것으로 보았다. 도광(道光) 연간(1821~50년)에 중국에는 70여 개 이상의 밀교가 성행하고 있었는데, 이들 가운데에는 괴이한 술수나 법술로

그림22 이 그림은 1891년 장강 연안에 널리 유포되었던「황제의 명을 받들어 사악한 무리를 몰아내는 그림」(謹遵聖諭闢邪全圖)으로 전36폭 가운데 제5폭. 선교사와 기독교인들이 한 여신도의 가슴을 도려내고 있다.

그림23 「근존성유벽사전도」(謹遵聖諭闢邪全圖) 제6폭. 선교사들이 사람의 눈을 파내고 있다.

사회적 문제를 야기하는 경우도 적지 않았다. 아이들이나 부녀자를 유괴하고, 사람의 신체 일부로 약재를 만드는 등의 반사회적 행위를 벌임으로써 정부와 사회로부터 비난과 탄압을 받았다. 중국 민간에서는 천주교나 개신교의 예배 의례가 밀폐된 공간에서 이루어지고 남녀가 같이 예배하는 것을 보고, 바로 밀교와 유사한 것으로 간주하는 경향이 적지 않았다.

그리고 이러한 오해를 더욱 불러일으켰던 것은 교회의 자선사업 가운데 하나였던 육영당의 운영이었다. 천주교와 개신교는 고아나 경제적 문제로 어려운 집의 아이들을 일정한 돈을 지불하고 데려다 육영당이나 고아원을 운영하고 있었는데, 이는 자선적인 의미 외에도 문화적 차이로 전도가 어려운 중국에서 신도를 확보할 수 있는 좋은 방편이 되었다. 그러자 이를 이용하여 불량배들이 아이들을 유괴하여 교회에 돈을 받고 넘겨 주는 경우도 적지 않게 발생하여 중국인들 가운데는 선교사나 수녀들이 아이들을 매매하고 있다고 여기기도 하였다. 게다가 육영당의 아이들이 질병 등으로 죽는 사건들이 발생하면 민간에서는 선교사들이 밀교처럼 아이들의 신체 일부를 다른 용도로 사용하기 위해 살해했다고 오해하기도 하였다. 그림22와 그림23을 보면, 바로 천주교(天主教 : 톈주지아오)의 주교(주지아오) 두 글자를 '돼지의 외침'이라는 뜻의 저규(猪叫 : 주지아오)로 부르면서 서양의 선교사들이 사람의 눈과 가슴을 잘라 낸다고 천주교와 개신교를 비난하고 있다. 그리고 이러한 유언비어에 의해 발생한 대표적인 사건이 바로 1870년 천진(天津) 종교사건이다. 당시 천진에서 연쇄 아동 유괴사건이 발생하고 있을 무렵, 프랑스 선교사가 운영하는 육영당에서 여러 명의 아이들이 사망하는 사건이 발생하자 외국 선교사들이 아이들의 심장을 도려내 약재로 만들었다는 유언비어가 나돌았다.·이에 조사가 이루어졌는데, 이 과정에서 서구 외교관이 중국인에게 먼저 총상을 입히자, 군중들이 격분하여 20여 명을 죽이고 교회와 영사관, 고아원 등을 불태웠다. 이 사건으로 청 제국은 프랑스에 46만 냥을 배상하고, 천진의 지부(知府)와 지현(知縣)을 면직시켰으며, 15명의 민간인을 처형하였다.

　이와 같이 19세기 중국에서 서구 문명과 문화는 새로운 문명의 신세계와 야만이라는 이중적인 이미지가 병존하고 있었다. 이는 여전히 서로 다른 문명 간의 충돌로 이해할 수도 있지만, 새로운 문화가 가져오는 기존 질서의 변화에 대한 이해의 차이에서 기인한 바가 적지 않다. 즉 내지에서는 민간 종교와 불교 등을 무시하던 유교적인 신사계층들이 천주교와 개신교를 서구 국가권력에 기대어 자신들의 문화적 권력과 지위에 도전하는 미개한 종교로 간주하고, 그들에 의한 종교적 전파를 야만적 문화의 침투로 인식하고 있었다. 이와 같은 서구 종교에 대한 비판은 단순히 견문이 좁은 지방 신사계층에 한정된 것이 아니라, 서구 문물의 적극적인 수용을 주장하는 사람들에게도 해당되었다. 그들은 서구 문명과 기독교를 구분하고 서구적인 지식에 입각하여 기독교의 '허구성'을 비판하였다.

　한편 상해와 같은 조계지에서는 중국인들이 서구 문물을 대체로 환영하고 있었지만, 오히려 서구인들은 중국인들이 자신들의 문명세계로 접근해 오는 것을 환영하지 않았다. 1885년 조계지의 공부국은 중국인과 서양인들이 함께 기금을 조성하여 만든 공원에 서양인, 일본인, 조선인들은 모두 허용하면서도 중국인은 하등인(下等人)이 많다는 이유로 출입을 금지하였다. 이 조치는 중국인들의 강렬한 반발을 야기하여 1886년 5월에 해제되었지만, 중국인들을 문명인의 범주에서 배제시키는 서양인의 의식을 잘 드러내 준다. 그러나 상해 화상(華商)들이 공부국에 보낸 서신은 공부국에서 중국인들에게 선별적으로 출입증을 발급하고 이 소지자들에 한해 출입을 허용하는 방안을 제안함으로써, 그들 스스로도 중국의 '하등인'을 문명세계로부터 격절시키는 논리를 수용하고 있다. 여기서 중요한 것은 '문명'이라는 새로운 어휘는 기존의 예의(禮義)와 동의어가 아니라 새로운 가치 기준의 변화를 의미하며, 조계지의 새로운 질서규범은 바로 이 새로운 어휘에 구체적인 기의를 부여하는 것으로 인식되기 시작했다는 점이다.

인종 · 문명과 국민국가

청일전쟁에서 패배한 후 중국인의 호칭에는 '동아병부'(東亞病夫), '마목불인'(麻木不仁)이라는 수식어가 덧붙여졌다. 이는 그동안 '종번국'으로 무시해 왔던 일본에게 패한 중국의 전반적인 무기력함을 지칭한 것이었는데, 점차 중국인 개개인의 신체적 조건에 대한 수식어로도 사용되었다. 중국인의 신체적 조건에 대한 서구의 서술은 일찍이 있어 왔지만 단순한 생물학적인 조건을 넘어서 문명 우열론과 결합하여 서술되기 시작한 것은 18세기 후반 이후의 일이다.

16세기 후반 중국 광동성을 방문했던 에스파냐인 멘도사(J. G. de Mendoza ; 門多薩)는 중국인에 대해 "좋은 체질에 균형감이 있으며 예쁘다", 또 "얼굴이 넓적하고, 코가 낮으며, 눈이 작고 턱이 뾰족하며 수염이 별로 없다"[21]고 하면서 서구인과 비교하고 있지만, 이로부터 후에 보이는 인종적인 우열을 논하지는 않았다. 그러나 18세기 후반부터 백인종 우월의식이 두드러지면서 비서구인 혹은 백인종이 아닌 기타 인종에 대한 폄하가 등장하였다. 즉 생물학적 지식을 물리과학과 같은 객관적인 지식으로 간주하면서 인종의 해부학적 차이에 주목하고, 이를 언어 · 기후 · 문화와 결합하여 한 종족 혹은 인종의 자질 및 문명 진화의 정도를 설명하는 것이 유행하였는데, 이러한 종족주의 혹은 인종 담론은 타 종족에 대한 지배에 합법성을 부여하거나, 황화론(黃禍論)과 같이 타 종족에 대한 멸시와 적대를 통해 내부 통제에 이용하기도 하였다. 1870년대 초 러시아 무정부주의자 미하일 바쿠닌(Mikhail Bakunin)은 일찍이 "땅이 넓고 인구가 많으며 물산이 풍부한 중국이", 서구 열강을 본받아 개혁 중인 "일본과 연합한다면 황색의 야만족이 조수처럼 밀려와 유럽 전체의 군사력이라도 저지하지 못할 것이다"[22]라고 하면서 황화론을 제기하였고, 또 미국의 스타우트(A. B. Stout)라는 사람은 1876년 미국의 '중국 이민문제 조사'의 청문회에 제출한 한 책자에서 "중국인은 미국인의 중국 이민을 기꺼이 받아들일 것이다. 왜냐하면 한 사람 한 사람의 결합을 통해 그들의 쇠약한 종족을 개량할 수 있기 때문이다. 반대로 한 사람 한 사람의 중국인이 우리 토지에 영구히 정착한다면 우리 혈통의 자질은 저하될 것이다"[23]라고 하면서, 백인종 우월론에 입각하여 화교에 대한 종족 차별과 적대의식을 표출하였다.

21) 門多薩, 何高濟 譯, 『中華大帝國史』, 中華書局, 1998(초판 : Rome, 1585), 29~30쪽.
22) 谷音, 「辨黃禍之說」, 『東方雜誌』 第二年 第二期, 1905. 2. 25, 32~33쪽.
23) 呂浦, 張振鵾 等 編譯, 『黃禍論歷史資料選輯』, 中國社會科學出版社, 1979, 13~14쪽.

 이러한 인종론은 단순한 인종 편견의 문제가 아니라 근대 국가종족주의 이념의 토대로서 19세기 후반 이래 동아시아의 변화와 그에 대한 인식에 중요한 역할을 하였다. 즉 국민국가와 민족주의, 동·서문명, 제국주의-식민주의와 같은 현대의 핵심 개념들은 모두 이러한 인종-종족 관념의 다양한 변주를 통해 형성된 것이었다. 중국에서도 인종-종족론은 19세기 말 문명-야만론과 민족성(국민성)론, 적자생존론 등과 결합하여 당시 세계에 대한 기본 인식 틀을 제공하였으며, 다양한 차원에서 사회변화의 '추동력'을 형성하였다. 그 중 직접 관계된 것이 바로 종족-신체 담론이다.

 신체 담론은 19세기 인종론·국가론과 결합한, 당시 지배적인 담론 가운데 하나였다. 건강한 신체에서 건강한 정신이 나온다는 근대적 신체-정신론에 입각하여 서구인들은 중국 지식인들의 긴 손톱과 남성의 변발, 그리고 여성들의 전족 습관으로부터 중국의 총체적 부실과 신경쇠약 증세를 진단하였다. 즉 신체는 단순히 생물학적인 것이라기보다는 사회적인 것이었고, 진화의 정도를 가늠하는 척도이기도 하였다. 그리고 이렇게 등급화된 신체의 자연적 '진화' 방향에 장애가 되는 모든 문화와 제도는 비과학적-야만적이라는 이름 하에 비판의 대상이 되었다. 따라서 중국의 위생 관념, 예절 습관, 오락문화 등은 바로 신체와 국가가 허약한 주요 원인으로서 20세기의 개혁 대상 가운데 중요한 것이었다. 즉 이전에는 신체에 대한 규율화가 인성의 도야라는 차원에서 접근되었다면, 이제 신체는 그 자체로 목적이 되어 규율은 최소한도로 제한되거나 아니면 새로운 규율에 따라 조직되고 훈련되어야 했다.

 동서양을 비교하며 바라보던 사람들은 서양 국가의 힘은 바로 백인종의 '우수한' 체격에 있으며, 이러한 체격은 서구인의 위생 관념과 의술 그리고 체육과 같은 운동 습관에 기인한다고 보았다. 특히 서구의 의술은 매카트니 사절단의 전문의가 화신(和珅)을 비롯한 많은 관료들을 진료하며 중국에서도 인정을 받았고, 임칙서와 관계가 밀접했던 미국의 안과의사이자 선교사인 피터 파커는 안과 이외에 외과 수술에도 능숙하여 중국인들에게 많은 환영을 받았다. 양계초를 비

그림24 피터 파커(Peter Parker)의 눈 수술 장면. 그는 1835년 광주에 안과병원인 '박제의원' (博濟醫院) 설립했고, 1839년 임칙서의 요청으로 『각국율례』(各國律例)의 일부를 중문으로 번역했으며, 1844년 '중미망하조약' (中美望廈條約) 체결 때 통역관, 1844년부터 주중미대사관 참찬(參贊), 1855～57년 주중 미국공사를 역임하였다.

롯한 중국인들은 서구 의술의 우수성은 전문적인 훈련 과정과 자격증 제도에 있다고 보아, 20세기 초부터 일본과 서구로 유학한 많은 학생들 중에는 (노신魯迅을 비롯하여) 의학 전공자가 적지 않았다. 물론 의학은 단지 직접적인 의료행위에만 국한된 것이 아니었다. 즉 질병 예방과 통제는 국가의 중요한 의료행위이자 바로 한 국가의 문명화와 국가로서의 능력을 시험하는 잣대이기도 했다. 1897년 교주만(膠州灣)을 점령하여 조계지로 할양받았던 독일은 청도(靑島) 지역을 중심으로 식민도시를 건설하면서 식민지 경영의 일환으로 중국인 거주지와 유럽인 거주지를 엄격히 구분하였는데, 당시 해군 건축 고문이었던 뵈케만(Bökemann)은 그 이유로 위생문제를 제기하였다. 즉, "건강문제와 관련하여 유럽인 거주자와 중국인 거주자를 가능한 분리해야 한다. …… 특히 중국 주민이 사용한 적이 있는 더러운 물이 유럽인이 거주하는 지역으로 흘러드는 것을 막아야 하는데, 이 오염된 물은 종종 큰 해를 불러일으키기도 한다."[24] 그리고 그 정책의 구체화로서 1900년 '중국인 조례'를 제정하여 중국인의 야간통행, 시가행진, 폭죽놀이 등에 대한 규정과 더불어 유럽인 거주지에 중국인의 중국식 건축 행위 금지, 건물마다 거주인 수 제한, 전염병 환자의 의무적 신고, 화장실 및 쓰레기 처리에 대한 규정, 가축 사육 금지와 주택 소유자의 건물 청결 의무 조항 등을 공표하였다.

이와 같이 중국 내에서조차 외국인들로부터 위생 등의 문제로 야만인 취급을 받는 것에 모멸감을 느낀 중국은 이를 문명화라는 논리를 통해 수용하면서 자기변화를 도모하였다. 그 대표적인 예로 비위생적이고 비인간적인 것으로 비판을 받았던 전족 풍속을 반대하는 반전족(反纏足) 운동이 전국적으로 활발히 전개되었으며, 서구에서 야만적인 풍속이라고 거부했던 고두의 예는 사람들의 기상과 자존의식을 억압하는 비문명적인 것이라 하여 1906년 양광(兩廣) 총독 잠춘훤(岑春煊)의 지시를 시작으로 점차 폐지되었다.

한편 이러한 위생학과 더불어 각종 체육 운동과 교련이 각 지역 체육회와 학교를 중심으로 보급되었다. 조계지를 중심으로 활동하던 서구인들은 서구식 도시 설계와 더불어 오락과 스포츠를 위한 공원과 시설을 건립하였는데, 서구인들이 즐기던 스포츠는 처음에 단순한 호기심을 야기하는 유별난 오락에서 이후 점차 하나의 상무정신을 배양하는 문명교육으로서 중국인에게 수용되었으며, 그 중에서도 특히 체조가 널리 장려되었다.

국가를 강하게 하려면 먼저 상무정신을 진작시켜야 하고, 상무정신을 진작시키려면 먼저 체조로부터 시작해야 한다. 체조의 효과는 하나가 아니니, 간단히 말하면 근력과 골격을 강하게 하고, 도보법을 익힐 수 있으며, 마음을 가지런히 할 수 있다.[25]

24) Bökemann, "Die Stadtanlage von Tsingtau", *Koloniale Monatsblätter*, November 1913, p.471.
25) 金松岑, 「同里敎育支部體育會演說」, 『蘇報』, 1903. 3. 17.

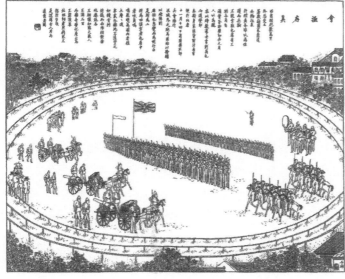

그림25, 26 상해 서구 상인과 군사들이 함께 조련(調練)을 하고 있는 모습. 아래 그림은 「연합 훈련」(會操存眞), 『점석재화보』 제99호, 1886. 12.

즉 체조는 단순한 운동이 아니라 건강한 신체와 단정한 몸가짐, 그리고 안정되고 균형 있는 마음자세 등을 육성하는, 문명인으로서 갖추어야 하는 기초교육이었다. 뿐만 아니라 집단체조는 전체 사회에 하나의 질서를 부여하고 모든 사람들이 동일한 행동과 사유방식에 따라 움직이게 하는 사회질서 의식의 배양 과정이었고, 또한 국민으로서 국가의 규율 속에 유기적으로 결합할 수 있는 능력을 양성하는 것이기도 했다. 즉 집단체조는 단순히 개인에 대한 육체적·심리적 통제만을 위한 것이 아니라 집단적 질서와 규범을 위한 정신과 의지의 배양을 목적으로 하였다. 이와 관련하여 상해 조계지에서 중국인들에게 인상 깊었던 것은 바로 외국인들의 군사훈련이었다. 거리행진 혹은 경마장에서 진행된 열병식과 같은 훈련이 보여준 질서정연한 집단적 움직임은 바로 서구의 절도 있는 모습이었다. 즉 문명이란 다름 아닌 이러한 질서였고, 그것의 가장 기본적인 모델은 상무정신에 입각한 군인들의 교련이었다. 근

그림27 여자 체조학교의 졸업식에서 여학생들이 교련식의 체조를 하고 있다. 『도화일보』(圖畫日報) 제168호, 1910. 1. 30.

대문명의 조직 원리로서의 획일화된 질서는 군대 이외에 공장과 학교 등 다양한 측면에서 보여 주지만, 중국인에게 그 유용성을 극대화하여 보여 주는 것은 바로 서구 강권의 핵심이라고 본 군대 조직이었다. 중국에게 거듭된 굴욕을 가져다준 서구 열강과의 전쟁, 그리고 태평천국의 난을 평정하는 데 중요한 역할을 한 서구 상승군의 힘은 단지 무기의 성능만이 아니라 그러한 무기의 힘을 조직하는 질서-규율이라 보았다. 그리고 그에 대한 구체적이고 가까운 예가 바로 20세기 초 군대

를 모델로 사회질서체계를 수립하여 새로운 강국으로 부상한 일본이었다.[26] 일본의 군국주의 모델에서 중요한 것은 군대 규율을 사회화하여, 이를 근대적 국민으로서 갖추어야 할 덕목으로 삼고, 이로써 국민을 국가라는 모직물에 유기적으로 짜 넣는 것이었다.

물론 자제력과 규율에 따른 행동은 중국인에게는 매우 익숙한 것이었다. 중국은 아동교육에 있어서도 성인과 같은 엄격한 규율과 절제력을 요구하였다. 그러나 이러한 교육은 개인 욕망에 대한 자제력의 배양에는 효과가 있었지만, 타인과 동일한 행동규범을 통해 집단적 규율로 나아가는 데에는 일정한 한계가 있었다. 왜냐하면 중국의 아동교육은 주로 개인적으로 이루어졌기 때문이다. 그러나 국가를 중심으로 유기적인 사회질서 속에 국민들의 행동과 마음을 조직해 넣기 위해서는 집단적 규율이 요구되었고, 여성이 사회의 중요한 구성원으로서 참여할 수 있었던 것도 바로 이러한 인위적인 집단 규율 훈련을 통해서였다. 뿐만 아니라 집단적 체조는 단순히 개인의 육체적·심리적 통제만을 위한 것이 아니라 집단적 질서와 규범을 위해 분출해 낼 수 있는 정신과 의지의 배양을 목적으로 하였다.

한편 청일전쟁에서의 패배는 바로 중국의 정치·군사상의 허약한 체질을 반영하는 것이라고 여기게 되면서, 그동안 조심스럽게 중국에 대한 팽창정책을 추진하던 영국·프랑스·러시아·독일 등 서구 국가들은 중국을 아프리카·아메리카에 이은 세계의 마지막 케이크로 간주하기 시작했다. 특히 1895년 독일의 빌헬름 2세가 직접 도안한 「황화도」(黃禍圖)를 러시아의 차르 니콜라이 2세에게 보내면서 중국과 일본을 중심으로 한 동양 황인종의 서구 세계

---

26) 이에 대해서는 나루사와 아키라, 박경수 옮김, 『일본적 사회질서의 기원』, 소화, 2004 참고.

 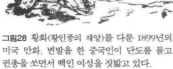

그림28 황화(황인종의 재앙)를 다룬 1899년의 미국 만화. 변발을 한 중국인이 단도를 물고 권총을 쏘면서 백인 여성을 짓밟고 있다.

그림29 박쪼개기[瓜分]는 당시 서구에 의한 중국의 분할을 지칭하였는데, 그림에서 서양 각국이 지켜보는 가운데 일본과 러시아가 중국이라는 박을 쪼개다 다투고 있다. 러일전쟁이 발발한 1904년 2월 『경종일보』(警鐘日報)의 만화.

에 대한 위협을 주장한 이후, 독일의 산동 반도 점령, 러시아의 동북 3성에 대한 지배력 확대 등을 통해 중국에 대한 서구 열강의 이권 경쟁은 더욱 심화되었다. 황화와 분할(박쪼개기[瓜分])은 다소 배치되는 것처럼 보이지만, 중국을 비롯한 동아시아에 대한 당시 서구의 태도와 욕망을 잘 보여 준다. 이와 비슷하게 동아시아에서는 아시아주의 내지 아시아 연대론으로 대응하기도 했지만, 서구 언론의 중국 분할에 대한 논의가 구체적인 방안까지 거론하게 되자, 청 정부와 지식인들은 커다란 자극과 충격을 받지 않을 수 없었다. 즉 청일전쟁 이후 중국이 직면한 것은 단순한 왕조나 국가의 위기가 아니라 인종·민족의 위기이자 중화문명의 위기로 인식되었다. 이러한 근본적인 위기의식에서 출발하여 중국 내에는 지금까지 제국의 자기조정 내지 변화의 시도보다도 더욱 급진적인 개혁론과 사회·정치운동이 대두되었다.

그 대표적인 인물인 강유위·양계초·담사동(譚嗣同) 등은 1895년부터 『시무보』(時務報)·『상보』(湘報)·『지신보』(知新報) 등을 발간하여 개력을 통한 종족·종교(유교)·국가의 위기 극복을 주장하고, 마침내 광서제의 적극적인 지지 하에 1898년(무술년) 변법운동을 전개하였다. 그들은 새로운 지식의 생산과 보급을 위해 학교·도서관·번역관·출판사 등의 건립과 과거제 개혁을 주장하였고, 경제 분야에서는 중상정책과 공교(孔敎)를 통한 중화문명과 민심의 유지·통일을, 정치 분야에서는 제도국을 통한 의회제 도입 등을 추진하였다. 그러나 급속한 변

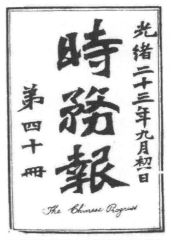

그림30 양계초가 황준헌(黃遵憲)의 도움을 받아 창간한 『시무보』, 1896년 음력 7월 1일부터 1898년 6월 21일까지 순간(旬刊)으로 69권 발행되었으며, 당시 개혁주의 사상을 널리 알리는 데 큰 역할을 했다.

도표2 19세기 말 중국의 경제규모와 배상금

구 분		금액(은 만 냥)	비고
1883년 수출입	수 출	7,000	
	수 입	7,400	
1900년 국가 재정수입		8,000	
대외 배상금	1·2차 중영전쟁	2,900	
	청일전쟁	23,000	3년 상환
	의화단의 난	45,000	국민 1인당 1냥, 40년 상환

※ 1900년 재정수입을 기준으로 중국은 청일전쟁과 의화단의 난 등으로 인한 배상금이 근 9년치의 재정에 달했으며, 이를 위해 외국으로부터 관세와 세금, 광산 발굴, 철도부설권 등을 담보로 막대한 차관을 도입하여 그 이자액만도 상당한 액수에 달하였다.

화 과정에서 소외되고 있던 서태후와 만주족 관료들의 반대로 결국 실패로 끝나고, 담사동을 포함한 일부는 처형되었으며, 강유위와 양계초 등은 일본으로 망명하였다.

그러나 변법운동은 실패하였지만 아래로부터의 자발적인 변화운동은 급속히 확대되었다. 특히 변법운동을 좌절시키고 광서제를 유폐시켰던 서태후는 1900~1년 의화단의 난으로 궁지에 몰리자 영국·러시아·일본 등 11개국과 신축조약을 체결하여, 배상금 지불 외에도 정치적인 개혁을 추진하지 않을 수 없었다. 그리하여 입헌제를 위한 자의국(諮議局)을 설치하고, 총리아문을 외교부로 개편했으며, 대외 방어와 대내 치안 업무를 겸하던 군대를 개편하여 별도의 경찰제도를 도입하였다. 그리고 근대학교 중심의 학제를 채택하고, 과거제를 폐지(1905년)하였으며, 학생들을 선발하여 일본과 미국, 유럽에 유학을 보냈는데 특히 일본으로의 유학은 1905~7년에 정점을 이루었다.

그러나 '보통국가'라면 이미 파산[27]하고 말았을 정도의 대외 배상금은 고스란히 국민들의 부담으로 돌아가 납세거부운동이 빈번해졌고, 중앙정부의 약화와 비례하여 지방정부의 권한은 날로 확대되어 갔다. 또 광서제 복위[保皇]와 입헌제의 조속한 실시를 주장하는 강유

---

27) 18세기 전성기가 무색할 정도로 약화된 19세기 말~20세기 초의 중국에 대해서, 지금까지 중국 체제의 후진성을 근거로 그 원인을 설명하는 데 주력했는데, 이러한 방식을 통해 얻을 수 있는 결론은 서구 근대문명의 보편성과 우월성에 대한 확인뿐이다. 19~20세기 중국 역사가 보여 주는 의미와 관련하여, 1863년부터 1908년까지 45년간 중국의 격변기에 중국 총 세무사직을 담당했던 영국인 로버트 하트(Robert Hart)가 의화단의 난 직후인 1903년 출판한 *These from the Land of Sinim*에서 중국에 대한 서구의 오해와 왜곡을 비판하면서 중국이 비록 시행착오를 거치면서 느리게 변화해 가고 있지만, 서구의 부당한 간섭에도 불구하고 자신의 문명과 능력에 의거하여 성공적으로 근대적 전환을 이루어 다시 세계의 대국으로 재탄생할 것이라고 주장한 논의의 맥락에 주의해 볼 필요가 있다.

위·양계초 등의 입헌파, 만주족 정부의 전복과 한족 중심의 공화제를 추구하는 손문·황흥(黃興)·장태염(章太炎) 등의 혁명파는 각각 유학생과 해외 화교자본, 그리고 중국 내 개혁세력과 민간의 결사조직 등과 연계하여 개혁과 혁명을 추진하였다. 이들은 표면적인 대립과 다양성에도 불구하고, 모두 중국을 서구 국가의 모델에 따라 소위 '근대국가'로 전환시키려는 기획을 갖고 있었다. 이 중에서 혁명파는 청조의 전복이라는 정치적 혁명을 급선무로 삼고 있었는 데 비해, 입헌파는 상대적으로 청조가 제시한 입헌 로드맵에 부응하여 국민계몽에 주력하였다. 즉 입헌제가 제도로서 정착하기 위해서는 국민들의 의식계몽이 선결되어야 했다. 그러나 의식계몽이 인종론과 결합되면서 이는 단순한 사상계몽이 아니라 종족개량운동으로 전개되었다.

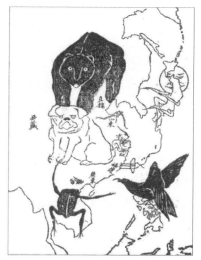

그림31 1898년 흥중회 회원인 사찬태(謝纘泰)가 홍콩 신문에 발표했던 그림을 바탕으로 다시 그려, 1903년 12월 25일 채원배(蔡元培)가 주편을 맡고 있던 『아사경문』(俄事警聞) 창간호에 실은 「시국도」(時局圖). 곰(러시아), 뱀(독일), 두꺼비(프랑스), 불독(영국), 독수리(미국), 태양(일본)이 중국 대륙을 잠식해 가고 있는 형상을 그리고 있다.

20세기 초의 국민성 개조론은 앞서 말한 청일전쟁 직후 문명 및 인종 담론과 연속성을 지니고 있다. 일찍이 정부의 파견으로 영국에 유학했던 엄복(嚴復)은 청일전쟁 직후 토머스 헉슬리(Thomas H. Huxley)의 『진화와 윤리』(*Evolution and Ethics*)를 『천연론』(天演論)이라는 제목으로 번역하여, 생존을 위한 종(種) 간의 경쟁원리를 중국에 소개하였다. 이는 당시 세계적 갈등을 화이(華夷) 간의 투쟁이 아니라 인종·민족 및 문명 간의 갈등으로 보는 새로운 시각을 제공하였다. 그리고 동양의 같은 황인종 간의 전쟁이었던 청일전쟁에서 중국이 패하자, 민족성(국민성) 문제가 제기되었다. 즉 국가와 인구의 크기, 자원과 경제력 등에서 월등한 조건을 갖춘 중국이 세계 열강 앞에서 웃음거리가 된 것은 중국의 민족성에 원인이 있다는 주장이 제기되었다.

赫胥黎天演論卷下
侯官嚴復學
天演論一
道每下而愈況雖在至微盡其性而萬物之性盡窮其理
而萬物之理窮在善用吾知而已矣安用鉤湛縋幽然後
爲天乎今夫莢兩緘以爲郛一房而數子瞀然不盈掬之
物也使藝之不違其性雨足以潤之日足以暄之則無幾
何其力之內蘊者敷施其質之外益者翕受始而萌芽纔
乃引達俄而布薆俄而堅熟時時蛻其舊而爲新人弗之
覺也覺亦弗之異也覩非常則驚見所習則以爲不足察

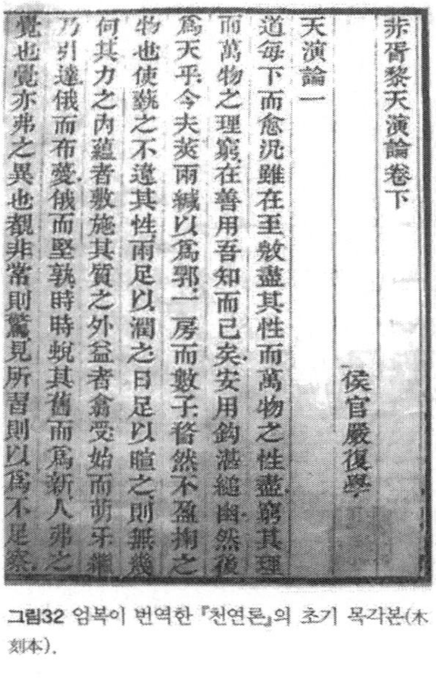

그림32 엄복이 번역한 『천연론』의 초기 목각본(木刻本).

이러한 주장은 처음에 아서 스미스를 비롯한 서구인들이 제기하였지만, 이후 일본인 사이에서도 논쟁이 전개되기도 했다. 일본에서 중국의 국민성을 비판하는 사람들은 청일전쟁에서의 승리로 인한 자만심과, 의화단의 난으로 중국의 분할 위기가 가속화되고 그 여파가 일본에까지 미치게 되자 중국을 지원하여 서양으로부터의 위기에 공동대처해야 한다는 이 중적인 심리를 가지고 있었다. 그리고 당시 일본에 망명해 있던 양계초와 강유위의 제자들이 일본의 이러한 비판을 국민들의 각성을 목적으로 적극 한어로 번역·소개하였다. 예를 들어 1901년 3월 『청의보』(淸議報, 71-73冊)에는 일본 『아사히신문』에 실린 「지나인의 특질」을 요 약·소개하고 있는데, 일본 신문기자는 중국인은 이기적이고 노예근성을 가지고 있으며 염 치를 모르기 때문에, 중국인을 대할 때는 힘으로 위협하고 개인 이익만을 좇는 특성을 이용 하면 된다고 지적하고 있다. 물론 중국의 국민성에 대한 기사들이 모두 부정적인 것만은 아 니었다. 양계초는 일본 모 정파의 신문 내용에 근거하여 20세기는 중국의 세기가 될 것이라 면서, 그 이유로 중국 인종의 네 가지 특성을 들고 있다. 부(富)의 근원이 되는 자치의 능력, 모험과 독립의 특성, 유구한 역사를 지닌 학문과 사상의 발달, 풍부한 노동력과 물적 자원이 그것이다.[28] 양계초는 이러한 중국인의 자질과 중국의 잠재력을 하나로 모으고(合大群), 사 람들의 지혜를 깨치기만 한다면(開人智) 중국은 가장 강력한 민족으로 대두될 것이라고 말하 고 있다. 그리고 이러한 국민성론에 근거하여 중국의 갱생(更生)을 위해, 진취심과 모험심을 갖춘 신민(新民)을 주창하고, 새로운 국민으로서 갖추어야 할 태도와 정신을 제시하였다. 즉 중국에서 국민은 단순히 신민(臣民)이나 인민에서 국민으로 되기 위한 권리의식의 신장을 의 미하는 것이 아니라, 강유위가 백인종과의 혼혈을 통한 황인종의 개량을 제기했던 것처럼, 서구인을 모델로 한 인종개량의 의미도 지니고 있었던 것이다. 하지만 청일전쟁과 러일전쟁 을 통해 '열등한' 황인종인 일본이 강대국으로 부상하는 것을 보면서, 진화의 핵심은 국민의 특수한 정신력과 심리적 태도에 있다고 간주되었다.

그림33은 러일전쟁 직전인 1904년 1월 2일자 『아사경문』 기사이다. 당시 중국인의 각성, 특히 정신적인 각성을 위한 글들이 많은 신문과 잡지들에 게재되었는데, 일간지인 『아사경 문』은 그 중에서도 더욱더 두드러졌다. 기사는 1860년 제2차 중영전쟁으로 영국과 프랑스의 연합군이 북경을 공격할 때 쓴 한 영국인의 일기를 바탕으로 재구성한 것으로 다음과 같은 내용을 담고 있다.

"영국 군대가 홍콩에서 출병할 때 많은 광동인 짐꾼을 고용하였다. 영국 군대가 천진의 대고 (大沽)에 진격하여 신화성(新化城)을 점령하고 수많은 중국 병사를 살해하였다. 그리하여 성 문 앞 들판에는 많은 병사들의 시체가 널려 있었는데, 혹은 사지가 찢겨지고 혹은 죽기 직전

28) 梁啓超, 「論中國人種之將來」, 『淸議報』, 第十九冊, 1899. 6. 28.

그림33 『아사경문』, 1904년 1월 2일
자. 1861년 영국과 프랑스 연합군
의 북경 공격에 참여했던 한 영국인
의 일기를 번역하고 내용을 그림으
로 표현한 것이다.

의 상태라 거기서 울부짖는 소리는 우리 외국인이 보고 듣기에도 매우 가슴이 아플 정도였으
니 중국인들은 어떠했겠는가? 그런데 그 짐꾼들은 자기 동포의 이러한 모습을 보고도 조금
도 괴로워하지 않고 오히려 그들을 손가락질하며 웃는가 하면, 혹자는 죽은 자의 주머니에서
물건을 약탈하는 자도 있었다." 영국인이 기록한 이 사건은 우리로 하여금 온몸이 떨리게 한
다. 정말이지 우리 중국인이 살고 있는 땅이 갈라지고 홍수에 수몰되어 모든 중국인을 다 죽
게 하고 싶을 정도다. 이전 태평천국의 난 때, 증국번과 이홍장 등은 수많은 동포를 죽이고도
조금도 비통해 하지 않고 오히려 큰 공이라고 여겼다. 그리고 이홍장은 독일에 가서 비스마
르크를 만났을 때 이것을 과시하듯 떠벌였는데, 이를 들은 비스마르크는 "우리 유럽인은 동
포를 죽인 것을 공으로 여기지 않습니다"라며 그를 조소하였다.

노신의 환등기 사건(1906년 봄 센다이 의학전문학교에 유학 중이던 노신이 환등기 영상을
보고 충격을 받은 사건. 그것은 일본군에게 처형당하는 한 중국인의 모습을 주위의 다른 중국인들
이 구경하면서 좋아하고 욕하는 장면이었다)을 연상케 하는 이 기사는 중국 지식인들에게 국민
성과 민족성에 대해 심각한 문제제기를 하였고, 문화 및 풍속에 대한 개혁과 의식혁명을 통
한 새로운 국민의 창출은 이후 신문화 운동의 주요 의제가 되었다. 노신이 일본 유학 시절 겪
은 환등기 사건 이후 의학에서 문학으로 전환한 것은 단지 개인적인 차원이 아닌 중국의 보
편적인 역사 경험의 한 예였던 것이다. 그리고 18세기에서 20세기 초까지 중국은 사회-문화
전반에서 이러한 변화를 거쳐, 제국에서 보통국가로, 그리고 다시 국민국가로 전환해 갔다.

2장 | **죄와 벌 — 근대 중국의 법률문화**

■ 박소현

'죄와 벌 – 근대 중국의 법률문화' 개관

『점석재화보』와 법률문화

아편전쟁 이후 중국은 개항장을 중심으로 급속하게 서구 근대화의 소용돌이에 휘말리게 된다. 특히, 상해와 같은 근대적 도시는 서양 제국주의와의 첨예한 대립과 중국 전통문화 및 사회질서의 붕괴를 극명하게 보여 주는 공간이었다. 이와 같은 상황에서 빈번히 발생한 각종 범죄와 이에 대한 처벌은 당시의 급격한 사회변동과 이로 인해 급증하는 계층 간의 사회적 갈등과 동요, 그리고 보수와 진보, 구질서와 신질서의 대립과 혼란을 압축적으로 보여 주는 일종의 프리즘이 될 수 있다. 예를 들면, 상해 조계 지역에서 중국인과 서양인 관리가 나란히 법정에 앉아 피의자를 심문하는 모습이나 인도인 경찰의 횡포는 서양제국주의의 도전으로 몰락하기 시작한 황제·관료 지배체제의 권위를 상징적으로 보여 주는 것으로 해석할 수 있다. 그리고 아문(衙門 : 또는 관아)에서 불효자를 공개 처벌하는 장면은 급격한 사회변동으로 인한 유교적 가족제도와 윤리의식의 약화 현상이 '역설적'으로 표현된 것이라고 해석할 수도 있을 것이다. 범죄와 범법자는 대체로 법과 질서를 위협하는 사회악으로 간주되기에, 공정한 법률에 의한 처벌은 사회질서의 회복과 정의의 실현을 의미한다. 그러나 다른 한편으로, 범죄 사건은 정상적인 것처럼 보이는, 일상에서는 은폐되어 있는 사회적 갈등과 이데올로기적 모순을 폭로하는 매체로도 해석할 수 있다. 특히 아편전쟁 이후의 중국처럼 사회질서가 붕괴되고 이데올로기적 공황 상태에 빠진 사회에서는 후자의 관점이 더욱 유용할 수 있다.

『점석재화보』에 그림이라는 매체와 함께 압축적으로 표현된 범죄와 처벌의 이야기들은 많은 면에서 후자의 관점을 지지한다. 즉, 이 이야기들이 기존 질서로부터의 일탈을 통해 당시의 사회적 불안과 동요를 더욱 명확하게 드러내는 역할을 한다고 할 수 있다. 그런데 화보에 실린 범죄와 처벌의 '이야기'가 당시의 실제 사법제도와 범죄 현상을 얼마나 객관적으로 전달하고 있는지에 관해서는 별개의 문제로 다루어야 한다. 『점석재화보』가 그 '저널리즘'적 특성에도 불구하고 절대적인 객관성과 정확성에 의거하여 당시의 사법제도와 범죄 현상을 재현하고 있다고 보기는 어렵기 때문이다. 범죄는 자주 신문·잡지·방송 등의 대중매체에 의해 선정적인 흥밋거리로 다루어진다는 사실을 절대로 간과해서는 안 된다. 왜냐하면 이 과정에서 의식적이든 무의식적이든 과장과 왜곡으로 객관성을 잃는 경우가 대부분이기 때문이다. 사진이나 그림과 같은 시각 자료는 그 사실성과 현장감에도 불구하고 더욱 선정적 ——예를 들어 피해자의 시체 사진이나 처형 장면을 상상해보라—— 일 수 있으며, 원래의 의도와는 상관없이 그 의미가 크게 왜곡될 수 있다. 오락적 성격이 강한 『점석재화보』의 경우에 이와 같은 현상이 더욱 강하게 나타날 수 있다.

　　그러나 『점석재화보』에 묘사된 범죄와 처벌의 이야기는 당시의 사법제도 자체보다는 '법률문화'를 재현하고 있다는 점에서 더욱 흥미롭다. '법률문화'는 법률 그 자체와 그것이 시행된 방식뿐만 아니라, "법의 본질과 함께 사회에 존재하고 있는 사법체계의 구조와 시행에 관하여 역사적으로 정의된, 따라서 오랜 근원을 가진 사고방식과 태도들"을 모두 내포하는 상당히 포괄적인 용어이다.[1] 그런데 그림과 이야기로 법률문화를 재현하는 『점석재화보』가 중국 독자들에게 매우 낯선 매체였을 것이라고 가정하는 것은 어쩌면 너무 성급한 것인지도 모른다. 『점석재화보』가 출판되기 훨씬 전인 명청대(明淸代)에 상업적 인쇄와 출판을 통해 생산된 공안소설(公案小說)은 대개 삽화를 포함하고 있었고, 특히 명대 말엽인 16~17세기에 출판된 공안소설은 16종의 각기 다른 판본들 중 10종이 상도하문(上圖下文)의 형식 ——한 페이지의 상단에는 그림, 하단에는 텍스트를 배치한 형식——을 취하고 있었다.[2] 범인의 살해 장면에서부터 아문에서의 고문과 처형 장면에 이르기까지 범죄와 처벌이라는 비교적 무거운 주제를 삽화를 통해서 선정적으로 다루는 방식은

1) J. Merryman, "On the Convergence (and Divergence) of the Civil Law and the Common Law", *New Perspect-ives for a Common Law of Europe*, ed. Mauro Cappelletti, Sijthoff, 1978 ; Joanna Waley-Cohen, "Politics and the Supernatural in Mid-Qing Legal Culture", *Modern China*, vol. 19, no. 3, 1993. 7, p.331 재인용.

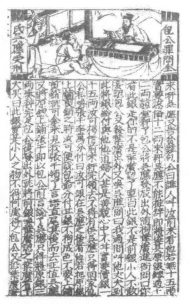

그림1 상도하문 형식으로 출판된 1594년판 공안소설 『전보포용도판백가공안』의 표제.

그림2 주인공 포증(포청천: 그림의 우측 상단)이 법정에서 범인들을 문초하는 모습.

이미 공안소설에서 충분히 그 효과를 거두었다고 할 수 있다. 물론 공안소설의 삽화는 문자 텍스트를 보완하는 보조적 역할에 그치고 있는 반면, 『점석재화보』에서는 그림과 텍스트의 역할이 전도되고 있다는 사실을 간과할 수는 없다. 그러나 공안소설에서도 삽화──그 삽화의 수준은 만화같이 조잡한 목판화에서 놀랄 만큼 정교하게 부각된 판화에 이르기까지 천차만별이지만──는 당시 범죄 및 사법제도에 대한 '민중적' 관점을 상징적으로 보여 주는 중요한 매체라 할 수 있다.

공안소설의 전통적 삽화와 『점석재화보』 사이에 존재하는 그 회화적 기교의 간격은 전문가가 아니더라도 한눈에 알아볼 수 있다. 우선 공안소설의 삽화는 **그림1**과 **그림2**에서 보이듯이 전통적인 중국 회화의 기법을 사용하여 평면적이고 단순화되어 있으며 여백을

---

2) 포청천(包靑天)이란 별명으로 우리에게 더욱 잘 알려진 명판관 포증(包拯)을 주인공으로 한 『전보포용도판백가공안』(全補包龍圖判百家公案) 외에도 『황명제사렴명공안』(皇明諸司廉明公案: 두 종류의 판본이 있음), 『황명제사공안』(皇明諸司公案), 『염명기판공안전』(廉明奇判公案傳), 『상형공안』(詳刑公案), 『상청공안』(詳淸公案: 두 종류의 판본이 있음), 『고금율조공안』(古今律條公案), 『명경공안』(明鏡公案) 등이 모두 상도하문의 형식으로 출판되었다.

그림3 관부(官府)에서의 검시(檢屍)에 군중이 모여 있는 장면. 「풍류한의 말로가 주는 교훈」 (風流龜鑑), 『점석재화보』 제1호, 1884. 5.

많이 남기고 있다. 게다가 서양 화법에서 가장 중요한 기법 중의 하나인 원근법이 거의 무시되고 있는데,——예를 들면, 판관과 같은 상층계급의 인물은 삽화의 후면 배경으로 물러나 있어도 전면에 위치한 하층계급의 인물들에 비해 훨씬 크게 표현되고는 한다——이 때문에 전통적 삽화들이 현대 독자들에게 마치 미숙한 아동의 그림처럼 보이는 것도 무리는 아니다. 그러나 우리가 반드시 염두에 두어야 할 사실은 공안소설의 삽화가 일찍이 당대(唐代, 618~907)부터 형성되어 온 관습적 화법에 따라 완성되었으며, 이 전통적 삽화의 중점은 실사(實寫)에 있는 것이 아니라, 일률적으로 표준화된 공간 분할과 기계적으로 반복되는 유사한 이미지를 통해서 인물들의 권력관계를 상징화하고 텍스트의 내용을 압축적으로 표현하는 데 있었다는 것이다. 예를 들면, 우측 상단으로부터 시작하여 좌측 하단으로 끝나는 텍스트를 읽는 방식은 가장 먼저 시선이 닿는 우측 상단의 공간을 특권적이고도 도덕적으로 우월한 공간으로 만들었으며, 반면 맨 나중에 시선이 가게 되는 좌측 하단의 공간은 상대적으로 하류층의 공간일 뿐만 아니라 비정상적이고 부도덕한 공간으로 만들었다. 이런 방식으로 전통적 삽화는 이야기의 한 장면 이상의 함축적 메시지를 독자에게 전달할 수 있었던 것이다.[3] 따라서 전통적 삽화 기법을 포기한다는 것은 단순히 인쇄 기술이나 텍스트 양식, 독서 관습의 변화만을 의미하는 것이 아니라 전통적 위계질서의 붕괴와 사회의식의 전반적 변화를 의미하는 것으로 폭넓게 해석해 볼 수 있다.

『점석재화보』에서 우리는 단순한 화법의 변화를 넘어서는 전반적인 사회·문화적

그림4 『포용도공안사화』(包龍圖公案詞話, 1470년경) 「왜오분전」(歪烏盆傳)에 삽입된 삽화. 상도하문 형식이 아닌 전면 삽화이다.

변화를 감지할 수 있다. 판관이 아문에서 범인을 심문하는 장면을 담은 공안소설의 삽화(그림4)와 관부(아문)의 검시 장면을 담은 『점석재화보』(그림3)를 예로 들어 비교해 보아도 그와 같은 변화를 확연히 느낄 수 있다. 석판화(lithograph)의 장점을 최대한 살린 정교한 세부 묘사와 원근법의 적용 외에도, 그림3에서 우리는 전통적 삽화에서 엄격하게 지켜지던 공간 분할의 기법이 완전히 파격·전복되고 있음을 확인할 수 있다. 그림3에서 좌측 후면으로 물러나 군중들과 유사한 비율로 '축소'되어 묘사된 관리는 그림4에서 보듯이 우측 상단을 차지하면서 권력과 도덕적 우월성의 상징으로 군림하던 판관의 모습과는 거리가 멀다. 반면, 왜소해 보이는 관부를 말없이 압도하고 있는 것은 검시를 지켜보는 이름 없는

3) 통속소설에 포함된 삽화의 기법과 의미 생산의 관계에 대해서는 Robert E. Hegel, *Reading Illustrated Fiction in Late Imperial China*, Stanford University Press, 1998, pp.311~326 참조. 특히, 삽화가 포함된 공안소설 텍스트에 대해서는 James St. André, "Picturing Judge Bao in Ming Shangtu xiawen Fiction," *Chinese Literature : Essays, Articles, Reviews* 24, 2002. 12, pp.43~73 참조.

군중들이다. 우리에게는 이 같은 그림이 예전의 권위를 회복하지 못한 채 하루가 다르게 몰락해 가는 19세기 말의 기성 권력층과 이와 반대로 점차 부각되어 가는 현대사회 대중의 모습을 상징적으로 형상화하고 있는 듯하여 예사롭지 않게 여겨진다.

　　법률문화를 재현하는 방식에 주목하여 『점석재화보』를 살펴보면 명청대에 생산된 통속소설인 '공안'에는 발견되지 않았던 여러 가지 복잡한 문제들이 제기될 수 있음을 알수 있다. 이 『점석재화보』에 재현된 법률문화는 근대적 사법제도가 확립되기 훨씬 전인고대 중국에 근원을 둔 전통적인 사법체계와 이에 대한 통속적 사고방식 및 태도를 반영하고 있을 뿐만 아니라 구질서와 신질서, 전통과 서구화라는 상반된 가치의 충돌을 반영함으로써 이중적이고 모순적이기까지 한 문화적 의미를 내포하고 있기 때문이다. 『점석재화보』에 재현된 법률문화를 이해하기 위해서는 당시의 정치·사회·문화적 변동뿐만 아니라 황제·관료 지배체제 하에서 장기간에 걸쳐 형성된 법률문화에 대한 전반적 이해가선행되어야 할 것이다. 따라서 나는 우선 중국 법률의 기본 개념과 법률문화의 대강을 살펴보고, 다음으로 제도적인 측면에 중점을 두어 『점석재화보』에 재현된 법정, 그리고 법정의 중심 인물인 판관과 아역(衙役)들의 모습을 통해서 당시 사법제도와 사회정의에 대한 민중적 시각을 살펴보고자 한다. 그 다음으로는 범죄 현상에 주목하여 『점석재화보』에재현된 각종 범죄를 통해서 당시 사회변화의 이모저모를 살펴보고자 한다.

중국 법률의 기본 개념과 법률문화

'법'(法) 또는 '법률'(法律)은 중국의 성문법을 가리키는 일반적인 용어이다. 법(法)은 대개 법전 또는 일반적인 의미의 법을 가리키는 반면, 율(律)은 법령이나 조례를 가리킬 때자주 사용되는데, 중국 법률의 핵심 개념을 한마디로 말하면 형(刑), 즉 형벌이라고 할 수있다. 고대 텍스트에서 형은 대개 '신체적 형벌'을 의미했지만, 후에 그 의미는 '형법' 전체를 가리키는 것으로 확장되었다. 따라서 중국 성문법의 궁극적 목표는 백성의 인권이나 재산권을 보호하려는 것이 아니라, 형벌을 통해서 백성을 통제하려는 것이었다고 이해할 수도 있다.

그러나 엄격한 제재를 통해서 백성을 통제한다는 관념만이 중국의 법률 기제에 지배적으로 작용한 것은 아니었는데, 전통 시기 중국의 법률은 사실상 유가(儒家)와 법가(法家)라는 매우 이질적이고 대립적인 사상의 영향을 동시에 받았다고 할 수 있기 때문이다. 처음부터 법의 독단적 사용을 혐오했던 유가 사상가는 훌륭한 정부는 법에 의해서가 아니라 인(仁) 또는 예(禮)와 같은 도덕적 원리에 의거하여 백성을 다스려야 한다고 믿은 반면, 법가 사상가는 강력하고 안정적인 정부를 구성하려면 공정하고 편견 없는 법의 시행이 필수적이라고 믿었다. 진대(秦代, B.C. 221∼B.C. 206) 이후 사법제도의 확립 과정에서 강력한 사회통제를 주창한 법가사상이 채택되면서 유가의 이상적 도덕주의는 일시적으로 패배한 것처럼 보였지만, 유가와 법가 간의 경쟁관계는 중국 법률의 진화 과정 전반에 걸쳐서 끊임없이 계속되었다.

법가사상의 영향만을 고려한다면 중국 법률의 특성은 전체주의와 보편주의, 그리고 평등주의로 요약할 수 있지만, 사실 한대(漢代, B.C. 202∼A.D. 220) 이후로 유가적 예(禮)의 규정들이 꾸준히 법전에 편입됐는데, 이런 현상을 '법률의 유교화'(Confucianization of law)라고 한다.[4] 법률의 유교화 현상은 특수주의와 '차별'의 원리로 요약할 수 있는 유가적 예의 규범들이 보편주의적 법률 규정에 적용된 것을 의미한다. 이와 같은 유가적 영향은 아마도 전체주의적 법률제도에 '인도주의'를 주입하려는 시도로도 해석될 수 있다. 법정에서의 고문(拷問) 허용은 분명 전통 시기 중국의 법률을 '비인간화'하는 대표적 규정임에 틀림없지만, 유가적 분별력은 그나마 형벌 사용에 있어서 관대함을 요구하곤 했다. 중범에 대한 자동적 재심(再審)제도, 연장자와 유아·청소년·여성 등에 대한 감형 조치 등의 다양한 법 조항 마련은 유가적 인과 도덕에의 호소가 법률행정에서 실제로 적용

---

4) Tung-tsu Ch'ü, *Law and Society in Traditional China*, Mouton & Co., 1965, pp.267∼279 참조.

되었음을 입증한다.

　유가 및 법가 외에 중국의 법률문화에 심대한 영향을 미친 또 다른 사상적 경향이 있다면, 그것은 바로 음양오행설과 밀접한 연관이 있는 '우주적 균형과 조화'에 관한 신념이다. 예를 들면, 재판상의 오류나 부당한 형벌로 인해 발생한 원한이 우주적 불균형을 야기하여 결과적으로 자연재해를 발생시킬 수 있다는 사고방식은 이성적인 관료들 사이에서조차 널리 받아들여졌다. 또한 자연재해와 실정(失政) 사이에 인과관계가 있다는 믿음은 황제 및 지방 수령으로 하여금 재해 발생 시에 종결 사건들을 재심하거나 감형 및 사면과 같은 법적 조치를 취하도록 만들었으며, 다른 한편 형벌체계를 정교화하여 범죄의 경중에 정확히 일치하는 형량을 구형할 수 있도록 하였다.

　신중하고도 세밀하게 정의된 형벌체계와 함께 재판 과정에 초자연적 힘이 개입할 수도 있다는 신념은 모두 판관이 정확하고도 신중한 판결을 내리도록 강제하는 역할을 했다고 볼 수 있다. 그러나 다른 한편, 이런 장치들은 판관의 독립적 권한 행사를 매우 어렵게 만들었다. 게다가 중국 사법체계의 중앙집권적이고 관료주의적인 경향은 소송 절차를 더욱 복잡한 것으로 만들었다. 전통 시기 중국에는 독립적인 사법기관이 따로 존재하지 않았고 중앙집권적 행정체계의 일부가 사법체계의 기능을 대신했으니, 행정적 지위 체계에 맞추어 '사법체계의 사다리'도 함께 확립되었던 것이다.

　지극히 관료주의적이고 기계적인 '비대한' 사법제도 아래에서 지방 법정의 판관들은 과연 앞에서 언급한 유가적 상대주의와 인본주의의 이상을 실천하면서 개인이 제도의 희생양으로 전락하는 것을 막을 수 있었을까? 사실, 전통 시기 중국의 사법체계 아래에서는 판관 개개인마저도 빈틈없는 법의 감시망으로부터 자유로운 존재가 아니었다. 앞에서 언급한 것처럼 행정 단위마다 자동적으로 기능하는 재심제도와 보고체계는 지방 판관들이 법정에서 독자적으로 행동할 수 있는 가능성을 크게 감소시킨 동시에 그들을 끊임없이 중앙정부의 견제와 감시 하에 놓는 역할을 하였다. 이 재심제도의 근본적 의도는 법정에서의 오심이나 부정행위를 방지하고 백성을 보호하는 데 있다고는 하지만, 관료주의적 원칙과 복잡한 법률적 요구사항들은 판관들에게 매우 무거운 부담이 되었다. 각 형사 사건의 최종 판결까지 정해진 법정시한을 지키기 위해서 판관들은 어쩔 수 없이 성급한 판결을 내려 사건을 종결시킬 수밖에 없었는데, 어떤 이유든 간에 사건 판결을 지연시킨 판관들은 매우 가혹하게 처벌되었기 때문이다.

더군다나 체계적인 법률교육을 받은 적이 없는 지방 수령들은 법률에 대한 해박한 지식뿐만 아니라 백성들과의 자유로운 의사소통 능력과 지방 사정에 밝은 정보 소식통으로서의 능력까지 갖춘 '개인 비서'에 의존할 수밖에 없었다. 아문의 일상 업무는 대개 서리(書吏 ; 또는 서판書辦)와 아역에 의존하고 있었는데, 지방 법정으로 말하자면 형서(刑書)가 전문적 법률가로서 판관을 보좌하였으며, 지금의 경찰에 해당하는 아역이 범죄 수사와 범인의 체포·심문·고문 등을 담당하였다. 법정에서 이들 보좌관들의 역할이 필수불가결함에도 불구하고, 그들의 잦은 권력남용과 부정부패로 인하여 백성들은 그들을 억압과 수탈의 상징으로 여겼으며, 판관들조차 항상 감시해야 할 골칫덩이로 여기고는 했다. 지방 판관들이 법률행정의 중요성을 인식하지 못한 것은 아니지만, 결과적으로 사회정의와 복지에 대한 그들의 순수한 관심은 자주 엄격한 징계 규정과 거미줄같이 얽힌 관료주의적 체계의 그늘에 가려 본연의 의미를 잃고는 했다.

『점석재화보』가 출판되기 시작한 19세기 말엽의 사법체계와 법률행정은 그 관료주의적 한계를 더 이상 은폐할 수도, 개선할 수도 없는 최악의 상황에 직면했으며, 『점석재화보』에서도 사법권 및 판관의 권위에 대한 뿌리 깊은 불신을 충분히 관찰할 수 있다. 서민들에게 사법제도는 그들의 권익을 보호하고 사회정의를 수호하는 울타리가 아니라, 그들의 자유를 억압하고 생존을 위협하며 오히려 정의를 왜곡하는 필요악으로 여겨졌다. 그러나 다른 한편, 기존의 사법체계에 전통적 가치와 질서를 수호하는 역할을 기대하는 모순적 태도를 보이고 있기도 하다.

지방 관아, 아문과 법률문화

『점석재화보』뿐만 아니라 공안소설을 비롯한 다양한 통속적 텍스트에서 아문은 중국 법률문화를 이해하는 데 가장 핵심적인 공간으로 묘사되고 있다.[5] 이 아문이 바로 지배계층과 피지배계층이 직접적으로 의사소통하면서 상호 이해관계를 확인하는 공간이다. 중앙정부는 지방행정에서 법률행정의 중요성을 특히 강조했는데, 그것은 공공치안 유지라는차원에서뿐만 아니라 백성들의 문화적 교화 차원에서도 필수적이었기 때문이다. 그러나 유가적 인도주의를 반영하는 몇몇 법적 장치의 발명에도 불구하고, 법정으로서의 아문은 '문화적' 공간이라기보다는 야만적 폭력의 공간에 가까워서, 백성들로 하여금 법의 가혹함을 두려워하게 만들고 어떤 소송이든지 가급적 피하게 만들 만큼 무시무시한 공간이기도 했다. 적어도 언뜻 보기에는 청말의 법정 모습에서 유가적 인(仁)의 표지를 찾기란 매우 어려운 일인 듯하다.

　지방 법정은 기본적으로 공개 법정이었기 때문에 유가 원리가 실제로 재현되는 문화적 영역으로서의 역할을 충분히 수행할 수 있었다. 그러나 법정으로서의 아문은 통일된법률 규정이 어떤 혼란이나 모순도 일으키지 않은 채 명백히 이해되고 이성과 객관적 규준이 기능하는, 인간의 감정이 절제되는 공간이라기보다는 오히려 여러 인물들 간의 충돌과 모순이 극대화되고 과장되는 '극장'에 가까웠다. 이 법정의 중심에 황제의 권위를대표하는 것처럼 의연하게 표현된 판관이 있었다는 것은 새삼 강조할 필요도 없다. 아문은 모든 소송 절차가 절대적 침묵과 질서 속에서 진행되는 공간이 아니라 오히려 '권력의스펙터클'을 위한 극장에 가까웠다.

　근대 이전의 유럽과 비슷하게 전통 시기의 중국에서도 고문과 형벌은 공개적 구경거리로 '전시'되고는 했다. 미셸 푸코의 지적대로 공개 고문, 형벌 및 처형의 사용은 단순히정의의 실현 이상의 의미가 있었다. "그것은 통치자의 권력의 재현이거나, 아니면 군주권력의 육체적이고도 물질적이면서 위엄으로 가득 찬 힘으로서의 법이다. 공개 고문과

---

5) 청대 지방정부로서의 아문과 법률문화에 대해서는 '李齊, 『清代官場圖記』, 中華書局, 2005.', '林乾, 『清代衙門圖說』, 中華書局, 2006.', '瞿同祖, 『清代地方政府』, 法律出版社, 2003.' 등 참조.

처형 의식은 모든 이에게 법에 대하여 통치자의 권력을 부여한 힘의 관계를 명백히 볼 수 있도록 만든다."[6] 고문은 마구잡이로 행사되는 폭력이 아니라 매우 신중하게 통제된 의례적 행사였다. 신체적 형벌 외에도 심문 과정에서 피의자를 위협하여 원하는 자백을 받아내기 위해 온갖 종류의 전략과 계략 또는 교묘한 속임수가 서슴없이 사용되었다. 전통적인 중국의 법정인 아문에서 '피의자의 권리'라든가 '인권의 보장'과 같은 것은 매우 낯선 개념이었음에 틀림없다.

이와 같은 상황에서 평범한 서민이 법정에서 자신을 변호하고 보호할 수 있는 길은 거의 없었다. 중국의 법률은 공식적으로는 언제나 '법률 전문가가 없는 법률'이었다. 소송 자체를 완전히 금지할 수는 없는 일이지만, 국가가 나서서 백성들이 법정에 고소장을 들고 오는 것을 권장하는 것처럼 보여서는 결코 안 될 일이었기 때문이다. 명청 시기의 중국은 화폐 경제의 확산과 급속한 인구 증가로 인해 점차 사적인 법률 서비스를 제공할 수 있는 법률 전문가를 요구하기 시작했다. 그러나 그들은 정부에 의해 공식적으로 인정받기는커녕 오히려 소송을 일으켜 사회 공동체의 화합과 질서를 고의적으로 파괴하는 말썽꾼, 즉 '송곤'(訟棍)으로 치부되었다.[7] 이 모든 소송의 위험성을 고려할 때, 백성을 재판 과정의 고통으로부터 확실히 보호하는 최선의 방법은 그들에게 가급적 소송을 피하라고 경고하는 것뿐이었다.

그러나 이런 상황에도 불구하고 소송은 드물기는커녕 오히려 날로 증가하는 추세에 있었다. 물론 소송 증가의 실제 원인은 백성들의 무지에 있었던 것이 아니라 사회 전반에 걸쳐서 일어나고 있었던 대규모의 사회·경제적 변화에 있었다. 『점석재화보』에도 매우 다양한 범죄들──살인, 강도, 폭행, 강간, 부녀자 납치, 인신매매, 사기, 도박에서부터 불법 시위, 간통, 아동 학대 등 가정 폭력과 관료제도 내에서의 부정부패와 공권력 남용에 이르기까지──이 재현되고 있는데, 특히 경제 관련 범죄와 성 범죄 및 가정 범죄에 대한 빈번한 묘사는 급격한 사회·경제적 변화와 이로 인한 유교적 가치관의 약화 및 전통적

6) Michel Foucault, *Discipline and Punish : the Birth of the Prison*, trans. Alan Sheridan, Vintage, 1979, p.50 참조. 한국어 번역으로는 미셸 푸코, 박홍규 옮김, 『감시와 처벌』, 강원대학교출판부, 1993 참조.
7) 이들과 관련한 좀더 자세한 사항에 대해서는 Melissa Macauley, *Social Power and Legal Culture : Litigation Masters in Late Imperial China*, Stanford University Press, 1998, pp.1~17 참조.

그림5 포증(999~1062)의 초상화. 그는 북송(北宋)의 명신(名臣)이자 청관(清官)으로 알려져 있다.

가족제도의 붕괴를 지적하는 것으로 해석할 수 있을 것이다.

요컨대 평민들의 시각에서 볼 때 법은 대개 그들의 권익을 보호하는 수단이라기보다는 국가 행정을 위한 도구에 지나지 않았다. 전통 시기 중국에서 법은 기본적으로 '폭력과 공포의 방침'에 의해 국가가 사회를 통제하는 것을 돕는다. 유가적 정치철학은 '목민관'(牧民官) 또는 '부모관'(父母官)을 사대부 관료의 이상형으로 제시하면서 인도주의적 정치의 실행을 역설하고 있지만, 그럼에도 불구하고 중국의 법률은 인권과 사적 권익의 보호 차원에서는 거의 아무런 조치도 취하지 않았다. 사법체제의 관료화는 법률의 이성화에 기여했다기보다는 전체주의화에 더 많이 기여했다. 사법권의 황제 권력으로의 집중과 함께 지방 관료에 대한 지나친 견제와 감시는 지방 법정에서 그들의 역할을 지나치게 위축시키는 결과를 가져왔다. 특히 관료제도에서 가장 취약한 위치에 있었던 현령을 비롯한 지방 수령들은 결국 최대 관심사가 민생 복지가 아니라 그들 자신의 생존에 있을 수밖에 없었으며, 무기력하고 무능해진 아문은 자연스럽게 부정부패의 온상이 될 수밖에 없었다.

그러나 유가적 인도주의와 온정주의의 영향 아래에서 법률은 감시와 사회통제의 도구였을 뿐만 아니라 '교육'의 도구이기도 했다. 통속 문학에서 중국 판관은 유명한 『포공안』(包公案)의 주인공인 포증처럼 훌륭한 판관조차도 자주 무자비한 사법권의 대행인으로 그려지고는 하지만, 이 같은 모습이 중국 법률문화의 전체 그림을 대표한다고 생각하면 큰 오산이다. 왜냐하면 앞에서 지적했듯이, 중국의 법률문화에는 법가적 전체주의와 유가적 인도주의 사이의 미묘한 균형관계가 항상 잠재되어 있었기 때문이다. 전통적으로 유가적 사대부 관료는 그의 직무와 관련하여 '어버이 관료'〔父母官〕라고 불리면서 백성들의 부모에 비유되고는 했다. 따라서 이상적인 관료는 관료체계 자체가 능률 향상을 목적으로 심한 압박을 가한다 할지라도 백성들에 대한 그의 도덕적 의무를 소홀히 해서는 안 되었다. 전통적 유교 교육을 받은 중국의 관료들이 법률행정에서도 유교 이데올로기를 완전히 포기하기란 거의 불가능한 일이었기 때문이다. 따라서 그들은 온갖 법률 기제를 동원하고 법률의 위엄성을 과시하면서 효과적으로 백성을 통제하는 직설적인 접근방식을 택하기보다는 가능한 한 동정심과 자비심을 보여 주면서 백성들을 교화시키는 회유적인 접근방식을 택했다. 이와 같은 노력이 다발적으로 지속되기만 했다면, 중국의 사법제도는 무기력과 무능, 부정부패로 인해 오히려 백성들을 억압하고 착취하는 수단이라는 오명을 씻을 수 있었을 것이다.

과거제도와 함께 관료제도 및 전형적인 사대부 관료에 대하여 매우 냉소적인 태도를 보이고 있는 『점석재화보』에서도 유교 교육을 받은 몰락한 신사층(紳士層) 출신인 작가들의 시각을 반영하고 있기 때문인지 부패한 황제·관료 지배체제를 대대적으로 혁신할 이상적 '관료 영웅'의 등장에 대한 일말의 기대를 완전히 버린 것 같지는 않다. 중국의 사법제도를 바라보는 시선에서 경외감은 이미 사라졌지만, 그럼에도 불구하고 유교적 지식인의 시각은 여전히 잔존하고 있다. 범죄 및 범인을 바라보는 시선에서도 이 같은 유교적 보수주의가 여전히 살아 있다고 느껴지는 까닭도 바로 여기에 있을 것이다.

아문과 법률문화

1 아문의 풍경

전통 시기 중국에는 형부(刑部)를 포함한 육부(六部)의 조직이 독립적으로 각각의 업무를 관장하고 있었던 중앙정부를 제외하고는 독립적인 사법기관이 따로 존재하지 않았다. 따라서 주(州)·현(縣)·부(府)·성(省) 등 각 지방 행정구역의 중심지에 설치된 관청, 즉 아문에서 행정·재정·세무·교육·법률·치안·수비·건설 등 다양한 업무를 종합적으로 처리하고 있었다. 전통 시기 중국의 지방 행정구역 중 최하위 단위가 현이며 현의 관아인 현청(縣廳)이 바로 해당 현에서 발생한 범죄 사건 및 민사소송에 대한 수사, 심의, 판결, 처벌 등 법률·치안과 관련된 모든 공적 절차가 진행되는 장소였으니 지금의 경찰서와 법원, 교도소 등을 겸한 복합적 공간으로 쉽게 이해할 수 있을 듯하다.

그런데 아문은 중국 관료체제의 토대를 구성하는 중요한 관료기구로서 기능성과 전문성, 합리성과 효율성을 극대화하는 공간으로 간주될 수 있지만, 법률적 기능을 고려할 때 아문은 단순히 현재의 경찰서와 법원, 교도소를 합쳐 놓은 것 이상의 의미를 담지하는 공간이었다. 즉, 아문은 법률문제를 담당하는 기능적 공간일 뿐만 아니라, 법률의 편재(遍在)와 중앙집권적 황제 지배체제의 건재를 상징하고, 상하질서와 권력관계를 관료주의적 의례와 절차를 통해서 형상화하는 '문화적' —— 우리에게는 언뜻 아이러니로 여겨지지만 이때의 문화는 유교적 의미의 문화로 '문명' 또는 '교화', '교양'과 거의 동일한 의미이다—— 공간이기도 하였다. 실제로 아문은 종교적 의례와 각종 문화행사를 주최하고 교육적 측면에서도 중추적 역할을 담당함으로써 백성을 교화한다는 매우 오래된 유교적 사명에 충실하였다. 지리적으로도 대개 '성'(城)이라 불리는 성벽으로 에워싸인 도시의 중심부에 위치하여 성의 외곽에 위치한 '향'(鄕)이라 불리는 방대한 농촌 지역과 격리됨으로써 그 '문명적' 상징성이 더욱 강화된 공간이었다. 따라서 아문은 상업화·도시화 과정과 결합된 고도의 중앙집권적 관료주의를 가능하게 함으로써 정치적·경제적 질서를 상징하는 공간이자, 일반 백성들에게 우월한 문화적 영향력을 행사함으로써 문화적·윤리적 질서를 상징하는 공간이었던 것이다.[8] 이런 측면에서 볼 때 아문의 문턱은 우리 생각보다 훨씬 낮았으니, 아문의 구조는 권위주의적

8) 아문과 도시화, 관료주의의 관계에 대해서는 John R. Watt, "The Yamen and Urban Administration," *The City in Late Imperial China*, ed. G. William Skinner, Stanford University Press, 1977, pp.353~390 참조.

그림6 공개 처형[斬首] 장면(약 1860년경).

이면서도 폐쇄적이라기보다는 개방성을 염두에 둔 공간이었다. 이처럼 아문은 권력의 상징으로서 민중의 의식과 생활 깊숙이 자리한 비중 있는 장소였기에,『점석재화보』뿐만 아니라 그 이전의 다양한 통속적 텍스트에 빈번하게 배경으로 이용되고 있는 것이 오히려 당연하게 여겨진다.

특히 법정으로서의 아문은 범죄 및 소송 사건을 해결하기까지의 과정이 증거 보존이나 피의자 및 증인 보호 등의 이유로 자주 비공개로 열리는 현재의 법정과는 큰 차이가 있다. 전통 시기 중국의 법정은 '극장'에 가까웠다. 왜냐하면 그 중점이 법률의 이성적·합리적 시행에 있다기보다는 오히려 국가의 절대권력을 과시하는 데에 있었기 때문이다. 법률의 비호 하에 또 다른 야만과 폭력이 자행되었던 수사·심문·고문·처벌의 전 과정을 다소 자의적이기는 하지만 별다른 거리낌 없이 백성들에게 공개하여 기대하는 효과는 바로 '공포 정치'를 통한 사회통제였던 것이다.[9] 현대의 범법자들이 사회로부터 격리되어 수용되는 것과는 달리, 전근대사회의 범법자들은 오히려 대중에게 구경거리로 전시되었던 것도 바로 이와 같은 효과를 노렸기 때문이다.

『점석재화보』에 여러 차례 묘사되고 있는 법정은 거의 언제나 판관의 공당(公堂)이 곧바

---

9) 앞의 **그림3**「풍류한의 말로가 주는 교훈」을 보면 몰려든 군중의 지나친 접근만을 막은 채 아문의 검시가 현장에서 완전히 공개적으로 이루어지고 있는 것을 알 수 있다.

그림7 공개적 처벌을 받고 있는 여인들(1868년).

로 앞뜰로 확장되는, 즉 건물의 실내와 실외가 구분 없이 곧바로 이어지는 '개방적' 형태인데, 관관이 권위적인 태도로 자리하고 있는 공당의 내부를 제외하고는 법정은 질서정연한 침묵의 심판대와는 거리가 멀었다. 수십 명의 아전과 아역(衙役), 사건에 연루된 피의자와 소송인, 그리고 방청객들로 붐비는 법정은 그야말로 볼거리로 가득 찬 극장이었다. **그림8**은 성(省)의 순무(巡撫) 아문의 법정을 묘사하고 있는데, 성의 각 현에서 재심을 요청한 사건들을 정해진 기일 안에 심의하느라 더욱 북적대는 모습이다. 아마도 지현(知縣; 즉 현령)의 법정보다는 규모가 크겠지만, 기본적인 구조는 대체로 유사하다고 볼 수 있다. 위엄을 갖추고 책상 뒤에 앉아 있는 판관 순무(원근법에 따라 매우 작게 묘사되어 있는 것이 전통적 화법과는 차이가 있다), 순무 옆에 서 있는 아전들, 좌우로 늘어서 있는 성장(盛裝)한 아역들과는 대조적으로 계단 아래쪽에 부복한 피의자들과 쇠사슬에 묶인 채 부채와 돗자리를 들고 차례를 기다리고 있는 일군의 피의자들은 그림 속에서도 매우 초라하고 지친 모습이다.[10] 화자는 이런 법정의 모습을 지옥에 비유하고 있다.

특히, 우리에게 전통 시기 중국의 법정은 불법적인 폭력을 다스리기 위해 크고 작은 '합법적인' 폭력을 행사하는 곳으로 보인다. 피의자의 인권은 아랑곳없이 법정 안이든 밖이든 바지를 내린 채 볼기를 맞는 피의자의 모습──태형(笞刑)은 당시 가장 가벼운 형태의 형벌이었다──은『점석재화보』에서 가장 흔히 볼 수 있는 법정 광경이며, 정교한 기구를 사용한 고문에서부터 참수 장면에 이르기까지『점석재화보』는 전근대 법정이 미셸 푸코가 말한 '권력의 스펙터클'을 실행한 곳이었음을 생생하게 증언하고 있다. 법정에서 피의자를 심문하는 과정에서 지나친 고문의 사용은 판관에게도 늘 경계의 대상이었지만, 자백을 받아 내기 위한 고문의 사용은 법적으로 허용되고 있었을 뿐만 아니라 사실 매우 보편화된 것이었다. 항상

10) 전통 시기 중국의 행형제도에는 기결수를 일정 기간 동안 감옥에 수감하는 형벌이 따로 없는 대신, 최종 판결을 내릴 때까지 미결수인 피의자와 때로는 증인까지 감옥에 수감하도록 하는 규정이 있었다. 감옥의 환경은 대개 형편없었고, 피의자의 끼니나 잠자리뿐 아니라 간수의 것까지 부담해야 하는 수감 생활의 비용은 피의자 가족에게 감당하기 어려운 고통이었다고 한다. 게다가 유교적 인본주의를 실천했다고 평가되는 중국의 재심제도는 사안의 심각성에 따라 최종 판결을 유보한 채 지현의 아문에서부터 부(府)와 성의 아문을 거쳐 중앙의 형부에 이르기까지 여러번의 재심을 거치도록 규정하고 있는데, 재심이 있을 때마다 피의자도 계속 이동된다. 이송할 때마다 들어가는 비용은 결국 피의자의 몫인데, 이 같은 비용을 감당할 수 없는 피의자는 호송 역졸의 학대를 감수해야 했다. 살인과 같은 심각한 범죄에 연루되어 해마다 일정 시기에 잠깐 열리는 법정의 재심을 기다려야 하는 피의자는 최종 판결까지 몇 년 동안 수감 생활을 해야 하는 경우도 비일비재했다고 한다.

그림8 양편의 피의자들 사이로 팻말을 들고 있는 아역들이 보이는데, 이 팻말은 피의자의 성명과 사건의 개요를 적은 것이다. 「연례 재심 재판」(秋錄大典), 『점석재화보』 제2호, 1884. 5.

과도한 업무량과 법정 시한까지 사건을 해결해야 한다는 중압감에 시달려야 했던 판관들은 꼼꼼한 범죄 수사를 통한 증거 확보보다는 위협적인 고문을 통한 피의자의 자백에 의존하는 것이 손쉬운 방법이었다.

한편, 고문 외에도 죄수를 조리돌림하거나 공개 처형하는 장면은 전근대 법정을 야만적이고 비인간적인 것으로 만들기에 충분하다. 앞의 사진(**그림7**)에서도 볼 수 있듯이 죄수를 칼에 씌우거나 우리 같은 것에 가둔 채 공개하여 구경거리로 만드는 '조리돌림'(遊街)은 『점석재화보』에도 꽤 빈번하게 묘사되고 있다.[11] 재판에서부터 처벌에 이르기까지 법의 시행은 보이지 않는 감시체제가 아니라 법의 엄연한 존재를 확인시켜야 하는 것이었기에 군중을 필요로 했다. 심지어 더 많은 군중을 유인하기 위해 요란하게 꽹과리나 북 같은 것을 치면서 왕래가 빈번한 거리로 죄수를 끌고 다니기도 했을 만큼 공개 처벌은 백성의 경각심을 일으키는 데 효과적인 통제의 수단으로 사용되었던 것이다.

11) 예를 들면, 부녀자의 간통을 주선한 매파의 조리돌림을 묘사한 「사악한 매파의 조리돌림」(惡婦遊街; 『점석재화보』 제 19호, 1884. 11), 유괴범을 새장 같은 좁은 우리에 가두어 저잣거리에 전시한 「유괴범의 조리돌림」(拐匪站籠; 제9호, 1886. 6)과 불효자를 비슷한 방식으로 처벌한 「불효자를 내보이다」(請看逆子; 제203호, 1889. 10) 등 참조. 특히 매파의 조리돌림을 묘사한 그림을 보면, 역졸들은 매파의 죄목이 쓰인 팻말을 들고 군중을 환기시키기 위해 징까지 동원하고 있으며 매파는 목에 칼을 쓰고 쇠사슬에 묶인 채 끌려가고 있다.

그림9 상해 법정에서 주점을 강탈한 것으로 보이는 피의자 일당을 심문하면서, 이들의 자백을 받아 내기 위해 고문 기구를 사용하고 있다. 「절도 사건을 자세히 조사하다」(研訊盜案), 『점석재화보』 제42호, 1885. 6.

그림10 탈옥수를 참수하는 장면. 그림6과 매우 유사하다. 그림 중간에 위치한 죄수는 상의를 벗고 꿇어앉은 채 고개를 늘어뜨리고 있고, 한 역졸이 죄수의 팔을 뒤로 잡아당겨 망나니의 참수를 돕고 있다. 「탈옥수 처형」(逃犯正法), 『점석재화보』 제14호, 1884. 9.

게다가 신체적 형벌이 여성의 '몸'에 적용될 때 선정적인 '몸의 정치학'(body politics)은 더욱 극대화된다. 상해 프랑스 조계 지역의 법정에서 아편굴을 운영하는 부녀자를 채찍으로 처벌하는 모습을 묘사한 그림(**그림11**)을 살펴보면, 그들의 범법 사실 자체보다도 평소 엄격한 통제와 은폐의 대상이 되는 여성의 신체가 형벌의 대상으로서 노출되어 대중의 '선정적' 관심을 야기한다는 사실이 아마도 화가가 이 사건에 더욱 주목하는 이유였던 듯하다. 따라서 화가는 그들의 아편굴을 형상화하기보다는 채찍으로 처벌받는 그들의 모습을 생동감 있게 표현하는 쪽을 택했던 것이다. 남편을 살해한 죄로 참수형보다도 더 무거운 형벌인 '능지처참'에 처해진 두 여성에 주목하는 또 다른 그림(**그림12**)에서도 화자는 이 사형수들의 가증스러운 범죄에 분격하기보다는 "한 여성은 황새처럼 말라서 몸을 동그랗게 오그리고 있는 반면, 다른 여성은 표주박처럼 통통해서 그녀의 몸을 묶

그림11 상해 조계 지역의 법정으로 프랑스인과 중국인 관리가 나란히 앉아 사건을 처결하는 모습이 흥미롭다. 「여당을 채찍질하다」(鞭責女堂), 『점석재화보』 제45호, 1885. 7.

그림12 전족 때문인지 여성 죄수들을 장대에 묶어 처형장으로 실어 나르는 모습이 인상적이다. 「여자 범법자들을 능지처참하다」(凌遲犯婦), 『점석재화보』 제122호, 1887. 8.

은 끈이 팽팽했다"고 자세히 묘사하면서 여성 사형수들의 몸에 한결 노골적인 관심을 드러내고 있는 것이다. 전통적 유교 사회에서 여성의 '몸'이 의미하는 윤리적 질서로서의 상징성 때문에 '여성적'(feminine) 행위를 정의하고 규제하는 것은 바로 아문의 문화적 또는 교화적 역할에 부합하는 것이었다. 여성은 와해되어 가는 유교적 전통문화와 가치관이 함축된, 언제나 향수 어린 '과거'를 의미하는 기호이기에 윤리적 규제로부터 일탈한 여성의 노출된 몸만큼 위험하고 혐오스러운 것은 없다. 과거를 지향하는 기호로서의 여성은 흔히 효녀/효부/열부와 불효녀/악처/간부(奸婦)로 유형화되며, 전자에 해당하는 여성은 정적·수동적·내

그림13 중국 문화에서 성적인 의미를 내포하고 있던 처녀의 전족한 발을 살짝 노출시킨 화가의 의도가 흥미로운데, 처녀의 성적 매력과 함께 그녀의 퇴폐성을 보여 주려는 의도로 해석될 수 있을 것이다. 「여인의 계율을 잘 알아야 하네」(女誡須知), 『점석재화보』 제162호, 1888. 9.

향적인, 따라서 비가시적인 존재이다. 이와 같은 관점을 토대로 전통적인 몸의 정치학이 형성된 것이다. 그리하여 **그림13**에서 볼 수 있듯이 관내를 순시하던 중 집 밖에서 머리를 빗는 아리따운 처녀를 발견하고 그 아비를 불러 훈계하는 현령은 당시에는 점차 와해되기 시작한 유교적 질서의 수호자로 칭송되었을 것임에 틀림없다. 이 모든 그림들이 전형적인 남성적 관점을 보여 주는 것임에는 의심할 여지가 없으며, 심지어 남성의 욕망을 대신하여 '엿보기' 효과까지 노리는 경우――**그림11**과 **그림12**에서처럼――도 허다하다.

　다른 한편, 『점석재화보』에는 매우 드물게 권위주의를 잊은 '화기애애한' 법정의 모습도 실려 있다. **그림14**의 오문 원화현(吳門元和縣)의 법정은 자식들의 혼인 문제로 소송을 제기한 양가를 화해시키고 즉석에서 혼인식을 주선하고 있는데, 화자는 "백성을 자식같이 사랑하는" 아문으로 칭송하고 있다. 이처럼 선남선녀의 혼인을 주선하는 '가부장적인' 판관의 이야기는 고전소설에서 흔히 사용되는 모티프인데, 앞에서 언급했듯이 법정의 사회·문화적 영향력을 염두에 둔 유교적 관료체제의 생리에 주목한다면 완전히 지어낸 것은 아닌 듯싶다.

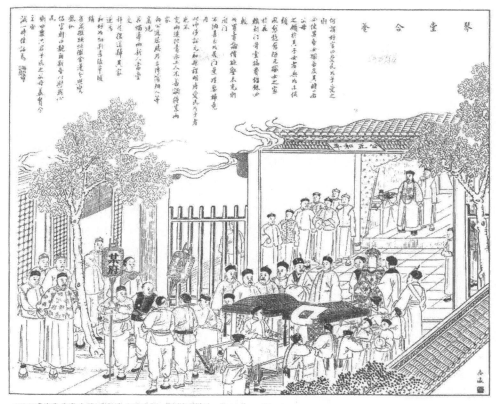

그림14 「법정에서 올린 결혼식」(琴堂昇尊), 『점석재화보』 제134호, 1887. 12.

그러나 『점석재화보』가 출판되던 시기는 유교적 관료체제 하의 법정이 점차 전통적인 사회적 영향력을 잃어 가던 과도기와 일치하고 있음을 우리는 염두에 두어야 한다. 1842년에 체결된 남경조약 이후로 서양 열강은 상해 등지 개항장의 조계 지역을 중심으로 근대화된 도시의 건설을 추진하였다. 이문은 전통적으로 도시적인 특성이 강했지만, 그럼에도 불구하고 근대적인 개념의 '도시 행정'을 추진하기에는 너무도 전근대적인 관료기구였다. 예를 들면, 근대적 도시는 적어도 상하수도와 오물처리 시설, 정비된 넓은 도로망, 전철과 같은 대중 교통수단, 근대적 경찰 등의 시설을 갖추고 이를 효율적으로 관리할 행정기구(지금의 시청과 같은 기구)를 필요로 했는데, 전통적 이문은 이런 근대적 의미의 도시를 운영할 능력이 전혀 없어 보였다. 1880년대까지 상해의 중국인 자치구인 성시(城市) 지역은 폭발적 인구 증가로 인해 여러 가지 어려움을 겪고 있었으니, 음용수의 부족과 쓰레기 방치, 교통난, 범죄 급증 등의 문제가 『상해신보』뿐만 아니라 『점석재화보』에도 자주 언급될 만큼 전형적인 도시의 골칫거리로 대두되었다. 이와는 대조적으로 항상 '청결'하고 잘 정비된 모습의 조계 지역에 대하여 중국인들도 감탄사를 아끼지 않았으며, 『상해신보』도 조계 지역의 행정을 담당하고 있

그림15 불효자가 조롱같이 생긴 특이한 형태의 상자에 갇혀 전시되는 모습이 인상적인데, 이와 같은 형태의 형구는 다른 그림에서도 종종 등장한다. 「불효자를 내보이다」(請看逆子), 『점석재화보』 제203호, 1889. 10.

는 시의회의 구조와 운영 능력에 주목하면서 이 같은 근대적 행정기구의 설치가 절실함을 암시하고 있다.[12] 이처럼 개항과 함께 더욱 가속화되고 있던 서구화·근대화·도시화의 변화에 무관심으로 일관한 당시의 아문은 더욱 폐쇄적으로 수구를 고집할 수밖에 없었다.

따라서 여전히 위풍당당하지만 전통적인 유교적 가치체계 유지에 유난히 집착하는 듯한 아문의 모습은 어쩌면 과도기의 혼란 속에서 흔들리는 위상을 애써 감추려는 시도인지도 모른다. **그림13**과 **그림15**에서 아문은 이미 뚜렷하게 몰락의 징후를 보이고 있는 유교적 봉건제도의 토대이자 전통적 가치관의 수호자로서 여전히 그 상징적 역할을 수행하고 있음을 보여 준다. 특기할 만한 사실은 이 사건들을 담당한 아문이 다름 아닌 상해 현청이었다는 점이다. 앞에서도 지적한 것처럼 개항장 상해는 결코 순조롭지 않은 근대화 과정을 다른 도시보다 일찍 겪으면서 근대화의 갈등과 모순이 한꺼번에 표출된 도시였다. 무엇보다도 상해는 불평등 조

---

12) 『上海申報』, 1883년 10월 27일자, 1면; Mark Elvin, "The Administration of Shanghai", *The Chinese City between Two Worlds*, eds. Mark Elvin and G. William Skinner, Stanford University Press, 1974, p.247에서 재인용.

약에 의거하여 열강이 조계 내에 자신의 관리기구와 법정, 경찰[巡捕]을 설치함으로써 크게 약화된 아문의 역할과 아문이 상징하는 국가권력의 위상이 더욱 부각되어 보이는 곳이었다. 이런 상해에서 불효자[逆子]를 공개적으로 처벌한다는 것은 원래 현령의 의도든 아니든 간에 특별한 의미가 있었을 것이다. 즉, 이 공개 처벌을 유교적 가부장제에 기반을 둔 가족제도를 수호하고, 이 가부장제에 기반을 둔 국가권력의 회복과 건재를 과시하는 제스처로 이해할 수 있지 않을까? 보수적인 입장을 견지하는 『점석재화보』의 화자도 이 점을 놓치지 않고 『논어』에서도 일찍이 지적하고 있는 것처럼, 불효의 대역죄를 저지른 이들은 모두 윗사람을 거역하여 난을 일으키기를 좋아한다"라며 재빨리 『논어』를 인용하고 있는 것이다. 유교적 관점에서 볼 때 부모를 거역하는 불효는 바로 황제를 거역하는 불충 및 하극상의 실마리가 되기에 결국 사회 전체의 질서를 위협하는 '대역죄'로 간주된다.

그림16 한 중국 관원이 프랑스 외교관 앞에서 형틀을 조립하여 사용하는 방법을 알려 주고 있다. 「형구를 관람케 하다」(請觀刑具), 『점석재화보』 제432호, 1895. 12.

그림17 판관은 상해를 방문한 브라질의 왕손 앞에서 네 건의 사건을 심의하였는데, 그 중 비적의 무리를 도운 자와 불효자에게 각각 채찍 일천 대와 오백 대를 구형하고 처벌 후에는 우리에 가둬 조리돌림하도록 하였다. 「상해에 유람 와서 재판을 구경하다」(游滬觀審), 『점석재화보』 제203호, 1889. 10.

사실 효성과 부덕(婦德)으로서의 정절은 유교적 가부장제뿐만 아니라 더 나아가 황제 지배체제를 유지하기 위한 가장 내면화된 대중적 이데올로기였다. 『점석재화보』 도처에서 효성과 정절을 칭송하고 불효자와 부정을 저지른 아내를 응징하는 천편일률적인 교훈적 이야기들을 만날 수 있는데, 이는 대중을 겨냥한 『점석재화보』가 아직도 이 같은 전통적 이야기들에 익숙한 독자층의 기호에 영합하고 있음을 보여 준다. 다른 한편, 전면적인 사회·정치 개혁을 역설하기보다는 절충적 입장을 고수하던 『점석재화보』의 편집 방침을 반영하는 일례로도 이해할 수 있을 것이다.

　　그러나 서양 열강의 침략과 이로 인한 전통적 사회·정치 체제의 붕괴라는 대세 앞에서 추락하는 아문의 권위를 막을 수 있는 것은 아무것도 없었다. 『점석재화보』에서 아문은 이제 절대권력과 문명의 상징이 아니라 오히려 근대문명과 동떨어진 '야만'의 상징으로 타자화되기 시작한다. 화보에 빈번하게 묘사되는 고문과 공개 처벌 광경은 법률과 정의 실현에 대한 경외감을 유발한다기보다는 단순히 선정적인 호기심을 자극할 뿐이다. 중국 아문에 대한 서양인들의 호기심 어린 시각이 표현된 **그림16**과 **그림17**을 보면 서구화 또는 근대화 과정으로부터 격리되어 철저하게 타자화된 아문의 모습이 재현되고 있다. 실제로 수사 및 재판 과정에서 공공연한 고문, 신체적 형벌, 또는 공개 처벌이 법적으로 금지된 근대 유럽의 방문객들에게 중국의 아문은 거의 관광 명소가 되다시피하였다.[13]

　　유럽에서 고문과 공개 처형 제도가 폐지되기 시작한 것은 18세기 말의 일. 그러나 그 과정은 상당히 서서히 점진적으로 진행되었다. 형벌의 의미는 범죄의 심각성에 준하는 신체적 고통을 범법자에게 직접 부과하는 것에 있다고 생각하던 사고방식은 신체적 고통에 대한 '생각'을 야기하는 것만으로도 형벌의 의미는 충분하다는 사고방식으로 대체되었다. 이제 범법자의 육체는 형벌의 대상에서 제외되었으며 영혼의 '교정'이 무엇보다도 중시되기 시작했다. 이처럼 유럽의 법정은 18세기 말 이후로 범죄와 범법자를 과학적 관찰과 분석의 대상으로 간주하고, 형벌의 보편화와 계량화, 이성화와 객관화를 꾸준히 추구해 왔던 것이다. 근대 서양인들에게 고문과 신체적 형벌제도는 이제 과거, 전근대, 야만, 비과학을 상기시킬 뿐이다. 호기심과 혐오, 도덕적 우월감 등이 뒤섞인 서양인의 관점을 이해하지 못한 아문이 오히려 자랑스레 형구를 전시하고 다양한 고문 사용법의 시범을 보이는 데 적극적이었다는 사실이 우리에게는 아이러니로 다가온다.

　　한편 서양인 관리를 동반한 상해 조계 지역의 법정(회심공당會審公堂)도 『점석재화보』에 심심찮게 등장한다. **그림18**은 중국이 조계 지역 내에서의 서양 열강의 치외법권을 인정한 당시의 시대적 상황이 함축적으로 표현된 상당히 흥미진진한 사건을 묘사하고 있다. 앞에서 언급한 것처럼 중국은 조계 지역 내에서 고유의 사법권을 행사할 수 없었으며, 다만 이 지역에서 발생한 사건들 중 중국인이 관련되어 있는 경우 열강이 임명한 감독관과 중국인 판관이 함께 참석하여 사건을 해결하도록 규정하고 있었다. 조계 지역의 법정은 대개 심문 과정에서 심각한 신체 형벌 및 고문 사용을 금지함으로써, 중국인 판관과 나란히 앉은 서양인 감독관의 모습과 함께 전통적 법정 풍경을 완전히 뒤바꾸어 놓는 결과를 가져왔다. **그림18**과 **그림19**

---

13) Ye Xiaoqing, *The Dianshizhai Pictorial : Shanghai Urban Life, 1884~1898*, Center for Chinese Studies, The University of Michigan, 2003, p.88.

의 법정 풍경을 앞의 **그림8**(83쪽)과 비교해 보면 그 차이를 확연히 느낄 수 있는데, 이 두 그림에서는 위압적인 형벌 도구나 무기를 소지한 아역, 포승줄에 묶이거나 칼을 쓰고 있는 피의자의 모습이 전혀 눈에 띄지 않는다. 이처럼 주로 형벌을 통해서 가시적으로 구현되던 판관의 위엄과 권한도 크게 축소될 수밖에 없었다. 조계 법정은 더 이상 권력의 스펙터클이 재현되는 극장이 아니었던 것이다.

다시 **그림18**의 사건으로 돌아가 보자. 가출한 아내가 서양인이 운영하는 무역 회사에 근무하고 있음을 알게 된 중국인 남편이 '회심공당'에 나아가 아내를 돌려줄 것을 요청한다. 집으로 돌아가기를 거부하는 부인과 서양인 고용주의 입장을 지지하는 서양인 영사와 가부장제의 전통을 따라 남편을 지지하는 중국인 판관 사이에 의견 충돌이 생겨 쉽게 결론이 나지 않는다. 영사는 부인 스스로 결정할 권리가 있다고 주장하는데, 남편이 사람을 시켜 부인을 데리고 가려 하자 고용주가 법정 밖에서 그 사람을 폭행한다. 다수의 여

그림18 「남편의 위엄이 서지 않다」(乾綱不振), 『점석재화보』 제25호, 1884. 12.

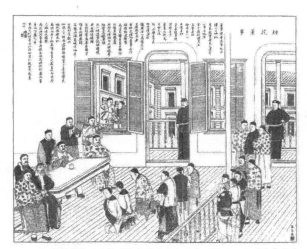

그림19 조계 지역의 서양식 건물 내에 마련된 법정. 내부 구조가 서양의 법정과 흡사하다. 다만 방청석이 없고 피의자들이 바닥에 꿇어앉은 모습 등이 다를 뿐이다. 「풍류 주재인」(煙花董事), 『점석재화보』 제207호, 1889. 11.

성 방청인들 ── 아마도 부인의 친구이거나 동료들인 듯하다 ── 이 공당 구석에서 이 사건을 지켜보면서 부인의 입장을 지지하는 반면 남편을 야유하며 작은 소요를 일으키는 모습은 매우 이례적인 장면이다. 이 사건은 일하는 '직업여성'의 등장과 약화된 가부장의 권위를 보여 주는 동시에, 무기력한 가부장의 모습 위에 겹치는 무기력한 중국인 판관의 모습, 그리고 또다시 그 위에 겹치는 서양 열강의 침략 앞에 약화된 황제 권력을 상징적으로 보여 주고 있다. 전통적 권력구조가 몰락하고 있음을 알 수 있는 사건인 것이다.

그러나 중국 아문의 몰락에는 제국주의 열강의 침략과 주권 상실만이 그 주요 원인으로

작용한 것은 아니다. 지방 아문에서 오래된 관행이 되다시피한 부정부패와 타성에 젖은 관료주의는 아문이 사회·정치·문화적 질서의 중추로서 제 기능을 발휘하지 못하게 한 장본인이었다. 『점석재화보』에서 아문에 대한 논의는 관료체제 전체를 완전히 부정하고 구조적 개혁의 필요성을 역설하는 데에까지 이르지는 않았지만, 부패하고 무능한 판관과 아역의 모습을 통해서 아문의 부정적 이미지를 표출하는 정도는 드물지 않은 일이었다.

2 판관과 아역 : 부정부패와 관료체제의 붕괴

『점석재화보』의 아문 풍경에서 판관과 아역은 가장 빈번하게 등장하는 인물들이다. 지방 아문을 구성하는 핵심 인물로는 판관과 아역 외에도 서리가 있었다. 아문의 수장으로서 모든 법적 권한과 책임을 가지고 법정의 전면에 나서는 사람은 당연히 판관일 것이다. 그러나 판관은 과거시험을 보기 위한 경전 위주의 교육에만 힘썼을 뿐, 정작 판관이 되기 전에 반드시 알아 두어야 할 실무교육에 대해서는 소홀히 한 경우가 대부분이었다. 앞에서도 언급한 것처럼 지방 수령의 역할은 매우 복합적이고 포괄적이어서 판관은 엄청난 업무량에 시달려야 했다. 게다가 보통 3년을 임기로 출신지나 연고지를 피해서 타지에 지방 수령을 임명하던 당시의 관행(지방 수령의 직접적 영향력을 제한하는 것이 목적이었다)으로 말미암아 판관은 대체로 그 지방 물정에 어두울 수밖에 없었고, 이와 같은 상황에서 판관은 지방정부를 잘 꾸려 나갈 만한 기술적 지식뿐만 아니라 백성들과의 자유로운 의사소통 능력과 지방 사정에 밝은 정보 소식통으로서의 능력까지 갖춘 서리와 아역에 의존할 수밖에 없었다.

아문의 일상 업무는 대개 서리와 아역에 의존하고 있었으니, 아문에서 백성에게 실질적 영향력을 행사하는 사람은 다름 아닌 서리와 아역이었다고 해도 과언이 아니다. 이들이 없는 아문은 존재하지 않는 거나 마찬가지였으니, 특히 판관과 서민 사이의 다리 역할을 하면서 원활한 의사소통을 가능하게 하는 것이 바로 이들의 역할이었다. 그럼에도 불구하고 이들은 판관에게나 백성들에게나 경계와 혐오의 대상으로 여겨졌으며, 판관은 아문의 실정(失政)을 이들의 탓으로 돌리고는 했다. 중앙정부에서 공식적으로 인정하는 이(吏)·호(戶)·예(禮)·병(兵)·형(刑)·공(工)의 육방(六房)에 배속되어 각각의 사무를 담당하는 서리는 대개 과거에 실패한 경력을 갖고 있는 생원들이거나 따로 전문 교육을 받은 사람들로 구성되어 있었다. 청대에 와서 서리의 사회적 지위는 점점 낮아진 데다가 정부 관료 한 명당 필요로 하는 서리의 수는 계속 증가하여 결국 중앙정부가 서리에게 급여 지급을 포기했고, 서리는 각종 수수료와 사례금, 뇌물에 의존하는 신세로 전락하고 만다.

아역은 현청에서 지현의 업무를 보좌하는 조예(皂隷), 전령 역할을 하는 마쾌(馬快)와 보

그림20 생전에 부정을 저지른 아역들이 돼지로 환생했다는 이야기. 그림 왼쪽의 연기 모양 안에는 꿈의 내용이 묘사되어 있는데, 이와 같은 꿈의 묘사는 전통적 삽화에도 나타난다. 「부패한 아역들의 환생」(蠹役後身), 『점석재화보』 제218호, 1890. 3.

쾌(步快), 그리고 경찰 업무를 맡은 포역(捕役)──포리(捕吏), 포차(捕差), 포쾌(捕快)라고도 한다──등 크게 세 분야로 나뉘어 각각의 업무를 담당하고 있었다. 아역의 주요 업무는 세금징수 업무와 경찰 업무로 양분되었다. 지방 법정으로 말하자면 형서(刑書)가 전문적 법률가로서 판관을 보좌하였으며, 지금으로 말하면 경찰에 해당하는 포역과 조예는 범죄 수사와 범인의 체포·심문·고문 등을 담당하였다. 이외에도 간수 역할을 하는 옥두(獄頭)와 졸정(卒丁)이 있었고, 검시인과 망나니에 해당하는 사형집행인(劊子手)도 있었다. 아역도 서리와 마찬가지로 사례금과 뇌물에 의존하였으니, 대체로 아역과 서리는 온갖 법적 제재를 피하면서 자금을 조달하기 위해 서로 긴밀히 공조관계를 유지하고 있었다. 그러나 아역은 신분상으로는 양민에 속하는 서리와는 달리 천민에 속했으며 과거에 응시할 수 없었다.

법정에서 서리와 아역의 역할이 필수불가결함에도 불구하고 판관에게 경계의 대상이었던 이유는 그들이 언제든지 기회만 있으면 판관의 눈을 속여 권력을 남용하고 소송인들로부터 돈을 갈취할 태세를 갖춘 불한당들이라는 데 있었다. 따라서 능력과 경험을 갖춘 판관이

그림21 형제가 재산상속 문제로 소송을 벌이자 상해 배(裵) 현령이 형제를 처벌하지 않고 화해시키는 대신 형제 간의 소송을 부추긴 송사꾼(그림의 왼쪽)을 찾아내 엄벌하고 있다. 엄정하기로 유명한 배 현령은 그림13의 부녀자 훈계 사건과 그림15의 불효자 처벌 사건의 판관이기도 하였다. 「형제 간의 재산상속 분쟁」(舋退鬩牆), 『점석재화보』 제157호, 1888. 7.

라면 지방 아문에 귀속된 서리와 아역 대신 신뢰할 수 있는 자신의 개인 비서와 하인을 고용함으로써 민첩성과 효율성을 발휘하는 경우가 많았다. 특히 아역의 경우는 이처럼 뿌리 깊은 불신으로 인해 판관으로부터 공공연한 학대와 수모를 받는 처지에 있었으나, 그럼에도 아역은 백성들에게 무소불위의 권력을 휘두르는 위협적인 존재였던 것이다.

사실 아문의 부정부패는 중앙정부가 지방 아문의 비용과 판관을 제외한 대부분의 하급관리의 급여를 지방 아문이 직접 조달하게 함으로써 야기된 구조적 병폐였다. 심지어 지방 수령도 중앙정부로부터 명목상의 급여만을 받을 뿐 나머지 비용은 스스로 충당해야만 했다. 결국 지방 아문은 직원들 대부분의 생계를 책임져야 한다는 상당한 재정 압박에 시달려야 했으며, 아문의 업무는 공익성이 아닌 수익성의 원칙에 따라 그 중요도를 결정하는 상태에까지 이르게 되었다. 아문의 재정 압박을 해소하기 위해서 공공사업에 각종 수수료를 부과하고 지방 토호와의 긴밀한 연계를 통해서 필요한 기금을 마련하는 것은 물론, 광범위한 규모로 공공연한 착취를 행하기도 했다. 이 때문에 서민들에게 아문은 가능한 한 피해야 하는 곳인 반면, 지방 신사층에게 아문은 정치·경제적으로 유리한 입지를 차지하기 위해 반드시 긴밀한 관계를 맺어야 하는 곳이었다. 특히, 아문의 재정 상태와 관련하여 법정은 매우 중요한 곳이었다. 왜냐하면 소송— 특히, 재산권과 관련된 민사소송—은 판관을 포함한 아문의 직원들과 지방 토호 모두에게 상당한 수익성을 보장하는 '사업'이었기 때문이다. 민사소송을 사회질서와 공동체의 화합을 침해하는 '반사회적' 행위로 규정하여 최대한 억제하는 것이 변함없는 정부 방침이었기에 지방 아문은 소송을 공공연히 부추길 수는 없었지만, 그것을 수익 사업으로 변모시키는 데에는 전혀 주저하지 않았다. 결국 소송으로 가장 큰 피해를 보는 것은 서민들 자신이었던 것이다.

지배층에 의해 사회적 갈등과 반목을 증폭시키는 반사회적 기생 계층으로 치부되던 '송사꾼'〔訟棍〕은 사실 서민의 관점에

그림22 관부의 비호 아래 온갖 폭력과 비리를 일삼던 불량배들을 마을 사람들 스스로 제거한다. 그림은 마을 사람들이 불량배들을 물에 빠뜨려 죽이는 모습. 「연꽃을 심다」(種荷花), 『점석재화보』 제89호, 1886. 9.

서 볼 때는 법정에서 그들의 권리를 대변하고 보호할 수 있는 유일한 수단이었을지도 모른다. 지금까지 『점석재화보』를 통해서 본 중국의 전통적인 법정 풍경에서 항상 부재하는 것은 피고 및 피의자를 대변할 법률 전문가(지금의 변호사)의 모습이다. 그러나 아문에서 경계의 대상이 되었던 송사꾼들이 바로 공식적으로는 항상 부재하는 것처럼 보이는 법률 전문가들이었으니, 이들의 역사는 몰락한 사대부 계층이 나타나기 시작하던 남송대(南宋代, 1127~1279)로 거슬러 올라갈 만큼 꽤 오래되었다.[14] 사실, 평범한 서민이라면 법정 밖에서 이들의 힘을 빌리지 않고는 서식에 따라 소장(訴狀)을 제출하는 것조차 힘겨운 일이었다. 그러나 청대의 사법제도는 단순히 소장 작성을 돕는 것조차 엄중한 처벌의 대상으로 규정하였다. 이와 같이 사법제도는 송사꾼들에게 매우 강경한 태도를 취하고 있었지만, 그럼에도 불구하고 아문 밖을 맴돌면서 송사를 돕는 것으로 먹고사는 송사꾼들의 수는 수요의 증가에 따

14) Melissa Macauley, *Social Power and Legal Culture: Litigation Masters in Late Imperial China*, Stanford University Press, 1998, p.2.

라 오히려 증가 추세에 있었다. 심지어 송사꾼들을 위한 전문적 지침서——즉, '송사밀본'(訟士密本)——까지 송사꾼들 사이에 은밀히 유포될 정도였다.[15] 전통 시기 중국의 법률문화와 관련하여 판관과 아역이 공식적 법률문화를 대표하는 이들이라고 한다면, 송사꾼들은 비공식적 법률문화를 대표하는 이들이었다. 결국 송사꾼의 존재는 중국의 법률문화가 판에 박힌 공식적인 가면 뒤에 매우 다양한 얼굴을 가지고 있었음을 입증한다. 『점석재화보』에서 송사꾼에 대한 평가는 지배계층의 관점을 반영하여 부정적인 것이 대부분이지만, 그들의 역할이 모두 부정적인 것만은 아니었다. 왜냐하면 송사꾼도 아역과 유사하게 민중과 아문을 연결하는 매개체의 역할을 하였기 때문이다.

한편, 『점석재화보』에서도 판관과 아역을 통해서 아문과 민중 간의 관계, 또는 아문의 대중적 이미지가 분명히 드러나는 경우가 많다. 빈번한 매관매직[16]과 과거시험에서의 부정행위,[17] 빈민 구제를 목적으로 한 진휼금 등 공금 횡령,[18] 아역을 내세운 아문의 일상화된 착취, 관부와 범죄 조직의 은밀한 결탁, 관직을 사칭한 범죄의 증가[19] 등 아문과 관련된 다양한 범죄를 살펴보면, 아문은 법과 질서의 수호자라기보다는 사실상 범죄의 온상에 가깝다. 아문에 팽배한 부정부패가 아문의 정치적 · 윤리적 기반과 민중에의 도덕적 영향력까지 약화시킨다는 것은 명약관화한 일이다. 그리하여 민중으로부터 공공연히 "관리가 곧 대도(大盜)"라는 조롱까지 듣게 된다.[20] 특히, **그림23**에서는 백성을 착취하는 지보(地保)와 그를 다시 착취하려고 하는 관리 사이의 '먹이사슬' 관계를 묘사함으로써 관료제도에 만연한 부정부패를 조소하고 있다.[21]

---

15) 1742년 정부에 의해 출판이 금지된 '송사밀본'으로는 『경천뢰』(驚天雷), 『법가신서』(法家新書), 『형대진경』(刑臺秦鏡) 등이 있었다. 자세한 사항에 대해서는 같은 책, pp.42~46 참조.

16) 예를 들면, 『점석재화보』 제3호(1884. 5)의 「까막눈 말단 관리의 횡포」(斯文塗炭) 등을 통해서 심지어 문맹조차 관직에 임명될 수 있었던 당시의 상황을 짐작할 수 있다. 이 밖에도 『점석재화보』에서는 '까막눈' 관리가 조롱거리로 이따금 등장한다.

17) 『점석재화보』 제353호(1893. 11)의 「가짜 수염을 단 대리 수험생」(裝鬚冒考)에서는 가짜 수염을 달고 대리 시험을 치르다 대리 수험생의 수염이 떨어져 부정행위가 발각된 사건을 묘사하고 있다. 관료제도 전체에 만연한 부정부패는 관료 선발제도인 과거제도에까지 그 부정적 영향을 미치고 있었다.

18) 『점석재화보』 제131호(1887. 11)의 「저승에서 심판받은 진휼금 횡령 관리」(冥誅吞賑)는 다음과 같은 이야기를 담고 있다. 어떤 사람이 생전에 관직을 매수하여 관리가 된 후 진휼금을 횡령하였지만, 어느 누구에게도 발각되지 않은 채 평소 좋은 평판을 유지하다가 어느 날 병사하였다. 그날 밤 사형 집행인인 회자수(劊子手)가 그 관리가 성황신(城隍神)에게 참수당하는 꿈을 꾸고 그의 관을 열어 보니 과연 시체의 목이 잘려 있었다. 이런 이야기는 실제로 관리들이 진휼금을 횡령하는 일이 빈번했음을 암시하고 있다.

19) 『점석재화보』 제308호(1892. 8)의 「관리를 사칭한 도적」(假官作賊)에서는 서른 명에 가까운 군졸을 거느린 관원의 행차가 있었는데 알고 보니 변장한 도적의 무리였다는 이야기를 하고 있다.

20) 『점석재화보』 제129호(1887. 10)의 「도둑이 된 관원」(以盜逆道)에서 화자는 "돈을 잘 버는 사람으로는 두 부류가 있으니 하나는 도둑이요, 다른 하나는 관원"이라고 단언하고 있다.

21) 지보(地保)는 지방(地防)이라고도 하며, 청대 향촌의 치안을 맡는 경찰리(警察吏)의 일종으로 중앙정부로부터 임명을 받는 관직은 아니지만 마을의 촌장과 현령 사이의 원활한 의사소통을 맡고 있었다. 그러나 지보제도도 향촌의 이갑제(里甲制)와 함께 백성들을 착취하는 폐단이 커서 개혁이 불가피하다는 의견이 많았다.

그림23 백성을 착취하는 지보로부터 뇌물을 받으려던 관리는 지보가 예상과 달리 뇌물을 바치지 않자 아역으로 하여금 그를 매질하게 했는데, 설사병이 난 지보의 똥이 관리의 얼굴에 튀었다는 이야기를 묘사하고 있다. 제목의 '이미'(異味)란 다름 아닌 똥을 가리킨다. 「특이한 맛을 본 관리」(請嘗異味), 『점석재화보』 제134호, 1887. 12.

그러나 아문의 부정부패를 언급할 때 노골적인 비난과 환멸의 대상이 되는 것은 언제나 판관이라기보다는 아역이었다. 『점석재화보』에서도 포증에 버금가는 명판관[22]과 백성을 아끼는 현명한 현령[23]을 찾는 것에 비해 부패하지 않은 아역을 찾기란 훨씬 어려운 일이다. **그림 24**는 분뇨통의 뚜껑을 덮는 하찮은 일에까지 수수료를 요구하는 아역의 횡포에 분노한 농민

---

22) 『점석재화보』 제144호(1888. 3)의 「유람선에서 도적을 잡다」(妓船獲匪)는 어떤 현령이 기생 변장을 한 채 유람선에 올라 흉악한 강도를 잡았다는 이야기를 싣고 있다. 이처럼 『점석재화보』의 몇몇 이야기들은 범죄 수사와 범인 체포에 직접 뛰어든 현령의 활약상을 그리고 있는데, 포증과 같은 전통적인 '중국의 명탐정' 이야기에도 변장한 관관은 매우 자주 나오는 모티프이다.

23) 예를 들면, 『점석재화보』 제132호(1887. 11)의 「사악한 신을 섬기는 사당을 제거한 현령」(督毁淫祠)은 그 지방의 토착민들이 숭배하는 사당을 부수고 유교적 이데올로기에 부합하는 새로운 사당을 건립하는 현령을 칭송하고 있다. 이때 현령은 유교적 질서의 수호자로서 지방의 풍속을 교정하고 표준화하여 중화질서에 편입시키는 역할을 하고 있다. 이 밖에도 **그림13**의 부녀자 훈계 사건과 **그림15**의 불효자 처벌 사건, **그림21**의 형제 소송 사건 등을 현명하게 처결한 상해 현정의 배 현령도 유교적 관료의 이상을 실현한 모범 사례로 볼 수 있다.

그림24 분뇨통 문제로 돈을 내지 않으면 괴롭히겠다는 아역의 협박에 분노한 농민들이 그를 붙잡아 얼굴에 분뇨를 퍼붓고 있다. 「가증스러운 얼굴」(面目可憎), 『점석재화보』 제79호, 1886. 6.

들이 그의 얼굴에 분뇨 세례를 주었다는 이야기를 담고 있다. **그림23**과 유사하게 이 이야기도 배설물과 관련된 일상적 유머 뒤에 부패한 아문을 은근히 분뇨에 비유하고 조롱하는, 결코 가볍지 않은 상징성을 내포하고 있다. 아역은 현령의 명령(즉, 황제의 명령)을 백성에게 전달함으로써 제국의 법과 질서를 유지하는 데 실질적으로 가장 중요한 역할을 담당하고 있었지만, 아역의 횡포는 오히려 법을 왜곡시키고 민심을 어지럽히는 주범이 되었다.

한편, 19세기 말 중국의 개항장에는 조계 지역을 중심으로 순포(巡捕)라 불리는 근대 경찰이 등장하여 도시의 치안과 질서 유지를 담당하였다. 순포에는 서양인뿐만 아니라 중국인, 인도인까지 고용되었는데, 특히 중국인 순포——즉, 화포(華捕)——에 대한 민중의 저항과 혐오는 아역에 못지않았다. 『점석재화보』는 조계 지역의 순포들이 "곤봉을 가지고 다니면서 마음 내키는 대로 사람들을 때린다"(**그림28**)거나, 화포들이 "그 권세에 의지하여 전횡을 일삼아 그들의 횡포에 시달리는 서민들의 고통은 이루 말할 수 없지만 딱히 그 억울함을 호소할 데도 없기에 화포들의 행동은 더욱 대담하고 오만하다"(**그림26**)고 비난의 목소리를 높이고 있

그림25 누리떼의 피해를 막도록 백성들을 독려하기 위해 파견된 아역들이 오히려 폭력을 휘두르자, 마을의 지보가 촌장에게 아역들에게 뇌물을 제공하면 모든 근심이 사라질 것이라고 충고한다. 지보의 말대로 하자 마을은 무사했고, 화자는 "누리떼보다도 관장(官場)의 부패가 더 무섭다"고 덧붙이고 있다. 「누리떼 피해를 조사하는 과정에서 나타난 부패행위」(査蝗無弊), 『점석재화보』 제305호, 1892. 7.

그림26 주문한 두부를 늦게 가져온다는 이유로 순포가 가게 점원과 주인을 곤봉으로 때려 머리에 큰 상처를 내자, 이 광경을 본 사람들이 '공분'(公憤)하여 대규모 폭력 사태가 벌어질 찰나에 역시 순포의 횡포를 직접 본 포탐(捕探 : 지금의 형사에 해당)이 이들을 엄히 문책함으로써 사건을 일단락 지었다. 「법을 아는 자가 법을 어기다」(知法犯法), 『점석재화보』 제492호, 1897. 8.

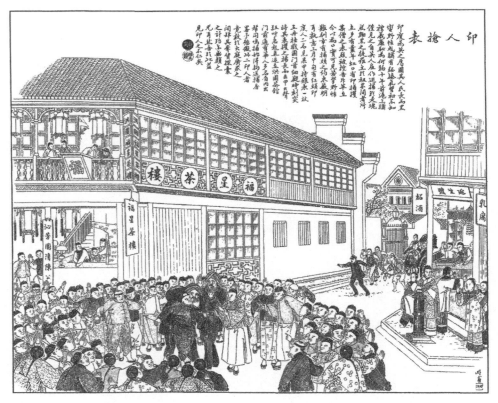

그림27 한 중국인의 은시계를 훔쳐 달아나려던 인도인 순포 두 명이 군중에 에워싸여 조계 지역의 포방(捕房 : 지금의 경찰서에 해당)으로 호송되었다. 「인도인 순포가 시계를 빼앗다」(印人搶表), 『점석재화보』 제297호, 1892. 5.

다. **그림26**과 **그림28**에 보이는 것처럼 순포의 횡포는 분노한 군중들의 폭력 시위를 촉발시키기도 했다. 특히 **그림28**에 보이는 것처럼 순찰 중이던 프랑스 조계 지역의 37호 화포——화포가 이름이 아닌 번호로 불리는 것이 특이하다——는 중국 성시 지역으로 유인되어 군중들에게 몰매를 맞기도 하였다. 『점석재화보』의 화자는 화포 스스로 야기한 불행으로 전혀 동정의 여지가 없다고 덧붙이고 있다.

이처럼 중국의 사법제도를 대표하는 판관과 아역은 대중의 눈에 정의와 질서의 수호자라기보다는 부정부패와 권력남용의 상징으로 여겨졌다. 특히 아역은 사실상 통제력을 상실한 채 쓰러져 가는 거대한 공룡 같은 관료제도를 갉아먹는 기생충과 같은 존재로 간주되었다. 그러나 다른 한편으로 볼 때 이는 아역 개개인의 도덕성 문제라기보다는 처음부터 지방 아문의 재정을 아문 스스로 충당하여 관리하게 만든 제도적 모순에서 비롯된 문제로 간주되어야 한다. 실제로 아역은 지방 아문에 판관만큼이나 없어서는 안 될 중요한 존재였다. 그럼에도 불구하고 제도적 모순으로 인해 그들의 역할은 너무 왜곡되어 있었다. 『점석재화보』는

그림28 화포는 서양인의 '스파이'로 간주되어 평소 중국인의 원성을 샀다. 「순포가 몰매를 맞다」(巡捕被拔), 『점석재화보』 제77호, 1886. 5.

이따금 모범적인 유교적 관료의 전형을 제시하기도 하였으나 이들의 존재만으로 붕괴 직전의 관료체제 전체를 구하기에는 터무니없이 역부족이었다. 결국 『점석재화보』에 형상화된 판관과 아역의 존재는 지방 아문이 청말의 급격한 사회변화에 대처하면서 대대적인 사회개혁을 주도할 능력이 거의 없는 상태에서, 겨우 봉건적인 유교문화의 수호자로 잔존할 수밖에 없는 현실을 확인시켜 주는 데에 그 의의가 있을 뿐이다. 또한 개항장의 조계 지역에 도입된 새로운 사법제도와 경찰제도도 중국의 사법제도를 개혁하는 데에는 별다른 영향을 미치지 못한 것으로 보인다. 마침내 스스로 변화할 능력을 상실한 구제도와 구사회가 기대할 수 있는 것은 오로지 죽음뿐이지 않았을까?

┃범죄와 처벌┃

1 각종 범죄와 사회 변화

『점석재화보』는 전체적으로 볼 때도 상당히 많은 수의 다양한 범죄 사건들을 다루고 있다. 이는 『점석재화보』가 주로 당시의 중요한 시사 문제나 흥미로운 기삿거리를 소재로 삼고 있기 때문이기도 하고, 한편으로 범죄 이야기가 본래 가지고 있는 대중적 성향 때문이기도 하다. 범죄의 종류는 매우 다양하다 ── 살인·강도·절도·폭행·방화·사기·도박·매춘·부녀자 납치·인신매매·강간·간통·아동 학대·성추행·폭력 시위·마약 관련 범죄 등 현재에도 만연한 범죄들이 당시에도 자주 발생하였다. 『점석재화보』에서 범죄를 보는 시각은 대체로

그림29 이웃의 닭이 자신의 보리를 먹은 일로 말다툼이 벌어져 결국 이웃 부부를 칼과 창으로 찔러 죽인다. 범인은 이웃 부인을 창으로 찌르고 있고 그 옆에 남편이 가슴에 단도를 꽂은 채 피를 흘리며 누워 있다. 「칼끝으로 찔러 보니」(及鋒而試), 『점석재화보』 제84호, 1886. 8.

보수적인 편이어서 범법자는 응당 죗 값을 치러야 한다는 것이 화자의 기본 논리이다. 따라서 『점석재화보』에서 범인을 동정하고 범인의 인권에 대하여 고려한다거나 빈곤에서 비롯된 범죄 행위에 대하여 사회적 책임을 묻는 것과 같은 인도주의적 시각을 기대하기란 매우 어려운 일일 듯하다. 범죄 행위가 사회적·법률적·윤리적 제재를 받는 것은 당연하다는 것이 『점석재화보』의 범죄에 대한 기본적 시각이지만, 『점석재화보』에서 범죄 행위의 사회적 원인이라든가 경찰제도의 효율성이라든가 행형제도

그림30 삼형제가 홀어머니를 모시고 살고 있었는데, 눈 먼 큰형의 재산을 탐낸 둘째가 술 취한 막내를 물이 끓는 솥에 넣어 삶아 죽인다. 그림 왼쪽을 자세히 보면 김이 오르는 솥 안에 사람의 다리가 보인다. 「재산을 탐내 동생을 죽임」(有心殺弟), 『점석재화보』 제98호, 1886. 12.

의 문제점이라든가 범법자에 대한 사회적 교정 등 범죄와 관련된 다양한 문제들이 심도 있게 고찰된 적은 거의 없다. 대신 『점석재화보』는 대체로 범죄에 대하여 흥미 위주의 가벼운 '상업주의적' 접근을 시도한다. 이와 같은 '절충주의적' 태도는 앞에서 언급한 『점석재화보』의 편집 방침과 일치할 뿐만 아니라, 보도 사진과 마찬가지로 그림이라는 대중매체가 그것을 가능하게 하는 것이다.

이 때문에 『점석재화보』에서 우리는 유난히 충격적이고 노골적인 범죄 현장을 자주 목격할 수 있다. 그림29와 그림30에서 우리는 매우 적나라한 살해 장면을 만난다. 그림29에서는 선혈이 낭자한 채 누워 있는 피살자들을 볼 수 있는데, 특히 창에 찔린 여성 피살자의 경우 복부의 내장이 다 드러난 끔찍한 모습을 있는 그대로 묘사하고 있다. 그림30은 재산을 탐낸 형이 동생을 끓는 물에 넣어 죽인다는 매우 엽기적인 존속살해 사건을 묘사하고 있다. 김이 오르는 솥 속에 사람의 다리를 살짝 그려 넣은 화가의 '재치'가 인상적이다. 이처럼 대체로 시간적 추이에 따라 서술되는 범죄 사건을 한 장의 그림으로 표현할 때 어떤 장면을 표현할지 선택하는 것은 전적으로 『점석재화보』의 편집 방침의 영향을 받고 있는 화가의 몫이다. 결국 위의 두 범죄 사건의 경우 화가가 선택한 것은 범죄 현장의 선정적 묘사이다.

이 밖에도 불필요할 정도로 잔인하고 선정적인 묘사라는 비난도 가능할 범죄 장면들도 있다. 그림31에서는 자신의 아내와 불륜을 저지른 사내를 함께 죽여 그들의 잘린 머리를 보란 듯이 전당포에 맡기는 한 남자의 당당한 모습──자세히 보면 격양되어 있는 살인자의 표정이 생생하다──이 묘사되어 있으며, 그림32에서는 한술 더 떠서 범인이 영아를 살해하여 먹

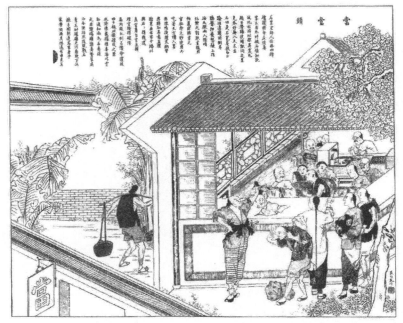

그림31 아내의 불륜을 목격한 남편이 아내와 연인을 함께 죽여 목을 벤 후, 자신의 소송비용을 마련하기 위해 그 머리를 전당포에 맡긴다. 자초지종을 들은 전당포 주인은 돈을 빌려 주었고, 판관도 정상을 참작하여 40대의 태형을 때리는 가벼운 형벌만을 내렸다. 「사람 머리를 저당 잡히다」(當虛頭), 『점석재화보』 제85호, 1886. 8.

그림32 공중목욕탕을 운영하는 사람이 산파와 목욕탕에서 일하는 점원을 매수하여 버려진 아기를 죽여 삶아 먹었다고 한다. 그림의 배경에는 목욕하는 손님들의 모습이 보인다. 그리고 왼쪽 하단에는 솥 안에 아기의 손이 보이고, 그림 오른쪽에는 접시에 담은 아기 시체를 먹고 있는 모습이 보인다. 「아이를 먹었으니 처벌받아야 마땅하다」(食後宜辦), 『점석재화보』 제194호, 1889. 7.

는 섬뜩한 장면을 포착하고 있다. 그림 오른쪽
창문을 열어 놓은 채 '성찬'을 즐기고 있는 이가
바로 범인인 목욕탕 주인의 모습이다. 이 비밀스
러운 식사를 즐기는 동안 여봐란듯이 창문을 열
어 놓을 만큼 담대하다 못해 어리석은 범인은 아
마 없을 것이다. 열려 있는 창문은 논리적으로는
불가능하지만 마치 관람자로 하여금 현장을 엿
보는 듯한 느낌을 갖게 하기 위한 '허구적' 장치
인 것이다. 원래는 굳게 닫혀 있었을 창문을 열
어 놓는 모티프——주인의 모습은 관람자에게만
보이고 그림의 다른 인물들에게는 보이지 않는
다——설정으로 우리는 주인의 매우 적나라한
'식아'(食兒)의 모습을 목격하게 된다. **그림32**에
생생하게 묘사되어 있는 접시에 담긴 아기의 머
리는 대중매체의 선정주의(sensationalism)에
길들여진 우리의 눈에도 상당히 엽기적이다. 화
자는 이 사건의 진위 여부를 확인하려는 독자의
우려를 미리 예상한 탓인지 "이 일이 정말 사실
이라면 관련자들을 엄중하게 처벌해야 한다"고

그림33 머리 잘린 남자 시체 한 구가 발견되어 관리가 검
시관과 함께 검시하는 장면이다. 시체에는 칼에 맞은 흔
적이 있으나 강도 살인처럼 보이지는 않고, 시체의 신원
을 확인할 길이 없어 미제 사건으로 종결될 위기에 처해
있다고 한다. 「머리 없는 시체 사건」(無頭案), 『점석재화
보』제99호, 1886. 12.

덧붙여 이 사건이 사실이 아닐지도 모른다는 암시를 주고 있다. 수많은 민담과 전설, 소설 속
에 등장하는 식인의 소재는 그 진위 여부에 관계없이 대중적 관심을 환기시키고자 하는『점
석재화보』에서도 그냥 지나칠 수 없는 흥미로운 모티프였던 모양이다.

　　그림32 외에도 식인을 소재로 한 몇몇 이야기들이 입에서 입으로 전해지는 일종의 괴기
담이나 '도시의 전설' (urban legend)처럼 상당히 충격적이고 과장된 어법으로 표현되고 있
다. 『점석재화보』의 또 다른 그림 「어린 아이들의 복수」(群孩索命; 제436호, 1896. 1)에서는
갓 죽은 아이의 시체를 요리해 먹기를 좋아하는 어떤 사람이 어느 날 꼬마 귀신들에게 산 채
로 먹혀 고통스럽게 죽었다는 이야기를 전하고 있고, 또 다른 그림 「사람을 죽여 오리를 먹이
다」(殺人飼鴨; 제159호, 1888. 8)에서는 외딴 강변에서 오리를 키우면서, 나그네를 유인해 죽
인 다음 그 시체를 삶아 오리 먹이로 준 사람들의 이야기를 전하고 있다. 이유는 이처럼 '사
람 고기'를 먹은 오리가 더 살지고 새끼도 많이 낳기 때문이라고.

　　『점석재화보』의 '충격요법' 은 여기에 그치지 않고 이미 앞의 그림에서 본 것처럼 훼손된
시체의 노출도 꺼리지 않는다. **그림33**에서는 벌거벗은 머리 잘린 시체가 그대로 노출되어 있

그림34 여인의 절단된 다리가 판자에 묶인 채 떠내려 왔다. 마을의 지보가 사건을 아문에 보고하려 하였으나 뇌물을 요구하는 아역의 횡포로 보고하지 못한 채 시체를 도로 강으로 떠내려 보내고 있다. 「떨린 꽃잎이 물을 떠내려오다」(落花流水), 『점석재화보』 제15호, 1884. 9.

는 모습이 상당히 충격적이다. **그림34**에서는 신원을 알 수 없는 여인의 절단된 양다리만이 강물에 떠내려 온 매우 엽기적인 사건을 이야기하고 있다. '낙화유수'(落花流水)라는 제목은 젊은 여인의 죽음을 암시하고 있는데, 이런 이유 때문인지 화가는 절단된 다리에 전족(纏足)한 작은 발을 그려 넣음으로써 공포와 성적 흥분이 기묘하게 동일시되는—현재의 상업적인 공포영화 장르가 자주 이용하는—심리적 효과를 제공하고 있다. 이 지극히 잔인한 사건에서조차 화가는 희생양이 된 여성의 신체 일부를 성적(性的)인 것으로 전시함으로써 여성의 신체를 유린하는 남성적 시선을 대변하고 있을 뿐 아니라, 대다수 남성 독자의 성적 호기심을 은밀히 만족시키는 효과를 노리고 있는 것 같다. 심지어 「시체를 낚은 어부」(捕魚得人；제195호, 1889. 8)에서는 불륜을 저지른 것이 발각되어 함께 죽임을 당한 것으로 추정되는 스님과 여인의 벌거벗은 시체를 적나라하게 보여주고 있다.

이처럼 범죄 행위를 거리낌 없이 표현하는 대담한 그림들은 전에는 찾아보기 어려운 것이었다. 물론, 공안소설 장르는 이미 중국 독자들에게 삽화를 통해서 범죄 사건을 읽는 경험을 제공하였으나, 그럼에도 불구하고 『점석재화보』에서처럼 충격적이고 적나라한 살해 장면과 만나는 일은 드물었다. 공안소설의 삽화는 범죄 장면의 사실적인 재현보다는 확고한 사회·윤리적 질서를 암시하는 것에 중점을 두었기에 살인 등 충격적인 범죄 장면을 오래된 관행에 따라서 단순화시켜 묘사하고 있다. 이와 같은 중국의 독서문화를 고려한다면, 범죄 이야기에 관한 한 『점석재화보』의 그림들은 매우 획기적인 사실주의와 선정주의를 표방하고 있었다고 할 수 있다. 어쩌면 이런 화보의 상업적 경향이 현재의 공포영화와 스릴러, 미스터리 장르를 적당히 가미시킨 듯한 범죄 이야기를 선호하게 만든 것인지도 모른다. 그 진위 여부는 물론 중요하지 않다.

그러나 이처럼 흥미 위주의 가벼운 선정주의적 접근 방식에도 불구하고 모든 범죄는 본질적으로 무겁고 어두운 주제이다. 그것은 사회의 프리즘이라고 할 수 있다. 표면적으로는 질서정연하고 화목해 보이는 공동체도 반사회적 범죄 행위 앞에서 사회적 갈등과 반목, 윤리

그림35 절강 지방이 전란으로 황폐해지자 어쩔 수 없이 외지인을 모집하여 농사를 짓게 하였는데, 외지에서 온 객농(客農)들이 본지 농민들과 사사건건 문제를 일으켰다. 심지어 한 객농 무리는 아문을 습격하여 재물을 강탈하고 현령에게 온갖 모욕을 주었다. 그림 중간의 기둥에 묶여 있는 사람이 현령이다. 「토비 무리의 난동」(土匪猖狂), 『점석재화보』 제93호, 1886. 10.

적 타락과 위선의 모순 등 잘 보이지 않던 균열과 그 벌어진 틈을 드러낸다. 범죄를 통해서 본 당시의 중국은 전란과 제도적 모순으로 인해 빈곤이 만연한 사회였다. 과도기의 혼란과 무질서, 빈곤으로 뿌리째 흔들리는 사회는 대규모로 범죄를 양산하는 온상 같은 곳이었다. 따라서 범죄의 원인은 대개 빈곤과 무지, 이로 인한 인간성의 상실에 있었으며, 범죄에 가장 쉽게 노출되는 계층은 바로 가난하고 교육받지 못한 대다수 하층민들이었다. 유민(流民)은 특히 이와 같은 사회적 상황에서 발생하여 범죄의 대상이 아니라면 그 주체가 되는 경우가 많았다. 이런 저런 이유로 생계 수단을 잃고 고향을 떠나 외지를 떠도는 유민들은 **그림35**에서 처럼 토비(土匪)로 돌변하거나 반란에 가담할 수 있기에 사회질서를 위협하는 위험한 존재들 이었지만, 무능력한 정부는 이미 유민 발생을 억제할 어떤 권위도 어떤 수단도 가지고 있지 않았다. 진보주의와는 거리가 먼 『점석재화보』를 통해서도 우리는 중국이 이미 멸망을 눈앞 에 둔 쇠락한 제국이었음을 충분히 엿볼 수 있다.

　한편, 그림 「의로운 부인」(義婦可風; 제6호, 1884. 6)은 가난한 하류층 부부의 안타까운

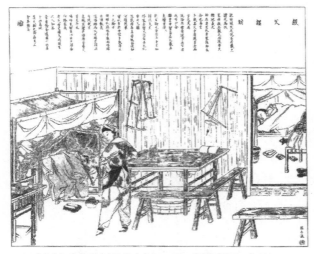

그림36 「재산을 탐내 아버지를 죽이다」(殺父謀財), 『점석재화보』 제105호, 1887. 2.

이야기를 전하고 있다. 한구(漢口)에서 배로 강을 건네주는 일을 하는 가난한 사공은 어느 날 눈병을 앓더니 실명까지 하게 되어 살길이 막막하였다. 사공의 동생은 이 기회에 형수를 팔아 밑천으로 삼으려 하니, 자신의 처지를 비관한 사공이 강에 투신하자 사공의 아내도 남편을 따라 강에 투신자살하였다. 기혼 및 미혼 여성—특히 양가의 처녀와 정실부인—을 유곽의 기생이나 첩으로 파는 일은 법으로 엄격히 금지되어 있었으나,

인신매매 자체가 불법적인 일로 완전히 금지되어 있었던 것은 아니다. 게다가 여성은 당시 교환가치가 높은 '상품'이었다. 따라서 불법인 것을 알면서도 여성을 파는 것은 다름 아닌 가장 가까운 그녀의 혈육, 즉 아버지·오빠·남편·남편 가족들인 경우가 많았다. 이처럼 자신의 가족을 위해 팔려 간 수많은 여성들의 비참한 운명은 짐작하기 어렵다. 그럼에도 불구하고 절대 빈곤은 인륜도 저버리는 가장 비인간적인 일을 저지르게 만드는 것이다. 그런데 이 비극적인 이야기를 화자가 부인의 죽음에 초점을 맞추어 절개를 지킨 의부(義婦)의 이야기로 포장하고 있다는 사실이 다소 엉뚱하게 느껴진다. 우리에게는 부인의 죽음이 절개를 지키기 위한 선택이라기보다는 참담한 현실을 피하기 위한 어쩔 수 없는 타협처럼 보이기 때문이다.

또 다른 **그림36**은 객상(客商) 생활을 청산하고 그녀를 방문한 친정아버지의 재산이 탐나서 자고 있는 아버지를 도끼로 내리친 딸의 이야기를 전하고 있다. 이 이야기의 화자는 딸이 아버지를 죽이기 전 어떤 상황에 처해 있었는지, 부녀관계는 어떠했는지에 대해서는 어떤 정보도 제공하고 있지 않은 채 단순히 딸의 탐욕이 범행 동기라고 단정하고 있다. 다만 부모를 폭행하거나 살해하는 반인륜적인 범죄를 저지르는 불효자는 간혹 있어도 불효녀는 매우 드문 법인데, 이 경우만큼은 예외적이라고 언급하고 있을 뿐이다. 그럼에도 불구하고 그림은 글이 생략하고 있는 정황, 즉 누덕누덕 기운 옷을 입고 있는 딸의 모습과 초라한 살림살이를 묘사함으로써 가난에 찌든 딸의 생활을 암시하고 있으며, 객상으로 전전한 아버지는 아마도 부모로서 자식들과 정상적인 관계를 유지하기 힘들지 않았을까 하는 추측을 하게 한다. 이와 같은 상황이 딸의 범행을 정당화하지는 못하겠지만, 얼마 안 되는 아버지의 재산을 가로채기 위하여 친딸이 아버지를 살해했다는 믿기 힘든 사실을 어느 정도 이해 가능한 정황으로 변화

그림37 강도 9명이 권총과 다른 무기를 소지한 채 조계 지역에 위치한 유리은행을 강탈하려다 순포에게 체포당하고 있다. 「강도 당한 상해 유리은행」(有利被盗), 『점석재화보』 제95호, 1886. 11.

시키기는 할 것이다. 지금도 예외가 없지만, 빈곤은 정상적인 가족관계를 파괴하는 주범이 되고는 한다.

　이처럼 빈곤과 함께 제도적 혼란과 모순, 급속한 사회적 변화가 동반되는 사회에서 가장 흔한 범죄가 강도와 절도일 것이다. 무리지어 강도 행각을 벌이는 비적에는 토비나 산적, 심지어 해적들이 있었는데, 이들은 인적이 드문 곳이면 어디에서나 자주 출몰하였다. 『점석재화보』에서 우리는 다양한 강도·절도 사건과 만날 수 있는데, 그 중 **그림37**은 무장 은행강도 사건을 묘사한 것으로 우리의 눈길을 끈다. 1886년 11월 어느 날 저녁 7시 무렵, 상해 공공조계, 단정한 서양식 건물들이 들어선 거리에 위치한 유리은행(有利銀行: The Chartered Mercantile Bank of India)은 9인조 무장 강도의 예기치 않은 방문을 받는다. 상업의 중심지이자 금융의 중심지인 공공조계에서나 있을 법한 일이다. 이들은 칼뿐만 아니라 총이라는 신식 서양 무기로 무장──그림 중앙에 보면 서양인 순포와 육박전을 벌이고 있는 중국인의 손에 들린 권총〔手槍〕 한 자루가 눈에 띈다──한 중국인들이었는데, 은행 주변을 순찰하고 있

그림38 한적한 길가에서 겉옷을 강탈당한 채 울고 있는 여자를 발견한 두 남자가 여자 강도를 쫓다가, 그 중 말을 탄 남자는 총에 맞아 말에서 떨어져 죽었다. 그림 오른쪽의 세 여성이 강도이며 맨 오른쪽 여성이 권총을 들고 있는 모습이 보인다. 「길을 막은 여자 강도」(女盜斷路), 『점석재화보』 제105호, 1887. 2.

던 순포의 철통 방범에 밀려 모두 체포되고 만다. 이 장면에서 한바탕 총질이 난무하는 홍콩 느와르 영화나 적어도 쿵푸 영화를 연상할 법도 한데, 사실 '무장 강도'라는 거창한 죄목과는 달리 체포된 범인들은 소위 '전문털이범'이나 갱들과는 거리가 멀었다. 알고 보니 그들은 과일 장사로 생계를 잇던 외지인들로 무일푼의 가난한 젊은이에 불과했다. 이 사건에 대하여 화자는 이렇게 덧붙였다. "이때 유리은행은 문을 닫은 시각이었으나 누가 알았으랴, 조계가 다른 어떤 곳과도 비교할 수 없는 삼엄한 경비를 하는 곳이라는 것을. 조계에서처럼 방범이 이루어지기만 한다면 모든 백성들이 편히 잠을 잘 수 있을 것이고, 문을 잠그지 않아도 물건을 훔쳐 가는 이가 없게 될 것이다"라고. 따라서 조계의 '근대적인' 치안 시스템을 알 리 없었던 중국인 무장 강도의 기도는 완전히 무산되고 말았던 것이다. 글쓴이가 경탄을 금치 못하는 대상도 무모하기 짝이 없는 무장 강도가 아니라 그 강도의 손발을 묶어 버리는 도시경비제도였던 것이다. 다시 한번 구(舊)중국이 근대화된 서구 앞에 무릎을 꿇는 순간이다.

한편, **그림38**은 보기 드문 여자 강도에 관한 것이어서 흥미롭다. 이 삼인조 여자 강도는 다른 여인의 옷을 강탈하는 좀도둑으로 보였지만, 놀랍게도 소지하고 있던 총기를 서슴없이 사용하여 살인을 저지르는 대담성을 발휘한다. 거의 언제나 피해자로 등장하던 여성이 이 경우에는 거꾸로 남성을 죽이는 가해자로 등장한다는 사실이 독자의 흥미를 배가시킨다. 또한, 앞의 **그림37**과 함께 이 그림에서도 서양식 신무기인 권총이 등장하여 눈길을 끌고 있는데, 이 밖에도 권총이 범행 무기로 사용되고 있는 그림들과 자주 만날 수 있다. 실제로 당시 중국에서 권총이 평범한 범행에 사용될 만큼 구하기 어렵지 않은 무기였는지 의문이다. 이 밖에 눈길을 끄는 강도 사건이라면, 인적이 드문 곳에 귀신 분장을 한 채 출몰하는 강도──「귀신으로 분장한 강도」(扮鬼攫物; 제281호, 1891. 11) 참조──와, 홍길동을 연상시키는 의적──「의적의 선행」(義盜獲報 一, 二, 三; 제217호, 1890. 3) 참조──등이 있다.

전란과 대홍수, 즉, 인재(人災)와 천재(天災)가 겹쳐 당시의 중국 농촌은 대기근에 허덕이고 있었으며, 이로 인해 고향을 등지고 떠나는 사람들로 농촌은 텅 빌 지경이었다. 반면, 상해 같은 대도시는 기아와 빈곤에 시달리다 농촌을 탈출하여 도시에서 일자리를 찾으려는 사람들로 북적대고 있었다. 상해 조계 주변 황포강과 소주하는 피난선으로 가득 차게 되었고, 조계의 외곽 지대는 마구잡이로 들어선 가난한 이주민들의 판잣집과 움막으로 빈민촌이 형성되었다. 상해를 방문한 사람이라면 누구나 경탄을 금치 못했을 와이탄, 그 화려한 장관의 그늘에는 난립한 판자촌과 피난선들이 음울한 실루엣을 이루며 숨어 있었던 것이다. 이주민들은 앞의 **그림37**에서 묘사한 모던 도시 상해의 안녕과 질서, 위생과 풍요를 정면으로 위협하는 존재들이면서, 한편으로 하층의 도시노동자 계층을 구성함으로써 도시의 번영을 가능하게 하는 모순적 존재들이었다. 마실 물도, 전기도 없고, 하수도나 배수 시설이 제대로 갖추어져 있지 않아 쓰레기와 오물로 악취가 진동하는 판자촌, 도시의 병원(病源)이자 각종 범죄의 온상인 그곳은 야누스 같은 모던 도시의 이면이라고 할 수 있다. 이것이 바로 상해의 화계(華界) 지역이 근대적 시정기관을 절실히 필요로 하는 이유이기도 했던 것이다.

따라서 모던 도시 상해의 또 다른 얼굴은 마도(魔都) 상해였다. 마도라는 별명에 걸맞게 또 다른 상해는 밤의 도시였다. 상해는 근대적 질서로 무장한 공간처럼 보이지만 다른 근대 도시와 마찬가지로 범죄가 근절되기는커녕 범죄와의 전쟁은 도시의 숙명과도 같은 것이었다. 도시 인구와 함께 급증하는 범죄가 도시를 범죄의 온상으로 만들어 버렸기 때문이다. 더구나 조계는 전란을 피해 들어온 피난민뿐만 아니라, 중국의 법망이 미치지 못하는 것을 노리는 범죄자나 도망자들에게도 은신처로서 더없이 적당한 장소다. 뾰족한 생계 대책 없이 무작정 이주한 피난민들이 잠재적 범죄자라면, 후자는 발각되지 않기 위해 이리저리 옮겨 다니면서 결국 또 다른 심각한 범죄를 야기하는 장본인들이었다.

인구와 자본의 유입은 전통적인 도시에서는 보기 어려운 큰 규모의 흥청거리는 유흥가를 형성하였고, 그곳에는 다루(茶樓) 또는 다관(茶館), 기원(妓院)과 연관(煙館)이라 불리는

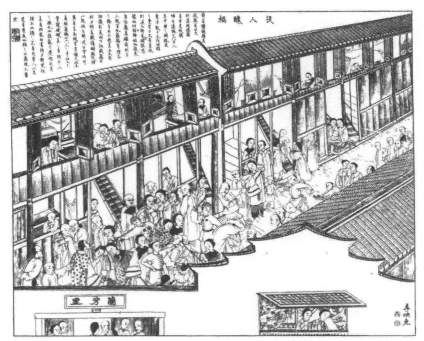

그림39 상해의 '난방리'(蘭芳里)에 도망친 기녀를 찾는다며 한 현청의 아역들이 왔다 갔는데, 알고 보니 이들은 가짜였다. 뒤늦게 도착한 진짜 아역들에게 기둥서방과 기생어미가 폭력을 휘두르다 순포에게 연행되었다. 「사람을 데려가려다가 화를 부르다」(是人釀禍), 『점석재화보』 제16호, 1884. 10.

그림40 한 기녀의 집에서 벌어진 도박판. 한 양갓집 자제는 사기도박에 넘어가 큰 돈을 잃었다. 그림 왼쪽에는 아편을 피우는 손님들의 모습이 보인다. 당시 기원의 내부 구조는 대체로 이와 같았다. 「도박의 해로움」(局賭害人), 『점석재화보』 제14호, 1884. 9.

그림41 소주(蘇州)의 소위 '화객잔'(花客棧)이라 불리는 여관은 주방 뒤에 넓은 밀실을 갖추어 놓고 손님에게 매춘과 아편을 제공하였다. 그림은 여관을 급습한 순사(巡査)가 밀실을 찾아내는 모습. 「구멍 뒤의 별천지」(別有洞天), 『점석재화보』 제20호, 1884. 11.

그림42 '연관'(煙館)을 운영하는 시어머니는 아들의 민며느리로 하여금 손님의 '시중'을 들게 하였으나. 며느리가 이를 거부하자 온갖 학대를 서슴지 않았다. 그림은 시어머니가 며느리의 머리에 뜨거운 물을 붓는 모습. 「며느리를 학대한 사나운 시어머니」(悍姑虐媳), 『점석재화보』 제347호, 1893. 9.

아편굴이 모여 있었다. 중국에서 도박과 성매매는 불법이지만 상해의 기원과 연관 같은 곳은 공공연한 도박장이자 매음굴이었으며, 밤이면 거리는 건달들과 도박꾼, 사기꾼, 그리고 창녀로 넘쳐흘렀다. 공공조계의 복주로(福州路)는 특히, 극장과 함께 아편굴을 겸한 다관과 음식점, 기원들이 밀집해 있었기 때문에 이 거리에서 가마나 인력거, 혹은 마차를 타고 여기저기 바쁘게 불려 다니는 여배우나 창기(唱妓), 심지어 다관을 기웃거리며 스스로 매춘의 대상을 구하는 '유기'(遊妓: 밤거리의 매춘부를 뜻하는 '들꿩'〔야계野鷄〕이라는 별명으로 더 많이 불렸다)를 만나는 것도 어려운 일이 아니었다. 이처럼 거리를 헤매는 창녀들은 매독 같은 성병을 전염시킨다는 이유로 강력한 단속의 대상이 되었으나, 이들을 제외한다면 상해의 기녀들은 휘황찬란한 상해의 환락가를 수놓는 '상해의 꽃'〔海上花〕이었다.

그림39는 최하급의 기원들이 모여 있는 상해의 '난방리' 모습이다. 좁은 골목을 사이에 두고 문과 계단, 창문이 골목 쪽으로 나 있는 길다란 이층 건물이 인상적이다. 앞에서 언급한 것처럼 기원은 자주 범죄자의 은신처 ―예를 들면, 「도둑질해 환락을 구하다」(行竊尋歡; 『점석재화보』 제2호, 1884. 5) ― 로 이용되기도 하고, **그림40**과 **그림41**처럼 더욱 적극적으로 법

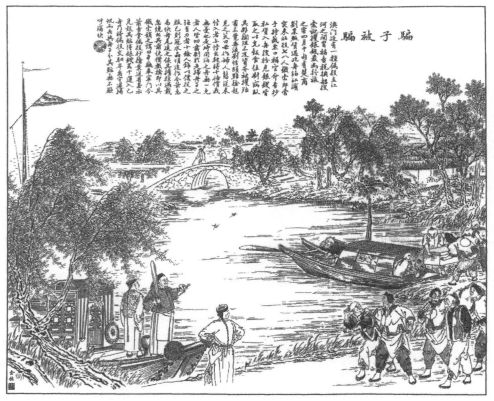

그림43 강에서 아역 행세를 하며 뱃사공을 갈취하던 사기꾼들이 병영 부대의 급습을 받아 모든 재물을 빼앗겼다. 그런데 알고 보니 그들도 군을 사칭한 사기꾼들이었다. 「사기당한 사기꾼」(騙子被騙), 『점석재화보』 제301호, 1892. 6.

망을 피해서 범죄를 양산하는 범죄 소굴이
되기도 하였다. 당시에 매춘과 아편, 도박
은 쉬운 돈벌이를 찾는 이들에게 가장 좋은
사업이 되었기에 아문의 눈을 피해 '일석삼
조'의 효과를 노리는 경우도 비일비재하였
다. 그리하여 **그림42**에서처럼 자신의 며느
리나 아내를 매춘으로 내모는 비양심적인
시부모나 남편도 없지 않았다.

앞에서 언급한 것처럼 조계는 도망자
나 범죄자들에게 적당한 은신처였다. 특히,
가족에게 인정받지 못한 불행한 연인들이
가출을 결심했다면 조계 지역만큼 피신처
로 적당한 곳이 드물었다. 그리하여 그림

그림44 기녀가 애인과 사랑을 맹세하고 애인 말대로 기원을 도망 나왔는
데, 기원에 그녀를 다시 팔아넘긴 이가 다름 아닌 그녀의 애인이었다. 그
림은 다시 기원으로 돌아간 기녀를 묘사하고 있다. 「기녀를 꾀어 내었다가
되팔아 버리다」(出爾反爾), 『점석재화보』 제350호, 1893. 10.

「가출한 어머니」(不忍出母; 제86호, 1886. 8)에서 일곱 명의 아들을 둔 어머니는 아들들 몰래
홀아비와 재혼하여 상해 조계에 신혼살림을 꾸린다. 후에 아들들에게 발각된 어머니는 집으
로 다시 끌려오고, 홀아비는 강간 혐의로 아문에 넘겨진다. 젊은 연인이 아닌 과부와 홀아비
의 이 가출 이야기는 죽을 때까지 수절하는 열부들의 이야기에 가려 거의 한 번도 언급된 적
이 없는 과부의 욕망과 행복해질 권리에 대하여 다시 생각하게 만든다. 그림 「홀아비를 등치
는 여인 체포」(捉放白鴿; 제193호, 1889. 7)는 은어로 '도망간 흰 비둘기'(放白鴿)로 불리던
여성 범죄자에 관한 것이다. '방백합'(放白鴿)은 홀아비와 결혼하는 척하다가 홀아비의 재물
을 가지고 도망가는 여인을 가리키는 말이다. 이 비둘기는 프랑스 조계의 한 여관에서 그녀
의 애인과 발견되었는데, 놀랍게도 그녀는 동성애자로 밝혀졌다.

한편 도시는 하룻밤의 환락을 꿈꾸는 건달들과 일확천금의 꿈을 꾸는 도박꾼들만의 무
대는 아니었다. 각종 사업이 성행하고 부자들이 몰려드는 도시는 바로 사기꾼의 천국이기도
했다. 관리나 부자를 사칭하는 사기꾼에게 눈 깜짝할 사이에 돈이나 물건을 갈취당한 상인들
은 한둘이 아니었다. 그러나 다음과 같은 경우는 사기꾼 중의 사기꾼이라고 할 수 있다. **그림
43**은 사기꾼을 상대로 사기 친 '고수' 사기꾼에 관한 것이다. 대체로 기녀는 남자 손님들로
하여금 가산을 탕진하게 만드는 '팜므 파탈'(femme fatale)로 여겨지지만 **그림44**에서처럼 반
대의 경우도 있다.

요컨대 『점석재화보』에서 우리는 매우 다양한 범죄와 범죄자들을 만날 수 있으며, 이 범
죄 사건들은 대개 당시의 사회적 변화와 갈등을 반영하고 있다. 『점석재화보』에서 범죄에 대
한 묘사가 상당히 빈번했다는 사실은 그만큼 범죄가 만연한 불안한 당시의 사회상을 간접적

으로 시사한다고 해석할 수도 있고, 다른 한편으로는 독자층의 기호를 반영하는 것으로 해석할 수도 있다. 후자의 경우, 『점석재화보』에 빈번히 실렸던 괴물 및 귀신 이야기와 마찬가지로 범죄 이야기는 독자에게 낯설지 않은 전통적인 서사 구조를 응용하고 있을 뿐 아니라, 전에는 볼 수 없었던 선정적이고 사실적인 범죄 장면을 보여 줌으로써 독자의 흥미를 더욱 배가시키고 있었던 것이다. 범죄를 보는 절충주의적 시각 또한 『점석재화보』의 상업적 의도를 짐작할 수 있게 한다. 우리의 관점에서 볼 때도 『점석재화보』의 표현 매체인 그림이 제공하는 흥미진진함은 보는 이로 하여금 범죄의 심각성을 잊게 한다. 이는 현대 대중매체의 범죄 보도가 범죄의 잔인성을 지나치게 과장하거나 범죄 행위를 흥미 위주로 왜곡시켜 재현해 낼 때도 자주 저지르는 과오이다. 우리가 이 점에 유의하지 않는다면, 『점석재화보』의 범죄 이야기를 당시 사회상의 한 단면을 읽어 내는 유용한 자료로서 이용하기는 힘들 것이다.

2 여성과 범죄 : 유교적 가부장제의 몰락

『점석재화보』의 범죄 이야기에서 특기할 만한 사실은 남성보다도 여성의 경우 훨씬 빈번하게 범죄의 대상으로 노출되어 있었다는 점이다. 앞에서 언급한 것처럼 전란과 빈곤, 무질서와 혼란으로 동요하는 전환기의 중국 사회에서 여성은 반(半)식민지 경제 체제에 귀속되어 값싼 노동력으로 혹사당하는 한편, 가정에서는 여전히 유교적 가부장제의 틀 안에서 어머니/며느리/아내의 역할을 강요당하면서 그 독립적 주체성을 인정받지 못한 채 이중적 억압에 시달려야 했다.

　　『점석재화보』를 통해서도 서양의 근대적 여성교육이 소개되고 여성의 참정권 인정 등의 사실이 전해지고 있었지만, 그 속에 나타난 중국 여성의 이미지는 근대성과는 거리가 멀었다. 오히려 여성성은 유교적 봉건주의의 몰락을 교묘히 은폐하는 데 이용하기 위하여 더욱 철저히 '타자화'되는 경향을 보이는가 하면, 단순히 선정적인 황색 저널리즘의 손쉬운 희생물로 전락하기도 하였다. 예를 들면, 여성을 효녀/효부/열부, 이에 대조적인 불효녀/악처/간부(姦婦) 등의 유형으로 분류하여 여전히 유교적 도덕주의에 의거한 여성상을 제시하는 데 그치고 있는가 하면, 앞의 여러 가지 예에서 보듯이 여성의 신체를 교묘히 노출시키는 방식을 통해서 여성을 상업주의의 대상으로 전락시키기도 한다. 집 밖에서 화장을 하여 단정치 못하다고 현령의 훈계를 듣는 여성의 그림(86쪽의 **그림13**)에서 보듯이, 여성의 몸은 여성 자신의 것이라기보다는 '정치학'의 대상으로 왜곡당하기 일쑤였던 것이다.

　　그러나 가장 안타까운 사실은 빈곤과 무지, 제도적 폭력 앞에서 여성은 자신을 방어할 방법을 모른 채 너무도 쉽게 무고한 희생자가 되어 버린다는 점이다. 특히, 그녀를 보호해야

할 가족의 울타리 안에서 벌어지는 가정
폭력과 학대는 결국 그녀를 죽음으로 내
몰곤 했다. **그림45**는 시골에서 농사를 지
으며 가난하지만 화목해 보이는 단란한
한 가정이 가장의 어리석은 의심으로 하
루아침에 파괴되는 비극적 이야기를 전
하고 있다. 이 경우 법은 여성의 권리를
보호하기는커녕 인정조차 하지 않는다.
'자유연애'가 허용되지 않는 결혼제도와
일부다처제는 사실상 남성의 혼외 관계,
즉 '외도'를 법적으로 인정하는 결과를
낳았지만, 앞의 **그림31**(104쪽)에서 보듯이
여성의 혼외 관계는 죽임을 당할 만큼 심
각한 범죄 행위로 간주되었다. 그리하여
간통을 저지른 자신의 아내를 애인과 함
께 죽인 남편은 아문에서 단지 40대의 매
를 맞는 것으로 매우 가벼운 형벌을 받았
을 뿐이다. 만약 그 반대의 경우라면, 남
편을 죽인 아내는 능지처참의 극형에 처
해졌을 것이다. 우리의 시각에서 볼 때 형
평성의 논리에 완전히 어긋나는 이 불합

그림45 남편이 집을 비운 어느 날 어머니가 중과 함께 잤다는 아이
말을 믿고 남편은 아내를 때려죽인다. 그러나 사례를 하기 위해
찾아온 비구니를 보고 자신의 실수를 깨달은 남편은 비구니를 중
이라고 한 아이마저 때려죽인다. 자신이 이 비극적 사건의 발단
인 것을 깨달은 비구니도 스스로 강에 몸을 던져 죽는다. 「의심이
화를 부르다」(因疑釀禍), 『점석재화보』 제343호, 1893. 7.

리한 처벌은 『대청율례』의 처벌 규정을 정확히 준수하고 있을 따름이다.

　　여성의 인권은 법에 의존하여 보호되고 보장되기보다는 가족관계에 의해 보호되는 경우
가 대부분이다. 부부관계보다도 시부모, 자식, 남편 형제들과의 관계가 원만하게 설정될 수
있는가 아닌가에 따라 그녀의 진정한 행복이 결정되는 것이다. 그녀의 튼튼한 울타리가 되어
야 할 가정이 오히려 그녀를 강압하고 학대하는 주체가 될 때, 그녀는 고통을 호소할 데조차
없게 된다. **그림46**은 의처증이 있는 것으로 보이는 남편이 아내를 가둬 둘 새로운 고문 도구
를 직접 고안하는 등 남편의 '창조적인' 학대로 고통받는 여성에 관한 것이다. 이 경우는 다
행히도 이웃의 고발로 아문이 개입하지만, 아문은 가장을 훈계하는 정도에서 그칠 뿐 어떤
처벌도 하지 않는다. 이 학대받는 아내의 고통이 과연 여기에서 끝났을지는 미지수다.

　　혹은 **그림47**에서처럼 남편의 학대로 반강제로 자살에 이르는 여성의 수는 아마도 셀 수
없을 정도로 많았을 것이다. 자살 여성들에 대한 통계 수치나 기록이 남아 있지 않아 그 수나

그림46 목수인 남편은 아내의 가출을 막는다는 이유로 발목에 칼을 채운 후 대나무 채찍으로 온몸을 때렸다. 발목을 죄는 고통으로 사흘 동안 여자의 우는 소리를 들은 이웃이 관부에 고발하고, 관부는 남편으로 하여금 아내에게 사형(私刑)을 가하지 않도록 훈계했다. 「가출한 아내의 발목에 칼을 채우다」(关妇械足), 『점석재화보』 제411호, 1895. 5.

그림47 이웃집 여자의 미모에 반한 남편이 재혼을 위해 자기 아내를 자살하도록 강요하여 아내가 스스로 목을 매어 죽었다. 이 소식을 들은 이웃집 여자는 오히려 그의 청혼을 거절하였다. 「아내를 죽이고 새 아내를 얻으려 하다」(殺妻求妻), 『점석재화보』 제358호, 1893. 12.

심각성을 전체적으로 짐작하기 어려울 뿐이다. 매춘 행위를 거부하는 며느리를 학대한 시어머니의 이야기를 그린 그림42와 그림48에서처럼 남편과 더불어 학대를 일삼는 시부모로 인해 죽음에 이르는 여성의 수는 또 얼마나 많았을 것인가? 고부 갈등은 매우 흥미로운 이야기의 소재로 다루어지지만, 실제로 고부 갈등으로 인한 가정불화와 폭력은 그녀의 생명까지도 위협할 수 있을 정도로 심각한 것이었다. 그림48은 다행히도 며느리 학대를 일삼는 시부모에게 법적 제재가 가해진 경우지만, 대부분의 경우 법은 이들의 관계에 개입하지 않는다. 다만 시부모를 학대하는 며느리의 경우, 매우 엄중한 처벌이 가능하다. 또는 예를 들어 『점석재화보』 제12호(1884. 8)의 「생매장당한 불효자」(活埋逆子)에서처럼 홀어머니를 학대하여 자살에 이르게 한 아들 부부는 아문의 결정이 아닌 마을 사람들의 '인민재판'에 따라 생매장이라는 처벌을 받는다. 이처럼 가족관계에서 여성의 법적 지위는 매우 취약한 상태였다.

한편, 그림48은 빈민을 위해 죽을 제공하는 죽창의 죽으로 연명해야 할 만큼 가난한 가족의 이야기이기에 더욱 안타깝다. 이처럼 빈곤은 여성에게 이중·삼중의 고통을 가하는 주요 원인이 되고는 한다. 특히 빈곤은 여성을 매매시장으로 내몰았는데, 가난한 사람들이 갑자기 큰돈을 마련하는 유일한 방편이 딸이나 아내를 파는 것이었기 때문이다. 젊은 여성은 기원에 팔려 '성노동'에 종사하는 경우가 대부분이었다. 여성이 상품으로 거래되기 시작하는 그날부터 그녀의 진정한 자유와 권리는 박탈당하는 것이다. 그런데 청대의 법률은 양가의 미혼

그림48 민며느리로 시집온 어린 손부(孫婦)가 죽창(粥廠)에서 제공하는 죽을 훔쳐 먹었다는 이유로 그녀의 손가락을 자르고 입을 바늘로 꿰매는 끔찍한 학대를 저지른 부부의 행실이 관부에 알려지자, 그들이 한 것과 같은 방식(즉, 입 꿰매기)으로 처벌하였다. 「되갚아 다스리다」(還治其人), 『점석재화보』 제146호, 1888. 4.

그림49 강서(江西)의 원주(袁州) 지방에는 아내를 전당 잡히고 돈을 빌리는 풍속이 있었다. 아내를 전당 잡힌 남자가 돈을 갚고 나서 또다시 아내를 전당 잡힐 일을 의논하자, 분노한 아내가 스스로 목숨을 끊었다. 「아내를 또 전당 잡히려 하다」(當妻談新), 『점석재화보』 제79호, 1886. 6.

그림50 무뢰배들이 부녀자를 납치하여 강간하고 그녀를 인신매매할 것을 모의하다 붙잡혔다. 「부녀자를 겁탈하다」(强劫民婦), 『점석재화보』제76호, 1886. 5.

그림51 길을 가던 14세의 소녀에게 한 노파가 다가가 그녀의 손을 잡자 갑자기 소녀의 몸이 마비되었으며 소리도 지를 수 없었다. 또 다른 '활보'(活寶; 즉, 살아 있는 보물)를 기다리기 위하여 잠시 정박해 있던 배의 선실에 갇혀 있던 소녀는 점차 마취가 풀림을 느끼고 배에서 도망쳤다. 그녀를 납치한 일당은 소녀의 비명을 듣고 쫓아온 사람들에 의해 체포되어 관부에 송치되었다. 「호랑이 입속에서 빠져나온 소녀」(幸離虎口), 『점석재화보』제341호, 1893. 7.

및 기혼 여성을 유흥가에 팔아 공공연히 기녀로 종사하게 하는 것을 금지하고 있었기에, 당시의 기원은 심각한 '인력난'에 빠져 있었다. 이를 해결하기 위한 궁여지책으로 나온 방법이 바로 '납치'였다. 부녀자 납치는 강도 및 절도 사건만큼이나 흔한 범죄였다. 『점석재화보』에서도 부녀자 납치는 매우 빈번하게 묘사되는 범죄인데, **그림50**과 **그림51**에서 보는 것처럼 점차 조직화되고 치밀해지는 경향을 보인다. 특히 **그림51**을 보면 단지 열네 살에 불과한 소녀가 범죄의 대상이 되었다는 것이 충격적이다. 이 '인신매매단'은 노파를 내세워 소녀를 유인한 후 약물로 몸을 마비시키는 수법을 써서 대낮 공공장소에서도 범행을 저지르는 대담함을 보이고 있다. 부녀자 납치는 매우 심각한 범죄로 간주되어 처벌이 엄중했지만, 젊은 여성을 '활보'(活寶)로 여기는 매매시장이 존재하는 한 범죄의 근절은 요원했다고 할 수 있다.

『점석재화보』에서 추천하는 예방책은 겨우 여성 스스로 바깥출입을 삼가게 하는 것뿐이다. 그러나 급속히 변화하는 당시의 사회적 상황은 여성의 사회활동을 더욱 부추기고 있었다. 특히, 값싼 여성 노동력을 적극적으로 활용하고자 하는 조계 지역의 공장은 인근 농촌 지역의 가난한 여성들을 유인하고 있었다. 이처럼 외국 자본과 근대 자본주의 경제의 침투와 함께 중국 여성(특히, 하류층 여성)이 경제 활동에 적극적으로 참여할 기회는 예전에 비해 크게 늘어나고 있었으나, 내외의 경계를 무시하고 거리를 활보하는 여성들을 곱지 않게 보는 우려와 의심의 눈길은 여전히 적지 않았다. **그림52**와 **그림53**에서 보는 것처럼 조계 지역의 공장 앞은 매일 아침저녁 출퇴근하는 여성들로 붐비는데, 이들을 거의 기녀와 다름없는 것으로 간주하여 희롱하는 부랑배들이 많았던 모양이다. 따라서 **그림53**의 차 공장은 이에 대한 해결책으로 마을의 치안 유지를 담당하는 보갑(保甲) 조직을 이용하여 그들로 하여금 공장 앞을 경비하도록 요청하고 있다. 이 밖에도 상해와 같은 도시에는 직장 때문만이 아니라 쇼핑이나 오락을 위해서도 공공장소에 출현하는 여성들이 크게 늘어남에 따라 이들을 대상으로 한 성범죄도 증가하는 추세였다. 심지어 마차를 타고 놀러 나온 서양 여성들도 성희롱의 대상이 되었다.[24]

그러나 이 같은 급속한 사회적 변화 속에서 언제나 여성만이 피해자였던 것은 아니다. 서구 자본주의 경제의 도입과 배금주의의 만연, 그리고 유교적 윤리의식의 약화와 함께 가장인 남성도 희생양으로 등장하는 경우가 많아졌다. 앞에서 언급한 홀아비를 울리는 악명 높은 '방백합'은 처첩제도의 희생양이 되기는커녕 오히려 이 제도를 이용하여 실속을 차리는 여성들이다. **그림54**의 여주인공은 결혼과 가출을 상습적으로 반복하면서 재산과 '자유'를 동시

---

24) 『점석재화보』 제16호(1884. 10)의 「놀란 서양 여인들」(西女受驚) 참조. 마차를 타고 조계지 밖으로 놀러 나온 서양 여성 두 명이 부랑배들의 공격을 받았는데, 이들은 길거리가 사람들로 혼잡한 틈을 타 간신히 빠져나왔다. 이 사건에는 다분히 서양인을 향한 중국인의 적개심도 섞여 있었다고 할 수 있다.

그림52 조계지의 견사 공장에서 일하는 여공들이 출퇴근할 때마다 이들을 희롱하고 모욕하는 부랑배들이 적지 않았다. 그림 오른쪽이 공장이고, 왼쪽에는 일본식 유곽과 일본 기생이 보인다. 「희롱당하는 여공들」(乃見표目), 『점석재화보』 제15호, 1884. 9.

그림53 견사 공장과 차(茶) 공장은 저렴한 임금 때문에 여성들을 많이 고용하는데, 여공들을 유혹하거나 모욕하는 불미스러운 일이 많아 보갑(保甲) 위원이 나서서 이들을 보호하기로 하였다. 「여공의 명예와 정조를 지켜주다」(全人名節), 『점석재화보』 제10호, 1884. 8.

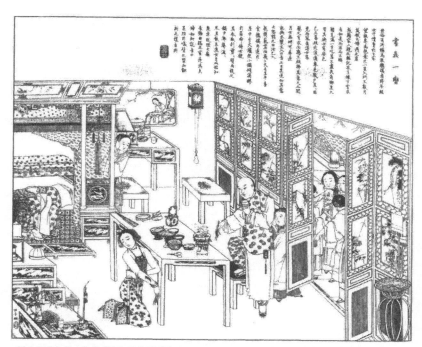

그림54 도망가려는 첩의 계획을 눈치 챈 가장이 첩의 팔뚝에서 살을 저며 내어 첩이 보는 앞에서 그 살을 요리해 먹고 있다. 이로 인해 첩은 도망갈 생각을 아예 접었다고 한다. 「솥에 끓여 고기 한 점 맛보다」(會烹一臠), 『점석재화보』 제24호, 1884. 12.

그림55 가출한 아내를 찾아 헤매던 가난한 가장이 어느 날 마차에 탄 그의 아내를 알아보고 마차를 불잡자, 그녀는 장신구를 훔친다고 아문에 그를 고발하였다. 알고 보니 가출한 아내는 신분이 높은 공자의 애첩이 되어 있었던 것이다. 이 가장은 이로 인해 억울하게 처벌받았다. 「지아비를 버린 아내」(婦棄其夫), 『점석재화보』 제19호, 1884. 11.

에 챙겨 오다, 결국 그녀의 수법을 미리 눈치 챈 지독한 남편에 의해 가출을 포기한다. 당시의 기녀들은 대부분 절정기에 달했을 때 유곽 생활을 청산하고 첩의 지위라도 결혼제도 안에 머물면서 부유한 집안에서 안정된 생활을 즐기기를 원했다. 아무리 인기 있는 기녀라 하더라도 나이가 들면 들수록 자신들의 말로가 비참할 것임을 모르지 않기 때문이다. 그러나 한편으로 가족제도 내에서의 첩의 신분이란 공고한 것이 아니기 때문에 자신의 미모를 무기로 위험한 모험을 감행하는 여성들이 꽤 많았던 모양이다.

반면 **그림55**는 가난한 남편을 버리고 부유한 공자의 애첩이 되는 길을 선택한 여성에 관한 이야기를 묘사하고 있다. 이 여성들은 빈곤과 전란 또는 가족의 학대 등 온갖 고난에도 불구하고 정절을 지켰던 열녀 이야기의 주인공들과는 정확히 정반대의 길을 걷고 있다. 명청 시기 출판된 공안소설집에 강간 등의 성범죄에 맞서 죽임을 당하거나 재혼의 강요에 자살을 택한 열녀 이야기들이 상당수 실려 있던 것과 비교한다면, 『점석재화보』에 자주 출현하는 이 '타락한' 여성들의 이야기들은 과연 시대적 변화를 실감하게 한다. 그러나 『점석재화보』에

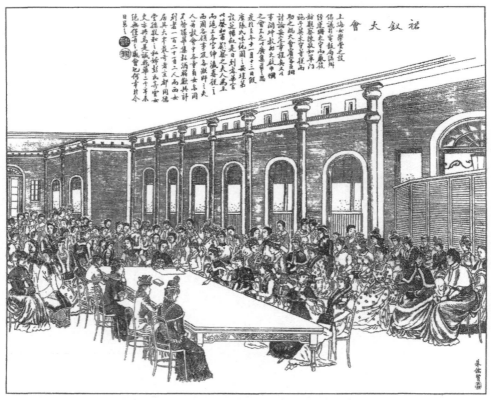

그림56 상해에서 중국 이천 년의 역사상 전례 없던 일이 일어났다. 각국 여성들이 모여 여학교의 건립을 논의하기 위한 여성대회를 열었다. 이는 『점석재화보』가 정간된 해인 1898년의 일이다. 「여성대회」(裙釵大會), 『점석재화보』 제509호, 1898. 1.

열녀의 존재가 완전히 사라진 것은 아니다. 아직 서양 근대교육을 받은 '신여성'이 등장하기 전에 출판된 『점석재화보』는 새로운 여성상을 제시하지 못한 채 여전히 유교적 여성관의 틀 안에 갇혀 가치관의 혼란만을 반영하고 있는 듯하다. 『점석재화보』에 자주 등장하는 근대적 서양 여성의 당당한 모습은 아직도 경외의 대상일 뿐, 중국 여성과는 어떤 교류나 사회적 영향 관계도 암시되어 있지 않다. 결국 독립된 인격체로서 중국 여성들의 자립은 아직 시기상조였던 것이다. 급속한 사회적 변화 속에서 흔들리는 유교적 가부장제도는 여성을 가족의 울타리 내에 보호하는 최소한의 긍정적 역할조차 수행하지 못하고 있었고, 이 때문에 중국 여성은 어느 때보다도 위험과 새로운 도전에 직면해 있었다고 할 수 있다. 이런 점에서 볼 때 『점석재화보』에 나타난 여성과 관련된 범죄 이야기들을 주목하여 읽을 만한 가치가 있다고 하겠다.

3장

상해, 근대 중국을 향한 길

■ 이성현

'상해, 근대 중국을 향한 길' 개관

두 가지 기호품이 양대 제국의 운명을 갈라놓았다. 영국은 중국의 차를 수입하면서 풍요로운 오후와 건강한 제국의 힘을 얻게 되었지만, 그로 인해 발생한 무역적자를 메우기 위해 중국에 아편을 수출했다. 아편은 무기력한 향락의 밤을 중국에 선사하였고 중국은 서서히 저물어 갔다. 영국의 차를 바다에 던진 보스턴 차 사건은 미국의 독립을 가져왔지만, 영국의 아편을 바다에 던진 중국은 아편전쟁의 패배로 인해 반식민화의 길을 걷게 된다. 그렇게 중국의 근대는 시작되었다. 그리고 그 중심에 상해라는 '자그마한' 도시가 있다.

두 장의 지도
남북이 뒤집혀 그려진 **그림1**의 지도는 왼쪽 하단에 위치한 상해 현성(縣城)을 중심으로 각 현의 관할 영역과 경계를 표시하고 있다. 육지는 실제 크기에 비해 축소되어 있으며, 그물처럼 이어진 운하는 실제보다 훨씬 크고 상세하게 그려져 있다. 왼쪽으로 흘러 내려오는 황포강(黃浦江)이 우리 한강 정도의 넓이라면 그 사이사이를 흐르는 운하는 대부분의 경우 실개천 정도의 크기에 불과하다. 이 지도는 단순한 지형도가 아니라 오늘날의 지도에서 주요 도로가 맡고 있는 역할을 이 당시 수로가 맡고 있었음을 여실히 보여 준다. 거대한 평야를 이렇게 잘게 분할해야 할 만큼 땅에 대한 이용도가 낮고 육로를 통한 교역이 별로 중요하지 않았던 반면 운하를 중심으로 한 수로는 강남 지역 교통의 중심에 있었음을 알려 주고 있는 것이다.

　개항 이전의 상해는 '그저 작은 어촌'으로 묘사되는 경우가 많다. 개펄과 진흙으로

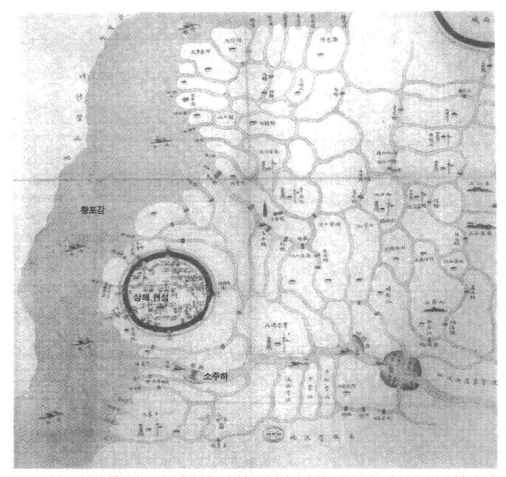

그림1 19세기 초 상해 현성을 중심으로 운하가 상세히 묘사되어 있어 당시 이 지역의 교통에 물길이 얼마나 중요한 역할을 했는지 잘 보여 주고 있다. 왼쪽(동쪽)은 황포강이고, 현성 하단(북쪽)의 비교적 큰 운하가 소주하(蘇州河 : 오송강吳淞江이라고도 한다)이다. 북경에 있는 황제의 시선에 의해 그려졌기 때문에 남북이 전치되어 있다.

뒤덮인 작은 어촌이 개항과 함께 서구적 근대도시로 탈바꿈한 것으로 말이다. 영국의 조계지가 건설된 것이 상해의 변화에 결정적인 역할을 한 것은 부정할 수 없다. 그러나 아편전쟁 결과, 영국이 5개 항구의 개방을 요구했을 때 상해가 선택된 것은 '그저 작은 어촌'이기 때문이 아니었다. 다른 네 도시가 한 성의 성도(광주廣州)거나 바다와 인접하고 있어 원래부터 대내외무역의 거점으로 인정받던 곳(하문廈門, 복주福州, 영파寧波)이었지만, 황해에서 장강을 따라 들어와 그 지류인 황포강으로 진입하고도 18km를 더 가야 하는 상해는 얼핏 보면 대외무역을 위한 지리적 요건을 충족하지 못하는 것처럼 보이기도 한다. 그러나 상해는 이미 청대 초기에 해운과 하운, 남과 북의 연결고리 역할을 하는 상당히 발달한 상업 항구로 성장해 있었다. 운하와 장강을 통해 내륙의 물산을 밖으로 실어 나르거나 외부의 화물을 내륙 깊숙이 보급시키는 연결고리 역할을 맡고 있었고, 아울러 심해를 항해하는 데 적합한 광주와 복건 등 남해를 운항하는 배들과 수심이 얕은 황해를 항해하는 바닥이 얕은 사선(沙船)이 서로 화물을 교환하던 곳이 상해였다. 또한 개펄의 증가로 인한 실제 운행구간의 축소, 고가의 운송료 등 운하를 통한 강남 내륙의 세금 수송이 제 기능을 못하게 되어 해상을 통한 새로운 항로가 검토될 때 시야에 들어온 곳 또한 상해였다. 그 중요성은 일찍이 1756년 동인도회사의 피구(Frederick Pigou)가 "무역에 안성맞춤인 도시"로 묘사한 바 있고,[1] 1832년 영국 동인도회사 소속의 애머스트 호가 중국 해안을 정찰한 후 상해에 대해 "이렇게 거대한 상업 항구가 줄곧 홀시되어 왔다는 점은 실로 이상하기 그지없다"라고 기록하기도 했다.[2] 전자는 그저 여행기에 그친 반면 후자는 훗날 아

---

1) 이사벨라 버드 비숍, 김태성·박종숙 옮김, 『양자강을 가로질러 중국을 보다』, 효형출판, 2005, 52쪽.

2) 동인도회사 직원 린제이(Hugh H. Lindsay)가 중국 사정에 밝은 선교사 구츨라프(Karl Gützlaff) 등을 대동하여 6개월 간 실시한 이 정찰은 군사적 정보 수집과 함께 주요 무역 거점들을 상세히 검토하였다. 마카오에서 출발하여 중국 연해를 따라 조선·오키나와를 거쳐 다시 마카오로 돌아온 이 정찰 항로를 살펴보면, 훗날 남경조약에서 영국이 왜 장강 이남의 다섯 항구를 개항지로 선택했는지 알 수 있다. 그 중 구츨라프가 남긴 상해에 대한 기록은 다음과 같다. "상해의 지리적 중요성은 광주에 뒤지지 않는다. 이곳은 상업이 무척이나 활발하다. 만약 유럽 상인들에게 상해에서의 무역을 허락한다면 이곳 지위는 매우 격상할 것이다. 상해에서 소비되는 외국 상품은 엄청나게 많다. 이렇게 거대한 상업 항구가 줄곧 홀시되어 왔다는 점은 실로 이상하기 그지없다. 중국 법률에서 금하고 있어 이곳에서 무역하려는 시도는 저지되었다. 이 점이 어려운 점이긴 하지만 극복하지 못할 것은 아니다."(K. Gutzlaff & W. Ellis, *Journal of Three Voyages Along the Coast of China in 1831, 1832 and 1833 with Notices of Siam, Corea and the Loo-Choo Islands*, Westley & Davis, 1834, Part.II; http://military.china.com/zh_cn/history2/06/11027560/20050401/12212129_2.html 재인용) 胡夏米, 張忠民 譯, 「"阿美士德號" 1832年上海之行紀事」, 『上海研究論叢』第2輯, 上海社會科學院出版社, 1989, 269~287쪽 참고.

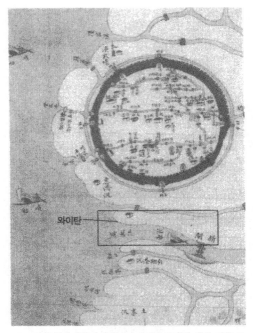

와이탄

그림2 상해 현성 내부의 운하까지 상세히 묘사된 반면, 영국 조계지와 와이탄에 해당하는 지역(사각형 표시)은 터무니없이 작게 그려져 있다(그림1의 부분).

편전쟁의 결과로 맺어진 남경조약(1842년)으로 개항된 다섯 항구 중 상해가 선택된 직접적인 근거가 된다.

다시 지도로 돌아가서 상해 현성을 살펴보면 둥글게 생긴 성곽과 그를 둘러싼 해자가 우선 눈에 들어온다. 그 내부에는 관공서와 문묘(文廟)·성황묘(城隍廟) 등 주요 지점이 상세히 묘사되고 있지만, 그것을 연결하는 것은 역시나 운하인 것을 확인할 수 있다. 각 방위의 성문 중 세 곳은 수문을 포함하고 있어 현성을 출입하는 데도 운하는 상당히 유용했음을 알 수 있다. 동쪽(그림의 왼쪽)의 강변을 따라 형성된 부두는 상해를 지탱하는 무역의 거점이다. 성곽이 세워진 것(1553년)도 왜구와 해적으로부터 이곳의 무역을 보호하기 위해서였다. 성의 동쪽으로부터 부두에 이르는 길들은 각종 잡화들이 권역별·도로별로 판매되고 있었다(두시가豆市街, 화시가花市街, 채의강彩衣巷 같은 거리 이름으로도 확인할 수 있다).

개항 이전의 상해 현성에 초점을 맞춰 살펴보면 시야에 들어오지 않는 곳이 있다. 그 하나가 육상교통로이다. 운하 곳곳에 상세히 묘사된 교량의 존재를 통해 볼 때 도로가 없었던 것은 아니었다. 강남 지역의 다른 물고을(水鄕)들과 마찬가지로 육상교통이 상해를 살아가는 데 그리 큰 역할을 한 것은 아니었던 것이다. 다른 하나는 바로 북쪽(그림의 아

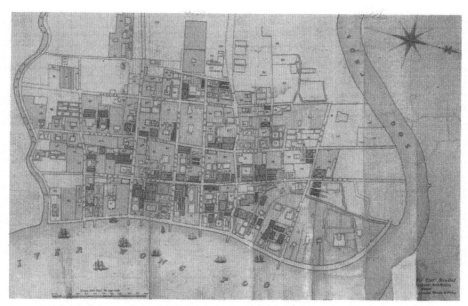

그림3 1855년에 제작된 영국 조계지와 와이탄의 모습을 담은 평면도. 앞의 상해 현성 지도와 비교해 볼 때 원래의 유선형 공간을 바둑판 모양의 직선도로로 구획한 것이 인상적이다. 물길이 아닌 육상도로가 부각되었다는 것도 중요한 변화이다. 게다가 이와 같은 변화는 개항 후 10여 년 만에 이뤄진 것이었다. 인구 또한 1844년 50명의 외국인 거주자가 1855년 20,243명으로 늘었다.

래)에 위치한 조그마한 공터이다. 이곳은 농경지로 주로 사용되었으며, 풍수가 훌륭하다고 하여 곳곳에 묘지만 가득하던 곳이다. 그래서 '서양 귀신'〔洋鬼子〕들이 들어와 이곳을 차지할 때 끼리끼리 논다고 우스갯소리를 하던 곳, 그곳이 바로 영국 조계지이다. 현성과 거의 비슷한 규모임에도 불구하고 아주 작게 그려진 이곳이 어떻게 변화하고 그 변화가 상해 전체를 어떻게 바꿔 놓을지 그 당시 시각으로는 상상할 수 없었을 것이다.

1855년에 제작된 위의 지도(**그림3**)는 개항 후 고작 10여 년 만에 그 보잘것없이 '작은' 개펄이 어떤 모습으로 변화되어 나갈 것인지 압축적으로 보여 주고 있다. 구불구불 그물처럼 이어진 운하를 대신하는 것은 정방형으로 곧게 뻗은 직선도로이다. 비록 수로에 의해 조계지 전체의 권역은 구부러져 있을망정 그 내부는 바둑판처럼 잘 정돈하여 구획된 것이다. 제작자와 사용자에게 기여하는 중요도에 따라 달리 보이던 지형은 이제 정확한 방향표시와 함께 실측에 의한 실제 크기와 모양을 반영하고 있다. 이 두 지도의 대비를 통해 자연적으로 생성된 물길에 몸을 맡기는 중국 문화와 객관적 이성이라는 이름으로 자연을 개척하는 서구 문화를 떠올리는 것은 너무 사태를 단순화시키는 발상일까? 지도에서 두 문화의 세계관을 떠올리는 것이 지나치다면 아래 인용문은 어떠한가?

> 굽은 길은 당나귀의 길이며, 곧은 길은 사람의 길이다.
> 굽은 길은 흐뭇한 기쁨, 안일함, 느슨함, 느긋함, 동물성의 결과다.
> 곧은 길은 반작용, 작용, 활동이며 자제력의 결과다. 그 길은 건강하고 고귀하다.
> 도시는 삶과 집약된 노동의 중심이다.
> 느슨하고 느긋한 민족과 사회, 무기력한 도시는, 행동하고 자제하는 민족과 사회에 의해 순식간에 사라지고, 정복되며, 흡수된다.
> 그렇게 해서 도시는 죽고 주도권은 이양된다.[3]

"당나귀의 길, 사람의 길"의 은유는 즉각적인 반응을 불러오는 한편 여전히 많은 것을 생각하게 한다. 운하를 통한 뱃길은 느슨하고 안일한 "당나귀의 길"이며, 상해가 "행동하고 자제하는 민족"에 의해 상해가 순식간에 정복되고 흡수되다시피 한 것 또한 사실이다. 당나귀와 사람의 대비는 실제로는 자연과 기계의 대비로 볼 수 있다. 인간 이성의 순수형식의 구현인 기계를 위한 길은 출발지점과 목적지를 최단시간에 연결하는 직선으로 대표된다. 목적지에 도달하기 위해 거칠 수밖에 없는 사이공간은 더 이상 시야에 들어오지 않는 부차적인 것에 불과하다. "사람은 목적이 있기 때문에 똑바로 걷는다. 그는 가는 곳을 알며, 어디로 갈 것인지를 정한 다음, 그곳을 향해 똑바로 걸어간다. 당나귀는 갈지

---

3) 르 코르뷔지에, 정성현 옮김, 『도시계획』, 동녘, 2003, 24~25쪽.
4) 같은 책, 19쪽.
5) 이 책의 중국어 인·지명에 대한 외래어 표기는 기본적으로 한자음을 그대로 살리고 있지만, 외탄(外灘)과 양경병(洋涇浜)의 경우 발음의 편의를 위해 보다 익숙한 '와이탄'과 '양징방'으로 표기한다.

자를 그리며 걸어가고, 조금 빈둥거리며, 믿음이 가지 않는 멍한 두뇌로 큰 장애물들을 비켜 가고, 비탈길을 피해, 그늘을 찾기 위해 갈지자를 그리며 간다."[4]

아무튼 상해는 토지에 대한 이용보다는 수운을 중심으로 한 연결고리의 역할에 충실했던 시기에서, 땅이 부동산이 되고 육상교통수단의 발달에 따라 운하를 메워 도로를 구획하는 시기로 변화해 간다. 여전히 강과 바다를 통한 교역은 상해를 특징짓는 중요한 요건이었지만, 상해라는 땅덩어리 자체가 시야에 들어오기 시작한 것이다.

이 장은 "행동하고 자제하는 민족"이랄 수 있는 영국인들이 조계를 어떻게 만들고, 그들이 만든 도로가 어떤 방식으로 상해라는 공간 전체를 변화시키는지를 조계의 가장 대표적인 도로인 '남경로'(南京路)와 '복주로'(福州路)를 중심으로 살펴보고자 한다. 말과 마차가 달리는 길인 '마로'(馬路)가 도로의 명칭이 되고, 그 마로는 경마장으로 곧장 통하고 있으며, 그 사이공간은 보행자가 아닌 마차가 우선시된다. 와이탄[5]을 넘어 한 블록만 들어가도 '영국 조계지'라는 것이 무색할 정도로 중국과 관계있는 것들로 가득 차 있지만, 그곳은 중국인들이 아닌 서구인이 일상을 펼치는 땅이었으며 서구인의 이익에 부합하는 활동만이 허용된 곳이었다.

|와이탄과 그 너머|

1 상해의 얼굴, 와이탄으로 들어서며

지금도 상해를 여행할 때 빼놓을 수 없는 곳이 와이탄이다. 100여 년 전에도 마찬가지였다. 해외에서 온 여행객은 물론이거니와 배를 타고 황포강으로 들어서는 중국인들을 처음으로 맞이했던 것도 와이탄을 따라 늘어선 유럽식 마천루들이었다. 서양인들에게 이것은 오랜 여행의 끝에 찾아온 안도와 함께 제국의 부를 과시하는 '모범 조계지'라는 느낌을 주었고, 중국인들에게는 서구적 근대를 직접 확인할 수 있는 시각적 충격으로 다가왔다. 배에서 내려 조계 안으로 들어서면 평평하고 널찍하게 펼쳐진 도로에 다시 한번 눈길이 사로잡힌다. 이 시기 조계를 유람하였던 중국인의 필기(筆記)나 일기를 살펴보면 조계의 도로를 그들이 어떠한 눈으로 바라보았는지 확인할 수 있다.

"황포강으로 들어서자 분위기가 확연히 달라졌다. 배 위에서 멀리 내다보니 안개 어스름한 드넓은 수면에는 돛대가 빽빽이 엇갈려 있었다. 강변 일대로는 모두 서양인들의 집이었는데, 누각은 높고 건물은 화려하였다." "도로와 골목이 종횡으로 교차하며, …… 도로는 평평하고, 상점은 깨끗이 정비되어 있으며, 제방과 교량은 튼튼하게 축조되어 있다." "배와 자

그림4 19세기 말 와이탄의 파노라마. 강변을 따라 늘어선 서양식 건축물들과 함께 황포강을 가득 메운 각종 선박들이 이 시기 상해의 번화함을 보여 주며, 배를 타고 와이탄에 당도했을 때의 느낌을 직접적으로 체감할 수 있게 해준다. 당시 와이탄에 대한 시각적 기록은 이처럼 파노라마가 많은데, '여행의 대체물'인 이런 식의 이미지는 인간의 눈을 통한 응시가 아니라 기계의 힘을 빌려서만 가능하다. 철도나 증기선의 빠른 속도만이(그리고 그것의 대체물인 카메라에 의해서만이) 이것을 전체적으로 조망할 수 있게 하기 때문이다. 그렇게 인간적인 풍경은 하나의 전체적인 틀에 갇힌 지리적 공간으로 전환한다.

그림5 1850년대 소주하 건너편의 홍구(虹口)에서 와이탄 쪽을 바라본 풍경. 이후 미국 조계가 형성된 홍구의 당시 한가로운 농촌 분위기가 황포강 너머 서구식 조계의 풍경과 대비되고 있다. 강변을 따라 지어진 2, 3층 높이의 이 건물들은 당시 상인들의 실용적인 요구를 충족하는 매판 양식(Comprador Style)이다. 초창기 와이탄에는 이처럼 말라카, 마카오 등 동남아 기후에 적합한 큰 창문에 베란다를 갖춘 정방형의 2층 건물이 대부분이었다. 지금 볼 수 있는 고전주의와 모더니즘 양식의 최신식 마천루가 들어서기 시작한 것은 20세기로 들어선 이후이다.

동차는 넘쳐나고, …… [좌우에는] 가지런한 수목이 무성하게 들어차 있다."[6] 지금 눈으로 보면 도시에 대한 너무나 일반적인 묘사에 불과하지만, 당시 그들로서는 기록으로 남길 만한 경이로운 풍경이었음이 분명하다. 그들은 여기서 중국과 대비되는 서양의 모습을 추상적인 사유로서가 아니라 몸으로 직접 느낄 수 있었던 것이다.

상해의 대명사와 마찬가지인 와이탄은 앞에서도 살펴봤듯이 개항 이전에는 황무지와 다름없는 곳이었다. 애초에 주상해 영국영사 밸포어(George Balfour, 1809~1894)가 영사관 부지로 원했던 곳은 이미 상업이 발달해 있는 상해 현성 내부였다. 그러나 청 정부는 외국인에 대한 기본적인 정책에 따라 그들이 격리되기를 원했다. 이 때문에 선택된 곳이 북쪽의 황무지인 양징방(洋涇浜)과 소주하(蘇州河)의 두 운하 사이에 있는 공간이었다. 청 정부의 입장에서는 처치 곤란한 외부 세력을 한곳에 몰아넣어 혹시 일어날지 모를 말썽을 최소화할 속셈에 내린 조치였지만, 영국 측으로서는 또다시 새로운 영토를 개척한 자기 제국의 힘을 확신하게 하는 것이었다. 앞의 지도에서 봤듯이 이 지역은 사방이 물길로 둘러싸여 방어하기 좋고, 동쪽의 황포강 어귀(훗날의 와이탄)에는 대형 선박과 군함이 정박할 수 있기 때문에 안정적인 상업활동이 가능했다. "아무런 간섭이나 제약을 받지 않고 상업에 종사하면서"(남경조약 제2조) "거주"할 수 있도록 개항하려는 땅을 홍콩 섬처럼 할양(제3조)해 준 것과 마찬가지가 되어 버린 셈이다.

그리고 그 결과는 엄청났다. 홍콩처럼 완전한 소유물이 아니라 도시의 특정 지역을 차지하고 있을 뿐이지만, 그것은 하나의 도시가 구역별로 다른 제도로 운영되는 결과를 가져왔으

6) 王韜, 『漫游隨錄』, 湖南人民出版社, 1982, 50쪽.

그림6 19세기 중반의 와이탄 풍경.

며(그래서 "나라 안의 나라"〔國中之國〕라고들 한다), 조계라는 작은 지역이 다른 공간의 배치와 제도, 일상생활에까지 영향을 미치게 된 결정적 계기가 되었다. 상해가 훗날 '상해다움'을 형성할 수 있었던 것 또한 이 작은 땅덩어리에 대한 협정에서 시작된다(게다가 이 협정에 근거하여 중국 각지에 '조계'가 만들어지게 된다). 지리적 이점(바다로 통하는 황포강과 내륙으로 통하는 소주하가 만나는 지점)과 함께 자유로운 경제활동이 보장됨에 따라 이 지역으로 도시의 모든 기능이 집중되면서 필연적으로 고밀도화, 고층화가 이루어질 수밖에 없었다. 그와 함께 조계를 할당받은 나라들은 모든 수단을 강구하여 점점 더 내부로 조계를 확장하게 되었다.

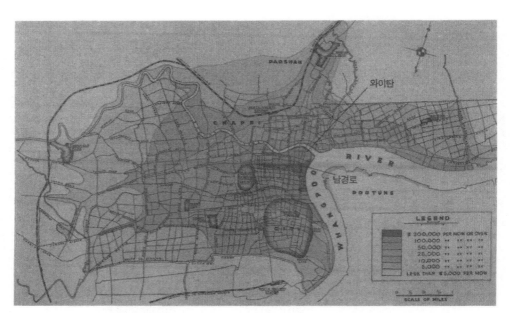

그림7 1926년 상해의 구역별 부동산 가격을 표시한 지도. 와이탄과 남경로 주변 지역이 가장 높은 가격임을 확인할 수 있다.

2 와이탄을 거닐다

배에서 내리면 가장 먼저 와이탄을 따라 펼쳐진 강변도로를 만나게 된다. **그림8**(140쪽)은 풍속과 풍향, 일기예보를 겸한 기상대에 관한 소식을 전하는 내용으로, 잘 닦인 길을 따라 오른쪽 위에서 왼쪽으로 내려오듯이 훑어보면 기상대의 풍향계가 기다리고 있다. 프랑스 조계의 어느 높은 건물에서 강과 강변도로를 바라보며 그린 것이기에, 그 뒤쪽에 있을 조계의 번화함이 직접 드러나지는 않지만 넓고 깨끗한 도로와 늘어선 가로수가 제법 아름다운 풍경을 보여 주고 있다. 시간은 오전 11시 46분을 가리키고 있어 확인할 수 없겠지만, 밤이면 전선으로 연결된 가로등이 길거리를 비춰, 독륜거(외발수레) · 인력거 · 마차 등을 타고 야경을 구경하러 나온 사람들로 불야성을 이뤘을 것이다. '와이탄 산보객'〔外灘客, bunders〕이라는 말이 생길 정도로 여름밤의 와이탄을 거니는 일은 당시 서양인의 일상을 풍요롭게 하는 것이었다. 조계의 자유로운 분위기와 어울려 어떤 외국인들은 상해를 "아름다운 정원과 같다"고 찬탄하기까지 하였으니 말이다. 물론 가로수가 늘어선 강변도로에서 한적한 산보를 즐겼던 서양인과, 똑같은 풍경을 놓고 시계탑 · 기상대 · 가로등 같은 신문물을 신기한 눈으로 바라보는 중국인 사이의 차이도 상존한다.

　　비만 오면 진흙탕으로 변하는 좁고 구불구불한 골목만 경험한 사람들에게는 마차가 달릴 수 있도록 평탄하고 널찍하게 닦은 '마로'(馬路: 현대 중국어에서도 '도로'라는 의미로 사용되고 있다) 자체가 신문물이었다. "조계의 마로는 사방으로 통하는데 구시가지의 길거리는 협소하기만 하다. 조계는 항상 깨끗하고 마차가 달려도 먼지가 날리지 않아 거주자들이 그 땅을 대단히 좋아한다. 구시가지에도 도로 청소를 담당하는 부서가 있지만, 운하에서는 악취가 코를 찌르고 후미진 지역은 도랑과 변소가 이어져 있으니 조계와 비교하면 천양지차라고 할 수 있다."[7)

7) 李味靑, 『上海鄕土誌』, 顧炳權 編著, 『上海風俗古迹考』, 華東師範大學出版社, 1993, 282쪽, '도로'〔馬路〕 재인용.

그림8 넓은 도로와 가로수, 전등과 가스등이 설치된 가로등, 마차와 부두 등 상해 와이탄의 강변도로 풍경을 잘 보여 주고 있다. 왼쪽에 보이는 다리가 위치한 곳이 양징방인데, 원래 영국 조계와 중국의 경계였다가 상해 현성과 영국 조계의 중간에 위치한 땅을 프랑스가 차지하면서 영국과 프랑스 조계의 경계로 설정되었다. 훗날 메워져 도로가 만들어졌다. 이 도로는 지금은 연안동로(延安東路), 원래 명칭은 'Avenue Edward VII'(愛多亞路)이다. 「정오 시간을 알림」(日之方中), 『점석재화보』 제22호, 1884. 12.

근대적인 도로는 주요 개항항구와 대도시의 조계 지역에서 건설되어 점차 중국인 거주 지역으로 확대되어 갔다. 조계 지역에서 처음으로 만들어진, 직선으로 구획된 넓은 도로가 중국 도로건설 사업의 모델이 된 것이다. 가장 먼저 조계가 들어선 상해는 개항 직후부터 부분적으로 도로가 건설되었다. 이곳은 원래 갈대만 무성하던 보잘것없는 강변이었고, 밀물 때는 강물이 넘쳤다가 물이 빠지면 진흙탕만 남는 곳이었다. 애초부터 지형이 낮았기 때문에 조계가 들어선 후에도 건물 안까지 물이 넘쳐 들어오기 일쑤였고, 건물 뒤편으로는 여전히 좁은 진흙길이 뒤엉켜 있었다. 이 때문에 영국은 중국과 정식으로 '토지장정'을 체결하기 전에 자발적으로 개펄을 간척하고 강 언덕에 쇠막대와 목재말뚝으로 침수를 막는 공사를 하였다. 영국이 치수·제방을 의미하는 힌두어 '번드'(bund)를 와이탄의 영문 명칭으로 사용한 것 또한 이 때문이다. 메운 바닥에는 나무를 깔고 건물 주변에 잡석과 석탄재 따위를 이용해 도로를 만들었는데, 이것이 조계에서 만들어진 최초의 근대적 도로이다.

1843년 개항 이후 상해 현성과 영국 거류지 경계에 대한 협상 끝에 1845년 11월 29일 토지의 조차 방법을 세분화한 총 28조의 「상해토지장정」이 체결·공포된다. 이 토지장정에

그림9. 10 왼쪽 사진은 기상대에서 바라본 와이탄 쪽 풍광을 담고 있다. 그림8에서 본 것처럼 1884년 세관에서 자금을 대어 만든 기상대는 영국 조계와 프랑스 조계의 경계에 위치해 있었다. 왼쪽 사진의 기상대는 1907년 새로 만들어진 50m 높이의 기상신호대로 보인다. 오른쪽 사진은 시선을 반대로 돌려 비슷한 지점에서 그림8의 프랑스 조계지 강변도로 쪽을 바라본 풍경이다(1868년).

따라 영국 조계지가 합법적으로 인정되고, 서구 근대도시의 구성방식에 의해 조계가 건설되었다. 이 장정은 여러 차례 수정되고 프랑스 조계의 경우 나중에 별도의 법규를 제정하기도 했지만, 기본적으로 조계에서 헌법과도 같은 효력을 갖고 있었던 것이다. 도로의 보수·확충 또한 토지장정에서 언급하고 있다. "양징방 북쪽으로 원래 황포강변을 따라 배를 끄는 길로 사용되던 큰 길이 있었는데, 곳곳이 허물어진 후 보수가 되지 않고 있다. 이제 조계에 편입되니 이 길을 수리하여 사람들의 왕래를 편하게 하도록 한다. 너무 혼잡하게 붐비지 않도록 길의 넓이는 광동 해관 척도로 2장 5척(약 7.5m)을 기준으로 할 것이며, 조수가 건물로 넘쳐 들어오는 것을 방지하는 시설을 갖추도록 한다."(제2조) 이후 도로건설은 기본적으로 장정의 규정을 따랐지만, 실제로는 규정을 초과하여 도로를 건설하는 경우도 많았다.

초기에는 토지장정의 협정에 따라 중국인의 조계 내 거주가 금지되었으므로, 조계는 원칙적으로 원래 그 땅에 살고 있던 일부 농민을 제외하면 외국인들만의 거주지였다. 외국인 거주자는 1844년 50명에서 1851년 265명으로 점진적으로 늘다가 1852년에는 500여 명으로, 1855년에는 20,243명으로 대폭 늘어 원래부터 거주하고 있던 중국인을 크게 초과했다.[8]

서구인들에게 상해는 안락한 낙원과도 같은 곳이었다. "상해는 아름다운 공원과 같은 도시로 이렇게 부유한 곳은 중국 어디에서도 볼 수 없었다."[9] 상인들 대다수가 남성으로 구성되었기 때문에 상업활동 이외에 여가를 즐길 수 있는 공원·경마장·극장 등이 잇달아 만

8) 鄒依仁, 『舊上海人口變遷的硏究』, 上海人民出版社, 1980, 90쪽.
9) Robert Fortune, *Three Years' Wanderrings in the Northern Provinces of China*, Murray, 1847, p.114; Lu Hanchao, *Beyond the Neon Lights*, University of California Press, 1999, p.32 재인용.

그림11, 12 19세기 말과 20세기 초 와이탄의 달라진 풍경. 2, 3층 높이의 정방형 건물에 마차와 인력거가 다니는 마로가 강변을 따라 형성되었다. 이후 고층건물이 들어서고 전차와 자동차가 다니는 도로로 바뀌어 오늘날의 모습을 갖추게 되었다.

들어졌고, 조계에서 조금만 벗어나면 펼쳐져 있는 황야에서 즐기는 사냥 또한 빠질 수 없는 여가생활의 일부가 되었다.

1853년 소도회(小刀會)의 난이 발생하여 수많은 중국인 난민이 조계로 몰려들면서 서양인들만의 순수한 조계는 무너지게 된다. 애초 조계 당국 또한 중국인의 이주를 반대하긴 했지만, 몰려드는 이주민으로 인해 발생하는 이익을 거부할 수 없었다. 순식간에 조계의 내륙 변두리에는 목재로 만든 조잡한 집들이 만들어졌고, 이에 따른 부동산 수입은 그 땅의 주인인 외국인들의 주머니를 두둑이 채워 주었다. 와이탄의 지가가 갈수록 높아지면서 땅주인들은 길을 넓히기 위해 자기 땅을 내놓는 것을 거부하게 되었다. 다행히 황포강의 개펄이 매년 조금씩 넓어지면서 와이탄 쪽으로 새로운 건물들이 점점 들어서게 되었다. 현재 강변을 따라 들어선 마천루들은 이런 식으로 형성된 것이다.

3 대마로

1.5km 가량 펼쳐진 와이탄은 북단에 위치한 영국영사관과 그 앞의 개펄을 메워 만든 공원〔公家花園, Public Garden〕을 시작으로 강변을 따라 여러 은행과 외국 상관, 호텔, 영국식과 중국식이 혼합된 건축 양식의 개인 주택이 촘촘히 이어지며 프랑스 조계까지 뻗어 간다. 중

국 소유의 건물로는 각국 상선의 세무를 담당하기 위해 강해관(江海關)의 일부 기능을 이전한 강해북관(江海北關)이 유일했다. 개항과 함께 임시적인 성격으로 만들어진 이 기관은, 중국적 자존심의 발현이라고 해야 할까, 중국식 관청의 외관을 고수하여 와이탄의 이국적 풍경 한쪽에 기묘하게 자리 잡고 있었다. 그러나 상해 무역의 발전에 따라 20년도 지나지 않아 강해북관의 세금 수입은 나머지 세 해관——광동(광주), 복건(복주), 절강(영파)——의 총액을 넘어설 정도가 되었다. 이후 중국 전통 양식을 버리고 높이를 추구하기 시작한다. 이에 1893년에는 당시 유럽에서 흔히 볼 수 있는 관청건물의 배치를 따라 시계탑을 갖춘 영국 고딕식의 건물로, 1927년에는 다시 후기 고전주의 양식의 11층 건물로 변모하면서 현재까지 남아 있다. 강해북관은 품격이나 규모 면에서 와이탄의 다른 건축물을 압도하여, 이후 사손빌딩(현재의 화평반점 건물) 등이 나타나기 전까지 와이탄의 대표적인 건축물로 이름을 날렸다. 특히 그 시계탑의 특징적인 외관으로 인해 '빅칭'(Big Ching, 大淸鐘)으로 불렸는데 이는 런던의 빅벤(Big Ben, 大本鐘)을 본떠서 지어진 것이었다.

황포강을 접하고 있는 와이탄이 가장 비싼 땅값을 유지하는 상해의 얼굴이라면, 그 안쪽의 바둑판 모양으로 구획된 도로들은 권역별로 특화되었다(138쪽의 **그림7** 참조). 행정·상업·문화 등 대부분의 중요한 기능이 와이탄에 집중되어 있는 한편, 조계의 확장과 함께 여타의 기능들은 각 구역별로 분산되었던 것이다. 이 중 와이탄과 직각을 이루는 동서로 난 길들

그림13, 14, 15 강해북관은 1864년 중국식 관청의 외관에서 1893년 시계탑을 갖춘 서구식 외관으로 중건된다. 또한 1927년에는 후기 고전주의 양식의 11층 건물로 개축되어 현재까지 남아 있다. 이러한 잦은 개축은 조계에서 가장 높은 건물을 유지하려는 중국인의 자존심의 발현이었을까? 그러나 외관상의 변화는 상해에서 중국인들의 일상생활과 사고방식이 점점 서구화되는 것과 맥을 같이한다. 서구인들에 뒤지지 않는 건물과 시계로 대표되는 근대적 생활방식은 조금씩 중국인들의 일상에 스며들었다.

그림16, 17 원래 최초의 작은 경마장 옆으로 난 이 길을 이용하여 경주를 했기에 '마로'(馬路)라는 명칭을 얻은 곳. 이후 경마장을 더 넓은 부지로 옮겼지만, 여전히 '대마로'라는 명칭을 간직하고 있었다. 19세기 말 남경로에는 중국인 상인과 상점, 인력거 등 중국적인 풍경으로 가득 차 있다.

은 모두 와이탄이라는 상징적 출구를 향하고 있다는 점에서 각각의 중요한 역할을 분담하고 있다. 1865년 이후 이 도로들에는 당시의 통상항구 도시 이름을, 남북으로 난 길에는 중국의 성 이름을 붙였다.[10] 기준이 되는 '대마로'에 남경조약을 기념하여 남경로(南京路)라는 이름을 붙였고, 그 남쪽으로 평행하게 난 길은 구강로(九江路)·한구로(漢口路)·복주로(福州路)·광동로(廣東路)라는 이름과 함께 각각 순서대로 이·삼·사·오마로라고 불렀다. 도로 명칭에 대한 이 규칙에 위배되는 것으로 보이는 것이 동서로 난 도로에 (도시 이름이 아닌) 성의 이름을 딴 광동로이다. 그러나 이는 약간의 오해에서 비롯된 것이다. 외국인들은 광주(廣州)를 'Canton'(캔턴)이라고 했는데, 이에 따라 길 이름도 'Canton Road'(캔턴 로드)라고 지었고, 이것이 중국어로 번역되는 과정에서 '광주로'가 아닌 '광동로'가 되어 버린 것이다.[11]

'대마로'라는 명칭과는 달리 처음부터 남경로가 가장 번화한 상업지구였던 것은 아니었다.[12] 20세기 초엽까지 남경로는 그저 중국적인 풍경으로 가득한 거리였으며, 공원과 경마장이 위치한 대마로를 벗어나면 황량한 허허벌판만이 기다리고 있었다. 화원롱(花園衖, Park Lane)이라는 원래 명칭에서 알 수 있듯이, 이곳에는 원래 영국영사관 앞에 위치한 공원("개와 중국인은 출입금지"라는 오해된 문패로 악명 높은 곳)이 세워지기 전에 상인들이 무료함을 달래고 주말에 운동을 하거나 산책을 할 수 있는 조그마한 공원 겸 경마장이 자리 잡고 있었

---

10) 중국 도시의 도로에 다른 지역의 성과 도시명이 많은 것도 상해의 예를 따른 것이다. 이런 명명법은 당시 많은 이들의 호감을 받았지만, 중국 문인들 중 일부는 중국 영토에 대한 제국주의적 의도를 숨기고 있다고 비판하기도 했다.

11) 李天綱, 『人文上海―市民的空間』, 上海敎育出版社, 2004, 102쪽.

12) 개항 이후 가장 번화한 거리는 양징방 바로 위에 위치한 광동로였다. 19세기 말에는 그 자리를 복주로가 차지하게 되었고, 남경로가 현재와 같이 상업의 중심이 된 것은 20세기 초에 이르러서였다.

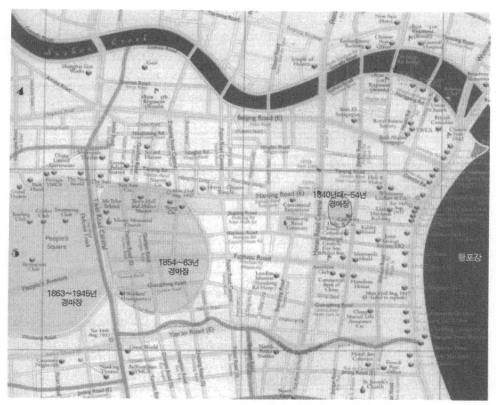

그림18 조계의 확장과 인구 증가에 따라 경마장은 원래의 부지를 팔고 더 넓은 곳으로 이전했으며, 그때마다 막대한 부동산 수입을 남겼다. 운동과 사교를 겸한 공간으로 만들어진 최초의 경마장은 언제 만들어졌는지 불명확하다. 다만 1845년 홍콩에서 처음으로 경마가 시작되었으며, 그 일이 년 후에는 상해에서도 즐겼던 것으로 보인다. 1854년에 이전한 제2경마장은 바둑판처럼 반듯한 중심가 한편에 남아 있는 유선형 도로로만 그 흔적을 찾을 수 있다. 1862년 상해 경마협회가 설립되자 홍콩 경마협회를 대신하여 동아시아 지부를 대표하게 되었다. 20세기 초에 처음으로 중국인들에게 정식으로 개방되어 경마복권 열풍을 일으켰으며, 중화인민공화국 건립 이후 사행성이 짙다는 이유로 경마장을 없앤 후 인민공원을 만들었다.

다. 81묘(약 54,000m²) 정도의 작은 규모의 경마장이었던지라 말을 달릴 수 있는 공간도 육칠백 미터에 불과했다. 이 때문에 사람들은 경마장 남문에서 시작하여 서쪽 내륙으로 곧게 뻗은 길을 만들어 경마를 즐기곤 했다. 말이 달리는 길, 즉 '마로'는 이렇게 만들어졌다. 얼마 후 와이탄의 지가가 치솟자 최초의 경마장 터를 팔아 더욱 넓은 경마장을 만들었고,[13] '마로'에서 경마를 즐길 필요가 없게 된 후에는 조계의 핵심도로 역할을 했다. 이러한 기원에서 알 수 있듯이 '마로'라는 명칭은 원래 조계의 동서로 뻗은 특정 길에 한정하여 사용되다가 상해의 성장과 함께 점점 도로의 일반명사로 변해 갔던 것이다.

13) 최후의 경마장터는 현재 인민공원으로 사용되고 있다.

4 조계를 넘어서 도로를 건설하라

조계로의 이주와 기능의 집중으로 인해 필연적으로 수반될 수밖에 없었던 조계의 확장은 보통 세 가지 방식으로 이루어졌다. 우선 상해 현성과의 '정식' 동의를 거쳐 설립되고 확장된 조계를 들 수 있다. 1845년 토지장정에 의해 거주가 확정된 후 1848년에 세 배로 확장된 조계는 서쪽의 경계가 운하까지 확장되었다. 둘째, 외국인

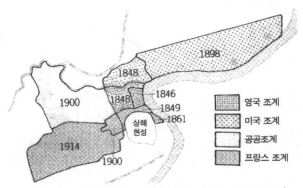

그림19 이 지도(조계연혁도)는 최초의 영국 조계가 건설된 후 연도별로 얼마나 각 국의 조계가 확장되었는지 잘 보여 준다. 이렇게 정식 협약을 통해 확장되기 전에 먼저 길을 만들고 그 주변의 땅을 확보하는 방식으로 조계는 점점 넓어졌다.

이 현지 주민에게서 옛 시가지의 토지와 건물을 '상업적'으로 구매한 경우를 들 수 있다. 셋째는 바로 조계의 경계를 넘어서 도로를 건설한 후 도로 주변에 건물을 짓고, 나중에 그 땅들을 조계지로 편입하는 방식으로 확장한 것이다. 이것을 '조계의 경계를 넘어서 만든 도로'라고 하여 월계축로(越界築路)라고 불렀는데, 월계축로는 조계의 확장을 '강행'하는 중요한 방법 중 하나였다. 이런 방식으로 1920년대 중반까지 조계와 비슷한 면적을 조계 당국이 실질적으로 장악하여 자신들의 의도대로 도로 주변 지역을 관리하고 공간을 배치하였다. 상업적인 구매의 경우 상호 간의 '계약'에 의해 이루어진 것이어서 크게 문제될 것은 없지만, 월계축로는 어떠한 법률적인 근거도 없이 지방정부의 묵인 하에 외국인들이 자행한 것이었다.

그 시작은 군사용 도로였다. 1860년 청 정부는 소주를 점령하고 상해로 몰려오는 태평천국군을 막기 위해 서양인 총기부대가 지원해 줄 것을 요청한다. 이때 군사방어와 태평천국군의 제압을 핑계로 조계에 '군로'를 만들었는데, 이것이 월계축로의 시작이었다. 월계축로로 만들어진 구역은 이후 '합법적인' 조계 확장을 거치면서 상해 외국인의 땅이 되었다. 먼저 길을 닦고 영토를 장악한 후 합법적인 협약을 개정하는 방식이었던 것이다. 1899년에 개정된 토지장정의 제6조에 따라 "조계지 이외의 땅을 구매하여, 도로와 공원을 만들 수" 있게 되었다. 이에 공공조계와 프랑스 조계는 지방정부와의 새로운 협약으로 대규모로 '합법적' 확장을 하게 되는데, 공공조계는 22,800여 묘, 프랑스 조계는 100여 묘를 추가로 확보한다.

---

14) 張偉, 「上海租界越界築路與城市道路的發展」, 『文史雜誌』 第4期, 1999, 52~54쪽.

이렇게 하여 조계 경계 너머에 만든 도로가 거의 완전히 조계의 범위 내부로 포함되었고, 또 다시 새로운 월계축로 건설에 착수했다. 월계축로에는 많은 이윤이 뒤따랐기 때문에 상해 조계의 외국인들은 아끼지 않고 투자했다. 월계축로는 상해 지방정부가 소도회와 태평천국 난의 진압에 외국인의 힘을 빌려야 했기 때문에 시작된 것이지만, 그렇다고 그들을 제지할 능력이 없어 계속 수수방관한 것은 아니었다. 상해 지방정부에서 '묵인' 한 것에는 이유가 있었다. 월계축로 배후에는 상해 옛 시가지와 조계 모두에 기여하는 경제적 이익과 사회적 효용이 있었기 때문이다. 좁고 지저분한 골목길이나 운하를 이용하는 전통적인 방식이 아닌 근대적인 방식의 도로 확장은 조계의 전체적인 공간 분할을 넘어 상해 현성을 위시한 상해 전체의 도로망과 도시구조에까지 영향을 미치는 순기능을 포함하고 있었던 것이다. 어떤 의미에서 상해의 옛 시가지와 조계를 연결하는 기간도로망의 근거는 월계축로였다고 할 수 있다.[14]

5 도로건설과 민족주의적 반발

서구 국가들의 제국주의적 확장은 다양한 민족주의적인 반발을 불러왔다. 테니스 코트에서나 볼 수 있을 법한 커다란 롤러를 끌고서 땅을 고르고 있는 **그림20**은 다음과 같은 내용으로 글을 시작하고 있다. "조계의 길거리가 넓고 평탄하다고 부러워하는 사람들도 있다. 나의 대답은 이렇다. 아름답긴 하지만 내가 보기에는 가시밭이요 함정일 뿐이거늘 어찌 부러워하는

그림20 조계의 도로건설에 동원된 중국인들의 모습을 잘 보여 주고 있다. 「형벌로 도로건설 노역을 하다」(罰作苦工), 『점석재화보』 제109호, 1887. 4.

그림21 19세기 말 남경로에서 도로건설을 하고 있는 중국인 노동자들. 그림20의 『점석재화보』와 유사한 장면을 보여 주고 있다.

가. 땀투성이에 진흙발로 긴 사슬을 매고 무거운 돌로 만든 롤러를 끄는 사람들을 보지 못하였는가. 그들 중 서양인이 한둘이라도 있었던가. 아니다. 혹사당하고 맞고 욕먹고 모욕당하는 것은 모두 중국인이다. 사방팔방으로 뻗은 이 길거리는 중국인의 피와 눈물로 만들어진 것이다."

　　이 그림은 당시 도로가 어떤 방식으로 만들어졌는지 잘 보여 주고 있다. 먼저 원래의 진흙길에 쟁기질을 한 후, 자갈이나 기와·벽돌 조각을 바닥에 가득 깔아 잘게 부순다. 그 위에 가는 모래를 한 층 더 깔고 육중한 롤러를 사용하여 수십 명이 끌어당기면 도로는 숫돌처럼 평평해진다. 그림에서는 스무 명 정도의 중국인이 롤러를 끄는데 옆에서 경찰이 감독하고 있다. 이어지는 글의 설명에 따르면 조계에서 범죄를 저지른 사람 중 보석으로 풀려날 수 없는 사람들은 일정 기간 중노동을 선고받는데, 이들 또한 그렇게 해서 도로건설 현장에 투입된 것이다. 러시아혁명을 피해 상해로 이주한 러시아인이 밀려오던 1930년대 이전까지 노동자·사환·기녀로 활동하던 백인이 거의 없었다는 점을 감안할 때, 죄수 노역 외에도 실제 도로건설에 많은 중국인 노동자들이 힘든 노역을 한 것은 분명해 보인다. **그림20**과 유사한 **그림21** 역시 그러한 상황을 잘 보여 주고 있다.

15) Ye Xiaoqing, *The Dianshizhai Pictorial: Shanghai Urban Life, 1884-1898*, Center for Chinese Studies, The University of Michigan, 2003, pp. 43~44.

그림22 1890년 공부국에서는 영국제 증기압축기를 수입하여 도로건설 비용을 30~40% 줄일 수 있었다. 말이 놀라는 것을 방지하기 위해 시공 구간의 교통을 일시적으로 통제했다고 한다. "작년 외국에서 화기기(火機器)를 하나 들여와 도로 수리를 전문으로 하게 했다. 우선 훙구와 와이탄에 시험 삼아 써 본 후 최근 남경로 일대에서도 이 기계를 사용하였다. 비단 사람의 수고를 줄일 뿐 아니라 시공 또한 신속하였다." 「도로건설 기계」(修街機器), 『비영각화보』(飛影閣畵寶), 1891.

조계 당국에서 범죄자를 도로건설에 이용한 것은 재정 부족 때문이었다. 범죄자에게 부역을 시키는(그러나 서양인 범죄자에게는 동일한 부역이 선고되지 않은) 이 제도는 많은 중국인들의 반발을 불러일으켰으며, 이 제도의 부당성을 항의하는 통역관 차오샹의 장문의 편지("중국인 노동자들이 도로건설에 투입되어 개와 소처럼 강제로 노역을 하고 있다. 원래 이 제도는 서양에서 만들어진 제도로 서양인에게 적합한데 서양인 범죄자에게는 동일한 부역이 부과되지 않으니 어찌된 일인가")[15]와 이를 반영한 당시 상해 시장[道臺] 공조원(龔照瑗 ; 1886~90년 근무)의 정식 항의로 공부국(工部局)은 이 제도를 폐지할 수밖에 없게 된다.

┃마로 위의 새로운 문명, 그 빛과 어둠┃

강남의 다른 지역과 마찬가지로 상해의 지형을 구획하는 것은 물길이었고, 주요한 교통수단 역시 선박이었다. "배는 있어도 수레는 없었으며, 육지로 화물을 운송할 때는 인력을 이용했다."[16] "물길로 움직일 때는 배를 이용했고, 땅 위로 움직일 때는 가마를 이용했다."[17] 이는 이 지역의 다리 모양에서도 잘 드러난다. 육상교통 위주인 북방의 다리가 도로와 평행으로 만들어져 있는 반면, 강남 지역의 다리는 하천의 선박 운행에 방해가 되지 않도록 아치형이 대부분이었다. 그 위로 바퀴 달린 교통수단이 지나간다는 것은 불가능했다. 그러나 조계가 만들어지고, 근대적 도로가 건설되면서 조금씩 교통수단의 중심이 이동하기 시작했다. 조계 건설 10여 년 만에 스미스(J. C. Smith)가 탄 최초의 마차가 와이탄에 출현했고,[18] 내륙의 동란을 피해 이주해 온 중국인들을 통해 독륜거(獨輪車)라고 불리는 외발수레가 저렴한 운송수단으로 쓰이기 시작했다. 뒤이어 일본에서 건너온 인력거는 그 대체할 수 없는 기능을 인정받아 이후 자동차·전철이 출현한 뒤에도 계속하여 도시의 주요 경관이자 교통수단으로 자리 잡게 되었다. 물론 선박을 통한 운송은 여전히 중심적인 역할을 하고 있었다. 그러나 해운과 하운, 중국과 서구의 연결고리라는 의미를 넘어 상해라는 지역 자체가 기능적으로 중요한 의미를 부여받기 시작했음을 알려 주는 주요한 지표는 도로의 건설과 함께 그 위를 달리는 새로운 교통수단의 등장이라고 할 수 있다.

상해의 '사마로'에 해당하는 복주로는 곳곳에 서점·출판사·신문사와 극장·찻집·공연장 등이 몰려 있는 문화의 거리이며, 동시에 술집과 기방이 집결한 홍등가이기도 했다. 와이

그림23 서양인 모녀가 등장하는 이 인력거는 거리를 질주하는 그것이 아니라, 그 옆에 놓인 화분마냥 정물로 그려져 있다. 중국식 전통가옥과 인력거 등은 그들이 자기 나라에서는 경험할 수 없는 낯설고 신기한 느낌을 가져다주었을 것이다.

그림24 19세기 말 상해의 문화거리로 불린 복주로(사마로)의 갖가지 풍경을 묘사한 그림. 인도인 순포가 거지를 잡거나 기녀들이 손님을 유혹하는 그림들 사이로 마차·인력거·독륜거·자전거·가마 등 갖가지 교통수단이 주요 풍경으로 묘사되어 있다.

탄을 따라 늘어선 사무실에서 일을 마친 사람들이 퇴근하면서 이 거리를 지나쳐 갔기에, 중국적인 것과 서구적인 것이 묘하게 결합된 복주로는 19세기 말 상해 제일의 번화가로 이름을 날렸다. 내륙에서 온 유람객들은 마차를 타고 복주로를 통과하여 와이탄을 향하였고, 지나쳐 가는 거리의 풍경을 통해 말로만 듣던 상해의 진면목을 확인할 수 있었다. 「상해 사마로의 조계 풍경도」라는 제목의 **그림24**는 문화의 거리이자 불야성의 홍등가인 복주로의 대표적인 풍경을 잘 보여 준다. 시크교도인 인도인 순포(巡捕)는 거렁뱅이를 잡아가고, 기녀들은 지나가는 손님을 유혹하고 있다. 외국인 부부는 강아지를 데리고 느긋하게 산보를 즐기거나 자전거를 타고서 거리를 활보한다. 양갓집 부녀자들은 여전히 전통적인 가마를 애용하고, 기예를 파는 고급 기녀들은 마차를 타고 마음껏 분위기를 낸다. 그 누구의 시선도 목적지인 정면을 바라보는 것이 아니라 거리 곳곳을 훑어보고 있다. 도시의 풍경을 구성하는 것은 더 이상 전통적인 산수화의 운치가 아니라 이리저리 부유하는 사람들과 그것을 가능하게 하는 문명의 현현이다. 이 거리에는 온갖 것들로 넘쳐 난다. 체제가 강요하는 규율과 함께 일탈과 유혹이 공존하며, 이 모든 풍경을 여유롭게 구경하는 산보객조차 하나의 구경거리로 화해 간다.

16) 『民國上海縣志』卷12, 11쪽.
17) 『申報』, 1876년 2월 17일자.
18) George Lanning and Samuel Couling, *The History of Shanghai*, Kelly & Walsh, 1921~23, pp.432~433.

1 인력거, 문명과 그 그늘

청말의 대표적인 소설가 포천소(包天笑)가 아버지의 급환으로 처음 상해를 방문한 것은 아홉 살 때인 1884년이었다. 기차도 증기선도 없을 때라 소주에서 돛단배 노를 저어 2박 3일 만에 상해에 도착한 어린 포천소의 눈에 가장 먼저 들어온 것은 넓게 뚫린 도로도, 높은 빌딩도 아닌 '인력거'였다.

> 어린 마음에 상해에서 가장 먼저 눈에 들어온 것은 동양거였다. 소주하를 운항하는 배에서 상해의 부두에 닿기도 전에 건너편을 오가는 동양거가 눈에 들어왔다. 당시의 동양거는 훗날의 황포거(黃包車)보다 몸체가 높고 쇠바퀴가 달려 있었다. 고무바퀴는 아직 사용되지 않을 때였다. 인력거꾼은 지정된 모자와 번호 달린 옷을 입고 있었다. …… 그 다음으로 눈에 들어온 것은 소주에서 본 적이 없는 서양식 건물[洋房]이었다. 소주에는 2층 건물밖에 없었고 3층 건물은 극히 보기 힘들었다. 동양거에 앉아 길거리를 달리니 정말이지 깊은 산 숲속에 들어선 것과 같아 눈을 뗄 수가 없었다.[19]

자신의 고향인 소주에서라면 가마 두 채에 각각 두 사람씩 붙어야 어머니와 할머니를 모실 수 있을 텐데, 인력거 한 대로 상해의 도심을 미끄러져 가니 상해의 문명은 편리하기 그지없는 것이라는 생각을 갖게 했던 것이다.

1869년 일본에서 처음 만들어진 인력거가 상해로 전해진 것은 메나르(Menard, 米拉)라는 이름의 프랑스 상인에 의해서였다. 그는 일본에서 상해로 건너온 뒤 인력거 사업이 상해에서도 많은 이익을 남기겠다는 판단 하에 1873년 봄 프랑스 공동국(公董局)에 '손으로 끄는

그림25, 26 어린 포천소가 묘사한 것처럼 인력거꾼은 지정된 모자를 쓰고 번호 달린 옷을 입고서 손님을 받았다. 물론 회사에 소속되지 않은 개인영업 인력거[野鷄車]나 어떤 집안에 소속된 자가용 인력거[包車]는 예외였다.

도표1 교통수단 유형별 통행량

단위: 개수

교통수단	외발수레	마차	인력거	화물수레	가마	말
통행량	2,759	1,633	20,958	22	27	38

※ 1889년 6월 와이탄에서 훙구로 넘어가는 지점에 위치한 교량에서 3일간 조사한 것이다. Betty Peh-Ti Wei, *Shanghai: Crucible of Modern China*, Oxford University Press, 1987, p.98; Lu Hanchao, *Beyond the Neon Lights*, p.349 재인용.

수레'의 경영에 대한 10년간의 독점권을 신청한다. 공동국에서는 영국 조계 공부국과 협의를 거친 뒤, 독점권은 거부하되 개업은 허락하였다. 이 새로운 교통수단이 도시의 교통 상황을 개선하고 세수를 증가시킬 수 있다고 판단한 것이다. 1874년 메나르가 300량을 들여와 최초의 인력거 회사를 차린 뒤 잇달아 아홉 개의 회사가 설립되고 1,000여 량의 인력거가 상해의 거리를 누비게 되었다.[20] 일본에서 사용된 한자 그대로를 가져와 '인력거'(人力車; 일본어 발음으로는 '진력샤')라고도 했지만, 일본에서 건너왔기 때문에 통상 '동양거'(東洋車; 중국어에서 '동양'은 '일본'을 가리킨다)라고 불렀다. 초기의 일본식 인력거는 나무로 만든 커다란 나무바퀴에 철 테두리를 두른 것이라 굴러갈 때마다 덜커덩거렸고 진동 또한 대단했다. 수레의 좌석은 두 사람이 앉을 수 있을 정도로 넓었는데, 가끔 남녀가 나란히 앉는 경우도 있어 풍속을 해친다는 명목으로 나중에 일인용으로 바뀌게 되었다. 그후에도 인력거는 변신을 거듭하였고, 고무바퀴를 달게 된 후에는 이동할 때 상당히 안정적이게 되었다.

인력거는 가장 보편적인 교통수단으로 단번에 도심을 장악했다. 귀족적인 이미지를 풍기는 마차는 일반인이 향유하기에는 비용을 감당할 수 없었고, 외발수레는 사람이 짐짝이 된 듯 불편하기 그지없었다. 그러나 인력거는 일반인이 감당할 수 있을 정도의 요금에, 차체도 끊임없이 개량되어 편안하게 원하는 목적지에 갈 수 있었다. 게다가 붐비는 도심의 마차와 사람들 사이를 이리저리 빠져나갈 수 있었고, 구시가지의 좁고 구부러진 골목까지 별 장애 없이 갈 수 있었다. 또 승객이 원하는 속도로 가고, 멈추고 싶을 때 언제 어디서나 멈출 수 있다는 점 또한 장점으로 작용했다. 이 때문에 전차·자동차 등 새로운 대체물이 들어온 뒤에도, 마차는 거의 사라져 갔지만 인력거는 여전히 가장 대중적인 교통수단으로 기능할 수 있었다. 점과 점을 잇는 최단거리의 직선도로와 빠른 속도로 그 위를 스쳐 지나가는 기차·자동차와 비교해 보면, 인력거는 거리 풍경과 사람들을 여유롭게 바라보는 산책의 느낌마저 가져다주었다. 곧게 뻗은 "사람의 길"마저도 장애물을 비켜 가며 갈지자를 그리는 "당나귀의

19) 包天笑, 『釧影樓回憶錄』, 大華出版社, 1971, 30쪽.
20) Lu Hanchao, *Beyond the Neon Lights*, p.68.

그림27 인력거는 가장 대중적인 교통수단으로 도심을 장악했다. 인력거가 가진 매력은 전차, 자동차로 대체되지 않는 무엇이었다. 물론 그 배후에 빈농 출신의 값싸고 풍부한 노동력이 뒷받침되고 있었기에 가능할 수 있었다. 「경마의 성황」(賽馬誌盛) 부분, 『점석재화보』 제2호, 1884. 5.

길"로 바꾸어 버린 것이 인력거였다고 할 수 있다.

인력거는 보통 개인용과 회사 영업용으로 나뉘어 있었다. 1913년 공부국에서는 영업용 인력거에 노란색을 칠하게 했고, 이후 상해 지역에서는 인력거를 '황포거'(黃包車)라고 부르는 것이 일반적이 되었다. 개인이 인력거를 소유하고 전용 인력거꾼을 고용한 경우를 '포거' (包車)라고 했고, 역시 구분을 위해 검은색을 칠하게 했다. 당시 자가용 인력거와 인력거꾼을 소유하는 것은 상류층만이 누릴 수 있는 사치였다. 거리를 달리는 검은색 인력거는 번쩍번쩍 윤이 나고 수리도 잘 되어 있는 반면, 노란색 영업용 인력거는 대부분 금방이라도 멈출 듯이 더럽고 낡아 한눈에 구별이 되었다.

인력거 영업은 상당히 남는 장사였다. 인력거꾼들이 한 달에 벌어 오는 돈이면 인력거 한 대의 투자비가 회수되었고, 그 이후 벌어들이는 수익은 전부 순이익이었기 때문이다. 반면 인력거꾼의 생활은 노사(老舍)의 『낙타상자』[21]와 같은 작품이 잘 보여 주듯이 최하층민의 그것이었다. 상해 인력거꾼의 절대 다수가 빈농 출신이고, 그 중 상당수가 소북(蘇北)으로 불리는 장강 이북, 강소성(江蘇省) 북부 출신이었다.[22] 이 지역의 척박한 환경과 끊이지 않는 동란, 연이은 흉년으로 엄청난 난민이 상해로 유입되었다. 얼마 되지 않는 양식으로 식구 전체가 먹고살 수 없어 가족 중 일부 또는 전체가 대도시로 이주하는 것이 유일한 출구였던 것이다. 도시에서 구걸해서 먹는 밥조차도 고향밥보다 더 기름지다고 여겼기 때문이다. 이 소북

21) 한 인력거꾼의 일생을 북경에 대한 실감난 묘사와 북경 특유의 언어로 그린 소설로 1937년에 노사(라오서)가 발표한 작품이다. 낙타(駱駝)라는 별명을 가진 주인공 상자(祥子)는 온갖 고생을 겪으며 인력거를 세 번 사게 되는데, 세 번 모두 자기 인력거를 잃어버리게 된다. 당시 시대적 상황과 함께 인력거와 인력거 회사, 자가용 인력거 등에 관한 정밀한 묘사가 대단히 잘 그려져 있다. 라오서, 최영애 옮김, 『루어투어 시앙쯔』, 통나무, 1989 참조.
22) 소북은 장강을 경계로 강소성의 북부 지역을 가리키며, 비옥한 강남과 대비하여 강북(江北)이라고도 한다. 구체적인 통계가 이러한 사실을 잘 보여 주고 있다. 1934년 상해시 사회국(上海市社會局)에서 조사한 바에 따르면, 전체 307명의 조사대상 중 96%가 강소성 출신인데, 그 중 상해 출신을 포함한 3명을 제외하면 모두 강북 출신이었다. 또한 염성(鹽城) 한 지역 출신만도 40%가 넘는 124명이었다. 「上海市人力車夫生活狀況調査報告書」, 『民國時期社會調査總編』(城市生活卷), 福建教育出版社, 2005, 1205쪽.

인들은 상해의 최하층계급을 구성하며, 변두리 판잣집[棚戶區]에서 무슨 일이든 해서 생계를 꾸려 나가야 했다. 공장 노동자나 인력거꾼은 그나마 성공적으로 상해에 안착한 경우로 간주될 정도였다. 인력거를 끄는 일은 특별한 기술 없이도 할 수 있는 일이었다. 또한 고정된 수입이 있는 공장 노동자와 비슷하거나, 운이 좋아 팁이라도 두둑이 챙기면 더 많은 일당도 벌 수 있는 직종이라 누구나 바라마지 않았다. 물론 누구에게나 쉽게 기회가 돌아간 것은 아니었다. 등록된 인력거의 네 배 규모의 인력거꾼이 상시 대기하며 교대했으니 그 틈을 비집고 새로 진입하기는 상당히 힘들었다. 때문에 당시 대중잡지 『동방잡지』에서는 인력거꾼의 문제를 "농촌경제 몰락의 직접적 산물"로 비판하기까지 하였다.[23]

이러한 점은 1934년의 통계에서도 확인할 수 있다. 공부국에서 인력거꾼의 전직을 조사한 결과는 다음과 같다 ─ 농민(30), 방직공장 직공(6), 행상인(3), 쿨리(4: 육체 노동에 종사하는 중국 하층민), 야경꾼(4), 어민(1), 사공(1), 목수(1), 교사(1).[24] 괄호 안 인원수가 보여 주는 것처럼 절대 다수가 농민이었다.[25] 다른 직종의 사람들 또한 대부분이 원래는 농민 출신임을 감안하면 그 비율은 더욱 높아진다. 재미난 것은 전직 '교사'가 포함된 점이다. 그는 왜 인력거를 끌게 되었을까? 여러 상상이 가능하겠지만, 보다 구체적인 정황을 그보다 50년 전에 만들어진 『점석재화보』의 그림(그림28)과 그 기사에서 유추해 볼 수 있겠다.

1884년에 제작된 이 화보는 당시 조계의 거리 풍경을 잘 보여 주고 있다. 도로와 인도는 잘 포장되어 있고 군데군데 배수구까지 확인할 수 있으며, 그 위를 달리는 인력거와 외발수레는 손님을 찾고 있다. 뒤편의 배경에는 상해의 대표적인 건축양식인 이농(里弄) 주택의 초기적인 형태로 지어진 극장[戲園], 다관(茶館), 전장(錢莊: 환전을 업으로 하던 금융기관), 기방, 신발가게 등이 늘어서 있다. 상가의 구성과 거리의 조성으로 보아 복주로(사마로)가 분명한 이 그림의 대표적인 인물은 전면에 위치한 외발수레꾼·인력거꾼과 손님이고, 그 뒤편으로 각 가게에서 일하는 사람들이 자기들의 생활을 영위하고 있다. 사실적인 거리 장면을 묘사한 것으로 보이는 이 그림에서 별다른 특징을 찾기는 힘들 것 같다. 다만 다른 인력거꾼들이 힘차게 뛰어오며 손님을 서로 모시려 하는 반면, 가장 좌측에 위치한 인력거꾼은 고개를 숙인 채 손님을 회피하는 동작을 보이고, 손님 또한 그러한 그를 유심히 살피고 있다. 자세히 보면 복장 또한 특이하다. 군데군데 기운 흔적은 판연하지만 문양으로 보아 비단옷임이 분명하다. 맨발이거나 짚신을 겨우 신고 있는 다른 인력거꾼과 비교해 볼 때 그의 신발 또한 심상

23) Lu Hanchao, *Beyond the Neon Lights*, p.75 재인용.
24) 같은 책, p.75.
25) 이는 1934년 상해시 사회국에서 조사한 통계 중 계절에 따른 수입 변화 항목에서도 잘 드러난다. 조사에 따르면 여름철(5~8월)은 수입이 증가한 반면 겨울철에는 엄청난 적자를 기록한다. 그 원인은 추운 겨울에는 승객들이 인력거를 잘 이용하지 않을 뿐 아니라, 인력거꾼 대부분이 강북의 농민인지라 추수가 끝난 후 푼돈이라도 벌어 보려고 상해로 와서 인력거를 끌었기 때문에 공급과잉이 된 것이라고 분석한다. 「上海市人力車夫生活狀況調査報告書」, 1231쪽.

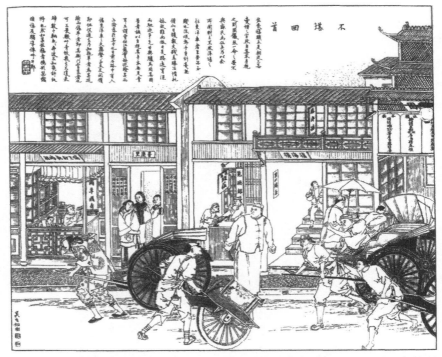

그림28 극장과 찻집, 전장, 기방, 소규모 영업소가 늘어선 19세기 후반 상해의 대표적인 거리 모습을 잘 보여 주고 있다. 조계의 중심지에 위치하고 있지만 이 거리는 표면적으로 봤을 때 중국적인 것으로 가득 차 있다. 그러나 그 내부를 들여다보면 전통과 근대, 새로운 것과 낡은 것, 문화와 자본이 뒤섞인 혼종의 공간을 발견할 수 있다. 「차마 고개를 돌리지 못하다」(不堪回首), 『점석재화보』 제4호, 1884. 6.

치 않아 보인다. 그러나 그 이상의 무엇을 발견하기는 쉽지 않다. 「차마 고개를 돌리지 못하다」라는 제목의 이 그림은 『점석재화보』의 다른 화보와 마찬가지로 문자가 제공하는 기사와 그림 텍스트를 교차하며 보아야 적절한 의미를 구성할 수 있다. 관련 기사의 내용을 간단히 추리면 다음과 같다.

하찮은 미관말직이라도 그 자신에게는 일신의 영광인지라 일반 백성들과 섞이려 하지 않는 법이다. 그러나 예외적인 상황이 발생하기도 한다. 조계에서 동양거를 끄는 일은 지극히 고생스럽고 천한 일로, 유민들이 생계가 막막하여 몇 푼이라도 벌기 위해 뛰어드는 직종이다. 거지보다 조금 낫긴 하지만, 비가 오거나 뙤약볕이 쏟아져도, 길이 멀고 야심한 밤에도 노새처럼 달려야 하니 그 고생을 이루 말할 수 없다. 그런데 강소성에서 실결순검[26]의 관직에 있었던 아무개가 인력거꾼으로 전락한 일이 발생했다. 일전에 그는 사마로 석로(石路; 현재의 복건중로)에서 손님이 자기 동양거를 불러 세웠는데, 흥정도 하기 전에 부끄러워하며 도망가 버렸다. 인력거를 끄는 사람은 전임 순검인데, 인력거를 타려던 사람이 다름 아닌 예전의 부하 관원이었던 것이다. 어찌 고개를 감추고 피하지 않을 수 있었겠는가.

　　기사의 내용은 전술한 바 있는 인력거꾼의 사회적 위상을 한 개인의 몰락이라는 사건과 결합시켜 당시의 육성으로 잘 소개하고 있다. 이 기사를 통해「차마 고개를 돌리지 못하다」라는 제목이 즉각적으로 수긍되고, 그림 자체는 몰락한 관리가 옛 부하를 피하는 장면의 사진 이미지로 현현한다. 배경 또한 지금도 그 존재를 확인할 수 있을 정도로 사실적이고 생동적이다. 다시 한번 뒤편의 배경을 유심히 살펴보자. 우리의 주인공이 지나는 방향을 역추적하면, 가장 오른쪽에 작은 글씨로 "호북성의 일급 명배우 채계희 초빙"(本園特請胡北一等名角蔡桂喜), "서울의 명배우 손춘항 초빙"(本園特請京都[回申]名角孫春恒) 등의 광고가 붙은 극장이 보인다. 극장의 이름은 보이지 않지만 그 옆에 있는 보경리(普慶里)라는 기원의 존재로 보아 천선희원(天仙戲園)임을 알 수 있다. 천선희원은 대관다원(大觀茶園), 금계헌(金桂軒), 단계제일대(丹桂第一臺)와 함께 상해의 대표적인 경극원이며, 북경의 유명한 경극배우들이 이러한 상해의 4대극장에서 앞다퉈 공연을 펼쳐 "상해의 극장이 천하제일이다"라는 명성을 얻는 데 일조했다. 극장의 왼쪽에는 복해루(福海樓)라는 다관(茶館)이 있다. 시동이 물주전자를 들고 내려오고 있고, 그 옆에 "차를 놓고 협상하지 말 것"(禁止講茶)[27]이라는 팻말이 적혀 있다. 간단한 음식을 먹거나 여자를 희롱하면서 아편 한 대도 같이 피울 수 있는 공간이 다관이었다. 그 옆에는 전장에서 동전꾸러미를 바꾸고 있는 장면이 보이고, 그 왼쪽은 1920년대 이전의 청련방(靑蓮坊), 1930년대 이후 명성이 자자했던 회락리(會樂里)만큼은 아니지만 꽤나 이름을 날렸던 복주로의 기방 보경리가 보인다. 화면으로만 보면 기녀 세 명(시녀 포함)이 전부인 소규모 이층 영업소인 것 같지만, 이농주택의 특성을 고려했을 때 그 뒤편으로 이어진 골목을 따라 무수한 방과 기녀(38명 정도)[28]가 대기하고 있는 상당히 큰 규모라는 것을 짐작할 수 있다. 입구에는 주교림, 여옥경, 주월경 등 대표적인 기녀[書寓] 명단이 적혀 있다. 화면 가장 왼쪽에는 비 올 때 신는 징 박힌 장화를 파는 가게가 있다. 이 가게는 대부분의 도로가 포장되지 않고 비가 많이 오는 상해 지역의 특성을 잘 반영한다.

　　이처럼 정확한 세부의 재현은『점석재화보』가 기획 단계부터 표방하던 선진적인 인쇄기

26) 실결(實缺)은 관원을 임명할 때 구분하는 방식으로, 그 외 서사(署事), 대리(代理)가 있다. 지정된 관직에 정식으로 임명될 경우 실결(實缺), 결원이 생겨 대리 근무자를 파견하는 경우를 서결(署缺)이라고 한다. 순검(巡檢)은 종구품(從九品)으로 청나라 관직 중 가장 낮은 축에 속한다.

27) 분규가 발생했을 때 쌍방의 친구들을 여럿 불러 다관에서 차를 마시며 조정한다. 평화롭게 해결되면 그 중 연장자가 홍차와 녹차를 섞어 분쟁 당사자에게 화해의 표시로 단숨에 들이키게 하는데, 이것을 "협상차를 마시다"(吃講茶)라고 한다. 그러나 혹시라도 어긋나면 다관이 전쟁터가 되어 찻잔이 날아다니는 일이 다반사였다. 협상이 성공하든 실패하든 다관의 입장에선 많은 사람이 몰려와 자리만 차지하는 게 반갑지는 않았을 것이다. 그에 대한 대비책으로 웬만한 규모의 다관에서는 "명을 받들어 협상차를 금지한다"(奉諭禁止講茶)라고 적힌 팻말을 걸어 두었다. 그러나 강제성이 없었기 때문에 우르르 몰려와 협상차를 마시는 것을 막을 수는 없었다. 都慕俠,『上海鱗爪』, 上海書店出版社, 1998(1933~5), 114쪽 "吃講茶" 항목 참조. 또한 葛元煦 撰,『滬游雜記』, 上海書店出版社, 2006(1876), 9쪽「租界例禁」중 "禁止講茶" 부분 참조.

28) 羅蘇文,『近代上海 : 都市社會與生活』, 中華書局, 2006, 14쪽.

그림29 영파박물관에 소장된 청말의 징 박힌 장화(釘靴). 『점석재화보』의 그림과 달리 목이 있는 소가죽 장화로, 높이와 길이가 각각 25cm에 1cm 길이의 징이 박혀 있다. 비가 많은 강남 지역의 특성상 이러한 신발이 유용했다.

술을 통한 사실적인 묘사가 잘 구현된 것으로 생각할 수 있다. 그랬을 경우 이 그림은 사진의 대체물로 기능한다. 그러나 사진의 대체물로 봤을 때 설명되지 않는 잉여적인 요소가 있다. 바로 앞에서도 언급한 주인공의 비단옷이 그것이다. 인력거를 끌 정도로 곤궁한 처지가 되었다면 비단옷을 기워서 입는 것이 아니라 벌써 예전에 전당포에 맡겨 끼니부터 해결했을 것이다. 즉 군데군데 기운 비단옷은 몰락한 관리 출신을 나타내는 시각적 상징물로 기능하고 있다. 주인공의 출신에 대한 이러한 시각적인 현현은 그림의 배경을 사건의 배경으로 전치시키는 것 또한 가능하게 해준다. 이 그림은 현장에서 사건이 일어날 때 직접 보고 스케치한 것이 아니라, 그 직전에 『신보』에 게재된 기사를 화가가 재구성한 것이다. 문자를 이미지로 번역하는 과정에서 화가는 배경과 인물 구성의 배치에 뭔가 다른 의도를 넣지 않았을까? '석로'라고만 기사화된 거리 중 저 장소를 택한 것은 단순히 원래 사건이 일어났던 곳을 그대로 옮기려는 사실주의적 욕망에서 기인한 것일까? 이런 의심을 품고 봤을 때 극장, 다관, 전장, 기방과 같은 공간은 문자적으로 설명되는 주인공의 출신과 시각적으로 구현된 몰락 사이의 드러나지 않는 시간에 대한 힌트를 제공하는 아이콘으로 읽을 수 있다. 즉 주인공이 어떠한 과정을 거쳐 몰락하게 되었을지를 재구성해 볼 수 있는 것이다. 그렇게 봤을 때, 극장과 다관에서의 소일거리는 차치하고라도 기방 입구에서 기녀가 옆의 시녀에게 "어머 애! 저기 인력거 끌고 있는 사람, 혹시 예전의 그이 아냐?"라고 소곤거리는 목소리가 들리는 듯 생생하지 않은가.[29]

인력거꾼의 절반은 승객이라   推車半是坐車人

비단옷 걸치던 그 시절 기억이나 하는지   記否當年羅綺身

침대맡에 재산 날리고 마소처럼 고생하니   金盡床頭牛馬走

하루라도 먼지 뒤집어쓰지 않는 날 있을까   一年無日不風塵[30]

29) 이 화보의 분석은 『점석재화보』 읽기 모임' 세미나에서 검토한 내용을 기준으로 일부 내용을 보충하여 작성되었다. 그 기본적인 내용은 민정기, 「그림으로 '읽는' 근대 중국의 사회와 문화―『점석재화보』 연구를 위한 서설」(『중국현대문학』 제28호, 2004. 3)에 문자화된 바 있다.
30) 顧炳權, 『上海洋場竹枝詞』, 上海書店出版社, 1996, 81쪽.

　　사실 향촌 출신 사대부가 도시의 번화함에 마음이 빼앗겨 탕진하는 스토리는 중국 고전 단편소설의 단골 메뉴이기도 했다. 과거 준비로 상경한 뒤 기녀에게 다 털려 장례식 곡소리로 연명하던 부잣집 도련님 이야기도 있으니 추락 자체가 특별할 것은 없다. 다른 점이 있다면 전통 시기의 사대부는 도시를 벗어나 고향으로 돌아오면 원래의 신분과 재화가 회복되지만, 19세기 말 상해로 대표되는 공간에서는 그것이 불가능해졌다는 점이다. 향촌은 전란과 기근으로 몰락하였고, 전통적인 신분체계는 서서히 변화하고 있었다. 관리 출신이라고 자신의 출신에 집착하여 젠체했다가는 생존 자체가 힘들었고, 전직 교사든 전직 관리든 막바지에선 인력거라도 끌어 돈을 벌어야 했던 것이다. 과거 급제자도 상인으로 거듭나고, 사대부는 월급쟁이 저널리스트로, 농민이 하층 노동자로, 부녀자가 여공으로, 거칠게 말하자면 모든 것이 자본에 몸을 파는 기녀의 형상으로 변해 갔다. 복주로의 거리는 조계의 최중심임에도 불구하고 표면적으로 봤을 때 신기할 정도로 중국적인 외양과 생활방식으로 구성되어 있지만, 그것을 구성하는 규칙은 이미 변화하고 있었다. 의식하든 의식하지 못하든 이들은 서서히 전세계적 자본주의 체제의 영향 아래 들어가 있었던 것이다. 이처럼 전통과 근대, 낡은 것과 새로운 것은 건물이나 도로, 신문물처럼 외형적인 이항대립적 구도 이상의 태도 변화를 일상적인 삶의 가장 기본적인 것에서부터 요구했다.

2 외발수레, 독륜거

외발수레는 원래 시골의 논두렁도 다닐 수 있게 만들어진 것이라 상해의 도로가 아직 정비되기 전부터 다양한 용도로 사용되고 있었다. 인력거의 등장 이후 조계 지역 내에서는 화물운송 용도로 사용되는 비율이 높아졌지만, 중국인 거주 지역인 현성의 경우 도로가 정비되어 있지 않았고 조계의 인력거·마차 등이 경계를 넘어 통행하는 것이 불편했기 때문에 외발수레가 여전히 유용한 교통수단이 될 수 있었다.

　　사람의 힘을 이용한다는 점에서 마찬가지로 '인력거'라고 할 수 있는데,

그림30 중국 내륙 지역에는 이렇게 짐과 사물을 동시에 운송하는 수단으로 외발수레가 많이 사용되었다. 1860년대 상해로 유입된 후 초반에는 승객운송용으로, 그리고 점점 대체 교통수단이 많아지면서 화물운송용으로 주로 사용되었다. 삐거덕거리는 나무바퀴의 소리에 대한 통제, 한 번에 실을 수 있는 화물량의 규제 등으로 약간의 개량은 있었지만 기본적인 형태는 그대로 유지되었다.

그림31 설정사진임이 분명하지만, 앞의 사진과 많은 대비를 보여 준다. 도시에서 외발수레는 돼지 한 마리 얹어 장터에 다녀오는 용도를 벗어나 상해의 여공, 기녀, 부녀자들이 가장 애용하는 교통수단으로 한동안 많은 사랑을 받았다.

앞에서 살펴본 인력거보다 훨씬 간편하고 저렴하게 화물운송이나 사람의 이동에 이용할 수 있는 것이 외발수레, 즉 독륜거(獨輪車)이다. 인력거가 일본에서 수입된 것이라는 이유로 '동양거'라고 불렸다면, 이 외발수레는 내륙에서 예전부터 많이 사용되다가 1860년대에 상해로 유입되었는데, 특히 강북의 농민들이 이 업종에 많이 종사했기 때문에 강북거(江北車)라고도 불렸다.[31]

인력거와의 차이를 들자면, 우선 바퀴가 하나뿐이고 뒤에서 미는 형태라는 것이 가장 큰 외형적 차이점이다. 원래 화물운송이 주용도지만, 가운데 칸막이 양쪽으로 짐과 사람이 같이 타는 경우도 있고 사람만 탈 경우 보통 서너 명이 한꺼번에 탈 수 있는데, 많은 경우 8명까지 타기도 했다. 그러나 한쪽에 4명씩, 8명이 타는 건 주로 방직공장 등에서 일하는 여공들이 외발수레를 세내어 출퇴근하는 경우였던 것으로 보인다. 출퇴근 시간에 여공을 실어 나르는 외발수레는 당시 도시의 일상적인 풍경을 구성했다.

언뜻 보기에 외발수레에는 그렇게 많은 사람이 타지도 못할 것 같고, 설령 앉을 수 있다고 해도 손수레꾼이 그 무거운 걸 밀고 달릴 수 있을까 의문이 든다. 이 수레의 실물은 현재 상해 동방명주 지하에 있는 상해시 역사진열관 입구 쪽에서 확인할 수 있다. 인력거, 마차 등과 함께 진열된 외발수레는 (어느 옛 사진에서 봤듯이) 안고 있던 아이까지 포함해 10명까지도 탈 수 있는 크기였다. 또 자세히 보면 알겠지만 양쪽 손잡이에 끈이 있어 어깨에 걸 수 있었다. 즉 손목의 힘만으로 수레를 드는 것이 아니라 어깨로 수레의 하중을 분산시키는 것이다. 일단 달리기 시작하면 무게보다는 사실 균형이 훨씬 중요하기 때문에 여공 8명을 태워 출퇴근하는 게 그다지 큰 문제는 아니었던 것으로 보인다. 물론 조종하는 게 쉽지 않아 사고도 잦았고, 인력거를 끄는 것보다는 힘들고 고생스러운 일이었음은 분명하다. 보통 외발수레꾼이 일할 때 드는 체력소비량은 인력거꾼의 6~7배 가까이 된다.[32]

하층계급의 대표로 인력거꾼이 자주 등장하는 편인데, 그러나 외발수레꾼들의 삶은 시

31) 그 외에 소거(小車)라는 명칭이 가장 많이 통용되었으며, 수레 손잡이가 양의 뿔처럼 생겼다고 양각거(洋角車)라고도 했다. 중원 지역에서는 녹거(鹿車), 산동에서는 이파수(二把手)·저취거(猪嘴車), 서남 지역에서는 계공거(鷄公車) 등으로도 불렸다.
32) Lu Hanchao, *Beyond the Neon Lights*, p.93 재인용.

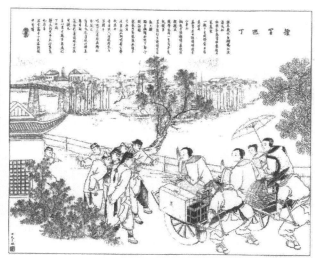

그림32 도로가 정비되지 않은 교외 지역도 문제없이 통행할 수 있었기 때문에 청명절이면 외발수레 양쪽에 부부가 걸터앉아 교외에 있는 묘지에 성묘하러 가곤 했다. 이 화보 또한 청명절을 맞아 성묘를 떠나는 모습을 담고 있다. 마나님이 딸과 하인을 대동하여 외발수레 두 대에 나눠 타고 성묘에 필요한 물건도 싣고 길을 나서는 장면이다. 가는 길에 친척집도 들렀다 올 요량이라 짐도 꽤 많이 실었다. 부녀자들만 타고 있다고 우습게 봤는지, 중간에 순포를 사칭한 무리들이 나타나 가방을 검색하겠다고 우기면서 앞을 가로막고 있다. 「함부로 순포를 사칭하다」(擅冒巡丁), 『점석재화보』 제73호, 1886. 4.

아에 잘 포착되지 않는다. 『낙타상자』와 같이 이 시기를 그린 소설이나 신문기사, 정부의 조사보고서 등을 보면 인력거꾼의 삶은 아주 비참하고 고생스러운 최하층계급의 그것으로 표현된다. 그러나 섣부른 동정심을 걷어 내고 인력거꾼들의 시각에서 그들의 삶 자체를 면밀히 검토해 보면, 인력거를 끄는 노동은 그들이 지금껏 해왔던 다른 노동에 비해 덜 힘들면서 보다 안정된 이익을 가져다주는 것이었다. 전란과 자연재해 등으로 인해 농촌경제가 파탄나면서 농민들은 경작만으로 생활해 나갈 수가 없었다. 농한기를 이용하거나 가족 중 일부가 도시의 언저리에라도 나가 돈이 될 만한 일을 찾아야만 했다. 그럴 경우 인력거는 도시에서의 삶을 가능하게 하는 최상의 일거리였다. 부두 하역일은 몸을 상하게 할 정도로 고생스럽고 일거리도 지속적이지 않았다. 공장 취직은 연줄이라도 없으면 힘들었고, 아무 기술 없이 할 수 있는 공장 일거리를 찾았다 해도 시간과 노동강도에 비해서 인력거꾼보다 편하다고 하기 힘들었다. 게다가 그들은 이미 농촌에서 육체노동에 익숙해져 있는 상태였다. "인력거 끄는 게 뭐 대단한 일이라구? 항상 남들에게 굽신거려야 하지만, 일만 놓고 보면 농촌에서 밭일하는 거에 비해 힘들다고 할 수도 없지!"[33] 요는 인력거를 끄는 일이 그나마 편했다는 것이지, 그들의 삶이 풍요로웠다는 것이 아니다.

33) Lu Hanchao, *Beyond the Neon Lights*, pp.352~353, 각주 92번, 상해에서 인력거를 끈 경험이 있는 소북 출신 농민을 1989년에 인터뷰한 내용 중 일부. 보다 구체적으로 인력거가 다른 일에 비해 노동강도가 약할 수 있었던 이유로 인력거 자체의 역학적 설계, 단거리 이동에 주로 사용되었다는 점, 이틀에 한 번 정도 일을 했다는 점, 상해에는 언덕이 없었다는 점 등을 들고 있는 90~98쪽도 참고. 루한차오의 이 책은 고층건물과 네온사인으로 대표되는 화려한 상해의 이면에서 살아가는 도시 하층민의 일상을 잘 그려 낸 역작이다. 전통과 근대를 바라보는 시각과 자료의 활용에 많은 도움을 받았다.

그림33 외발수레가 마주 오던 마차를 피하지 못하고 말을 치어 죽이는 사건이 발생한다. 마차회사 주인은 외발수레꾼의 가난한 처지를 딱하게 생각하여 소송을 취하하고 풀어 줄 것을 순포에게 요청한다. 「수레가 말의 배를 받다」(車穿馬腹), 『점석재화보』 제479호, 1897. 3.

혼히 인력거꾼은 단명한다거나 5년만 끌면 골병이 든다는 소문마저 있지만 앞에서 살펴본 것처럼 인력거를 끄는 일이 그 정도로 과부하가 걸리는 것은 아니었다. 또한 인력거를 끌 수 있으면 한 가족이 도시 한켠에서 안정된 생활을 유지할 정도는 되었다. 따라서 많은 사람들이 바라마지 않던 일이었지만, 실제 수요보다 공급량이 많다는 판단 하에 조계 당국이 인력거의 수량을 제한했기 때문에 인력거를 끌 수 있는 기회는 쉽게 오지 않았다. 인력거보다 적은 수입에 보다 높은 노동강도가 요구되는 외발수레를 끌 수밖에 없었던 사람들은 그런 기회조차 부여받지 못했던 사람들이 대부분이었다. 매체의 시각에 포착되지 않던 사회의 밑바닥에, 시골에서 끌던 수레를 가져와 조계에서 요구하는 수준으로 개량해서 짐이며 사람이며 닥치는 대로 옮겨야 했던 외발수레꾼의 삶이 있다. 매체는 이들의 비참한 삶보다는 그들이 일으킨 몇 차례의 소요에 더 주목하고 있다.

유입 초기 외발수레는 통제의 대상이 아니었다. 그러나 외발수레가 내는 소음과 도로의 파괴 등을 이유로 조계 당국은 외발수레의 개량, 화물의 무게와 부피의 상한선 제한, 영업허가증의 발행 등을 시행하게 된다. 이에 따라 1870년부터 공공조계와 프랑스 조계에서는 외발수레에 대해 영업허가증을 발행하고 매달 200문의 세금을 걷기 시작했다(6월 13일 의결, 7월 1일 시행). 1877년에는 공부국이 세금을 400문으로 인상하려 하자 일부 외발수레꾼들이 파업을 단행하며 영업을 계속하는 수레꾼들을 방해하다 조계 당국으로부터 제재를 받았다. 결국 예정대로 400문의 세금과 함께 35문의 영업허가증 비용을 내야 했다. 그것을 제하고 남는 돈 2,000여 문으로는 겨우 입에 풀칠하는 정도에 불과했다. 1888년에는 세금을 매달 1,000문으로 인상하려는 계획이 세워진다. 그러나 이 소식을 들은 외발수레꾼들이 이번에는 상해 현성으로 달려가 교섭을 추진했고, 현성의 지현(知縣)과 도대(道臺)가 조계 공부국에 거의 간섭을 하지 않던 전례를 깨고 자국민 보호를 위해 나섬으로써 이 계획은 취소되었다. 그로부터 약 10년 뒤인 1897년, 조계 당국은 다시 추가로 200문을 인상한 600문의 세금을 징수할 계획을 발표하였다. 이번에는 대규모 파업과 폭력분쟁이 발생한다. **그림34**는 그때 일어났던 사건을 다루고 있다.

사건의 전말을 다른 자료들과 비교하여 간추려 보면 다음과 같다. 조계 당국은 도로 수리비로 해마다 십여 만금을 쏟아 붓는데, 그 주요한 원인을 외발수레로 인한 도로파괴에서 찾았다. 이에 1897년 1월 1일 공부국은 외발수레꾼에 대해 매월 600문의 세금에 영업허가증 발행비 30문을 더한 630문을 4월 1일부터 납세할 것을 의결한다. 이 소식이 알려지자 외발수레꾼들은 항의의 표시로 파업을 강행하고, 몰래 영업을 하는 외발수레꾼이 발견되면 구타를 가하곤 했다. 이날(4월 5일)도 어떤 외발수레꾼이 혼자서 짐이 가득 찬 외발수레를 끌고 프랑스 조계에서 영국 조계로 넘어가려 하자 몰려든 외발수레꾼들이 그를 때려눕히고 수레를 부숴 버렸다. 말을 탄 인도인 순포가 그를 도우러 왔지만 역부족이었고 오히려 수레꾼들에게 잡혀 곤욕을 치르게 되었다. 인도인 순포의 호각소리에 다른 순포들이 달려왔지만 더욱

그림34 세금인상에 항의하는 외발수레꾼들과 조계의 인도계 순포 간의 폭력분쟁이 발생했다. 이 소식을 들은 공부국 군대와 황포강에 정박해 있던 각국 해군들이 몰려와 분쟁을 정리했다. 폭력분쟁으로 격화되기는 했지만 이 사건으로 인해 비난 여론이 들끓어 회의도 없이 세금인상을 계획한 공부국 이사회는 전원사퇴하게 된다. 그러나 3개월 후 세금인상안은 그대로 시행된다. 「조계지의 큰 소란」(大鬧洋場), 『점석재화보』 제480호, 1897. 4.

몰려든 외발수레꾼 수천 명이 철난간을 뜯어 휘두르고 근처의 벽에서 떼어 낸 벽돌을 던지며 대치했다. 간신히 몸을 피한 서양인 순포가 근처에 있던 상해총회(上海總會, Shanghai Club) 건물에 들어가 전화로 지원을 요청하자, 순포방에서 사이렌을 울려 서양인 지원군과 마대, 포대 등을 현장으로 소집했다. 또한 황포강에 정박 중이던 각국 병선에서도 네 번 포를 쏘아 위급함을 알렸고, 해군들이 상륙하여 주요 다리와 공공장소를 점거했다. 형세가 불리하게 돌아가자 외발수레꾼들은 사망한 3명의 외발수레꾼과 2명의 부상당한 순포를 놔두고 흩어졌다. 사태가 이렇게 커지게 되자 다음날 조계 당국에서도 한발 물러서서 세금인상안을 3개월 연기한다고 밝혔고, 그후 안정을 되찾게 되었다.[34]

이 사건은 당시 5천 명 가까이 되던 외발수레꾼들의 생계와 직접 관련되어 있었고, 군과 경찰이 개입하여 무장을 해제시킬 정도의 대규모 폭력시위였기 때문에 각종 매체의 주목을 받았다. 『시무보』(時務報)에서도 관련 내용을 전재하고 있듯이 여론이 공부국의 편인 것만은 아니었다. 「외발수레꾼(小車夫)의 세금을 인상하는 것의 부당함을 밝히는 부동산업자의 탄원서」[35]라는 기사를 보면, 아무런 회의도 없이 공부국에서 외발수레꾼의 세금을 인상한 것에 대해 부당함을 호소하는 탄원서를 상해 거주 서양인 부동산 업자가 올렸다는 내용을 전하고 있다. 이렇게 외국인들을 포함하여 공부국을 비난하는 여론이 들끓자 4월 21일 납세자 임시 회의를 개최하게 되었고, 그 결과 공부국 이사회는 전원 사임하게 된다. 그러나 세금인상은 3개월 뒤인 7월 1일 그대로 실시된다.

3 새로운 유행의 상징, 마차

지금까지 살펴본 인력거와 외발수레는 조계 지역의 도로 발전과 긴밀한 연관을 가진 교통수단이다. 사실 조계 지역을 이동하거나, 조계를 넘어 중국인 거주지로 이동하는 데 걸리는 시간은 걸어서도 반시간이면 충분했다. 그리고 영업을 목적으로 하지 않는 중하층 일반인들은 실제로 '11번 버스'라 할 수 있는 도보를 주로 이용했다. 보다 신분이 높은 계층에서는 전통적으로 가마를 주요한 교통수단으로 사용해 왔다. 상해에서는 신분에 상관없이 가마를 이용할 수 있었지만, 가마가 주는 느낌은 여전히 전통적이고 폐쇄적인 그것이었다. 사방이 꽉 막힌 가마는 이동의 즐거움, 길거리의 온갖 사물을 두리번거리는 시선 자체를 차단한다. 역설

---

34) 이용된 자료는 『점석재화보』의 해당 원문과 『신보』의 「외발수레꾼 사건에 대한 전말」(1897년 4월 6일자) 기사, 그리고 조너선 스펜스, 김희교 옮김, 『현대중국을 찾아서』 1권, 이산, 1998, 291~292쪽에 소개된 윈체스터 총포 제조회사의 미국인 선원이 보낸 편지 등이며, 이를 참고하여 사건을 재구성하였다.
35) 『時務報』 26冊, 1897년 05월 12일자, 「租戶(寓滬西人之有地產者)來函論小車不宜加捐(二則)」.

그림35 새로운 교통수단이 등장하면서 가마는 혼례 등으로 그 용도가 국한된다. 그림은 신부 보쌈을 시도하려는 신랑 쪽 무리를 제지하려고 신부의 남동생이 뒤따라와 막아서고 있는 장면이다. 가스등과 전선이 늘어선 넓은 도로 위를 살아가는 중국인의 일상은 여전히 전통적인 그것이었음을 이 화보는 또한 잘 보여 주고 있다. 「신부 보쌈의 악습」(搶親惡俗), 『점석재화보』 제69호, 1886. 3.

적으로 가마가 다른 교통수단으로 대체된 이후에도 혼례용으로 주로 사용된 것 또한 바로 그 이유에서였을 것이다. 신부는 안전하게 시댁으로 모셔지기만 하면 된다. 그에 비해 바퀴를 사용한 교통수단은 도로 위를 경쾌하게 움직이며 도로와 호흡을 같이하고 도로를 구성하는 풍경 자체가 된다. 바퀴를 사용하되 전통적인 의미의 높은 신분만이 향유할 수 있는 교통수단이 마차였다. 참고로 사륜마차처럼 지붕이 있고 사방이 밀폐된 형태를 '교차'(轎車)라고 불렀다. 세단 자동차 또한 '교차'라고 부르는데 모두 가마[轎子]에서 그 명칭이 유래한 것이다. 명칭만이 아니라 그 용도까지 물려받은 것인지 마차는 태생부터 인력거, 외발수레 등과는 달랐다.

중국 최초로 등장한 서양 마차는 1853년, 상해 황포강변을 달린 스미스라는 서양인이 탄 마차이다.[36] 마차는 크게 이륜마차와 사륜마차로 나뉘고, 각각 몇 마리의 말이 끄는가에 따라 등급이 나뉜다. 사륜식 교차의 내부 설비는 대단히 훌륭하여 유리창으로 바깥을 내다볼 수 있고, 유리창 밖에는 푸르스름한 커튼이 드리워져 있었으며, 양쪽에 비단 조화가 꽂힌 자

36) G. Lanning and S. Couling, *The History of Shanghai*, pp.432~433.

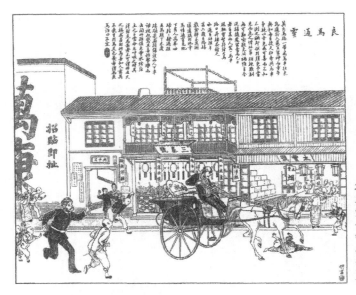

그림36 서양인이 헝쓰메이 마차를 몰고 대마로를 질주한다. 길바닥에 놀고 있던 꼬맹이를 발견하지 못해 아주 위급한 상황이었는데, 호화마차를 끄는 범상치 않은 말이 영민하게 피해 목숨을 구할 수 있었다. 「아이를 구한 영민한 말」(良馬通靈), 『점석재화보』 제350호, 1893. 10.

기 꽃병이 놓여 있기까지 했다. 이륜마차는 음역하여 '헝쓰메이'[37]라고도 불렸다. 아주 정교한 차체에 고무바퀴를 달고 있어 상당히 가볍고 편하였다. 게다가 대부분 지붕을 열고 닫을 수 있는 구조로 되어 있어 봄가을로 유람을 즐기기에 아주 적당했다. 당시 이런 마차를 타는 것이 유행의 첨단을 걷는 것이었다. 예를 들어 부동산으로 많은 이익을 남겨 남경로의 절반을 소유했다고 알려진 유태계 영국 상인 하둔[38] 같은 경우 항상 붉게 칠한 이륜마차를 타고 시내를 누비고 다녔다고 한다.

개항 초기에 마차는 이처럼 주로 외국인들이 이용하다가, 점차 높은 관리나 부유한 상인들이 자기 마차를 사서 타고 다니게 되면서 이용자가 늘어나기 시작했다. 시간이 지나면서 마차 역시 보편화되어 마차를 영업용으로 사용하는 마차업자들이 대거 등장했다. 사람들은

37) 헝쓰메이(亨斯美) 마차는 '다헝'(大亨)이라는 단어와 관련이 깊다. 청말 상해에서 출현한 이 말은 원래 한 집단의 우두머리, 혹은 부유한 관리나 거부를 가리키는 말인데, 중국적 어원을 가진 말이 아니다. 영국인 존 핸슨(John A. Hanson; 중국식 표기는 '亨生')은 말 한 마리가 끄는 작은 마차를 고안했는데, 그래서 이 마차를 '헝성'(亨生)이라고 불렀다. 이 마차는 몇 번의 개량을 거치면서 부호들의 개인 마차의 대표가 되었고, 개항 이후 1880년 상해에 들어와 결국 '헝쓰메이 마차'라고 불리게 된 것이다. 1900년의 통계에 의하면, 당시 상해에서 헝쓰메이 마차를 보유한 자는 열 명도 되지 않았으며, 모두 공부국의 이사 혹은 외국인 거상이었다. 중국인 중에는 『신보』의 사장인 사량재(史量才)가 갖고 있었다고 한다. 헝쓰메이 마차를 탈 정도의 재력과 신분이 되는 사람을 '다헝'이라고 불렀던 것이다.

38) 하둔(Silas Aaron Hardoon; 歐司哈同, 1849~1931) : 영국 국적의 유태인으로, 바그다드의 상인 가정에서 태어났다. 1874년 홍콩을 거쳐 상해로 들어온 그는 사손양행(영국 거상이 운영하는 아편판매상)의 수위로 시작하여 점차 능력을 인정받아 갔다. 아편매매와 고리대금 및 부동산 장사를 통해서 돈을 모은 그는 1884년 청불전쟁의 틈을 타서 상해의 부동산을 대거 매입한 '땅부자'(地皮大王)가 되었다. 1930년대 상해의 남경로 부근에 그가 가지고 있던 건물 수량이 이미 사손의 그것을 훨씬 능가했으며, 그 재력은 홍단목으로 남경로 전체를 포장할 정도였다. 학자들과 정치가 및 관료들과도 친분이 있었다고 한다.

하루 종일 혹은 한달 내내 마차를 세낼 수 있었다. 특히 봄가을로 날씨 좋은 날이면 대갓집 자제들이 마차를 타고 도시를 가로지르며 드라이브를 하곤 했다. 당시로선 마차가 전혀 새로운 장비였기 때문에 꽤나 위세를 뽐낼 수 있었던 것이다. 기녀를 끼고 마차를 몰며 시내를 질주하는 것은 당시 상해의 새로운 경관이라, 이른바 '상해의 10경'[39] 중 하나로 손꼽힐 정도였다. 즉 마차는 단지 새로운 교통수단에 머물지 않고, '내륙의 중국인들이 상해에 놀러 오면 꼭 해봐야 하는 오락의 하나'[40]로 자리 잡았다.

새로운 유흥의 하나로 자리 잡은 마차는 옆의 그림(그림37)이 전하고 있는 것처럼 기방 출입과 바로 연결되기도 한다. 기사는 다음과 같이 시작한다. "길거리를 달리는 마차의 수는 상해를 넘어설 곳이 없고, 기방의 숫자가 많기로도 상해가 첫손가락에 꼽힌다. 따라서 매일 대여섯 시만 되면 친구 몇 명을 초대하

그림37 한껏 풍류를 즐기다가 변발 끄트머리를 잡혀 '어머님, 저 그게……'라며 곤혹스러워하는 소년의 표정, 잘 보이지는 않지만 악에 받힌 어머니의 몸짓과는 달리 기녀와 마부의 표정은 담담하기 그지없다. '우리야, 뭐 그저 돈 받고 향락을 제공한 것뿐인 걸, 이런 일을 한두 번 겪어 봐야 말이지…….' 「기생에 빠져 부모를 잊다」(押妓忘親), 『점석재화보』 제14호, 1884. 9.

거나 기녀를 끼고서 돈 몇 푼을 내고 정안사(靜安寺)를 향해 마차를 내달리게 한다. 버드나무 울창한 굽이진 길을 따라 사륜마차가 줄지어 늘어선 풍경은 이제 상해의 명승 중 하나로 자리 잡았다." 그림의 이 소년 또한 정안사 부근에서 기녀를 끼고 마차에 앉아 마음껏 풍류를 즐긴 후 시내로 돌아오던 중 어머니에게 발각되어 머리채를 잡혔다. 선글라스 끼고 부채를 들고서 꽤 젠체했을 테지만, 어머니란 사람의 군데군데 기운 옷자락으로 보건대 필시 대갓집 자제는 아닌 것이 분명하다. 알고 보니 땅문서를 저당 잡아 마련한 돈으로 여러 날 유흥을 즐

39) 극장(桂國觀劇), 식당(新樓選饌), 아편(雲閣賞煙), 주점(醉樂飮酒), 찻집(松風品茶), 기방(桂馨訪美), 공연장(層臺聽書), 마차(飛車擁麗), 전등(夜市燃燈), 와이탄 야경(浦灘步月) 등 조계의 10가지 뛰어난 도시 풍경을 가리키는 말이다. 葛元煦 撰, 『滬游雜記』, 186~195쪽.
40) 어린 포천소는 서양 음식을 먹어 보는 것(吃大菜, 西菜)과 마차를 타는 것을 상해에 놀러 오면 반드시 해야 할 중요한 일로 꼽았다. 包天笑, 『釧影樓回憶錄』, 大華出版社, 1971, 31쪽.

그림38 대갓집 자제가 직접 마차를 몰다 인력거와 부딪쳐 낭패를 당한다는 내용과는 달리 그림은 위세당당한 대갓집 자제에게 인력거꾼이 용서를 구하는 장면으로 묘사된다. 아마도 이는 글과 그림의 상이한 독자층을 고려한 것으로 보인다. 글을 모르는 일반인들은 이 그림만 보고 어떤 사건을 떠올렸을까? 「직접 마차를 몰다 봉변당하다」(拉繮受苦). 『점석재화보』 제123호, 1887. 8.

긴 것이다. 표면적으로 드러난 것은 마차와 기녀, 두 가지뿐이지만 집을 떠난 여러 날 동안 그는 필시 '상해의 10경' 모두를 체험해 봤을 터이다. 상해와 동의어가 된 것만 같은 향락과 소비문화에 소년은 잠깐 눈이 멀었던 것일까? 그보다 오히려 경전에 기대어 바르게 살 것을 권고하는 엄숙한 글이 새로운 볼거리에 시선을 빼앗긴 소년들의 욕망을 잠재울 수 있었을까 가 의문이다.

　젊은 혈기의 대갓집 자제들은 편안히 마차에 앉아 거리의 풍경을 보며 기녀와 노닥거리 는 것만으로는 흥이 나지 않았던 모양이다. 잘 차려입고 으리으리한 마차에 앉아 거리의 시 선도 좀 받았겠다, 옆에는 여자친구도 앉아 있겠다, 직접 고삐를 잡고 거리를 질주하고 싶은 기분이 왜 들지 않았겠는가.

번화한 길거리를 질주하는 청년은 모두	馳逐繁華盡少年
잘 차려입은 대갓집 도련님들이라네	貴家公子各翩翩
돈이 아쉬운 것도 아니면서도 고생을 감수하니	不因求富甘求辱
아리따운 그녀 위해 기꺼이 채찍을 잡네	只爲佳人愿執鞭[41]

"채찍을 잡고 마차를 모는 것은 지극히 비천한 일임에도 불구하고, 요즘 기녀들은 마차에 단정히 앉아서 하녀의 시중을 받고, 화려한 옷을 입은 대갓집 자제들은 고삐를 잡고 말을 몰곤 한다. 노비가 된 것이나 마찬가지인데도 부끄러워할 줄을 모른다." 위의 죽지사에 대한 전통적인 평가는 이러했다. 그러나 새로운 문화를 향유하고 창조하는 젊은 세대에게 그런 전통적인 관념은 먹혀 들지 않았을 것이다. 그림38의 공자님도 정안사로 향하는 길에 마부를 내리게 하고 오른손엔 채찍을, 왼손에는 고삐를 쥐고 멋지게 사마로의 거리를 달리고 있었다. 그러나 좌측통행이라는 규정을 무시하고 달리다가 마주 오는 인력거와 부딪치게 된다. 인력거꾼이 용케 피했으나 인력거의 지붕에 공자님의 옷자락이 걸려 번쩍 내동댕이쳐진다. 날로 실추되고 있는 사대부의 체면을 조금이라도 고려한 것일까? 기사가 전하는 내용으로 보건대 낭패를 당한 것은 공자님이었으나, 흥미롭게도 그림에서는 여전히 위풍당당하게 앉아 있는 공자님이 인력거꾼을 꾸짖는 장면으로 묘사되고 있다. 순포들도 사고에 직접 개입하지 않고 멀찍이 서서 관망만 하고 있다. 마치 실제로 잘못을 저지른 것은 인력거꾼이라는 듯이, 혹은 누구의 실수든 간에 인력거꾼이 용서를 구하는 것이 너무나 당연하다는 듯이 말이다.

아무튼 외지인들이 마차에 앉아 복주로·와이탄·남경로 등지를 돌며 조계의 근대적 풍광을 감상했다면, 상해의 거주자들은 정안사로 대표되는 조계 서쪽 내륙의 한적한 곳을 찾아 밤늦게까지 흥청거렸다. 원래 정안사는 조계의 경계 바깥 교외 지역에 위치하였다. 그러다 1863년 태평천국군의 상해 진격에 맞춰 정안사 쪽으로 군사용 도로를 내면서 월계축로라는 방식의 권역 확장이 시작되었다. 운하를 메우고 도로를 만들어 조계의 권역을 점점 확장하면서, 정안사는 조계의 서쪽 신개발 구역을 통괄하는 명칭이 되었다. 와이탄의 지가가 높아지면서 점점 상업구역으로 굳어져 갔고, 그에 따라 새로운 거주공간이 필요하게 되었던 것이다. 정안사에는 서양인들의 거대한 별장, 별장을 개방한 공원이 들어서게 되었고, 정안사는 이제 새로운 소비와 오락의 중심이 되었다. 시끌벅적한 유흥가의 그것이 아니라 한적한 교외의 은밀한 사교장을 제공해 주었던 것이다.

정안사 너머로 봄경치 아름다워 　　　　　　　靜安寺外好春光
고삐 풀어 질주하니 경마장을 달리는 듯 　　　縱轡爭馳走馬場
길가에는 바퀴 소리 말발굽 소리 끊이지 않는데 　一路輪蹄聲不斷
은은한 바람 불어와 온갖 꽃향기 실어 주네 　　暗風吹送萬花香[42]

41) 顧炳權 編著, 『上海洋場竹枝詞』, 80쪽.
42) 湘湖仙史, 「洋場繁華小志」, 顧炳權 編著, 『上海風俗古迹考』, 159쪽.

그림39 여름밤 정안사에서 다정히 휴식을 취하고 있는 마차를 넘보다 하마터면 큰 사고를 당할 뻔하다. 거리 곳곳에 줄지어 늘어서 있는 마차 행렬이 인상적이다. 「거짓말 같은 일이 벌어지다」(虛題實做), 『점석재화보』 제490호, 1897. 7.

불야성이라는 명성에 걸맞게 한적한 교외의 여름밤도 밤을 잊은 무리들로 가득 찬다. 한밤중에 출발해서 동틀 무렵 돌아오는 이들도 부지기수였다. 정안사 부근의 이름난 공원인 우원(愚園) 일대에 밤마실 나온 무리들은 정원으로 들어와 차를 마시기도 하고, 아예 마차에서 내리지도 않고 불을 끄고 으슥한 곳에 차를 세워 두기도 한다. 이럴 때면 가끔 경박한 무리들이 혹시라도 여자를 꼬실 수 있지 않을까 하여 그 사이를 배회하기도 한다. **그림39**는 여름밤 정안사 부근에서 일어난 사건을 다룬 것이다. 어떤 양행(洋行: 서양식 상점)의 점원이 잘 차려입고 입에는 담배(香煙)를 꼬나물고서 어떤 기녀의 마차 옆에 서 있었다. 한참 안쪽을 살피려는 찰나에 갑자기 마부가 채찍질을 하며 마차를 출발시켜 버렸다. 점원이 피하려고 해봤지만 이미 늦어 한쪽 소매가 바퀴에 끼어 버렸다. 몇 발자국을 뛰어 봤지만 곧바로 넘어져 질질 끌려가게 되었다. 상황이 꽤 위급해진 것을 보고 마부가 마차를 멈춰 다행히도 큰 상처를 입지는 않았다.

1872년 6월 납세인 회의에서 의결하여 공부국 이사회의 비준을 거친 도로법규를 보면, '행인이 다가오면 말의 방향을 돌리거나 속도를 줄여야 한다', '조계 내에서는 과속을 금지한다'는 등의 항목이 규정되어 있다.[43] 만약 과속을 하다 붙잡힐 경우, 면허증이 취소되고 재발행받을 수도 없었다. 또한 승객이 과속을 요구했을 경우 처음에는 10원에서 100원 정도의 벌금을 부과하다가 누적되면 마차를 압수하고 마부는 구속되기까지 했다. 이러한 엄격한 규

그림40 과속과 운전 부주의로 인한 교통사고 장면. 마차가 외발수레와 인력거를 전복시키고 타고 있던 승객들에게 중상을 입힌 후 뺑소니친다. 이렇게 과속으로 인한 교통사고가 상당히 잦았던 것으로 보인다. 「굼뜬 말이 사람을 다치게 하다」(驚馬傷人), 『점석재화보』 제43호, 1885. 6.

정 자체가 잦은 교통사고를 반증하는 것이기도 하다. **그림40**은 정안사의 최대 행사인 욕불회 (浴佛會)에서 일어난 사고를 재현하고 있다. 욕불회는 사월 초파일부터 사흘간 개최되며, 상해뿐 아니라 인근 지역에서도 몰려올 정도로 큰 규모의 종교적 · 경제적 · 오락적 기능이 종합된 행사였다.[44] 정안사에서 반 리 정도 떨어진 곳에서부터 과속을 하다가 앞쪽에 하녀 둘이 타고 있던 외발수레를 발견하고 말을 세우려 급하게 고삐를 잡아끌었다. 그게 오히려 말을 놀라게 하여, 말이 풀쩍풀쩍 뛰어 버렸다. 외발수레에 타고 있던 부녀자들이 그 말발굽에 짓밟히고, 또 마주 오던 인력거 두 대를 전복시켜 타고 있던 승객 모두가 중상을 입게 된다. 바로 면허취소에 구속될 정도의 사고였기 때문일까? 마부는 그들을 버려두고 채찍을 날려 뺑소니쳐 버린다.

　사고는 운전자의 부주의나 양심에만 맡길 문제가 아니었다. **그림41**의 「고삐 풀린 마차」 (馬車溜韁)라는 제목의 화보 역시 와이탄에서 발생한 마차 사고를 다루고 있는데, 기사의 전문은 다음과 같다.

43) 羅蘇文, 『上海傳奇 ─ 文明變遷的側影, 1553-1949』, 上海人民出版社, 2004, 202~203쪽.
44) 李天綱, 『人文上海 ─ 市民的空間』, 113쪽.

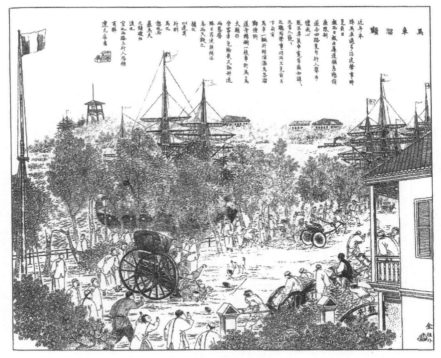

그림41 교통사고를 다룬 많은 그림 중 이 그림은 사고의 원인을 단순히 운전자의 과실에 한정하지 않는다. 공부국의 세수증가를 위한 영업허가증의 남발로 마차 수량이 증가하게 되면서 조계의 길거리가 위협당하고 있었다. 게다가 보다 많은 이익을 남기려는 마차 주인의 과욕으로 인해 관리되지 않은 마차와 과로에 시달린 말이 이 같은 사고를 발생시키는 원인이 되기도 했다. 「고삐 풀린 마차」(馬車溜繮), 『점석재화보』 제25호, 1884. 12.

최근 상해에 마차가 너무 많아져 길에서 일어난 사고도 자주 신문지상에 등장한다. 또한 이러한 사고가 순포방〔경찰서〕에서 세금 수취에 연연한 나머지 영업허가증을 제한 없이 발행하여 일어난 일임을 지적하는 보도 또한 여러 차례 있어 왔다. 이에 길거리는 마차로 넘쳐나게 되어, 행인들은 항상 조심조심 경계하고 살펴야만 호소할 데도 없는 불행한 사고를 피할 수 있었다. 유감스럽게도 이러한 상황에 대해 간곡히 건의를 해봐도 받아들여지지 않아 사고가 끊이지 않았다. 지난달 하순에도 마차 하나가 와이탄을 지나가다가 갑자기 고삐가 풀려 길거리의 버드나무 가로수를 받아 마차가 두 동강이 나는 사고가 발생했다. 마부는 길바닥에 내동댕이쳐졌지만 승객은 다행히 위험을 모면했다. 무릇 동물들도 편안함을 즐기고 수고를 싫어하는 법인데, 쉴 새 없이 하루 종일 달리게 한 데다 그 위에다 채찍을 날려 속도를 높여 대니 말이 흥분하여 날뛴 것이다. 마부가 길바닥에 널부러져 선혈이 낭자하게 머리가 깨진 것도 그럴 만한 이유가 있었던 것이다. 그러나 길을 가는 행인들은 뜻밖의 사고를 당할까 봐 여전히 두려워한다.

이 기사는 당시 신문을 인용하며 잦은 교통사고의 원인으로 무분별한 영업허가증의 남발과 그로 인한 마차의 공급과잉을 지적하고 있다. 조계 지역에 사람도 적고 마차도 많지 않을 때는 사고가 많지 않다가, 조계로의 인구 유입이 증가하고 그에 따라 마차도 점점 보편화되면서 각종 유형의 사고가 발생했던 것이다. 그러면서 길거리의 행인을 치는 인명 사고, 가스 가로등 훼손, 인력거·외발수레 등 다른 교통수단과의 충돌, 마차가 전복되거나 운하로 빠지는 사건 등 다양한 유형의 사고가 일어났다. 이에 1869년 공부국 이사회에서는 마차에 영업허가증을 발행하고 세금을 받기로 의결하게 된다. 11월 1일을 시작으로 말 한 필당 200문, 마차 한 대에 1원(멕시코 은 기준)의 세금을 받고, 영업허가증을 발행했으며(이 또한 점점 인상된다), 모든 영업용 마방(馬房, 馬車行)에 대한 검사를 실시한다. 그러나 인력거꾼의 불만이 인력거 숫자의 지나친 통제였고 외발수레꾼의 불만이 세금인상이었다면, (기사문에 따르면) 마차는 오히려 공급과잉이 문제가 되었던 듯하다. 아마도 마차가 다른 이동수단에 비해 훨씬 크고 빠른 속도로 움직이는 근대적 교통수단이었기 때문인 것도 부정할 수 없다. 그러나 거리를 달리는 마차의 모습은 그다지 오래가지 못했다. 기차와 전차 등 대체 교통수단이 등장하면서 마차는 눈에 띄게 감소하였다. 마차는 가마와 비슷한 운명에 처했다. 소수의 살아남은 마차는 장례, 혼례 등에 주로 사용되었다.

철도건설 찬반론

기차가 중국 최초로 상해에서 가설된 것은 전혀 이상할 것이 없다. 그러나 상해의 공간적인 위상과 일상생활의 변화란 측면에서 봤을 때 기차가 차지하는 비중은 거의 눈에 띄지 않는다. 상해가 맡고 있던 해운과 하운의 연결고리라는 역할에 기차가 미친 영향은 일부에 불과하다. 기차역이 부두 근처가 아니라 상당히 내

그림42 1880년대 기관차의 모습.

륙 깊숙이 건설되어 있다는 점이 그 반증이다. 게다가 가설된 이후 1년 여 만에 중국 정부에 의해 철거되어 버렸다. 그러나 기차와 철로의 가설을 둘러싼 중국 쪽의 반응과 대처를 잘 살펴보면 신문물을 수용할 때 중국인들이 가졌던 혼란과 망설임이 잘 드러난다.

영국계 자딘-매시슨 상회(怡和洋行, Jardine Matheson & Co.)의 요청으로 1864년 영국의 철도전문가 M. 스티븐슨이 중국 각지를 시찰한 후, 당시 중국의 상업 중심지인 광주·한구(漢口)·상해·천진을 연결하는 중국 철도망을 건설할 것을 제의하였다. 이것은 수도를 중심으로 한 정치적 연결망이 아니라 상업 개항항구(상해와 한구)를 중심축으로 하여 주요 산업도시를 연결시키는 국제적 상업 철도망이었다. 그러나 엄청난 반대에 부딪혀 이 계획은 실현될 수 없었다.[45] 1856년 임칙서(林則徐)가 상주(上奏)한 것처럼 석탄채굴과 같은 기술은 중국에 많은 도움이 되지만, 증기선과 철도 등은 외국이 중국 내륙의 이권을 장악할 수단이 될 가능성이 많기 때문에 수용할 수 없다는 인식이 대부분이었던 것이다. 서양과의 왕래가 잦았던 왕도(王韜) 같은 사람 또한 군대를 강하게 하는 화기, 증기선, 서양인과의 교섭에 필요한 언어문자 이외에는 배울 필요가 없다고 주장할 정도였다. 1863년 청 정부의 요청으로 서양 연합군이 태평천국군에게 점령당한 소주를 진공할 때도 영·미·불 삼국의 상인들은 이홍장(李鴻章)에게 상해와 소주를 연결하는 철도를 건설할 것을 제의하였다. 군사적인 필요성을

---

45) 이 계획이 실현되었다면 아시아 최초의 철도가 중국에 깔릴 수 있었을 것이다. 아시아에서는 1872년 일본에서 최초로 철도가 개통되었다.

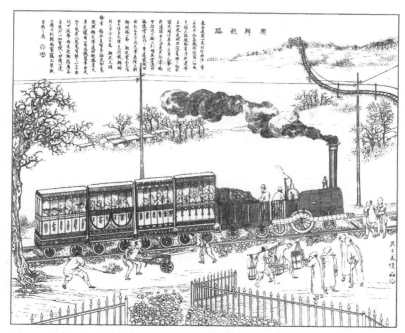

그림43 「철로를 가설하다」(興辦鐵路)라는 이 기사는 "서양과 통상한 이후 서양의 방식을 모방하여 행하는 일이 최근 들어 갈수록 많아지고 있다"라고 시작한다. 통상이 시작되고 많은 신문물이 중국으로 유입되었지만, 어떤 것을 적극 수용해야 하는지 혹은 거부해야 하는지 누구도 명확하게 판단할 수 없었다. 이 글은 송호철로를 추억하면서, 천진-대고(大沽) 구간 철로의 가설을 발전적으로 전망하는 것으로 마무리하고 있다. 『점석재화보』 제12호, 1884. 8.

강조하여 이후 무역에 사용하려는 의도였던 것이다. 그러나 이홍장은 거기에 상업적 용도 외에도 또다른 음모가 있다고 읽었고, 대부분의 중국인들 또한 반대하였다.

1865년 영국 상인 듀란트(杜蘭德)가 북경에 중국 최초의 철도를 만들었다. 500미터 정도 되는 철로에 차체가 작은 증기기관차였지만 기차의 운행을 지켜보던 많은 시민들은 놀라움을 금할 수 없었다. 검은 쇳덩어리가 시커먼 연기와 화염을 내뿜으며 작은 방을 끌고서 궤도 위를 기적 소리를 내며 나는 듯 달리는 모습은 신기하기 그지없는 광경이었던 것이다. 그러나 청나라 정부는 사후에 이 사건을 듣고서 서양인이 가져온 괴물이 국가의 근간을 뒤흔들 수 있다고 판단하여 그 철도를 없애 버릴 것을 명하였다.

정식으로 철로가 깔리고 상업적인 운행을 시작한 곳은 상해이다. 1874년 자딘-매시슨 상회는 상업적 운송을 위해 항구가 있는 장강 하구의 오송구(吳淞口)에서 상해까지의 구간을 연결하는 철도를 가설할 준비를 하고 있었다. 그러나 상해 지방관은 정부에서 철도가설을 공식적으로 허가하지 않는다는 표면적인 이유와 함께 서양인에 의해 철도의 권리가 독점될 것을 우려하여 강력히 반대하였다. 민간의 여론도 찬반으로 나뉘었지만 반대하는 의견이 대다수였다. 반대하는 쪽은 철도가 국가에 해가 된다는 것인데, 그 이유는 기차 자체의 안전성을 믿을 수 없고, 행인이 기차에 치여 죽기 십상이며, 철도가 놓이면 화물이 너무 빨리 모여들 우려가 있으며(중국 상인에게는 유리할 게 없었다), 철도로 인해 선박업이 피해를 입어 수백만 명의 실업자를 낳을 수 있다는 것 등이 거론되었다. 기차가 내륙 각지에 깔리게 되면 서양인이 더욱 쉽게 자신의 권익을 확장할 수 있다는 것도 중요한 이유 중 하나였다.

일반 백성들의 인식은 기차가 건설되고 한참이 지나서까지 보다 더 근원적인 두려움이 있었음을 보여 준다. 아래 그림(**그림44**)은 기차건설 현장에서 일어난 사고를 다루고 있는데, 오른쪽 하단에 널부러진 침목과 공사 중인 건설인부들보다 시선을 잡아끄는 건 묘혈에서 금방 빠져나온 이무기 무리들이다. 용이 되지 못한 이 이무기들에게 어떤 일이 일어났는지 자세히 살펴보자(아이러니하게도 이 당시 기차의 여러 명칭 중 하나가 바로 '철룡' 鐵龍이었다).

북경 영정문(永定門) 밖 서남쪽으로 6리 가량 떨어져 있는 마가보(馬家堡)에는 현재 이미 철로가 건설되었다. 그 부근 구룡산 일대의 토지를 기차역을 짓기 위해 서양인이 구입하였다. 공사가 시작되어 울퉁불퉁한 곳을 평평하게 고르는 기초 작업을 하다가, 구룡산 기슭을 파헤칠 때 동굴에서 커다란 뱀 세 마리가 튀어나왔다. 몸길이는 십여 장이 넘었고, 몸통은 나무통

그림44 일반 백성들이 생각하기에 기차가 주는 가장 큰 폐해는 풍수를 해칠 수 있다는 것이었다. 철도가설의 와중에 발생하는 이러한 미신적 사건의 시각적 재현은 그들의 믿음을 반영하는 것이었다. 공사현장에서 그 지역 '지킴이'의 해코지로 인부들이 피해를 입게 되는 이야기는 우리에게도 아주 익숙한 것이다. 「파괴된 용혈」(龍穴已破), 『점석재화보』 제487호, 1897. 6.

만 한 뱀들이 공사현장에서 한참을 어슬렁거리다가 바람을 타고 사라졌다. 삽시간에 소문이 퍼져 구경하러 온 사람이 구름처럼 몰려들었다. 이 지역 사람들 말에 따르면, 구룡산에는 모두 아홉 마리의 뱀이 살고 있어 구룡산이라는 이름이 지어진 것이다. 지금 세 마리가 하늘로 날아가 이곳의 풍수가 이미 파괴되었으니, 앞으로 골짜기가 어떤 모습으로 바뀔지 알 수 없다고 했다. 이처럼 급격한 쇠망이 애처로울 따름이다.

이처럼 기차 · 전신주 등 신문물의 가설에 반대하는 일반인의 가장 큰 걱정은 풍수가 파괴될지 모른다는 것이었다. 사태를 보다 분석적으로 살펴보는 사람들도 민간의 풍수설을 중요한 고려사항 중 하나로 제시하곤 하였다. 그 외에도 여러 가지 폐단이 지적될 수 있었다.

우선 "철로가 가설된 지역이 많아지고 기차[輪車]를 이용하는 사람이 날로 늘어나면, 노새나 말을 끌고 운송업을 담당한 사람들은 영업이익이 급감할 것이다." 또한 "기차의 길은 곧게 뻗은 직선을 중시하고 구불구불하게 굽은 길은 피한다. 오두막집을 훼손하고 묘지를 옮기도록 하니 백성들을 어지럽게 하기에 족하다. 높은 언덕은 평탄하게 깎고 지대가 낮은 곳은 메우니 그 비용 또한 헤아릴 수 없다."

그리고 보다 중요한 이유로 다음을 들 수 있다. "증기선[輪船]은 통상항구에만 도달하니 내륙은 상관없다. 간혹 작은 증기선 선박이 내륙까지 화물과 승객을 싣고 운행하는 경우에도 민간에서 청을 올려 끝내 운행할 수 없게 되었다. 중국과 외국을 구별하여 제한을 가한 것이다. 철도가 개설되어 내륙 각지를 경유하게 되면 아마도 서양인들이 오지 못하도록 막을 수가 없을 것이다. 북방 사람들은 강건한 기풍에 질박한 성품을 가지고 있어 갑자기 이상한 옷과 이상한 언어를 접하게 되면 반드시 놀라게 될 것이다. 또한 장차 선교사들과의 충돌로 인해 많은 문제가 발생할 것이 틀림없다. 게다가 내륙의 험준한 산천에 대해 외국인들이 모조리 알게 될 것이다." "내가 갈 수 있으면 적 또한 능히 갈 수 있다. 내가 철로의 신속함을 이용하여 병사와 군량을 보낼 수 있으면, 적 또한 그것을 선점하여 우리를 공격할 수 있다. …… 만약 철로를 불살라 끊는 방법으로 적을 막으려 해도 아직 방비하기 전에 도리어 급작스럽게 적이 기회로 이용할 수 있다. 또한 예전에 있던 길을 복구하는 것이기 때문에 절반의 수고로 곱절의 효과를 볼 수 있다. 그것이 폐단 중 하나이다."[46]

반면 독일 세무사 데트링(Gustav Von Detring, 古斯塔 · 馮 · 德璀琳)이 총리아문에 철로개설을 요청하는 글을 살펴보면 중국에서 활동하던 서양인들이 철로가설을 위해 어떤 노력을 했는지 알 수 있다. 그에 의하면 철로는 다음과 같은 장점이 있다.

46) 「기차와 철로의 이익과 해로움」(輪車鐵路利弊論), 『申報』, 1887년 2월 19일자; 陳平原 · 夏曉虹, 『圖像晚淸』, 百花文藝出版社, 2006, 178쪽 재인용.

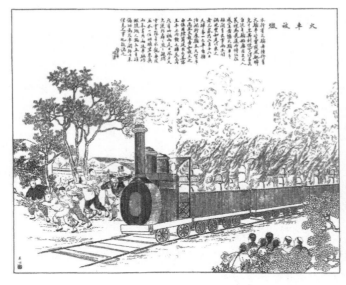

그림45 "수상에서는 증기선[火輪舟], 육상에서는 기차[火輪車]가 바람처럼 순식간에 천리를 달려서 매우 편리하다. 최근 천진에서 기차의 화물칸에 화재가 발생했다. 조사를 해보니 연통에서 불똥이 튀어 면화를 담은 보따리에 떨어져 불이 난 것이었다. 마침 이날은 바람도 거세어 삽시간에 불이 번졌고, 호스로 물을 끌어올 데가 없어 차량이 전소되고 인명피해도 있었다." 「열차화재」(火車被燬), 『점석재화보』 제259호, 1891. 4.

① 문서의 유통이 빨라진다. ② 병사의 징집이 빨라진다. ③ 군사비용이 감소된다. ④ 상업의 발전에 도움이 된다. ⑤ 광산업이 흥해진다. ⑥ 국가의 세수를 증가시킨다. ⑦ 가축을 이용한 전통적인 운송업도 방해받지 않는다(철로건설에 많은 노동자가 필요하며, 철로가 개통되지 않은 구간의 연결에는 승객과 화물의 운송에 가축을 이용한 운송업이 필요하다. 묘지를 옮겨야 하거나, 풍수를 해치는 것 또한 걱정할 필요 없다. 철로가 차지하는 면적은 고작 몇 척의 넓이면 충분하다. 묘지를 만나면 피해서 돌아가면 된다). ⑧ 적병이 철로를 이용해 급습할 염려는 없다(철로를 이용하여 선제공격을 펼칠 수 있고, 항구가 봉쇄되었을 경우에도 철로를 이용하여 병사와 군량미를 수송할 수 있다).[47]

『만국공법』의 중국어 번역으로 유명한 윌리엄 마틴(중국명 丁韙良) 같은 사람은 송호철로의 가설을 한창 준비하고 있던 1874년에 이미 「기차의 안전함을 살핌」이라는 글에서 다음과 같이 이야기하고 있다.

기차가 얼마나 빠른지 모든 사람이 안다. 그런데 한쪽에서 가고 다른 쪽에서 와서 두 길이 서로 마주하게 되면, 추스를 사이도 없이 기차끼리 충돌하여 화물과 승객이 손상된다. 때로는 궤도를 이탈하거나 연못에 빠져 기차가 부서지고 사람이 죽기도 하고, 때로는 전복되어 기차가 불타고 사람이 죽기도 한다. 이런 말을 듣게 되면 가슴이 놀라고, 보게 되면 처참하다. 때

47) 「德稅務司璀琳稟總理衙門請開鐵路條陳」, 『申報』, 1884년 6월 18일자; 陳平原·夏曉虹, 『圖像晚淸』, 178쪽 재인용.

그림46 이미 출발한 기차에 급하게 오르려다 기차에 깔려 사망한 중국인 승객에 관한 기사를 전하고 있다. 「기차에 깔려 죽다」(斃於車下), 『점석재화보』 제314호, 1892. 10.

문에 서로 경계하여 기차라는 것은 절대 함부로 타서는 안 될 것이라고들 한다. 그러나 이는 이러한 사고가 가끔씩 일어나는 것이지 항상 발생하지는 않는다는 것을 전혀 몰라서 하는 말들이다. 기차의 안전함[安危]은 말이나 마차를 타는 것보다 낫고, 도보로 걸어가는 것보다 낫다. 어째서 그러한가? 기차는 임무가 중하고 승객이 많아 간혹 예측할 수 없는 사고가 발생하더라도 전체 승객수로 따져 보면 백만 분의 일에 지나지 않는다. …… (영국 쪽의 통계에 근거하여) 이로써 판단해 볼 때 30년 동안 기차가 운행하면서 점점 더 안전해져 지금까지 승객이 1,800만에 달하였지만 예상치 못한 걱정거리가 발생하지는 않았다. 말이 날뛰고 마차가 전복되는 것은 항상 일어날 수 있는 사고이니 진실로 기차만큼 안전하지는 않은 것이다.[48]

영국계 『신보』 같은 신문에서는 이와 같이 다양한 외국의 사례를 인용하여 철도가설을 통해 상업이 더욱 발전할 수 있고 국가에도 많은 도움이 된다는 점을 역설하였다. 철도의 가설로 인해 무역량이 수배로 확장될 것이고 국가에서 반포하는 명령 등이 더욱 신속하게 전달

---

48) 丁韙良, 「火輪車安危考略」, 『中西聞見錄』 18號, 1874. 2; 陳平原 · 夏曉虹, 『圖像晚淸』, 182쪽 재인용.

될 수 있다는 등 장점 위주의 사설을 연이어 게재하였다. 찬성하는 쪽은 주로 서양인과 거래를 트고 있는 상인들이 대부분이었다.

논의가 오고가는 사이 자딘-매시슨 상회는 지방정부의 공식 반대에도 불구하고 도로를 닦는다는 명분으로 토지를 사들인 후 철로가설을 강행하였다. 이 철도는 1876년 6월 30일(영사와 외국인 상인 탑승, 1회 운행)과 7월 1일(중국인 승객 탑승하여 수차례 운행) 시험 운행을 거쳐, 이틀 후인 7월 3일부터 정식으로 개통하여 승객을 실어 날랐다. 중국 최초의 철도가 운행을 시작한 것이다. 이 철도는 상해(滬)와 오송구(淞) 구간을 연결한다 하여 '송호철로'(淞滬鐵路)라고 이름 붙였으며, 총 길이 14.5km에 0.762m의 궤도 폭, 1m당 13kg의 협궤철로였다. 9톤 무게의 기관차 '선봉호'(先鋒號)는 여섯 개의 객차에 160명의 승객을 태우고 시속 15마일(24km)로 달렸다. 이날의 풍경을 『신보』 7월 4일자에서는 다음과 같이 보도하고 있다.

어제 기차(火輪車)가 처음으로 개통되어 여섯 차례 왕복하였으며, 표를 사서 기차에 타는 방식으로 운행되었다. …… 아침 7시 오송구 행 기차에는 시간이 아직 일러서인지 서양 상인 20여 명만이 탑승했고 중국인 승객은 보이지 않았다. 9시와 11시에는 중국인 승객과 서양인 승객이 반반이었지만 아직 30여 명밖에 되지 않았다. 그러나 오후 1시에는 남녀노소 가릴 것 없이 몰려들었는데, 대부분 상등석과 중등석을 원하여 순식간에 빈자리가 남아 있지 않아 상등석 표를 사고도 하등석에 앉아야만 했다. 기차가 이미 떠났는데도 말로만 들어 본 기차를 직접 보기 위해 몰려든 구경꾼들로 넘쳐 났다.

그림47 기사는 물소가 기차의 진로를 방해하여 발생한 필리핀의 기차 사고를 전하고 있다. 그러나 이 그림은 기차가 가져다준 속도와 직선도로에 저항하고 싶은 전통적인 관념의 반영으로 읽을 수도 있지 않을까? 「기차를 막아선 물소」(吳牛當車), 『점석재화보』 제240호, 1890. 10.

당시 상해에 거주하던 상인이나 지식인들 중에는 서구에 기차가 있다는 사실을 여러 매체를 통해 들어 본 이들이 있었을 것이다. 그러나 대부분의 일반 백성들에게 기차라는 건 듣도 보도 못한 신기한 물건이었다. 때문에 "일년 내내 바깥 출입을 하지 않던 사람들도 가솔을 이끌고 구경하러 갔고", "기차 정거장 부근은 원래 아무것도 없는 한적한 곳인데 지금은 번화가가 되어 버렸다". 철길 주위에서 일하던 농민들은 일손을 멈추고 멍하니 쳐다보기도 하고, 꼬맹이들은 겁이 나서 할아버지 뒤에 몸을 숨기기도 하였다. "탑승객들은 만면에 희색을 가득 띠고서 앉아 있고, 구경꾼들 또한 갈채를 보내며 뚫어지게 쳐다보았다." 당시 '철도 구경'은 이미 하나의 큰 사건이었다.

그러나 모든 사람이 이 선진적인 교통수단을 환영한 것은 아니다. 서양인에 의해 토지의 권리를 빼앗기게 된 주민들과 철도회사 간에 잇단 충돌이 있었다. 원래 철도가설을 허락하지 않는 것이 청나라 정부의 기본 방침이었다. 상해 지방관 또한 가설 자체를 금지시켰고, 가설이 진행되는 중에도 영국 영사에게 여러 차례 중지할 것을 요청하였으며, 운행이 시작된 후에도 계속 교섭을 했다. 그러던 중 8월 3일 철로를 걷던 행인이 기차에 치여 죽는 사고가 발생했다. 이 사건을 빌미로 다시 기차의 운행을 중지할 것을 강력히 요청하였고, 10월에는 마침내 협상이 타결되어 청나라 관부에서 철로와 기차를 사들이되 1년을 기한으로 세 번에 나눠 내기로 하였다. 협상이 타결된 후 지불이 완료되기까지 1년간은 철도 운행을 계속하여, 그 기간 동안 161,331명의 승객이 이용하였다. 그 사이 정부가 철도를 어떤 식으로 처리할지에 대한 관망이 분분하였다. 상인들의 여론은 '송호철로'를 계속 운행해야 할 뿐 아니라 상해-소주 구간 등 노선을 더욱 확장해야 하며, 철도가설을 영국 상인에게 맡길 것이 아니라 중국이 직접 나서야 한다는 등 적극적인 주장을 펼쳤다. 적어도 "조만간 철도를 스스로 가설하든지 다른 나라에 맡기든지 확장하는 것이 당연하다. 철도를 철거하려는 정부의 정책은 반드시 선진 각국의 비웃음을 받을 것이다"라는 의견이 지배적이었다. 그러나 1877년 10월, 결국 정부는 38만 5천 냥의 백은을 모두 지불함으로써 자신의 소유가 된 기차와 철로를 철거하였다. 철거된 기차는 대만으로 이송되어, 궤도 등은 해변에 방치되었으며, 기관차만 다른 용도로 이용되다가 지금은 대만박물관에 고이 모셔져 있다.

▌중국 근대의 축소판, 상해 ▌

아마도 전통 중국인이 상해의 와이탄을 처음 방문했을 때의 충격을 가장 잘 전한 것은 모순(茅盾)의 소설 『한밤중』(子夜)의 도입부일 것이다. 1930년대 상해를 배경으로 하고 있는 이 소설은 도입부의 몇 장면을 통해 전통과 근대의 충돌을 잘 묘사하고 있다. 당시 중국 전역을 휩쓸고 있던 전란을 피해 소주의 향신인 오씨 나리는 근대적 기업가로 성장한 아들이 있는 상해로 옮겨 온다. 그도 한때는 혁명을 꿈꾸던 유신당의 일원이었지만 낙마하여 반신불수가 된 이후 세상을 등지고 반동적인 삶을 살아왔다. 오씨 나리에게 상해라는 근대도시는 그야말로 '악마의 소굴'이었다. (똑같은 여정을 2박 3일 일정으로 와야 했던 1884년의 포천소와는 달리) 소주에서 상해까지 '반나절' 만에 오는 증기선을 타고, 1분에 반마일이라는 1930년대 최고 속력으로 달리는 최신형 자동차에 앉아 하늘 높은 줄 모르고 솟아 있는 와이탄의 마천루 사이를 질주하니 어지러워서 눈을 뜰 수가 없다. 신호등에 걸려 자동차가 잠깐 멈춘 사이 "불쑥 그의 시야에 피부가 훤히 비치는 최신 비단옷을 입은 반라의 젊은 여인이 인력거에 높게 걸터앉아 적나라하게 허연 종아리를 드러내 놓고 있는 모습이 들어왔다." 심장이 멎어 버릴 듯 온몸이 부르르 떨려 왔다. "온갖 악행 중 음란함이 첫째이다!"라고 외치며 평생 모시고 살던 도교 경전인 『태상감응편』(太上感應篇)을 외어 보지만, 옆에 앉은 순결한 어린 아들조차 차창 밖으로 침을 흘리며 탐욕스럽게 그녀들을 보고 있는 것에 경악을 금치 못한다. 그러고 보니 오랜만에 만난 자기 딸이 입고 있는, 몸매를 그대로 드러내는 얇은 비단 치파오 또한 별반 다를 바 없었다. 기계들의 소음, 자동차의 매연, 네온사인의 붉은 빛, 여인의 몸에서 나는 향기 등 도시의 온갖 자극에 그의 신경은 터져 버릴 것 같은 통증을 느껴야 했다. 안색이 바뀌었고 가쁜 숨을 몰아쉬었지만, 네온사인의 불빛과 도시의 소음은 그런 마지막 숨마저도 잡아먹었다. 신호등이 바뀌자 자동차는 다시 최고 속도로 달려 나갔다. 오씨 나리도 시골에서는 경험할 수 없는 속도로 시간을 건너뛰듯 그날 밤을 넘기지 못하고 죽음을 맞이한다.

소주와 상해, 오씨 나리와 그의 아들, 『태상감응편』(낡은 도덕적 가치)과 기계(물질문명)가 알레고리적으로 대비되고 있는 이 소설은 다른 공간을 살아가는, 그래서 다른 시간대를 사는 것과 마찬가지인 사람들이 겪게 되는 충격을 잘 형상화하고 있다. 물론 이러한 대비는 '서구의 충격-중국의 반응'이라는 해묵은 도식에 우리의 시야를 가두어 놓을 위험 또한 상존하고 있다. 중국에서 가장 서구화된 도시이며 서구 세력이 직접 관할하는 거주지가 있는 상해는 중국의 다른 도시에 비해 '충격-반응' 도식이 가장 잘 적용되는 것이 사실이다. 개항 이후 상해가 보여 준 괄목할 만한 변화는 분명 서구의 직접적 영향 하에서 가능했던 것이기 때문이다. 그러나 어떤 사회질서도 기존의 여건 속에 이미 잠복해 있지 않던 변화를 만들어 낼 수는 없다. 외형적 서구화의 이면에는 여전히 끈질기게 각인된 전통이 지속적으로 작용하고 있었다. 어찌 보면 전통과 근대라는 이항 대립구도 자체가 근대 중국의 실체를 왜곡하는 경향이 있을 수 있다. 근대 상해 사회에도 모던한 것에 대한 지향과 동경이 강하기는 했지만, 모던한 것과 전통적인 생활방식과의 긴장관계는 대립구도라기보다는 그들의 일상적 삶 속에서 어떤 방식으로든 융합되어 새로운 삶의 양태를 만들어 가는 동력이었다고 할 수 있다.

조계는 서양 제국주의에 의해 만들어진 공간이지만, 동시에 중국인의 삶의 공간, 일상의 공간이기도 했다. 서구와 중국, 전통과 근대, 신식 상인에서 최하층 빈민까지 뒤섞여 하루하루 자신의 삶을 영위해 나갔다. 모던-서구는 멀리 있는 것이 아니라 (변안된 것에 불과했을지라도, 그리고 그렇기 때문에) 일상에서 대면할 수 있는 가까운 존재였다. 생활을 영위하기 위해 매일 넘나들거나 거주하는 조계의 소비문화, 행정체계, 그곳의 물질적 풍요와 화려함, 그리고 조계의 서구인들이 생활하는 방식과 정신문화가 바로 당시 중국인이 접할 수 있었던 모던의 전부라고 해도 과언이 아니었다. 모던은 상해인의 생활의 일부이거나 바로 눈앞에 놓인 실체적인 대상이었다. 새로운 것이 익숙한 일상이 되어 가는 만큼 몸에 각인된 전통적인 요소들은 끊임없는 도전에 직면했다. 가치관의 변화, 예교적 가족질서의 붕괴, 육체와 정신에 대한 인식의 변화 및 달라진 시간관념 등 일상의 영역에서 근대를 향한 문명사적 전환이 진행되고 있었다. 전통과 근대는 각각의 개별 요소를 적당히 절충할 수 있거나 양자택일할 수 있는 문제는 아니었다. 자신의 일상으로 자리 잡은 새로운 것과 낡은 것의 토양 위에 새로운 생활양식을 탐색하고 만들어 가지 않으면 안 되었던 것이다.

"2000년 중국 역사를 보려면 서안을 가고, 500년 역사를 보려면 북경을 갈 것이며, 100년 중국의 역사를 보려면 상해를 가라"는 말이 있다. 최근 백여 년 상해는 중국 역사의 축소판이었고 중국 근대도시의 상징으로 기능해 왔다. 중국과 서구의 문명이 공존한 근대 중국의 축영인 상해는 근대성과 전통성의 중층적 힘의 흐름을 읽게 해주는 열쇠와 같은 공간이다.

이 글은 그러한 중층성에 이론적인 논리를 부여하려는 시도는 아니다. 그보다는 오히려 본문에서 주로 인용하고 내용의 근거로 삼고 있는, 갖가지 일상적인 것들에 관한 편린들[鱗爪]을 기록한 일사(逸史)·잡기·화보·신문기사 등과 마찬가지 성격의 글이다. 약간의 방향성을 부여했다면, 두 장의 지도를 빌려 멀리 하늘에서 상해 전체를 내려 보다가, 배를 타고 와이탄으로 접근한 뒤, 와이탄 내부의 거리 한두 곳을 둘러보는 형식으로 글을 구성했다는 점이다. 이런 접근법은 거리 곳곳을 직접 다녀 봐야만 포착할 수 있는 당시 중국인들의 일상생활상을 면밀히 살펴보기 위해 행해진 것이다. 그리고 그것이 조금이라도 가능했다면 '천 개의 단어'보다 더 많은 것을 말하는 '한 점의 그림' 때문이다. 『점석재화보』를 위시한 인용된 그림과 사진이 그저 삽화에 그치지 않았기를 바란다.

4장

시각공간의 근대적 변화

■ 천진

'시각공간의 근대적 변화' 개관

수집광 서양인 : 기이한 것을 탐식하는 서양 사람들

19세기 말 어느 날, 상해 홍구(虹口)의 한 서양 여행객이 여흥을 즐기던 도중 돌연사했다. 놀란 친구들은 사인을 알아보고자 의사를 불러 해부를 시작했다. 지금의 눈으로 보면 돌연사의 원인을 찾고자 검시하는 것은 큰 문제가 되지 않는다. 그러나 그 당시 중국의 매체 중 하나였던 『점석재화보』는 이 이야기를 아주 낯설고 기이한 것으로 다루고 있다. 해부의 장소는 밀실이 아니라 공개적인 장소였으며, 게다가 그 해부는 대중이 공공연하게 보고 있는 상황에서 이루어지고 있었다. 해부는 일종의 구경거리가 되고 있었던 셈이다. 시체의 배는 갈라져 있고 누군가 사진과 필기도구로 해부 상황을 기록하고 있으며, 말쑥한 차림의 군중들이 이를 둘러싸고 지켜보고 있다. 구경꾼들 가운데에는 나팔을 들고 있는 군악대도 보인다. 『점석재화보』에서 드러나는 이 풍경을 통해, 우리는 서양인들을 바라보는 당시 중국인들의 시선을 가늠할 수 있다. 화보는 "서양인들은 시체를 마치 폐물(廢物)처럼 다루어" 차분하게 해부하고 기록함으로써 자신들의 의학 발전의 기초로 삼는다고 덧붙이고 있다. 언뜻 보면 서양 과학에 대한 놀라움을 드러낸 것 같지만, 한편으로는 원인을 규명하고자 인체를 폐물처럼 다루고 그 광경을 구경거리로 지켜본다는 생각이 불편했던 모양이다. 부모가 돌아가시면 3년 동안 초막을 짓고 사는 사람들에게, 사람이 사물처럼 다루어지고 그 상황을 묵묵히 구경거리로 삼을 수 있다는 생각은 기이하다 못해 엽기적일 수도 있다.

인체를 사물로 다루었던 감각은 서양의 수집 역사에서 보면 이른바 근대라고 부르는 시기에 출현한다. 16세기에 일어났던 수집의 열풍은 거대한 배를 타고 바다를 건너 이국

그림1 만약 담장 밖에 있다면 이 안에서 어떤 일이 벌어지는지 알 수 없다. 화보의 시선처럼 담장 위에서 있다면 담장 안 서양인들의 습속을 볼 수 있을 것이다. 담장 안은 담장 밖과 달리 완전한 서양의 공간이다. 교회당 앞에는 둥글게 늘어선 중절모를 쓴 구경꾼들, 사진사·기록자·군악대들이 모두 숨을 죽이고 뱃속을 드러낸 시체와 해부하는 사람을 주목하고 있다. 「시체를 갈라 병의 원인을 살피다」(戕尸驗病), 『점석재화보』 제136호, 1887. 12.

적인 세계로 여행을 다녔던 그 순간부터 사람들을 휘감았다. 그 열풍의 이면에는 "색다른 것이면 무엇이든지" 찾아다니며 수집을 했던 열정이 숨어 있었고, 그것은 인체와 기형 표본들에 열광하며 대륙을 탐험하는 곳까지 몰아치고 있었다. 이러한 이국적 허구를 찾는 열정은 예외 없이 중국에 온 서양 사람들에게도 발견되곤 했다. 물론 찾는 대상이나 대상을 다루는 태도는 중국과 서양의 장기적인 교류(?)의 시간 속에서 다양한 스펙트럼을 그린다. 그러나 서양인을 묘사하는 다양한 이야기 속에서 "서양인들은 탐험하기를 좋아하며" "여행하기를 좋아하고" "수집하고 기록하기 좋아하는" 캐릭터로 공통적으로 그려지고 있다.

1860년대에서 19세기 말에 이르는 동안의 선교사만 놓고 보더라도 그 수는 3,300여 명에 이른다. 사정이 이러하니 이들 선교사의 동선에 따라붙는 여타 서양인의 숫자는 가히 짐작할 만하다. 이들은 해안과 내륙, 변강에 이르기까지 중국 각지를 누비면서 포교와 동시에 "민족·언어·역사·풍속·상업 등의 자료 수집"을 하고 다녔다. 19세기 중엽 정도에는 옆의 **그림2**처럼 서양인은 "중국식 복장에 중국식 머리를 얹고 삿갓을 쓰고" "오랑캐의 눈동자 색깔을 가리기 위해 안경을 써야만"[1] 중화의 땅을 유람할 수 있었다.

그림2 이사벨라 비숍의 『양자강을 가로질러』(1898)에 나오는 서양인 선교사의 복장이다. 적어도 아편전쟁 이전에는 이처럼 중국식 복장을 하지 않고서는 중국을 누빌 수가 없었다.

　하지만 어느 시점에 이르면 중국식 복장의 서양인은 중절모의 말쑥한 양복 차림의 서양 신사로 변해 있다. 화보(**그림3**)의 콧수염 신사도 말끔한 양복 차림을 하고 있다. 이 신사는 중국식 복장으로 유람하고 수집했던 사람들처럼, 수집차 영군(寧郡)의 진씨(陳氏)를 찾아왔다. 그러나 유심히 보면 이 서양인이 지금 수집하려고 하는 것은 꼬마아이이다. 아이는 올해 일곱 살로 1척이 채 안 되는 키에 커다란 머리를 하고 있다. 커다란 머리는 걸어 다니면 무게를 가누지 못해 흔들흔들거릴 정도이다. 서양 신사는 이 아이를 지금 요리조리 뜯어보면서 돈을 후하게 낼 터이니 '박물관'에 보낼 수 있게 해달라고 부모에게 흥정하고 있는 중이다.

　곳곳을 누비고 다니던 이 서양의 여행가들은 19세기 말에 이르면 상식과 일반의 세계 너머에 있는 존재들에 열광하는 사람들로 그려진다. 서양 사람들은 '신기하고' '기이한' 형상을 보면 수집하여 '박물관'으로 보내는 것으로 그려지고 있는 것이다. 『점석재화보』만을 놓고 보더라도 기형아를 낳았거나 기르는 부모는 어김없이 중절모 서양 신사와 만나게 된다. 12살이 되어도 2척이 채 안 되고, 손과 발이 원숭이와 비슷하며 말을 할 줄 모르는 이 아이 역시 그렇다. 부모는 배가 고프면 원숭이 소리를 내며 우는 아이를 볼 때마다 탄식하고 또 탄식할 뿐이다. 이 소문을 들었던 사람들이 와서 보았고, 이번에는 서양

---

1) John Scarth, *Twelve Years in China : the People, the Rebels, and the Mandarins*, T. Constable, 1860.

그림3 화보 속의 서양인은 이제 오늘날 유럽인의 상징 그대로다. 중절모에 지팡이, 검은 양복과 콧수염, 반짝거리는 구두 차림의 서양 신사는 지금 아이를 박물관 전시물로 데리고 가기 위해서 부모와 흥정을 하고 있다. 「큰머리 난쟁이 소년」(小人大頭), 『점석재화보』 제481호, 1897. 4.

그림4 원숭이처럼 생긴 아이가 있다는 소문을 듣고 중절모의 서양 신사가 찾아왔다. 서양 신사를 끌고 온 중국인들이 아예 나서서 서양 신사의 흥정을 돕고 있다. 이 아이는 결국 서양인의 손에 팔리어 가지는 않았다. 하지만 화보의 주가 달고 있듯이 만약 팔려 갔다면 박물관에 전시되었을 터. 「사람 몸에 원숭이 모습」(人身猴形), 『점석재화보』 제360호, 1894. 1.

신사도 대동해서 나타났다. 이 서양인은 170원을 낼 터이니 팔라고 흥정을 걸고 있고 부모는 결사반대를 하고 있다. **그림4** 속의 부모들은 아이들을 낯선 서양인의 손에 넘기지는 않았지만, 만약 이 아이들이 팔리어 갔다면 아마도 화보에 덧붙여 있는 글대로 '박물관'이라는 곳으로 보내졌을 것이다. '탐험하기 좋아하고' "여행하기 좋아하는 서양인"들이 자기 나라를 벗어난 '바다 너머'[海外]의 세상을 누비며 "색다르기만 하면" 가리지 않고 수집해 왔던 온갖 사물의(혹은 사물화한) 세계 ──이른바 박물(博物)들이 진열되던 공간으로 말이다. 수많은 사물들과 더불어 이 아이들도 전시될 수 있었다는 이야기이다.

　큰머리 소년, 원숭이를 닮은 열두 살 난쟁이 소년, 꼬리가 달린 원주민, 악어를 닮은

사람, 각종 종족의 난쟁이들
이 중절모 서양 신사의 손에
이끌려 중국의 땅을 떠났다
면, 아마도 **그림5**의 털북숭이
남매들처럼 전시되었을 것
이다. 베를린은 지금도 박물
관의 도시로 유명한 곳이다.
19세기 말 언저리의 베를린
의 박물원은 대탐험 시대부
터 계속된 탐험과 식민 역사
의 산물들을 전시해 나갔다.
화보의 털북숭이 남매들은
베를린 정부가 세운 박물원
에 전시되어 서양 신사·숙

그림5 화보의 글에 따르면, 독일 정부가 베를린에 세운 이 박물원에는 기이하고
진귀한 짐승들이 많은데, 이 털북숭이의 아이들은 힘은 보통 사람보다 세고 야생
에서 산다고 한다. 야생의 털북숭이와 문명의 털북숭이(?)가 작은 울타리를 경계
로 갈리고 있다. 야생의 털북숭이 인간은 지금 짐승의 하나로 전시되고 있는 중
이다. 「기이한 털북숭이 인간」(毛民志異), 『점석재화보』 제477호, 1897. 3.

녀들의 구경거리가 되고 있다. 이들처럼 만약 산 채로 수집되지 않으면, 시체는 각종 탐사
여행에서 얻은 과학적 표본들과 함께 박제가 되기도 한다. 1848년 독일어권 국가에서 민
주주의의 이름으로 군중이 떨쳐 일어났던 어느 날, 혁명 군중이 진압되던 과정에서 방향
을 잃은 포탄 하나가 황궁의 동물 수집선 전시실 지붕을 뚫었는데, 이때 불탄 수많은 과학
의 표본들 중에는 다음과 같은 존재들도 있었다. "인간 수집선 중에는 조각가 탈러의 기
교 넘치는 솜씨로 목재 받침대에 세운 검둥이 솔로몬 안젤로, …… 검둥이 수간호사 나르
치스, 쇤브룬 동물원 직원이었던 검둥이 …… 그리고 나폴리 왕의 선물로 들어왔던 흑인
소녀 박제"가 '기타 짐승'의 목록에 덧붙여 기록되어 있었다.[2] 아마도 자연의 총체적인 질
서의 한 부분으로 인간을 분류하는 관념(박물학natural science)이 작동한 결과일 터이지

2) 필립 블롬, 이민아 옮김, 『수집—기묘하고 아름다운 강박의 세계』, 동녘, 2006.

그림6 변발의 중국인 구경꾼, 변발의 중국인 사회자가 변발의 난쟁이 노인을 구경하고 있다. 둥근 원을 이룬 구경꾼과 그 원 속의 구경거리라는 구도는 이후 화보나 소설 속에서 반복적으로 등장한다. 「특별한 난쟁이」(特別侏儒), 『도화신문』(圖畵新聞), 무신년(1908), 정월.

만, 유독 유럽인 외부의 존재들만이 사물화한 자연들과 나란히 놓이고 유럽인들에게 관람된다는 사실은 유쾌하지만은 않다. 보는 사람을 제외한 모든 것이 사물처럼 놓일 수 있다는 관념을 자연스럽게 받아들일 때, 화보에서 보이는 형태의 전시공간이 생겨나고 그리고 보는 사람만이 안전한 인간의 상식 지대에 있기 때문이다.

그러나 "탐험을 좋아하고" "기이하고 색다르면" 무조건 "수집하고 기록하는" 서양인과, 그 기이함을 소비하는 "구경꾼 서양인"이란 표상 방식이 과연 중국인 혹은 아시아인들과는 전혀 무관한 것인지는 다시 질문해 볼 필요가 있다. 서양인에 의해 중국인은 수집의 대상, 전시의 대상이 되기도 했지만, 중국인 스스로가 중국인을 구경하기도 했다. 동일한 패턴은 아닐지라도 중국인들이 불쾌해 했던 서양인들의 시선은 중국인 내부에서도 존재한다. 볼거리를 만들고 구경하는 구경꾼들의 표상, 특히 그 방식은 정상인과 비정상인, 혹은 사회 적응자와 부적응자 등의 구도 속에서 지속적으로 존재했다. 청말 『도화신문』 속의 난쟁이는 제목에 따르면 「특별한 난쟁이」(그림6)다. 둥글게 쳐진 장막을 사이에 두고 초로의 난쟁이 노인이 특별한 장식의 복장을 하고선 사람들에게 둘러싸여 있다. 정상인과 비정상인의 경계란 바로 저 둥글게 쳐진 장막인 셈이다. 「난쟁이 소녀 또 발견」이란 제목의 화보(그림7)도 초로의 난쟁이 노인 이후에 보도된 것이다. 여기에서는 장막을 두르고

피켓까지 세워 일종의 쇼를 만들어 군중을 모
으고 있다. 화보에 가득 찬 시선은 소녀들을
바라보고 있는 정상인 군중들이다. 당연히 장
막 밖의 군중들에게 두려움이나 굴욕감 같은
것은 없다. 이 소녀들은 이 쇼가 끝나면 인류
학 연구를 위해 연구 대상으로 기증될 예정이
다. 이쯤 되면, 서양인이 사람을 수집하고 연
구의 대상으로 삼았던 감각은 이제 그들만의
낯선 감각만은 아니다. 머리가 크거나 털이 많
이 났거나 키가 아주 작거나 신체에 뭔가가 더
달린 사람을 낳거나 기르는 것을 보게 되면,
사람들은 당연히 '인류학' 연구나 '박물학' 연
구를 위해 박물관으로 보내야 된다는 생각을
서서히 자연스럽게 받아들이고 있었다.

그림7 난쟁이 소녀는 이제 일종의 쇼 속의 구경거리가
된다. 화보의 오른쪽을 보면 쇼의 진행자들이 돈을 받
고 관객을 입장시키고 있다. 이 소녀들은 이 쇼가 끝
나면 인류학 연구를 위해서 연구자들에게 보내질 예
정이라고 한다. 「난쟁이 소녀 또 발견」(矮女又見), 『도
화신문』, 무신년(1908), 정월.

　　서양의 전시공간, 이른바 박물관과 같은
패턴의 공간이 중국에 생겨날 때는 저와 같은
감각들을 기반으로 한다. 볼거리를 만들고 구경하는 군중들은 박물관이나 동물원 등과
같은 새로운 전시공간을 받아들이거나 만들어 갈 수 있는 표상 방식을 이미 품고 있었다.
문제는 서양인들의 경우 자신들이 수집되고 전시될 수도 있다는 불안을 품을 기회가 없
었던 것과 달리, 비서양인들은 종종 자신들이 수집되고 전시되고 있다는 불안과 굴욕의
정서에 쉽게 휩싸이게 된다는 점이다. 그리고 이처럼 볼거리를 만들고 구경하는 표상 방
식은 서양에 의해 수집되고 전시되는 패턴으로 거듭되면서, 불안과 굴욕의 정서는 때로
는 애국심의 열정과 쉽게 만나기도 했다. "외국인이 호시탐탐 우리 땅을 이리저리 쪼개

그림8 구경하는 사람들은 구경거리가 되고 있는 사람의 눈빛을 사실은 정면으로 응시하지 못한다. 정면으로 쳐다볼 때, 구경꾼과 구경되는 사람의 구도는 구경하는 사람의 정서의 동요로 인해 쉽게 깨지기 마련이다. 중국 근대소설의 대표작으로 거론되는 노신의 소설 속 주인공 아Q의 형상은 그 당시 많은 사람들을 불편하게 만들었다. 소설을 따라 읽을수록 사람들은 구경하는 사람의 안도감을 느낄 수가 없었기 때문이다. 조연년(趙延年)의 『아Q정전』 판화 중 「처형장에 끌려가는 아Q」.

고, 우리 종족을 멸망시키려 하는 요즘 우리가 아직도 꿈에서 깨어나지 못하고 있다면 백 년 후에 동물이나 야인(野人)처럼 동물원의 우리에 갇혀 사람들에게 놀림감이 됨을 피할 수 있겠는가."[3] 1905년 한 유학생의 일기에 보이는 이러한 불안과 긴장감은 곧 중화(中華)에 대한 비장한 애국의 열정으로 변하게 된다. 그것은 중화가 서양의 구경거리가 된다는 표상 방식 속에서 생겨나고 있다. 장막을 사이에 두고 신기한 난쟁이를 구경하던 사람들이 조리돌림당하는 아Q의 불안한 눈빛을 정면으로 응시하기까지, 구경을 하거나 혹은 구경거리가 되는 여러 가지의 시각 표상을 통과하면서 사람들은 때로는 애국의 열정을, 때로는 동정심을, 때로는 혁명의 열정을 만나게 되는 것이다.

변신하는 유리거울

20세기 초, 『도화일보』의 한 코너에서는 그 당시 생업에 종사하는 사람들의 다양한 모습을 '영업사진'이란 제목을 달고 소개하고 있었다. **그림9**의 주인공 역시 그 중 한 사람인데, 그들이 지금 만들고 있는 것은 '서양경'(西洋鏡), 즉 유리로 만든 서양거울이다. 화보 속의 글에 따르면 서양경은 "털끝까지 다 보여 줄 만큼" 정교해서 구리거울 따위는 비교 대상이 되지 못한다. 구리거울의 역사는 거울에 새겨진 문양을 따라 추적해 보면 한(漢) 이

3) 淩容衆, 「東遊日記」, 『湖南文史料選輯』 10집; 옌안성, 한영혜 옮김, 『신산을 찾아 동쪽으로 향하네』, 일조각, 2005, 112쪽 재인용.

전까지 거슬러 올라갈 정도로 두터운 시간의 깊이를 간
직하고 있다. 하지만 청나라 도광(道光)·함풍(咸豊) 연
간(1821~61년)에 이르면 구리거울은 유리로 만든 서
양거울과 꽤 힘겨운 경쟁을 하게 된다. 일상 속에서 구
리거울은 '가난하고 궁벽한 시골'에서나 사용하는 낡
은 퇴물이거나, 아니면 '전통적인 혼인이나 장례'에 쓰
이는 낡고 오래된 유물로 전락하고 있었다.[4] 20세기 전
후 도시의 일상의 공간에는 "털끝까지 세세하게 보여
주는" 유리거울이 서서히 구리거울을 내몰고 버젓이
들어앉고 있었다. 이런 유리거울의 공세가 자못 불만스
러웠던 사람들도 꽤 있었다. '외부'에서 들어오는 모든
것들이 불편했던 '국수'(國粹)주의자가 특히 그랬는데,
어떤 이는 "유리거울은 사물을 제대로 비추지 못하여
사람을 비뚤어지게 만들" 뿐만 아니라 "쉽게 부서져서"
"구리거울 같은 내구성"이 하나도 없다고 꽤 불만을 표
시했다. 하지만 실상 이들에게 불편했던 것은 '바깥'에

그림9 서양거울 만드는 사람. 『도화일보』
에서는 '영업사진'이라는 코너를 통해
그 당시 일상의 다양한 직업을 화보로 소
개하고 있는데, 여기서 소개하는 서양 거
울은 유리거울로 털끝까지도 세세하게
보여 주는 강점을 지닌 것으로 소개된다.
『도화일보』 제131호, 1909. 12. 24.

서 들어온 '유리'라는 "새 물질"에 쉽게 열광하고 옛 것을 하루아침에 퇴물 취급하는 사람
들의 야박하고 가벼운 정서였을지도 모른다.[5]

　구리거울은 국수주의자들의 열망과는 달리 새 것에 쉽게 들뜨는 사람들의 가벼운 정
서에 무게중심을 만들지 못했다. 오히려 사람들은 "부서지기 쉬운" 유리가 변신에 변신을
거듭할 때마다 강렬하게 매혹되었는데, 그것은 변신에 꽤나 둔했던 구리거울로서는 도저
히 따라잡을 수 없는 것이었다. 명말청초, 서양 선교사들과 함께 들어온 안경·확대경과
같은 각종 렌즈와 광학기구들은 새로운 변신을 꿈꾸는 사람들의 민감한 촉수를 자극하게

---

4) 노신, 홍석표 옮김, 「거울을 보고 느낀 생각」(看鏡有感), 『무덤』, 선학사, 2001.
5) 같은 책, 277쪽, 주15)의 왕왈정의 이야기

그림10 아담 샬(湯若望, Johann Adam Schall von Bell).　　그림11 『광학논문』(1716년)에 나오는 카메라 옵스큐라(camera obscura)의 원리를 보여 주는 도판.

된다. "서양이란 나라는 중국과는 9만 리나 떨어져 3년이나 걸리는" 먼 곳에 있지만, '시원경'(視遠鏡)은 서양인들로 하여금 바다 너머 중국이란 존재를 상상하게 하고 찾아내게 했다.[6] 그뿐만인가? 이 변신한 유리거울은 "백 리 밖도 능히 정탐할 수 있고", "미세한 물건까지도 모두 관찰"[7]하여 인간의 가시능력을 확연히 넓히고 있었다. 영토의 경계를, 감각의 한계를 넘어서도록 인간의 능력을 극대화하는 유리거울의 상상력은 현실이 유폐된 감옥 같았던 사람들에겐 꽤 매혹적이다. 1636년 청나라에 볼모로 끌려간 소현세자가 아담 샬로부터 받았던 『원경설』(遠鏡說), 『측식략』(測食略), 『측천약설』(測天約說)[8]은 무한을 상상하도록 하는 색다른 자극이기도 했다. 아담 샬이 제공한 하늘에 대한 해석은 중국 내부에서는 수많은 논쟁과 갈등을 낳기도 했지만, 조선과 같은 작은 땅에서는 새로운 상상력을 견인했다. 한편 변신하는 유리거울은 깜깜한 암실 속에 한 줄기 빛으로 다가오기도 했다. "문과 창을 완전히 닫아 아주 깜깜하게 하고 문이나 창에 적당하게 구멍 하나를 맞추어" 렌즈에 빛을 통과시키면 "모든 바깥의 상이 종이에 실오라기 하나도 어그러짐 없이 그려졌다". "빛을 빌려 그림을 그리면"(借照作畵), 암실 밖의 풍경이나 인물이 터럭 하

6) 정두원이 육약한(陸若漢: 본명은 Joannes Rodriguez)과 교류하면서 올린 글. 『국조보감』 4권 인조 9년 7월, 민족문화추진회, 1994, 47~48쪽: 최인진, 『사진과 포토그라피』, 눈빛, 2002, 34쪽 재인용.
7) 『성호사설』: 최인진, 『한국사진사 1631~1945』, 눈빛, 1999, 40쪽.
8) 최인진, 『한국사진사 1631~1945』, 38쪽.

그림12 『도화일보』에 실린 안경 광고. '새로 도착한 격치정편(格致晶片)'은 의사들이 연구하여 만들어 낸, 남녀노소 시력을 보호해 주는 탁월한 것이라고 소개하고 있다. 격치(格致)는 곧 과학을 뜻한다. 오늘날의 말로 풀면 과학적 렌즈라고 할 수 있다.

나도 틀리지 않고 재현되는 이 신기한 거울의 세계는 은밀하게 지식인들을 매료시키고 있었다. 명말청초의 방이지(方以智)와 같은 사람들뿐만 아니라 정약용이나 최한기, 이규 경에 이르는 조선의 지식인들에게도 '빛을 빌려 그리는 그림'은 단순한 도구나 완상용 이 상의 의미로 삶에 한 줄기 빛을 비추고 있었다.

빛을 빌려 그림을 그리는 '카메라 옵스큐라'는 사람들이 깜깜한 암실 같은 현실을 견 딜 수 있게 해주는 꽤 괜찮은 자극이었다. 하지만 변신한 유리거울은 암실 속의 사람들에 게만 매혹적인 것이 아니다. 눈이 어두운 노인들이 "큰 돈짝만 한" 두 개의 유리를 얼굴에 걸치면 "작은 글자도 밝게 보였다".[9] 몸에 걸치는 유리는 실용적이기도 했기 때문이다. 서 양의 선교사들이 들고 온 여러 가지 유리거울의 세계, 즉 각종 렌즈와 광학기계들은 소수 지식인들을 매혹시키던 차원에만 머물지 않는다. 거울은 사람들의 일상 속에서 또한 변 신에 변신을 거듭한다. 청나라 초기 광동성(廣東省)에서 시작된 근대적인 유리공업은 이 후 광학기구와 렌즈를 자체적으로 연마하고 생산하는 수많은 기술자를 탄생시킬 만큼 성 장한다. 근시·약시·어린이용 렌즈 등 72종의 렌즈, 망원렌즈, 카메라 옵스큐라에 부착하 는 촬영용 렌즈, 현미경 렌즈를 자체 생산하는 시점에 이르렀을 때,[10] 변신한 유리거울의 세계는 수많은 소비군중을 삼키기 시작했다. 일상에 밀착한 유리가 "작은 글자도 밝게 보 이도록" 눈앞의 어릿한 장막을 걷어올려 줄 때, 그것은 몸이 경험할 수 있는 '과학'[格致] 의 힘 그 자체가 된다. 20세기 초 『도화일보』에 실린 안경광고(그림12) '격치정편'(格致晶

9) 『성호사설』, 애체(靉靆: 안경) 부분: 최인진, 『사진과 포토그라피』, 38쪽 재인용.
10) 馬運增, 『中國撮影 1840-1937』, 中國撮影出版社, 1987, 8~9쪽.

그림13 기녀들로 가득 찬 방 가운데 앉아 있는 선글라스 쓴 손님은 사실은 도둑이다. 그는 호기심에 선글라스 등을 훔쳐서 쓰고는 기생집에 들려 허풍을 떨고 있는 중. 「도둑이 기녀를 데리고 놀다」(偸兒狎妓), 『점석재화보』 제132호, 1887. 11.

片)은 그 당시 '과학'의 유행에 힘입어 더욱 소유의 욕구를 자극하고 있었다. 유리는 때로는 가볍고 빠른 유행의 감각과도 결합했는데, 그것은 돈이 있거나 권력을 가진 사람들 손에서는 더욱 빠르게 유전(流轉)되곤 했다. 『점석재화보』에서 종종 마주치게 되는 선글라스를 걸친 사람들 중에 막노동꾼은 없다. 행여 선글라스를 가진 막노동꾼이 보이기도 하지만, 그의 선글라스는 훔친 절도품일 뿐이다(그림13). 선글라스를 쓸 수 있었던 것은 대부분 치파오를 제대로 갖추어 입었거나, 아니면 양복을 제대로 갖추어 입었을 때에만 가능했다. 변신한 유리거울은 한편으로는 사고를 자극하고 견인하는 과학의 힘 그 자체였지만, 한편으로는 수많은 사람들을 유전하면서 욕망을 재현하는 도구이기도 했던 셈이다. 20세기 테크놀로지의 발명과 상품화의 순간들이 그랬듯이 말이다.

　　유리거울은 변신에 변신을 거듭한다. 그러한 가운데 인간의 가시성을 확장시킨 유리거울은 구리거울이 할 수 있었던 이야기와는 또 다른 장을 만든다. 변신한 유리거울은 동

굴(暗室)과 같은 현실의 외부를 꿈꾸는 사람들
에게 한 줄기 빛을 수렴하면서 현실을 견디게 했
다. 감각의 한계를 넘어섰다는 확신은 외부를 상
상하는 다양한 자극을 생산한다. 뿐만 아니라 자
극은 천리 밖의 이국적인 것을 찾아 익숙한 땅과
바다의 경계를 넘는 각종 시도로도 이어진다. 물
론 그렇게 되면서 생긴 만남들이 우리의 기대만
큼 결코 평등하지는 않다. 소유와 정복의 욕망에
밀착한 유리거울의 시선이 머문 곳에서는 종종
굴욕과 경멸과 분노를 느끼는 사람들이 만들어
졌으니 말이다. 또한 그것은 국경 사이에서만 벌
어지지 않는다. 사소한 일상의 세계와 각종 취미
의 공간을 돌아다니며, 다양한 신분과 계급의
'욕망의 렌즈'는 그만큼의 다양한 흔적을 만들
어 낸다. 하지만 그것 역시 기대만큼 평온하지만

그림14 「법 앞에 인간은 평등한가」라는 제목이 달린
옛 상해의 법정 장면을 그린 근대 화보풍의 그림(戴
敦邦, 『老上海小百姓』, 2005). 중절모 나비넥타이의
신사가 쓴 선글라스를 보라. 법정 안에서 힘 있는
언어는 서양풍의 복장을 입을 수 있거나, 최신 유행
의 고급 치파오를 입을 수 있는 사람들의 것임을 비
꼬고 있다.

은 않았다. 곱게 수놓은 비단옷을 입은 기녀들과 기녀를 사는 사람들, 유행을 선도하는 상
점 거리, 연희장, 결혼식 등 극히 개인적이고 부스러지기 쉬운 취미와 소비의 공간에서 엄
숙한 법정, 엄정한 보도의 지면과 같은 견고한 공간에 이르기까지, 변신한 유리거울의 흔
적들은 거대한 성운처럼 존재하면서, 서로 비추고 비추어지면서 생기는 숱한 관계와 이
야기를 만들어 내고 있었다.

박람회의 풍경

청말, 새로운 미디어였던 신문에 「박람하는 사람은 망하지 않는다」라는 기사가 실렸다. 변법운동의 기수였던 강유위(康有爲)가 새로운 학인(學人)의 조건으로 여행(遊歷)과 연설(演說)을 꼽았던 그 무렵의 일이다. 피가 뜨거운 청년들이 자국 바깥의 여행을 통해 자명했던 중화(中華)라는 관념을 새롭게 조정해야 했던 그 무렵, 신문에 올라온 박람(博覽)에 대한 호소는 새로운 앎의 배치를 알리는 신호탄이나 다름없다. 이미 신문이나 잡지와 같은 새로운 미디어가 일본·영국·미국·독일·프랑스 등의 시세(時勢)와 각종 신문물을 파노라마처럼 펼쳐 내면서 정보의 전시공간을 만들어 내고 있었다. '두루두루 알지(博覽) 못하면 세계상은 잡히지 않는다', '세계의 상을 잡지 못하면 망한다'는 감각은 이제 이전 학문의 틀을 넘어서 움직이기 시작한 셈이다. 이러한 분위기는 이미 자신의 몸을 자국 바깥으로 움직여 박람을 시도했던 사람들의 경험을 바탕으로 하는 것일 터.

　여기서 한편 곰곰이 생각해 봐야 할 것은 종이 위에 펼쳐진 정보를 박람하는 것과 국경을 넘어 고달픈 몸을 이끌고 보는 박람 사이에는 일정 정도 차이가 있다는 점이다. 지면 위에 펼쳐진 만국의 정세——예를 들면 영국과 인도, 미국과 필리핀 사이에 존재하는 무수한 모순과 힘——는 사실 실감되지 않고, 그 각각이 나란히 놓여서 파노라마처럼 펼쳐지는 세계의 이야기로 흘러가기 쉽다. 그렇기 때문에 여기서 주목할 것은 여행을 통해 박람의 욕구를 충족시켰던 사람들의 이야기이다. 특히 20세기 전후, 타국의 박람회를 경험했던 학인들은 이국의 땅에 발을 들여 놓을 때부터 자신을 구경하는 시선을 느끼면서 엄청나게 펼쳐진 전시공간을 구경 다녀야만 했다. 거듭되는 박람회의 경험을 통해 그들은 종이 위에 매끄럽게 펼쳐지는 파노라마의 세계상과 다른 세계를 경험하게 된다. 태평양과 황해에서 품었던, 서양 세계와 맞장을 뜨면서 새로운 중화를 건설하겠다는 열정은 결코 평등하지도 균질하지도 않은 세계의 질서를 경험할 때마다 흔들려야 했다. "눈을 아찔하게 하는"(目眩神迷) 문명의 전시공간을 구경하기도 하지만, 자신들을 전시했던 공간 속에서 때로는 굴욕과 분노로 버텨야 하기도 했다. 1910년대 중국 내에서 권업박람회(勸業博覽會)를 개최하기 전까지, 만국박람회(萬國博覽會)와 일본의 권업박람회를 다녔던 학인들은 때로는 신문명과 맞장 뜬다는 도저한 자신감으로, 때로는 추락하는 중국을 목도하며 생겨나는 분노를 견뎌 내면서 자신들의 박람회 양식을 찾아야 했다.

1 "눈을 아찔하게 하는" 문명 : 만국박람회를 참가하다

1851년 런던에는 눈부신 빛의 공간이 세워졌다. 주변의 풍경을 반사하면서 마치 공중에 떠 있는 것처럼 보였던 눈부신 이 공간에서 바로 세계 최초의 만국박람회가 열렸다. '수정궁' 혹은 '크리스털 팰리스'라고 불리는 눈부신 이 거대한 공간은 무한하게 이어지는 유리로 덮여 있었고, 유리는 단단한 철골로 지탱되고 있었다. 산업혁명 이후의 산물이라 해도 과언이 아닐 이 물질들은 건물을 압도적으로 뒤덮어 빛나고 있었다. 1851년, 일반적인 관료 코스를 벗어나 선교사와 함께 출판 사업에 뛰어들며 각지를 다녔던 왕도(王韜)가 보았던 것 역시 이 거대한 공간이었다. 수정궁은 그 정체를 감지할 수 없을 정도로 "눈을 아찔하게 하는" 놀라운 공간이었다. 런던에 "불뚝 솟아오른" 이 빛나는 공간이 왕도뿐만 아니라 만국박람회에 참가했던 세계인들을 압도했음은 분명하다. "눈이 아찔하다", "신기하기 그지없다"는 왕도의 이 표현은 당분간 만국박람회를 경험하는 중국인들에게 공통적으로 등장하는 대표적인 표현이 된다. 흥미롭게도 만국박람회라는 전시공간은 "눈을 아찔하게 하고 기이함[眩奇]으로 가득 찬", 시각을 가장 자극하는 공간으로 감지되고 있다. 눈앞에 우뚝 솟아올라 있는 거대한 공간, 무한하게 펼쳐 있는 광대함, 이전에는 경험하지 못했던 신기함으로 가득 찬 진열 공간을 설명할 해석의 거리를 아직은 확보할 여유가 없다. 이 거대하고 신기한 정체는 해석되고 설명되기보다는 감각과 정서를 통해서 표현되고 있었던 셈이다.

　왕도의 경험은 개인적인 것이다. 그러나 청(淸)이라는 국호를 걸고 공식적으로 중국이 만국의 박람 대열에 뛰어든 이후에도 당분간 왕도처럼 감각에 기댄 표현들은 자주 발견된다. 하지만 거듭되는 참가를 통해 사람들은 "눈을 아찔하게 하는 기이함"의 형체를 서서히 더듬어 찾아가기도 했다. **그림16**의 거대한 기계는 1876년 미국이 독립 100주년을 기념하던 해, 필라델피아 만국박람회의 기계관에 전시된 콜

그림15 수정궁의 외관. 3,800톤의 주철과 700톤의 연철, 30만 장의 유리, 60만 입방피트(약 17,000m³)의 목재를 사용한 거대한 온실공간이다.

그림16 미국 독립 100주년을 맞아 개최된 필라델피아 박람회장의 콜린스 엔진. 펜화로 그린 이 그림 좌측 하단에 변발의 중국인이 보이는데, 청조가 파견한 이규와 같은 공상대표거나 혹은 그 당시 청조의 미국유학프로젝트의 일환으로 유학 중이었던 소년들일 수도 있다.

린스 엔진(Collins Engine)이다. 월트 휘트먼(Walt Whitman)이 "위대하고 위대한 엔진 앞에 의자를 놓도록 한 뒤 …… 거기에 앉아 거대하고 막강한 기계를 반시간 동안 침묵 속에서 지켜보면서 인간이 이룩한 가장 위대한 기계의 육중한 움직임을 감상했다"고 기록했던 것에 따르면, 그림 속의 군중들은 육중한 기계의 움직임을 침묵 속에서 오래 지켜보고 있었다. 군중 속에 보이는 변발의 중국인들은 현재 남아 있는 기록들에 비추어 보면, 추측건대 청조가 파견한 공상대표들이거나 청조의 유학프로젝트를 통해 유학 중인 유동(幼童)일 가능성이 크다. 영파(寧波) 세관 대표로 참가했던 이규(李圭)는 "줄잡아 50~60리를 걸어야만" 볼 수 있는 기계관을 돌며 콜린스의 엔진 앞에서, 신형 대포의 전시 앞에서, 거대한 인쇄 기계들 앞에서 "이제, 세상은 변했다"라고 연신 되뇌었다 (『신지구여행기』環游地球新錄). 왕도가 "눈이 아찔하다"고 탄성을 질렀을 때와는 조금 다른 포즈로 거대한 전시공간과 마주하기 시작하는 셈이다. 이규의 눈에 들어온 거대한 콜린스는 한 치의 어긋남 없이 일사분란하게 수백 가지의 기계를 움직이는 테크놀로지의 거대한 힘이다. 그것은 남북전쟁을 마무리하고 불협화음 없이 약진하는 신흥공업국 미국을 드러내고 있었다.[11] "눈을 현혹시키는 기이함"은 식산흥업(殖産興業)을 가능하게 하는 "새로운 기계의 힘"으로 증기의 굉음 속에서 육중하게 존재를 드러내고 있다.

거대한 테크놀로지의 힘을 마주하고 있었을 침묵의 순간, "세상이 변했다"는 탄성에는 뒤처짐에 대한 조급함이나 패배의 분노가 묻어나지 않는다. 그보다는 중국에는 없는 부족한 무엇을 볼 수 있는 기회라 여기면서, 이러한 육중하게 펌프질하는 엔진의 힘을 자신들의 땅에 요동치게 하겠다는 다짐으로 스스로를 단련시킨다. 거대한 전시공간과 테크놀로지의 힘은 공포의 대상이라기보다는 맞장 떠 볼 만한 세계이다. 이규가 필라델피아에서 만난 청조의

---

11) 박진빈, 「만국박람회에 표현된 미국과 타자, 1876-1904」, 『미국사연구』, 18호, 2003, 136~137쪽.

유학생들은 "태연자약하게, 두려워하거나 겁먹은 모습은 전혀 없이" 전시장을 관람하고 있었고, 박람의 공간 속에서 "식견을 키우고" "새로운 기술을 보아 내고" "나라 사이의 관계"를 돈독하게 할 무엇을 찾고 있었다.[12] 테크놀로지의 거대함을 버텨 내는 이 도저한 자신감의 정서는 어린 유학생들이 이후 자국의 땅에서 근대적 테크놀로지의 건설을 담당하는 관리가 된 그 순간에도 지속된다. 그리고 "눈을 현혹하는" 거대한 전시공간은 '식산흥업'을 위한 부강의 동력을 기획하고 도모하는 데 필요한 공간으로 변신한다. "눈을 현혹하는" 전시공간이 낯선 문명의 힘과 맞장 뜨고, 나아가 경쟁해 봄 직한 "경쟁의 장소"(賽會: '새회'는 박람회의 중국식 명칭)로 거듭나는 가운데 세상과 거침없이 마주하던 캐릭터들 역시 변신을 거듭해야 했다.

2 추락하는 중국의 표상 : 만국박람회의 인류학 전시관

미국 독립 100주년을 기념하는 필라델피아의 박람회장에는 거대한 콜린스 엔진을 비롯하여 박람회장 곳곳에 약진하는 미국의 표상이 전시되었다. 이 표상들을 마주하면서 만청의 젊은 이들은 이 표상에 버금가는 자국의 표상을 도모하겠다는 다짐으로 스스로를 단련시킨다. 차오르는 열정이 이들의 심장을 사로잡았다. 그러나 이 열정과 배포만으로는 만국박람회라고 하는 복잡한 시각의 정치공간을 포착하기는 어려웠을 것이다. 타오르는 열정은 때로는 보고 싶은 것만 보려고 할 수도 있기 때문이다. 그들은 거대한 콜린스 엔진에 압도되지 않고 버텼지만, 거대한 기계의 표상에 감추어진 목소리들을 듣기에는 몸은 아직 민감하지 않았다.

이규가 찬사를 거듭했던 필라델피아의 '여성관'은 그의 감회대로 "진취적이고 강한 여성"을 온몸으로 드러냈다. 그러나 만국박람회 역사상 최초의 기획인 여성관이 세워지기까지, 이 공간을 기획했던 사람들은 박람회 준비위원회의 시종일관된 무관심과 홀대를 견뎌 내야만 했다. 그리고 사실 더 심한 냉대와 홀대를 받은 것은 흑인들이다. 남북전쟁을 통해 시민권을 획득했던 흑인들이 노예로서의 과거를 정리하고 자신의 정체성을 드러내고자 1876년 필라델피아 박람회의 참가를 희망했을 때, 그들이 희망했던 것은 독립적이고 자립적인 흑인의 표상이지 노예로서의 흑인의 표상이 아니었다. 전시물로 표현된 흑인이 거의 예외 없이 노예의 표상으로 나타났던 점은, 남북전쟁을 마무리하고 새로운 약진을 기획했던 그 목표에 흑인이 배제되고(될 수도) 있음을 드러내고 있는 셈이다.[13] 만국박람회를 주최한 기획자들의

---

12) 첸강·후징초, 이정선·김승룡 옮김, 『유미유동 — 청나라 정부의 조기유학 프로젝트』, 시니북스, 2005, 151쪽.
13) 박진빈, 「만국박람회에 표현된 미국과 타자, 1876-1904」, 140~141쪽.

그림17 1889년 파리 만국박람회 앙바리드에 전시된 식민지 주민. 이 독특한 사진은 앙바리드의 성격을 묘하게 포착한 대표적 사진이다. 양복에 수염을 기른 단정한 백인 서양 남성과 가슴을 드러낸 채 반나체로 이에 맞서(?) 처다보고 있는 흑인 여성은 앙바리드 전시의 성격을 드러낸다.

연출 속에 흐르는 정치적 시선에 대해 중국의 초기 만국박람회 참여자들은 그다지 민감하지 않았던 것 같다.

박람회가 무엇이더냐, 라는 이규의 질문에, 미국에 유학한 어린 유학생은 "식견을 넓히고", "새로운 기술을 보고", "나라 사이의 관계를 돈독히" 한다고 대답했었다. 그것은 그 당시의 가장 상식적인 대답이다. 그러나 만국박람회의 전시공간은 이미 어떤 기준에 의해 분류·서열화된 시선을 통해 생산되는 기술문명·학문·외교의 전시공간이다. 인류학이라는 학문의 힘을 빌려 '교육'이라는 기치를 내걸었던 1889년 파리 만국박람회의 거대한 식민지촌이 그 예다.

앙바리드라는 이 식민지촌은 1877년 식물과 동물만이 아니라 '미개'의 원주민들을 인류학적인 '교재'로 전시했던 자뎅(Jardin) 동식물원을 확장한 전시 방식이었다.[14] 수집광 서양인이 중절모자를 쓰고 기형의 중국인들을 수집해 갔던 것처럼, 프랑스는 식민지령의 원주민들을 인류학적인 교육을 보급한다는 명분으로 '인간 동물원'의 전시 방식으로 박람회의 볼거리를 제공하고 있었다. 사진(**그림17**)의 구도대로라면 누가 누구를 구경하고 있는지 모르는 것이지만, 유럽인의 시선에서 보자면 그들은 분명 눈앞에서 펼쳐지고 있는 '열등한' 민족학적 실물전시를 구경하고 있는 것이다. 이러한 박람회의 전시공간에서는 원주민 여성의 시선에 포착되는 유럽인의 모습은 결코 문제되지 않는다. 이미 전시의 대상이 되어버린 원주민들은 박람회 기간 동안 몇 개월을 살면서, 1개월이 지날 무렵부터는 '미개인'으로서의 낯설고 이국적인 의례와 행동을 관객의 시선에 부응하여 '연기'해 나가기도 했다. 19세기 말의 진화론과 인종학이 전시 장르에 표명되기 시작했음을 알리는 이 사건으로부터, 이후 박람회의 각종 볼거리에는 이러한 인간전시가 인류학적 교육이라는 명분 아래 심심치 않게 프로그램으로 등장하게 된다.

14) 요시미 순야, 이태문 옮김, 『박람회』, 논형, 2004.

"흑색, 홍색, 갈색인은 혈관 속의 미생물과 뇌의 각도가 백인과는 멀고, 오직 황인종만이 백인종으로부터 그렇게 멀지 않다"[15]고 생각했던 탓일까, 서양의 만국박람회에 참가했던 중국인들은 이러한 인종전시에 민감하지는 않았다. 아마도 이러한 '미개인' 전시의 대열에 황인종, 특히 교양 있는 중국인은 결코 끼지 않는다는 인종학적 판단에 의한 것이겠지만, 그러나 "황인종은 백인종과 그리 멀지 않다"라는 말은 이미 백인이라는 우열 인종의 기준을 받아들이고 있다. 그러나 실제로 만국박람회에서 중국의 표상은 17세기 후반에서 18세기에 걸친 시누아즈리(Chinoiserie ; 중국〔시누아支那〕풍의 유행)로부터 급격히 추락하고 있었다.

유명한 1893년 시카고의 만국박람회는 근대문명의 전시장 '화이트시티'(White City)와 인종학적 전시장 '미드웨이'(Midway)라는 두 개의 공간 배치를 기획했는데, 미드웨이는 인류학적 전시장이자 볼거리를 제공하는 전시공간이었고 중국은 미국의 원주민 및 각종 비백인 국가와 함께 미드웨이에 포함되어 전시되었다. 같은 시기 일본은 화이트시티의 호수 위의 섬에 특별한 공간을 얻었다.[16] 근대문명의 전시장 한쪽에 들어선 일본은 "동양의 양키" 혹은 "서양의 파트너"의 호칭을 얻기 시작하면서, "도덕적"이며 "청결하며" "독특한 미학"을 가진 자포니즘(Japonism)의 이미지를 생산하고 있었다.

이것은 1904년 세인트루이스 만국박람회에서도 마찬가지이다. "예술적이라는 단어를 나라 전체에, 가장 가난한 인력거꾼에게조차 적용할 수 있는 민족"[17]인 일본의 이미지는 "이제는 일본을 앵글로색슨 족 동맹에 가입시켜야 하지 않을까"라는 제안으로도 이어진다. 반면 중국의 보통 사람은 "돼지꼬리 머리를 한" "탐욕스러운" "게으름뱅이"이거나, "무정하고 차가운 이교도"의 이미지로 미국 내에 확산되고 있었다.[18] 대중사회에 퍼져 있던 중국인의 이미지는 중국이민금지법을 시행했던 무렵 급격하게 추락하고 있었다(그림18). 1904년 세인트루이스 박람회에 나선 서태후는 자신의 외교적 이미지를 바꾸고자, 부윤(溥倫)을 위시한 황실 참가단에게 우아한 전통 의상과 장신구, 그리고 서양인이 좋아할 만한 중국의 전통 공예를 전면에 내세웠다. 그리하여 "우아하고" "아름답다"는 평가를 얻어 내기도 했다. 그러나 박람회의 행사에 참가했던 평범한 중국인들은 박람회 관람객이나 세인트루이스 시민들과 마주칠 때마다 조롱을 당하거나 심지어 물건을 투척당하는 시련을 겪어야만 했다. 이쯤 되면 중국의 표상은 급격하게 추락하게 된다. 이러한 중국의 표상은 인종전시가 시작된 이후 만국박람회장 여기저기서 서서히 발견된다. 그러한 표상의 추락 뒤에는 문명과 야만의 단선진화

15) 梁啓超, 「論中國之將强」, 『飮氷實文集』 2, 中華書局, 1989, 13쪽.
16) 박진빈, 「만국박람회에 표현된 미국과 타자, 1876-1904」, 143쪽.
17) Margaret Eytinge, "Pretty and Precise : Ceremonies of the Japanese as shown in Chicago", *Chicago Tribune*, 30 July, 1893, p.26.
18) 조은영, 「미국의 동양읽기─문화적 타자로서의 일본과 동아시아, 1853-1914」, 『미술사학연구』, 2002, 146~147쪽.

그림18 상업홍보 목적의 트레이드 카드에 묘사된 중국 이민자의 형상. 20세기 초 미국 등으로 퍼져 나간 중국 노동자들의 이미지는 "추잡하고 탐욕스러운" 이미지로 형상화된다. 특히 변발은 "돼지꼬리"라고 불리면서, 중국인은 돼지와 같은 금수의 이미지로 드러나고 있었다. 중국인은 진화가 덜 된 혹은 퇴화를 하기 시작한 이미지로 드러나기 시작한다.

론이나 인종차별적 관념을 기반으로 하는 인류학의 시선이 깔려 있으며, 그것은 또한 동양의 양키를 자청했던 일본의 외교, 미국 내의 중국이민금지법 등과 같은 각종 힘의 쟁패가 움직이는 복잡한 정치적 장이 숨어 있다.

　　그러나 이 추락하는 중국인에 대한 표상들을 19세기 만국박람회장의 중국인들은 민감하게 감지하지 않았다. 여전히 '중화'(中華)는 '미개한' 원주민들을 구경하면서 안도할 수 있었다. 스스로는 '백인종'과 그다지 멀지 않은 황인종이기 때문에 충분히 맞대결할 수 있다고 생각했다. 그러나 만약 스스로 미개하다고 여긴 원주민들과 더불어 자신들이 전시되고 있음을 알게 된다면 어떠할까? 더욱이 그러한 전시의 기획을 중화의 내부라고 생각했던 황인종이 하게 된다면 말이다. 오사카의 인류학 전시관에서는 더 이상 구경하는 관객의 편안함을 느낄 수가 없게 된다.

3 구경거리가 된 중국의 표상 : 오사카 내국권업박람회의 두 사건

1) 일본이 '지나인'을 전시하다 : 인류학관 사건

1903년, 일본으로 유학한 학생들이 만든 잡지 『절강조』(浙江潮) 2기의 어느 기사란에는 「박람회휘보」라는 제목의 일본 신문 기사가 번역되어 실렸다.

인류관 설립에 대해, 니시다 마사토시(西田正俊) 씨 등 몇몇 뜻있는 인사들이 박람회에 흥미로운 볼거리를 제공하기 위해 본관 정문 밖 150평의 땅에 인류관을 세울 예정이다. 인류관은 가장 가까운 지역의 이인종인 홋카이도의 아이누, 대만의 생번(生蕃), 류큐(琉球), 조선, 지나, 인도, 자바 등의 원주민을 고용하여 이들의 고유한 생활 모습, 즉 계급·인정·풍속 등을 전시하고자 한다. 각 인종의 주거 모형, 옷차림, 기구, 동작, 놀이와 예술 등을 일반인이 관람할 수 있도록 하기 위해 쓰보이 쇼고로(坪井正五郎) 박사의 협력을 얻어 이미 일곱 종족 사람들과 고용 계약을 맺었다고 한다.[19]

간단하고 건조한 기사였지만 반응은 격렬했다. 특히 황해를 건너온 중국 유학생들의 반응은 민감했다. 청(淸)은 공식적으로 항의를 표시했지만, 제도에 짓눌린 관료의 몸놀림은 신뢰를 주지 못했다. 유학생들은 특유의 가벼운 몸을 민첩하게 움직이기 시작했다. 소집회의를 열고 화교 상인들에게 불참을 호소하고 주최측과의 교섭을 도모하며 호소문을 내걸었다. 슬픔과 분노에 젖은 호소문에는 "우리는 일본이 도대체 무슨 생각을 하는지 알 수 없다", "인도·대만·아이누 어느 것도 아시아가 아닌 것이 없는데 왜 일부러 그들의 추태를 전시하여 웃음거리로 만들고 있는가"라며 '황인전승'(黃人戰勝), '동아궐기'(東亞蹶起)를 내세워 아시아의 연대를 주장했던 일본에 대해 불만을 표시하기 시작했다.

아마도 황인종 연대를 부추기며 러일전쟁을 합리화했던 일본이 연이은 전쟁의 승리 이후 지속적으로 청(淸)을 경멸해 갔던 일련의 여러 사건들이 더해졌기 때문일지도 모르겠다. 스스로 일본을 배우겠다고 온 유학생들이 품었던 정열은 연이은 전쟁의 결과들을 보면서 '우승열패', '도태'의 강박관념이 더해져 과민할 정도로 민감한 정서로 변하고 있었다.[20] 중화제국의 사람이라는 도저한 자신감만으로는 버틸 수 없는 세계를 몸으로 느끼게 되면서 정서는 동요하기 시작했다. 그들은 일본의 인류관의 전시를 비난하면서 "우리가 보기에 일본 곳곳에 동물관과 수족관들이 설치되어 있는데 이번에 인류관을 또 세우니, 이는 명백히 우리를 동물이나 어류로 보는 것이 아니겠느냐"라고 항변했다. 만국박람회의 인종전시장에서는 그다지 드러나지 않았던 감각이 촉수처럼 민감하게 뻗어 나오기 시작하는 것이다. 하지만 이처럼 자신들이 차별적인 시선에 의해 전시된다고 민감하게 받아들였던 것은 다음과 같은 생각 때문이기도 하다. "인도·류큐는 멸망한 나라로서 영국과 일본의 노예요, 조선은 우리의 옛 속국으로 지금은 러시아와 일본의 보호국으로 전락했다. 자바·아이누·대만의 생번은 짐승에 가깝다. 우리 지나인이 아무리 천시를 당할지라도 어찌 이 여섯 종족과 같은 대접을 받

19) 『浙江潮』 2期, 1903. 2.
20) 옌안성, 『신산을 찾아 동쪽으로 향하네』.

그림19 1903년 오사카 내국권업박람회의 '기계관' 건물 사진이다. 기계관과 같은 근대적 힘을 드러내는 파빌리온(pavilion)은 이와 같은 서양 건축물의 양식을 채택하고 있다.

을 수 있겠는가"[21]라는 호소문을 곰곰이 씹어 보면, 그들이 "심히 유감으로 생각하는 것"은 인도, 조선, 아이누와 같은 "열등 민족에 우리를 그 중 하나로 깎아내리는"[22] 일본의 취지인 셈이다. 중화제국의 표상을 중화의 내부와 동등하게 진열하고 있는 이 상황은 서양 열강이 중국을 전시했을 때보다도 더욱 중화의 자존감을 자극하는 것임에 틀림없다. 격렬한 유학생들의 반응에 대해 지나치게 흥분하는 것이 아닌가 라는 일본인들의 우려도 있었지만, 결국 오사카 화교들까지 "만약 일본인이 계획을 철회하지 않으면 오사카 주재 중국 상인은 개횟날 검은 깃발을 걸어 애도를 표할 것이다"라는 연대 성명을 발표하기에 이르면서 인류관의 지나인 전시는 철회된다. 인류관의 지나인 전시는 박람회의 개막 전에 철회되지만, 그러나 제5회 오사카 내국권업박람회의 또 다른 전시공간을 통해 이 문제는 복잡하게 불거지고 있었다.

2) 제국의 표상을 둘러싼 전쟁 : 대만관 사건

제5회 오사카 내국권업박람회가 개최되자 일본 주재의 유학생과 수많은 중국인들은 박람회장으로 발걸음을 옮기게 된다. 당시 유학생이 700명에 육박했고 박람회 개최 동안 9,000명이 참관했을 정도로 수많은 '군중'이 운집했었다. '박람회에 적절한 양식은 서양 건축법의

21) 『浙江潮』2期, 1903. 2.
22) 『浙江潮』4期, 1903. 4. 주굉업(周宏業)과의 대화.

그림20 오사카 내국권업박람회에 세워진 대만관의 모습이다. 서양식 파빌리온 사이에 유일하게 전통 양식으로 건축되어 있다.

원리를 바탕으로 적절하게 응용한다"[23]는 취지를 살린 거대한 박람회 파빌리온은 정문에서 부터 일관되게 솟아올라 있었다. 서양의 양식을 완벽하게 복제한 거대한 파빌리온을 돌며, 지나인 전시 사건으로 불편한 기운을 삭이고 있었던 한 유학생은 "메이지유신 이래 겨우 30년 사이에 유럽의 기계 제조의 방법을 모두 훔쳐 몸에 걸쳤으니 일본은 절도의 영웅이다"라며 "일본의 근년의 진보"를 에둘러 평가했다.[24]

한편, 기계관을 비롯한 대부분의 파빌리온이 '박람회장의 적절한 양식'인 '서양 건축법의 원리'로 세워져 있었던 것과 달리 익숙한 '전통 양식'으로 자신의 존재를 드러낸 것이 있었다. 흑색·청색·감청·홍색 등 극채색의 누문(樓門)과 익랑(翼廊)으로 구성된 대만관(臺灣館)이 바로 그것이다. 대만관의 양식은 일본어로 표기된 그 당시의 기사에 따르면 "남방 지나식"이었으며, 파빌리온의 인테리어는 마치 "지나에 온 기분"이 들 정도로 "순연한 지나풍"이었다. 흥미로운 것은 동일한 기사가 대만인용으로 작성된 한문(漢文) 기사에서는 "건설 양식은 모두 대만식"으로 "완연한 대만의 풍경"으로 묘사되어 있다는 점이다.[25] '대만관'은 일본인에게는 일본이 '지나'의 일부를 식민지로 삼고 있다는 기억을 심고, 대만인에게는 대만이 청나라의 영토였다는 기억을 지워 버리고 있었다. 이러한 대만관을 청나라 사람들 역시 관람

23) 「事務報告」; 松田京子, 『帝國の視線』, 吉川弘文館, 2003, 74쪽, 주38.
24) 「日本見聞錄」, 『浙江潮』 3期, 1903, 3.
25) 하세봉, 「식민지 이미지의 형성과 멘탈리티」, 『역사학보』 제186집, 2005, 6.

하고 있었다. 관람하던 어느 절강성(浙江省) 동향회 회원은 "옷차림은 어제와 같으나 주인은 이제 내가 아니다"라는 기막힌 심정에 "분함을 마시고 소리를 삼키며" 지난 제국의 과거를 씹어 봐야 했다.[26] 대만관은 제국이었던 청나라와 새로운 제국을 갈망하는 일본, 그리고 제국의 욕망들과 항상 충돌하는 대만의 기억이 복잡하게 얽히고 있었다.

박람회를 관람하던 중국인들은 대만을 둘러싼 각종 표상들에 민감했었다. 박람회 개최 전에 일어났던 인류관의 지나인 전시 사건이 촉수를 날카롭게 세우게 했을지도 모르지만, "분노를 삼키며" 관람하던 중국인들은 일본인들이 대만을 표상한 방식들에 대해 항의를 터뜨리기 시작했다. 계기가 되었던 것은 대만관 한쪽에 전시되어 있던 물건들이다. 전시된 물건은 '청국 복건성 출품'으로, 청나라 출품 장소에 전시되어 있어야 할 것이 일본의 식민지 풍속을 전시하는 대만관에 전시되어 있었다. 그것은 사람들의 민감한 신경을 폭발하게 만들었다. 담당자가 '복건에서 출품한 물건은 전시 장소가 없어서 단지 그곳에 놓았을 뿐'이라고 차분히 설명했지만, 문제를 제기한 사람들의 분노를 풀 수는 없었다. 결국 복건성의 물건을 호북성 코너로 옮기지 않으면 '진열장을 깨뜨려서라도 물품을 철회시킬 각오'가 있다는 유학생들의 격렬한 반응에 밀려 물품은 호북성 코너로 옮기게 된다. 그러나 대만을 둘러싼 표상 문제는 여기에 그치지 않는다.

하루 1,000명에서 1,500명 정도가 오갔던 박람회장의 흥행 장소였던 대만관의 대만 요리점에서는 각종 먹거리와 볼거리가 가득했다. 찻잔을 들고 시중을 드는 대만 소녀들은 "머리모양에서 전족(纏足)을 한 것까지" 사실은 '지나'를 연상하기에 충분했다. 대만 요리점 흥

그림21 대만관의 대만 요리점 홍보물이다. 여기 남자 손님들의 시선을 보라. 전족한 소녀에 꽂혀 있다.

그림22 청나라 복장의 전족한 여인과 아편에 찌든 아편쟁이. 이 사진은 전족과 아편으로 중국을 소개하는 대표적 엽
서였다.

보물(그림21)만 보더라도 남자 손님들의 시선은 바로 차를 따르는 전족한 소녀에 집중되어 있
다. 인기몰이를 주도했던 것은 바로 이 '전족한 소녀' 들이다. 그러나 중국인들의 경우, 구경
거리가 되고 있는 '전족한 소녀' 를 결코 편안히 구경할 수는 없었다. '전족한 소녀' 의 문제는
대만관뿐만 아니라 인류학관에서도 불거져 나왔다. 일본은 지나 외에도 조선과 류큐, 그리고
일본 내의 각종 비판에도 부딪히고 있었지만, 결국 인류관 개설을 강행했다.[27] 이처럼 문제
가 많았던 인류관은 또 한번 유학생들의 거센 비판을 야기했다. 인류관에 "중국옷을 입고 전
족을 한 여자" 가 서 있었기 때문이다. 일본인은 '대만인' 이라고 주장했지만, 그곳을 관람했
던 중국 사람들은 중국의 '호남 사람' 이라고 주장했다. 의혹은 풀리지 않았고 문제는 불거져
결국 도쿄의 유학생 주굉업(周宏業)이 파견되어 사건의 전말과 수습을 맡게 된다.

　　전족한 소녀를 둘러싸고 중국인들이, 특히 유학생들이 민감하게 대응했던 것은 유학생
들 자신이 '변발' 이나 '전족' 으로 인하여 '구경거리' 가 되는 경험을 했기 때문이기도 하다.
'전족' 과 '아편쟁이', 변발' 은 서구가 중국을 표상하던 대표적 방식이었다. 특히 그것은 '근
대 서양의 문명' 과 대비되어 '낡고 오래된 구습' 에 젖은 중국이란 표상으로 흔히 나타났다.
그림22처럼 서양인들이 발행한 엽서에는 전족한 여인과 아편쟁이, 각종 종족의 거지와 난쟁
이들이 중국의 풍속을 상징하는 단골메뉴로 등장했다. 여기에서 중국의 표상은 일종의 구경

26) 『浙江潮』 4期, 1903. 4.
27) 松田京子, 『帝國の視線』, 121~128쪽.

그림23 머리손질을 받는 전족한 소녀. 소녀의 뾰족한 발과 치장을 해주는 여인의 큰 발이 대조적이다.

그림24 19세기 서양인의 카메라가 포착한 일반 중국인의 모습 가운데에는 난쟁이, 거지의 모습이 유독 많다.

28) 『浙江潮』 4期, 1903. 4.

거리로 드러난다. 그리고 서양이 만들어 낸 이러한 표상을 일본 역시 동일하게 사용하여 상당히 대중적인 이미지를 만들어 가고 있었다. 때문에 외국의 낯선 거리를 다니던 유학생들은 일상에서 종종 자신을 구경하고 있는 서양인 구경꾼과 일본인 구경꾼의 시선에 누구보다도 민감했었다.

만국박람회의 '인종전시장'이 박람회장의 구경거리를 만들어 냈던 것과 유사하게, 일본 권업박람회장 대만관의 '전족한 소녀'나 인류관의 여러 종족들의 생활전시 역시 마찬가지의 역할을 수행하고 있었던 셈이다. "일본인 남녀노소가 함께 모여, 모두 희희낙락 태평세월을 즐기는 표정"으로 전족한 소녀를 구경거리로 바라볼 때, 주굉업과 같은 유학생들은 "슬픔을 참을 수 없어 어찌하면 좋을지 몰라 울고 싶은" 착잡한 심정을 누르고 있어야 했다. 대만의 전족한 소녀가 중국을 구경거리로 만들고 있다고 분노할 때마다, 전시관 측은 "제국대학의 박사가 건의하고 대상인들이 출자해서 세운 인류관"이 '학술연구'의 일부일 뿐이라고 차분하게 설명하곤 했다. 사건의 전말을 알아보러 파견된 유학생 주굉업 역시 "일부로 어떤 악의를 가지고" 한 것이 아니라 순수한 '학술연구'의 일환일 뿐이라는 설명에 뒤로 물러서야 했다.[28] 결국 주

212

굉업은 학술관 측으로부터 호남 출신이 아니라
는 확인서를 받고 마무리를 한다. 하지만 그가
사태의 수습 과정에서 끊임없이 들었던 "순수한
인류학 학술연구"라는 설명은 흥행몰이를 하는
전족 소녀의 전시를 바라보던 유학 청년의 심사
를 착잡하게 만들기에 충분한 것이다.

　여기서 순수한 학술연구를 위해 건의한 '제
국대학 박사'는 쓰보이 쇼고로를 가리킨다. "외
국 박람회에서는 인류학을 참고로 하여 회장 안
에 각국 인종을 전시하고 인종의 골상학과 생활
을 제공한다"면서, 그는 그 인류학이 자신의 오
사카 박람회에서 실현되기를 고대하고 있었
다.[29] 그리하여 '세계인종지도'를 전시하고, 무
엇보다도 '가까운 아시아 지역'을 '인류관'에 전
시하고자 했다. 하지만 교육을 목적으로 한다는
인류학 연구는 외국의 박람회가 그랬던 것처럼,

그림25 1884년 다량 제작된 존 로저스(John Rogers)의
「무도장에서의 골상학」(*Phrenology at the Fancy Ball*).
양복을 입은 두개골이 큰 서양인이 커다란 손으로 기
모노를 입은 두개골이 작은 일본인의 두상을 계측하고
있다.

앎이 대중화되는 과정에서 어떤 모순들을 만들
게 되는지에 대해서는 충분히 고민하지 않은 채
진행되고 있었다. 만국박람회 곳곳에서는 뇌가

무척이나 큰 서양인이 기모노를 입은 뇌가 작은 일본인을 어루만지며 '골상학'·'인류학'을
이야기하는 옆의 조각상(그림25)과 같은 풍경이 뒤틀린 모습으로 연출되었고, 인종전시는 전
혀 불편함이 없는 지식의 하나로 받아들여지기 시작한다. 그리고 쓰보이의 인류학 역시 머리
가 큰 서양인이 큰 손으로 일본인의 작은 두개골을 어루만졌던 것처럼, 마찬가지의 패턴으로
자국의 박람회에서 가까운 아시아 인류의 골상과 풍습을 어루만지기 시작했다. 순수한 학술
적 연구는 연구의 대상을 '구경거리'로 전락시켰다. 여기서 구경거리가 된 사람들의 고통을
은폐할 수도 있다는 연구자의 불안은 좀처럼 드러나지 않는다. 전시된 아시아 인류들의 불만
이나 분노에 마주칠 때마다, 오히려 '악의가 없는', '순수한 학술연구'는 그 분노들과 차분히
대면하고 있었다. 1895년 청일전쟁 이후 대만 구관(舊慣)에 대한 조사 결과인 '원주민들의
일상생활과 풍속' 전시 속에는 원주민들이 처하고 있는 곤경들이 드러나지 않았다. 오사카

29)「大阪每日新聞」, 1903년 3월 28일자 ; 松田京子,『帝國の視線』,「博覽會と人類學」, 주42.

그림26 원주민의 저항은 이처럼 야만적인 짐승의 형상으로 드러나곤 했다. 이러한 전쟁이 원주민의 일상이었지만, 원주민의 일상생활을 전시한 인류학관에서는 전혀 드러나지 않고 있었다. 「대만의 토인이 왜인을 먹다」(番食倭肉), 『점석재화보』 제418호, 1895. 8.

그림27 거듭된 일본인과의 싸움 속에서 원주민들은 기아에 허덕이며 극도의 빈곤층으로 전락해 간다. 화보 속의 글에 따르면 원주민들은 일본군의 잔혹한 진압에 죽어 나가면서 그들의 피가 강물을 이루었고, 살아남았더라도 유리걸식하며 고통 속에서 살아가야 했다. 화보는 마침 서양의 어떤 정의로운 자(화보 속 중절모 신사인데, 과연 그가 과거의 문명인과 얼마나 다른지는 의심스럽다)가 이들의 실상을 세상에 알리고 돕고자 온 것이라고 보도하고 있다. 「도움을 기다리는 대만의 원주민」(臺民待賑), 『점석재화보』 제459호, 1896. 9.

박람회장에 대만 원주민의 일상생활이 수집·전시되기까지, 대만에서는 원주민의 '절멸'을 염두에 둔 총독부와 원주민 사이의 무력투쟁이 계속되고 있었다는 것은 박람회장에서는 결코 볼 수 없는 사실이었다.[30] 제국이었던 중국이나 제국을 꿈꾸는 일본이 만들어 낸 야만의 대만 원주민들은 **그림26**에서처럼 일본 할양 이후에도 계속 무력저항하고 있었지만, 청나라에서 서양과 일본으로 문명인들의 모습이 바뀌는 가운데 원주민들은 야만을 '절멸'하려는 문명인들과의 계속된 싸움 속에서 그 씨가 말라 가고 있다는 사실은 박람회장 어느 곳에서도 제대로 드러나지 않고 있다. 대만의 일상은 결코 평온하고 즐거운 오락거리가 아니었지만, 순수한 학술연구의 결과인 인류학관은 대만의 일상을 평온한 교육공간의 볼거리로 제공하고 있었던 것이다.

　진화론과 인류학이라는 앎이 박람회장이라는 전시공간을 통해 대중화되는 과정에서, 총성 대신에 표상을 둘러싼 전쟁이 사실 더욱 노골적으로 진행되고 있었던 셈이다. 그것은 노골적이지만 차분하고 조용하게 현실을 잠식하고 모순을 은폐한다. 만국박람회에서 일본의 자국박람회에 이르기까지, '박람'의 공간을 유람했던 무너져 가는 중화제국의 청년들은 '박람하지 못하면 망할 것이라는' 불안감 속에서, 표상을 둘러싼 보이지 않는 전쟁들을 서서히 감지하고 있었다. 그리고 민감해진 촉수는 분노와 슬픔의 정서에만 머무를 수가 없었다. 단련에 단련을 거듭하여, 슬픔의 정서는 청조를 대신할 새로운 정치체제 속에 새로운 표상의 전시공간을 건설하려는 의지로 변신해야만 했다.

30) 近藤正己, 「臺灣總督府の '理番' 體制と霧社事件」, 『近代日本と植民地 2: 帝國統治の構造』, 岩波書店, 1992.

▌거울의 변신 ▌ – 근대 중국의 광학기계와 문화

1 거리에 넘치는 '빛과 그림자'의 유희 : 사진에서 서양 그림자극까지

청말 『점석재화보』에는 종종 조선의 정치적 상황이 실리곤 했었다. 갑신정변의 주동인물이
었던 김옥균의 암살 장면을 그린 **그림28**의 화보 역시 조선의 정치적 상황을 그리고 있다. 여
기서 눈여겨 볼 것은 김옥균이 아니라 김옥균의 암살을 시도하는 자객에 대한 이야기다. 화
보의 상단 부분의 글에는 "조선의 국왕은 사람을 시켜 일본에 있는 김옥균을 암살하고자 했
다"고 한다. 이 자객의 암살은 "성공하지 못했고" 이후 다시 상해로 도피한 김옥균을 홍종우
가 살해했다고 보도하고 있다. 여기서 '일본에 파견된 자객'은 한국 초기 사진 수용의 중요
한 인물이었던 지운영(池運永)을 가리킨다. 그가 '특차도해포적사'(特差渡海捕賊使)라는 밀
명을 받고 파견되었던 것은 호신술도 뛰어나고 평소 개화파와 관계가 깊었던 탓도 있지만,
수신사 박영효의 수행원 신분으로 갔다가 일본에서 정교한 '사진술'을 습득하고 마동에 촬
영국(撮影局)을 개설했던 그의 이력 탓이 더 크다. 카메라 구매의 목적으로 도일(渡日)이 가
능했고, 그렇기 때문에 일본 체류 중인 개화파 김옥균에게 다가갈 수 있다고 생각했던 것이
다.[31] 실제로 지운영이 일본에 갔던 것은 촬영 기계들을 구매하려는 목적이 더 컸다고 한다.
그의 마동 촬영국이 1884년 갑신정변 당시 파괴되고 약탈되었기 때문에, 애써 공들인 사진

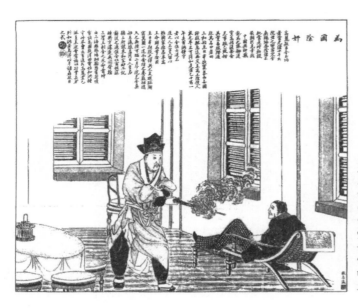

그림28 『점석재화보』에는 종종 조선
의 정치·풍속을 소개한 화보가 있
다. 이 화보는 김옥균 암살에 관한 것
이다. 암살을 맡은 자객은 처음에는
일본으로, 다음에는 상해로 파견되
었는데, 일본으로 파견된 자객은 한
국 초기 사진사의 중요 인물인 지운
영이다. 「나라를 위해 간흉을 제거하
다」(爲國除奸), 『점석재화보』 제370
호, 1894. 4.

그림29 상해 남경로의 여화(麗華) 사진관 앞의 군중. 1890년 전후 촬영된 것으로 보인다. 사진관 유리 앞에 다닥다닥 붙어 서서 사진 보기에 열중인 사람들, 그리고 카메라가 신기한 듯 카메라 앞으로 모여 든 군중들의 모습이 흥미롭다.

의 세계를 다시 재건하기 위해서 여러 차례 도일할 수밖에 없었던 상황이었다. 초기 한국의 사진술은 이처럼 일본이나 중국을 통해 서양의 신문물인 '사진술'과 접촉할 수 있었던 소수의 손에 머물고 있었다.

"서양 사람들이 어린이를 유괴하여 끓는 솥에 넣어 삶은 다음 말려서 가루를 내어 마법 상자(사진기)의 약을 만들고"[32] "어린아이의 눈알을 빼 카메라 렌즈로 만든다"는 해괴한 풍설로 가득 찬 서울의 거리. 여기에서 사진술이 아무런 갈등 없이 존재한다는 것은 불가능하다. 해괴한 풍설은 조선에서의 이권을 둘러싼 구미 열강과 일본, 청나라가 대중을 선동하여 불안한 정서를 유포함으로써 상대방을 흠집 내려는 전략과 무관하지 않다. 사람의 얼굴을 터럭 하나까지 찍어 내는 사진은 대중의 불안한 정서를 유포하기에 적합한 최적의 신문물이었던 셈이다. 이런 상황에서 사진을 향한 소수의 열정만으로는 대중의 불안한 정서를 간단하게 이겨 낼 수는 없다. 서양인 거주지였던 정동 일대에는 어린이들을 지키기 위해 사람들이 몽둥이를 들고 있었고, 일본인 거주지였던 진고개에는 아이들을 데리고 다니지 말라는 경고문이 붙어 있었다. 사진이라고 하는 신문물이 편안하게 받아들여지기 위해서는 어느 정도의 시간을 기다려야만 했다. 또한 대중을 사로잡을 열정적인 사진가의 수도 증가해야 했다.

지운영과 함께 사진의 열정을 불태웠던 황철(黃鐵)은 지운영과 달리 중국을 통해 사진술을 익혔다. 조선에서 신문물의 세계와 접촉할 수 있는 사람은 호기심과 열정으로 가득 찬 소수의 사람들이었지만, 황철이 보았던 동시대의 중국은 조선과는 달랐다. 중국 역시 서양인은

31) 최인진, 『한국사진사 1631~1945』, 114쪽.
32) 같은 책, 124쪽.

그림30 프랑스 세관 총검찰관 쥘 이티에르(Jules Itier)가 촬영한 기영의 은판 초상사진(1844년).

그림31 「사진 파는 사람」(賣照片), 『도화일보』 제217호, 1910. 3. 29.

"사람의 눈알을 빼내어 소금에 절여 사진 찍는데 사용하고", 사진을 찍으면 "정신까지 함께 찍혀 나간다"는 해괴한 풍설이 도처에 가득 차 있었다(노신, 「사진찍기 등에 대하여」). 그러나 이런 소문이 조선의 군중들을 불안하게 만들어 교란하고 제어하고 있었다면, 황철이 만난 동시대 중국의 군중들은 해괴한 소문에도 불구하고 **그림29** 처럼 사진관 앞을 호기심 어린 눈빛으로 가득 메우고 있었다. 사진관에는 종종 "증대인(증국번), 이대인(이홍장), 좌중당(좌종당左宗棠), 포군문(포초鮑超)"과 같은 태평천국의 난을 진압한 관료들이 걸려 있었고 어른들은 사진관을 구경하는 아이들에게 저와 같은 관료가 되길 독려하기도 했다(「사진찍기 등에 대하여」). 농민봉기 진압 관료에서 유명한 경극배우 매란방에 이르기까지, 사진관에 걸려 있는 사진들은 시간이 지나면서 사건의 부침과 각종 유행에 따라 끊임없이 걸렸다 사라짐을 반복하면서 사람들의 눈을 유혹하고 있었다. 또한 군중들은 그러한 사진의 이미지를 소비하고 있었다.

1839년 다게르가 사진을 발명한 지 불과 몇 년 후, 1843년 다게레오 타입(Daguerreo Type; 은판사진법)이 처음 중국에 발을 들여 놓게 된다. 1844년 8월, 마카오에서 프랑스·이탈리아·영국·미국·포르투갈 등과 조약을 맺을 때 중국 측 회담 대표인 기영(耆英)이 사진을 찍은 이후,[33] 사진은 아편전쟁 이후 생겨난 조계지를 따라 빠르게 퍼져 나가고 있었다. 황철이 사진을 배워 갔던 상해는 1870년대에 이미 중국인 스스로가

---

33) 焦潤明·蘇曉軒 編著, 『晚淸生活掠影』, 沈陽出版社, 2002, 18쪽.

사진술을 연구하고 사진관을 개업하여 1880년
대에는 삼흥(三興)·공태(公泰)·의창(宜昌)·항
흥(恒興) 등의 사진관이 거리에서 사람들의 눈
을 유혹하고 있었다. 1871년 발명된 노출시간
을 짧게 만드는 건판사진술(dry plate)은 1880
년대에 이미 상해 거리에 일반화될 정도였으
니, 새로운 기술에 대한 열정이 현실화되어 소
비공간을 만드는 속도는 분명 동시대 조선에서
는 체감되기 어려운 것이다.

　'박래품'(舶來品)이었던 사진이 군중들의
"호응을 받아 시장에 넘쳐 나고" "미술 상품의
하나"가 되기까지[34] 시간은 그리 오래 걸리지
않았다. 사실 상해 남경로의 사진관에 모인 군
중들의 호기심 어린 시선에서 본다면, 청말의
일상에는 의외로 다양한 그림의 세계가 숨어
있다. 박래품인 사진이 군중들의 심리적 저항
을 뚫고 접속할 수 있었던 것은 청말 일상에 잠
겨 있는 그림에 대한 욕구들과 만나고 있기 때
문이다. 굳이 사진관을 가지 않아도 종종 사람
들은 사진을 파는 장사치(그림31)로부터 사진을
사고는 했다. 빛으로 그린 그림만을 샀던 게 아
니었다. 사람들은 일상의 공간을 채울 그림들
을 종종 사들이고 있었다. 대문 앞에서 노려보
고 있는 무서운 종규(鍾道) 문신(門神)에서 시작
하여, 대문을 열면 보이는 영벽(影壁), 그리고
우물·굴뚝·아궁이를 거쳐 물 항아리·쌀 항아
리·창가·옷상자·탁자·구들에 이르기까지 집
안에는 온갖 그림이 더덕더덕 붙어 있었다. 사
람들은 일상의 공간을 장식하기 위해 각종 그

그림32 대문 앞에 종종 붙어 있는 종규 문신.

그림33 집안의 화복을 갈구하는 소주(蘇州)의 대표적 민
간연화.

34) 「寫眞染法」, 『東方雜誌』 제9권 10호, 1913.

림들을 샀다. 악귀와 나쁜 기운을 막기 위해서, 부유한 삶과 평안한 복을 위해서 사람들은 그림을 사고 있었다. 각종 소망이 담겨 있는 이 그림에 대한 수요를 방증하듯, 이른바 '민간연화'(民間年畵 ; 민화)를 제작하는 곳의 수는 상당했다. 하남, 개봉, 사천, 복건, 강소, 소주, 산서, 천진, 산동 유방(濰坊) 등 중국 전역에 퍼져 있는 그림제작소는 공장을 방불케 할 정도였다. 특히 천진의 양류청(楊柳靑), 소주의 도화오(桃花烏), 유방의 양가부(楊家埠) 등은 수많은 공방을 거느리며 마을 전체가 그림을 팔고 있을 정도였으니 말이다.[35] 청말, 이처럼 곳곳에 퍼져 있는 그림의 생산 유통망에 석판인쇄술과 같은 새로운 기술이 결합되었을 때, 그림을 소비하는 공간은 무한히 확장된다. 『홍루몽』 등 각종 다양한 소설과 결합한 그림은 소설의 소비 흐름을 타면서 변신을 거듭하며 유전(流轉)되었고, 또한 『점석재화보』를 비롯한 다양한 화보들은 당시의 세태와 사건을 기록하면서 일상에서 묻혀 버리기 쉬운 이야기들을 들추어 내기도 했다.[36]

'박래품'인 사진술은 일상에 퍼져 있는 그림들의 세계와 서서히 만나고 있었다. '빛으로 그린 그림'(photography)이 "터럭 한 올까지 그대로 그릴" 때, 사람들은 영혼을 빼앗길까 두려워하기도 했지만 한편으로는 생생한 재현감에 경탄을 금치 못하고 있었다. 그들은 특히 '초상사진'에 강렬하게 유혹됐다. 1850년대 서양인들이 처음 중국에 사진관을 세웠을 때, 사람들은 터럭 한 올까지 재현되는 초상사진의 생생함에 흥미를 느껴 다투어 사진을 찍을 정도였으니 말이다.[37] 사진이 중국어로 '조상'(照相)이란 번역어를 얻어 갔던 것은 초상화를 소비했던 사람들의 욕구와 어느 정도 관계가 있었다. 민간에 광범위하게 퍼져 있었던 초상화는

그림34 「북경성백성창당포」(北京城百姓搶當鋪) : 천진 양류청의 대염증(戴廉增) 화방에서 제작된 목판연화. 1900년 8개국 연합군이 북경을 점령한 뒤 생존의 기로에 서 있는 빈민들이 폭동을 일으켰을 때의 이야기를 다루었다. 연화 기법으로 세태를 사실적으로 묘사한 것이 특징이다.

다양한 일상에 관계하고 있다. 사람들은 살아 있
는 사람들의 초상은 물론이요, 제사용으로 쓸 선
조의 초상(유상遺像), 장수를 기원하는 초상(수상
壽像)을 그리기도 했다. 유행하는 소설이나 희곡
의 인물 초상은 꽤 잘 팔리는 물건이었는데, 어
떤 때는 고매한 학자들의 초상 모음집이 인기 몰
이의 주도권을 쥐기도 했다.[38] 이처럼 초상화를
소비하는 욕구는 일상을 가득 채우고 있었다. 살
아 있는 사람의 초상을 '소조'(小照)라고 하고 죽
은 이의 초상을 '영상' (影像)이라고 하면서, 초상
화를 파는 곳을 '영상포' (影像鋪) · '화상포' (畵像
鋪)라고 하였다. 그곳에서 초상을 그리고 사는
사람들의 눈에 '빛으로 그린 그림'이 보여 주는
생생한 재현감은 꽤나 매력적인 것임에 틀림없
다. 사진이 등장했을 때, 고객이 가장 두려워하
면서도 열광했던 것이 초상사진이고 가장 위기
의식을 느낀 직업화가도 바로 화상포에서 일하
는 초상화가였음은 두말할 필요가 없을 것이다.
화상포의 초상화가들이 점차 사진가로 변신하는
것도 같은 문맥이다.[39]

그림35 『도화일보』가 소개하는 초상화를 그리는 직업
화가. '영업사진' 코너에는 보통 두 개의 직업을 소
개하는데, 이 화보의 옆에는 초상사진을 찍는 사진사
를 소개하고 있다(그림36). 『도화일보』, 제134호,
1909. 12. 27.

　　'빛으로 그린 그림'의 생생한 재현감은 사람들을 흥분시키기에 충분했다. 한편 사진의
복제 가능성은 일상에 충만하게 있는 그림의 세계를 더욱 확장시킨다. 사진기 앞에는 초상화
가 앞에 섰던 사람들보다도 훨씬 다양한 속성의 사람들이 서기 시작했다. 돈을 지불하면 사
진을 손 안에 고스란히 쥘 수 있었다. 지난 세월, 초상화 속의 인물들은 꽤 명망 있는 신분이
나 계급의 사람들만이 자신의 명성을 재현하면서 위엄을 가시화하고 있었다. 종종 그 부러웠
던 초상화의 세계는 이제는 돈을 지불하기만 하면 모방할 수 있었다. 다양한 모습으로 자신

35) 정병모, 「중국의 민간연화(1)」, 『미술세계』, 2002. 3, 134~139쪽. 「중국의 민간연화(2)」, 『미술세계』, 2002. 4,
　　118~123쪽.
36) 정병모, 「중국의 민간연화(1)」, 139쪽.
37) 焦潤明 · 蘇曉軒 編著, 『晩淸生活掠影』, 21쪽.
38) 小川陽一, 『中國の肖像畵文學』, 硏文出版, 1934.
39) 焦潤明, 蘇曉軒 編著, 같은 책.

그림36 초상사진을 찍는 사진사를 소개한 화보. "정신을 빼앗길지도 모르는" 사진기 앞에 이제는 사람들이 자연스럽게 자신을 연출하며 서 있다. 특히 초상사진은 이전의 초상화를 대신하면서 제법 유행을 탄다.

을 연출하여 사진을 찍기 시작했다. 때로는 부의 권력을 가진 사람으로, 때로는 관료의 모습으로, 때로는 유명한 경극배우처럼 자신의 욕구를 재현하면서(「사진찍기 등에 대하여」), 다른 현실을 만나고 싶거나 자신에게 그럴 자격이 있음을 손안에 쥔 사진으로 확인한다.[40] 손 안에 쥘 수 없으면 눈으로 가득 담고 있었다. 사진관에는 반란을 진압한 유명한 관료들의 초상사진에서 혁명이 지나간 뒤에는 매란방과 같은 유명한 경극배우들의 사진까지 내걸려 사람들을 불러 모았다. 또한 유행의 최첨단을 살며 부스러지기 쉬운 유희의 공간에 서 있던 기녀들이 카메라 앞에 내몰리기(나서기) 시작했다. 돈이 되는 가벼운 취미를 다루던 소설 잡지에는 종종 당대 유명한 기녀들의 초상사진이 눈길을 끌고 있었고, 그녀들은 이후 사진인쇄술과 결합한 각종 광고의 주인공을 차지하게 된다.

사람들은 부재하는 현실을 손 안에 쥐고 확인하고 싶어 한다. 지나가면 부스러져 사라질 일상의 순간을 손 안에 쥐고 싶어 하며, 닿을 수 없는 욕망의 대상을 손에 쥐고 싶어 한다. 인쇄술이 확장되고 사진과 같은 새로운 테크놀로지를 받아들이면서, 정말 일상을 채우고 있었던 그림의 세계, 즉 이미지를 소비하는 공간은 변신하기 시작한다. 평온하고 부유한 삶을 갈구하는 그림의 주술 효과는 사진이라는 새로운 테크놀로지에서도 여전히 재현되지만, 그러나 그것이 드러나는 방식은 확연히 달랐다. 처음, 사람들은 카메라에 자신들의 영혼이 사로잡힐 것을 두려워했지만, 점차 사진기 앞에 서는 것이 익숙해지면서 카메라의 시선이 포착하는 대상들을 같이 소유하기 시작했다. 그것은 인쇄술과 사진이 결합한 다양한 미디어를 소비하는 군중들이 생겨나기 시작하는 순간이기도 했다.

부서지기 쉬운 유리는 거듭된 변신을 통해서 일상에 서서히 파고들고 있었다. 사람들은 렌즈 앞에 서기도 했지만, 렌즈를 통해 세상을 구경하기도 했다. 조그마한 구멍을 통해 볼 수

40) 수전 손택, 이재원 옮김, 『사진에 관하여』, 시울, 2005.

그림37 저잣거리 사람들을 유혹했던 서양경. 구멍으로 들여다보면 이국의 풍경이나 잘 알려진 이야기를 10칸 정도의 그림으로 보여 준다.

있는 세상은 말 그대로 눈을 잔뜩 유혹하고 홀리는 '요지경'의 세상이다. 시장통을 드나들던 아이들과 그들의 엄마들이 꽤나 열광했던 '서양경'(西洋鏡)은 조그마한 상자 속에 굉장한 구경거리를 감추고 있어서, 지나가는 사람들은 웬만하면 지나치지를 못하고 꼭 들러 눈요기를 하곤 했다.[41] 조그만 구멍으로 상자 속을 들여다보면, 잘 알려진 각종 자질구레한 영웅이야기, 인과응보 이야기들이 파노라마처럼 펼쳐져 있었다. 이러한 패턴은 그 당시의 민간연화에서 종종 보이던 것인데, 아마 지금의 눈으로 보면 몇 칸짜리 만화와 비슷할 것이다. 사소한 이야기(小說)는 거리의 유희공간에서도 웅성거리고 있었던 셈이다. 작은 구멍에서 볼 수 있었던 이야기들은 익숙하지만 꽤나 흥미롭게 펼쳐져 눈을 즐겁게 했다. 하지만 사람들을 더욱 유혹했던 것은 바다 건너의 세계를 보여 주던 '이국의 풍경'이었다. 파노라마로 펼쳐지는 서양의 풍경들은 가지 못하고 경험하지 못했던 세계들을 꽤 괜찮은 '구경거리'로 보여 주면서 '요지경'의 세상으로 드러난다. '춤추는 서양인', 중국에서는 볼 수 없었던 '서양 세계의 산과 강'의 영상은 작은 구멍 앞으로 호기심 가득한 사람들을 불러 모으고 있었다.

　　1895년 프랑스에서 탄생한 영화가 이듬해 8월 11일 중국 대륙에 상륙했을 때가 그랬다. 최초로 영화가 상영된 상해 갑북(閘北) 서당가롱(西唐家弄)의 서커스 공연장인 서원(徐園)의 우일촌(又一村)에는 하얀 장막에 오래된 영사기가 빛을 쏘면서 "갖가지 골동품과 진기한 꽃

41) 戴敦邦 圖, 沈寂 文, 『老上海小百姓』, 上海辭書出版社, 2005, 「西洋鏡」.

그림38 피영희(皮影戲)라고 불리는 중국 그림자극. 서하의 왕문(王文) 과 송나라 여자 장수 목계영(穆桂英)의 싸움 장면이다.

과 과일이 가득하고 아름다운 미녀들이 노래하는" '서양 그림자극〔影戲〕'의 세계를 연출하고 있었다.[42] 서원뿐만이 아니라 천화다원(天華茶園)·경마장기원〔跑馬廳奇園〕과 같은 각종 유희와 취미의 공간에는 미국·스페인·이탈리아·프랑스 등에서 온 서양인들이 '영사기 영화'〔機器電光影戲〕로 빛을 쏘아 대면서 "사실보다도 더 절묘하고 살아 움직일 것처럼 생생한" 서양의 그림자극을 연출하고 있었다. 비록 "금발의 서양 여자들의 춤, 각종 스포츠, 군대의 훈련 모습, 서양의 밤거리, 산수나 절경"은 서양의 풍습이나 풍경을 기록한 영상들이지만, 사람들에게는 이국적인 풍경 그 자체가 "생생한 볼거리"여서 "마치 그 속으로 빨려 들어가듯이 눈을 뗄 수가 없었다".[43]

훗날, 『진보잡지』(進步雜誌)의 기자는 서양 그림자극의 본래 기원이 중국 시장터에서 아이들이 즐겨 보던 그림자극〔皮影戲〕이라며, 서양 문명에 정신이 팔린 사람들을 은근슬쩍 비꼬았다.[44] 그러나 한편으로는 프랑스의 최초 그림자극 '옹브레 시누아제'(ombres chinoises ; 支那影戲)가 1895년 '생생한 재현'으로 가득한 '영화'로 변신하게 될 때, 영화의 기원이었던 중국의 그림자극이 그 진보의 역사를 갖지 못했다는 사실에 꽤 원통해했다. 1896년 상해의 거리에서 시작하여, 중국의 사소하고 부스러지기 쉬운 유희의 공간을 서서히 장악해 갔던 서양 그림자극의 파급력은 바로 '생생한 재현'에 있었다. 바다 너머의 자연 풍경과 사람들의 일상생활은 마치 '실록'과 같은 기록영상이었지만,[45] 그것은 "축지법을 써서 먼 거리의 세계가 눈앞에 온 듯한 생생한 재현"으로 "사람들의 눈을 기쁘게 해주면서" 오락의 공간에서 그 빛을 발하고 있었다. 컴컴한 공간에 흰 장막으로 집중되는 한 줄기의 빛은 경험하지 못한 세계를 "생생하게 재현"했다. 그리고 그것은 오히려 사람들에게 어떤 것보다도 "강도 높은 자극"[46]이 된다. "터럭 하나까지 생생하게 재현"하는 사진이나 바다 너머의 세계를 파노라마처

42) 『申報』, 1896년 8월 10일자 ; 왕차오꽝, 「상해의 초기 영화산업과 '근대성'」, 『20세기 초 상해인의 생활과 근대성』, 지식산업사, 2006, 224쪽 재인용.
43) 『申報』, 1897년 10월 3일자·6일자 ; 왕차오꽝, 같은 글, 225쪽 재인용.
44) 「活動影戲濫觴中國與其發明之歷史」(『進步雜誌』抄), 『東方雜誌』 제11권 6호, 1914. 12. 1.
45) 왕차오꽝, 같은 글, 230쪽.
46) 저자 미상, TY生 譯, 「論影戲與文化之關係」, 『東方雜誌』 제9권 3호, 1912. 8. 1.

럼 '생생하게 재현'하는 영화는 초기에는 사소한 일상의 세계, 혹은 쉽게 사라져 버릴 유희와 소비의 공간에서 꽤 괜찮은 '자극'으로 움직이고 있었던 것이다.

2 카메라, 진실을 포착하다 : 사실의 기록과 진실의 기록

'생생한 재현'으로 일상에 꽤 괜찮은 '자극'을 주고 있었던 사진과 초기 영화는 사소한 일상의 취미와 유희의 공간에서 빛을 발하고 있었다. 특히 초기 사진사에서 중요했던 초상사진은 때로는 순간 속에 그 사람의 형상과 삶을 녹여 아우라를 만들기도 했고, 때로는 자신이 모방하고 싶은 세계를 대신해 주기도 하면서 개인의 삶에 나름대로의 의미를 만들어 가고 있었다. 하지만 "터럭 하나까지 재현"하는 이 느낌이 일상의 사소한 유희의 공간에만 머무르지 않았다. 화보 속의 사진 촬영처럼 사진은 일종의 '기록'을 위해서 종종 촬영되기도 했었다(그림39). 난파된 배의 시체들의 신원을 파악할 수 없자, 연고자들을 찾기 위한 기록용으로 시체가 썩기 전에 재빨리 시체들의 초상을 그려 내야만 했다. 수많은 시체의 초상이 하루아침에 그려질 리가 없었다. 시체는 심하게 손상되어 가고 있었기 때문에 초조했던 사람들은 홍콩의 동화의원(東華醫院)에서 '사진'으로 시체의 초상을 만든다는 이야기를 듣고 바로 촬영에 돌입했다. 긴 막대에 줄줄이 꿰져 있는 시신들의 촬영은 상해 거리의 사진관에서 온갖 의미를 부여하며 찍는 초상사진과 분명 다르다. 의미를 부여하기 위한 제반의 소도구도, 연출된 포즈도 필요 없다. 단지 그 사람임을 확인할 수 있는 객관적이고 엄격한 '기록물'로 촬영될 뿐

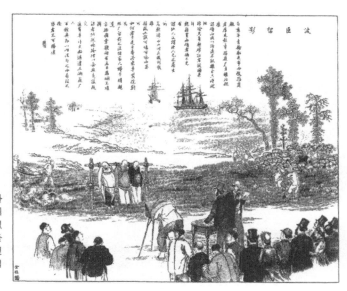

그림39 난파된 배의 시체들의 신원 파악이 늦어지면서 시체의 손상이 심해지자 사진을 찍어 기록으로 남기고 있다. 주변에는 서양인 남녀와 중국인들이 진지하게 구경하고 있다. 「난파선의 시체들을 촬영하다」(波臣留影), 『점석재화보』 제136호, 1887. 12.

이다. 여기에서의 '생생한 재현'은 취미와 유희의 공간에서 작동하던 '자극'과는 거리가 먼 것임에 틀림없다. 차라리 해부도나 각종 동식물 도감이나 생리학이나 인종학의 산물인 각종 인체측정사진처럼, 의미를 부여할 수 있는 배경을 삭제하고 건조하고 객관적으로 촬영된 기록물에 더 가깝다.

　사소한 일상의 취미, 유희의 공간에서 빛을 발하던 '생생한 재현'이 건조하고 객관적인 분위기 속에 놓여질 때, '생생한 재현'은 다른 의미들을 품게 된다. 이것은 종종 19세기 유럽의 학문적 사고 체계를 지배한 유형학(typology)과 친근한 관계를 맺는다. 18세기 박물학(natural science)을 지배했던 분류학(taxonomy)의 잔영인 유형학은 인간과 자연의 제 현실을 도식이나 도감으로 명료하게 분류하여 통제하려 했었다.[47] 장지동(張之洞)을 비롯한 지식인들이 교육의 제반 커리큘럼을 만들면서 도화(圖畵) 교육을 강조했던 것은, 서양의 모든 도화가 바로 '과학'[格致]이라고 생각했기 때문인데, 어쩌면 그것은 무의식적으로 19세기 서구 사회를 지배한 유형학의 강력한 잔영을 감지했기 때문일지도 모른다. 장지동 등이 생각했던 서양의 도화는 해부도를 비롯하여 각종 도감(圖鑑)·도식(圖式)을 모두 포함한다.[48] 배경을 생략하고 객관적이고 엄정하게 그려 낸(촬영한) 도화는 인간을 비롯한 자연과 세계의 질서를 유형화하는 기본 작업이다. 동식물의 세계에서 비서양의 다양한 나라의 인종에 이르기까지, 종종 그것은 백인 서양 남자의 시선으로 분류되고 체계화되어 한눈에 파악할 수 있는 계통도로 드러나는 것이기도 했다.

　세계를 명료하게 분류하고 유형화하는 이러한 작업은 중국을 수집하고 기록하는 외국인들에게도 종종 발견되는 모습이기도 하다. 제2차 중영전쟁 이후 중국 내에서 여행과 촬영의 특권을 얻은 외국인들은 이제 더 이상 자신들의 푸른 눈과 노란 머리색을 굳이 중국식 복장으로 감출 필요가 없었다. 오히려 서양인의 상징인 양복과 중절모를 쓰고, 신문물인 카메라를 앞세워 중국의 구석구석을 돌아다닐 수 있었다. 그림40의 양복과 중절모의 콧수염 신사들의 카메라처럼, 카메라는 '인물뿐만 아니라 초목, 산수, 전각, 누대'에서, 때로는 "행인이 가득한 도로, 보행자, 인력거꾼, 가마, 인도인 순경"[49]과 같은 도시의 풍경에 이르기까지, 서양인들의 카메라는 '중국'을 설명할 수 있는 웬만한 것들을 '기록'하면서 체계화하고 있었다. 초기 선교사들이 만들어 냈던 중국의 지질, 광산, 동식물에 관한 '박물원'이 중국에 관심이

47) 최봉림, 『세계 사진사 32장면(1826~1955)』, 디자인하우스, 2003, 101쪽.
48) 장지동이 도화 교육을 강조했을 때, 그것은 'fine art'로서의 그림뿐만 아니라 각종 '과학'의 도감, 도식, 지도 등을 모두 포함한다. 도화의 능력은 서양이 이러한 과학의 세계를 만들어 냈던 표상 능력에 다름 아닌 셈이다. 부국강병과 식산흥업의 열망이 강했던 시기, 도화 교육은 부국강병의 열망을 가시화하는 과학 건설의 기본이었던 셈이다.
49) 1901년 미국 위윅(Warwick)사의 조지프 로센사(Joseph Rosentha)가 찍은 영화 「상해남경로」(上海南京路). 왕차오광, 「상해의 초기 영화사업과 '근대성'」, 226쪽.

그림40 화보의 글에 따르면 "사진은 중국에 들어온 후 많은 주목을 받았고, 이제는 서양인들이 중국의 여기저기를 돌아다니며 찍게 되었다". 그런데 "유독 국자감에서 찍으려고 하니 갑자기 처음에는 검은 기운이, 두번째는 흰 기운이 앞을 가리면서 찍을 수 없었다". 신문물 카메라를 앞세워 중국을 기록·수집하는 서양인을 국자감의 알 수 없는 기운이 제지하고 있다는 이 내용을 보건대, 중국의 곳곳을 찍어 대는 서양인의 카메라에 대해 긴장하는 듯하다. 「사진을 촬영하자 기이한 일이 일어나다」(映照志奇), 『점석재화보』 제524호, 1898. 6.

있었던 유럽의 부르주아들에게 시장 경영에 필요한 정보 제공의 아카이브 역할을 했던 것을 기억해 본다면, 카메라가 만들어 낸 '생생한 현장감'으로 가득한 중국의 사진과 영상의 아카이브는 더욱 강력한 중국의 이미지를 만들어 낸다. 최초의 기록 보존소였던 프랑스의 국립 아카이브(National Archive)를 비롯한 아카이브들은 인류학이나 고고학, 선교, 각종 탐험대들이 만든 '순수한 학문의 공간'이었지만, 한편으로는 시장을 개척하고 경영하고자 하는 그 "누구나 자유롭게 열람할 수 있는" 정보의 공간이기도 했다.[50] 이러한 관점에서 본다면 사진과 영상은 '중국'에 대한 정보를 가시화한 것이며, 중국을 상상하기 위한 최적의 프로그램일 수 있다. 물론 이런 문맥을 카메라를 든 사람이나 카메라 앞에 선 사람이 모두 의식하고 있던 것은 아니다. 하지만 화보(**그림41**) 속의 상황처럼 벌어질 때, 때때로 중국 사람들은 꽤 불편한 심기를 드러내곤 했다. 화보 속의 서양인들은 어떤 마을의 정자 밑에 자그마한 철산(鐵

50) 주경철, 「프랑스의 고문서보관소제도」, 『역사비평』 제36호, 역사비평사, 1997, 100~101쪽.

그림41 중절모 콧수염의 서양 신사들이 빗속에서도 철산을 촬영하며 기록하고 있다. 이어서 이들은 철광석 샘플을 캐어 도주한다. 이 일이 지방 태수의 신경을 건드려 관련된 중국인들이 모두 불려가 곤장을 맞게 되었다고 한다. 「사사로이 철산을 파내다」(私掘鐵山). 『점석재화보』 제299호. 1892. 5.

山)이 있다고 하니 바로 와서 사진을 찍고 조사하면서 기록하고 있었다. 아무리 별 큰 일이 아니고 하찮은 것이라고 하지만, 중국에 서양인들이 들어와서 철도를 놓는다느니 광산 채굴을 한다느니 하는 소문이 도는 마당이라. 하찮은 철산이지만 태수의 신경을 건드리고 말았고, 서양인을 도왔다고 여겨진 중국인들은 모두 불려가 곤장을 맞았던 것이다. 사실, 중국의 지질과 문물이 사진과 영상으로 '생생하게 재현'되어 '기록'이 되면 종종 열강의 경제적 침탈로 이어지곤 했었던 것을 기억해 보면, 태수의 과민한 반응은 어쩌면 은연 중에 아카이브의 정치적 성격을 감지한 것인지도 모른다.

'생생한 재현'은 여기서는 이제 더 이상 감각을 자극하는 것이 아니다. 오히려 그것은 과학의 원천, 근거, 결과가 되면서 '사실'이 되고 있다. 사진과 영상이 중국을 유형화하고 가시화하는 프로그램의 정점에 놓이기 시작했고, 신문·잡지와 같은 매체의 증가에 따라 '사실의 기록'이 된 사진은 종종 20세기 전후의 각종 전쟁의 참상 등을 생생하게 '보도'하기 시작했다. 그러나 '사실'의 보도는 실상은 '자극'이기도 했다. 1866년 영국·프랑스가 천진을 함락할 때 전쟁의 참상을 찍었던 펠리스 비토(Felice Beato)의 시선은 중국에 거류하면서 중국인들로부터 음해받던 영국인과 프랑스인의 심리에 부응하여 전쟁 통에 나뒹구는 중국인의 시체들을 주목했다.[51] 청일전쟁 시기 일본에서 발간된 잡지 『일청전쟁실기』(日淸戰爭實記)는 전쟁의 참상을 속속들이 보도하면서 전사한 사람들의 사진을 덧붙이고 그들을 예찬하여, 전쟁의 현장감에 전사자들에 대한 친근감을 덧붙여 애국의 열정을 높이기도 했다.[52] 전쟁의 현장을 재현한 기록물들이 '보도'될 때, 종종 현장의 '사실'은 보도되나 '진실'은 보도되지 않는 상황도 발생하곤 했다.

'생생한 재현'은 사실을 말할 수 있다. 그러나 반드시 진실을 말하는 것은 아니다. 카메라를 쥔 사람의 눈에 보인 사실이 카메라 앞에 선 사람에게는 진실이 아닐 수도 있다. 이러한 상황은 종종 카메라를 통해 자신이 소유하고 싶은 대상을 유형화하고 조감할 수 있는 체계를 구축할 경우 종종 생겨나기 시작했다. 특히 1840년대 이후 유럽을 비롯한 각종 제국의 사람들이 촬영한 중국 관련 사진과 영상이 제국의 '교육' 현장에서 활용될 때 더욱 그랬다. 초기에는 돈이 있는 소수의 사람에게 허락되었던 영화가 서서히 '평민의 오락'이 되어 가기 시작하면서, 유희의 공간에 넘치는 영상의 '강렬한 자극'은 교육의 공간에서도 서서히 주목받기 시작했다.[53] '생생한 재현'의 현장감 넘치는 정보로 대중을 자극하여 지식을 확장시킬 수 있다는 생각이 퍼지기 시작한 셈이다. 이 무렵, 『신주일보』(神州日報)의 「미국 영화 속의 중국」이란 기사는 영상의 생생한 자극을 교육이 포섭할 때 어떤 일이 벌어질 수 있는지를 보여 준다. 오랫동안 중국에서 거주했던 하문(厦門)의 미국 영사 애나이특(埃拿而特)이 고국의 대학에서 강연할 때 선택한 교수 방식은 "영화를 통해 중국의 사회 상황을 연설"하는 것이었다. 미국의 대학생들 앞에서 애나이특은 "창문이 없이 사방이 모두 막힌 집안은 공기도 습하고 탁하다. 좁고 협소한 도로, 근대적 상하수도 시설이 없는 상황에서 오염된 물을 길어 가는 사람들, 한쪽에는 예닐곱의 사람들을, 한쪽에는 돼지를 같이 싣고 가는 수레……"와 같은 영상을 보여 주었고, 그는 이 영상을 통해 좌중의 웃음을 끌어내면서 화기애애하게 강의했다. 이 영상을 통해 애나이특이 주로 강조했던 것은 폐쇄적인 중국의 모습들이었는데, 강의 현장의 미국인들은 이 영상을 현장의 생생한 재현이자 중국에 대한 괜찮은 정보로 받아들였다. 영상은 결코 미국인들을 불편하게 만들지 않았다. 하지만 이를 보도한 중국인은 자신들이 보여 주고 싶었던 "사범학당, 북경의 천단(天壇), 잘 정돈된 주택……"과 같은 것이 아니라 유독 개화되지 못한 풍경만을 골라 찍어 "중국인을 경시하는 마음"을 조장하는 것이 심히 유감스러웠다.[54] 이 기자의 입장에서 영상의 생생한 재현은 사실일지 모르지만 중국 전부를 재현하는 것이 아니며 그렇기 때문에 진실이 아닐 수 있었던 것이다.

51) 최봉림, 『세계 사진사 32장면(1826~1955)』, 54쪽.
52) 金子務, 「初期『太陽』と明治寫眞術の展開」, 『雜誌『太陽』と國民文化の形成』, 思文閣出版, 2001, 87쪽.
53) TY生 譯, 「論影戱與文化之關係」.
54) 「美人映畵中之中國」, 『東方雜誌』 제8권 8호, 1911. 8. 25.

취미와 유희의 공간에서 소비되던 사진과 영상의 '생생한 재현', 그 강렬한 자극을 교육의 공간이 포섭하기 시작할 때 그것은 오락의 공간과는 다른 의미를 생산하게 된다. 생생한 재현이 단순한 볼거리가 아니라 이른바 '사실'의 재현으로 생각될 때, 사람들은 이 재현을 인간의 "지식을 넓히는" 적절한 방법으로 생각하게 되는 것이다. "사실"의 재현이기 때문에 그것은 투명하게 투사되어 전달된다. 영상을 "자연과학·역사·지리·심리"와 같은 새로운 지식배치를 보급하는 데 사용하자고 하거나,[55] '민지를 넓힐 것'(開民智)을 호소하는 신문·잡지에 사진을 독립된 중요한 체제로 넣음으로써 계몽가들은 종종 계몽 지식들을 효과적으로 보급하고자 했다. 하지만 종종 강렬한 계몽의 열정 속에서, 지식은 보급되고 투사되어야 하는 무엇으로 변하기도 한다. 일종의 '정보'가 되어 버릴 경우, 그렇게 변해 버린 지식은 애나이특과 미국인 학생들처럼 아무런 불편 없이 중국에 대한 정보를 보급하고 받아들이는 상황을 연출하게 된다. 중국을 대상화함으로써 자신들의 삶을 보장해 나가는 괜찮은 정보를 유통하는 것일 뿐이다. 그러한 영상은 결코 자신들의 윤리의 근거를 불안하게 만들지 않는다. 그러나 '생생한 재현'이 누군가에게는 사실이지만 진실이 아닐 수 있을 때, 사진이나 영상은 단순하게 자명한 정보를 투사하여 전달하는 안전한 지식일 수가 없다. 카메라가 의도한 시선에 저항할 수도 있고 카메라가 의도하지 않은 의미들을 읽어낼 수도 있다. 카메라를 든 사람의 입장인 애나이특과 미국인 학생들과 달리, 막상 카메라 앞에 서 있는 입장인 중국인 기자는 미국인들이 유통하는 중국에 관한 지식이 꽤 불편하고 비합리적인 것으로 느껴질 수 있다. 오히려 중국인 기자에게 의미 있는 지식은 애나이특이 찍은 생생한 사실의 재현을 전달받는 것이 아니라 그 '재현'의 관계에 대해 질문해야만 하는 것이 될 수도 있는 것이다.

"터럭 한 올까지 생생하게 재현"하는 사진이 '사실'의 재현이 되어 현장을 생생하게 보도하는 것이 되기 시작할 때, '전시'(展示)의 상상력이 생겨나기 시작한다.[56] 카메라는 무엇을 보여 주어야 할지 의식적으로, 무의식적으로 선택하고 있다. 때문에 무엇이 은폐되고, 무엇이 의도되지 않고 드러나는지를 종종 힘을 써서 감지해야만 한다. 또한 카메라가 대상을 어떻게 어루만지려는지도 감지해야 한다. 이렇게 될 때 "생생한 재현", "현장감 넘치는" 사진과 영상은 한편으로는 찍는 자와 찍히는 세상 사이의 표상 관계의 긴장을 잔뜩 품은 것이 된다. 20세기 초, 사람들은 종종 이 표상 관계를 제국과 식민의 관계에서 느끼곤 했다. 『신주일보』의 중국인 기자는 애나이특이 중국을 표상한 방식에 대해 심히 유감을 표시하면서, 기사의 마무리에 "사사롭게 이득을 취하지 말고 '공익'(公益)을 도모할 것"을 독자들에게 요청했다. 공익을 도모하여 부강하고 근대화된 국가가 되면 이런 부당한 표상 방식은 생겨나지 않

55) TY生 譯, 「論影戱與文化之關係」.
56) 발터 벤야민, 반성완 옮김, 「사진의 작은 역사」, 『발터 벤야민의 문예이론』, 민음사, 2005.

으리라는 판단 때문이다. 이러한 표상 방식으로 인해 생겨난 불만의 정서는 종종 애국의 열정과 가까웠는데, 때문에 이 불편하고 불만스런 상황을 해결하기 위해 기자는 1910년대 민국(民國)의 국가건설 과정에서 종종 요청되었던(물론 그 이전 변법파들도 종종 요청했던 것이었지만) '공'(公)이라는 윤리를 불러내어 해결하고 있는 것이다. 그러나 찍고 찍히는 표상 관계는 제국과 식민지 사이에서만 벌어지지 않는다. 무수히 많은 표상 관계가 잔뜩 긴장을 품고서 수많은 부당한 느낌들을 만들고 있을 때, 어떠한 윤리로 해결해야 하는지 혹은 윤리가 아닌 어떤 방식으로 해결해야 하는지, 카메라라는 변신한 거울이 거대한 성운을 이루는 인간의 세계에 여전히 숙제로 남겨지고 있는 것이다.

3 저 너머의 세계를 찾는 방식 : 망원경의 상상력

조선 반도의 개화파 지식인들이 처음으로 사진의 세계를 접했던 중국 동문관(同文館)의 총교습이었던 마틴(丁韙良)의 『격물입문』(格物入門)은 1889년 개정판 서문에 광서 황제가 친히 이 책을 읽도록 했다고 할 정도로 당시 중국에서 널리 읽히고 있었다. 사실 『격물입문』뿐만 아니라 서양 문명을 조감할 여러 분야의 각종 지식들이 마틴의 번역 기획을 거쳐 중국에 흩어졌다. 또한 마틴의 책 이외에 『박물신편』(博物新編), 『해국도지』(海國圖志) 등과 같은 서적이 바다 너머 서양의 지식들을 그 이전에는 상상할 수 없는 속도와 열정으로 중국에 뿌리고 있었다. **그림42** 속 변발을 늘어뜨린 동문관 학생들과 관리들이 지금 온 정신을 다해 주목하고

그림42 변발을 늘어뜨린 동문관 학생과 천체 관측을 가르치고 있는 서양인의 진지한 수업 장면이다. 「천문을 관측하여 검증하다」(占驗天文), 『점석재화보』 제98호, 1886. 12.

있는 것도 바로 그 서적 속에 소개되어 있는 서양의 신문물이다. 말끔한 양복의 콧수염 신사
는 그들에게 '천리경'(千里鏡), 즉 오늘날의 망원경을 가지고 금성과 태양의 운행을 설명하면
서 '천문'(天文)에 관한 지식을 전수 중이다. 천체를 관측한다는 사실은 결코 새롭거나 낯선
일은 아니다. 마틴이 그의 책에서 언급했던 것처럼 중화인(中華人)들은 "상고시대 문자가 생
기기 이전부터 사람들은 하늘을 바라보며 별자리를 따져 왔고",[57] "누천년 걸쳐 왕조는 하늘
의 별자리를 통해 하늘의 뜻을 알아 왔다".[58] 또한 1608년 네덜란드의 안경업자 한스 리페르
셰이(Hans Lippershey)가 만든 천리경의 존재도 1636년 청나라에 볼모로 끌려간 소현세자
가 아담 샬로부터 받았던 『원경설』에 등장하고 있었으니, 이미 오래 전에 그 존재를 알고 있
었던 셈이다. 그러나 동문관 학생들과 관료는 마치 낯설고 새로운 것인 양 정신을 집중해서
본다. 어찌 보면 새로울 것이 없는 하늘과 천리경을 저렇게 열정을 가지고 봐야 했던 이유는
도대체 무엇일까?

　"중국과는 9만 리나 떨어져 3년이나 걸리는" 서양이 바다 너머 중국으로 올 수 있었던
것은 정두원의 말대로 '시원경'(視遠鏡) 덕이다.[59] 인간의 가시능력을 확장시켰던 망원경 덕
에 서양인들이 바다 너머(海外)의 세계를 찾아다닐 수 있다는 이야기는 자존자대(自尊自大)
의 중화 사람들을 적당히 자극했다. 그러나 자극은 자극일 뿐 변신의 열망과는 만나지 못했
다. 하지만 19세기 위원(魏源)의 『해국도지』에 실린 '망원경'에 이르러, "먼 곳을 볼 수 있다"
는 확대된 인간의 가시능력이 각종 "군함·대포·총포"와 동일한 문맥에 놓이기 시작하면 문
제는 달라진다. "먼 곳을 볼 수 있는" 능력은 "적의 함선이나 돛을 맨눈으로 보는 것보다도
더 빨리 발견할 수 있다"[60]는 것을 의미했다. 리페르셰이의 망원경을 1609년 그 유명한 갈릴
레오 갈릴레이가 재빨리 32배율의 망원경으로 발전시켰을 때, 그 용도는 "적의 함선이나 돛
을 맨눈으로 보는 것보다도 더 빨리 발견하기" 위한 것이었다. 갈릴레이의 이 제안에 당시 총
독은 1만 3,000달러의 지원금을 약속했고, 이 지원금으로 갈릴레이는 그의 망원경을 '천체
망원경'으로 전환시킬 수 있었다. 물론 천체망원경을 통해 알아낸 행성에 관한 지식도 당시
'해양세력'들의 확장을 돕는 항법장치의 아이디어로 사용해 보려고 했었지만 말이다.[61]

　19세기 말, '망원경'을 통해 확대된 가시능력은 당시 열국(列國)의 '군사적 팽창'의 욕망
과 더욱 긴밀하게 만나고 있었다. 지평선과 수평선 너머로 보다 더 빨리 더 멀리 볼 수 있다
는 것은 무한히 수평적으로 뻗어 나가는 영토 확장의 욕망과 맞물렸다. 게다가 나폴레옹 시

57) 丁韙良, 「占星辨譯」, 『中西見聞錄』 제29호; 陳平原·夏曉虹, 『圖像晚淸』, 百花文藝, 2006, 208쪽 재인용.
58) 하시코토 히로시, 오근영 옮김, 『하룻밤에 읽는 과학사』, 랜덤하우스중앙, 2005, 198~200쪽.
59) 『국조보감』 4권, 인조 9년 7월, 47~48쪽; 최인진, 『사진과 포토그라피』, 34쪽 재인용.
60) 어니스트 볼크먼, 석기용 옮김, 『전쟁과 과학, 그 야합의 역사』, 이마고, 2003, 170쪽.
61) 같은 책, 170쪽.

그림43 비행선을 신기하게 구경하고 있는 사람들이 그림44(「적을 무찌르는 기구」)처럼 무기가 된 기구가 자신들을 공격하는 것을 볼 때 어떤 표정을 짓게 될 것인가. 「절묘하게 제작된 하늘을 나는 차」(妙制飛車), 『점석재화보』제 298호, 1892. 5.

대 이후 전쟁은 '과학'을 강력하게 포섭한 국가의 무한 경쟁의 욕망을 통해 총력전으로 변하고 있었다. 인간의 확대된 가시능력이 전쟁의 상상력과 항상 친밀했음은 '비행선'(飛行船)·'기구'(氣球)에서도 발견된다. 망원경이 육안을 수평선 너머로 더 멀리 더 빨리 확장시키고 있었다면, 비행선과 기구는 평면 위에서만 보이던 시계를 확장시켜 새롭게 가시화했다. "하늘을 나는 배, 하늘을 나는 차"(**그림43**)는 "서양인의 절묘한 기술의 산물"이다. 1782년 몽골피에(Montgolfier) 형제가 고안한 '기구'와 1862년 페르디난트 체펠린(Ferdinand Graf von Zeppelin) 대위가 고안한 '비행선'은 사람들의 시계(視界)를 한 차원 확장시킨 것임에 틀림없다. 하늘 위에서 배가 다니다니, 그 옛날 장화(張華)의 『박물지』(博物志)의 기굉국(奇肱國) 사람들에게나 가능했던 이야기가 현실이 된다. 호기심을 자극하기에 충분했고 구경거리가 되기에도 충분했다. 하지만 그것은 구경거리 그 이상이다. 비행선이나 기구를 상상해 낸 '서양인들의 절묘한 기술'은 전쟁의 상상력과 친밀했기 때문이다. 제지업자였던 몽골피에 형제가 기구를 만든 것은 지브롤터 해안에 포위되어 있던 에스파냐 군을 지원하기 위한 방책이었고, 체펠린의 비행선 역시 공기역학을 연구하던 그가 적의 부대에 폭탄을 투하하기 위한 적절한 방법을 찾는 도중에 발명되었다. **그림44** 속의 폭탄을 실은 '기구'는 물 위에 떠 있는

그림44 이제 비행선이나 기구는 바다 위에 떠 있는 군함과 더불어 전쟁의 중요한 무기가 되기 시작한다. 「기구로 적을 무찌르다」(氣球破敵), 『점석재화보』 제490호, 1897. 7.

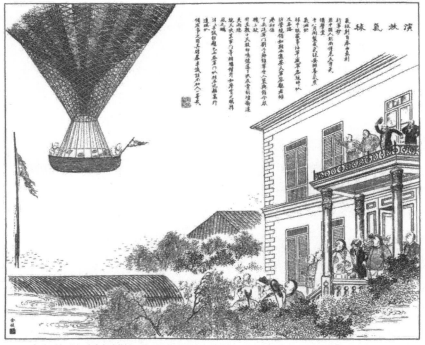

그림45 천진의 무비학당에서 기구를 띄운 일을 보도하고 있다. 「기구를 띄우다」(演放氣球), 『점석재화보』 제205호, 1889. 11.

'군함'과 더불어 강력한 무기의 이미지로 화면을 장악하고 있다. 하늘에서 조감하여 드러나는 적진은 척후병의 정찰에 기초하여 짐작해 만든 지도와는 달랐다. 강력한 포탄을 장착한 기구는 또한 인간을 정면으로 마주하고 싸우지 않고도 '대규모'로 파괴할 수 있게 만들었다. 가시능력의 확대는 열국이 쟁패를 다투는 전쟁의 방식을 변화시키고 있었다.

동문관의 학생들이 서양 신사들로부터 '망원경'을 통해 '천체연구'를 전수받을 때, 그들은 '과학'을 기초로 한 엄청난 규모의 육군과 함대를 통해 영토를 확장하려는 열국의 전쟁 욕망을 충분히 감지하고 있었다. 자존(自尊)의 중국은 어느덧 "맹수들이 다투는 열국의 상황"(그림46)에서 생존을 도모해야만 한다. 대다수의 국가들이 국가 예산의 절반을 '군사'에 투자하면서[62] 미친 듯이 달려야 겨우 현상을 유지한다며 경쟁을 하고 있는 상황에서, "하늘을 보고 왕조의 정당성"을 찾을 때가 아니었다. 서양은 인간의 가시능력을 확장하는 만큼 전쟁의 상상력을 확장시키고 있었고 중국은 여기에 뒤처질 수가 없다. 천진의 무비학당(武備學堂)에서 '기구'를 하늘에 띄울 때, '기구'는 더 이상 볼거리가 아니라 "서양이 군사 용도로 절묘하게 이용하는" 전쟁의 도구가 된다(그림45).

인간의 가시능력이 확대될 때, 종종 현실에서 그 능력은 영토 확장과 전쟁의 욕망, 그리고 화폐를 따라서 움직였다. 뒤처진다는 위기감으로 국가는 종종 사람을 불안하게 만들고 전쟁의 상상력에 투신하게 만들었다. 영토 확장이 아니라고 해도

그림46 중국을 노리는 열강을 곰·독수리·호랑이 등의 맹수로 표시하여 정치적 상황을 나타낸 시국도.

그림47 1863년 쥘 베른(Jules Verne)의 데뷔작 『기구를 타고 5주일』(Cinq semaines en ballon)의 삽화. "나는 성냥과 철도와 전차와 가스, 전기, 전보, 전화 그리고 축음기가 태어나는 것을 보았다"고 했던 쥘 베른. 하늘, 땅, 바다의 저 너머를 탐험하는 인간이 마주하게 되는 극한의 세계를 독특한 기술의 상상력으로 그려 낸다.

---

62) 梁啓超, 「續譯列國歲計政要敍」, 『時務報』 33冊, 1897. 7. 20.

그림48 소설가 노신은 한편으로는 목판화운동가이기도 했다. "중국에서 서양으로 건너간 화약, 나침반, 그리고 목판화"는 다시 서양이 근대의 이름을 내세우면서 중국으로 가지고 들어오게 된다. 노신은 이 가운데 목판화는 다른 두 가지와 달리 주목해서 봐야 된다고 주장한다. 서양에서 화약이나 나침반은 근대의 무수한 전쟁을 만들었지만, 목판화는 그러한 전쟁에 반대하는 목판화운동으로 발전해 갔기 때문이다. 때문에 노신을 비롯한 중국의 판화운동가들은 서양의 판화운동이 진행해 나갔던 전쟁 반대의 목소리에 귀를 기울였다. 특히 케테 콜비츠는 노신이 아꼈던 판화가 중 하나다. 위 판화는 전쟁으로 인해 자식을 잃은 어머니들이 서로의 어깨를 부둥켜 안고 있는 케테 콜비츠의 「어머니들」(*The Mothers*, 1922~3).

최소한 자기를 보존하기 위해서 마찬가지의 태도를 취해야 된다고 생각했다. 하지만 종종 '과학'의 힘을 국가가 강력하게 포섭하여 무한 경쟁하게 하는 이 상황이 자못 불만스러운 사람들도 서서히 생겨난다. 그들의 눈에는 인간의 가시능력을 극대화하여, 저 너머의 세계를 장악하여 자신의 세계로 확장해 버리는 것이 "하찮은 재주를 가진 교활한 무리"의 상상력처럼 보이기도 했다. 그런 욕망에 뒤처진다고 국가의 이름으로 위기감을 선동하는 것은 "다수로 구속하여 개인의 개성을 남김 없이 박탈"하는 것이라며 불만을 품기도 했다. 저 너머를 상상하고 그것을 가시화하는 방법이 반드시 전쟁의 욕망과 만나는 것만은 아니다. 하지만 19세기 말~20세기 초 "하찮은 재주를 가진 교활한 무리"의 상상력은 예상보다도 크고 사실 견고했다. 전쟁과 만나지 않는 "저 너머를 찾는" 또 다른 상상력이 현실에서 작은 목소리라도 얻을 때, 이미 그것은 대량살육의 수많은 터널을 통과한 뒤에야 비로소 간신히 들려오는 것이었다. 그리고 유감스럽게도 그 방식은 지금도 여전히 익숙하게 행해진다.

4 투명하게 보이는 세계 : 현미경과 엑스레이의 상상력

부서지기 쉬운 유리거울은 인간의 가시능력을 확장시키고 있었다. 고운 얼굴을 비추는 데 쓰일 거울이 사실은 "서양의 격치(格致) 기술"의 동력이라는 것은 사람들을 강렬하게 매혹시킨다(**그림49**의 기사). "저 너머" 매크로의 세계를 무한히 감지하고 있었던 천리경뿐인가, 거울은 아무것도 없다고 생각했던 물속의 작은 벌레까지 볼 수 있을 정도로 무한히 작은 마이크로의 세계를 속속들이 감지하고 있었다. 보이지 않는 작은 세계를 감지하는 현미경뿐만이 아니다. 거울은 볼 수 없다고 생각했던 곳까지 투명하게 드러냈다. **그림49**의 미국인 의사가 촬영하는

'진귀한 거울'(寶鏡)은 "뼈까지 뚫고 들어가는 기이한 빛"(透骨奇光)[63]을 쏘아 사람의 오장육부를 투명하게 보면서 "질병이 어디에서 발생하는지"를 찾아내고 있었으니 손가락으로 진맥을 해대며 당최 병이 왜 나는지를 재깍재깍 말하지 않던 의사들에 비하면 화타가 따로 없는 상황이다. 1895년 뢴트겐의 엑스레이에 이르면 인간의 눈은 무한한 자신감에 차 있었다. 바야흐로 세계는 아주 미세한 곳까지 구석구석 투명하게 드러나고 있었기 때문이다.

그림49 서양인 의사의 엑스레이 촬영을 소개한 화보다. 촬영이 마치 사진 촬영처럼 묘사되어 있지만 화보의 글에 따르면 이 상황은 병의 원인을 찾고자 의사가 엑스레이를 촬영하고 있는 중이다. 「진귀한 거울이 신기하여라」(寶鏡新奇), 『점석재화보』 제507호, 1897. 12.

투명하게 파악되는 세계는 비밀이 없었다. 눈앞에 보이지 않던 세계가 속속들이 드러날 때, 사람들은 문제의 '원인'을 바로 찾아낼 수 있었다. 원인을 찾아낸다는 것은 곧 해결을 눈앞에 둔다는 것을 의미했다. 특히 그것이 인간의 생사(生死)와 관련될 때, 원인을 찾아 해결할 수 있다는 것은 무한한 신뢰를 준다. 1860년대, 서양을 유람했던 청조의 출양관원(出洋官員) 지강(志剛)이 전기광시현미경(電氣光視顯微鏡)으로 사람이 맨눈으로 보지 못하는 "물속의 꿈틀꿈틀 기어가고 움직이는 작은 벌레"를 보았을 때 깨달은 바는 "냉수나 끓인 물이 하루가 지나면 저런 생물이 있어서 먹을 수 없다"고 하는 '위생'(衛生) 관념이다.[64] '세균'의 발견은 사람들의 인식 변화를 유도했다. 극대화된 인간의 가시능력은 보이지 않는 것조차 보면서 '병의 원인'을 찾아냈고, 따라서 원인을 제거하고 통제함으로써 인간세계의 삶을 유지할 수 있다(衛生)고 생각했다. 이것은 지강뿐만이 아니라 1860년대 일군의 출양관원과 동문관 학생들에게도 종종 발견된다. 그들은 서양인들이 작은 미생물의 세계까지 파악해 내고 그러한 지식을 기반으로 위생과 보건, 빈민사업을 벌이고 있는 것을 종종 주목하곤 했다.

이러한 시선은 초기 출양관원들만의 것이 아니다. 1896년 엄복의 『천연론』(헉슬리의 『진화와 윤리』 번역본)이 출판되었을 무렵, 사람들은 서서히 인류사회의 생존경쟁의 광풍을 내심 인정하기 시작했다. 이처럼 국가가 우승열패의 세계에서 살아남기 위해서는 '강한 몸'(强身)이 필요하다고 생각하고 있을 바로 그 무렵에 이르면, 초기 출양관원이 보았던 서양의 '위

63) 孫玉聲, 『退醒廬筆記』; 陳平原·夏曉虹, 『圖像晚淸』, 214쪽 재인용.
64) 홍중립 외, 정우열 옮김, 『중외의학문화교류사』, 전파과학사, 1997, 500쪽.

그림50 청결한 조계지의 위생을 위해서 조계지에는 어느 순간부터 더럽고 불결함이 예상되는 것들은 들어오지 못했다. 화보 속의 상황은 더러운 돼지치기들과 순포들의 대치 상황이다. 「조계 순포의 돼지 몰아내기」(捕房押猪), 『점석재화보』 제123호, 1887. 8.

생' 이야기는 그 문맥이 확장된다. '강한 몸'은 '종족을 보존하는'(保種) 데 필요한 중요한 조건으로, 부강한 서양 국가는 "질병을 연구하고 자연과학에 통하며" "위생의 도를 정화시켜" 이른바 국민들을 '강종'(強種)으로 만들어 부강의 능력을 얻는다고 생각했다.[65] 강한 신체를 방해하는 병의 원인들은 제거되어야만 했다. 특히 종족 보존의 조건인 강한 신체는 국가가 병의 원인을 제거하고 관리할 수 있는 능력을 갖출 때 비로소 그 육체가 빛을 발할 수 있다고 생각했다. 이것은 비단 서양 백인종만의 발상이 아니다. 황인종 일본 역시 "자신을 방어할 수 있도록 무장된 인체적 국가"를 목표로 "일상의 위생뿐만이 아니라 전시 상황의 위생"을 차근차근 준비했고, 그 결과 청일전쟁의 주도권을 쥐었다.[66] 황인종 일본의 능력은 자존의 중화를 초조하게 했지만, 한편으로는 황인종도 서양 백인종과 맞장 뜰 수 있다는 자신감도 동시에 불러왔다. 가시능력을 극대화하여 보이지 않는 작은 세계까지 투명하게 파악하는 능력은 이제 국가가 갖추어야 할 능력이 되고 있었고, 병의 원인을 찾아내고 제어함으로써 개인들의 생사를 관장하는 위생의 시선을 갖지 못하면 국가는 무능력 그 자체가 되어 버렸다. 1910년,

65) 康廣仁, 「論中國變政與無過激」, 『知新報』 76冊, 1898. 11. 21; 홍중립 외, 『중외의학문화교류사』, 505쪽 재인용.
66) 고토 신페이(後藤新平)의 「국가위생론」; 이종찬, 『동아시아 의학의 전통과 근대』, 문학과지성사, 2004.

만주 일대에 퍼진 페스트를 제어하지 못하는 청조의 무능력이 일본과 러시아의 만주 개입을 합리화하는 빌미가 되었을 때도 마찬가지였다.

위생이라는 관념이 서서히 스며들 때, 사람들은 오염을 두려워하기 시작한다. 투명하고 깨끗한 세계의 기준에 적합하지 못한 모든 것은 세균과 같은 오염의 원인이 될 수도 있기 때문이다. '세균'은 과학적 사실이었을 뿐만 아니라 종종 은유가 되어 곳곳에서 사용되고 있었다. **그림50**의 중국인 돼지치기들이 서양인들의 조계지에 들어갈 수 없었던 것은 바로 '불결함' 때문이다. 돼지 치는 하층 중국인들은 위생적인 서양인 조계지를 오염시킬 수 있었기 때문에, 화보 속 순경은 오염의 원인들과 대치하면서 위생적인 조계지를 보호해야만 했다. 불결한 (하층)중국인과 위생적인 서양인의 대치는 종종 이렇게 공간의 대치 상황을 만들곤 했었다. 근대적 공원(public park)이 들어설 때도 마찬가지의 대치가 벌어진다. 처음 상해 조계지에 서양식 공원이 들어설 때 설치된 "중국인과 개 출입금지"라는 팻말은 위생적 서양인과 불결한 짐승·중국인이란 구도를 만들었다(「상해 공부국 조항」). '공공'(公共)의 공간은 위생적인 서양인들의 습속으로 가득 찬 곳이었다. 위생적이고 강한 몸을 가진 서양인들은 종종 화보 속의 모습처럼 "자신의 신체를 단련시키고", "건전한 경쟁의 스포츠"를 일삼는 공간 속에서 더욱더 강종(强種)으로 거듭나고 있었다. 서양인들의 공간을 담 넘어, 어깨 넘어 구경하는 중국인들은 여전히 신체 단련의 의지나 기회가 없는 나약한 육체로 경계선 밖에서 서성일 수밖에 없었던 셈이다. 한편 불결하고 오염된 것으로 분류되는 것은 도태를 의미했다. 서양 백인종의 눈에 비친 불결함은 종종 인종학적인 열등함으로 이해되기도 했다. 뢴트겐의 엑스레이가 세계를 투명하고 적나라하게 드러내기 시작했을 때, 엑스레이는 오염의 원인들을 제

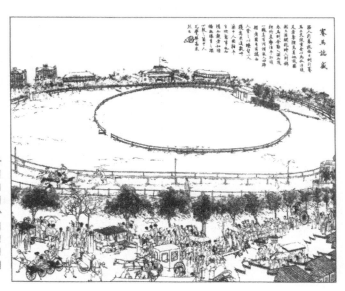

그림51 상해의 서양인들이 하는 경마 경기의 모습이다. 관람용으로 잘 정비된 경마장(서양인들의 관람석은 화보 위쪽 관람대에 있다)과 그것을 울타리 너머에서 구경하는 중국 군중들. 당시 중국인들은 서양인들이 공공의 공간에서 자신의 신체를 단련시키고 건전한 경쟁의 스포츠를 한다고 부러워했다. 「경마의 성황」(賽馬誌盛), 『점석재화보』 제2호, 1884. 5.

그림52 화보 안의 각종 모습은 서양인들이 즐겨 하는 각종 경기의 종류들이다. 화보의 글에 따르면 서양인들은 호승심이 대단한 사람들이다. 그래서 각종 경기가 발달했고 동적인 인간이 되었다는 것. 당시에 떠돌던 정적이고 무력한 육체의 중국이라는 이미지와 상반된 서양인의 이미지다. 「각종 경기에 힘을 쏟다」(力不同科), 『점석재화보』 제131호, 1887. 11.

거하고 투명하고 깨끗하게 모든 것을 만들 수 있다고 생각하기도 했다. 엑스레이를 여러 차례 흑인들에게 쬔 결과 피부가 점차 하얗게 변한다는 미국인 의사의 보고를 기초로 사람들은 "흑인을 치료하여", "백인과 상등(相等)"으로 만드는 새로운 '치료기술'이 나타났다고 경탄했다. 왜냐하면 이 새로운 치료기술로 "곧 많은 흑인들이 치료되면 흑백 갈등이 사라질 것"이고 그것은 "흑인종에게는 다행스런 일"이기 때문이다. 우등하고 위생적인 인종에 가까워지고 동화되면 세계는 아무런 갈등이 없는 투명하고 깨끗한 세계가 된다.[67] 미세한 작은 세계를 발견하면서 가시능력은 극대화되지만, 그러나 동시에 보이지 않는 부분까지 본다는 것은 보이지 않는 구석구석까지를 제어하고 동화하려는 욕구와 종종 만났다. 보이지 않는 병의 원인을 찾아내고 제거한다는 발상은 종종 열등하고 야만이며 불결하고 도태된 것으로 분류된 세계를 '치료'하려 들었다. 그리고 그러한 문명의 치료 결과, 문명인인 의사의 예상을 비켜나가 때때로 없는 병이 만들어져 통제되고 제어되는 상황도 발생했다.

확대된 가시성은 국가 위생 관념과 결합하면서 종종 불합리한 상황을 만들기도 했다. 하지만 한편으로는 현미경과 해부학이 보장한 확대된 가시성은 인식의 지평을 새롭게 바꾸기도 한다. 이 장의 **그림1**(188쪽) 「시체를 갈라 병의 원인을 살피다」의 글처럼 돌연사의 원인을 조사하고자 공개적으로 시체를 해부하는 서양 사람들은 "시체를 마치 폐물처럼 다뤘다". 해부가 가능한 것은 인간의 시체를 생명이 없는 사물처럼 담담히 다룰 수 있기 때문에 가능해 보였다. "열어 봐야만 그 질병을 알 수 있다니, 서양 의술은 얼마나 졸렬한가"[68]라며 종종 해

67) 「化黑人爲白人之方法」, 『東方雜誌』 제8권 2호, 1911. 3. 25.
68) 薛福成, 『出使日記續刻』 권10; 陳平原·夏曉虹, 『圖像晚淸』, 216쪽 재인용.

부를 평가절하하기도 했지만, 그러나 해부
학이 비밀 없이 낱낱이 질병의 원인을 가시
화하는 문명의 증거로 받아들여질 때, 그것
은 인간의 지력(智力)을 극대화하여 은폐
되고 감추어진 세계의 비밀을 폭로하는 매
혹적인 능력이 되기도 했다. 그것은 현미경
이나 엑스레이도 마찬가지다. 1896년 뼈를
뚫고 적나라하게 속을 보여 주는 엑스레이
가 미라를 최초로 촬영했을 때, 엑스레이는
오래된 기원 속에 묻혀 있던 신성한 옛것
[古]들의 비밀을 적나라하게 드러내는 새
로운 방법이 되고 있었다. 볼 수 없는 세계
를 볼 수 있다는 능력은 1910년대에 이르
면 종종 오래된 역사를 투시하는 능력으로
도 사용되기 시작한다. 누천년 왕조의 신성
한 역사는 살아 있는 신성한 시간이 아니라
"해부해야만 하는" 죽은 시체처럼 은유되

그림53 "모든 사물은 연구하지 않으면 확실하게 알 수 없다.
옛날부터 줄곧 사람을 잡아먹었다는 것은 나도 알고 있지만
그리 확실하지 않다. 나는 역사를 뒤적여 조사해 보았다. 역
사책에는 연대는 적혀 있지 않았지만 페이지마다 인의도덕
이라는 글자가 꾸불꾸불하게 씌어 있었다. 좀체 잠이 오지
않아 나는 밤새도록 자세히 조사해 보았다. 그 결과 글자와
글자 사이로 …… '식인'이라는 두 글자가 온통 매우고 있었
다." (노신, 「광인일기」) 그림은 황영호(黃英浩)의 판화.

기 시작했다. 과거의 어떤 시간은 마치 해부용 시체처럼 죽은 것이 될 뿐이다. 그래서 시간은
또한 "모름지기 연구해야만" 하며, 연구란 모름지기 "해부해야만" 그 참맛을 알 수 있는 것이
된다(「광인일기」). 옛것이기 때문에 생겼던 신성한 아우라는 사라진다. 엑스레이의 빛 아래서
앙상한 뼈를 드러내는 과거는 이제 더 이상 살아 있다는 의미를 주지 않는다. 때문에 죽은 과
거의 시간은 해부의 대상이 되며 해부를 통해 병의 원인을 가시화해야 된다. 과거의 심연을
헤치고 다니던 광인의 벌겋게 충혈된 두 눈이 죽은 과거의 시간을 해부하고 투시하는 가시능
력을 얻어 갈 때, 비로소 매우 익숙한 '반예교'(反禮教)·'반봉건'(反封建)의 상상력은 목소리
를 얻어 가기 시작하는 것이다.

전시공간에서 출현한 새로운 지식

1 이국의 세계를 분류하다 : 선교사와 서학가의 박물원

1860년대 이후, 중화의 땅을 떠나 낯선 문명을 박람하던 젊은이들은 만국의 정세와 문화의 지도를 새롭게 작성하기 시작했다. 때로는 가슴 가득한 열정으로 만났고, 때로는 자신들을 구경하는 낯선 시선들을 굴욕과 분노로 감당해야만 했지만 새로운 '세계'는 유람을 떠났던 학인(學人)들의 손끝에서 조금씩 다시 주조되고 있었다. 런던 박람회의 눈부신 수정궁을 돌아다니던 왕도가 여행의 끝에 내놓았던 『만유수록』(漫遊隨錄)을 비롯하여 경사동문관의 유능한 어학실력자 장덕이(張德彝)의 『항해술기』(航海述記), 황준헌(黃遵憲)의 『일본국지』(日本國志) 등에는 '바다 너머'의 세상을 박람하며 발견한 낯선 풍경에 대한 묘사로 가득하다. 여행의 묘사는 단순한 묘사 그 이상이었는데, 그들이 발견했던 풍경들은 문명의 기반을 이루는 여러 가지 시설과 제도에 대한 기록이었고 또한 그 풍경은 새로운 세계를 중화의 땅에 건설하고자 했던 열정의 시선으로 가득 차 있었다.

1866년, 그들의 기록 속의 '뮤지엄'(museum) 역시 그랬다. 뮤지엄은 박람을 하던 사람들이 깊이 염두에 두었던 문명의 기반 시설 중 하나로 다양한 사람들의 번역 속에서 그 존재를 드러내기 시작했다. 근대의 많은 번역어들과 마찬가지로 '뮤지엄' 역시 오늘날의 '박물관'으로 번역되기까지 사실 수많은 말들의 경쟁을 통과했다. 이국(異國)의 각종 동식물의 표본과 이른바 사물로 명명되었던 것들이 전시되어 있는 이 공간을 사람들은 다양한 말로 번역하면서 소개하고 있었다. 1866년 빈춘(斌春)의 『승차필기』(乘槎筆記)나 장덕이의 『항해술기』에 보이는 '적골루'(積骨樓), '만종원'(萬種園), '적보원'(積寶院)은 뼈를 모아 놓았다거나(적골루), 진귀한 것들이 쌓여 있다거나(적보원), 수많은 종류의 사물들의 집합(만종원)이란 이미지로 동식물의 표본과 기이한 사물들의 수집으로 가득 찬 유럽 뮤지엄의 근대적 수집공간을 묘사한다.

각종 뼈와 화석, 새와 물고기, 뿔로 가득 찬 공간은 호기심 어린 시선들이 발견한 대상들로 채워지고 있었다. 17세기 무세이 워미아니 히스토리아(**그림54**)처럼, 이러한 공간은 근대 뮤지엄의 기초로 알려져 있는 호기심의 공간 캐비닛(cabinets of curiosities)을 기반으로 한다. 1866년 빈춘이나 장덕이가 보았던 뮤지엄의 세계는 호기심 어린 시선으로 사물의 세계를 발견하고 소유하며 명명하는 캐비닛이 발전한 세계다. 그러나 그들이 먼 유럽을 여행하면서 낯선 것으로 보았던 이런 공간은 사실 중화의 내부에서도 이미 시도되고 있었다. 뼈와 화

그림54 무세이 위미아니 히스토리아 : 1655년 나온 이 동판화는 17세기 시대의 캐비닛(cabinet)이라는 수집공간의 모습을 보여 준다(Ole Worm, *Musei Wormiani Historia*).

석들, 각종 동식물의 표본으로 전개되는 사물의 세계는 1868년 중국 상해에도 등장하기 시작했다. 명나라 말의 유명한 과학자 서광계(徐光啓)의 장서(藏書)가 있던 박물원이 그렇다. 일명 서광계박물원(이후 진단震旦박물원)으로 불렸던 이 공간은 예수회 선교사이자 물리학과 동식물학에 정통했던 프랑스 선교사 피에르 위드(Pierre Heude : 韓伯祿)가 주도했던 곳이다. 그가 기획한 이 박물원은 각종 동식물과 곤충들의 표본들로 가득했다. 특히 그 표본들은 주로 중국의 장강 지역에 존재하는 '자연'의 표본들이었는데, '중국의 자연'을 수집하여 '수많은 사물'(博物)의 질서로 분류하는 이와 같은 탐험의 정신은 19세기 말 동안 중국의 선교사들을 사로잡는다. 1874년 영국의 상해아주문회(上海亞洲文會)가 세운 상해박물원(上海博物院 : 오늘날의 상해자연사박물관) 역시 각종 중국의 동식물 표본을 주로 내세웠다. 1904년 프랑스 선교사가 세운 천진의 화북박물원(華北博物院)과 영국 선교사가 세운 제남광지원(濟南廣智院)은 중국의 '지질'과 '광물'의 표본을 전시했다. 중국의 각종 동식물과 지리, 광물, 천연자원에 대한 외국인들의 호기심 어린 시선들은 1920년대 일본이 중국 동북 지방과 대만에 비슷한 박물관을 세울 때까지 지속된다. 19세기 말, 중국 해안 지방의 선교사들이 중국의 자연 질서를 분류하여 만든 '박물'의 세계는 광지원(廣智院), 박물원(博物院)이란 명칭처럼 선교의 대상이었던 중국인들에게, 그리고 중국을 알고 싶어 했던 영국이나 프랑스의 사람들에게 '새로운 지의 세계를 제공'(廣智)하려는 그들의 야심찬 기획을 보여 주고 있었다.

  19세기 말 선교사들이 주조한 '박물'의 세계는 중국 '박물학'(natural science)의 세계를 구성하고 있었다. 하지만 '박물'의 내용이 동일하지만은 않았다. 중국인들 스스로가 지(知)의 세계를 넓히려고 했던 곳에서는 비슷하지만 그 내용은 다른 것들로 채워졌다. 1876년 새로운 문명을 번역하고자 세워졌던 '경사동문관'에도 박물관이 세워지고, 1877년 상해의 유명한 격치서원(格致書院)에도 '철감유리방'〔鐵嵌玻璃房〕이라는 박물의 공간이 세워진다. 두 공간 모두 근대적 교육기관의 전신으로 잘 알려져 있는 교육공간이다. 격치서원은 전람공간이었던 이 방에 상당한 노력을 기울였었다. 흥미로운 것은 이 공간은 선교사들의 공간처럼 '중국의 자연 세계'로 만들어지지 않았다는 점이다. 비슷한 시기 이 공간에서 만들어진 박물의 세계는 '서양의 과학 세계'다. 영국의 과학박물관과 벨기에가 기증한 각종 과학 기계, 공업 기계, 사진, 천문지리, 수륙교통, 총포와 탄약 등 부강한 국가를 가능하게 한다고 판단되는 '과학' 관련 전시물들이 박물의 공간을 채워 나갔다. 격치(格致)라는 말은 '과학'을 지칭했었고, 또한 격치라는 용어는 이미 새로운 출판물과 신문을 통해 오랜 기간에 걸쳐 모습을 드러내면서 지(知)의 공간을 점유해 가고 있었다. 박물의 세계를 부강한 서양의 과학 문명으로 채우려 했던 점은 당시 중국인들의 신문과 잡지에 파노라마처럼 끊이지 않았던 격치〔科學〕의 기사들과 놓고 본다면 결코 낯선 욕망이 아니다.

  19세기 말, '박물의 공간'은 뱃길을 통해 들어오는 이국의 문명을 바라보는 시선과 중국을 바라보는 호기심 어린 외국인들의 시선들로 각각 채워져 나가고 있었다. 서로가 낯설기는 매한가지였을 것이다. 낯선 사물의 세계에 질서를 부여해야 한다는 생각은 '서양'을 혹은 '중국'을 전체로 조감할 수 있는 분류와 지도를 요구했다. 만물의 세계가 질서를 갖춘 무엇으로 잡힌다면, 사실 낯설기 때문에 생기는 두려움은 극복 가능한 것이다. 박물의 세계는 설명 가능한 것으로 드러나고 있었고, 나아가 그것은 수많은 대중들도 알 수 있는(혹은 알아야만 하는) 세계가 된다. 19세기 말, 선교사들과 중국인 서학가(西學家)들이 채워 갔던 '박물'의 세계는 이제 각각 자신들이 조감할 수 있는 전체로 드러나기 시작했다. 여기서 좀더 찬찬히 살펴봐야 할 것은 선교사들과 서학가들은 자신들이 만들어 낸 박물의 세계를 오히려 많은 사람들이 '알도록' 노력했다는 점이다. 호기심으로 가득 찬 소수의 수집인을 위한 비밀스러운 캐비닛은 그 빗장을 풀고 익명의 많은 사람들을 향하고 있었다. 선교사들과 서학가들이 자신들이 분류하고 그려 냈던 '중국의 자연 질서' 혹은 '서양의 과학 질서'를 사람들에게 '공개'했던 그 순간, 뮤지엄이 '광지원'으로 '박물원'으로 그 이름을 얻어 가는 그 순간, 공공 전시공간의 상상력은 일어나고 있었다.

2 대중을 포섭하는 지식의 공간 : 공공 전시공간을 모색하다

17세기 유럽 지역을 휘감은 문화 열풍 가운데 하나였던 '수집'(collecting)은 항해를 통해 더욱 성장한 무역업을 발판으로 날개를 달고 있었다. 대규모의 항해가 가지고 온 부(富)의 세계는 세계를 지배한 증거물인 '진귀하고 기이한 수집물'로 구축되고 있었다. 이탈리아의 유명한 메디치 가(家)의 컬렉션은 **그림55**의 캐비닛이나 갤러리와 같은 유형의 공간에 세워진 부의 세계였다. 호기심 많은 인간의 열망이 만들어 낸 공간 캐비닛(cabinet of curiosities)은 이처럼 진귀하고 기이한 수집물들을 소유하고 들여다보는 소유 공간에서 출발했다. 캐비닛의 겹겹이 만들어진 문을 하나씩 하나씩 열면 항해를 통해 섭렵한 수집의 세계가 안쪽 깊은 곳까지 펼쳐진다. 캐비닛 안에는 수집가가 축조한 우주가 있고 수집가들은 우주를 소유하고 지배하고 응시하고 있는 셈이다.

빈춘이나 장덕이 등이 번역했던 적보원(積寶院)과 같은 용어는 근대적 뮤지엄의 전신으로 이야기되는 캐비닛이나 갤러리의 수집의 역사를 무의식적으로 번역하고 있는 셈이다. 보물과 같은 사물이 쌓여 있는 공간은 대부분 보물을 발견하고 수집할 수 있는 무한한 절대 부의 세계나 절대권력을 통해 창조되었다. 비단 이것은 유럽의 컬렉션의 역사에서만 발견되는 맥락이 아니다. 『선화화보』(宣和畵報)에 보이는 북송(北宋) 휘종(徽宗)의 컬렉션이나 청(淸) 건륭(乾隆) 황제의 각종 컬렉션은 황실의 절대 권력과 문화의 집대성을 꿈꾸는 황제들의 욕망에 의해서만 가능했던 것들이다. 자신이 지배하고 있는 세계의 우주에 질서를 부여하고 응시하는 욕망은 중국 누천년의 각종 왕조의 수장실(守藏室)에서 꿈틀거리며 켜켜이 시간의 두께를 쌓아 가고 있었다.

하지만 흥미롭게도 1866년 이후의 각종 유람의 기록에서는 이러한 황실의 수집과 전시의 역사는 눈에 들어오지 않는다. 오히려 뮤지엄의 번역은 중국의 내부에서는 시도되지 않은 낯선 기획으로 번역되고 있었다. 왕도의 『만유수록』의 '박물대원'(博物大院)이나 일본을 소개했던 황준헌의 번역어 '박물관'(博物館)이 그랬다. 새로운 학문의 생산을 기획했던 강유위가 그린 '태평세'(太平世)의 대동세계는 박물원(博物院)과 같은 시설의 기획을 통해

그림55 캐비닛(cabinet of curiosities, 1625~31): 겹겹이 만들어진 문을 하나씩 열면 각종 항해와 상업을 통해 얻었던 부의 증거물들이 조심스럽게 펼쳐진다.

그림56 루브르 안뜰의 모습을 그린 판화. 이전에는 소수의 손에 있었던 수집물이 사람들에게 공개되어, 물건을 둘러보듯 사람들이 줄을 지어 그림을 바라본다. 박물관은 사람들이 운집하는 공간으로 탈바꿈하기 시작한다.

구상되고 있었다. 1895년 상해 강학회(强學會)의 장정(章程)이 강학회가 추진해야 할 주요 임무로 '대서장'(大書藏: 오늘날의 도서관)과 함께 '박물원'의 사업 추진을 꼽고 있었던 것도 빼놓을 수 없다. 이들에게 박물원은 중국에는 없는 낯선 문물제도이며, 무엇보다도 박물원이나 도서관과 같은 공간은 '사람들의 지(智)를 깨우치고 넓혀 주는' 변법파의 모토인 '개민지'(開民智)를 가능하게 하는 제도였다. 여기서 뮤지엄의 번역어 '박물원'은 '박물의 세계'를 소수인의 수중이 아닌 대중에게 공개하는 '공공시설'로 번역되고 있다. 1879년 청의 관리 왕지춘(王之春)이 일본의 '박물관'(뮤지엄의 일본 번역어)을 시찰하면서 봤던 박물관 역시 그랬다. 그의 눈에 박물관은 "사람들이 진귀한 사물들을 공공기관에 내서"(民有異物獻公家: 그의

詩「박물관」) 만든 공공의 공간이다. 캐비닛의 깊은 공간 안에 감추어 두는 수집의 세계가 아니라 사람들이 캐비닛의 빗장을 열고 공공의 것으로 만들어 구경하는 공간인 것이다. 왕지춘이나 황준헌, 강유위, 양계초의 박물원은 그들이 유람했던 일본의 메이지유신의 기획 가운데 하나인 박물관을 모델로 하고 있는 셈이다. 만국박람회에서 이미 중국보다도 발 빠르게 '동양의 양키'로 자리 잡았던 일본은 1871년에 고기구물보존소(古器舊物保存所)와 1872년 문부성박물관(文部省博物館)에서 시작하여 1890년 도쿄와 교토에 제국박물관(帝國博物館)을 세울 정도로 자국의 공공제도 건설의 감각이 민첩했다.

메이지유신 시기, 일본이 민첩하게 간취해 온 유럽의 근대적 전시공간은 1793년 "프랑스의 군주제가 몰락한 것을 기념하기 위해" 개관되었던 루브르에서 본격적 신호탄이 발사되었다. 프랑스대혁명 이후, 절대권력이 주조한 수집의 세계는 '국가의 재산'이 된다. 컬렉션이 국가의 재산으로 탈바꿈하는 것은 1753년 영국의 대영박물관에서 이미 시작된 것이지만, 루브르의 변신은 정치체제의 전환과 맞물려 더욱 화려했다. 캐비닛 안의 비밀스러운 우주가 '국가'의 소유물로 변신하는 순간 이른바 근대적 공공 전시공간의 상상력은 발동한다. **그림 56**의 판화에서 보이듯이 군주제의 몰락을 기념하여 개관한 루브르는 시장을 방불케 할 정도의 많은 인파들로 붐비고 있었다. 대영박물관 등을 유람했던 왕도나 강유위 등이 보았던 박

그림57 19세기 중반 이후의 루브르 박물관(1852~1930)의 모습은 이제 우리에게 익숙한 박물관의 모습을 하고 있다. 관람객은 말끔하게 정해진 전시의 통로를 따라 유도되고 있다.

물원은 바로 국가의 재산으로 탈바꿈한 컬렉션을 구경하고 있는 수많은 대중이 운집한 공간이다. '민지'(民智)를 개조하여 새로운 '공'(公), '대동'(大同)의 세계를 모색하고 있었던 그들의 눈에 수많은 군중이 운집한 전시공간은 예사롭지 않았을 것이다. 전시물을 따라 수많은 군중이 움직이고 있는 공간은 새로운 정치체제의 기반이 될 집단의 상상력을 견인할 수 있는 새로운 지(知)를 생산하는 공간이었다. 실제 루브르가 공공 전시공간으로 탈바꿈하면서 고민했던 것이 시민교육이었고, 이후 뮤지엄은 '사회교육'이란 이름으로 대중을 차근차근 포섭하게 된다. 한편, 19세기에 이르면 박물관의 군중들은 **그림57**처럼 시간의 흐름에 따라 말끔하게 전시된 전시물을 정해진 통로를 따라 관람하고 있었다. 전시물들은 크게 시대별로 나뉘고, 미술품들은 유파(school)별로 조직되어 있었다. 유파는 국가별로 나뉜 것이었는데 주로 프랑스가 전쟁을 통해 정복한 국가들이었다.[69] 거대한 공간 속에 시간의 흐름에 따라 분류된 전시물을 따라가는 말끔한 양복 차림의 군중의 모습은 새로운 지식의 체계를 통해 군중을 변신시키려 했던 청말의 학인들에게 틀림없이 생산적인 자극으로 다가왔을 것이다.

거대한 공간 속에서 깔끔한 분류에 따라 쾌적하게 전시된 전시물을 보는 세련된 군중에 비하면, 『점석재화보』(**그림58**) 속의 전시물과 군중들은 복잡하기 그지없다. 물론 화보의 배경이 되는 공간은 국가가 만든 공공 전시공간은 아니다. 근대적인 국가의 공공 전시공간 이전,

69) E. P. Alexander, *Museum Masters : their Museums and their Influences*, American Association for State and Local, 1983, p.95.

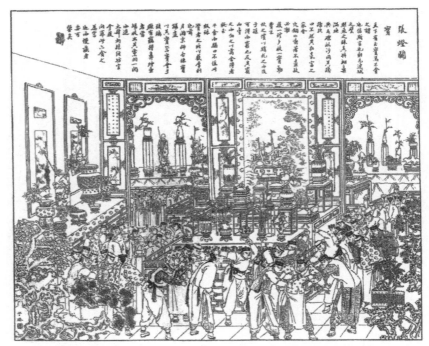

그림58 북경의 유명한 골동품거리 유리창(琉璃廠)에서 진기한 보물들을 전시하는 도중에 발생한 사건을 보도한 화보이다. 여기에서 보이는 전시공간은 그림57의 루브르와는 판이하다. 무엇보다도 전시물들은 사람들 위로 올라가 있다. 물건들은 즐비하게 늘어져 있고 쌓여 있으며 도난과 파손을 방지하기 위해 모두 눈높이 위로 올라가 있다. 이러한 전시 패턴은 중국이 만국박람회에 참가했을 때도 반복되었고, 서양인에게 비난을 받기도 했다. 「유리창 보물전시회에서 벌어진 사건」(張燈鬧寶), 『점석재화보』 제146호, 1888. 4.

군중의 전람공간은 상품 판매를 겸하고 있었던 골동품거리나 화랑거리가 대부분이었다. 화보는 베이징의 유명한 골동품 거리인 유리창에서 열린 '진귀한 보물들의 상품 전람회'에서 벌어진 절도 사건을 다루고 있는데, 빼곡하게 들어선 전시물들은 나란히 즐비하게 늘어놓았거나 겹겹으로 쌓여 있다. 전시물들이 관람자의 시선을 고려했다고는 볼 수 없다. 그보다는 도난과 파손을 방지하려는 의도가 더 크다. 이러한 전시 형태는 중국이 참가했었던 만국박람회에서도 지속되던 것이었는데, 영국이나 프랑스, 일본의 전시가 회랑 형태의 전시 통로를 염두에 두고 관람자의 시선을 고려하여 전시물들을 배치한 것에 비해서 중국의 전시물은 유리창의 상품들처럼 겹겹이 쌓아 놓거나 즐비하게 늘어놓고 있었다. 중국의 전시는 혼란하여 (topsy-turvydom) 관람이 불편하다는 불만도 터져 나오고 있었다.

만국박람회는 상품의 경쟁을 유도하는 공간이기도 했다는 것을 생각해야 한다. 영국의 전시 구역은 근대적 뮤지엄이 군중의 흐름을 유도하고 있었던 패턴을 십분 활용하고 있었는데, 유럽의 뮤지엄이 시간의 흐름에 따라 유파를 분류하고 전시했던 것처럼, 박람회의 상품들은 나름의 분류 속에서 군중의 흐름을 기획할 정도로 말끔하게 전시되어 있다.

 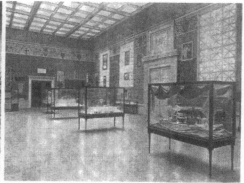

그림59 1904년 세인트루이스 만국박람회의 중국 전시구.　　그림60 1904년 세인트루이스 만국박람회 미술궁의 영국 전시구.

　　말끔한 전시의 패턴은 군중의 흐름을 조직하고 있었다. 군중은 박물의 전시와 박람의 전시 흐름을 통과하면서 새로운 지식〔知〕을 소유하였고, 전시 기획 의도에 포섭되기도 했다. 강유위를 비롯한 변법 지식인들이 모였던 강학회는 박물원이나 도서관과 같은 '공공시설'의 건설이 새로운 대동 세계를 앞당긴다고 믿었다. '공공공간'은 모든 종류와 모든 시대 문화의 산물을 모으고 그것을 깔끔하게 분류하여 체계를 만들어 내어 군중들이 그 체계 속에서 발견하고 배우는 '교훈'의 장소였다.[70] 영국의 공공도서관〔公家書房〕은 그림61의 화보에서 말하는 것처럼 모든 종류의 시대 산물들이 차곡차곡 모여 있는 장소이다. 중국에도 각종 장서루(藏書樓)가 있었겠지만, 화보가 강조하고 있는 이 책방의 특이함은 중절모 신사에서 여성에 이르기까지 모두가 출입할 수 있는 '공공의 공간' (公家)이라는 점이다. 공공도서관은 박물관과 마찬가지로 "거대한 공간"에 "결코 어둡지 않은 밝고 공개적인" 열린 장소에 있다.[71] 차곡차곡 서가에 분류된 책들은 남녀노소 모두가 열람할 수 있는 지식의 창고이다. 유리창의 복잡하게 전시된 골동품이나 아는 사람들 사이에서만 존재하는 장서루와 달리, 유럽의 '공공' 시설들은 대중에게 '교훈'을 주는 '교육의 공간'으로서 군중들의 지식 체계를 기획하는 것으로 보이고 있는 셈이다. 대중을 염두에 둔 새로운 지식을 모색하던 변법 지식인들이 이러한 '공공의 공간'에 자극받고 있었던 것은 어쩌면 당연하다.

　　1905년에 개관한 남통박물원(南通博物院)은 중국인의 기획과 자본에 의해 세워진 최초의 박물관이다. 모택동의 회상에 따르면 설립자 장건(張謇)은 중국의 중요한 실업가이며 교육자로, 그의 박물관의 기획 역시 바다 너머 세계를 유람하면서 본 '박람의 세계'와 '박물의 공간', '교육의 공간'에서 주조되고 있었다. 그러나 그의 기획이 구성되는 루트는 조금 다르

70) 서지원, 「미셸 푸꼬의 계보학적 입장에서 본 공공미술관」, 『한국미학회』(제41집/봄), 2005, 151쪽 인용문 참조.
71) 『中西見聞錄』21號, 1874. 4.

그림61 영국의 공공도서관을 묘사한 화보다. 중절모의 남성 신사뿐만 아니라 여성들도 드나들며 분류되어 있는 책을 열람하고 있다. 「공공도서관」(公家書房), 『점석재화보』 제336호, 1893. 5.

다. 그가 다녀온 1903년 오사카의 제5회 권업박람회는 『절강조』를 비롯한 유학생들의 잡지에서 끓고 있었던 분노와 굴욕의 정서의 공간 그 이상이다. 아마도 그는 굴욕의 정서를 씹고 자신의 열정을 단련하기보다는, 박람회가 생산해 내고 있었던 '식산흥업의 경쟁력'을 어떻게 중국의 땅에 지속적으로 생산하는가에 더욱 매력을 느꼈던 것 같다. 그가 바라보는 박람회는 "실업 경쟁의 중요한 기관 역할을 하는 것이다"(『민국경세문편』). 경쟁력을 확보하는 과정을 통해서만 "실업을 진흥하고 정치의 개량이 가능하다"(『변법평의』). 장건에게는 식산흥업과 부국강병의 전략을 생산할 수 있는 최고의 루트는 '물산의 진열과 비교를 통해 자극과 경쟁을 유도'해 낼 수 있는 박람회이며, 또한 이러한 전략을 장기간 생산할 수 있는 교육의 기본 시스템을 모색하는 것이 그 무엇보다도 중차대한 일이었다. '실업의 경쟁력'이 '구국'(救國)을 가능하게 한다고 생각했던 것이다. 1903년 오사카 박람회에서 돌아올 때, 그는 1902년 양강총독과 함께 세웠던 통주(通州)사범학교에 초빙할 일본인 기술자와 교사를 데리고 왔다. 오사카 박람회에서 굴욕의 정서를 씹고 그 정체에 대항할 지식을 모색했던 사람들과는 조금은 다른 루트를 모색하고 걷고 있었던 셈이다. 1905년, 남통박물원을 기획한 장건을 시작으로 이제 중국의 '공공 전시공간'의 기획들은 다양하게 실험되기 시작한다. '교육'과 '공공'의 이름으로 군중을 포섭하고 새롭게 호명하는 당시의 지(知)의 모색은 박물관이나 미술관, 박람회와 같은 전시공간에서도 마찬가지로 시도되고 있었다. 하지만 전시공간은 육중한 공간을 점유해 가는 과정이기 때문에 더욱 복잡했다. 이렇듯 전시공간의 기획과 시도는 제도 안에서 혹은 밖에서, 굴욕의 정서를 씹어 가는 과정에서 혹은 경쟁의 승리를 열망하는 과정에서 다양한 경험의 사람들에 의해 진행된다. 게다가 남통박물원 이후 전시공간은 '중국'이란 이름을 걸고 공공의 전시공간을 확보해 나가게 되는데, 이쯤 되면 '공공'의 문제는 역사라는 상상력을 비켜 갈 수가 없게 된다. 대중과 만나고 그들을 포섭했던 전시공간은 이제 어떤 대중을 만들어 내는가 라는 문제를 고민하고 있는 것이다.

3 대중과 어떻게 만나는가 : 박물관과 미술관에서 경쟁하는 계몽의 방식들

1867년 풍자화의 대가 오노레 도미에(Honoré Daumier)가 포착한 뮤지엄 속의 군중의 표정은 제법 재미있는 이야기를 하고 있다. 말끔한 양복차림의 남자가 긴 우산을 꼭 움켜쥔 채 문명의 이름으로 수집해 온 이국의 유산을 올려 보고 있다. 남자는 호기심 어린 얼굴로 전시물과 마주하고 있지만 약간은 전시물에 압도당한 듯하다. 그 옆에 바짝 붙어 있는 여자 역시 처음 보는 전시물이 낯선 듯, 가슴에 손을 얹고 당혹스러움을 추스르고 있다. "도대체 이게 뭐하는 거야"라고 말하는 듯한 아이의 따분하고도 무심한 표정이 전시물을 마주하는 어른들의 당혹스러움을 더욱 도드라지게 한다. 이 세 사람의 표정은 19세기의 표정이지만, 사실 요즘 박물관에서도 심심치 않게 발견되는 우리의 표정이기도 하다. 낯선 전시물이 던지는 메시지를 해독하지 못하고 있다는 불안감은 누구나 한 번쯤 박물관의 군중이 되었을 때 느끼게 되는 불편한 정서일 것이다. 불편한 느낌은 아마도 전시물이 은연중에 내가 알지 못하는 지식으로 나를 가르치고 훈수하고 있다는 오해(?)에서 비롯될 때가 많다. 하지만 사실 19세기 '국가'의 공공 전시공간을 자처했던 유럽의 박물관이 스스로의 정체성을 '시민교육'으로 잡았던 것을 기억한다면, 박물관이 나를 가르치려 든다는 느낌은 오해가 아니라 박물관을 제대로 이해하고 있는 것일지도 모른다.

그림62 오노레 도미에의 동판화(1867년): 낯선 이국의 문명을 바라보는 관객들의 표정을 주목해 보면 어떨까? 낯선 그림들을 목을 뒤로 제끼고 올려 보는 관객들의 자세도 재미있다. 우산을 꼭 쥔 남성의 주먹, 그 옆에 붙어서 가슴에 손을 얹고 보는 여성, 무심한 아이의 눈빛. 일반 군중들이 미술관 작품 앞에서 느끼는 당황스러운 순간이 포착되고 있지 않은가.

19세기, 도미에가 묘사한 그림 속의 군중들이 관람하고 있는 공간을 조금 깊이 상상해 본다면 어떨까. 루브르를 비롯하여 대영박물관, 사우스 켄싱턴 미술관 등, 대중에게 무제한 적인 공개를 시도했던 19세기 유럽의 뮤지엄은 대중의 흐름을 한눈에 파악할 수 있는 거대 한 공간을 새로 건축해야 했었다. 뮤지엄의 공간은 관객의 행위를 한눈에 파악할 수 있는(전 시물을 몰래 절도하거나 파괴할 수 없는) 밝은 조명과 거대한 공간감을 느낄 수 있을 정도여야 했으며, 또한 정해진 통로를 따라 관람하여 분산되거나 해체되지 않도록 관중들을 질서정연 한 흐름으로 유도하고자 했다.[72] 질서정연한 흐름을 유도하는 관람 통로는 시대의 흐름과 유 파에 따라 전시물을 배치하여 만들었는데, 루브르의 경우 시대의 배치는 프랑스 국가의 발전 이라는 '역사'의 흐름을 배치한 것이며 유파의 분류는 프랑스가 정복한 국가들에 따른 분류 였다. 도미에가 묘사한 군중들은 프랑스 국가의 역사적 진보를 증명해 주는 피정복국가에서 수집한 유물들의 세계를 마주하고 있는 셈이다.

유럽의 뮤지엄에 매료되었던 왕도와 장덕이, 메이지 일본의 제국박물관에 자극받았던 장건이나 변법파 지식인들은 바로 도미에가 묘사한 19세기 국가의 공공 전시공간인 뮤지엄 으로부터 신선한 자극을 받고 있었다. 이들이 매료되었던 19세기의 뮤지엄은 대중에게 공개 된 공공의 공간이면서 한편으로는 대중에게 "국가의 유산을 존중하고 적절히 행동하는 법을 가르치는" 교육의 공간[73]이다. 이 공간을 거니는 군중은 미술사에 의해 배치된 위대한 미술 품을 통해 '역사'를 공부하고 있었고, 관람의 끝에서 발전의 정점에 서 있는 국가의 '역사'를 발견하도록 유도되고 있었다.[74] 청말 학인들이 새로운 대동 세계의 기반이 될 집단을 일깨우 는 사회적 장치로 긴급하게 박물관을 번역했을 때, 국가와 시민의 '역사'를 교육하고자 했던 근대 뮤지엄의 사회적 효력은 자신들의 변법 기획에 생산적인 자극이 되고 있었던 셈이다.

1905년, 중국인의 자본과 기획으로 세워진 최초의 박물관인 남통박물원에 새로 생긴 전 시 항목은 그 이전의 중국 선교사들의 박물원과는 다른 배치를 만들어 내고 있었다. 19세기 말 중국에 온 선교사들이 주조한 박물의 공간이 '자연'[天然, natural science]의 세계로 채워 졌다면, 장건이 세운 남통박물원에는 자연 외에 '역사'와 '미술'이 주요한 전시 항목으로 들 어간다. 남통박물원은 일본의 제국박물관에 자극받았던 장건이 청나라 정부에 '제국박물관' 의 건설을 건의했다가 수포로 돌아간 뒤에 바로 감행했던 사업이었다. 일본의 부강함은 '경

72) James L. Connelly, "The Grand Gallery of the Louvre and the Museum Project : Architecture Problems", The Journal of the Society of Architecture Historian, vol.31, No.2, May 1972 참조. Tony Bennet, The Birth of the Museum-History, Theory, Politics, Routledge, 1995 ; 서지원, 「미셸 푸꼬의 계보학적 입장에서 본 공공미술 관」, 같은 책, 160쪽 주46 재인용.
73) 1857년 개관한 사우스 켄싱턴 미술관의 초대 관장이었던 헨리 코울(Henry Cole)의 말.
74) 전진성, 『박물관의 탄생』, 살림, 2004, 79쪽.

그림63 북경 국자감(國子監)의 현재 모습. 청조를 이미 사라진 '과거'로 처리하고 새로운 현재의 역사를 채우기 위한 작업이 이곳에서 진행되었는데, 여기에는 다양한 이데올로기들이 얽혀 있었다.

쟁의 힘을 키워 주는 박람회'와 '박람회의 전시 패턴을 변용한 박물관'에서 나온다고 생각했던 장건은 어떤 의미에서는 놀랍게도 19세기 말 유럽의 뮤지엄이라는 사회적 장치를 무의식적으로 복제하고 있다. 그의 발상에서 박물원은 '구국'과 '교육'의 양날을 벼릴 수 있는 공간인데, 흥미로운 것은 중국인 최초라는 자의식이 반영된 이 박물원에 '역사'라는 전시 항목이 최초로 개입한다는 점이다. 그리고 이후 '역사'라는 전시 항목은 당분간 중국 박물관의 중요한 기획이 된다는 점에서 새로운 전시 항목의 출현은 곰곰이 씹어 볼 필요가 있다.

1912년, 민국(民國) 설립 이후 남경임시정부는 교육개혁 가운데 주요한 사업으로 '박물관'·'도서관'·'미술관'의 건립을 꼽았다. 1895년 상해강학회 장정에서 시도했던 기획이 민국이라는 정치체제 안에서 현실화되고 있었던 셈이다. 당시 교육개혁을 주도했던 교육총장 채원배(蔡元培)는 '미육'(美育)을 교육개혁의 중요한 노선으로 삼았고, 미육의 보급은 곧 박물관이나 미술관과 같은 전시공간의 설립을 통해 가능하다고 생각했다. 각 성에 설치한 사회교육사(社會敎育司)라는 직책은 바로 채원배가 목표로 했던 박물관과 같은 공공의 전시공간 설립을 기획하는 자리였는데, 흥미롭게도 중국 현대소설의 아버지로 알려져 있는 노신은 1912년 8월 중앙교육부의 사회교육사로 근무하면서 옛 국자감 터에 박물관의 건설을 준비하고 있었다. 채원배나 노신이 공통적으로 합의하고 있었던 '미육'이라는 코드는 오늘날의 분과 학문인 '미술'에만 한정되는 것이 아니다. 좀더 확장해서 본다면 이들이 기획하는 것은 공공의 제도 속에 문화 감각을 어떤 방식으로 녹이는가의 문제인 셈인데, 1913년 무렵 이 문제는 미술관, 박물관과 같은 전시공간의 건설에 초점을 두고 있었다(「미술 보급에 관한 의견서」擬播布美術意見書).

그림64 1914년 고물진열소가 되었던 무영전의 현재 모습.

민국이 최초로 모색한 박물관인 '역사박물관'은 '고물진열소'(古物陳列所 : 오늘날의 고궁박물관)를 경험함으로써 진행되기 시작했다. 1912년 이루어진 새로운 정치체제는 '과거의 유물'이 된 왕조와 새로운 '현실'이 되어 버린 정치체제를 합리적으로 설명할 수 있는 기제를 만들어야 했다. 옛 국자감 터에서 모색되고 있었던 역사박물관은 '과거의 유물'이 되어 버린 왕조와 새로운 현실이 된 '중화민국'의 의미를 만들고 있었던 것이다. 이것은 역사박물관에서만의 일이 아니다. 1914년 자금성(紫禁城)의 빗장이 풀리면서 청 왕조의 문물들이 무영전(武英殿)과 문화전(文華殿) 두 곳에 옮겨져 '고물진열소'라는 공간에 놓여질 때도 마찬가지였다. 진열소(陳列所)는 갤러리(gallery)의 번역어인데, 이 공간에서 '고물'(古物)이 되어 버린 왕조의 문물은 새로운 현실의 해석을 기다리는 오래된 유물로 변하고 있었다. 이 유물을 어떤 문맥에 배치하는가에 따라서, 즉 '과거'를 어떤 의미로 배치하는가에 따라서 역사의 의미는 달라진다. 실제로 고물진열소의 유물뿐만이 아니라 역사박물관에 수장될 청 왕조의 유물들을 둘러싸고, 어떤 것을 의미 있는 과거의 유물로 채택할 것인가를 두고 다양한 해석이 엇갈리곤 했다. 노신의 기록에 따르면 유물을 선별하고 해석하는 과정에는 온갖 이데올로기가 얽히고 있었다(「이른바 '대내당안'을 말한다」談所謂大內檔案). 어떤 이는 왕조를 옹호하고 유지하기 위해서 유물의 관리와 보존을 주장했고, 어떤 이는 왕조를 단절할 과거로 부정하기 위해서 유물을 다루기도 했다. 혹은 아시아의 이미지를 찾는 외국인을 대변해서 유물을 연구하기도 했다. 다양한 학적 기반을 가진 학자들이 '과거'(古)의 의미를 해석하고 자신들이 생각하는 역사의 의미를 주조하려고 했던 셈이다.

이제 박물관이라는 공공의 장소에는 '과거'의 유물을 해석하는 '역사'의 상상력이 개입하기 시작한다. 1914년 10월 11일 자금성의 문물이 일반 대중에게도 공개될 때, 정치적으로 복벽을 주장했던 금량(金梁)은 자신의 예술적 심미안을 발휘하여 청조의 문물을 의미 있는 과거의 유산으로 전시하려고 했다. 하지만 노신과 같은 사람들의 눈에는 금량 식의 전시는 과거를 단순한 '골동품'처럼 늘어놓고 사람들에게 역사의 의미를 전달할 뿐이다(『노신일기』, 1914년 10월 22일). 누구에게는 의미 있는 예술품이 되지만, 누구에게는 생의 의미가 사라진 골동품이 되어 버리는 장소. 뮤지엄은 다양한 사람들의 역사 감각이 충돌하는 장소가 되고 있었던 것이다.

1910년대, 민국이라는 새로운 정치체제에서 출현하고 있었던 박물관에는 '과거'를 해석하는 다양한 이데올로기가 경쟁하면서 '역사'의 상상력이 주조되고 있었다. 여기서 놓치지 말아야 할 점은 그렇게 전시된 과거는 전시물을 관람하는 대중들을 차근차근 포섭하고 있었다는 점이다. 관람의 끝에서 대중들이 얻게 되는 지식은 계몽의 효과를 증명한다. 계몽의 효과라는 측면에서 보자면, 대중들이 정해진 통로를 걸어간 끝에 얻어 간 역사는 고물진열소의 청 왕조 유물에서만 생겨나는 것은 아니다. 대중을 교육하는 사회적 장치로서의 박물관은 1914년 고물진열소에서 본격적으로 출발하여, 1915년 전후 중국 전역으로 상당히 폭넓게 증가하고 있었다. 1912년 각 성에 배치된 사회교육사들은 1915년에서 1927년 사이에 수많은 형태의 박물관 설립을 기획했다. 북경철도관리학원박물관(1913), 북경위생진열소(1915), 지질진열관(1916), 교육박물관(1916), 경조통속교육관(1925) 등 각종 박물관이 '교육'과 '과학'이라는 모토를 걸고 생겨나고 있었다. 이것은 1915년 이후 지식인들의 담론을 달구어 가고 있었던 '민주'와 '과학'에 대한 지적 열망과 무관하지 않으며, 또한 그것은 대중을 계몽하려는 학인들의 열정과 무관하지 않다.

이른바 신문화운동의 시기에 급증하고 있었던 박물관은 '계몽'의 효과를 담보하는 사회적 장치라는 박물관의 성격을 반증하는 것이기도 하다. 하지만 한편으로는 계몽의 효과를 너무 쉽게 기대한 나머지 박물관의 교육적 기능을 너무 단순하게 생각했던 측면도 없지 않다. 아무 말 없이 걸려 있는 전시물들은 사실 대중을 교육하고 계몽하려는 메시지를 반복적으로 그리고 일방적으로 던지기 쉽다. 관람의 통로는 대부분 계몽가들이 바라보는 역사의 흐름에 따라 정해져 있고, 정해진 관람 통로를 벗어나게 되면 일방적으로 던져진 메시지를 해독하기가 어려워진다. 전시물들이 전하는 메시지에 대해서 관람하는 대중들이 말을 걸거나 그것이 아니라고 항변할 기회는 사실 없다. 때문에 말이 없는 전시물 앞에서 항변하기 위해서는 오노레 도미에가 그린 뮤지엄의 군중처럼 잘 몰라서 당황하거나 따분한 표정으로 서 있을 수밖에 없다. 그 때문인지 몰라도, 급증하고 있었던 박물관과 박물관을 장악하고 있었던 일방적인 계몽의 열정에 대해 조심스럽게 반론이 생기기도 했다. 특히 그것은 예술, 미술에 대해 신

5장 | 중국 근대교육의 발전

■ 백광준

'중국 근대교육의 발전' 개관

"마치 그물에 걸린 물고기, 새처럼 벗어날 수가 없소. 그물 안에 있다면 그래도 어항이나 울안에 담겨지니, 자유에서 오는 즐거움은 없다 해도 비늘과 날개를 보전하여 사람들의 사랑을 받을 수 있겠지만, 만일에 용기만 믿고 그물을 찢고 나가려 한다면, 그물의 힘은 더 커지고 그 쥠은 더 세져서, 지느러미와 날개만 손상시키고 말 것이오." (증이찬曾異撰, 「구소로에게」與丘小魯)

명말의 한 선비가 내지른 절규는 과거제도가 중국 전통사회에서 가졌던 구속력의 가공할 실상을 절감하게 한다. 과거제도는 인재 선발의 방식이 시대를 거치며 변화·발전한 끝에 이루어진 시험 형식의 관리 채용 시스템이다. 멀리 위진남북조(魏晉南北朝) 시기에는 추천을 통해 관리를 선발하였고, 당나라 때는 시부(詩賦: '시'는 특히 정형화된 격률에 맞춰 짓는 율시를 말하고, '부'는 자세한 묘사와 서술을 특징으로 하는 산문적 성격을 갖추고 있는 새로운 시 형식을 말한다)로 그 능력을 평가하여 선발하였으나, 송대에 들어서는 당대의 선발 방식이 가진 비실용성이 비판되면서, 경전의 깊은 의미를 이해하는지 여부가 평가의 주된 기준으로 자리 잡았다. 특히 주희(朱熹)의 『사서집주』(四書集注)는 성인의 말씀을 이해함에 있어서 해석학적 권위를 확보하며, 선비들의 사유를 구축하는 데 주요한 틀로 자리 잡았다.

　이렇게 정비되어 온 과거시험이 명·청대에 들어서 관직을 얻는 유일한 출로이자 사회에서 가장 인정받는 출세의 방식으로 자리 잡음에 따라, 선비들은 자연히 어려서부터 과거시험을 위한 준비에 몰두할 수밖에 없었고, 이로 인해 과거제도 속에서 자신의 정체성을 모색하지 않으면 안 되었다. 서두에 소개한 증이찬의 절규는 당시 독서인이 처한 상황을 잘 보여 주는 것이다. 이것은 또한 명·청대 통치자들이 지식인을 통제하기 위한 방편으로서 과거시험을 효과적으로 운용하였음을 말한다. 통치자들은 시험 내용을 주희의 해석에 바탕을 둔 유교(儒敎) 담론으로 제한함으로써, 당시 지식인들의 사고를 일정한 방향으로 정형화하고 효과적으로 통제할 수 있었다. 나아가 개개인의 사유를 팔고문(八股文 ; 나라에서 규정한 글자 수와 대구로 구성된 두 단락이 네 번 안배되는 엄격한 형식에 맞춰, 주어진 논의에 대한 자신의 견해를 전개하는 특수한 논술문)의 틀에 맞춰 서술토록 하여 그 난이도를 높임으로써, 젊은 학자들의 학문에 대한 열정을 소진시키는 효과를 얻었다. 이 뿐만이 아니었다. 나아가 체득한 유교 담론을 자신의 말투로 풀어 내는 방식이 아니라, 마치 자신이 성인인 것처럼 성인의 말투로 글을 써내도록 규정하여, 성인의 관점을 보다 효과적으로 이해하고 또한 자연스럽게 내면화하도록 의도하였다. 이는 결과적으로 독서인들이 학문 자체에 몰두하기보다는 과거시험에 합격하는 것만을 지상 과제로 삼아 온갖 요령을 부리도록 부추김으로써 학술의 질적 저하를 초래하였다. 『유림외사』(儒林外史)에서 왕면(王冕)이 팔고문이 시행되는 것을 바라보며, "이것으로 출세하는 길이 열렸으니, 장래 독서인들은 다른 문장이나 덕행, 인품을 닦는 일 등을 모두 하찮게 여길 것이다"[1] 라고 우려한 것은 그대로 현실이 되었다.

나아가 과거제도의 주요한 인재 등용 방식이 팔고문 위주로 발전함에 따라, 팔고문은 자연스럽게 당시의 교육 방식, 교육 내용 등 교육과 관련한 모든 자질을 규정하는 초월적 성격을 갖게 되었다. 명청 시기의 독서인들은 누구를 막론하고 팔고문이 규정하는 세계에서 결코 자유로울 수 없었다.

당시 독서인들은 주로 사숙(私塾)과 서원(書院)에서 학업을 닦았다. 사숙은 대체로 어렸을 때 글자를 익힘으로써 과거시험에 필요한 기초교육을 집중적으로 연마하는 교육 장소로, 소리 내어 반복하여 읽기와 숙사(塾師 ; 훈장)의 간단한 설명으로 공부가 진행되었다. 이와 달리, 서원은 제도적 학습에 매이지 않고, 자유로운 강학과 경전 연구에 전념

---

1) 吳敬梓, 『儒林外史』, 上海古籍出版社, 1999, 13쪽.

할 수 있는 대안적 교육 장소로서 자리 잡았다. 그러나 대안적 성격에도 불구하고, 교육 내용이 유가 경전에서 벗어나지 못하고, 그 산장(山長 : 서원의 스승)이 누구냐에 따라서 학문 성격이 좌우될 뿐만 아니라, 그 스승이 자리를 떠나면 더 이상 학문의 지속이 어려울 수도 있는 등 체계적인 교육의 진행이 어려운 문제점을 안고 있었다. 급기야 청대에 이르러서는 나라에서 경비를 지원하는 대형 서원이 성(省)마다 건립되면서, 서원은 급속히 관학화함에 따라, 관변 이념 속으로 포섭되어 갔다. 결국 대다수 서원들은 도학(道學; 유교 경전의 사상을 연구하는 학문)과 문학을 주요한 학문으로 표방하였지만, 사실상 이들 서원 역시 문학 특히 팔고문의 연마에 중점을 두었다. 완원(阮元)의 학해당(學海堂) 역시도 이러한 조류에서 자유롭지 않았다. 청대 중기에 송대 유가의 논의를 중심으로 한 관변 담론의 문제점을 돌파하기 위해, 고증학을 표방하는 순수 학술 연구의 장소로 서원이 설립되었는데, 학해당은 그 중 하나였다. 학해당은 대안 학술기관의 성격을 전면에 내세웠음에도 불구하고, 당시 그곳의 강학을 담당했던 학장(學長) 35인 가운데 진사(進士), 거인(舉人) 출신이 23명에 이르렀다는 점은 이곳 역시도 과거의 영향권에서 벗어나지 못하고 있음을 보여 준다. 이는 과거시험이 단순히 시험 방식이 아니라 나라를 운용하는 주요 제도의 하나로서 자리 잡고 있던 당시 상황 속에서 애초부터 불가피한 것이었다.

대안을 찾을 수 없던 당시 선비들은 팔고문 공부를 위해서 사숙과 서원에서 경전 공부에 정진하고, 지역 예비시험에서 생원(生員) 자격을 획득한 다음, 성(省)에서 실시하는 거인 시험과 각 지역 합격자를 대상으로 하는 회시(會試)와 진사 시험을 치러야 했다. 최종 목표인 진사가 되기 위해서, 그들은 거듭된 과거시험의 험난한 외길을 따라가면서 끝없이 팔고문에 파묻혀서 유교의 담론을 되뇌어야 했다. 물론 그 사이 많은 학자들이 팔고문의 문제점을 거듭 비판하였지만, 결코 과거시험의 외부를 사유하는 데까지 이르지는 못하였다. 과거시험이 제도적 질서로서 확고히 자리 잡고 있는 이상, 전복적 사유는 쉬이 이루어질 수 있는 것이 아니었다. 이런 상황에서 근대교육이 태동하기 위해서는 전통교육 시스템, 특히 과거제도를 우선 돌파해야 하는 것은 당연한 것이며, 이를 위해서는 그 제도에 대한 의심이 어떤 계기로든 강력히 촉발되어야 했다.

　제1·2차 중영전쟁을 거치면서 서양과의 조약 체결이 이어짐에 따라, 중국은 새로운 세계와의 접촉을 점차 강요받았다. 그럼에도 중국은 외부 세계를 여전히 '오랑캐'로 간주하며, 외부와의 대면으로부터 자신의 모습에 대한 반성의 계기를 찾아내야 한다는 의식을 그다지 갖지 못하였다. 다만 그들이 지닌 무기에 대해서만큼은 그 위력을 실감하고 인정하였다. 증국번(曾國藩)의 막료였던 풍계분(馮桂芬)은 1860년에 "우리가 야만인들로부터 배워야 할 것은 오직 한 가지, 강한 군함과 효과적인 총"이라고 자강론(自强論)을 펼치기도 했다. 이는 비록 기술적 측면에 한정된 것이지만, 결코 변하지 않을 것 같던 전통적 중화주의 사유에 균열을 내어, 서양의 우위를 인정하는 작지만 큰 변화를 이끌어내었다.

　한편 서양은 중국과의 몇 번의 조약을 거치며, 개항장에서 선교사의 자유로운 활동을 합법적으로 보장받았다. 선교사들은 그 공간에 선교를 위한 미션스쿨을 세워서 중국인들의 이목을 끌었다. 하지만 교육을 통해서 교세를 확장코자 했던 그들의 노력은 과거제도의 굳건한 틀 안에 놓인 중국인들에게 별다른 호소력을 갖지 못하였다. 그들이 모집할 수 있었던 학생은 빈곤에 허덕이는 아이들뿐이었다. 그럼에도 달리 교육받을 기회가 없었던 가난한 중국 소년소녀들에게 기본적인 교육을 제공했다는 점은 중요하다. 한편으로 미션스쿨의 발전을 어렵게 만든 데에는 당시 중국인들의 시선 역시 한몫을 하였다. 1870년 천진(天津)에서 가톨릭 수도원 측과 군중들 간에 유혈충돌이 발생한 것은 중국의 전통적 가치와 기독교적 사상 간의 갈등이 폭발한 것이었다. 이처럼 서양인에 대한 의심 어린 시선과 반목으로 인해, 그나마 입학한 학생들마저 이내 그만두는 일도 비일비재했다. 하지만 미션스쿨은 중국의 교육 상황을 점검하며 보다 체계적인 방식을 도입함으로써 기독교 교재의 확산, 일반 역사서와 과학서의 출판, 학교의 발달, 새로운 의학 기술의 도입, 여성의 역할에 대한 의식 변화 등 큰 영향을 끼쳤다.

　　또한 미션스쿨은 중국 내부에서 새로운 인재를 양성하는 교육 시스템이 뿌리내릴 수 있도록 하는 데 충분한 기여를 하였다. 제2차 중영전쟁이 끝난 후, 그 후속 처리 과정에서 외국인과 협상을 할 수 있는 인재의 양성이 절실히 요구되자, 청조는 우선 통역 인재를 육성할 방책을 서둘러 마련코자 하였다. 총리아문(總理衙門)이 임시로 조직되었고, 그 주도 하에 1862년 북경, 1863년 상해, 1864년 광주에 차례로 동문관(同文館)이 구성되었다. 또한 군사력의 확보가 시급하다는 인식에 따라서 해군·육군학교도 설립되었다. 하지만 적절한 교사 자원을 확보할 수도 없는 상황에서, 새로운 학당의 설립과 운영은 자연히 선교사를 초빙하여 수업 내용과 과정을 전적으로 일임하거나 해외 유학이라는 우회적 방식으로 해결할 수밖에 없었다. 이는 당시 조치가 눈앞에 보이는 상황을 해결하기 위한 임기응변이었을 뿐, 체계적인 계획과 맞물려 추진된 것은 아니었음을 보여 주는 것이며, 한편으로 미션스쿨과 선교사가 당시 익숙한 풍경으로 자리 잡고 있어서 신식학당의 설립에 우선 참고할 수 있는 모델이자 자원으로 기능하였다는 점을 시사한다.

　　미션스쿨과 마찬가지로, 청 조정에서 설립한 동문관도 학생들의 모집에 어려움을 겪었다. 그리고 설익은 시행으로 인해 졸업생들의 진로 또한 충분히 고민되지 않아, 졸업 후에도 학교를 떠나지 못하고 장기간 눌러앉는 학생도 많았다. 보다 근본적인 문제는 이 시기 교육기관들이 신학을 표방하면서도 과거제도의 틀에서 여전히 벗어나지 못하였다는 점이다. 동문관의 경우 졸업생들에게 시험을 치러서 과거시험을 볼 수 있는 자격을 부여했는데, 이는 당시의 사정을 잘 보여 준다. 또한 복주(福州) 선정학당(船政學堂)을 졸업하고 영국에서 공부를 마치고 돌아와 북양수사학당(北洋水師學堂) 총교습(總敎習)을 맡고 있던 엄복(嚴復) 역시 1885년부터 1893년까지 네 차례에 걸쳐서 과거시험에 매달렸던 것도 당시까지 전통적 교육 시스템의 영향력이 여전히 건재하였음을 잘 보여 주는 것이다. 당시의 새로운 조치들이 목전의 상황에 대응하기 위하여 만들어진 잠정 조치였다는 사실, 그리고 전통적 교육제도가 여전히 확고한 영향력을 행사하는 당시 상황은 새로운 교

그림1 과거시험 장원의 성대한 행렬 모습이다. 전통사회에서 독서인이라면, 누구나 꿈에 그리는 장면이리라. 「무과 급제자의 성대한 행렬」(鷹揚志盛), 『점석재화보』 제213호, 1890. 1.

육의 무기력함을 드러내면서, 해당 학문을 이수한 이들을 여전히 사회의 주변적 위치로 재생산할 뿐이었다.

이 무렵에 발행된 『점석재화보』는 당시의 모습을 잘 보여 준다. 그림1에는 과거급제자의 성대한 행렬이 묘사되어 있다. 떠들썩하고 요란한 행차는 바로 19세기 말까지도 중국이 신사(紳士 : 과거시험에 급제하여 관리가 된 선비와 관리가 되지 못한 선비들의 총칭) 중심의 사회였음을 대변하는 것이다. 이 시기에 상인들은 사회적 부를 차지하고 있으면서도 관직과 학위를 사들이기에 급급하였는데, 이는 당시 사회적으로 과거시험의 공명에 따른 전통적 신분질서가 여전히 온존하고 있었음을 뒷받침한다. 이런 속에서 대다수 사대부와 상층계급의 대부분은 기존 사회에서의 기득권에 만족하며, 전통적인 교육제도를 바꿀 필요성을 느끼지 못하였다.

하지만 1895년 일본에 패전하면서, 심각한 반성이 제기되었다. 일부 지식인들은 패

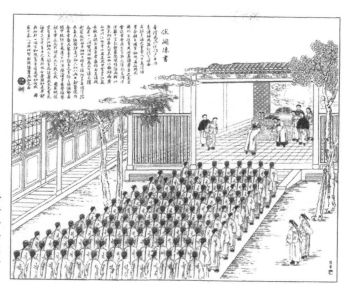

그림2 청일전쟁 패전으로 대만을 일본에게 빼앗긴 상황에서도 누구 하나 나서지 않는 현실을 치욕스러워하며, 과거시험을 치르기 위해 수도에 모인 응시자들이 도찰원(都察院)에 모여 자신들의 뜻을 주장하고 있다. 『점석재화보』, 제411호, 1895. 5.

전의 원인을 반성하면서, 일본의 눈부신 발전이 메이지유신 후 이루어진 교육 발전에 힘입었다는 사실을 주목하였다. 특히 인근의 소국이었던 일본에게 패전하였다는 사실은 중화제국의 꿈속에 젖어 있던 지식인들에게 큰 충격을 안겨 주었고, 그 충격의 무게는 철옹성 같던 전통교육 시스템에 대한 반성을 불러일으키기에 충분하였다. 보다 극적인 반전은 강유위, 양계초를 위시한 과거시험 응시자들이 상소를 올려 경제·산업·행정 영역에 걸친 광범위한 개혁을 소리 높여 외쳤다는 점이다. 이 즈음 엄복 역시도 팔고문 중심의 과거시험을 비판하는 글을 썼다. 그들의 개혁 주장은 무술년에 광서제(光緖帝)에 의해 인가를 받으면서 전격적으로 단행되었다(1898년의 무술변법戊戌變法). 그 주된 시책은 우선 팔고문 중심의 과거시험을 개혁하여, 첫 단계에서 중국 역사·정치, 둘째 단계에서 서양 정치·기술, 셋째 단계에서 사서오경 등을 시험 보는 방식으로 바꾸고, 불필요한 농촌의 사당을 포함한 옛 교육기관들을 중국과 서양의 학문을 모두 가르치는 근대식 학교로 전환시키는 것이었다. 또한 동문관을 근간으로 하여 경사대학당(京師大學堂)의 설립을 추진하기도 하였다. 이를 위해 양계초는 「경사대학당장정」(京師大學堂章程)을 초안하여 관련 규정을 마련하였는데, 이는 사실상 일본 메이지유신의 교육 규정에 근거한 것이었다. 일본의 제도가 과거제도의 전통적 내부를 넘어서는 외부로서 참고되었던 것이다.

이들 유신파의 논의는 후기 양무파의 '중체서용'(中體西用)의 입장을 극복한 것이었지만, 한편으로는 장지동(張之洞) 등 조정 고관들에게 '중체'(中體)의 기조를 무너뜨린다는 우려와 비판을 불러일으켰다. 전통사상을 나라의 기강으로 간주하였던 그들은 심각한 위기의식을 느꼈고, 이에 그들과 입장을 같이하였던 서태후(西太后)가 무술정변(戊戌政變)을 일으켜 개혁을 탄압하고 나섰다. 결국 무술변법은 백일유신(百日維新)에 그치고 말았지만, 이러한 변화는 결과적으로 볼 때, 일시적 시도로 끝난 것이 아니라 근대교육을 태동시키는 데 중요한 역할을 했다는 점에서 역사적 의의를 가지고 있다. "정변 이후에 각 성의 학교를 폐지하라는 조서가 내려졌지만, 민간의 사립학교는 여전히 많았다"는 양계초의 지적처럼, 이 시기에 민간 주도로 이루어진 학당 수가 증가하였다는 점은 사회 전반의 인식이 이미 변화의 흐름을 타고 있었음을 보여 준다. 과거시험 개혁이 비록 작은 소동으로 마감되었지만, 무술변법 이후의 사회는 점차 기존과 다른 새로운 인재를 필요로 하였다. 소주(蘇州)의 한 교회에서 설교를 하던 아서 앤더슨에게 여섯 명의 중국 청년들이 찾아와서 영어 교육을 청한 것도 이 시기의 일이다. 또한 사회의 여론에 영향을 크게 미치는 신문, 잡지의 간행과 각종 번역서가 이 시기에 집중적으로 등장하기 시작하였다. 하지만 당시 뚜렷한 변화상은 대부분 개항장에, 그 중에서도 서양 조계지에 한정되어 있었음을 주의할 필요가 있다. 곧 전통교육체계가 효력을 유지하고 있는 동안, 부유한 가정 출신의 청년이 받는 교육 형태는 여전히 전통적인 방식을 따르고 있었다.

1900년, 서태후와 만주 고관들이 정략적 필요에 의해서 의화단의 난을 지지하고 나서자, 의화단은 '청을 지키고 서양을 멸하자'(扶淸滅洋)는 구호로 화답하였다. 그러나 서양 열강이 연합군을 결성하여 단숨에 의화단을 격파함에 따라서, 청조는 결과적으로 막대한 배상금만 떠안게 되었다. 이 사건으로 입지가 궁색해진 서태후는 몇 년 전 자신이 뭉개 버렸던 무술변법의 내용을 바탕으로 각종 개혁 조치를 전격적으로 단행하였다. 이제는 그녀조차도 "전통적인 제도를 서양의 이념과 제도와 결합시켜야만 청조가 살아남을 수 있다"고 인식하게 되었던 것이다. 청일전쟁과 의화단의 난을 거치는 시기에, 사회에서도 교육을 국가 존망의 절대적 문제로 인식하는 경향이 대두되었다. 나진옥(羅振玉), 왕국유(王國維)가 상해에서 『교육세계』(敎育世界)라는 중국 최초의 교육 전문 잡지를 발간한 것도 이 즈음이다. 1902년 8월에는 관학대신(管學大臣) 장백희(張百熙)가 제정한 학당장정(學堂章程) 6건, 곧 '임인학제'(壬寅學制)가 공표되었다. 이는 국가 차원에서 처음으로 반포된 학제라는 점에서 중대한 의미를 갖는다. 임인학제는 몽학당(蒙學堂), 심상소학당(尋常小學堂), 고등소학당(高等小學堂), 중학당(中學堂), 고등학당(高等學堂), 대학당(大學堂), 대학원(大學院)의 체계를 규정하였는데, 대학원을 제외한 교육 기간이 장장 20년에 이르렀다. 하지만 이는 시행되지 못하였고, 1904년 1월 장지동이 중심이 되어 제정한 「주정학당장정」(奏定學堂章程), 곧 '계묘학제'(癸卯學制)가 다시 공표되었다(**도표1**). 이 학제의 특징은 일반교육·사범교육·실업교육의 세 영역을 주축으로 하여 구성되었다는 점으로, 기본적으로 메이지 후기의 학제를 답습한 것에 다름 아니었다. 그 주된 취지는 장지동의 '중체서용' 기조를 바탕에 깐 것으로, 중국 전통교육 중 수신·도덕의 측면을 인재 육성의 주요 기틀로 강조하면서 전통윤리 고수의 입장을 확고히 하였다.

이러한 인식 속에서 여성교육이 싹틀 리 만무했다.

지금 중국의 상황에서, 만약 여성교육을 실시한다면, 폐단이 매우 많을 것이므로, 단연코 허용해서는 안 된다. …… 그러므로 여성은 가정에서 교육을 받아야 한다. (「주정학당장정 /가정교육법장정」)

도표1 계묘학제

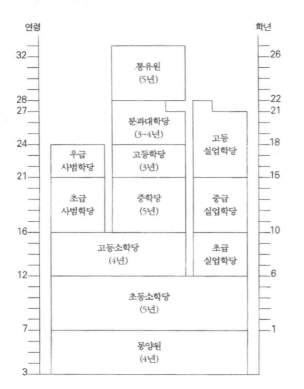

당시 공식 규정에 들어 있는 이 내용은 20세기 초 청조의 입장을 잘 보여 준다. 이 즈음 훗날 여성 혁명 열사로 짧은 생애를 마감한 추근(秋瑾)이 자유를 갈망하며 일본으로 유학을 떠났다. 당시 상황 속에서 그녀에게는 다른 선택이 없었을지 모른다.

한편 학제의 개편에도 불구하고 청조는 고등소학당·중학당·고등학당·대학당의 졸업생에게는 부생(附生)·공생(貢生)·거인·진사 등의 칭호와 함께 그에 맞는 관직을 부여하였다. 이처럼 과거제도의 틀에 준거하여 학위를 부여하는 조치는, 양계초가 지적한 것처럼 여전히 학문과 관직을 연계시킴으로써 학문의 질적 하락을 초래할 수 있었으며, 또한 이러한 문제점은 팔고문이 학술 전반에 끼친 악영향을 비판한 청대 고증학자들의 논의와 본질적으로 겹친다는 점에서 청조가 여전히 전통적 교육 시스템을 유지하고자 하였음을 잘 보여 주고 있다. 이는 기존 교육 시스템의 유지를 통해 신사층을 지속적으로 통제하고자 한 것으로 새로운 엘리트 계층의 성장에도 불구하고, 신사계층이 여전히 사회 대다수를 차지하고 있었던 현실적 상황을 고려한 정치적 포석이라 할 수 있다. 또한 전통적 담론의 재생산과 학습은 분명

통치에 유리한 국면을 마련하는 데 여전히 유효하였기 때문에, 전통 교육체제의 틀을 지속시킴으로써 정권의 안정을 도모하려는 의도를 반영한 것이라 하겠다.

1905년 일본이 러시아 제국을 물리치자, 중국 내에서는 입헌제와 신식교육이 일본을 강대국으로 만들었다는 여론이 비등하였다. 이에 따라 원세개(袁世凱), 장지동 등이 과거를 중단해야 한다는 뜻을 상주하였으며, 1906년 청조가 이를 전격적으로 수용함에 따라 과거제도는 끝내 역사 속으로 사라졌다. 사실 팔고문이 앞서 폐지된 이후로 해마다 과거시험 응시자 수가 감소했었던 만큼, 이미 과거시험의 폐지는 서서히 진행되어 왔다고도 볼 수 있다. 하지만 국가 차원에서 과거시험 폐지를 천명한 것은 분명 교육 지형의 획기적인 변화를 야기하였다. 예컨대 1902년에 6,943명에 머물던 신식학당(新式學堂)의 학생 수는 1909년에 1,560,270명으로 무려 222배나 증가하였던 것이다. 게다가 과거제도의 폐지와 더불어 유학생 선발 시험을 제도화하여, 새로운 현실에 대응할 수 있는 인적 자원의 확보에 부심하기도 하였다.

하지만 청말의 지배층은 과거 폐지 후 일련의 교육개혁 조치를 시행하는 한편, 전통 학문에 대한 강조 역시 그치지 않았다. 이런 입장을 취한 데에는, 과거시험 폐지 후에 "살 길이 막혀서, 다른 일을 하여 생계를 꾸리고자 해도 할 수 있는 일이 없으니, 장차 어떡한단 말인가!"라고 탄식하며 길에 나앉은 수많은 문인학자들을 수수방관할 수만도 없었던 상황도 크게 작용하였다. 청조가 내세운 해결 방안은 그들을 교원으로 받아들이는 것이었다. 1907년의 조사(『제1차 교육통계표』)에 따르면, 당시 전국 학당 및 교육장소의 교원 총수가 118,915명이며, 그 중 과거시험에서 일정 자격을 확보했거나 관직을 가진 사람이 무려 10만 명에 달했다고 한다. 갈 길이 바쁜 청조는 정치적 안정과 현실적 사안을 해결하기 위해 전통 학문의 보존을 내세우며 더디고 무거운 걸음을 내딛을 수밖에 없었다. 이처럼 말기에 이른 청나라가 교육 정책에서 보인 난항과 굴절은 본질적으로 전통적 지지 기반이었던 신사계층에 계속 기댈 수밖에 없었던 현실에서 비롯된 것으로 볼 수 있다. 청조와 마찬가지로, 신사계층 또한 과거시험과 서원의 폐지 등으로 향촌에서 실질적인 힘을 행사하기는 어려운 상황이었다. 그와 달리 새로이 등장한 엘리트 계층은 유교적 이념을 받아들이는 대신 개인적인 영달에 더욱 관심을 기울였으며, 당시의 신문·잡지, 각종 연설·번역서 등을 활용하여 사회 인식이 전통적인 굴레에서 벗어나도록 힘을 쏟았다. 이들은 서양의 정치·사회·역사 등을 중국 사회에 전함으로써 '문명'을 전하는 역할을 하였고, 이를 통해 중국 사회는 타자의 시선을 의식하며 자신을 상대적으로 바라보기 시작하였다.

신해혁명(辛亥革命)을 거치고 난 후, 1912년 1월에 반포된 「보통교육 임시 실시법」(普通教育暫行辦法)에서는 교장·학교의 명칭 사용, 교과서의 사용, 독경과(讀經科) 폐지, 신분 우대의 폐지 등의 규정을 담았다. 또한 교육총장이 된 채원배(蔡元培)는 '왕에게 충성할 것'(忠君), '공자를 떠받들 것'(尊孔)이라는 기존의 교육 방침은 공화제와는 맞지 않다는 점을 명확히 하였다. 이는 1912년 9월에 반포된 새 학제(임자-계축학제)에 반영되었는데, 이 학제는 총 교육 기간을 17~18년으로 단축하고, 경전 교육과 '왕에게 충성할 것', '공자를 떠받들 것'이라는 교육 방침을 폐지하였으며, 초등학교에서는 남녀공학을 실시할 수 있도록 하고 그 외의 과정에서는 여학교를 따로 신설할 수 있도록 하였다.

하지만 이러한 조치는 1913년 원세개의 복벽 기도에 따라 난항을 겪었다. 다시 군주제로 돌아가기를 기도했던 원세개가 먼저 취한 조치는 다름이 아니라 전통 학문과 사상의 회복을 전면에 내세우며 구질서의 회복을 주장한 것이었다. 그는 1913년 6월에 '공자를 떠받들고 성인을 숭상하자'(尊孔崇聖)는 기치를 내걸었고, 이듬해 10월 「중화민국헌법 초안」(中華民國憲法草案), 다시 이듬해 1월 「특별교육강요」(特定教育綱要)를 입안함으로써 구체화시켜 나갔다. 또한 원세개는 전통 질서 재구축을 시도하면서, 한편으로 신문과 출판물에 대한 검열 규제를 강화하였다. 이는 해당 매체들이 이미 상당한 파급력을 갖고 있었음을 말해 준다. 하지만 구시대의 도덕 질서를 전면에 내세웠던 청조가 붕괴한 뒤에,

그 시스템을 다시 집어 든 원세개의 조치는 오히려 신흥 엘리트 계층에게 군주제와 전통 교육 시스템, 전통 가치를 한 통속으로 인식하게 하는 빌미를 제공했다.

신흥 엘리트 계층의 주된 교육 경로는 외국 유학이었다. 청나라 말기에는 나라에서 지원하여 보낸 유학생의 대부분이 가난한 소년들이었으나, 청조의 붕괴 후에는 대부분 자비로 해외로 나갔으며, 이는 계층의 양분화를 촉진시켰다. 그들은 귀국 후에 대학의 교수나 중앙정부의 고위직에 올라 지식인 계층의 상층을 구성했으며, 사회의 여론을 바꾸는 데 주도적인 역할을 맡았다.

이들 중 원세개와 적대적 전선을 구축하는 데 선두에 나선 이는 일본 유학을 마치고 돌아온 진독수(陳獨秀)였다. 그는 1915년 구질서로 회귀하는 정계의 기류 속에서, 『청년잡지』(靑年雜誌)를 상해에서 창간하여 '민주주의'와 '과학'을 주장하며, 원세개의 전통 질서 복원에 맞서 대항 전선을 마련하였다. 일본 유학을 마친 이대조(李大釗)는 당시 "공자나 그 외 고인들은 그저 한 시대의 철인일 뿐, 결코 '만세의 본보기'는 아니다"며 응원을 보냈다. 또한 미국 유학을 마치고 돌아온 호적(胡適)은 「문학개량 시론」(文學改良芻議)이라는 글로 힘을 실었다. 당시 여론이 점차 개혁적인 방향으로 바뀌어 가고 있던 시기에 등장한 원세개의 보수적 움직임은 오히려 지식인들에게 개혁의 입지를 공고히해 주었고, 더불어 '구'와 '신'을 대척점으로 세워 놓아, 이후 5·4운동을 거치며 전면적인 전도가 일어날 수 있도록 예비하였다고 할 수 있다. 1919년에 5·4운동이 일어난 데에는 북경대학교의 영향이 매우 컸다. 북경대학교는 최초의 국립대학교라고 할 수 있는 경사대학당의 후신으로, 5·4운동을 주도하였던 엄복, 채원배, 진독수, 호적 등이 당시 모두 이곳에 적을 두고 있었다.

근대교육을 위한 교사 양성

1 전통적인 교육의 풍경

"우리 고향의 서당은 학비가 매우 저렴하여, 학생들은 매년 그저 은전 두 닢을 내면 그만이었다. 자연히 선생님은 학생들에게 인내심을 가지고 가르칠 의욕이 없어서, 그저 매일 그들에게 책을 죽어라 읽히거나 외우게만 할 뿐, 결코 우리들에게 '설명'을 하려 들지 않았다."[2]

중국 근대의 주요 사상가이자 교육가인 호적(胡適)은 어렸을 때, 고향의 서당 모습을 이렇게 떠올렸다. 전통사회 서당의 교육 방식은 기본적으로 별다른 설명이 없이 그저 책을 외우고 또 외우게 할 뿐이었다. 옹정제는 『성훈』(聖訓)을 반포하여, "입에서 중얼중얼 외우지만, 마음은 딴 데 가 있는" 교육을 바꾸라고 명령했지만, 우리는 호적이 어린 시절을 보냈던 19세기 말까지도 상황은 크게 달라지지 않았음을 알 수 있다.

전통사회 아이들의 교재에는 "집에 공부하는 사람이 없다면, 벼슬아치가 어찌 나겠는가"[3]라는 내용이 실려 있었다. 교육 방식이 과거시험에 맞춰져 있는 이상, 다른 교수법은 필

그림3 노신이 어려서 다니던 삼미서옥의 모습.

요치 않았다. 글자를 깨우치고 경서를 암기하는 것이 급선무였으므로, 반복암기가 일반적인 교육 방법으로 자리 잡았다. 어린 노신(魯迅)은 삼미서옥(三味書屋, **그림3**)에 다닐 때, 무척이나 궁금한 것이 많았다. 그래서 이런저런 질문을 마구 해댔지만, 훈장선생님은 "몰라"라고 대꾸하며, 오히려 노기를 띨 뿐이었다. 그래서 어린 노신은 "학생은 이런 것을 질문해서는 안 되고, 그저 공부만 해야 해"라고 속으로 생각하였다(「백초원에서 삼미서옥까지」). 전통교육에서 사제 간에는 일방적인 교육만이 자리 잡았으며, 교수법은 사실상 반복·강제의 형태만을 띠고 있었다.

2 사범교육이 등장하다

19세기 말에서 20세기 초로 넘어가는 동안, 교육이 구국의 방책으로 떠올랐다. 서태후를 위시한 청조는 무술변법을 진압하여 신정(新政)을 잠재운 뒤, 의화단의 난 등 달라진 정국 속에서 다시금 개혁을 추진하기로 전격 결정하였다. 이에 1901년 8월 "학문을 일으켜 인재를 육성하는 것이 지금의 급무"[4]라는 교육 진흥 조서를 반포하여, 각지에 학당을 설립하도록 지시하였다. 체계적인 관리를 위해 근대적 학제의 시작이라 할 수 있는 임인학제가 마련되었고, 여기에서 16~19세를 대상으로 하는 사범학당(師範學堂)과 20~22세를 대상으로 하는 사범관(師範館)이 학제의 한 부분으로 마련되면서, 근대적 교사 양성을 추진하는 첫발을 내딛었다. 그러나 이는 계획에 그치고 시행되지는 못하였으므로, 실질적인 근대적 사범교육의 시작은 이듬해 장백희, 장지동 등이 입안한 「주정학당장정」에서 찾아야 한다. 그 규정에 따라 사범교육은 초급사범학당과 우급(優級)사범학당의 두 단계로 나뉘었다.

그럼 입학대상, 다시 말해서 미래의 교사로 육성될 대상들은 누구였는가? 우선 초급사범학당의 경우는, "고등소학당 및 초등소학당에 교원으로 충원할 인물을 입학시켰고"(「주정초급사범학당장정」), 소학이 아직 자리 잡지 못한 동안에는 우선 현재의 공생(貢生), 증생(增生), 부생(附生)이나 전통 학문에 이해가 깊은 감생(監生)을 대상으로 시험을 봐서 선발하였다. 그리고 우급사범학당은 초급사범학당 및 중학당의 교원관리자를 양성하는 것을 취지로 삼고, 초급사범학당 및 보통중학당의 졸업생이나 거인 이상의 과거합격자 중에서 선발하였다. 또한 성(省)의 초급사범학당에는 정상반[完全科] 외에, 속성반[簡易科]을 두어 당장의 수

2) 陳國慶 主編, 『晚淸社會與文化』, 社會科學文獻出版社, 2005, 168쪽.
3) 李世愉, 『中國歷代科擧生活掠影』, 瀋陽出版社, 2005, 29쪽.
4) 朱壽朋 編, 『光緖朝東華錄』 第一六九, 中華書局, 1958.

요에 대응토록 하였다. 정상반은 교육 기간이 5년이었지만, 속성반은 1년에 불과하였다. 또한 사범전습소(師範傳習所)라는 연수원 형태의 기구를 운영하여, 몽관교사(蒙館教師)를 양성하였다. 10개월을 1기로 하여, 졸업 후에는 부교원(副教員) 자격증을 주고 시골에서 기초 지식을 가르치도록 하였다. 역시 대상은 30~50세 연령자 중 전통 학문에 약간의 이해를 가진 사람들이었다.

흥미로운 점은, 과거합격자들이 신학당 교원으로 양성될 사범학교 입학생으로 배정되었다는 사실이다. 부족한 교원을 시급히 양성해야 하고, 더불어 과거시험 폐지로 인해 갈 곳 없어진 많은 사람들을 수급해야 할 청조의 입장에서, 독서인들을 사범교육 대상자로 돌리는 것만큼 깔끔한 해결책도 없었을 것이다. 하지만 그 결과는 그다지 신통치 않았다. 전통 학문이 깊이 뿌리박힌 독서인들이 사범교육기관에서 짧은 기간의 연수를 통해 새로운 학문을 무리 없이 전수받기란 애초부터 불가능한 것이었기 때문이다. 게다가 청조 역시 전통 학문이 가진 정치적 효용을 여전히 중시하고 있었고, 신학문에 대해 별다른 열정이 없었으므로 실효를 거두기란 난망한 일이었다. 결국 청말에 새로 마련된 교원 양성 시스템은 오히려 전통 독서인들을 확대 재생산하는 데 유용하였을 뿐이었다.

3 속빈 강정

왕국유(王國維)는 당시 교육이 상대적으로 발전한 절강성(浙江省)의 경우에도 그 졸업생들의 "학술은 엉망이고, 교육 방식은 졸렬하여, 결단코 교원의 직책을 수행할 수 없으며, 게다가 사람 수도 몇 되지 않았다"(「기언」紀言)고 토로한 바 있다. 그는 또한 "교원의 부족이 극에 달하였다고 할 수 있다"고 지적하였는데, 이는 당시 새로 추진했던 사범교육이 체계적이지도 못하였고, 게다가 부족한 자질은 말할 것도 없고 그나마 배출된 교원의 수마저도 턱없이 부족하였음을 잘 보여 준다. 왕국유는 또한 교원 대부분이 전통 학문에 찌들어 있는 '몽사'(蒙師)들이어서, 이들의 낡은 사상과 학문으로는 교육을 일으킬 수 없다고 개탄하기도 하였다. 그들의 학문도 문제였지만, 교원들 스스로 새로운 교육을 받는다는 것에 대한 거부감도 컸음을 주의할 필요가 있다. 낯선 교육 내용에 대한 반발심은 차치하고라도, 전통 시기에 스승이 누렸던 특권 의식은 새로운 교원 양성에 큰 걸림돌이 되었다.

청대 말년, 어떤 성에 사범학당이 처음 설립되었을 때, 한 노선생은 소식을 듣고 의아해하며, "스승이 무엇 때문에 교육을 받아야 하는 거야!"라고 이내 씩씩거렸다.(노신, 「수감록 25」)

새로 양성된 사범 교원이 있는 곳도 효과가 미비하고 엉망이었던 이상, 그마저도 없는 곳은 더 말할 나위가 없었다. **그림4**는 1908년 2월에 실린 기사로, 왕국유가 앞서 분석한 절강성 지역에서 벌어진 풍경이다. 소흥(紹興)의 한 학구(學究 : 글방의 스승)가 아는 것도 없으면서 사숙을 세워, 수업은 등한시하고 매일 회곡에 빠져 살았단다. 그림을 보면, 아이들에게 책이 들려 있으나 시선들이 각각이어서, 어수선한 교육 분위기를 잘 보여 준다. 하지만 스승은 학동들의 모습에 아랑곳하지 않고 한가로이 이호(二胡)를 켜고 있어서, 우왕좌왕하는 아이들의 모습과 대비되어 교육에 등한시하는 상황이 부각되고 있다. 그림 왼쪽 위에는 "자신의 능력을 헤아리지 못하고 남의 스승이 되기를 좋아하니, 이는 도움이 안 될 뿐만

그림4 수업은 아랑곳하지 않고 연주에 빠져 있는 스승의 모습. 그리고 우왕좌왕하는 학동들의 모습이 전통교육의 실상을 보여 준다. 『도화신문』, 선통1년(1908) 음력 2월분.

아니라 오히려 해를 끼친다"는 내용이 굵직한 글씨로 박혀 있다.

4 일본에서 속성으로 교사 되기

당시 사범 교원의 부족은 청조의 신정 추진 및 일본 유학의 붐과 맞물려, 1902년 도쿄 유학생 270명 중 사범학교 희망자가 불과 6명에 불과했으나 1년 새에 대거 늘어나는 극적인 변화를 이끌어 내었다.[5] 그러나 문제는 그 당시에 바로 쓸 수 있는 교원이 필요했던 데 있었다. 일본에서는 중국의 유학생 수요를 겨냥하여 속성 사범학당을 개설하기도 하였으나, 본질적으로 교원의 수요는 결코 단시간에 해결될 수 있는 것이 아니었다.

---

5) 옌안성, 한영혜 옮김, 『신산을 찾아 동쪽으로 향하네』, 일조각, 2005, 86쪽.

1902~1909년 동안 학교 수는 719개에서 52,348개로, 학생 수는 6,943명에서 1,560,270명으로 각각 약 백 배와 2백 수십 배나 증가했다. 이에 비해 교사는 속성 유학생과 일본인 교원, 또 그들이 급히 키워 내보낸 제자들을 전부 합해도 평균 10개 학교에 한 명이 될까 말까한 비율이었으니, 교육 현장에서 무리와 혼란은 상상을 뛰어넘는 것이었으리라.[6]

사실 일찍이 19세기 말에 사범학교를 서둘러 설립해야 한다는 점을 중시했던 인물이 있었다. 바로 중국 근대 시기 저명한 교육가이자 실업가인 장건(張騫)이다. 그는 청일전쟁 패전 후 구국을 위해서는 국민교육을 보급해야 한다고 여기고, 교육 보급의 근본은 사범교육에 있다고 생각하여 당국에 여러 차례 사범교육의 추진을 건의하였지만 끝내 받아들여지지 않았다. 보다 못한 장건은 1903년에 통주사범학교를 설립한 다음, "중국의 사범학교는 광서 28년(1902)에 시작하고, 민간 사립의 사범학교는 통주에서 시작하였다"(「통주사범학교의」)고 천명하였다. 그의 말처럼, 그가 세운 통주사범은 최초의 사립 사범학교였다. 광서제가 1898년에 학당 설립 추진의 뜻을 밝힌 지 4년 이후의 상황이었다. 결국 당시의 교육 현실을 한마디로 말한다면, 학당은 있고 교사는 없었다고 할 수 있다.

5 개선되는 교수법

마음은 저만큼 가 있었으나 비대한 몸으로 따라갈 수 없었던 것이 바로 당시 중국 교육계의 모습이었다. 하지만 이런 졸속 행정의 문제점 속에서도, 전통의 교육 방식은 차츰 개선되어 갔다. 무엇보다도 전통교육에서 자주 사용되던 체벌의 훈도 방법을 대하는 시선이 바뀌고 있었다. **그림5**를 보자. 한 서당의 스승이 매우 엄하였는데, 이웃 아이가 무슨 이유인지는 모르겠지만 그 스승을 화나게 했다. 그러자 그 스승이 학동들에게 그 아이를 데려오게 한 뒤, 아이들이 보는 앞에서 흠씬 두들겨 팼다. 그 스승은 평소에도 학생들에게 호랑이처럼 엄하였다고 기사는 적고 있다. 동치 연간(1861~74년)의 진사였던 진강기(陳康祺)는 이렇게 말하였다.

어린아이들이 서당에 가면, 거의 어김없이 매를 맞았다. 그래서 책을 보면 숨 막혀 했고, 배움은 이미 고통스러운 것이 되었다.

---

6) 옌안성, 『신산을 찾아 동쪽으로 향하네』, 92쪽.
7) 요시자와 세이치로, 정지호 옮김, 『애국주의의 형성 ─ 내셔널리즘으로 본 근대 중국』, 논형, 2006, 87~90쪽.

그림5 전통교육에서는 체벌이 자주 사용되었다. 『서당 선생의 낭패』(塾師喫虧), 『점석재화보』, 제265호, 1891. 6.

그림6 신학당에서 체벌은 더 이상 통하지 않았다. 당시 학생들은 체벌을 노예 취급받는 것이라 여기기 시작하였다. 『도화신문』, 선통1년(1908) 음력 2월분.

전통 교육기관에서 교수법은 사실상 매질뿐이었던 셈이다. **그림5**가 전통 교육기관에서 이루어진 체벌을 그린 그림이라면, **그림6**은 신학당인 측회학당(測繪學堂)에서의 체벌 모습을 담고 있다. 그림을 보면, 한 교사가 학생들을 매로 다스리고 있다. 학생들은 그 훈육 방식이 너무 지나쳐서, 군소리 없이 체벌받는 것을 굴욕스럽게 여기고 비밀회의를 구성하여, 다시 때리면 모두 학교를 그만둘 것이라고 맞섰다. 20세기 초, 신학당의 학생들은 더 이상 스승의 권위에 눌려 자신의 입장을 내세우지 못하는 전통 시기의 학생이 아니었다. 두 공간의 서로 다른 풍경을 통해, 우리는 체벌을 바라보고 있는 시선이 달라지고 있음을 알 수 있다.

이 그림에서 또 한 가지 눈에 띄는 것은, 화보의 제목을 '노예학당'(奴隷學堂)이라고 붙이고 있는 점이다. 바로 체벌과 노예가 연계되고 있는 것이다. '노예'라는 단어는 당시 담론 속에서 예속과 굴종을 뜻하는 극히 부정적인 뜻으로 사용되고 있었다. 이런 분위기 속에서, 1901년 입서(林紓)에 의해 『톰 아저씨의 오두막』이 중국에 번역 소개되었고, 1903년에 다시 이해하기 쉬운 문체로 번역되어 출간되었다. 이는 당시 시대적 반향을 보여 주는 것으로, 이 책은 '노예'가 가진 부정적 관념을 더욱 강화시키면서, 나라의 현실에 대한 각성과 애국에 대한 의식을 발양시켰을 것으로 짐작된다. 그도 그럴 것이, 책의 서언에는 미국에서 중국인 노동자들이 겪는 노예에 버금가는 실상을 전하려고 했다는 번역 의도가 담겨 있다. 미국에서 중국인 노동자가 겪고 있는 노예 같은 삶이 널리 알려지며 사회적으로 공분을 자아내던 상황 하에서, 20세기 초 교육계에서도 전통 교육공간에서 횡행하던 체벌이 점차 설 자리를 잃어 가고 있었다.[7]

이러한 인식의 전환과 맞물려 제도적 뒷받침도 이루어졌다. 초등소학당 관련 규정에서는 "차근차근 일깨워 주는 방법을 써야지, 가혹한 방법으로 신체를 상하게 해서는 안 된다"고 하였고, 또한 "회초리는 겁만 주어야지, 경솔히 써서는 안 되며, 쓰지 않는 것이 최선이다"고 못을 박았다. 또한 고등소학당의 경우에는 "회초리는 결코 사용해서는 안 된다. 간혹 서 있게 하거나, 휴식을 금지하거나 외출을 막거나 체면을 손상시키는 등의 방식으로 벌을 주는 것은 가능하지만, 역시 훈계만으로도 충분하다"고 주의를 주었다. 교육을 받는 대상에 따라서 체벌 방법을 다르게 정하고 있는 점은 성장에 따라 다른 교육 방법을 사용해야 한다는 감각이 생겼음을 보여 준다. 20세기 초 중국의 학교에 점차 인격적인 방식이 자리를 잡아 가고 있는 것이다.

6 학생 중심의 교육이 등장하다

일찍이 양계초는 아동교육을 논하면서, 아동이 흥미를 끌 수 있는 노래, 놀이 등을 활용해야 한다고 했다. 그리고 이해를 돕기 위해 쉬운 말을 써야 한다는 점을 강조하기도 하였다. 이런 생각은 20세기 초에 제정된 학제를 통해서 실현되었다. 1903년의 「주정학당장정」에는, 소학 교육의 범위로는 "아동이 쉽게 깨달을 수 있는 상황, 가장 좋아하는 사물"로 한정한다고 규정하고 있다. 또한 중학 교육은 문법을 설명하고, 글의 뜻을 해석하는 데 주의하면서, "간단 명료하면서 실용에 적합하도록 힘써야 하고, 학동들이 어려워서 힘들어하지 않도록 해야 한다. 난이도와 깊이는 학생의 나이와 수준에 따라 정하며, 특히 신기한 것에 힘쓰느라 왜곡을 일삼아, 난삽하고 부조리한 폐단을 초래하지 않도록 해야 한다"[8]고 규정하고 있다. 나이에 따라서 교육의 수준과 방법을 고민하고 있는 이 순간은 바로 중국의 교육이 변모하고 있는 순간이었다.

학제의 변화와 함께 교사용 교재의 등장도 교수법의 향상에 도움을 주었다. 당시에 나온 초등학교 교과서에는 교사용 지침서가 첨부되어 있었다. 예컨대 상무인서관(商務印書館)에서 출판한 『최신 초등소학 국문교과서』에는 10권 분량의 『초등소학 국문교과서 교수법』이라는 보조 교재가 더해져서, 교사가 어떻게 수업을 해야 하는지를 알려 주었다. 교사용 지침서는 학생용 교재의 순서에 맞춰서 구성되어 있어, 교사들이 간편히 참고할 수 있도록 안배되어 있었다. 또한 교사는 지침서를 통해서 수업의 주된 원칙, 사고의 전개 순서를 인식할 수

8) 舒新城 編, 『中國近代敎育史資料』 中冊, 人民敎育出版社, 1981, 502쪽.

있었고, 비교의 원리를 활용하며 문답식으로 이끌어야 한다는 주의사항을 인지할 수 있었다. 비록 한정된 공간에서 활용되었지만 학제의 인도, 교재의 지침 등은 이전과는 다른 교수법을 가져왔다.

> 훈장은 편하게 앉아서, 대개 물 담배[水煙]을 피웠고, 학동들은 (그에게) 수업을 구성하는 의미 없는 소리를 외쳐 댔다. 새로운 학제 아래에서는, 학생은 편하게 자신의 책상에 앉았고, 교원은 교단 위에서 쉬운 강의와 적당한 몸짓, 그리고 적절한 예를 통해 학생들에게 책의 내용을 전달하기 위해 노력하였다.[9]

달라진 시대의 교육 장면이 눈에 선하다. 물론 이와 같이, 새로운 교수법으로 무장한 교원들의 수업도 존재하였으나, 보편적인 모습은 여전히 전통적인 교육 방식이었다는 사실이다. 이런 점을 감안하면, 새로운 사범교육의 방식은 차라리 '실험 교육'의 모습처럼 확산되었다고 할 수 있다. 이러한 새로운 교수법을 중국에 소개한 이들은 대부분 외국에서 '문명'의 교수법을 체험하고 돌아온 유학생들이었다.

> 창가를 가르칠 때는 음정의 연습에 주의하였다. 음조나 박자상 어긋나는 부분이나 조화롭지 않은 곳이 조금이라도 있으면, 반드시 다시 불러야 했다. 풍금 반주를 가르치는 때는 대부분 수업 외 시간이었다. 처음 배울 때는 기본적인 손의 사용에 주의하였고, 손의 사용에 약간의 착오가 있거나 박자에 약간 부정확한 점이 있으면, 선생님은 낮고 부드럽게 "좋아, 잘 했어. 내일 다시 한번 치자꾸나!" 하며, 반드시 완전히 정확한 상태가 되어서야 지나갔다.[10]

일본에서 유학을 마치고 돌아온 이숙동(李叔同)에게 음악 수업을 들은 학생이 그 수업 시간에 자신이 받은 인상을 적은 내용이다. 선생님의 세심하고 정성 어린 지도에 깊이 감동받은 학생의 마음을 읽을 수 있다. 또한 유학생들은 교수법뿐만 아니라, 그들만이 가지고 있는 교재와 학습 도구, 멋진 모습 등을 통해서도 학생들을 매료시켰다고 한다.[11] 외국의 교수법을 직접 체험했던 유학생들이 당시 중국의 교육 환경에 미친 영향은 참으로 지대하였다고 할 수 있다.

---

9) Evelyn Sakakida Rawski, *Education and Popular Literacy in Ch'ing China*, The University of Michigan Press, 1979, p.161.
10) 孫繼南·周柱銓 主編, 『中國音樂通史簡編』, 山東敎育出版社, 1991, 409쪽.
11) 옌안성, 『신산을 찾아 동쪽으로 향하네』, 91쪽.

7 흔들리는 훈장의 권위

외국에서 교육받고 온 선생님들의 새로운 교육 방식, 그리고 교육 내용에 대한 학생들의 감탄은 상대적으로 전통적인 교육과 내용에 대한 회의를 드러내며, 나아가 전통적 스승의 권위가 동요될 수 있음을 암시한다. 그래서 충분한 자질을 갖추지 못한 교사들은 학생들의 비난에 직면하였다. **그림7**은 1908년 즈음의 일이다. 회안공립중학당(淮安公立中學堂)에서 수업 도중 한 학생이 교사에게 '鬮'(잡을 구)라는 글자에 대해 물었다. 교사는 알지 못하였고, 난처한 상황에서 기어들어가는 목소리로 '龜'(거북 귀)라고 대답했다. 학생은 '龜'면 '龜'이지, 왜 글자에 '門'이 더해져 있느냐고 되물었다. 교사는 궁색해져서, '龜'의 옛 글자라고 대답했다. 19세기 말 노신의 선생님이었다면 쓸데없는 것을 묻는다고 다그치고 넘어갔을 테지만, 이미 이 시기에 스승은 더 이상 예전처럼 범접하기 힘든 권위의 존재가 아니었던 것이다. **그림8** 역시 비슷한 시기의 화보로, 소주의 순경학당(巡警學堂)에서 일어난 일이다. 왼쪽 위 교탁에 서 있는 사람은 이 학교 교사 웅씨(熊氏)인데, 웬일인지 참담한 얼굴로 고개를 숙이고 있다. 그리고 학생들은 모두들 서서 강력하게 항의를 하고 있다. 화보 가득 냉기가 흐른다. 사연인즉, 교사 웅씨가 경찰 업무에 어두워서 수업 도중에 실수를 하자, 학생들이 이렇게 해서 어떻게 학문을 연마할 수 있겠느냐며 교원의 경질을 요구하고 나선 것이었다. 부족한 능력은 더 이상 권위의 뒤로 숨을 수 없었고, 학생들은 또한 가만히 두고 보지도 않았다. 학생들이 교실에서 자신들의 목소리를 내기 시작한 것이다.

　　더불어 **그림7**과 **그림8**을 함께 보면서 주의해야 할 것은 두 그림은 모두 1910년 즈음의 것

 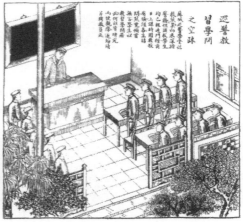

그림7 한 학당의 교사가 한자를 몰라 학생들의 비웃음을 샀다. 『도화일보』 제147호, 1910. 1. 9.

그림8 학생들이 교육 능력이 부족한 교사에 대한 경질을 요구하였다. 교탁 앞에 고개를 떨군 교사의 처지가 애처롭다. 『도화일보』 제133호, 1909. 12. 26.

인데, **그림7**에서는 전통 학문에 대한 이해 부족이, **그림8**에서는 신학문에 대한 이해 부족이 문제가 되고 있다는 점이다. 19세기 말 신학당 설립이 추진될 때, 보수세력들은 무엇보다 전통 학문에 대한 깊은 조예를 요구하였고, 그 연후에 신학문에 대한 소양을 갖춰야 한다고 강조하였다. 그리고 개혁이 추진되면서, 처음엔 신학문에 무게중심이 쏠렸으나, 1910년 즈음에는 전통 학문과 신학문을 두루 겸비하는 방향으로 나아가고 있었던 것이다. 시대적 급박함으로 인해 이리저리 치우쳤던 학문의 방향, 그리고 교사의 자질이 점차 일정한 방향으로 자리를 잡아 가고 있었다고 하겠다.

8 사범학교, 그 이후

전체적으로 볼 때, 내부적인 소용돌이에도 불구하고 계묘학제의 사범교육 방식은 청조가 멸망하는 1911년까지 지속되었다. 신해혁명이 터지고 중화민국이 성립되면서, 기존 교육의 문제점을 극복하기 위해 1912년 임자학제(王子學制)가 만들어졌고, 사범교육도 변화를 겪었다. 새로운 규정에 따라, 사범교육은 사범학교와 고등사범학교의 두 단계로 나뉘었고, 소학교원강습소(小學教員講習所)가 별도로 설치되었다. 사범학교는 소학교원 양성을 목적으로 하였으며, 교육 내용은 남자사범학교의 경우, 수신·독경·교육·국문·습자(習字)·외국어·역사·지리·수학·박물·물리·화학·법제·경제·도화·수공·농업·악가·체조였고, 여자사범학교의 경우는 앞의 과목 중에서 농업이 제외되는 대신에 가사·원예·재봉이 추가되었다. 외국어는 선택이었고, 나머지는 남자사범학교와 동일하였다. 고등사범학교는 중학교, 사범학교 교사 양성을 목적으로 하였으며, 예과·본과·연구과로 나뉘었다. 예과 1년은 윤리학·국문·영어·수학·논리학·도화·악가·체조를 배웠고, 본과 3년 과정은 국문부·영어부·역사지리부·수학물리부·물리화학부·박물부로 나뉘어, 각 부에 따라 학습 내용에 차이가 있었다. 그리고 연구과는 1년 또는 2년간 본과 각부의 두세 과목을 뽑아 연구를 진행하였다.

　이전의 사범교육 제도와 비교할 때, 전공별로 세분화되고 있는 근대 학제의 발전 흐름을 반영하고 있음을 볼 수 있다. 또한 교육학 이론이 강화되고 실용 과학, 현실 경제 등의 내용이 새롭게 강조되고 있음을 알 수 있다. 특히 군국민교육과 미육(美育 : 예술교육)이 교육 중점으로 떠오르면서 음악과 미술, 체육교육이 중시되었는데, 이는 이후 교육의 발전 방향을 알려 주는 것이다.

　풍자개(豊子愷)는 이 시기에 항주사범학교를 다녔다. 그리고 그 학교에서 피아노 수업을 받았는데, 바로 "사범학교 학생이라 모두가 피아노 치는 걸 배워야 했기" 때문이었다. 당시 학교에서는 영어·국어·수학이 주요 과목이었지만, 그가 다녔던 항주사범학교에서는 음악 수업이 훨씬 권위가 있었다. 왜냐하면 이숙동이 음악 수업을 담당하였기 때문이다. 한번은 한 아이가 방귀를 뀌었다. 소리는 나지 않았지만, 냄새가 지독했다. 풍자개를 비롯한 학생들은 모두 괴로워하였으나, 선생님은 의연하게 피아노를 쳤다. 당시 어린 나이였던 풍자개는 선생님이 필시 숨을 멈추었을 것이라고 익살스럽게 짐작하였다. 수업이 끝나고 나서, 나가려는 학생들을 멈춰 세우고, 엄숙하게 "밖에 나가서 뀌어야 해요"라고 주의를 주고 나가도 된다고 일렀다. 정감이 넘치는 교실 분위기가 느껴진다. 이처럼 학생들을 존중하고 성실하게 다가섰던 그의 교수법은 풍자개에게 깊은 존경심을 불러일으켰다(풍자개, 「이숙동 선생을 회고하며」). 이러한 풍경은 미육이 사범교육에서 중시되고 있고, 또한 이와 병행하여 교수법이 점차 강구되었던 당시의 사정을 잘 보여 준다.

숫자와 계량교육 ― 산술·실업교육과 일정표

1 숫자로 다가오는 서양

레이 황(Ray Huang)은 자본주의가 실행되는 것을 '숫자적으로 관리되는'(*mathematically manageable*) 것이라고 지적하였다. 이 말은 자본주의 아래서는 모든 이의 생활이 금전적인 제재를 받는다는 뜻이다. 그리고 그는 또 이렇게 말하였다. "아편전쟁 당시 중국은 사회를 숫자를 가지고 관리할 수 없는 상태였고, 심지어 황제가 영국과 전쟁이 벌어지는 사실조차 모르고 있었다. 하물며 얼마나 병력을 사용하고, 인원은 어떻게 조달할 것이며, 군량은 얼마나 필요하며, 돈과 양식은 어떻게 조달할지 알 리 없었다."[12]

19세기 말 중국은 서양 학문과의 접촉과 수용을 통해 서양의 자본주의를 의식하기 시작하였다. 그리고 '숫자를 가지고 관리하는' 그들의 감각은 점차 중국 지식인들의 인식에도 영향을 미쳤다. 당시 대표적 지식인인 양계초가 쓴 글을 보면, 당시 중국 지식인들이 정확한 수치를 전달하기 위해 얼마나 열중했는지를 잘 볼 수 있다. 아래의 글을 잠시 보자.

중국의 농업에는 농업 전문가가 없다. 미국은 해마다 농산물 가치가 3천 1백조 냥, 러시아는 2천 2백조, 프랑스는 1천 8백조나 된다. 중국의 공업에는 공업 전문가가 없어서, 미국은 해마다 새로운 공업 기술을 개발하여 관청에 보고하고, 증서를 타는 경우가 이만 이백 열 가지, 프랑스는 칠천 삼백 가지, 영국은 육천 구백 가지이지만, 중국에서는 그런 것을 들어보지 못하였다. 중국의 상업에도 전문가가 없다. 영국의 상업 가치는 2천 7백 40조, 독일은 1천 2백 96조, 프랑스는 1천 1백 76조가 되지만, 중국은 2백 17조밖에 안 된다. ……[13]

이 엄청난 '숫자놀음'! 지나친 숫자의 노출은 지금 우리의 시선을 그저 번잡하고 어지럽게 방해할 뿐이지만, 당시의 감각은 분명 지금과 크게 달랐을 것이다. 중국 지식인들이 숫자로 글을 채워가고, 또 이렇게 숫자들에 대해 집착을 보이는 것은 분명 불확정적인 현상들을 숫자로 재현함으로써 '과학', '문명'을 글에 구현한 듯한 신선하고 낯선 감각을 가졌기 때문이리라. 이 때문에 당시의 글들을 펼쳐 보면, 각종 통계와 무수한 숫자의 향연을 쉬이 발견할

---

12) 레이 황, 권중달 옮김, 『허드슨 강변에서 중국사를 이야기하다』, 푸른역사, 2001, 23, 28쪽.
13) 구자억, 『양계초와 교육』, 원미사, 1998, 86쪽.

수 있다. 바야흐로 숫자는 추상적인 사실, 현상을 오차 없이 지면 위에 옮겨 주었고, 중국인 들은 그 숫자를 통해서 대상을 정확하게 가늠할 수 있었다. 숫자는 마법의 기호가 되어, 당시 사람들의 뇌리 속에 구체적인 대상을 현시함으로써, 그 대상을 관리 가능한 것으로 뒤바꿔 놓는 마술을 부리고 있었다.

2 산술교육과 실업교육

이른 시기 서양 과학기술의 위력에 놀란 중국 지식인들은 서양 학문의 근원이 숫자로부터 비 롯하고 있음을 의식하였다. 그리고 그런 견지에서 산학(算學)에 대한 공부를 시급한 것으로 여겼다. 1861년 풍계분(馮桂芬)은 "모든 서양 학문은 산학으로부터 형성된 것이다. 열 살 이 상의 서양 사람들 가운데 계산을 하지 못하는 사람은 없다. 지금 서양 학문을 수용하려고 한 다면, 당연히 산학을 배우지 않으면 안 된다. 서양 사람을 스승으로 삼거나, 또는 내지인 중 산학을 아는 사람을 스승으로 삼는 것 모두 무방하다"[14]고 했다. 19세기 중엽 산술(算術)교육 은 다른 학문에 비해 최고의 대우를 받고 있었다.

　　하지만 산술교육이 중국 교육체계 안에 자리를 잡는 데는 큰 진통을 겪어야 했다. 최초 의 시도는 상해 동문관에 산학관(算學館)을 세우려는 움직임에서 비롯하였다. 1866년 12월 11일 총리아문의 공친왕(恭親王)이 동문(東門)에 산학관을 증설하겠다고 건의하자, 이를 반 대하는 무리들이 거세게 반발하고 나섰다. 비판은 서양인의 기묘한 학문을 하겠다고 나선 것 에 대한 불만, 그리고 서양인으로부터 배운다는 것에 대한 못마땅함에서 비롯하였다. 하지만 논쟁의 전개에서 드러난 반대파의 주된 반대 이유는 바로 산학이 정통 학문이 아니라는 점 때문이었다.[15] 산학의 설립 여부를 둘러싼 이 논쟁은 사실상 전통적 학문체계와 서양 학문체 계가 맞부딪쳐서 벌어진 것이었다. 두 진영 간에 물러설 수 없는 논쟁을 벌여야 했던 사정, 그리고 19세기 말까지도 산학이 주요 학문으로 자리 잡기 어려웠던 사정은 사태의 심각성을 대변하는 것이었다. 산학교육에 대한 인정은 전통적인 인식·사유의 문제에 심각한 영향을 끼칠 수 있었기 때문이었다.

　　1915년에 고홍명(辜鴻銘)은 다음과 같이 말하고 있다. "어린아이처럼 영적인 생활을 영 위하는 중국인은 추상적인 과학에 아무런 흥미가 없다. 과학은 심령과 정감에 대해 속수무책

---

14) 馮桂芬 著, 戴揚本 評注, 『校邠廬抗議』, 中州古籍出版社, 1998, 210쪽.
15) 장의식, 「청말의 동문관 천문·산학관 증설 논쟁―정통과 비정통의 충돌」, 『대구사학』 제78집, 2005, 215쪽.
16) 고홍명, 김창경 옮김, 『중국인의 정신』, 예담차이나, 2004, 54쪽.
17) 嚴復, 「實業教育」, 陳景磐·陳學恂 主編, 『清代後期教育論著選』下冊, 人民教育出版社, 1997, 243쪽.

이기 때문이다. 실제로 심령과 정감의 참여가 전혀 필요 없는 일, 예를 들어 통계표 같은 작업은 중국인의 반감을 자아낸다."[16] 서구 문명은 숫자로 표상되었고, 그것은 영적인 생활 즉 사유행위에 익숙한 중국인들에게는 낯설고 저급한 것으로 다가왔던 것이다. 고홍명은 숫자를 대하는 당시 중국 사람들의 낯선 느낌을 잘 전달해 주고 있다.

인식의 충돌이라는 소용돌이 속에 휘말린 산학의 운명은 중국 전통사회에서 상업이 겪은 운명과 맥이 닿아 있다. 고래로 상업은 실용에 치우쳤다는 점으로 인해, 천박한 기예로 치부되었을 뿐이었다. 따라서 산학이 학문의 한 갈래로 정식으로 서기 위해서는 실용에 대한 인식의 전도를 수반해야 했고, 바로 그 점으로 인하여 실업교육에 대한 인식 변화와 깊은 관련성을 맺을 수밖에 없었다. 1906년 상해 상부고등실업학교(商部高等實業學校)를 찾은 엄복은 학생들 앞에서 실업교육의 중요성에 대해 논하였다. 그는 "금일 교육으로 나라를 구하고 지난날 학계의 폐단을 바로잡기 위해서는 실업의 실용만큼 중요한 것이 없다. 지난날의 교육은 옛것을 숭상했지만 실업교육은 지금을 중시하고, 지난날의 교육은 편안함을 구했지만 실업교육은 실천을 가르친다"[17]고 연설하였다. 실업교육은 전통교육과 완전히 대별되는 것이었다. 이러한 차별성은 그만큼 실업교육의 등장을 어렵게 만든 원인이기도 했고, 또 한편으로 실업교육이 그처럼 두터운 기존의 인식 틀을 돌파해야만 정식으로 자리 잡을 수 있음을 보여 주는 것이기도 하였다.

1910년 1월 10일 학부(學部 : 당시의 교육부)에서 「간이식자학숙장정」(簡易識字學塾章程)을 반포하였다. 이에 따르면, 간이식자학숙은 "소학 교육이 미치지 못하는 바를 메워서, 배우지 않은 사람이 없기를 도모하는" 취지에서 추진된 것이었다. 수업 내용으로는 글자를 가르치거나, 쉬운 산술(주산珠算이나 필산筆算)을 전수하는 데 초점을 두었다. 산술은 문명의 백성들도 실생활에 필요한 것으로 반드시 익혀야 할 지식이었다. **그림9**의 오른쪽 아래에는 한 사람이 주산을 놓고 계산하는 모습이 담겨 있다. 기사에서는 산술이 흥성하여 기하학까지 발전하였는데, 참으로 오묘하다는 찬사를 더하고 있다. 그

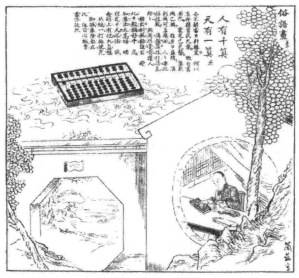

그림9 주산이 문명의 이기가 되어 중국인의 생활 속으로 파고들고 있음을 그리고 있다. 「도화일보」 제248호, 1910. 4. 29.

리고 가감승제가 모두 이 안에 담겨 있기 때문에, 힘들여 머리를 고생시킬 필요도 없다고 하였다. 이 도상에서 주산은 산학의 발전을 바탕으로 이루어진 문명의 이기로 주목받고 있다. 그림의 왼쪽 위에 큼직하게 주산이 다시 확대되어 그려지고, 그 아래에는 구름의 문양이 깔리면서 그 아우라를 더욱 극적으로 드러내고 있다.

같은 해 엄수(嚴修)는 「백화주산강의서」(白話珠算講義序)에서 실용적인 교육을 강조하면서, 자신의 친구는 상업계에서 뛰어난 능력을 발휘하고 있는데 그 재능, 일처리, 식견 등은 동시대의 지식인들에게 스스로 몹시 부족하다고 느끼게끔 만든다고 하였다. 또한 그 친구는 세상의 변화에 관심을 두어, 상업 전쟁의 시대에는 배우지 않으면 이길 수 없음을 간파하였다고 적고 있다.[18] '상업 전쟁의 시대'라는 표현은 상업이 당시 이미 주류적 지식으로 부상하였음을 보여 주며, 또한 그 전쟁터에서 승리한 친구가 산학에 관한 책을 저술하였다는 것은 이미 그 책의 수준을 의심할 것이 없다는 점을 뒷받침하는 것이다. 오랜 산고를 거친 끝에, 실업교육은 새로이 조명된 '실용'의 가치를 앞세우고 끝내 탄생하였다. 그리고 "공업 · 상업을 막론하고, 계산의 학문은 필수불가결한 것"[19]이 되면서, 산학 또한 자리를 잡았다. 20세기 초 중국은 숫자의 세상으로 점차 변해 가고 있었던 셈이다.

3 숫자와 시간

19세기 말 계량의 감각을 표상하는 가장 대표적인 물상은 시계다. 전통사회에서는 태양의 운행을 바탕으로 시간을 측정하였다. 그렇게 시간은 측정할 수 있었지만, 정확한 시간에 대한 감각이 있었던 것은 아니다. 엄밀히 볼 때, 당시 사람들마다 시간은 제각각일 수밖에 없었다. 19세기 말 시계는 점차 중국인들의 생활 속으로 파고들었다. **그림10**은 상해 조계에 새로 시계가 설치되었음을 알리는 그림이다. 거리에 있는 중국인들의 시선이 시계에 모이고 있다. 이 시계는 규모가 커서, "사방에서 모두 볼 수 있고, 밤에는 전기등을 밝혀서 낮처럼 환하였다"고 한다. 전기의 등장으로 시계는 밤낮을 가리지 않고, 중국인들의 삶을 주재할 수 있게 되었다. 당시의 모습을 시 한 편은 이렇게 그리고 있다.

큰 자명종 푸른 하늘에 울려 퍼지며	大自鳴鐘轟碧霄
매일같이 시각을 알려 주네	報時報刻自朝朝
행인들은 소매의 시계 맞추느라	行人要對襟頭表
담 그늘에 발 멈추고 자세히 쳐다보네	駐足墻陰仔細瞧[20]

그림10 름직한 자명종을 지나가는 사람들 모두가 쳐다보고 있다. 시계의 위용을 느낄 수 있다. 「새로 제작된 거대한 시계」(巨鐘新製), 『점석재화보』 제348호, 1893. 9.

그들은 표준 시간에 자신들의 시간을 맞춰 가기 시작하였다. 이제 시간이 중국인들을 이끌게 된 셈이다. '시계'는 글의 조어대로 '시간을 계량하는 장치'이다. 그리고 그 시간을 나타내는 것, 그러니까 시계에서 시계침이 가리키는 시간은 숫자로 나타난다. 이런 점에서 시계는 숫자를 정해 주는 도구인 셈이다. 시계가 사람들의 생활에 개입을 하면서, 궁극적으로 사람들의 생활은 숫자의 주재에 따라 진행되었다. 느슨한 시간 속에서 상대적으로 자유로운 생활을 영위하던 사람들은 이제 숫자로 표상되는 분절의 시간 속에서 자신의 일상을 규율하기 시작하였던 것이다. 게다가 시계는 서구로부터 유입된 근대문명의 산물이 아니던가! 당시 서양 문명을 대변하는 과학의 상징물이었던 시계는 앞서 문명의 힘을 등에 업은 채, 사람들이 사는 공간의 중앙에 자리 잡고 앉아서, 사람들에게 시간을 지시하는 절대자로서 군림하게 되었다.

18) 嚴修, 「白話珠算講義序」, 陳景磐·陳學恂 主編, 『淸代後期教育論著選』 下冊, 368쪽.
19) 嚴復, 「實業教育」, 陳景磐·陳學恂 主編, 『淸代後期教育論著選』 下冊, 241쪽.
20) 海上逐臭夫, 「滬北竹枝詞」 十八, 『申報』, 1872. 5. 18.

4 시간으로 하루를 규율하다

그림11은 1904년 즈음의 수업 풍경이다. 교단에 놓인 기계 장치, 칠판에 쓰인 영어, 그리고 개념도 등이 공업 수업임을 알게 해준다. 그런데 칠판 옆에 보면, 큰 시계가 걸려 있다. 그리고 시계는 교실에서도, 사진에서도 가장 눈에 띄는 곳에 위치하고 있다. 시계가 윗자리에 버티고 앉아서, 학생들의 생활을 규율하고 나선 것이다.

그림11 직례고등공업학당 수업 풍경이다. 교실 중앙에 놓인 시계가 20세기 초 중국의 새로운 일상 리듬을 보여 준다.

교육은 분절된 시간에 따라서 새로운 모습으로 변해 갔다. 양계초의 '교학공과표'(教學功課表)가 그 단적인 예인데, 8~12세 아동을 위해 만든 이 표의 내용은 다음과 같다.

- 매일 오전 8시 수업을 시작해서 가결서(歌訣書)를 공부한다. 매일 1과(매 과 2백 자), 매과 20번을 암송한다.
- 9시에는 문답서(問答書)를 공부한다. 하루에 1과씩을 하며, 반드시 암송하지 않아도 된다.
- 10시에는 산학(算學) 혹은 도학(圖學)을 공부한다.
- 11시에는 문법을 공부한다.
- 12시에는 수업이 끝난다.
- 오후 1시 다시 수업을 시작해서 체조 연습을 한다.
- 2시에는 외국어(西文)를 배운다.
- 3시에는 글씨 쓰는 법을 배우는데, 이때 중국어와 외국어를 각 30분씩 공부한다. 매일 각 20자를 원칙으로 한다.
- 4시에는 설부서(說部書)를 배운다. 교사의 해설 위주로 가르친다.
- 5시에 수업이 모두 끝난다. 교사와 학생이 함께 애국가를 합창한다.

담사동(譚嗣同)도 「경상장정 5개 조항」(經常章程五條)에서 산학관 학생들의 일정을 아침 6시 기상으로부터 저녁 10시 취침까지 시간별로, 그리고 요일별로 공부해 나갈 일정을 짜 놓았다.[21] 앞서 고홍명이 '일정표' 등의 발상은 중국인의 반감을 자아낸다고 했던 것을 떠올리

그림12 개가 보는 하루이다. 차례로 9시, 12시, 4시, 6시로 구분하여 일상의 변화를 담고 있다.
청말 『신문화보』(新聞畵報).

면, 가히 인식의 전복이라고 할 만한 감각이다. 더불어 양계초의 일정표에서 앞쪽에 '산학' 수업이 배치되어 있고, 담사동이 일정표를 짠 곳이 산학관이었다는 점 등은 숫자와 일정의 관계를 다시금 환기시켜 준다.

일정표의 시작은 자본주의화하는 공장의 모습에서 비롯하였다. 당시 공장들은 작업 시간표를 만들어 노동자의 노동을 분할하였다. 그들의 신체를 효과적으로 조율하기 위한 자본주의적 발상이었다. 초기 선교사들이 세운 미션스쿨에서 일정표의 발상이 보이는 이유는, 그런 발상이 서양 사람들에게는 이미 익숙했었기 때문일 터다. 예컨대 1884년 강소성 진강(鎭江)에 설립된 미션스쿨인 진강여숙(鎭江女塾)의 교칙 제4조는 "본교의 수업은 매일 8시에 시작하고, 11시 반에 점심, 오후 수업은 1시부터 시작하여 4시에 끝난다"고 규정하고 있다.

그림12는 20세기 초 신문에 게재된 그림이다. 개가 사람들의 모습을 바라보는 풍경을 담은 것이다. 9시에는 학교에 가고, 6시면 일을 마치는 하루 일과가 시간의 순서에 따라서 그려지고 있다. 사람들의 생활은 시간에 따라서 달라지고 있다. 그리고 네 커트로 분절되어 있는 그림 형식은 그 자체로 시간의 분절에 따라서 구성되는 사람들의 일상을 담아내는 장치로 적절하게 쓰이고 있다. 어찌 보면 만화라는 형식도 분절의 감각을 바탕으로 하여 태동된 것이라 볼 수 있다. 아무튼 이 그림은 중국인의 시선이 새로운 분절 체계에 적응되어 가고 있음을 잘 보여 준다.

21) 譚嗣同, 「經常章程五條」, 陳景磐·陳學恂 主編, 『淸代後期敎育論著選』 下冊, 385쪽.

5 교육 프로그램이 만들어지다

일정표와 비슷한 감각으로, 숫자와 결합된 각종 기획들이 보편화되었다. 그리고 학제와 같이 장기적인 '일정표'들도 구체적인 단계를 포함하며 계획되었다. 장지동은 「권학편」(勸)學篇)에서 "동서양 각국의 교육 입법"을 모방하여, 학제에 '전공'(專門之學)과 '교양'(公共之學)을 분리하여야 한다고 주장하였다. 또한 소학·중학·대학의 3단식 학제와 구체적인 교육체계 등에 대해 긍정적인 입장을 취하였다.[22] 역시 학제의 감각도 서양을 참고하면서 형성된 것이었다. 학제가 정식으로 제안된 것은 1902년의 '임인학제'에서이다. 당시 조정에서 신정 재추진의 입장을 정하자, 관학대신 장백회가 그에 맞춰 제정한 것이었다. 이 학제는 근대적인 교육 개념을 반영한 것으로 교육사에서는 획기적 의의를 갖는 것이지만 실시되지는 못하였다.

그리고 이듬해 장백회, 장지동과 영경(榮慶)이 다시 새로운 학제를 제정하였다. 이것이 1903년의 '계묘학제'(癸卯學制)이다. '임인학제'와의 차이점으로는 우선 몽학당(蒙學堂)을 없앤 것, 그리고 대학 예과(豫科) 단계에 전문학과 성격을 띤 고등학당을 두었다는 점, 직업교육과 사범교육의 수준이 향상되었다는 점, 초등소학당 입학 연령을 1년 늦춘 것. 교육 기간이 늘어나 아동이 7세에 입학하여 통유원(通儒院 : 일종의 대학원)을 마칠 때까지 26년의 시간이 소요되며, 표준 연령은 32세에 이른다는 점 등을 꼽을 수 있다. 이 '계묘학제'는 중국 학제 중 가장 학업 기간이 긴 학제였다(268쪽 **도표1** 참조).

'임인학제'와 '계묘학제'는 모두 일본 학제를 많이 참고하였으며, 전체적으로 볼 때, '중체서용'의 취지를 근간으로 하고 있었다고 할 수 있다. 1910년에 이르러, 교육 보급의 편의를 위해 학제를 개정하였다. 여기서는 기존 5년제 초등소학당을 모두 4년제로 변경하여, 교육 기간을 단축하였다.

요컨대 숫자는 대상을 재현하고 지시하였으며, 시간은 일정을 세밀하게 분할하였다. 분할된 시간들에 맞춰 하루의 일상이 재배치되었다. 사람들의 움직임은 손쉽게 관리될 수 있었으며, 20세기 초 중국은 이로부터 좀더 큰 판을 짤 수 있는 방법을 발견하였다. 그리고 그것은 중국의 근대화를 체계적으로 진행하도록 도와주고 있었다.

22) 喩本伐·熊賢君, 『中國敎育發展史』, 華中師範大學出版社, 1999, 400쪽.

▌필요한 인간을 만드는 소리▐ ─ 음악교육

1 서양 음악이 시야로 들어오다

20세기 초에 들자, 갑작스레 음악에 관한 기사가 신문에 많이 보이기 시작하였다. 특히 음악의 효과에 주목한 기사가 많았다. 그리고 그것은 대개 서양에서 벌어진 일이었다. **그림13**은 독일의 저명한 음악가가 바이올린을 들고, 동물과 음악의 관계를 연구하는 모습이다. 그리고 각 동물별로 어떠한 행동을 보이는지에 관한 내용을 담고 있다. 서양 음악이 중국 사람들의 시야에 들어오기 시작한 것이다. 그리고 동시에 이 기사는 중국인들이 그 음악 효과, 정확히 말해서 서양 음악의 효과에 대해 관심을 갖기 시작하였음을 시사하고 있다. 이렇게 새로운 음악에 호감을 느낀 것은, 전통 음악이 "오랜 구습을 고수한 채 점점 몰락하면서도 떨쳐 일어날 줄을 모른다"[23]는 인식 속에서 비롯하였다.

또한 서양 음악이 교육 영역으로 수용된 것은 전통사회에서 음악이 사회와 맺고 있던 관계를 전복시킨 것이었다. 왕국유는 이렇게 말하였다.

그림13 서양인이 악기를 연주하여, 동물들이 어떻게 반응하는지를 살피고 있다. 음악의 효과에 대한 관심이 일어나고 있음을 알 수 있다. 『신보도화』(申報圖畵), 1910. 1. 10.

한나라 이래로 아악(雅樂)은 쇠망하고, 속악(俗樂)은 음란해졌다. 근세에 이르기까지, 음악은 거의 학문하는 사람이 들어서는 안 되는 것으로 여겨졌다.[24]

23) 劍虹, 「音樂于教育界之功用」, 『雲南』 第2號, 1906.
24) 王國維, 「論小學校唱歌科之材料」, 『教育世界』, 1907. 10.

전통사회에서 음악은 배우나 예인들이 하는 잔재주에 불과했다. 교육을 받은 식자층이 해서는 안 되는 것이었다. 당연히 음악이 학교 교육에 편입되기란 난망한 일이었다. 하지만 청말이 되자, 서양 음악은 앞선 문명의 노랫소리로 받아들여지며, 교육공간에 당당히 입성할 수 있었다.

2 기호, 그리고 내용을 가진 소리

중국에서 처음 서양 음악 수업이 도입된 곳은 역시 외국 선교사들이 세운 미션스쿨이었다. 예컨대 1842년 홍콩의 모리슨학당(馬禮遜學堂), 1850년 상해의 서회공학(徐匯公學) 등에 음악 수업이 마련되었다.[25] 19세기 말 양계초는 8~12세에 이르는 아동의 교육을 위해 일과표를 구상하면서, 조례 시간에 공교가(孔敎歌)를 선생님과 학생이 함께 제창하도록 하고, 종례 시간에는 애국가로 마치도록 안배하였다. 이는 중국인의 인식 속에서 음악이 교육 영역과 결합되어 사유되었다는 점에서 의미가 있다.

그런데 그는 공교가와 애국가를 왜 하루 일과의 시작과 끝에 배치하였을까? 아무래도 우선은 하루 일과의 시작과 끝을 일깨우는 기호적 의미로서 안배하였던 것으로 보인다. 음악이 신체를 규율할 수 있다는 점을 인지한 것이다. 서양 사람들에 의해 시계가 도입되면서, 전통 공간에서 모호하게 흘러가던 시간은 계량화할 수 있는 정확한 시간으로 변하였고, 이는 신체를 분절적으로 통제할 수 있도록 도와주었다. 유럽에서 산업혁명 이후 보편화된 자본주의적 질서는 서양인들에 의해 중국으로 전해졌다. 상해의 조계 공간에 보이는 많은 시계들은 일종의 자본주의 첨병으로서 중국인의 시간을 분할하기 시작하였다. 중국인은 자신의 신체를 그만큼 체계적이고 치밀하게 관리할 수 있게 되었다.

이러한 관리적 지시 기능을 더욱 극대화시킨 것은 바로 소리의 마법이었다. 바로 '스스로 우는 종'(自鳴鐘)덕분에, 멀리 떠 있는 선박에서도 이제는 소리를 통해서 시간을 알 수 있게 되었던 것이다. 상해 조계 중앙에 세워진 자명종을 보며 문명의 힘을 칭찬하는 기사의 목소리에는 시계의 소리가 만들어 낸 효과에 대한 당시의 시각이 잘 담겨 있다.

> 자명종 중 가장 큰 것은 소리가 매우 웅장하여, 공부국의 경종 소리와 막상막하였다. 작은 자명종의 소리는 바이올린 소리처럼 은은히 듣기 좋았고, 게다가 몇 리 밖에서도 들을 수 있었다. …… 조계의 주민들만 바라보는 데 편할 뿐만 아니라, 황포강 십 리에 늘어선 선박들이 수면에서 소리를 듣더라도, 역시 감미로운 묘미가 있었으니, 참으로 이곳 주민들에게 크나큰 편의가 아닐 수 없다.(**그림10**의 『점석재화보』 기사)

물론 고대사회에서도 소리가 기호로 사용된 적은 있다. 알다시피 '효시'(嚆矢)는 전쟁의 시작을 알리는 소리를 만들어 내었고, 북과 징은 각각 전쟁의 시작과 끝을 알리는 소리를 이루었다. 하지만 그 소리들이 결코 개개인의 일상생활에까지 파고들어 신체를 규율하였던 것은 아니었다. 이는 시간을 다투는 경쟁이 전제되어야 생겨나는 감각으로, 중국에서는 19세기 말에 이르러서야 그러한 감각이 나타나기 시작하였다.

신체를 규율하기 위한 목적 외에, 양계초의 일과표에서 '공자의 가르침의 노래'(孔敎歌)와 '나라 사랑의 노래'(愛國歌)가 갖는 효과는 바로 노래의 가사를 통해 내용을 외우도록 하는 것이리라. 그러니까, 학생들에게 가사의 내용을 반복하게 함으로써 자연스럽게 내면화하도록 했던 것이다. 1897년 상해 『시무보』(時務報) 잡지사 건물에서 전족반대총회가 열렸을 때, 회원 등록 후에 가입의 증표로 회원들이 받은 것은 다름 아닌 『여성 교육을 권하는 노래』(勸女學歌) 1권이었다.[26] 19세기 말 음악은 연설만큼 사람들의 의식을 깨우치는 데 강력한 능력을 가진 소리로 자리를 잡아 갔다.

3 문명의 음악

양계초는 무술변법의 개혁이 실패로 돌아간 뒤 일본으로 망명하였다. 그는 망명 도중에 동경음악학교에 입학하여 음악을 연구하는 학생을 만나고 대단히 기뻐하며 이렇게 말하였다.

국민의 품성을 개조하려면, 시가와 음악이 정신교육의 관건이니, 이것은 약간의 지식이 있는 사람이라면 알 수 있는 것이다. …… 지금 교육에 종사하지 않는다면 그만이지만, 만약 교육에 종사한다면 실로 창가 수업은 학교에서 결코 빠뜨려서는 안 되는 수업이다. 온 나라에 신악을 지을 수 있는 사람이 한 명도 없는 것은 실로 사회의 수치이다.[27]

그에게서 음악은 민족의 기질을 개조할 수 있는 강력한 수단으로 인식되었다. 양계초뿐만 아니라 그가 만난 유학생도 일본에서 음악이 갖는 힘을 새롭게 발견하고 있었다. 이렇게 해서, 일본 유학생들을 중심으로 학당에서 불릴 수 있는 창가의 보급 운동이 전개되었다. 1902년에 양계초는 『신민총보』에 「게르만 조국의 노래」(日爾曼祖國歌) 3곡을, 1903년에는

25) 汪毓和 編著, 『中國近現代音樂史』, 人民音樂出版社, 2004, 28쪽.
26) 진동원, 최수경·송정화 옮김, 『중국, 여성 그리고 역사』, 박이정, 2005, 436쪽.
27) 梁啓超, 『飮冰室詩話』, 張靜蔚 編選·校點, 『中國近代音樂史料匯編』, 人民音樂出版社, 2001, 106쪽.

일본 유학생 증지민(曾志忞)이 「연병」(練兵), 「양자강」 등 6곡을 번안하여 발표하였다. 이들 곡은 번안, 편곡의 선성이 되었다. 그리고 이에 맞춰서, 새로운 음악교육을 위한 여러 책들이 엮어 나왔다. 예컨대 증지민은 1903년에 『창가와 교수법』을, 1904년에는 『교수 음악 초보』, 『교육창가집』 등을 출간하였다.

그 당시 지어진 악가에는 물론 학생들의 생활과 관련된 서정성 짙은 노래도 있었지만, 1902년 일본 유학생 심심공(沈心工)의 「남아는 우선 의기가 높아야」(男兒第一志氣高 ; 일명 「체조-병식 체조」), 1905년 역시 일본 유학생인 이숙동이 엮은 『국학창가집』의 「조국의 노래」(祖國歌), 「대중국」(大中華), 「나의 조국」(我的國)에서 보듯 계몽성이 짙은 창가가 많았다.

이들이 지은 창가의 형식은 일본 곡조에 가사를 입히는 형식이었다. 일본 유학생인 그들이 쉽게 접할 수 있는 곡조에 가사를 붙여서 창가를 만드는 것은 쉽게 짐작 가는 것이지만, 사실 새로운 곡조의 채택은 좀더 적극적인 의미를 지니고 있었다. 1906년 무석(無錫) 성남공학당(城南公學堂)의 『학교창가집』 중 「악가」(樂歌) 곡 뒤에는 이런 구절이 있었다.

어찌 알았으리. 음란하고 사악한 소리 뒤섞여, 옛 소리 더 이상 전하지 않아 황폐해졌음을. 다행히 서구의 신곡이 들어와서, 학계의 개량에 빛을 더하는구나.[28]

앞선 왕국유의 지적처럼, 그들은 당시 전통 음악들을 부정하였던 것이며, 나아가 외부의 소리를 '아악'으로 간주하면서, 문명의 음악으로 전통 음악을 대체하려 했던 것이다. 그들은 전통 음악을 더 이상 '바른' 예술로 간주하지 않았고, 점차 서구의 관점을 수용하며 신악 운동을 벌여 나갔다. 당시 소우매(蕭友梅)는 중국 음악을 부흥시키기보다는 중국 음악을 개량하는 데 더 관심을 쏟아야 한다고 주장하였다.[29] 전통 음악에 대한 지식인들의 시각, 그리고 앞선 문명에 대한 동경의 시선들이 당시 신악을 교직해 내고 있었다.

하지만 이는 때로 우스꽝스러운 상황을 빚어내기도 하였다. 곧 당시 사람들은 전통 시문을 낡은 것이라 부정하면서도, 정작 그 시문이 일본 곡조에 실려서 들려올 때면, 문명의 노래라고 찬탄하였고, 또한 그 안의 내용이 어디에서 왔는지를 망각한 채 그 내용의 매력에 푹 빠져 들었던 것이다.[30] 그들이 부정하고 혐오했던 것도 문명으로 재가공되면서, 낯설고 신선하게 다가왔던 것이다.

28) 吳釗·劉東升 編著, 『中國音樂史略』, 人民音樂出版社, 1990, 322쪽.
29) Gerlinde Gild, "The Evolution of Modern Chinese Musical Theory and Terminology under Western Impact", Michael Lackner and Natascha Vittinghoff, *Mapping Meanings*, Brill, 2004, pp.571~573.
30) 같은 글, p.562.

4 음악, 상무를 만나다

그 노래는 어떤 내용이었을까? 양계초는 증지민이 엮은 『교육창가집』을 보고, "엄청난 기쁨을 감출 수 없었다". 그리고 그곳에서 몇 편을 뽑아서 자신의 글에 소개하였는데, 그 중 심상소학교(尋常小學校)에서 쓰이도록 만들어진 「개미」(馬蟻)라는 창가 한 편을 감상해 보자.

> 개미는, 개미는 어디에나 있지. 무리를 이루고 조직을 갖추어 땅 가득히 돌아다니지.
> 쌀도 좋고, 벌레도 좋고, 물면 동굴로 달려가네.
> 누가 나에게 덤비랴. 한꺼번에 달려들어, 모두가 목숨을 건다네.
> 이기지 않으면 돌아오지 않으니, 동굴 입구 막아서면 누가 감히 오겠는가?
> 좋아, 좋아, 좋아!
> 적은 달아났고, 승리했으니 동굴로 돌아와도 된다네.
> 어느 곳 더 나은 곳이 있다면, 새로운 동굴 지어 모두 함께 움직이네.[31]

양계초는 중국인에게는 상무정신이 없는데, 그 원인은 매우 많지만 음악이 발전하지 않은 것이 그 중 하나라고 말했다.[32] 양계초의 마음을 사로잡았던 위 노래는 상무정신으로 가득하다. 그가 바꾸고자 했던 것은 민족성이었고, 다시 이를 바탕으로 애국주의를 고취하고자 했던 듯싶다. 음악이 국민교육의 방법으로 변해 가고 있음을 볼 수 있다. 이는 러일전쟁에서 일본이 승리한 이후 더욱 고조되었다. 이런 상황 속에서 중국 유학생들이 발기하여 1902년에 '음악강습회'(音樂講習會)를 창립하고, 1904년에 '아아음악회'(亞雅音樂會), 1905년에는 '국민음악회'(國民音樂會) 등을 조직하여 다양한 형식의 음악교육 활동을 전개하였다. 아아음악회의 경우를 예로 들면, "학교, 사회 음악을 발달시키며, 국민정신을 고취"[33]하는 것을 목적으로 삼았다.

그리고 이 음악회는 기간을 정하여 창가강습회와 군악강습회를 열기도 하였다. 일반인을 대상으로 군악강습회를 열다니! 음악이 상무와 결합하면서, 군악이 중요한 음악으로 부상하고 있다. 분핵생(奮翮生)은 군악의 중요성을 거론하면서, 예전 중국에는 나팔과 북을 호령하고 지휘하는 도구로 삼았을 뿐, 군악이 없어서 병졸들은 저속한 노래를 부르거나 호드기를 불며 즐거워할 뿐이었다고 했다. 그리고 이렇게 말했다. "일본은 유신 이후로 모든 음악이

---

31) 梁啓超, 『飮冰室詩話』, 張靜蔚 編選 · 校點, 『中國近代音樂史料匯編』, 112쪽.
32) 같은 책, 101쪽.
33) 「亞雅音樂會之歷史」, 張靜蔚 編選 · 校點, 『中國近代音樂史料匯編』, 119쪽.

그림14 사람들이 둘러앉아서 중국 전통 음악을 듣고 있다. 여유로워 보이지만, 기사에서는 전통 음악을 듣고 좋아하는 것은 교육을 받지 못한 결과라고 비판하고 있다. 전통 음악에 대한 부정적 시선이 담겨 있다. 청말 『성속화보』(醒俗畵報).

서양을 모방하였으며, 창가는 학교 수업 가운데 하나였다. 그래서 군가, 군악이 아니더라도 애국과 상무의 뜻을 담고 있지 않은 것이 없다."(「군국민편」軍國民篇) 애국과 상무의 고취는 20세기 초 중국 음악이 걸었던 주된 노정이었다.

그림14는 전통 음악이 반문명의 것으로 배치되면서, 국가의식을 고취하는 음악이 문명의 자리를 차지하였던 당시 사정을 잘 보여 준다. 그림을 보면, 왼쪽 위에서는 한 사람이 다른 사람의 연주에 맞춰 창을 하고 있고, 나머지 사람들은 자리 잡고 앉아서 감상하고 있다. 일견 여유로운 한때의 모습 같지만, 기사에서 그들을 바라보는 시선은 곱지 않다. 역시 전통 음악이 외국 음악처럼 애국·상무의 의식을 담아내지 못하고, 저속한 내용으로 정신을 흐려 놓기만 한다고 인식하였기 때문이다. 화보는 이렇게 타이르고 있다.

떠도는 이들이 연주하며 창을 하면, 부녀자들이 모여서 듣는데, 그 원인은 모두 교육을 받지 못한 때문이다. 서양에서도 음악을 중시하지만, 국위를 선양하거나 자강(自强)을 권장하는 등 모두 사람들의 기백을 키우는 것이다. 우리 중국만 이런 비속하고 쓸모없는 가사를 서로 흉내 내면서도 부끄러운 줄을 모른다. 국민 수준의 차이가 어찌 이렇게까지 만든단 말인가. 생각만 해도 식은땀이 난다.

5 신체를 규율하는 음악

국민의 애국심을 고취하고, 병사들의 사기를 진작시키는 기능 외에도, 음악은 또 다른 기능을 발휘하였다. **그림15**는 당시 천진의 사립제일몽양원(私立第一蒙養院)의 교육 장면이다. 앉아서 뒤를 바라보고 노는 아이, 손들고 소리치는 아이들의 모습이 정겹다. 무엇보다 네댓 살 남짓의 아이들이 자리에 가지런히 앉아서 수업 듣는 모습이 낯설다. 한 아이는 달아나다가 보모에게 붙들린 것 같다. 기사의 내용을 보면, 선생님과 주위에 있는 보모들이 아이들을 살갑게 챙겨서, 교육이 절로 이루어질 것이라며 즐거워하고 있다. 당시 교육은 일본의 학제로부터 많은 영향을 받았다. 그리고 부족한 교사의 수를 채우기 위해 일본인 선생님이 초빙되기도 하였다. 일본 학제와 일본인 선생님은 새로운 교육 방식이 중국 교육계에 도입되는 계기를 마련하였다. 그림은 이렇게 이야기하고 있다. 풍금 옆에 있는 보모가 앞에 서자, 풍금 앞의 일본인 선생님이 한 번 풍금을 내려친다. 아이들은 일제히 인사를 하고, 그들이 자리에 앉으면, 노래를 가르친다고 소개하고 있다. 신체의 움직임을 분절하여 통제하는 데 풍금 소리는 효과적이었다.

　이는 18세기 후반 서양인의 조계에서 자본주의적인 리듬으로 신체를 다루는 양상과 달랐다. 소리로 신체를 다루고자 하는 점은 일치하지만, 중국 교육 현장에 들어온 일본식 교육이 갖고 있는 욕망의 기원은 분명 층위가 다르다. 당시 일본에서는 '상무정신' 함양의 연장선상에서, 음악을 신체를 규율하기 위해 사용하고 있었던 것이다. 그러니까 음악은 국민들을

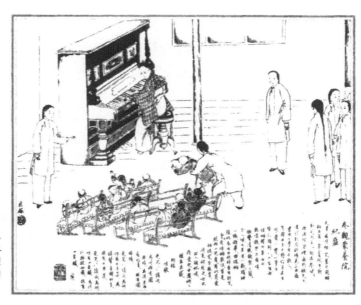

그림15 몽양원의 교육 모습이다. 뛰쳐 나가려는 아이, 잡는 보모들, 풍금으로 훈육하는 일본인 선생님의 모습이 보인다. 청말 『성속화보』(醒俗畵報).

그림16 신학당의 학생들이 음악에 맞춰 가지런히 이동하고 있다. 음악은 소리로 먼저 신체를 훈육하였다. 『도화일보』 제126호, 1909. 12. 19.

동원하고 제어하는 데도 효과적인 수단이었다. 바로 군악, 군악대의 기제가 음악교육에 자리 잡았던 것이다. 1903년 비석(匪石)은 "일본에서는 군악이 학교에도 퍼졌다. …… 학교에서 일어나고 앉는 것은 모두 군악으로 이루어졌으며, 성대함은 극에 달하였다"(「중국음악개량설」)고 하였다. 그림15에서, 일본인 선생님이 풍금으로 아이들의 신체를 규율하는 것은 사실상 군악의 기능을 적용한 것이었다. 19세기 말의 중국 교실에서는 전장의 소리가 신체를 규율하고 나선 셈이다. 그림16에는 각 학교 학생들이 운동회를 가거나 여행을 갈 때 질서정연하여 사람들의 감탄을 자아냈다는 내용이 담겨 있다. 특히 출발할 때는 북소리에 맞춰서 출발한다고 하였다. 그리고 「행렬을 가지런히 하는 노래」(整隊歌)를 한 곡 지어서 옆에 적어 놓았다. 노래는 행군가의 특성에 맞춰서 지은 것이었다. 군대식의 엄격한 규율이 훌륭한 교육의 모습으로 인식되고, 음악은 학생들을 군인처럼 훈육하는 데 일조를 하고 있었다. '상무' 교육의 쾌거다.

6 감성을 함양하는 음악으로

20세기 초 중국의 음악 발전은 일본에게서 힘입은 바 크다. 음악 창작, 음악 이론, 음악 서적 출판 등은 모두 일본 유학생에게서 시작되었다. 앞에서 소개한 증지민, 심심공, 이숙동 등이 대표적인 인물들이다. 이들은 유학을 마치고 돌아와서 중국의 음악교육 발전을 위해 많은 노력을 기울였다. 서양의 악기, 음악 기호 사용법 등이 그들에 의해 소개되었고, 그들의 창가 또한 사회 전반으로 유포되었다. 풍자개(豊子愷)는 당시의 음악 수업을 회상하며, 이렇게 말한 바 있다.

내가 소싯적이라고 말한 것은 이전 청대 선통 2년부터 중화민국 2년까지를 가리키는 것이다. 이때 과거시험은 이미 폐지되었으며, 학당은 막 생겨났다. 내가 고향 절강 석문만(石門灣)에 새로 설립된 소학당에서 부른 노래는 대부분 심심공이 펴낸 『학교창가집』의 노래였다. 학교는 가흥(嘉興)에서 성함이 김가주(金可鑄)인 창가 선생님 한 분을 모셔 왔다. 그 선생님은 풍금을 치면서, 열 서너 명의 우리 반 학생들을 가르치셨다. 이것은 우리들이 정식으로 처음 배운 창가여서 느낌이 참으로 새로웠고, 부른 곡도 참으로 쉬이 잊을 수 없었다. 50년이 흐른 지금까지도, 나는 애착이 가는 여러 편의 곡을 여전히 떠올릴 수 있다.[34]

당시 일본 유학생들이 보급한 창가가 학당에서 교육되어 당시 학생들에게 얼마나 깊은 영향을 미쳤는지 실감케 한다. 이처럼 유학생들을 통해 일본을 경유한 외국 음악이 중국에 급속히 수용된 것은, 당시의 각종 '근대화 기획'을 시도하기 위해 교육의 체계적인 이론화가 선행되어야 했던 실질적인 필요성 때문이었다. 고대사회에서 음악이 체계적으로 전수될 수 있었다면, 종자기(鍾子期)가 죽은 뒤 백아(伯牙)가 자신의 음악을 알아줄 이가 세상에 없음을 개탄하며 거문고 줄을 끊지 않아도 되었을 것이고, 또한 그 음악을 우리가 지금도 들을 수 있지 않겠느냐는 그들의 문제제기는 당시 그들의 고민을 잘 보여 준다.[35]

19세기 말~20세기 초 중국에서 음악교육은 국민을 개조하는 제국의 기획과 밀접하게 관련을 맺고 있었다. 하지만 정치적 성격에서 다소 자유로운 시각도 등장하였다. 그것은 민족성의 고취 이전에, 성정을 함양하는 음악에 주목하는 시각이다. 1903년 비석은 이렇게 말하였다.

만약 (교육에 대해) 논한다면, 반드시 감정 교육을 최우선으로 해야 한다. 감정이란 사람으로 하여금 자연스럽게 지극한 감정의 영역에 들어가게 하면서도, 시종 거스르는 것이 없는 것이다. 모든 일은 감정과 이치 두 가지를 벗어나지 않는다. 동양과 서양 국가의 발전상의 큰 차이점은 동양은 이치로, 서양은 감정으로써 발전하였다는 사실이다. 이치로 발전한 경우, 방어는 할 수 있지만 결코 이길 수는 없다. (『중국음악개량설』)

---

34) 吳釗・劉東升 編著, 『中國音樂史略』, 人民音樂出版社, 1990, 326쪽.
35) Gild, "The Evolution of Modern Chinese Musical Theory and Terminology under Western Impact", p.565.

중국에 견주어, 서양 음악의 특성을 감정에서 찾고 있다. 아니 음악의 특성뿐만 아니라, 중국의 쇠약을 감정 교육을 등한시한 데서 찾고 있다. 여기에서 음악은 나라의 존폐 여부에도 영향을 미칠 수 있는 강력한 수단으로 간주되고 있다. 1906년 검홍(劍虹)도 음악은 감정, 기세를 자극하는 기능이 있으므로 중국 교육은 앞으로 감정 교육에 치중해야 한다고 응원을 보냈다. 그리고 음악은 미적 측면과 도덕적 측면의 두 가지 특성을 지니고 있으며, 미적 측면에서 보면 순수하고 고결한 감정을 양성하고, 도덕적 측면에서 보면 아동의 품성을 도야하고 사상을 순수하게 하며 애국의 감정을 키운다고 하였다. 그리고 이렇게 말하였다.

> 감정이 박약한 우리 국민들을 음악으로 교육하면, 장차 사회적으로·정치적으로·군사적으로 모두 무궁한 영향을 받을 것이다. 음악은 사람들에게 공동체의 미덕, 진취적 용기와 애국의 열성을 갖게 한다. (「음악의 교육적 역할」音樂于敎育界之功用)

여기에 이르러서, 음악은 신체를 규율하거나 계몽을 하는 데에 머무르지 않고, 나아가서 감정 전반을 함양할 수 있는 것으로 거듭나고 있다. 당시 중국의 지식인들은 음악으로 근대 국민의 자질을 훈육할 수 있다고 생각한 것이다. 음악은 부강한 나라의 국민을 만드는 전지전능한 주재자가 되었다.

음악이 자신의 영역을 확보하며, 학교 수업의 한 갈래로 자리를 잡은 것은 1907년의 일이다. 1915년에는 원세개가 전제정치를 부활시키려는 과정에서, '음악 수업'〔樂歌課〕을 일시적으로 폐지시켰다. 이는 음악 수업이 가진 힘을 의식했기 때문이며, 동시에 1907년에야 교육계에 음악 수업이 자리 잡기 시작한 이유를 역으로 설명해 주기도 한다. 1907년 「주정여자소학당장정」에서는 여자 초등·고등 소학당에 '음악'〔樂歌〕 과목을 개설할 것을 규정하였다. 그리고 1909년 「주정초등소학과정」에서 초등소학당에 '음악' 과목 개설을, 1910년에는 다시 고등소학당에 '음악' 수업 개설을 규정하였다. 이렇게 해서 보통학교에서 신식 가곡과 유럽 음악 상식을 주요 내용으로 하는 음악교육이 자리 잡기 시작하였다. 주의할 것은, 이 시기의 음악 수업은 필수 과목이 아니었다는 점이다.

중화민국 성립 후 반포된 신 학제에서 음악은 비로소 중·소학당과 사범학당의 필수 과목으로 편성되었다. "미육으로 고상한 기풍을 양성함으로써, 국민의 도덕을 완성"한다는 채원배의 논의는 음악의 기능이 감성 일반으로 확대되면서 일상화하던 당시의 흐름을 집약적으로 보여 준다. 그리고 5·4신문화운동기에 접어들어, 신식 음악 사단이 대거 출현하면서 음악교육이 크게 발전하기 시작하였다. 1919년 북경대학에는 음악연구회(音樂硏究會)가 창립되었고, 이후 소우매의 건의를 통해 음악전습소(音樂專習所)로 변경되었다. 1917년에 북경대 총장으로 취임한 채원배는 애초 그가 가진 '미육'의 소신대로 당시 북경대학생들의 소양을 함양하기 위하여, 각종 예능 관련 사단의 결성을 적극 장려하였다. 음악연구회 역시 이런 기조 속에서 탄생하였던 것이다. 1922년에 '전습소'로 바뀐 것은 기존의 사단이 "지나치게 멋대로여서, 성과가 그다지 좋지 않아"(「1922년 북경대 개학식사」), 전문 예능인을 양성하는 방향으로 나아간 것이었다. 일본을 거쳐 독일에서 유학한 소우매는 체계적으로 서양음악사 및 음악이론을 강의하고 또 가곡을 선보이기도 하며, 서양 음악을 중국에 전수하는 데 큰 기여를 하였다.

|사물의 탄생| ─ 과학에서 미술까지

1 실질을 추구해야!

"신부가 처음 왔을 때, 모름지기 부엌에 들어가서 국 끓이고, 부지런히 실을 잣도록 해야지, 귀한 집 자녀라고 가사를 하지 않도록 해서는 안 된다. 딸아이들은 신발을 만들어 보았더냐? 고모 셋과 형수는 매년 신 한 켤레를 만들어서 보내는데, 효성스러운 마음을 담아서, 바느질 솜씨를 다툰단다. 자아낸 천으로 옷과 버선을 만들어 보내오는데, 나는 이를 통해서 규방의 부지런함과 근면함을 살필 수 있구나."(증국번, 「기택에게」致紀澤)

20세기 중엽 한인 관료로서 비교적 개명한 인물이었던 증국번(曾國藩)이 아들 기택(紀澤)에게 당부하는 뜻을 담은 편지의 한 구절이다. 그는 학문에서 '실질을 추구'(求實)하는 것과 '노동의 체험'(習勞)을 강조하였다. 신분에 안주하지 않고, 필요한 지식을 구하고 체험토록 한 것은 증국번의 앞선 사고를 보여 주는데, 이는 서양을 배워야 한다는 '양무'(洋務) 사상을 지녔기에 가능한 일이었다. 서양 사람들이 가진 실용적인 지식에 대한 인식이 사고의 전환을 부른 것이다. 실질적인 지식의 습득, 체험에 대한 당시 지식인의 중시는 지식 담론의 내용이 전환되어 감을 시사해 주는 것이다.

어떤 내용을 새로 받아들일지, 그리고 어떤 내용을 배제해야 하는지에 대한 논의들이 20세기 말에 집중적으로 운위되는 사정은 충분히 예견되는 것이다. 추상적인 층위의 가치들이 '중학'(中學)과 '서학'(西學)이라는 이름으로 한 판 싸움을 벌일 때, 중국 지도층으로부터 용인을 받은 영역에서는 느릿하지만 새로운 변화들이 꿈틀대기 시작하였다.

무엇보다 먼저 사물이 발견되었다. 사물이란 애초부터 있었고, 시야에 들어와 있었으나, 그것들이 지식의 영역으로 자리 잡은 것은 오래지 않았다. 특히 세상에 존재하는 자연 세계는 그들의 표현 그대로 '자연'(自然; 본시 그러한 것)일 뿐이었다. 하지만 이 시기에 들어와서 자연은 더 이상 '본시 그러한 것'이 아니었다. 그렇다면 이 시기에 어떻게 자연이 지식 영역으로 포착될 수 있었을까? 자연을 새롭게 다가오도록 만든 매개체는 무엇일까? 여기에는 이전에 없던(아니면 인식하지 못했던) 사물을 유용한 것이라고 느끼게 만들어 줄 전도의 장치가 필요하다. 당시 그 역할을 맡은 것은 다름 아닌 '관찰'이었다.

그림17을 보면, 몇 사람이 책상 위에 놓인 거미를 보고 있다. 거미가 여인의 얼굴 모습을 하고 있어서, 호기심이 발동한 것이다. 그런데 단순히 보는 차원에 그치지 않고, 함께 둘러앉

그림17 앉아서 책만 읽던 독서인들이 돋보기를 들고 거미를 '관찰'하고 있다. 「사람 얼굴을 한 거미」(人面
蜘蛛), 『점석재화보』 제23호, 1884. 12.

아서 돋보기를 통해 관찰을 하고 있다. 그리고 분석하며, 서로 이야기를 나누기도 한다. 그것
도 다 큰 사람들이! 바로 지금 저곳은, 지식이 책에서만 얻어지지 않고 사물 일반에서 얻어질
수 있음을 내보여 주는 현장이다. 전통적인 교육 방식 대신에 새로운 학습 방식이 등장한 것
으로, 배우는 내용에서 일어난 전도가 가져온 결과라 할 수 있다. 거미가 학습의 대상이 되다
니! 실생활에 널려 있는 사물 대상이 중요한 지식으로 떠오르다니!

　　사물을 관찰하는 것이 의미 있는 탐구로 읽힐 수 있다는 인식의 전환은 서양을 참고하면
서 비롯된 것이라 할 수 있다. 서양에서는 이미 관찰을 근대적 학문 방법으로 운용하고 있었
다. 19세기 중·후반에 중국에 들어와 있던 미션스쿨의 교육 모습은 그 점을 잘 보여 준다.

2 교육에서 운용되다

서양 선교사들은 미션스쿨을 설립하고, 아이들을 가르치는 학당을 두었다. 1890년대에 이르
러 그들은 학당 이름을 '아동 관찰 학당'[小孩察物學堂]으로 명명하였다. 이런 호칭은 참으로
의미심장하다. '찰물'(察物)이란 바로 사물을 관찰한다는 뜻이 아닌가! 바로 일상의 사물을
관찰함으로써 지식을 터득하는 방식에 초점을 맞추어서 명명된 것임을 알 수 있다.

서양의 아동교육은 유치원에서 시작하는데, 관찰학당이라고도 부른다. 어린이가 아직 글을 읽을 줄 모를 때에, 먼저 사물을 관찰하게 하고 눈으로 보게 하고 손으로 만지게 하고 귀로 듣게 하는 것은 모두 그 이름과 만드는 법과 쓰임새를 기억하게 하고자 함이다. 이렇게 함으로써 글자와 책읽기를 배울 때 쉽게 익숙하게 하는 효과를 거두게 된다.[36]

교육 방식은 다름 아니라, 관찰을 통해 지식을 늘리는 것이었다. 그리고 이런 교육 방식이 공공연하게 이름으로 내세워졌다는 점에서, 자신들의 교육 방식과 중국 전통 교육 방식의 차이를 드러냄으로써 문명화된 교육을 은연중에 부각시키고자 하는 서양인들의 욕망도 엿보인다. 이 관찰학당은 1906년에는 6개소로 늘어났다.

'찰물'과 비슷한 감각으로 쓰인 단어가 또 있다. 그것은 '격치'(格致)다. '격치'는 중국 전통 유학에 원래 존재하는 말이지만, 마테오 리치(Matteo Ricci)는 '자연의 물리(物理)'를 대상으로 해서 존재의 다양한 근거를 전문적으로 탐구하는 학문이어야 비로소 진정한 '격치학'(格致學)이라고 하며, 전통적인 격치의 뜻과 판연히 다른 새로운 개념어로서의 '격치'를 의도하였다. 그의 생각은 청말의 양무파, 유신파 등 대다수 개혁파 지식인들에게 많은 호응을 받았다.[37] 이는 19세기 말까지도 사물의 '관찰'이 서양 학문의 우월한 특징으로 간주되었음을 알려 준다. 선교사들은 이와 같은 감각으로 '격치'라는 말을 사용하였다. 그들이 세운 학교 가운데 이른 시기인 1876년에 세워진 것으로 상해 격치서원(格致書院)이 있다. '격치서실'(格致書室)이라고도 불렸으며, 영문으로는 'ShangHai Polytechnic Institution and Reading Room'이라고 소개되었다. 이 학교에서는 매주 토요일 저녁에 채광〔礦務〕, 전기〔電學〕, 측량제도〔測繪〕, 토목〔工程〕, 기계〔汽機〕, 제조(制造)의 여섯 과목 강좌를 개설하여, 학생들이 자유롭게 선택하여 배우도록 하였다. 이 학교의 수업료는 매우 비쌌고 보증금도 내야 했지만, 수업 수준이 높아서 입학 인원이 늘 많았다고 한다.[38] 이른 시기이고 비싼 학비에도 많이 찾아왔다는 사실은 서양의 학문 방식이 당시 중국 사람들에게 얼마나 매력적이었는지를 보여 준다. 한편 이 서원을 열었던 존 프라이어(John Fryer ; 중국명 傅蘭雅)가 창간한『격치휘편』(格致彙編)은 근대 중국의 첫번째 과학 잡지이다. 이 잡지는 만청 시기에 출간 때마다 3,000부 이상이 인쇄되었고, 정간 이후에도 계속 재판이 나왔다고 한다. 가히 '격치'에 열광하던 시대였다고 말할 만하다.[39] 그리고 그 성공의 이면에는 '관찰'이 있었다.

36) 林樂知,「重視敎育說」,『萬國公報』第137冊, 1903 ; 장정호,「중국 유아교육의 근대적 전환—청말 몽양원의 창설과 발전을 중심으로」,『비교교육연구』제14호, 2004, 149쪽 재인용.
37) 한성구,「중국 근대 '격치학'의 변천과 중서 격치학 비교」,『한국철학논집』제18집, 2006, 434쪽.
38) 喩本伐·熊賢君,『中國敎育發展史』, 382쪽.
39) 한성구, 같은 글, 445쪽.

관찰은 대상을 산지식으로 만들어 주는 강력한 힘으로 인식되었다. 양계초는 관찰을 새로운 세상을 여는 방법으로 보고, "학문에서 잘 관찰하는 것보다 중요한 것은 없다"고 외쳤다.[40] 이로부터 강유위, 양계초 등 변법파들은 서구 학제를 본떠서 교육의 방식을 개량해야 한다고 주장하였다. 이로써 19세기 말부터 아이들의 교육에 점차 '관찰'의 수업이 활용되기 시작하였다.

3 관찰을 통해 법칙을 이끌어 내다

관찰한 대상을 지식으로 만들기 위해서는, 대상을 면밀히 살펴서 그 원리를 찾아내려는 과학적 탐구 자세가 필요하다. 하지만 19세기 말의 중국 대다수 관료들은 이 점에 있어서는 속수무책이었다.

마틴이 하루는 일부러 총리아문의 고위 관리 네 명을 초청하여, 그들 앞에서 전보 조작을 시연해 보였다. 그 중 한 한림(翰林)은 마틴에게 "중국은 위대한 제국으로, 전보가 없어도 나라를 세운 지 이미 4천 년이 되었다"는 뜻밖의 말을 던졌다. 이는 사실상 미국이 건국한 지 100년도 채 되지 않았음을 비꼰 것이었다. 마틴은 별다른 대꾸 없이 아동용 장난감을 꺼내서 그들에게 건네주었다. 앞의 한림을 포함한 네 사람은 자성(磁性)이 있는 물고기와 갈매기를 잡느라 한참 동안 시간을 보냈고, 또 만지작거리면서 손에서 놓지를 못하였다. 마틴은 그들에 대해 이렇게 생각하였다. "문학에 있어서 그들은 위대한 존재들이지만, 과학에 있어서는 그들은 아동이었다."[41]

이런 상황이 빚어진 데에는, 전통 학문에 대한 자부심으로 대상을 탐구하려는 자세가 부족한 것도 원인이지만, 한편으로 과학 지식이 부족하여 어떻게 관찰하고 어떻게 접근해야 하는지를 몰랐던 것도 큰 원인이었다. 이렇듯 관찰 대상을 지식 영역으로 포섭하기 위해서는 과학적 인식 방법이 우선 마련되어야 했다. 곧 관찰된 사실을 일반화시켜 줄 수 있는 이론화 과정, 다시 말하면 사고와 추론의 과정에 대한 이해가 전제되어야 했다.

19세기 말 이에 대한 고민이 등장하였다. 서구에서 유학하고 돌아온 엄복(嚴復)은 과학적 방법의 채용을 주장하였고, 그 중 베이컨(Francis Bacon)이 세운 실험주의 방법을 매우 높이 평가하였다. 그리고 밀(John Stuart Mill)의 『논리학 체계』(A System of Logic ; 중국명 穆勒名學)를 중국에 번역·소개하면서, 중국의 전통 학문이 연역법만을 중시하고 귀납법을 홀

40) 梁啓超, 「慧觀」, 『淸議報』三十七冊, 1900, 2쪽.
41) 喩本伐·熊賢君, 같은 책, 346쪽.

시하였다고 비판하였다.[42] 이 논의는 이전 사회와 새롭게 도입된 서구 담론 간의 차이를 극명하게 보여 준다. 기존 사회의 인식은 먼저 이론이 전제되고, 그를 바탕으로 각종 이론이 파생되었다는 것이다. 이는 성리학에서 우주의 본원으로서 '도'(道)가 있고, 그로부터 삼라만상이 비롯한 것을 함축하고 있다. 비슷한 시기의 담사동은 "도는 반드시 기(器)에 의거한 연후에 실제적 쓰임을 가지는 것이어서, 진정 대상이 없는 공허한 가운데에 도라고 일컬을 수 있는 것이 존재하는 것은 아니다"(「구양중곡[歐陽中鵠: 어우양중구] 선생께 보내는 편지」)라며 좀 더 극적으로 표현하기도 하였다. 상대적으로 서학은 외재한 사물 일반으로부터 벌어지는 각종 사건들을 바탕으로 이론화를 통해 사실을 추출한다고 보았다. 사물은 그들에게 진리를 보증하는 조건으로 간주되었다. 이들의 논의는 당시 중국 지식인의 인식에서 벌어지는 전도를 적절히 요약해 준다. 이 시기 진리의 요체는 '의리'(義理: 성인의 뜻)에서 '물리'(物理: 사물의 공리)로 옮아가고 있었던 셈이다.

엄복은 「외교보 주간과 교육을 논한 글」(與外交報主人論敎育書)에서 이렇게 말하였다.

요즘 배우는 사람들은 서양인의 정론은 쉽지만, 서양인의 과학은 어렵다고 여긴다. 정론은 떠벌이는 풍조(예컨대 자유, 평등, 민권, 압력, 혁명 모두 그렇다)를 가졌고, 과학은 심후한 의미를 갖고 있다. 게다가 그 사람들은 과학을 이해하지 못하여, 그 정론은 대부분 근거가 없다. 그리고 진화와 멸종의 기미에 대해서도 깨닫지를 못한다. 이것이 우리나라 앞날에 해가 되지 않는다고 장담할 수 없다.

과학을 알지 못하면 정론은 공허할 뿐이라고 말했다. 이는 과학이 추상적 담론을 뒷받침하는 근거라는 점을 말하는 것으로, 앞에서 말한 베이컨의 과학적 방법 원리에 충실한 논의라 할 수 있다. 이로부터 "중국의 이후 교육은 어디서든 과학에 중점을 두어야 한다"는 과학지상의 논리가 외쳐졌다.

이런 분위기 속에서, 1897년 2월 12일에 장원제(張元濟), 진소상(陳紹常) 등이 자금을 모아 북경에 통예학당(通藝學堂)을 설립하였다. 엄복은 일찍이 이 학당에 머물며, 『서학 원류 입문』(西學源流旨趣)을 강의하였다. 이 학교의 취지는 "구미에서는 학문에 힘을 쏟아, 새로운 이론이 날마다 등장한다. 알지 못하는 것이나 할 수 없는 것은 널리 지식을 취해야 하므로, 이 학당은 서양의 여러 실학만을 익히는"[43] 것이었다.

---

42) 喩本伐·熊賢君, 『中國敎育發展史』, 417쪽.
43) 「通藝學堂章程」, 喩本伐·熊賢君, 『中國敎育發展史』, 383쪽.

4 교실에 표본이 등장하다

서구에서 시작된 박람회의 등장과 번성은 당시 '관찰'의 엄청난 인기를 보여 준다. 박람회는 관찰을 통해 지식을 늘릴 수 있는 교육공간으로서의 성격을 지니고 있었다. 이러한 인식은 학교 교육 장소에 많은 과학 표본들을 설치하도록 만들었다. 표본은 관찰의 대상을 손쉽게 접할 수 있도록 만들어진 것이었다. 실제를 관찰함으로써 지식을 습득하고자 했던 욕망이 실제를 대신할 가공품을 탄생시킨 것이다. 당시 이러한 감각은 교육 정책에 반영되어, 1903년 중학당 관련 규정에는 물리·화학·도화(圖畵)·지리·산학·체조 등의 수업에서 실험이나 실습을 강조하고 있었다. 그리고 과목의 필요에 따라 "사용하는 기구·표본·모형·그림 등의 물건은 모두 갖추어야 한다"(「진정학당장정」)는 방침을 정하였다. 1906년에 이르자, 학부(學部)에서는 '실질을 숭상할 것'(尚實)을 교육 목표의 하나로 확정하였다. "영국인 베이컨이 실험학파를 이룬 뒤로, 하나의 현상과 사물을 논할 때는 반드시 실질적 근거로 증거를 삼아야 한다"고 강조하며 서양의 실증 정신을 학습토록 하였고, "교원은 수업할 때에 지도할 만한 내용이 있으면, 반드시 실물과 표본을 보여 줌으로써 학생들의 지식이 증진되도록 해야 한다"고 주의를 주었다(「學部奏請宣示教育宗旨摺」).

관찰을 위한 여러 교육 도구들이 비치된 교실은 그야말로 작은 박람회장이었다. 이로 인해 신학당에서는 각종 전시회나 전람회가 자주 개최되었다. **그림18**은 천진의 문창궁(文昌宮) 초급사범학당에서 거행된 제2차 기념회 때의 모습이다. 기사에 따르면, 전시된 것은 학생들의 성과물과 과학 표본, 물리, 화학 실험기기 등이었다. 기사는 학생들이 공손하고 예의가 바르니, 올바른 교육을 받았음을 알 수 있다는 말도 덧붙이고 있다. 주목해서 볼 것은, 벽면과

그림18 천진초급사범학당 기념회의 풍경이다. 사람들이 찾아와서 학생들의 작품과 전시물을 구경하고 있다. 청말 『성속화보』(醒俗畵報).

책상 위에 놓인 그림들이다. 그림 속의 소재는 책상 위의 천체, 왼쪽 벽면의 나무, 오른쪽 벽면에 물고기, 물뿌리개 등 모두 평범한 대상들이다. 시야 밖에 놓여 있던 물상들, 곧 '자연'이 교육의 영역으로 들어왔음을 보여 준다. 그리고 사람들은 관찰을 통해 재구성된 그림을 다시 관찰하고 있다. 관찰은 이렇게 연장되면서 교육의 확장을 불러왔다. 이 순간 좁다란 교실은 만인을 위한 교실로 바뀌고 있었다.

전시는 관찰을 하는 공간이며, 관찰하는 순간 알찬 교육이 실현되는 곳이었다. 20세기 말의 중국은 관찰과 교육이 등치되던 시기, 좀더 정확히 말하자면 관찰이 '실한' 교육을 뒷받침하는 시기였다고 할 수 있다.

5 관찰과 재현

당시 대상에 대한 관찰은 미술과도 깊은 관련성을 맺고 있다. **그림18**에 전시된 그림들은 교실에 있는 물상들을 관찰하여 기록한 것이다. 당시 미술은 관찰한 것을 그대로 옮기는 것을 목적으로 삼았음을 짐작할 수 있다. 이런 점에서 전시의 장소는 그림을 그리는 장소가 될 수 있었다.

그림19는 서양 사람들이 홍콩 박물관에서 그림 대회를 개최한 모습이다. 박물관에서 그림 대회를 개최하는 것은 지금으로서는 낯설지만, 당시 사람들의 사유 속에서는 익숙하게 병치될 수 있었다. 서구에서 박물관은 애초 미술관의 형태로 모습을 드러내지 않았던가.[44] 그리고 그림에서도 볼 수 있듯이 사람들이 박물관 앞쪽에 게시된 그림을 향해 앉아서 그림을 그리고 있음을 확인할 수 있다.

이 그림에서처럼, 미술은 선교사를 비롯한 서양인을 통하여 유입되었다. 이로 인해 중국 근현대 미술의 많은 산물들, 예컨대 현대적 미술교육, 미술 출판, 인쇄, 전람회, 미술관, 박물관, 판화, 유채화, 수채화, 현대 조각 등 역시 일본과 서양의 영향에서 자유롭지 못하였다.[45] 고대 중국의 미술교육은 사제 관계를 바탕으로 한 폐쇄적인 전승 구조 속에서 이루어졌다. 이런 측면에서 본다면, 서구식 미술교육의 유입은 전통교육의 폐쇄성을 돌파하는 의미도 가졌다. 그리고 관찰을 바탕으로 한 핍진한 묘사는 서구의 새로운 화풍을 대표하는 '문명'으로 표상되면서 신선한 충격을 가져다주었다. 16세기 말 마테오 리치를 비롯한 예수회 선교사들은 중국에 서양화를 가지고 들어왔다. 그 그림들은 당시 중국의 민간과 궁정에 큰 영향을 주

---

44) 전진성, 『박물관의 탄생』, 살림, 2004, 45쪽.
45) 낭소군, 김상철 옮김, 『중국 근현대 미술─전통을 딛고 새로운 지평을 열다』, 시공아트, 2005, 12, 15쪽.

그림19 19세기 후반 홍콩 박물관에서 서양 사람들이 그림을 그리고 있는 광경이다. 「홍콩의 회화 대회」
(香港畵會), 『점석재화보』 제11호, 1884. 8.

있는데, 그것은 핍진한 사실적 효과 때문이었다.[46) 강희 말년에는 이탈리아인 카스틸리오네
(중국명 郎世寧)가 북경에 도착하여, 서양 유화와 뒤늦게 익힌 중국 회화를 결합한 새로운 화
풍을 선보이며, 중국 회화에 큰 영향을 미쳤다. 그러나 이 영향은 호기심 많은 통치계층에 한
정될 뿐이었고, 당시 대부분의 화가들은 전통적인 문인화의 사의(寫意 ; 사물의 형태보다 내용
과 정신을 그리는 데 치중하는 화법)를 높이 평가할 뿐이었다.[47)

　　서양화를 대하면서 그들이 받았던 시각적 충격은 19세기 말에도 계속 이어졌다. 1896년
상해의 기원(奇園)에 서양 유화 한 폭이 전시되었다. 그 그림이 **그림20**이다. 미국의 남북전쟁
을 다룬 그림으로, 당시 중국인의 시선은 그림 속에 묘사된 포대, 보루, 원림, 나무들이 눈앞
에 펼쳐지는 듯한 사실적인 특성에 초점이 맞춰졌다. "병선과 상선이 쉴 새 없이 오가는데,
연기는 뿌옇고 먼지는 자욱하다. 비참한 마음이 들고, 빛은 어둑하니, 정말로 이화(李華)의
「조고전장문」(弔古戰場文)을 보는 듯하다." 「조고전장문」은 당나라 때 문인이었던 이화가 옛
전장을 보며 그곳에 아로새겨진 구슬픈 역사를 그려 낸 명문을 말한다. 기자는 그 그림이 텍
스트에 버금가는 서사성을 재현한다는 점에서 감탄을 금치 못하고 있는 것이다. 신문 기사는

46) 于安東, 「中國近代美術教育興起的意義」, 『巢湖學院學報』 第8卷 2期, 2006, 119쪽.
47) 이만재, 유미경 옮김, 『해상화파』, 미술문화, 2005, 45~46쪽.

그림20 미국 남북전쟁을 사실처럼 생생하게 그려 낸 서양인의 유화를 다시 화보에 재현하여 소개하고 있
다. 「기이한 정원에서 그림을 보다」(奇園讀畫), 『점석재화보』 제462호, 1896. 10.

독자들에게 "그림의 신기함은 상해 사람들이 진실로 본 적이 없는 것이니, 날도 좋은데 가서
구경하시죠"[48]라고 권하고 있다. 이 그림을 소개하는 화자의 시선은 서양화가의 사실적인 묘
사에서 하나의 사건을 '읽어 내고' 있다. 그림을 소개하는 화자는 눈앞의 풍경이 지시하는
대상을 따라 시공간을 초월하여 당시의 사건을 재구성해 내면서 작품의 또 다른 숭고한 미를
이끌어 낸 셈이다. 한정된 공간 속에 머무르던 중국인들은 청일전쟁을 겪고 난 후, 문명의 힘
을 실감하면서 서양인들을 포함한 새로운 세계를 바라보고 재구성해야만 했다. 특히 서양 문
명의 실체를 감지한 진보적 지식인들은 중국 현실과의 간극을 절감하면서, 외부 세계들의 실
상을 서둘러 소개하는 데 온 힘을 기울였다. 중국이 천하였던 세계가 이제는 지구라는 말로
대체되었고, 중국인들의 인식도 전 지구적인 지평 위에서 재배치되어야 했다. 이는 언론 매
체에서건 사진이나 그림에서건, 지식과 정보의 전달을 가장 중시하게 만들었다. 1868년 존
톰슨(John Thomson)은 중국을 여행하며 사진을 찍은 뒤, 훗날 책으로 엮어 제법 비싼 가격
으로 판매하였는데, 그 이면에는 "중국인의 놀라운 삶과 풍경이 '앞에 놓여 있다'는 새로운
경험"과 "가장 근거가 확실한 정보들로부터 모아 놓은 것들"[49]이라는 판단이 자리 잡고 있었

48) 「奇園觀油畫記」, 『申報』, 1896. 9. 20.
49) 나이젤 카메론 외, 이영준 편역, 『중국의 얼굴』, 열화당, 1995, 96~97쪽.

다. 물론 서양인들이 재현 매체를 통해 지식과 정보를 얻고자 하는 수요와 중국인들의 수요는 다를 수밖에 없었지만, 제국의 식민지로 전락할 위기에 직면한 고대의 거대 제국 중국 역시 이제 살아남기 위해 '관찰'이라는 돋보기를 외부 문명으로 향하고, 더불어 자기 자신에게도 끊임없이 향해야 했음은 분명하다.

6 사실주의 화풍을 선택하다

전통 서화는 여전히 사람들에게 애호되어, 지속적으로 예술 활동이 이루어졌다. "상해는 교통 중심 지역으로 문인, 학자들이 많이 거주하고, 왕래도 많아 학자들 사이에 서화(書畵)에 뛰어난 자들이 아주 많다. 그래서 전국 각지에서 작품을 구하려는 자들이 모여들어 매우 괴롭고 번거로울 지경이나, 가격을 너무 높이 책정하여 방문객 중에 사려는 사람이 없는 것은 지극히 유감스럽다"[50]는 한 서화 협회의 규정 조항의 내용에서 보듯이, 전통 서화는 고가로 매매되고 있었다. 하지만 증대된 상업적 욕망과 달리, 전통 화가가 가질 수 있는 정체성은 위태로운 시험을 당하고 있었다. 상해 화단의 대표적 인물 가운데 한 명인 임웅(任熊)은 「자화상」에 붙인 글에서 이렇게 적었다.

> 혼란스러운 이 세상, 내 앞날에 무엇이 있을까? 나는 사람들에게 미소 짓고 인사하며 아첨하고 돌아다닌다. 그러나 내가 알고 있는 일이 무엇인가? 큰 혼란 속에서 믿고 의지할 수 있는 것이 무엇인가? 이런 말을 하기는 또 얼마나 쉬운가! …… 내 유년 시절을 회상해 보면, 그때는 이런 식으로 생각하지 않았다. 나는 사명감을 갖고 귀감으로 삼고자 옛 사람들을 그렸다. 그러나 무지한 이는 누구이며 현인은 누구인가? 결국 아무것도 알 수 없다. 흘끗 보는 그 순간, 나는 무한한 공허감을 볼 뿐이다.

전통적 문인화풍에 더 이상 안주할 수 없도록 하는 당시의 현실은 서양 화풍과 직접 맞닥뜨린 전통 서화의 운명을 보여 준다.[51] 혼란스러운 시대 앞에 선 전통 화가의 공허감을 뒤로 한 채, 당시 주요 지식인들은 시대를 적나라하게 묘사할 수 있는 서양의 화풍을 적극 옹호하였다.

1910년경 중국 교육체계를 구성하는 데 중추적인 역할을 맡았던 채원배는 미술교육에

50) 이만재, 『해상화파』, 86쪽.
51) 양신 외, 정형민 옮김, 『중국회화사삼천년』, 학고재, 1999, 294~296쪽.

서 서양의 것을 참고로 한 중국과 서양의 융합을 강조하였다. 그가 서양 회화의 장점을 강조
한 이유는 '서양 회화의 우수한 사실성', '과학적인 방법을 이용한 미술'이라는 점 때문이었
다. 그리고 1917년 강유위 역시 중국의 문인화가 사의에 치중하여, 만물의 성질을 충분히 표
현할 수 없었기 때문에 쇠락했다고 생각했다. 그래서 서양 회화의 묘사법을 익혀 중국과 서
양의 것을 융합해야 한다고 했다. 강유위는 일찍이 유럽을 여행한 적이 있는데, 서양의 사실
주의 회화와 조소 등에서 강한 인상을 받고 돌아온 뒤에는 라파엘로, 미켈란젤로 등의 회화
모조품을 수집하기도 하였다.[52] 같은 해에 진독수도 강유위와 비슷하게, 서양의 사실주의 화
풍을 적극 수용해야 한다고 주장하기도 했다. 사실성과 과학적인 방법이 서양 미술교육의 주
요 특징과 연결되고 있음을 주의할 필요가 있다.[53]

'계묘학제'에 따라 마련된 「경사대학당장정」은 미술 수업에 관한 규정을 담고 있다. 예
과의 1·2·3학년 교과 과정을 보면, 1학년 수업으로는 도화·사물화·투시도법·기하가 개설
되었으며, 2학년 때는 여기에 추가로 음영원근법이, 3학년 때는 다시 설계법이 추가되었다.
그리고 경사대학당에는 사범관이 개설되었는데, 그 교육 과정은 주로 실물 모형을 그리는 방
법을 배우는 것이었다. 당시 미술 수업은 순수 미술보다는 제도나 설계에 더 가까웠다. 이것
은 중국 사람들이 기존 서양화에 대해 가졌던 이미지가 학제에 반영된 결과로 짐작된다.

신식 미술학과를 가장 먼저 개설한 곳은 1902년에 문을 연 남경의 양강우급사범학당(兩
江優級師範學堂)이었고, 학과 이름은 도화수공과(圖畫手工科)였다. 학생들은 모두 일반 문화
과목 이외에 영어·일어·교육학·심리학 등을 배웠다. 도화과(圖畫科)에는 소묘·수채화·유
화·투시·도안·중국화 등의 과목이 있었으며, 수공과(手工科)에는 종이·끈·점토·석고·대
나무·나무·칠·금속 등 각종 재료의 공예 실습 과목이 개설되어 있었다. 그곳에는 여러 일
본인 교사들이 재직하였다.

본격적으로 전국 각지에 미술 교육기관이 세워진 것은 신해혁명 이후이다. 1912년 절강
양급사범학당(兩級師範學堂)의 고사도화수공과(高師圖畫手工科), 상해도화미술원(上海圖畫美
術院)도 이때에 세워졌다.[54] 20세기 초 중국 학교에 들어선 미술교육은 학과 명칭에서 보듯
이 '도화'와 '수공'이 함께 다루어졌는데, 이는 당시 미술교육의 특성을 말해 준다. 말하자
면, 당시는 르네상스 시대의 미술처럼 과학과 기술, 회화가 한데 어우러져 있었다.[55]

이와 같은 서양식 미감의 형성에 덧붙여, 자본주의가 되어 가는 사회의 수요, 그리고 실
업교육의 중요성이 부각되어 가던 당시 사회의 수요도 '도화'와 '수공'이 섞여 있는 상황을

52) 낭소군, 『중국 근현대 미술―전통을 딛고 새로운 지평을 열다』, 31쪽.
53) 楊迎生, 「難以豫料的未來與難以忘却的過去」, 『中國美術報』 第23期, 1985 ; 같은 책, 26쪽 재인용.
54) 같은 책, 17쪽.
55) 전진성, 『박물관의 탄생』, 46쪽.

연출하는 데 일조하였다. 1910년 주상(周湘)은 프랑스 조계 지역에 '상해유화원'(上海油畵院)이라는 간판을 내걸고, 학생들을 모아 서양화법을 전수하였다. 그리고 그 해 8월에 중국 최초의 미술학교인 중서도화함수학당(中西圖畵函授學堂)을 설립하였는데, 이 학교는 바로 사진의 배경 그림을 전문적으로 그리는 '장인'을 양성하던 곳이었다.[56]

1913년에는 유해속(劉海粟), 정송(丁悚) 등이 상해미술전문학교(上海美術專門學校)를 설립하였고, 마찬가지로 초기에는 본을 떠서 그리는 방법을 사용하였다. 하지만 얼마 지나지 않아서, 풍경화·사생화 수업도 개설하였다. '수공'의 단계에서 벗어나 새로운 변화를 모색하기 시작한 것이다. 그리고 이 학교에서는 당시로서는 파격적인, 여성의 나체화를 실습하기도 하였다. 이를 바탕으로, 1918년에 나체화를 포함한 전시회를 열었으나, 당시 여론의 반발에 부딪혀 중단되고 말았다. 당시 관념으로 볼 때 지나치게 앞서 나간 것이지만, 미술이 자신만의 영역을 찾아가고 있음을 단적으로 보여 주는 사례라 할 수 있다.[57]

7 정감의 도야와 국민교육

사실 이보다 훨씬 앞서서, 왕국유는 미술 활동이 인간의 감정에 미치는 철학적 의의를 주목하고 있었다. 그는 예술이 주는 위안 가운데, 문학이 주는 효과가 가장 크다고 이야기하고, 그 이유로 "조각·회화 등과 같은 것은 그 실물을 얻기가 쉽지 않으며, 잘못 좋아하면 그 물건에다 마음을 쏟는 폐단을 진정 면키 어렵다"[58]고 설명하였다. 그는 미술은 현상 세계에 얽매이지 않고, 독립적인 영역을 구축하는 것으로 간주하였으며, 또한 1904년에서 1905년 즈음에는, 미적인 훈련이 개인의 감정을 계발하고, 또한 다른 교육 즉 덕성교육과 지성교육의 목표를 실현하는 데도 수단이 된다고 보았다.[59]

미육(美育)이란 한편으로는 사람의 감정을 발달시켜서 완전한 아름다움의 지경에 도달하게 하고, 한편으로는 또한 덕육(德育 : 덕성교육)과 지육(智育 : 지성교육)의 수단이 된다. 이것 역시 교육자가 유의하지 않으면 안 된다.[60]

56) 于安東, 「中國近代美術敎育興起的意義」, 『巢湖學院學報』 第8卷 2期, 2006, 123쪽.
57) 같은 책, 124쪽.
58) 王國維, 「去毒篇」; 류창교 편저, 『왕국유 평전』, 영남대학교출판부, 2005, 138쪽 재인용.
59) 같은 책, 131쪽.
60) 王國維, 「論敎育之宗旨」, 陳景磐·陳學恂 主編, 『淸代後期敎育論著選』 下冊, 534쪽.

덕육과 지육을 위해서 미육의 필요성이 강조되었다. 왕국유의 앞선 관점은 훗날 채원배에 의해 더욱 발전하여, 그제야 중국 교육제도의 일부로 편입되었다. 채원배는 1912년 중화민국의 초대 교육총리가 되어, 자신의 교육에 대한 관점을 밝힌 바 있다. 그 글에서 그는 20세기 말부터 많은 이들이 주장했던 지육·덕육·체육 세 가지를 중점에 놓았던 논의에서 나아가 '미육'을 강조하였다. 그가 말하는 미육이란 "미학 원리를 교육에 응용함으로써, 감각의 도야를 목적으로 하는 것"이었다. 또한 "사람이 일체의 현상 세계에서 접하는 감각에서 벗어나면, 총체적 미감 곧 '조물주와 벗한다는 것'으로 실체 세계의 관념에 이미 맞닿아 있게 되므로", "교육자가 현상 세계로부터 실체 세계에 이르도록 이끌고자 한다면, 미감의 교육을 운용하지 않으면 안 된다"고 하였다(「미육」). 그는 이러한 관점을 교육 정책에 적극적으로 반영하였다. 채원배는 1908년 가을에서 1911년까지 독일에서 유학하면서 칸트에 심취하였는데, 그것이 이후의 미술 관념에 깊은 영향을 끼쳤다. 그는 순수한 미술교육으로 사람들의 감정을 도야하면, "남과 나의 견해, 이기적이고 남을 해치려는 생각이 점차 소실된다"고 인식하였다.[61]

이들의 관점은 미술이 당시 사회적 상황과 요구에 따라 공적 성격에 조응해 나가는 분위기 속에서, 예술이 가진 또 다른 측면을 일깨웠다는 점에서 의미 있는 진전이었다. 그러나 채원배의 입장은 개인들의 덕성을 조율하여 공동체의 감각으로 키워 낸다는 관점과 통하여서, 이 역시 넓은 의미에서 본다면, 미술교육으로 국민정신을 개조해 나가는 큰 기획 안으로 다시금 수렴되는 것이라고 볼 수 있다. 그러니까 좀더 큰 차원에서 국민교육의 틀이 마련되었다고 해석할 수 있다. 1913년 노신도 미술의 보급에 대한 자신의 입장을 밝혔는데, 실용 미술과 순수 미술의 구분을 바탕으로 미술의 목적이 한 시대의 사유 또는 국혼을 표상할 수 있고, 도덕을 보조할 수 있어서 나라의 안정을 꾀할 수 있으며, 창의를 발휘케 하여 경제에 도움을 미칠 수 있다고 지적하였다(「미술 보급을 위한 의견서」). 미술의 목적에 대한 노신의 인식은 채원배와 유사한 양상을 드러내는데, 그 역시 국민교육의 차원에서 절충적인 사유를 펼친 것이었다. 채원배는 1912년 '소학교령'(小學校令)과 '중학교령'(中學校令)에 도화·창가·수공 등의 미육 과정을 규정하였고, 북경대학교 총장직을 맡았을 때는 '미학'·'미술사' 등의 과목을 개설하여 직접 강의하기도 하였다.[62]

서구에서 부르주아 계급은 종교의 신비감이 이미 시들해진 상태에서 미적 체험을 통해 그들의 물질적 욕망을 도덕적 자유로 승화시킬 수 있는 계기를 발견하였다. 공교롭게 채원배 역시 당시 「미술로 종교를 대신하자」(以美育代宗敎說)는 글을 남겼다. 그 근거로는, 미육은

61) 북경중앙미술학원 편저, 박은화 옮김, 『간추린 중국 미술의 역사』, 시공사, 1998, 347쪽.
62) 毛禮銳·沈灌群 主編, 『中國敎育通史』 第四卷, 山東敎育出版社, 2005, 336~337쪽.

종교와 달리 자유롭고 진보적이며 보편적인 성격을 지닌다는 점을 들었다. 전체적으로 볼 때, 19세기 말~20세기 초 중국에서 일어난 과학에서 미술로의 발전은 서구의 미술이 탄생하는 과정을 짧은 시간 속에서 멋지게 집약해 내고 있었다고 할 수 있다.

8 새로운 미술을 욕망하다

20세기 초 중국 화풍의 동향은 5·4신문화운동이 고조되어 가던 1918년 『신청년』(新靑年)을 중심으로 일어난 논쟁으로 집약할 수 있다. 진독수는 서양의 사실주의 화풍을 적극적으로 수용하여야 한다고 주장하였고, 그에 반해 여징(呂澂)은 다른 입장을 취하였다.

> 중국의 화가는 문인이 아니면 모두 화공들뿐이니, 지나치게 고상하지 않으면 속된 것뿐이다.
> (여징, 「미술혁명」)

청말 전통 화풍의 '사의'의 경향과 그로부터 이어져 온 모방의 경향을 비방하고 있어서, 진독수의 주장과 궤를 같이하는 것처럼 보이지만, 사실 여징은 기존의 화풍을 넘어서는 새로운 미술을 욕망하고 있었다. 기본적으로 이 시기 지식인들은 "(서양의) 과학적 방법을 운용하여 미술에 종사해야" 한다고 보았으며, 그 연장선상에서 민국 초기의 각 미술학교는 "모두 유럽 화법을 위주로" 하고 있었다.[63] 덧붙여서, 이 시기에도 서양의 화풍은 여전히 '과학'으로 표상되고 있었음을 알 수 있다.

하지만 당시 서양 화풍의 수용과 전수 과정에서는 많은 혼선이 빚어지고 있었다. 노신은 1919년 3월 어느 날 상해 모 신문에 난 어떤 미술가의 칼럼에서, 다른 미술가들이 "앞뒤 분간 못한 채" 19세기의 미술에 사로잡혀, 새롭고 참된 예술을 모른다고 비판한 내용을 보았다. 노신은 그 비판자의 말처럼 자신이 보기에도 당시 미술가들의 수준은 그리 높지 않았다고 동의하면서도, 19세기 미술을 연구하는 것이 왜 "앞뒤 분간 못하는" 것인지 이해할 수 없다고 말했다. 그리고 이렇게 말했다.

> 듣자하니, 후기 인상파의 그림은 오늘날에 이르러서도 아직까지는 낡아 빠진 것이라 말할 수 없다고 한다. 그 중 세잔과 반 고흐 등 대가들도 19세기 후반의 사람이며, 아무리 늦어도

63) 陳平原, 『文學的周邊』, 新世界出版社, 2004, 74, 75쪽.

1906년이면 작고를 하였단다. 20세기라고 해봤자 겨우 19년이 지나서, 아직 새로운 화파가 등장하지는 않은 듯하다. 입체파·미래파의 주장은 비록 신기하지만, 확고히 자리 잡지 못하였으며, 또한 중국에서는 아직 충분히 이해할 수가 없다. …… 현재 중국 미술가는 참으로 앞뒤 분간 못하지만, 그 잘못은 그저 19세기 미술만 오로지 연구하는 데 있지 않다. 왜냐하면 내가 볼 때, 그들은 어떤 시대의 미술을 연구하는 것 같지 않아서다.(「수감록 53」)

입체파·미래파의 화풍을 "중국에서는 아직 충분히 이해할 수가 없다". 그리고 노신이 보기에 깊이가 없어서, 어떤 시대의 그림이라고 평가하기 어렵다는 지적 등을 통해서, 당시 화단에서 주로 19세기 화풍을 중심으로 여러 서양 화풍을 수입·시도하고 있지만, 아직 그것을 자신의 세계로 재해석해 내는 수준에 이르지 못하고 있다고 짐작할 수 있다. 한편 노신은 앞의 미술가가 다른 칼럼에서 한자를 폐지하자고 주장하는 사람을 욕하자, 미술가는 "진보적 사상과 고상한 인격을 갖춰야 한다"(「수감록 43」)고 비판하고, 전쟁을 묘사한 미국 화가 브래들리(L. D. Bradley, 1853~1917)의 그림을 참된 진보적 미술가의 그림이라고 평가하였다. 노신의 견해에 의거해서 본다면, 당시 중국 화가들의 서양화는 아직 미숙한 단계에 있었으며, 상대적으로 시대를 생생하게 담아서 보여 줄 수 있는 것이어야 당시 중국에서 의미 있고, '고상한 인격'의 표출일 수 있었던 셈이다.

미술계의 이런 동향은 풍자개의 이력에서도 확인할 수 있다. 그는 이즈음 상해의 회화전문학교에서 회화 수업을 맡고 있었는데, '충실 사생' 화법을 적극 주장하고, 회화는 자연을 충실히 모사하는 것이 제일 중요한 요체라고 생각하고 있었다. 그래서 자신이 그린 비너스상 목탄화를 학생들 앞에 걸어 놓고 사생에 충실할 것을 독려하였다. 훗날 그는 그 시절에 그런 화풍을 독려한 것은 시의적절하지 않았다고 반성하면서, 당시에 서양화를 선전하는 교육기관이 절대적으로 적었으며, 사회 인사들은 대부분 서양화가 무엇인지 아직 몰랐기에 용인될 수 있었다고 술회하였다. "나중에는 점점 나 자신의 교수법이 진부해지고 파탄이 났다는 것을 절감했다. 상해에서 서양화를 선전하는 기관이 나날이 많아지기 시작했고, 동서양에서 유학하고 귀국한 서양화가가 있다는 얘기 또한 때때로 들렸기 때문이다."[64] 풍자개는 결국 서양화의 전모를 보기 위하여, 일본 유학길에 오르게 된다. 그의 여정은 당시 미술계의 동향을 잘 보여 주고 있다.

64) 풍자개, 홍승직 옮김, 「나의 고학(苦學) 경험」, 『아버지 노릇』, 궁리, 2004, 125~126쪽.

▌교육받는 신체▌ – 군사훈련과 운동회

1 묶인 신체

전통적 유아교육은 그야말로 정적인 교육이었다. 간혹 전통 교육기관인 사숙에서 아이들의 동적인 움직임이 나타나는 경우는 예외 없이 훈장이 자리를 비운 때였다.

> (서당 뒤뜰에서는) 화단에 올라가서 납매(臘梅) 꽃을 꺾거나, 땅이나 계수나무 가지에서 매미 허물을 주울 수도 있었다. 가장 신나는 일은 파리를 잡아서 개미에게 먹이느라, 가만가만히 숨을 죽이는 것이다. 하지만 동무들이 너무 많이 몰려오거나 너무 오래 있으면, 영락없이 서재에서 훈장선생님이 호통을 쳤다. (노신, 「백초원에서 삼미서옥까지」)

노신이 어려서 서당을 다닐 때의 모습이다. 좀이 쑤시던 차에 뒤뜰에 나와 장난치는 모습이 눈에 선하다. 어떤 아이들은 좀더 거칠게 놀기도 하였다. **그림21**은 훈장선생님이 없는 틈을 타서, 아이들이 사다리까지 놓고 올라가서 높다랗게 인간 탑을 쌓는 '짚단 쌓기'(堆草堆) 놀이를 하고 있는 모습이다. 할 놀이가 없다고, 저런 놀이를 할까 싶다. 아니나 다를까, 아래에 깔린 아이 하나가 선혈을 토하여, 급히 집으로 보냈지만 죽었단다. 그저 앉아서 책 읽기만 강요받던 아이들은 감시의 눈만 사라지면, 저렇게 신체를 마구 부렸다. 묶여 있던 신체의 욕망이 숨통을 트는 장면이다. 하지만 갑자기 분출되는 만큼 위험하다. 어떻게 신체를 부려야 하는지에 대한 인식이 자리 잡지 않았을 때여서 더욱 위험하였다.

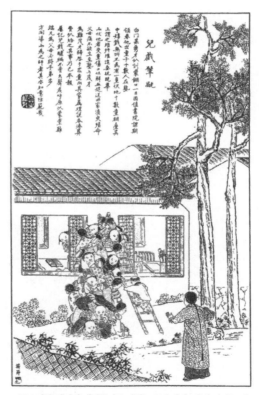

그림21 전통 시기의 아이들이 놀이하는 모습이다. 당시 신체는 말 그대로 고삐가 풀려 있었다. 「아이들의 장난이 화를 부르다」(兒戲肇禍), 『점석재화보』 제219호, 1890. 3.

2 놀이하는 건강한 신체

문호개방 이후 외국인들이 각지의 조계로 이주해 왔다. 그들은 팀을 이루어 신체를 부려 가며 경기를 벌였다. 그들의 경기 모습은 중국인들에게는 도저히 이해할 수 없는 몸짓이었다.

예전에 중국인이 외국 여성이 공으로 운동하는 것을 보고는 넌지시 자신의 마부에게 물었다. "이 여성은 공을 차면 임금을 얼마나 받길래, 매일 이처럼 힘들게 사는가?"[65]

서구의 스포츠가 중국에 전파된 것은 대략 19세기 말이다. 육상 경기는 1890년에 상해 성요한대학(聖約翰大學)에서 처음 열렸는데, 캐나다 사람이 지도하였고, 1892년부터는 매년 교내에서 운동 시합이 거행되었다. 그리고 축구의 경우, 1902년에 상해 외국인들 사이에 축구연맹이 결성되었고, 중국인들도 이 즈음에 축구를 시작하였다. 그 외 배구·농구 등도 이 시기에 전해졌다. 그림22는 『도화일보』의 '상해의 건축' 부분 중 상해 용문사범학교의 전경을 소개한 그림이다. 그 학교를 소개하는데, 학생들이 축구하는 장면이 포착되고 있다. 축구의 모습은 신학문을 표상하는 대표적인 상징이었던 셈이다.

그림22 상해 용문사범학교의 모습으로, 축구하는 장면을 포착한 시선이 느껴진다. 『도화일보』 제31호, 1909. 9. 15.

19세기 체육이 교과목으로 편성된 것은 선교사들이 세운 미션스쿨에서부터였다. 서양 사람들이 체육을 중시했던 것은 우선 품성 함양에 도움이 된다는 점 때문이었다. 김천핵(金天翮)은 20세기 초에 한 일본인이 스코틀랜드의 교육을 시찰하고 쓴 일기를 소개하였다. 그 일본인은 한 학교를 방문하였다가, 여학생들의 체육 수준을 보고 놀라워하면서도 몸에 무리가 되지는 않을까 걱정스러워서, 그 학교의 교장에게 물었다. 그 교장은 이에 대해 "이것이 바로 스코틀랜드의 특색입니다. 여성의 신체 건장함, 정신의 활발함이 영국에서 으뜸인 이유가 여기에 있습니다"라고 대답했다. 또한 그 일본인은 "저 나라의 여성은 체육을 중시하여, 체조 수업의 성적이 열등한 것을 거의 덕성교육의 부족과 동일시하며, 심지어는 이 때문에 해당 학생들은 급우들로부터 배척되기도 한다"고 덧붙였다. 이렇게 서양의 경우를 소개한 뒤, 김천핵은 다음과 같이 개괄하였다. "지금 중국의 여성은 서둘러 운동의 방법을 강구해야 한다. 운동을 한 뒤에 신체가 강해지고, 신체가 강해진 연후에 정신이 유쾌해지며, 일을 할 때도 여유가 있다."[66] 그러니까, 건강한 신체에 건강한 정신이 깃든다는 것이다. 하지만 당시 도상에서 보이는, 스포츠에 대한 당시의 일반적인 낯선 시선들은 스포츠를 바라보는 중국인들의 심정적 간극을 보여 준다. 그들에게 스포츠는 아직 저 멀리 있었다.

3 힘센 자가 이기리라

신체는 다른 측면에서 관리되기 시작하였다. 곧 외세로부터 침탈을 받는 절박한 상황은 신체를 공적인 차원에서, 좀더 조직적이고 체계적으로 단련하도록 자극하였다. 그리고 그것은 서양으로부터 군사훈련을 도입하는 데서 비롯하였다. 청조는 양무운동의 일환으로, 서양의 군사 이론과 훈련 방식을 도입하기 시작하였다. 이를 위해 독일과 일본 교관을 초빙하였고, 군사훈련에 목적을 둔 체육 수업이 이들에 의해 진행되었다. 천진수사학당(天津水師學堂)에서는 체육의 교과목으로 검술·곤봉술·봉술·권투·아령체조·축구·허들경주·이인삼각·스푼레이스(달걀을 숟가락 위해 놓고 달리는 경기)·주폭도(走幅跳 ; 멀리뛰기) 등을 편성하였고, 그 외에도 수영·스케이트·평균대·도마·평행봉·등산 등을 개설하였다.[67] 또한 "혹여 나약해질 것을 우려하여, 총을 주고 제식훈련을 시키며, 돛대를 세워 놓고 오르내리도록"[68] 하였다.

65) 金天翮 著, 陳雁 編校, 『女界鐘』, 上海古籍出版社, 2003, 32쪽.
66) 같은 책, 32쪽.
67) 사사지마 쓰네스케, 임영무 옮김, 『중국체육사』, 태근문화사, 1991, 108쪽.
68) 朱文軼, 「天津小站水師學堂和體操」; http://news.sina.co.cn/c/2007-05-10/185712958137.shtml에서 재인용.

1898년 강남수사학당 함선관리과에 입학한 노신은 이렇게 말하였다. "마침내 남경으로 가서 수사학당에 들어갔다. 이 학당에서, 나는 비로소 세상에 소위 격치·산학·지리·역사·그림과 체조라는 것이 있음을 알게 되었다."(『납함』, 「서문」) 그는 이곳에서 각종 신학문과 더불어 『춘추좌씨전』, 『손자병법』 등 병법을 익힐 수 있는 고전을 공부해야 했고, 아울러 매일 방과 후에는 운동장에서 신체를 단련해야 했다. 난생 처음 체조 수업을 받았던 것이다. 북양수사학당과 마찬가지로, 이 학교 운동장 한쪽에도 오르내리기 운동을 위한 돛대가 설치되어 있었다. 이 봉은 높아서 까마귀나 까치들도 꼭대기까지 못 올라갈 정도였다고 한다(「쇄기」瑣記). 노신의 엄살이 지나치다. 이 봉은 물론 신체 단련을 위해서 설치된 것이었다. 강유위는 『대동서』(大同書)의 「소학원」(小學院)에서 "아이들이 어리므로 발육에 특히 주의해야 한다. 어려서 몸이 튼튼하면 커서도 튼튼하다. …… 체조장·운동장은 넓이가 적절해야 하며, 그네·뜀틀·장대 등이 갖춰져 있어야 한다"고 했다.

신체는 점차 교육의 대상으로 포섭되어 가고 있었다. 그리고 19세기 말 엄복이 헉슬리의 『진화와 윤리』(『천연론』)를 번역하면서부터 체육은 좀더 중요한 의미를 띠기 시작하였다. 이 책은 당시에 큰 반향을 불러일으켰으며, 특히 서구 열강과 쇠약한 중국의 처지를 바탕으로 당시 정세를 해석할 수 있는 이론적 근거를 제공하였다. 그것은 바로 '적자생존', '우승열패'의 관점이었다. 노신도 이런 새로운 관점을 대하고 깊은 충격을 받은 바 있다(「쇄기」). 엄복은 이렇게 말하였다. "서양 현자의 격언은 '네가 영화를 바란다면, 오직 네 신체의 건강에 달려 있다'고, 또 루소는 '신체가 약하면, 정신도 약하다'고 말하였다. 세계가 적자생존(物競天擇)의 판에 처하였으니, 뛰어난 종을 선별한 것이 아니라면, 대체로 체격이 건장한 사람이 반드시 최후의 승리를 얻게 된다."[69] 힘이 세면 이기는 것이 선이라고 생각했던 논리가 당대를 풍미하였다. 체육은 나라의 장래를 책임지게 되었고, 이제 체육 수업은 체격이 건장한 사람을 만들어 내야 했다.

4 강한 국민을 키우자

서구 열강에게 연속된 패배는 중국인들에게 신체를 단련해야 한다는 인식을 불러왔다. 여기에 앞서 말한 '우승열패'라는 담론이 작용하고 있음은 말할 것도 없다. 독일인이 산동 지방으로 진출하자, 1897년 이후 기독교 교회의 강력한 포교에 반발하는 민중운동이 강화되었

---

69) 金天翮, 『女界鐘』, 31쪽 재인용.

다. 그 중심이 된 세력은 의화권(義和拳)이라는
결사였다. 그들은 권술과 기공으로 몸을 단련
하면 칼이나 총을 튕겨 내는 근육질의 몸을 만
들 수 있다고 믿었다.[70] 적자생존의 논리적 자
장 안에서, 전통적 수련 방법을 내세워 서양과
맞섰던 그들의 모습은 중체서용(중국의 정신을
바탕으로 서양의 기예를 결합시켜야 한다는 논리)
의 기조가 붕괴되면서 나타난, 구학문과 신학
문 간에 벌어진 충돌과 조정 국면의 메타포일
수 있다. 체육은 호신을 위한, 그리고 보국을
위한 출발점으로 변해 가고 있었다. 이런 분위
기 속에서, 전통 무술도 '체육'의 이름을 내걸
고 보다 체계적으로 발전하기 시작하였다. 20
세기 초에 그 역할을 맡은 사람이 바로 '광활한

그림23 무인 곽원갑.

대륙을 뒤흔든 단 한 명의 무인' 곽원갑(霍元甲: **그림23**)이다. 그는 1902년 상해에 정무체육
회(精武體育會)를 설립하고, 무술의 보급을 위해 노력하였다.

전통적인 무술의 단련이 외세를 물리치는 힘으로 간주되던 무렵, 양계초는 일본에서 출
정하는 군인들에게 전사를 독려하는 글을 대하고 큰 충격을 받은 뒤, 「전사하기를 바란다」
(祈戰死)는 무시무시한 제목의 글에서 자신의 감회를 서술하였다. 러일전쟁을 치르는 동안,
일본 내에서는 '상무정신'의 이념이 강조되었는데, 그것은 당시 일본에 있던 중국 지식인에
게 큰 충격을 주었던 것이다. 당시 일본 체육교육에서 나타난 이러한 군국화 경향은 중국 체
육의 발전에 직접적인 영향을 미쳤다.

1905년 학부가 '무의 숭상'(尙武)을 교육 방침의 하나로 확립하면서, '상무'는 중국 교
육이념의 하나로 확고히 자리를 잡았다. "동서의 각 나라들은 온 국민이 모두 군인"이라고
파악하면서, 제국의 교육체제를 쫓아간 것이었다. 이에 따라서 "중·소학당의 각종 교과서에
는 반드시 군국민주의(軍國民主義)를 담아야"(「學部奏請宣示敎育宗旨摺」) 했고, 각 수업에는
국민교육의 방식이 관철되었다. **그림24**는 여학교 학생들이 저녁이면 청년회 앞에 모여서 함
께 운동을 벌이는 모습이다. 운동 종목은 철봉·평행봉·농구 등이었다. 그림 오른쪽 위에는
'상무정신'(尙武精神)이라는 글이 크게 박혀 있다. 개인의 신체는 '상무'의 구호 속에서 국가

70) 미야자키 마사카츠, 오근영 옮김, 『하룻밤에 읽는 중국사』, 중앙M&B, 2001, 244쪽.

그림24 '상무'를 위한 운동을 벌이는 모습이다. 당시에는 신체를 부리는 활동 대부분이 '상무'의 담론 속으로 수렴되었다. 『도화일보』 제139호, 1910. 1. 1.

그림25 이상한 체조 1: 여학생들이 '체조'를 하고 있는 모습이다. 당시 '체조'는 이러했다. 『도화일보』 제168호, 1910. 1. 30.

와 연계되고 있었다. 1907년에 나온 「체육의 필요성을 논함」이라는 글은 이런 사정을 잘 대변하고 있다. "생각하면 사회란 개인의 화합물이다. 개인이 약하면 사회진보에 장애가 된다. 그 때문에 빈부, 현우, 남녀노소를 가리지 않고 신체를 단련하는 것이다. 이것은 당연한 자립의 의무, 생존의 원칙이다. 구미 각국의 상황을 조사해 보면 크게는 정부·공장, 작게는 사당·사원과 같이 무릇 사람이 모이는 곳에는 모두 각종 체조용구를 갖추고 국민의 체력단련에 편의를 제공하고 있다."[71] 개인의 몸은 개인의 것으로 다루어지지 않고, 국민의 신체로 관리되었다.

5 이상한 체조

1903년 청조는 「주정학당장정」을 발표하여, 각급 학교에 '체조과'를 설치하도록 지시를 내렸다. 그리고 체육 전문학과도 생겼다. 예컨대 1903년 소주의 강소(江蘇)우급사범학당에 체조과가 설립되었고, 주임은 일본인이 맡았다. 수업 내용은 각종 체조와 육상, 댄스 등이었다. 그리고 1904년 일본체육회 체조학교 출신인 서전림(徐傳霖)과 서일빙(徐一冰), 왕계로(王季魯) 등이 함께 중국체조학교를 상해에 설립하였다. 중화민국 초기에 중국 각지에 설립된 체육학교의 설립자는 대부분 이

---

71) 「論體育之心要」; 요시자와 세이치로, 『애국주의의 형성 — 내셔널리즘으로 본 근대 중국』, 69쪽.

학교 출신이었다. 서전림의 부인인
탕검아(湯劍娥)는 1905년 상해 중국
여자체조학교를 설립하였다.[72]

그럼 학교에서 가르치는 체조는
어떤 것이었을까? **그림25**는 상해 중
국여자체조학교의 졸업생들이 졸업
식에서 지금까지 배운 것을 시범 보
이는 장면으로, 당시 체조에 대해 짐
작할 수 있게 해준다. 그런데, 봉이
나 리본을 들고 하는 근사한 체조가
아니라, 총을 들고 설치다니! 졸업생
들은 그동안 배웠던 군대식 체조를
내빈들 앞에서 펼쳐 보이고 있었던
것이다. 당시의 '체조'는 지금의 체
조와 달리, 군대식 훈련의 개념이 강
한 단어였다. **그림26**을 잠시 살펴보
자. 일견 군인들의 훈련으로 보이지
만, 강서 지역의 여러 학당들이 연합
하여 인근 산에 가서 '회조'(會操),
곧 일종의 집체훈련을 하는 광경이
다. **그림27**은 호북의 군대가 군사훈련
을 벌이고 있는 모습이다. 두 그림을
비교해 보면, 대포와 깃발 등 군대에
서 사용하는 특정의 기물을 제외한
다면, 그 외의 모습은 대동소이하다.
특히 총을 들고 훈련하는 장면은 거

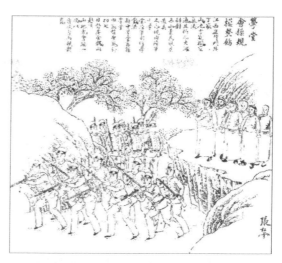

그림26 이상한 체조 2: 강서 지역의 학당들이 모여서 체조(習操)하는 모습이다. 『도화일보』 제304호, 1910. 6. 24.

그림27 호북의 군대가 대규모 훈련(大操)을 벌이고 있다. 훈련은 체조와 관련된 개념이었다. 『도화일보』 제112호, 1909. 12. 5.

의 흡사하다. 당시 이렇게 대규모로 벌이는 군사훈련을 '대조'(大操)라고 불렀는데, 규모의
차이만 있을 뿐, '체조 · 회조 · 대조'는 모두 몸을 부리는 행위, 다시 말해 신체를 훈육하
는 행위들이라는 점에서 같은 계열들의 단어들이다.

72) 사사지마 쓰네스케, 『중국체육사』, 110쪽.

사실 1903년 애초 「주정학당장정」이 발효되었을 때, 소학당의 경우는 용맹스러움을 키우고 기율을 지키는 습성을 양성하며, 중학당·사범학당은 각종 체조에 더하여 총검술·야외연습·군사학을 가르치고, 고등학당에서는 보통체조와 군대식 체조를 병행 교육하라고 규정하였다. 이때부터 제도적으로 군사훈련이 대거 수업 과정으로 편입되었다. 다시 1905년 '상무'가 주요 교육 방침으로 정해짐에 따라, "아동의 경우는 유희 체조로 신체를 발육하고, 조금 큰 학생은 군대식 체조로 엄격히 기강을 바로잡아야"(「學部奏請宣示敎育宗旨摺」) 했다. 1910년 항주사범학교를 다니던 풍자개 역시 군인 출신의 체조 선생님으로부터 군대식 훈련을 받았다. 당시 학교에는 모제르 총 100여 자루가 비치되어 있었다고 한다. 그는 총을 들고 사격 자세를 취하고, 구령에 따라 각종 제식훈련을 수행하는 당시 체조 수업의 고압적인 수업 방식을 너무나 혐오했다(「백호伯豪의 죽음」).

일본의 군국주의 교육 방식은 이를 답습한 청조의 교육 방침을 통해 그리고 그것을 배우고 들어온 사람들에 의해서 고스란히 중국으로 이식되었던 것이다. 앞서 체조를 중국에 수입했던 이들은 모두 일본에서 유학한 사람들이었다. 강대국의 꿈을 키우고 있던 일본, 그리고 그를 좇아 역시 강대국이 되기를 열망했던 중국의 지향이 국민의 신체를 단련시키고 나선 것이다. 20세기 초 중국의 체육은 급속히 군사훈련의 예비적 성격을 띠어 갔다.

6 혁명파와 체육교육

반청의 입장을 가진 혁명 세력들이 설립한 학교들은 정치적 입장으로 인하여 학교의 체육 수업을 본격적인 군사교육의 일환으로 활용하였다. 1902년 11월 상해에 설립된 애국학사(愛國學社)는 혁명 세력 양성을 소임으로 내세운 대표적인 학교였다. 당시 채원배가 이 학교의 총리를 맡았고, 장태염(章太炎) 등이 교원으로 재직하였다. 이 학교의 운영 취지는 "정신교육에 중점을 두고, 자유 독립을 위주로 한다"[73]는 것이었다. 그 학교의 운영 규정을 담고 있는 「애국학사장정」(愛國學社章程)에는 "정신교육, 군사교육에 중점을 두고, 가르치는 과학은 모두 정신을 단련하고 의기를 불러일으키는 데 도움이 되도록 한다"는 방침이 밝혀져 있다. 무엇보다 이념교육과 군사교육을 강조하고 있는 점이 주목된다.

애초 체육과 군사훈련을 연관시킨 것은 일본에서 혁명에 관심을 기울이고 있던 유학생들이었다. 그들은 일본 지식인들이 민중을 단련시키기 위해 '체육회'를 결성하고 체육 교사

---

73) 喩本伐·熊賢君, 『中國敎育發展史』, 382쪽.

들 대부분이 이 단체 출신일 정도로 세력을 키워, 국민개병주의(國民皆兵主義)의 이념을 전 일본에 확산하는 데 노력하는 것을 보고 크게 느꼈다. 그리고 그들 역시 혁명을 위해서 체육과 군사훈련을 끊임없이 연계시켰다. 심지어 "야구공 던지는 연습을 통해 폭탄을 던지는 힘과 요령을 익혀, 뒤에 일을 벌일 준비"를 하기도 하였다.[74] 야구마저도 그들에게는 비장한 군사훈련의 일환이었다. 이들은 중국 내의 각 학교로 들어가서, 소신대로 군사교육을 병행해 나갔다. 대통사범학교(大通師範學校) 역시 일본 유학파들이 모여 창립한 학교였으며, 마찬가지로 일본 유학을 했던 여성 열사 추근(秋瑾)도 이곳에 재직하였다. 짐작대로, 이 학교는 무장기의(武裝起義)의 주력을 양성하는 데 목적을 두어, 특히 군대식 체조·야간 행군·산 타기·잠수 등의 군사 체육을 중시하였다. 하지만 대외적으로는 소학당의 체육 교사를 양성한다는 명분을 내걸었다. 이제 충분히 짐작할 수 있겠지만, 소학당의 체육이 당시에는 군사교육의 특성을 다분히 가지고 있었기에, 혁명파들에게 체육학교는 명분상으로도, 실천에 있어서도 좋은 거점으로 활용되었던 것이다.

7 운동회가 등장하다

일찍이 1903년 왕국유는 지육·미육·덕육을 갖추고, 그것에 신체의 훈련을 결들이면 완전한 인물이 될 수 있다고 하였다. 지성·감성·덕성의 함양과 더불어 건강한 신체를 갖춰야 한다는 점을 강조한 것이다. 청조는 기본적으로 '상무'라는 국가 기획을 내세워 체육교육의 성격을 규정하였지만, 덕성의 함양이라는 측면에도 관심을 기울였다. 1905년 4월 경사대학당에서 제1차 운동회를 개최하고, "학교 교육의 목표는 반드시 인재 양성을 지향하며, 인재 양성의 방법은 반드시 도덕교육과 체육교육을 겸한 뒤에 완전해진다"[75]고 선언하였다.

체육이 이렇게 스포츠로 외연을 확대하게 된 데는, 서양인들이 조계 지역을 중심으로 하여 벌였던 운동회가 큰 역할을 하였다. **그림28**은 상해 조계의 서양인들이 경마장에 모여서 각종 운동을 벌이는 모습이다. 이것을 본 중국인은 "서양인들은 역동적인 것을 좋아하고, 정체된 것은 좋아하지 않는다"고 했다. 중국 전통사회와 서양사회의 차이를 단적으로 짚어 낸 것이다. 또한 "경쟁은 좋아하지만 양보는 좋아하지 않는다"고 적고 있다. 앞에서 서양인의 운동하는 모습을 이해하지 못한 일화를 소개한 바 있는데, 그때에 비해 다소 나아지기는 하였으나 여전히 "창의성을 경쟁하는 것보다 힘으로 하는 경기를 더 좋아한다"고 바라보고 있어

---

74) 옌안성, 『신산을 찾아 동쪽으로 향하네』, 176쪽.
75) 故宮博物院 編, 朱誠如 主編, 『清史圖典』 第十二冊, 紫禁城出版社, 2002, 401쪽.

그림28 운동 경기를 좋아하는 서양인들의 모습이다. 중국인들에게는 힘겨루기의 모습으로 비쳤다. 「각종 경기에 힘을 쏟다」(力不同科). 『점석재화보』 제131호. 1887. 11.

서, 인식상 '노동'으로부터 '힘겨루기'로 다소 바뀌는 데 그치고 있을 뿐이다. 중국인의 시선에서 낯선 볼거리로 포착되고 있는 이 그림은 사실 각종 스포츠 경기를 벌이고 있는 서양인의 운동회 풍경이었다. 이렇듯 초창기 대항별 경기와 운동회는 외국인들이 거의 주도를 하였다. 상해의 성요한대학은 1890년에 육상을 주종목으로 한 운동회를 개최하였으며, 이것이 중국 최초의 근대 운동회로 꼽힌다.

　　1902년 선교사들이 세운 상해 성요한대학과 남양공학(南洋公學) 간에 최초로 축구 경기가 벌어졌다. 당시에 축구 선수들은 변발을 머리에 감고 뛰었는데, 공을 다투다 보면 흘러내려서, 뛸 때 변발이 지면과 나란하게 펼쳐져 볼만했다고 한다.[76) 또한 상해 서양인 축구협회와 홍콩 축구연합회가 협정을 맺어, 1908년부터 상해와 홍콩 두 지역 간 정기 축구 시합이 벌어졌다. 첫 시합은 홍콩에서 거행되었고, 3 : 0으로 홍콩이 승리를 거뒀다. 그후 사정이 있을 때를 제외하고, 기본적으로 매년 벌어졌다.[77) 또한 1906년에는 북경회문대학(北京匯文大學)과 북통주협화서원(北通州協和書院) 간에 테니스 시합이 처음 벌어지기도 하였다.

그림29 경사대학당 축구팀의 단체 사진.

이 밖에 종합 운동회 성격을 띤 것으로, 1899년에 북양대학당(北洋大學堂), 수사학당(水師學堂), 무비학당(武備學堂), 전보학당(電報學堂) 간에 제1회 교류전이 개최되었다. 시합 종목은 육상, 테니스, 야구, 축구 등이었다. **그림30**은 실업소학당의 운동회 모습이다. 운동회에는 여러 사람들이 찾아와 구경하였다. 운동 경기는 그야말로 흥미로운 볼거리였다. 예컨대 앞에서 말한 성요한대학과 남양공학 간에 경기가 벌어지는 날이면 사람들이 생업을 내팽개치고 구경을 와서 인산인해를 이루었고, 부근에는 좌판·행상 등으로 대성황이었다.[78]

또한 운동회는 학교 측에서 볼 때, 지금까지 잘 단련시킨 학생들의 '힘'을 보여 줄 수 있는 좋은 기회였다. 여기서 발전하여, 1907년에 남경에서 제1회 연합 운동회가 개최되었다. 이는 청말 최대의 운동회로, 무려 80여 학교가 참여하였다고 한다. 경기 종목은 경주·무장경주·체조·연기·유회·구기·댄스·무술·기마술 등 무려 69종목에 달하였다. 구체적인 운동 방식을 보면, 이인삼각·깃발 뺏기·공 던져 맞히기 등도 있어서, 당시의 체육이 레크리에이션에 가까운 놀이 방식도 포함하였음을 짐작할 수 있다. 운동회는 체육의 외연을 스포츠로 확대하면서, 국민 소질의 향상을 도모하는 방향으로 발전해 갔다.

초기의 대규모 운동회는 거의 모두 기독청년회의 미국인들이 조직한 것이었다. 1913년부터 1934년까지 18차례 거행된 화북운동회(華北運動會)의 경우, 초기의 10차례는 북경 기

76) 馬陸基, 「上海大學生的足球隊的回溯」, 上海市政協文史資料委員會, 『上海文史資料存稿匯編』, 上海古籍出版社, 2001, 446쪽.
77) 馬陸基, 「港杯足球賽史話」, 『上海文史資料存稿匯編』, 441쪽.
78) 馬陸基, 「上海大學生的足球隊的回溯」, 『上海文史資料存稿匯編』, 445~446쪽.

그림30 실업소학당에서의 운동 모습으로, 운동회의 초창기 모습이다. 『도화일보』 제117호, 1909. 12. 10.

독청년회의 미국인들이 주최한 것이었다. 서양의 스포츠가 운동회 형식을 중국에 도입하였고, 다시 운동회는 학교 체육의 외연을 넓히면서, 제국의 경험을 참조한 체육교육에 숨통을 틔웠다.

8 점차 국가로부터 벗어나다

하지만 민국 시기에 들어서도, '상무'의 기조는 바뀌지 않았다. 채원배의 '군국민교육'의 슬로건 아래에서, '상무'와 스포츠의 통합이 제도적으로 모색되었다. 그는 민권의 수호를 위해 군국민교육을 채택하지 않으면 안 된다고 주장하였다(「교육 방침에 대한 의견」). 그의 생각은 군사훈련과 체력단련을 병행하는 것으로, 이 양단 사이의 넓은 스펙트럼 속에서 이루어졌던 20세기 초의 체육활동을 모두 체육교육의 목표로 수렴한 것이라 하겠다. 그는 학생들에게 예전의 '문인' 같은 나약한 형상을 바꾸어, '사자 같은 체력'을 갖추기를 요구하였다.[79]

체육 수업은 미래의 제국 국민을 만들어 내는 기제가 되었지만, 당시에 이를 담당할 수 있는 교사는 많지 않았다. 이로 인해 1912년 이후로 체육교사 양성 기관의 설립이 이어졌다. 1912년에 절강체육전문학교가 세워졌고, 1915년에는 상해여자청년회 체육사범학교, 남경 고등사범학교 체육전공과, 1917년에 북경사범학교 체육전공과 등이 연이어 설립되었다. 하지만 졸속 행정으로 인하여 오래가지 못하고 폐교되는 경우가 많았다.

1915년에 이르러, 교육부는 본래의 체육 수업 외에, 여러 가지 유익한 운동들을 하도록 지시함에 따라, 학교 수업으로 육상 종목이나 구기 종목 등 놀이의 성격이 강화된 운동이 도입되었고, 봄·가을 두 차례 교내 운동회도 거행되었다. 그리고 다시 1919년에 이르자, 전국 교육연합회는 "최근 세계 대세를 살펴볼 때, 군국민주의는 이미 새로운 교육의 흐름에 부합하지 않으므로, 학교 체육도 응당 개선하지 않으면 안 된다"고 의결을 함으로써, 군사주의 교육에서 벗어나는 첫발을 내딛었다.

79) 毛禮銳·沈灌群 主編, 『中國敎育通史』 4卷, 山東敎育出版社, 2005, 330쪽.

▎움직이는 교육 ▎ – 여행과 유학

1 교육, 움직임을 관리하다

여행의 감각은 일찍부터 존재하였다. 우리에게 익숙한 당대(唐代)의 이백(李白), 두보(杜甫)를 비롯한 많은 시인묵객들은 거의 평생 동안 전국을 누비고 다녔다. 그들은 교유를 위해서, 또는 이를 바탕으로 조정으로 나아가는 계기를 만들기 위해서, 또는 벼슬살이의 부침에 따라 자신의 의지와 무관하게 돌아다녀야 하기도 했다. 명대 말기에 이르자 소일을 위한 여행이 등장하였다. 하지만 여행의 의미가 본질적으로 변화된 것은 19세기 말에 이르러서다. 격변의 시기였다. 기존의 가치들은 어느 하나 온전히 배겨 내질 못하는 사회였다. 결코 무너지지 않을 것 같던 과거제도도 머지않아 폐지될 운명에 처한 시대였다. 전통 선비들은 무기력한 존재로 전락할 위기에 직면해 있었고, 전통사회에서 천시받던 상인들은 급속히 경제가 성장하는 곳을 찾아서 성공의 기회를 위해 몰려들었다. 개명한 지식인들은 기존과는 다른 삶의 가치를 실현할 수 있는 공간에서 자신의 가치를 높이기 위해 신학문이 왕성하게 꿈틀대는 조계나 앞선 문명을 지닌 외국으로 이동하였다. 분주하게 움직이는 시대였다. 그 한 곳에 여행

그림31 상해 지역의 신학당 학생들이 눈길을 밟으며 산으로 '여행'을 간다. 『도화일보』 제132호, 1909. 12. 25.

하는 학생들도 보였다. 모두가 바삐 움직이는 시대, 교육도 서둘러 움직이지 않으면 안 되었다. 그리고 교육은 '여행'을 발견하였고, 곧이어 여행을 통해 신체를 관리하는 야심찬 프로젝트를 발주하였다.

이 시기의 여행, 특히 교육 프로젝트 안에서의 여행이 가진 특별한 점은 그 내용이나 목적 이전에 이동 자체로 의미를 띠고 있었다는 점이다. 떠나는 것이야 별반 새로울 것이 없지만, 교육체계 속에서 여행이 다루어지는 감각 그 자체는 낯선 것이었다. 곧 어디론가 떠남을 통해서 배움을 실현시킨다는 감각은 전통 공간에서는 없었던 것이다. 이렇게 볼 때, 움직임 그 자체, 곧 신체가 교육 대상으로 새롭게 주목받고 있다고 해석할 수 있다.

그림31을 보면, 학생들이 총을 메고서 눈길을 밟고 산에 오르고 있다. 눈이 내린 험난한 길을 뚫고 이동하는 것은 바로 신체를 단련하기 위한 방법이다. 이것이 20세기 초 교육의 장에서 의미를 가진 것은 바로 체력은 국력이라는 감각이 자리 잡았기 때문이다. 곧 당시의 중국 교육체제 안으로 군국민교육이 자리 잡으며, 상무정신이 강화됨에 따라 나타난 모습인 것이다. 재미있는 것은 저 행군이 '여행'이었다는 것이다. 그림의 제목이 바로 '눈 속의 여행' 아닌가! 우리는 여기서 당시 여행의 함의가 소일과 여유를 끌어안고 있던 훗날의 '소풍' 개념과는 거리가 멀었으며, 이때는 전적으로 원래의 곳을 벗어나 어디론가(旅) 움직인다(行)는 의미로 사용되고 있었음을 본다. 기사에서는 시국이 급박하게 전개되자, 어느 학당에서 학생군(學生軍)을 조직하고 눈 오는 어느 날 계명산(鷄鳴山)으로 '여행'을 갔다고 한다. 그 소식을 들은 인근의 학당들도 속속 그 '여행'을 따라나섰다고 하며, 기자는 그들의 상무정신을 몹시 찬양하였다. 그들에게 '여행'은 여행이 아니라, 혹독한 훈련이었다.

신체 단련과 더불어, 실지를 체험하기 위한 교육 목표도 구현되었다. 그리고 이것도 여전히 어디론가 떠나는 '여행'이라는 단어로 개념화되었다. 지금의 감각으로 보면 '수학여행'에 가깝다고 할 수 있다. **그림32**는 상해의 중국 체조학교 학생들이 남경의 명효릉(明孝陵)을 찾은 모습이다. 학생들은 그

그림32 상해 지역 신학당 학생들이 남경 명효릉을 탐방하였다. 『민호일보도화』(民呼日報圖畵), 1909.

곳에 말 없이 서 있는 동상들을 바라보며 숙연히 깊은 감개를 느꼈다고 한다. 이번 남경 여행
은 그 지역 학계에서 안내를 맡았으며, 첫째날은 각 학교와 여러 공원을 구경하고 둘째날은
명효릉 등 유적지를 탐방하는 일정으로 이루어졌다고 기사는 소개하고 있다.

2 대담하게 이동하다

중국인들이 집을 나서서 여행을 한 것은, '실천'의 체험이라는 측면에서 교육적 가치가 부상
한 데 따른 것이었는데, 사실 그 '실천'이 전통적인 질서의 돌파라는 점에서 파장이 큰 행위
였다는 것을 좀더 실감할 필요가 있다. 집을 떠나는 것이 얼마나 큰 대수라고 이렇게까지 표
현할까 싶을 수도 있다. 하지만 당시 중국인들은 "문을 나서는 것을 지레 두려워하는" 감각
을 보편적으로 가지고 있었음을 주의할 필요가 있다. 그림33은 당시 중국인에게 이동이라는
것이 특별하게 비췄음을 잘 보여 준다. 그림은 여러 사람들이 각종 탈것을 이용하거나 걸어
서 이동하는 모습을 담고 있다. 모두들 길을 따라 어디론가 가고 있지만, 길 맨 뒤에 있는 사
람은 서서 어찌해야 할지를 모르고 있다. 말쑥하게 차려입은 그는 다들 움직이고 있는 속에
서 혼자 감히 움직이지를 못하고 그저 멀거니 바라보고만 있는 것이다. 그는 왜 저렇게 서 있
는 것일까?

그림33 이 화보에서는 이동에 초점
을 맞추어, 길을 찾아 이동하는 중
국인과 그렇지 못한 중국인을 대
비시켜 그리고 있다. 『도화일보』
제222호, 1910. 4. 3.

세상사 기구해도, 도처에 사람들이 다니네. 가다가 막다른 곳에 이르면, 다시 물러나면 되지 않은가. 만약 미로를 만나면, 입을 열어 물어보고, 앞으로 나아가기만 힘써야지. 길흉이란 것이 어디 있단 말인가!

아! 이제 알겠다. 어디로 움직이려고 하면 길일을 택해 움직여야 하는 전통 관념 때문에 움직일 수 없었던 것이다. 또한 감히 떨쳐 나서지 못하는 우물 안 개구리 습성 때문이었다.

기선은 물로 다니고, 마차는 육지를 다니네. 천리를 오가는데도 참으로 빠르도다. 갖가지 속된 금기들 모두 떨쳐 내고, 오로지 서양 사람들의 장점을 따라 배우세.

전통 관념을 타파하고 서양 문명을 배워야 한다는 뚜렷한 대비의 구도 속에서, 서양 문명을 배우기 위해서는 우선 과감히 길을 나서야 함을 외치고 있다.

3 수재와 유학생

외국으로의 유학은 서양 문명을 배워야 한다는 이런 관념의 연장에서 발견된 새로운 길이었다. 당시 사람들은 '유학' 속에서 역시 이동한다는 사실을 중요하게 느끼고 있었다. **그림34**에서는 수재(秀才)와 유학생이 대비되고 있다. 이는 사실 기사에서 적고 있듯이, 구학(舊學)과 신학(新學)의 대비이다. 왼쪽 위로 증기선을 타고 외국으로 나가는 유학생의 모습이 그려져 있고, 아래에는 집 안에서 산더미 같은 책 앞에 지팡이를 짚고 선 수재의 모습이 그려져 있다. 이동과 정주의 모습으로 유학생과 수재를 각각 형상화하고 있는 것이다.

제목 또한 '(유학생은) 속성 3년 공부면 천하를 다닐 수 있으나, (수재는) 3년을 더 공부한다 한들 촌보도 움직일 수 없네'이다. 외국으로 갈 수 있다는 사실 그 자체만도 굉장한

그림34 과감히 문을 나서 외국으로 떠나는 유학생들과 책만 가득 쌓아두고 감히 밖을 나서지 못하는 수재를 대비시키고 있다. 『도화일보』 제253호, 1910. 5. 4.

능력으로 간주되고 있다. 여기서 굳이 '3년'을 언급한 것은 전통사회에서 과거시험이 3년에 한 번 치러진 것과 관련이 있다. 수재가 3년을 공부하여 다시 시험을 치고 벼슬을 얻는다 해도 현실에서 할 수 있는 것이 아무것도 없음을 비꼬고 있는 것이다. 또한 이 표현은 동중서(董仲舒)의 일화를 함축하며 풍자의 강도를 더하고 있기도 하다. 동중서는 '3년 동안 집안의 정원도 본 적이 없을'(三年不窺園) 만큼 열심히 학문에 정진한 것으로 찬사를 받아 왔다. 조상들이 학문에 정진하는 바른 모습으로 여겼던 이 일화는 이 시기에 들어서 "3년을 더 공부한다 한들 촌보도 움직일 수 없는", 곧 자기 집의 정원조차도 경험하지 못할 만큼 시대에 뒤떨어진 것으로 인식이 전도되었다. 채원배는 1922년 북경대 개학식사에서 "학문을 연구하려면 반드시 활발한 정신을 가져야지, '3년 동안 집안의 정원도 본 적이 없는' 낡은 방법으로는 해낼 수 없다"고 말한 바도 있다. 이런 시대적 분위기를 바탕으로, 유학생은 새로운 시대의 변화를 표상하는 존재로 부상하였고, 수재는 아무짝에도 쓸모없는 지식만을 갖고 현실에 조금도 대응하지 못하는 인간으로 전락하였다.

유학생과 전통 시기 독서인의 대비에서, 독서인들은 집 밖에도 나가지 못하는 존재들로, 유학생은 외국을 편히 왕래할 수 있는 존재로 그려지고 있다. 둘을 대비해 보면 많은 차이가 있을 터이나, 청말 중국인들의 시야에 가장 먼저 들어온 것은 바로 움직일 수 있느냐 없느냐 하는 실행의 유무였던 것이다. 사실 지금은 '머물러 공부한다'(留學)는 뜻으로 정착한 유학이란 단어는 애초에 '이동하여 배운다'(游學)는 어휘로 먼저 등장하였다. 당시 '留'를 부정하고 '游'를 갈망했던 시대적 분위기를 포착할 수 있다. 유학은 애초 이렇게 여행의 감각과 통하고 있었던 것이다.

4 여성도 움직이다

시대에 적응하지 못하는 '갇힌' 수재들의 모습을 감안할 때, 전통 시기에 규방에 갇혀 있던 여성들이 세상으로 나온다는 것은 참으로 어려운 일임을 쉬이 느낄 수 있다. **그림35**는 상군(常郡)의 반원(半園)여학교의 학생들이 '여행'을 가는 풍경이다. 학교 교장이 교원들과 학생 40~50명을 인솔하여 무석(無錫) 근처 호수로 여행을 떠났다. 여기서의 여행은 총도 없고 유적을 탐방한 것도 아니어서, 앞서 본 다른 여행들에 비해 한층 여유가 느껴진다. 바람을 쐰다는 의미의 '소풍'(消風)의 느낌도 배어 있다. 하지만 열을 맞춰 이동하는 여행의 모습은 신체의 훈육이 중요한 교육 내용임을 마찬가지로 보여 주고 있다.

그리고 또 한 가지 놓치지 말아야 할 것은, 바로 여성들이 먼 거리를 이동한다는 사실이다. 평온하고 여유로워 보이는 저 그림에는 사실 전통 시대 여성들이 겪었던 가슴 아픈 사연

그림35 여행을 떠나는 여학교 학생들의 모습이다. 평온해 보이는 그림 아래로 중국 여성들의 아픈 역사를 읽어야 한다. 『도화일보』 제96호, 1909. 11. 19.

들이 아로새겨져 있다. 무슨 말인가 하면, 이 시기 대다수 여성들은 전족으로부터 자유롭지 못하였다. 시집을 가기 위해서는 전족을 하지 않으면 안 될 정도였다. 19세기 말의 선사리(單士釐)는 이렇게 말하였다.

중국 여성은 일찍부터 보행이 곤란했다. 나는 다행히 그렇지 않다. …… 지금은 이미 나이가 들어 농촌 사람들도 나를 질책하지는 않을 테지만, 그래도 걷는다는 것만으로 같은 고향의 여성을 비웃는다.[80]

걸어 다니는 것만으로도 비웃음을 당하는 시대였다. 이런 중국 여성들의 슬픈 역사를 떠올린다면, 저 그림은 참으로 놀랄 만한 변화인 것이다. 선사리는 호북의 일본 유학생 감독인 남편 전순(錢恂)을 따라 1898년 일본으로 건너가 일찍 외국의 문명을 접한 여성이다. 그녀는 이른 시기에 벌써 여성들의 이동과 운동의 자유에 대한 중요성을 인식하고 있었던 것이다.[81]

80) 사카모토 히로코, 양일모·조경란 옮김, 『중국 민족주의의 신화』, 지식의풍경, 2006, 37쪽.
81) 같은 책, 38쪽.

20세기 초에 이르러, 중국 여성운동에 한 획을 그은 인물이 등장한다. 바로 청말 여성혁명가 추근(秋瑾)이다. 그녀도 어린 시절에 전족을 하였다. 하지만 1904년 아이들을 뒤로하고 일본 유학을 결심하면서 그녀는 결연히 전족을 풀었다.

> 해와 달이 빛을 잃어 천지가 어둑한데,
> 이 억눌린 여성계를 누가 구할 것인가.
> 비녀, 반지 저당 잡혀 뱃길에 오르며,
> 가족과 헤어져 길을 나서네.
> 전족을 풀어 천 년의 독을 제거하고,
> 타는 가슴으로 뭇 여성들의 영혼을 일깨우네.
> 안타깝구나. 한 폭의 비단 손수건.
> 반은 핏자국, 반은 눈물 자국 어리었네.

그동안 발목을 잡고 있던 전족을 풀어 버리고 일본으로 떠났던 추근은 선사리가 지적한 것처럼, 이동의 자유를 쟁취함으로써 새로운 삶을 살 수 있었던 것이다.

5 출세를 위한 '출세'

당시 자신이 머물러 있는 공간을 벗어나서 근처 지역으로 떠나는 것도 어려운 시대에, 외국으로 떠나는 유학생은 이동하는 행위 자체가 이미 도전이었다. 의식을 지닌 사람들은 그 과감한 실천을 보면서 감탄을 발하였다. 그리고 그들이 문명국으로 직접 이동하여 체험한다는 사실만으로도 이미 그들이 축적한 지식의 우월함은 이미 보증된 것이었다. 움직임으로부터 확보된 '실제적 체험'에 '문명'까지 결합된 이상, 그들의 승승장구는 말할 것도 없다.

청일전쟁 이후, 주요한 유학 대상국은 일본이었다. 일본은 서구 문명을 수용하여 근대화에 성공한 모범 사례였으며, 또한 이동상으로도 용이하였고, 문자도 배우기에 어렵지 않았던 점이 당시 일본 유학이 인기 있었던 이유였다. 여기에는 사관 유학의 흥성도 한몫을 하였다. 애초 독일 쪽에 마음이 가 있던 장지동은 일본의 육군사관 양성 모습에 솔깃하여, 전격적으로 일본으로의 사관 유학을 추진하였다. 당시 청말의 명신들은 목마르게 인재를 구하고 있던 터라, 이들 사관 유학생들은 귀국 후에 신식 군대의 교육과 훈련 현장에서 큰 역할을 수행할 수 있었다. 그리고 군벌의 발탁에 따라 막하로 들어감으로써, 이후 군벌의 형성에 주요 인적 인프라를 구성하였다. 그리고 이어 신학당의 교사 수요로 인한 사범학당으로의 유학, 나중엔 법정학당으로의 유학 등이 이어지면서 20세기 초에 유례없는 유학 붐이 조성되었다. **그림36**에는 해외로 '이동'하여 공부를 마치고, 졸업증서를 챙겨 들고 돌아오면, 그것이 곧 '등용문', 즉 용문에 드는 것이었음을 잘 보여 준다. 또한 용문 위에 달려 있는 '거인', '한림', '진사' 등 전통 시기 수재들의 염원이었던 공명이 이제 유학생 차지가 되었음을 알려 주고 있다. 산서의 민간에서는 이런 노래가 떠돌았다.

> 낡은 무대 앞의 썩은 수재,
> 작은 전족의 아편쟁이가 제 짝.
> 기차역의 텔레폰 쓰는 남자,
> 큰 발의 신학교 졸업생이 배필.[82]

그림36 졸업증서를 챙겨 오면 미래가 보장되었던 유학생의 모습. 『민호일보도화』(民呼日報圖畵), 1909.

재미있는 것은, '큰 발'이 더 이상 비웃음의 대상이 아니라, 부러움의 상징으로 인식되고 있는 점이다. 몇 년 새에 사회의 인식이 급변하고 있음을 느낄 수 있다.

하지만 이처럼 '잘나갔던' 그들의 처지는 오히려 유학 초기에 가졌던 시대 인식을 망각하고, 문명을 선도하는 역량으로서의 사회적 기대를 저버리도록 추동하는 부작용을 일으키기도 하였다. 유학을 다녀오기만 하면 대접받았던 당시 상황은 너도 나도 유학을 떠나도록 종용하였고, 이는 한편으로 자비로 잠깐 유학을 다녀와서 남부럽지 않은 권세를 누리는 데에만 관심을 쏟는 가짜 유학생들을 양산하기도 하였던 것이다. 이렇게 되자 사람들은 그간 홀려 있던 이동의 주술에서 풀려나, 유학생들을 다시 보기 시작하였다. **그림37**은 당시 유학생의 모습을 대비시켜서 보여 주고 있다. 일본에 있을 때는 나라의 장래를 위해서 연설을 하며 실천과 각성을 부르짖더니, 상해로 돌아온 뒤에는 언제 그랬냐는 듯 타락해 버린 유학생의 모습을 그리고 있다. 공적인 가치를 팽개치고 사리사욕 채우기에 빠진 타락한 유학생에 대한 풍자이다. 이는 1909년의 풍경이다.

상황이 이렇게 되자, 이제는 **그림38**에서처럼, 유학생의 진위를 판별해야 한다는 부정적

82) 첸강·후징초, 이정선·김승룡 옮김, 『유미유동 — 청나라 정부의 조기유학 프로젝트』, 시니북스, 2005, 355쪽.

그림37 연설을 외치던 유학생이 귀국 후, 기생놀음에 빠져 드는 타락상을 보여 주고 있다. 『민호일보도화』, 1909.

그림38 허울만 유학생의 모습일 뿐, 실상은 이록(利祿)을 추구하던 옛날 벼슬아치와 다를 바 없음을 풍자하고 있다. 『민호일보도화』, 1909.

시선마저 등장하였다. 유학생의 차림새가 옷걸이 같은 것에 걸려 있고, 밖에는 늙은 관원이 한 명 서 있다. 유학생의 모습은 단지 허울에 불과하고, 실상은 벼슬에 연연하는 관원들과 별반 다를 것이 없다는 풍자이리라. 그림에 담긴 비판과 실망의 시선을 통해서, 당시 사회가 그간 유학생들에게 건 기대가 얼마나 컸는지를 알 수 있다.

청조는 의화단의 난으로 8국 연합군과 신축조약(辛丑條約)을 체결하고 4억 5천만 냥의 은을 배상하였는데, 미국이 청조와의 교섭을 거쳐서 그 일부분을 문화교육사업에 사용하는 조건으로 돌려주었다. 청조는 이 돈으로 미국 유학을 위한 예비학교를 세웠는데, 이 학교가 1911년에 세워진 청화학당(淸華學堂)이다. 오늘날 중국을 대표하는 명문대학의 하나인 청화대학은 바로 청화학당이 1928년에 승격한 것이다. 이 학교를 통해 미국으로 떠난 2차 유학생의 반열에는 훗날 구어체 사용을 주장하며 5·4운동을 이끌어 내었던 호적(胡適), 언어학자 조원임(趙元任) 등이 끼어 있었다. 청화학당의 설립은 자연 미국 유학생의 증가를 불렀다. 하지만 이 시기에도 자비 유학생은 일본으로 떠나는 경우가 많았다.

그리고 새로운 형태의 유학이 등장하기도 하였다. 그것은 학비를 벌며 유학하는 '근공검학'(勤工儉學)으로, 1917년에 '프랑스 유학 검학회 예비학교'(流法儉學會豫備學校)가 설립된 뒤, 그 수가 급증하여 1920년 통계에 따르면 이미 천 명을 넘어섰다고 한다.[83] 중국 사회에서 유학을 바라보던 시선 속에서 거품이 빠져나가며, 유학은 점차 차분하고 건전하게 변해 가고 있었다.

---

83) 喩本伐·熊賢君, 『中國教育發展史』, 450쪽.

'근대도시의 여성' 개관

이 장은 청말 이제 막 형성되기 시작한 근대도시 안에서 살아가던 여인들에 대한 이야기가 주 내용이다. **그림1**에서처럼 방 안의 주렴 뒤에서 거울을 보며 머리를 빗는 것으로 하루를 보내던 부인과 소녀들이 전족을 풀고 최신 유행의 패션으로 마차 위에 앉아 세상을 활보하는 '여성'으로 만들어지기까지. 그녀들이 그 과정에서 겪었을 경험과 도시가 어떻게 여성들과 연결되어 시각적으로 재현되고 있는지를 살펴보려는 것이다.

청말 여성 관련 사료는 그 양적인 측면에서 많지 않은 것은 물론이고, 설령 존재하더라도 여성 '주체'에 대하여 낯설기만 했던 남성 지식인의 시각이거나 남성적 인식의 틀을 거친 것들이다. 화보 역시 예외가 아니다. 도시 여성을 바라보는 화보의 시선은 주로 거리를 활보하는 방탕한 부녀자들, 사건과 문제의 중심에 놓여 있는 기녀들, 수치심을 상실한 여성 노동자들, 국가와 민족을 위해서 양성되어야 하는 여학생들에게 머물러 있으며, 이러한 시선의 이면에는 여인들의 욕망이 빚어내거나 혹은 빚어낼 일탈에 대한 강한 불안감이 내재되어 있기 때문이다. 게다가 화보의 경우 그것이 갖는 오락성을 감안할 때, 그 자체를 전적으로 신뢰하기가 쉽지만은 않다. 하지만 그렇기 때문에 우리는 화보로부터 남성성을 지닌 근대적 질서의 경계 너머에 타자로서 위치하며 이원론적 도식의 산물로서 존재하고 있는 여성의 모습과 그에 관한 당시의 담론을 더욱 생생하게 읽어 낼 수 있기도 하다.

또한 화보는 중국 근대사회를 평가하는 근간이었던 사회변동이론에 대한 인식상의 재고를 촉진시키기에 충분한 역할을 한다. 그간 근대 여성 평가의 근거 사료는 대부분 개량과 혁명을 그 중심에 놓고 논한 것들이었고, 따라서 기존의 중국 여성사 관련 서술은 대체로 근대를 기점으로 한 억압과 해방이라는 관점에서 이루어졌다. 예제(禮制)가 성립된 한대(漢代) 이후부터 근대 이전까지는 당시 여성에게 가해진 성적 박해가 얼마나 심각했었고 기형적이었는지, 그래서 당시 여성의 신분이 얼마나 비천했는지를 설명하는 데 초점이 맞추어져 있으며, 반면 근대 이후에는 사회적 지위나 생활방식 등에서 여성이 맞이한 자유와 해방이 얼마나 근본적이었는지를 밝히는 데 중심이 놓여 있다. 이러한 측면에서 볼 때, 기초적인 사실을 기반으로 한 사건의 시각적인 재현이라는 화보의 특성은 당대 여성들의 면면을 살피는 데 유용한 자료이다. 그 시선상의 문제에도 불구하고, 화보는 부를 과시하기 위해 한껏 치장하고 거리에 나선 중상류층 부인들, 건달의 희롱을 받으면서도 최신 장신구를 하고 무언가를 꿈꾸며 일터로 향했던 젊은 처자들, 신교육에 대한 열망으로 가정으로부터의 탈출을 꿈꾸었던 여학생들, 이 모두를 근대도시 상해 풍경의 일부로 채워 넣고, 또 다양한 해석과 논평의 대상으로 삼고 있기 때문이다. 여염집 여성의 간통 사건을 둘러싼 추문에서부터, 자전거를 타고 거리로 나선 규방 처녀들에 대한 호기심, 대도시의 골목골목을 서성이는 성매매 여성들과 유흥에 빠진 젊은이까지, 청말의 화보들은 새롭게 만들어지고 있는 성(性), 바로 여성을 통해 근대를 조망하고 있다.

이 장의 첫번째 절은 이제 막 세상에 대해 호기심을 가지기 시작한 여인들과 그녀들에게 자극이 되어 준 서양의 문화를 소개한다. 그리고 두번째 절에서는 거리에 나선 여인들에게 강요된 또 다른 억압과 그에 따른 여성들의 몸짓을 살펴보고, 세번째 절에서는 전족을 벗은 여인들에게 불어온 새로운 미의 기준과 이를 내면화시키려는 시도를 살펴본다. 네번째 절에서는 유행 혹은 패션이라는 이름으로 여인의 육체와 정신을 가득 채운 소비의 양상을, 다섯번째 절에서는 당시 근대사회의 일원이 된 여인들을 중심으로 새롭게 만들어진 공적 공간과 그 속에서 형성된 외부의 욕망 및 권력을 살펴본다.

분명 근대도시 조계에서 여성은 화보 속 재현에 의해 새롭게 탐색되고 해석되며 각인되어 있다. 또한 구체적이면서도 생동감 있게 그 존재를 드러내고 있는 여성은 다시 자신

그림1 주렴 뒤에서만 바깥 세상을 내다보던 여인들이 이제 인력거 위에 앉아 거리로 나서고 있으며 먼 미래에는 무리지어 자유롭게 활보할 수 있는 시대가 올 것임을 예견한다. 「여성계의 과거·현재·미래」(女界之過去現在將來), 『도화일보』 제10호, 1909. 8. 25.

의 욕망과 일탈을 따라 근대도시의 풍경을 변화시키고 재각인하고 있다. 이로 인해 근대 풍경의 한 구성원으로서 여성은 가시적 통제의 대상으로 부각되기도 한다. 물론 화보는 이러한 여성들을 '생성'하고 '관리'하는 중요한 장치 중 하나였다. 그리고 화보를 통해 읽혀진 근대도시 여성의 성적 정체성은 여전히 일정한 사회적 제약과 시간의 흐름 속에서 성취되고 구체화되는 과정 속에 놓여 있다.

┃부인, 세상을 엿보다┃

여성은 '자' (子)가 아니었다. 번식하고 자란다는 뜻의 '자' 는 남성에 대한 고유한 호칭으로
쓰였다. 반면 여성을 지칭하는 '부인' (婦人)이나 '부인' (夫人)에는 '남에게 엎드리며' (婦)
'다른 사람을 부축하고 도울' (夫) 뿐, 스스로는 독립적이지 못한 존재라는 의미가 내포되어
있었다.

1 경박함을 누릴 자유

1876년 2월 상해의 한 관리가 가족들을 데리고 금계헌다원(金桂軒茶園)에서 연극을 관람한
다. 이것은 주변 사람들의 흥미를 끌기에 충분한 사건이었으며, 연극 대신 망원경을 꺼내 규
방의 여인들을 몰래 훔쳐보는 이도 있었다. 이 일이 있은 후 얼마 지나지 않아 『신보』(申報)
에 "부녀자들에게 연극 관람을 금하게 하자"는 주장이 제기된다. 그리고 다음날 다시 이를
비판하는 글이 게재되고, 부녀자들에게 가해지는 구속들에 대한 불평등함이 호소된다.

　　근대 이전 시기 남녀 간의 격리가 모든 계층에서 시행된 것은 아니다. 특히 농촌이나 도
시의 하급계층에서는 여성의 외출 자체가 문제시되지는 않았다.[1] 그러나 도시에 거주하는

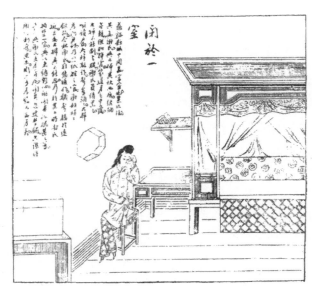

그림2 근대를 맞이하기 이전, 부인들은 대부분의
시간을 방 안에서 지내야 했다. 「방 안에서 시간
을 보내다」(閑於一室), 『도화일보』 제401호,
1910. 9. 29.

중류계층 이상의 가정에서는 원칙적으로 여성의 사교활동이나 외출을 금지하는 등 남녀의 구분이 엄격하게 유지되고 있었다. 그래서 대부분의 여인들은 **그림2**와 **그림3**에서처럼 가정의 울타리 안에서 자수를 놓거나 화초를 기르며 시간을 보냈다.

하지만 우리는 이러한 일상적인 생활에서 여인들이 느꼈을 권태를 화보 속 화면의 한편에서 바깥 세상을 내다보고 있는 **그림4**의 여인들로부터 어렵지 않게 엿볼 수 있다. 또한 그 여인들의 마음이 향하는 지점은 바로 손에 들려 있는 망원경이 향하는 세계, 즉 조계였음도 쉽게 알아챌 수 있다. 이러한 행위는 그 자체만으로도 남녀와 화이(華夷) 간의 구분을 논했던 전통의 계율에서 어느 정도 벗어나 있는 것들이었다.

중국 근대의 대표적인 조계지 상해의 팽창과 공간의 성격은 도시 자체의 성격 변화를

그림3 꽃으로 비유되던 여인들의 중요한 취미생활 중 하나는 화초 가꾸기였다. 「투초로 단오절을 즐기는 대가(大家)의 여인들」(鬪草風淸), 『점석재화보』 제340호, 1893. 6.

그대로 반영하고 있다. 그리고 이것은 상해의 건축 양식에서도 나타난다. 상해의 거주용 건축물은 초기 직주일체형(職住一體型)의 베란다형 식민지 건축에서 교외 주택으로의 변화를 거친다. 공간 이용의 효율성 제고를 위한 고층건물의 등장과 직장-거주지의 분리, 그리고 서민 주택지구의 형성 등에는 상해 도시공간의 구성에 자본주의적 원리가 작용하고 있고, 공간의 배치에 계급성이 작용하고 있었음을 나타낸다.[2] 이러한 조계 건축물의 공간 배치는 **그림5**와 같이 여성들의 바깥 세상에 대한 관심을 자극했다.[3] 동시에 조계 건축물의 공간 배치는

---

1) 『도화일보』의 '영업사진'(營業寫眞)란은 청말의 직업을 소개하는 코너이다. 이곳에서 우리는 농촌에서 도시로 들어와 행상을 하는 여인들의 모습을 종종 발견할 수 있다. 이는 소주(蘇州)의 거리에서 꽃을 팔고 있는 처녀들을 서술한 서가(徐珂)의 『청패류초』(淸稗類鈔) 「농상류」(農商類) 부분에서도 확인된다. 농촌과 도시 하층계급의 여성은 귀중한 노동자원이었기 때문이다.

2) 김태승, 「근대상해의 도시구조―인구구성과 공간배치를 중심으로」, 『역사학회』 제155호, 1997 참고.

3) 근대 이전 중국 주택의 공간구조가 지닌 주요 특징은 둘러쌈의 구성, 중층적 구성, 축적 구성, 위계적 구성, 기하학과 자연의 공존 등으로 요약된다(손세관, 『깊게 본 중국의 주택』, 열화당, 2001 참고). 그런데 상해 조계지에 새롭게 지어진 건축물에 베란다라는 공간이 배치된다. 베란다는 실내에만 머물러 있던 여성들을 바깥 세상과 연결시켜 주는 통로로서 기능했던 것으로 보인다. 한편 주택 구성의 측면에서 볼 때, 북방 지역의 여성들보다는 수로를 중심으로 거주지가 형성되어 2층의 형태로 지어진 남방 지역의 여성들이 거리로 나서기가 수월했음을 짐작해 볼 수도 있다.

그림4 여인들이 베란다에 나와 망원경으로 조계를 엿보고 있다. 청말 『비영각화보』(飛影閣畵報).

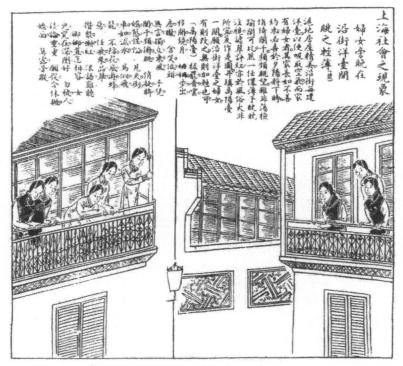

그림5 상해의 새로운 건축물들에 들어선 베란다는 부인들이 세상과 소통할 수 있는 또 다른 출구였을지도 모른다. 「베란다에 기대어 거리를 내려다보는 경박한 부녀자들」(婦女傍晚在沿街洋臺閑眺之輕薄), 『도화일보』 제114호, 1909. 12. 7.

그림6 명절이라는 제한된 시간이 아닌 평상시에도 부인들은 화원 나들이를 즐기게 되었다. 「화원에서 노닐다」(遊花園), 『도화일보』 제182호, 1910. 2. 22.

그림7 여인들은 가정이 아닌 공개적인 장소에서 이야기꾼들의 고사(故事)를 즐기고 싶어 했다. 「부녀자들의 이야기 들을 자유」(婦女聽書之自由), 『도화일보』 제63호, 1909. 10. 17.

그림8 탄자방에서 격구를 즐기는 부인들. 평상시 상류층 부녀자들이 즐겨 입던 의복과 달리 좁아진 옷소매가 눈길을 끈다. 청말 『비영각화보』.

그림9 상류층 부녀자들이 서양식 식당에서 서양 음식을 먹으며 시간을 보내고 있다. 청말 『비영각화보』.

근대적인 생활양식으로의 변화를 동반하며 생산공간과 소비공간을 분리했다. 가로등과 더불어 불야성의 별천지로 변신한 와이탄과 대로(大路) 상가의 쇼윈도는 화려한 볼거리를 제공했으며, 이 욕망의 공간에 소비하는 여성들을 등장시켰다.

평범한 중상류층 도시 여인들의 주된 생활공간인 안방이나 거실에는 벽시계와 전등을 비롯해 서양에서 들어왔을 법한 물건들이 일상적으로 배치되어 있으며, 대로를 거쳐 도착하게 되는 유원지에서는 **그림6**의 여인들처럼 아이들이나 하녀들과 함께 시간을 보내며 주변 사람들과 이야기를 나누는 구경꾼으로서 그 모습을 드러내고 있다. 또한 공개적인 장소의 여성 지정석에서 흥미롭게 이야기를 듣고 있는 **그림7**의 여인들, 탄자방(彈子房)에서 격구를 즐기는 **그림8**의 여인들, 그리고 서양 음식이 차려진 식탁에 둘러앉아 나이프를 쥐고 양주를 마시는 **그림9**의 여인들의 모습에서는 이들이 누군가의 동반 손님이 아니라 그곳에서 소비의 주체였음도 확인할 수 있다.

대부분의 부녀자들은 유유자적하느라 집안일은 돌보지 않는다. 바느질도 할 줄 모르며 여자들이 해야 할 일을 알려고조차 하지 않는다. 아침과 저녁이 바뀌어 늦은 정오에야 하루가 시작된다. 오후에는 짙은 화장을 하고 솜두루마기로 맵시를 낸 후 외출하여 놀거나 집에서 도박을 하며 밤을 지새운다. 끼니는 아편, 차, 과일 등으로 아무렇게나 때운다. 일부 소녀는 짙은 화장을 한 채 음란하고 방탕하게 놀며 연애의 낭만 속에 빠져 있다.[4]

이제까지 유가적인 질서와 가치를 이어받고 강화시키는 역할을 했던 이들이 청말에는 더 이상 말없이 순종하는 현모양처만은 아니었다. 사회의 변화와 소용돌이 속에서 그 여인들은 자신만만하고 확신에 찬 모습을 드러낸다. 간혹 경제력을 과시하기도 하고 고급 소비품을 사들이면서 이미 성적으로 그리고 정서적으로 가정의 울타리를 넘어선 것처럼 보인다. 물론 이러한 변화가 여성들에게만 국한된 것은 아니었다. 특히 청말, 소비의 대상은 남녀노소를 불문하는 것이었다. 그러나 화보 속에 보이는 많은 건강하지 못한 소비자의 중심에는 여성이 놓여 있다.

한편 상해의 조계를 중심으로, 여성에 대한 속박은 이미 어느 정도는 약화되어 가고 있었다. 이것은 대중매체에서 만들어 내고 있는 새로운 여성의 이미지와 무관하지 않다. 화보는 끊임없이 남녀 간의 자유로운 연애, 사랑의 확인을 전제로 한 결혼, 계약 형태로서의 결혼이었기에 선택 가능한 이혼 등의 서양 문화를 소개하고 있었다. 또한 인재 양성을 위한 여성

4) 『上海風土雜記』; 顧炳權 編著, 『上海風俗古迹考』, 華東師範大學出版社, 1993.

의 학교 교육, 자연스러운 발[天足]을 포함해 건강하고 자연스러운 미를 표출하는 여성의 육체도 자주 등장하는 소재였다. 화보가 만들어 내고 있는 서양의 풍속, 특히 여인들과 관련된 문화를 소개하는 태도에는 다른 문명에 대한 존중과 고려, 때로는 본받고 싶어 하는 욕망까지 담겨 있다. 화보에서 보여 주고 있는 새로운 여성상은 청말의 여성들에게 비교와 선택의 기회를 제공하게 된다.

2 조계가 보여 준 문명

상해는 개항 이후 모여든 난민들로 인해 인구가 급속히 증가하게 된다. 이런 인구 증가는 주로 조계 지역에 집중되어 있는데, 특히 1852년부터 1910년 사이 그 비중이 빠르게 늘어났다. 몇 차례에 걸친 정치적 혼란을 이유로 유입된 피난민은 '중국인과 서양인의 거주 지역을 분리한다'(華洋分居)는 상해 조계의 거주 원칙을 무너뜨리고 상해를 '중국인과 서양인이 혼재해 있는'(華洋雜居) 복합 도시로 변모시킨다. 그리고 서양인들과의 잦은 접촉은 서양인에 대한 인식의 변화를 가져온다. 이제까지 상해에서 서양인은 그저 '외국인'일 뿐이었다. 중국 대부분의 지역에서 서양인을 '서양 귀신'[洋鬼子]이나 '오랑캐'[夷人]로 불렀던 것과는 분명히 달랐다. 조계, 특히 상해에서 서양인들의 문화는 새로운 관심의 대상이었다.

첫째, 서양인 남녀 간의 개방적인 문화는 중국인들에게 적지 않은 충격이었다. 서양인들이 먼 길을 떠나는 가족을 배웅할 때에는 꼭 소리가 날 정도의 진한 '키스'[恰斯]를 하는데, 부부가 아닌 시아버지나 시아주버니에게도 자연스러웠다(**그림10**). 심지어 키스는 프랑스와 같은 나라에서 지체 높은 가문의 사람들에게 요구되는 예의범절의 하나이기도 했다. 이런 이질적인 문화의 유입으로 무엇보다 필요한 것이 "지역에 따라 판이하게 달라지는 문화(관습)"에 대한 인정이었다. 또한 남녀 간의 만남에 존재하는 자유로움은 결혼을 위한 배우자의 선택에서도 예외가 아니었다. 결혼할 배우자를 찾기 위해 마련된 무도회에서 "남자는 여자의 허리를 감싸 안고, 여자는 남자의

그림10 서양인들에게 부부간이 아닌 시아버지나 시아주버니에게 하는 키스는 일상적인 인사의 하나일 뿐이었다. 「키스로 배웅하다」(恰斯送行), 『점석재화보』 제200호, 1889. 9.

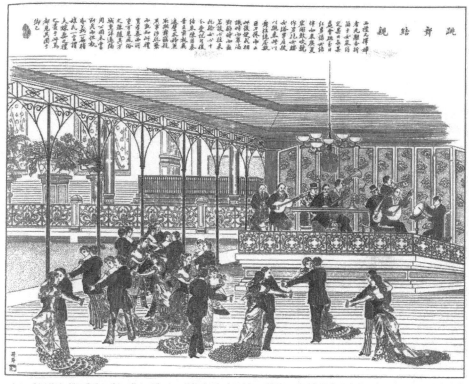

그림11 무도회장에서 자연스러운 신체 접촉과 교감을 통해 배우자를 선택하는 서양인들의 문화를 소개한다. 「춤을 추며 배우자를 찾다」(跳舞結婚), 『점석재화보』 제198호, 1889. 8.

어깨에 손을 올리고" 둘이서 한 쌍이 되어 춤을 췄다(그림11). 이러한 모습은 "서양인들이 결혼에 있어 경쟁적으로 숭상하는 자유"가 바탕에 있지 않다면 불가능한 것이다. 그리고 이는 분명 "법도를 잘 지키는 중국인과 비교하면 판이하게 다른 점"이기도 했다(그림12).

둘째, 거리를 가득 메운 서양 여성들의 사회참여는 온종일 방안에서 혼자 혹은 집안의 여인들과 시간을 보내던 중국의 여인과는 다른 모습이었다. 서양의 여성들은 일부일처의 법제 개정

그림12 서양의 자유로운 결혼 문화가 서양인들의 자유에 대한 숭상에서 기인한 것임을 강조한다. 「세계의 신년 풍속화」(世界新年風俗畫) 5, 『도화일보』 제177호, 1910. 2. 17.

그림13 각종 전문직에 종사하는 여성들은 여성 권익의 기틀을 마련하기 위해 법률 제정에 심혈을 기울였다. 그림은 거부권 행사를 위해 모인 영국 여인들을 보여 주고 있다. 「서양 여인들의 집회」(西婦聚會), 『점석재화보』 제337호, 1893. 5.

그림14 서양 여인들이 자신들의 의견을 관철시키기 위해 개인이 아닌 집단의 힘을 이용하고 있음에 주목한다. 「한올 품은 여인들이 무리를 이루다」(愍女成群), 『점석재화보』 제163호, 1888. 9.

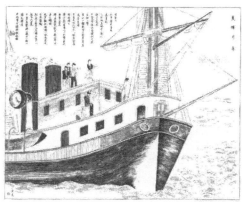

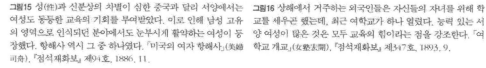

그림15 성(性)과 신분상의 차별이 심한 중국과 달리 서양에서는 여성도 동등한 교육의 기회를 부여받았다. 이로 인해 남성 고유의 영역으로 인식되던 분야에서도 눈부시게 활약하는 여성이 등장했다. 항해사 역시 그 중 하나였다. 「미국의 여자 항해사」(美婦司舟), 『점석재화보』 제94호, 1886. 11.

그림16 상해에서 거주하는 외국인들은 자신들의 자녀를 위해 학교를 세우곤 했는데, 최근 여학교가 하나 열렸다. 능력 있는 서양 여성이 많은 것은 모두 교육의 힘이라는 점을 강조한다. 「여학교 개교」(女塾宏開), 『점석재화보』 제347호, 1893. 9.

을 요구하기 위해 혹은 여러 정치적 안건에 대한 거부권을 행사하기 위해 '무리를 이루어서' (成群) 자신들의 권리를 주장하였다(그림13과 그림14).

셋째, "남녀의 구별이 깊었던" 중국의 기풍은 '남자를 중시하고 여자를 경시'하는 것이다. 그래서 남성과 여성 사이의 신분 차이 역시 컸다. 그러나 서양인들은 오히려 "남자를 경시하고 여성을 중시했다". 그뿐 아니라 "여자들의 능력 또한 남자에게 뒤지지 않았으니", 남성들의 영역으로만 보이는 항해사나 외과의사와 같은 전문 분야에서 자신들의 능력을 훌륭히 발휘하고 있었다. 그리고 그 힘은 '독서', 바로 교육에 있었다. 서양 여인들은 중국에서도 여성 학당을 창설하기 위해 힘을 모았다(그림15과 그림16).

┃소녀, 거리로 나서다┃

성별 의식이 형성되는 과정에는 개인적인 성향과 더불어 문화 환경이 중요한 작용을 한다. 가정·민족·사회적 전통 등을 포함하는 문화적 요인들은 성에 대한 평가 또는 암시 등을 통해 개인을 외부 세계에 적응시키기 때문이다. 중국의 민간에 존재하는 금기들 역시 성별 의식 형성에 영향을 끼친다는 점에서 예외가 아니었다. 특히 성별에 관계된 수많은 금기는 탄생과 더불어 부여되기 시작했으니 아들을 낳으면 노리개로 장(璋 : 옥으로 만든 반쪽 홀)을 주고, 딸을 낳으면 실패나 질그릇을 주는 상황은 이후 현실 생활로 이어졌다. 여성에게는 여러 가지 행위 규범들이 더해졌으며 '울타리 밖을 떠나지 말라'는 첫번째 원칙은 여성들의 몸에 여러 가지 장식을 더했다. 치마와 신발에 달린 작은 방울이나 전족은 여성들의 걸음걸이를 최소화시키면서 동시에 여성 스스로 자신을 구속하는 의식을 재생산해 내었다.[5] 그러나 청말, 전족으로 대표되는 여성의 신체에 대한 억압을 해방시키기 위한 시도와 함께 여성들은 거리로 나서기 시작한다.

1 작은 발 한 쌍에 눈물 한 항아리

전족은 발을 천으로 단단히 묶어 발의 성장을 정지시키는 풍습이다. 중국에서 여자의 전족이 정확히 언제부터 시작했는지에 대해서는 정설이 없다. 은(殷)나라 주왕(紂王)의 비(妃) 달기(妲己)가 여우였기 때문에 사람으로 둔갑해도 발은 감출 수가 없어서 천으로 발을 감추었는데, 궁중 여인들에게도 그녀와 똑같이 이것을 하게 했다고 한다. 이런 전설이 내려오는 것으로 보아 그 역사가 상당함을 추측할 따름이다. 실제 전족이 행해진 시기는 당대(唐代)로 여겨진다. 남당(南唐)의 마지막 군주 이욱(李煜)의 궁빈 은낭(銀娘)이 '금련'[6]으로 춤을 추는 아름다운 모습 때문에 황제로부터 깊은 총애를 받게 되자 궁녀들이 잇달아 흉내 냈다는 기록이 전한다. 큰 발을 부끄럽게 생각하던 송대(宋代)를 거쳐 명대(明代)에 이르면 발이 큰 여자는 시집도 가기 어려울 정도로 전족은 유행의 차원을 넘어 하나의 풍속이 된다. 청초(淸初), 전

---

5) 羅蘇文,『女性與近代中國社會』, 上海人民出版社, 1996, 440~446쪽 참고.
6) 금련(金蓮)은 전족으로 작아진 여인의 발을 가리킨다. 高洪興,『纏足史 : 纏足的起源與發展』, 上海文藝出版社, 1995, 42쪽.

족에 대한 금지 칙령이 내리기는 하지만 청 중엽에 이르면 사회의 부패와 더불어 한족이 아닌 만주족 여인에게까지 전족은 확산된다.

'금련'과 함께 춘순(春筍 : 봄의 죽순)이라고 일컬어지기도 했던 전족은 어려서부터 시작할수록 발의 모양을 잡기가 수월하기 때문에 대략 서너 살부터 시작됐다. '작고, 가녀리고, 뾰족하고, 구부러지고, 향기 나고, 부드럽고, 바른 상태'로 묶여야만 했고, 그 목표는 9

그림17 한 여성이 의자에 앉아 전족을 하고 있다. 「작은 발 한 쌍에 눈물 한 항아리」(小脚一雙眼淚一缸), 『도화일보』 제375호, 1910. 9. 3.

센티미터 정도의 크기에 해당하는 삼촌금련(三寸金蓮)이었다. 작은 발에 광분하는 남자들[7]을 위해 여자들이 감수해야 했던 고통을 잘 드러내 주는 말이 바로 '작은 발 한 쌍에 눈물 한 항아리'이다.

전족이라는 기형적인 현상이 사회적 기풍으로 자리 잡은 데에는 전족이 담아내고 있던 사회·문화적 요인이 작용하고 있다. 첫째, 전족이 갖는 신분의 위치이다. 전족을 한 여자가 일을 하기란 쉬운 일이 아니었기에 전족을 한다는 것은 일을 하지 않아도 되는 신분임을 의미했다. 즉, 전족은 신분의 고귀함을 나타내었다. 둘째, 여성의 행위 규범에 대한 강화 작용이다. 전족한 여자의 걸음걸이는 일단 느릴 수밖에 없었다. 때문에 전족한 여자는 밖으로 나가는 것이 쉽지 않았고 이로 인해 순종적인 '안사람'이 되어 집에서 남편만을 바라볼 수 있게 되었다. 셋째, 전족이 갖는 성적인 의미이다. 전족이 실제로 남성의 성적인 쾌감을 증가시킬 수 있었다는 근래의 연구 결과가 타당한지와는 별개로 남자들은 여자의 삼촌금련을 마음에 들어 했다. 남자들은 전족을 손에 쥐고 보고 즐겼으며 성욕을 발산하는 확실한 대상으로 삼았다. 넷째, 전족이 담고 있는 여성에 대한 미의식이다. 전족을 하게 되면 뼈가 가늘어지기 때문에 여성의 몸 전체가 날씬해지고 연약해 보이는 미적 효과를 높일 수 있었다. 양강(陽剛)의 미를 우선했던 남성에 비해서 유약함은 여성미를 대표하는 것이었다. 전족은 여성의 아름

---

7) 중국의 남자들은 전족한 발을 찻잔에 담근 이후에 차를 마시기도 하고, 또 전족한 여자의 신발을 술잔으로 사용해 술을 마시기도 했다. 이를 금련배(金蓮杯)라고 한다.

그림18 서양에도 전족의 풍습이 있음을 소개한다. 「서양 여인의 전족」(西女纏足), 『점석재화보』 제226호, 1890. 6.

다음이 남성의 기준으로 형성되었음을 보여주는 전형적인 예이다. 소위 '아름답다'라는 것은 모두 남성의 시선으로 보았을 때의 아름다움이며, 여성 스스로 남성의 요구에 부응하기 위하여 억지로 끼워 맞춘 아름다움이었던 것이다.

1860년대 서양인들이 세운 학교에서 교칙의 하나로 자연스러운 발[天足]을 내세우기는 하지만, 민간에서 이를 적극적으로 수용하기까지는 오랜 시간이 필요했다. 전족에 대한 『점석재화보』의 인식 역시 그것이 수천 년간 여성에게 가해 온 학대에도 불구하고 실상 어느 누가 나서서 변화를 시도하기에는 너무나 지배적인 풍속으로 자리 잡고 있었기에 일상생활 속에 나오는 전족 관련 묘사나 서술 부분에서는 상당히 긍정적이다. 전족한 작은 발이 아름다운 여인의 자태와 연결되는 문구는 어렵지 않게 확인할 수 있으며, 전족대회[賽脚會]를 비롯한 전족 관련 문화행사를 세시풍속의 하나로 소개하기도 한다. 또한 서양에서도 전족의 풍습을 찾아볼 수 있다는 그림18에서는 '야만'적인 풍속으로만 여기는 전족을 서양인들이 인정하기를 기대하는 심리도 엿보인다.

그런데 흥미로운 것은 간혹 남자 아이의 수명을 연장하기 위해 시행되던 남성 전족에 관한 기사에서의 비난성 어조이다. 가장 주된 이유였던 미신적인 원인을 비롯해 다양한 원인으로 시도된 남성 전족의 역사가 짧지만은 않다.[8] 특히 청말에 오면 여성 전족의 극성과 함께 증가한 남성 전족의 사례가 화보 속에 종종 등장하게 되는데, 대체적으로 그 시선은 부정적이다. 남성다움의 이상은 부르주아 사회의 자기규정과 민족 이데올로기 양자의 기본 원리이다.[9] 청말, 화보는 정상과 비정상 사이의 명확한 구분을 위협하는 근대성의 위기에 대항하여 기존 질서를 수호하기 위해 요청되는 남성성의 강화를 시도하고 있었는지도 모른다.

8) 남성 전족의 역사 및 원인 등에 대한 내용은 高洪興, 『纏足史 : 纏足的起源與發展』, 38~42쪽, 제1장 전족의 기원과 발전(纏足的起源與發展) 중 '남성의 전족'(男子的纏足)을 참고할 수 있다.
9) 조지 모스, 서강여성문학연구회 옮김, 『내셔널리즘과 섹슈얼리티』, 소명출판, 2004, 43쪽.

전족의 폐해가 광범위하게 알려지기 시
작한 것은 1895년 선교사의 부인들을 주축으
로 상해에서 만들어진 천족회(天足會)가 성립
된 이후이다. 이들은 전족이 여성의 건강에
얼마나 많은 부정적인 영향을 미치는지를 그
림이나 노래 등 대중과 비교적 친숙한 형식을
통해 알리는 작업을 했다. 동시에 지방의 신
사(紳士)들에게도 이를 알리기 위해 관리들을
위한 문건[官話本]을 따로 만들었다. 전족이
라는 민간의 풍속이 상층의 관리들과 맺고 있
는 밀접한 관계를 인식했다는 점에서 주목할
만하다.

중국인을 중심으로 결성된 전족 금지 단
체는 무술변법 이후 여성의 권리와 해방을 제
창하는 중심 단체로 활약하게 된다. 양계초는
『시무보』에 「계전족회서」(戒纏足會敍)를 발표
하여 전족의 잔인함을 설명하며 그 폐지를 호
소하는 한편 「부전족회 시범시행 간명장정」

그림19 선교사의 부인들을 주축으로 창설된 천족회는 노래
와 같은 대중적인 방법으로 전족의 폐해를 알린다. 「천족
회」(天足會), 『점석재화보』 제409호, 1895. 5.

(試辦不纏足會簡明章程)에서 운동의 구체적 구상을 발표한다.[10] 상해에서 발족한 부전족회(不
纏足會)의 반향은 상당했다. 『시무보』에는 투서와 헌금이 쏟아졌고, 기타 지역에도 부전족회
가 설립되었다. 이와 같은 열렬한 호응을 바탕으로 강유위는 1898년 백일유신 중에 「여성 전
족 금지 청원」을 올린다. 이 상소문에서 전족을 반대하는 주된 이유는 여성의 육체에 대한 가
해가 가져올 부국강병에 대한 손실이었다.[11]

물론 전족 금지 운동의 전개가 원활했던 것만은 아니다. 가장 큰 어려움은 무엇보다도
심리적인 저항이었다. 당시 여성들의 발을 '해방'시키기 위해 각 지역의 경찰들은 길에서 혹

---

10) 부전족회의 회원은 여자 아이에게 전족을 하지 않는 것은 물론 남자의 경우도 전족한 여자와 결혼을 해서는 안 되었
다. 이미 전족을 한 여자 아이는 8세 이하라면 전족을 중지하고 9세 이상이어서 전족을 중지시킬 수 없을 경우는 그
사실을 회원명부에 등록한다. 회원명부는 입회자에게 배포하는데, 그것은 전족을 하지 않은 회원의 딸을 결혼시킬
수 있도록 하기 위해서였다. 당시는 전족을 하지 않을 경우 결혼이 어렵던 시대였다.
11) "나라의 정치적 견지에서 볼 때 죄 없는 여자들에게 마구잡이로 형벌을 주는 것이기 때문이고, 가정의 가족 사랑에
서 볼 때 부모의 은애(恩愛)를 손상시키기 때문이고, 인간의 위생이라는 측면에서 볼 때는 필요 없는 병을 일으키게
하고, 병력 증강에서는 유전적으로 종족을 약하게 하기 때문이며, 풍속 미관상으로는 야만이라고 다른 나라들에게
서 따돌림을 당하기 때문이다." (강유위, 「여성 전족 금지 청원」, 請禁婦女纏足摺)

그림20 전족을 풀기 시작한 여성들의 신
발 착용이 증가하며, 겨울을 맞아 부츠
가 유행하게 된다. 「겨울에 부츠를 신
는 부녀자들의 당당함」(婦女冬令亦穿靴
子之嬌健), 『도화일보』 제133호, 1909.
12. 26.

은 전족 금지를 홍보하는 대회장에서 강제로 전족을 한 여성들의 발을 감싸고 있던 천을 풀
고 길을 걷게 하곤 했다. 이 여인들이 받은 심리적인 충격은 상상을 초월하였고 결국 『대공
보』(大公報)에서는 "강압적으로 발을 풀게 하는 경우 수치심을 느낀 여성들이 자살을 하는
경우가 있음"을 지적하며 방법의 정당성에 문제를 제기하기도 했다. 남성의 성적 만족감을
채우기 위해 묶여진 발을 '해방'이라는 이름으로 풀고자 했던 천족 운동이 당시의 여인들에
게는 또 다른 고통이었던 것이다. 남성 중심의 사회에서 전족이 여성들의 삶을 구속하는 하
나의 장치였던 것처럼 천족 역시 당시 사회가 요구한 또 다른 폭력이었다. "스스로 묶이는 것
을 즐기며" 전족을 한 여인들은 "환경의 압박으로 인해 부득불 전족한 발을 해방하지 않을
수 없었던 까닭에 낮에는 풀고 밤에는 묶는 현명한 방법을 발명"한다.

> 그녀들 가운에 몇 명은 낮에는 학교에 다니고 밤에는 여전히 전족을 했다. 발을 묶은 이후 바
> 깥에는 자연스러운 발에 신는 신발을 신었다. 그 여인들이 학교를 왕래하면서 느껴야 했던
> 고통은 그야말로 "벙어리 냉가슴 앓기"였다. 심지어 다른 사람들은 모두 학교에 와서 수업을
> 받는데 그녀들은 뒤쪽에서 머뭇거리기만 했다. 그러나 이는 그녀들 스스로가 기꺼이 원하는
> 일이었다.[12]

---

12) 苓子, 『淸海的女學生』; 劉心武 主編, 張仲 著, 『小脚與辮子』, 國際文化出版公司, 1994, 78쪽 재인용.

완벽하게 망각되는 것은 없기에 인간은 어떤 방식으로든 그 흔적을 남겨 놓는다고 한다. 그것에 대한 가치 평가와는 별도로 기억에 의존하는 자아정체성은 어쩌면 본래부터 자율적이고 자발적인 것이 못되는 일인지도 모른다. 전족이라는 일상의 폭력에 이미 자신을 속박해 버린 여인들은 나름대로 '해방'을 맞이하는 방법을 찾아내고 있었다.

2 대로로 나선 여인들

"칠흑 같은 머리 풀어헤친 채 비단 휘장을 걷으니, 춘몽을 못 이겨 하품을 하네. 시녀 아이 12명이 쟁반을 받들고 서 있고 세수에 화장에 얼굴 다듬기는 끝날 새가 없도다. 고급 분을 얇게 펴 바르고, 입술연지를 가볍게 칠하고, 옥빗을 조심스레 들어 구름 같은 머리를 빗어 내리네. 거울 앞에서 빙빙 돌며 추파를 던져 보니 보석 박힌 비녀 위에는 용무늬가 부드럽게 소용돌이친다. 손에 거울 들고 옆을 보니 양옆으로 빛이 나고 곁눈질로 살펴보니 저절로 미간이 펴지는구나. 구리 쟁반에 물을 새로 떠와 섬섬옥수 씻네. 팔을 감싼 팔찌의 쟁쟁거리는 소리는 멎었으나 아직도 들리는 듯하다. 은가루를 몸에 뿌리고 작은 가죽신을 신었지만 반나절 동안 한 마디 없이 홀로 가련하구나. 책상을 앞에 두고 앉아 향만 거듭 태우고는 작은 발로 상아 침대로 돌아가 앉는다. 부용꽃 그려진 요 위에는 티끌 한 점 없고 베개에는 원앙새가 나란히 수놓아져 있다."(『후보시어』厚甫詩語, 「수두편」梳頭篇)

온갖 치장을 하고 홀로 가련히 앉아 거울을 보는 이 여인이 단장을 한 이유는 모두 '원앙'과 같은 하룻밤을 위해서이다. 여인들은 집 안의 가장 안쪽에 자리 잡은 자신들의 공간에서 자신을 찾아 줄 외부의 남자를 기다리는 수밖에 없었다. 전통적인 여인들이 규방에 숨어서 지내는 것, 그것은 정결의 상징이자 미덕이며 명예였기 때문이다.[13] 이는 여성의 몸이 남성의 시선에 의해 조작되는 가련한 운명에서 벗어날 수 없음을 보여 주는 대목이기도 하다.

그림21 방 안에서 혼자 거울을 보며 머리를 빗는 여인. 송대(宋代) 소한신(蘇漢臣)의 「장도사녀도」(妝桃仕女圖).

13) 엘리자베스 크롤, 김미경 외 옮김, 『중국여성해방운동』, 사계절, 1985, 16~22쪽 참고.

그림22 한 관원이 거리 행차를 하다가 대로에 나와 머리를 단장하고 있는 여인과 마주친다. 「여인의 계율을 잘 알아야 하네」(女誡須知), 『점석재화보』 제162호, 1888. 9.

　　그런데 『점석재화보』에서는 전통적인 여인에 대한 관점으로 바라보았을 때 상상하기조차 어려운 행동을 하는 여성들의 모습을 발견할 수 있다. 망원경으로 세상을 엿보던 여인들이 전족을 풀고 거리로 나오기 시작하면서 보여 준 변화의 양상을 살펴보자.

　　그림22를 보면, 한 여인이 거리의 골목 입구에 나와서 머리를 빗고 단장을 하고 있다. 이 여인은 주렴을 파는 소상인의 딸이다. 마침 이를 우연히 목격한 현의 관리가 이 아름답지 못한 광경을 혐오하며 그 여인의 부친을 불러 훈계하고 돌려보내게 한다. 훈계의 기준은 무릇 아녀자란 "깊은 규방(閨房)에 숨어 다른 이의 눈에 뜨이지 않아야 한다"는 '여인의 계율'(女誡)이다. '여계'는 여성교육의 경전으로 일컬어지던 책의 이름이기도 하다. 근대 이후 중국 전통사회 여성의 속박을 정당화한 주범으로 평가받는 서적이자 동시에 새롭게 재해석되기도 한 서적이다.[14]

　　그런데 **그림22**에서 주목할 것은 관리가 그림 속에 나오는 여인의 행동을 제지하기 이전에 그 여인의 아버지나 이웃들은 특별한 반응을 보이지 않고 있다는 점이다. 물론 우리는 이 그림만을 가지고 그림 속의 여인이 왜 거리로 나와 이러한 행동을 하고 있었는지에 대한 이유를 알아낼 수는 없다. 그것이 흔히 근대적인 것으로 간주되는 여성의 자의식과는 전혀 무

<hr />

14) 『여계』(女誡)는 후한(後漢)의 반소(班昭)가 지은 책이다. 비약(卑弱)·부부(夫婦)·경신(敬愼)·부행(婦行)·전심(專心)·곡종(曲從)·숙매(叔妹) 7편으로 구성되어 있다. 여자는 천성이 비천하고 약하기 때문에 반드시 순종해야 하며 평생 동안 전심으로 가사를 돌보는 것이 여자의 본분이라고 주장한다. 이 책에 대한 구체적인 해석은 夏曉虹, 『晚淸女性與近代中國』, 北京大學出版社, 2004, 145~171쪽, 제5장 '晚淸的古典新義—以班昭與『女誡』爲中心'을 참고할 수 있다.

그림23 적삼만 입고 대로에 나와 물건을 사는 여인. 쑥덕거리는 주변 사람들의 시선에 조금도 아랑곳하지 않는다. 「어리석은 여자의 호기심」(愚女怠形), 『점석재화보』, 제133호, 1887. 11.

관한, '감추는' 것의 상징이라 할 수 있는 주렴을 팔기 위한 일종의 상술이었는지도 모른다. 다만 분명한 것은 당시 적어도 이 여인이 살고 있는 공간, 조계에서는 여성에게 가해지던 전통적인 기준이 느슨해지기 시작했다는 것이다.

그림23의 이이고(李二姑)는 "올해 나이 18세, 성격은 상당히 거침이 없었고 농을 잘하며 스스로 풍류를 즐기는" 월(粤)의 여인이다. 그녀는 어느 날 친구와 이야기를 나누던 중 적삼만 입고 가게에 나가서 물건을 사올 수 있다면 돈을 주겠다는 말을 듣는다. 이에 이이고는 조금도 어려운 일이 아니라면서 정말로 그렇게 한다. 거리 사람들의 "웃음소리가 진동을 하지만 그녀는 자신을 보는 주위의 시선을 의식하지 않은 채 부끄러워하지도 위축되지도 않는다". 속옷만 입고 거리를 활보하는 광경을 바라보는 화보의 논자는 여인이 남자를 본받으려는 세태에 탄식한다. 수염을 기르고 눈썹을 휘날리며 거리를 활보할 기개는 남성들에게만 주어진 것이니, 여인들은 "그저 요조숙녀가 되어 연약한 모습으로 집 안에 머물러 있으면 될 뿐"이었다. 여성이 자신의 육체를 드러냈다는 것은 그 자체만으로도 남성에 대한 도전이므로, 이는 정숙하지 못한, 세속의 예법에 구속받지 않는 "방탕한 여인"으로 매도될 만하다.

그러나 세상은 변하고 있었다. 사회 풍속을 손상시키는 거동은 사람들에게 그저 웃음거리일 뿐이다. 청말, 그것이 지극히 개인적인 성향(개방적인 성격)에 근거한 것일지라도 여인들은 그간 지속되어 왔고 또 다른 방식으로 강화되고 있던 남성과 여성이라는 성정체성의 구분을 흔들어 놓고 있었던 것이다. 또한 비록 세상에 드러낸 육체가 내기에 걸린 돈(자본)의 욕망과 맞닿아 있었기는 하지만, 몸을 통한 여성의 자기표현은 이미 시도되고 있었다.

여성이 남성과 자신을 동일시함으로써 여성성을 극복하려는 시도는 전통 시대의 여성들

그림24 뛰어난 능력을 가진 여인이 막료가 되어 총독과 만나는 자리에서 그 여인이 선택한 복장은 자신의 여성성을 숨기지 않은 여인의 복장 그대로이다. 「기이한 재주를 가진 여인이 막료에 들어가다」(奇女入幕), 『점석재화보』 제434호. 1896. 1.

이 자신들의 여성성을 극복하기 위해 택했던 방법 중 하나이다. 남장을 하고 전쟁터에서 큰 공을 세운 후 다시 부끄럼 많은 여인으로 돌아간 목란(木蘭)을 필두로 남장 여인은 청말의 화보에도 이어진다.

한 번에 열 줄을 읽어 내는 능력을 지닌 **그림24**의 주(周)씨는 많은 책을 읽고 학문을 갖춘 후 뜻을 세워 시집을 가지 않는다. 그리고 양친이 모두 돌아가신 후 19살 이후 남장을 하고 돌아다니며 사대부들과 두루 사귀지만, 누구도 그가 여자라고 생각하지 못한다. 이후 고향으로 돌아와 총독을 만나 자신의 재능을 발휘한 후 그의 막료가 된다. 그런데 여기에서 흥미로운 점은 총독과의 대면 시 주씨가 선택한 자신의 복장이다. 우리는 그림을 통해 주씨가 선택한 의복이 더 이상 남자의 것이 아닌 전족을 하지 않은 전통 여인 복식이었음을 확인할 수 있다. 이는 근대 이전의 남장 여성들이 사회적인 능력을 발휘하기 위해서는 여성이라는 자신의 정체성을 완전히 부정했다가 결국 여성으로 돌아왔을 때에는 남장이었을 때 가졌던 자신의 능력까지 상실하여 평범한 모습으로 돌아갔던 것과는 분명 달라진 모습이다. 이 여인에 대한 화보 속 논자의 견해는 이이고의 일탈에 보였던 부정적 시선과 달리 긍정적이다. 그 방식이 어떤 것이었든, 전통과 근대가 혼재한 시대에 여성들은 몸을 통해 자신의 정체성을 확인해 나가고 있었다.[15]

15) 남장 여인의 계보는 추근(秋瑾, 1875~1907)에게로 이어진다. 추근의 남장은 남성과 동등해지려는 자의식의 반영이었을 수도 있고, 근대성이 내포하고 있는 남성 중심성에 대한 자기표현이었을 수도 있다. 분명한 것은 추근이 여성성의 극복을 위해 선택한 전략이 남성성을 통한 근대성 구현이었다는 점이다.

여인, 미녀를 꿈꾸다

1 서양과 만난 여인의 육체

복건에서 살던 어떤 사람이 친구를 만나러 처음으로 홍콩을 방문한다. 며칠 후 그 복건 남자는 저녁에 산책을 하던 중 우연히 이웃집 안을 들여다보게 된다. 그곳에서는 남자 둘이서 한 여인의 치마를 들썩이며 희롱을 하고 있었다. 남자는 다음 날 친구에게 "참으로 풍속을 문란케 한다"며 개탄한다. 이 말을 들은 친구는 박장대소한다. 그리고 남자가 본 곳은 양장점으로 당시 남자가 본 장면은 마네킹에 옷을 가봉하는 중이었음을 설명해 준다. 여성의 체형에 꼭 맞추어 옷을 만드는 서양식 재단 방법을 접해 보지 못한 남자에게 처음 홍콩에 와서 목격한 양장점 안의 풍경은 커다란 충격일 수밖에 없었다. 체형미를 그대로 드러낸 서양 여성의 외모가 서양 문물을 접할 기회가 적었던 일반인들에게만 관심의 대상이 되었던 것은 아니다.

서양 여자는 타고난 성품이 밝으며 또 이를 소중히 여긴다. 매끄럽게 빛나는 피부와 머리카락은 멀리서 바라보면 선녀와도 같다. 무지개 빛깔의 날개옷은 아마도 인간 세상의 것이 아니리라. 외출을 할 때면 마치 가을 구름이 달을 감추듯 얇은 베일로 얼굴을 가린다. 가슴 사이에서 흘러내리기 시작한 긴 치마는 가죽신 아래까지 끌리고, 전족하지 않은 발은 그 자체로도 섬세하고 부드럽다. …… 본디 강남에 아름다운 여인이 많거늘 이와 같은 여인은 본 적이 없다. 참으로 서양 미인에 대한 상념에 잠기게 한다.[16]

그림25 양장점을 처음 본 어떤 사람이 마네킹을 실제 여인으로 착각한 후 참으로 문란한 세상이라고 한탄한다. 「견문이 좁아 모든 일이 신기하다」(少見多怪), 『점석재화보』 제186호, 1889. 5.

16) 王韜, 『瀛壖雜誌』, 上海古籍出版社, 1989, 123쪽.

옅은 화장, 허리를 가늘게 묶은 기다란 치마, 가죽 구두의 서양 복식은 여성의 곡선미를 그대로 드러내 주었다. 자연스러운 체형을 돋보이게 하는 여인의 의복이 주는 느낌은 유연하고 경쾌하기까지 하다. 이는 체형을 왜곡하면서까지 유약한 미를 만들어 내고자 했던 중국 여인들과 분명 다른 모습이다. 건강한 여성의 체형을 그대로 드러내 주는 자연스러움은 강남의 어느 미인에게서도 발견할 수 없던 것이다. 문장에 표현된 '서양 미인'이라는 단어 속에는 다른 스타일의 여성 형상에 대한 인정뿐만 아니라 자연스러움 그 자체를 미로 받아들이는 새로운 미적 인식이 숨어 있다. 서양 여성의 외모에 대한 중국인들의 관찰은 중국의 여성미, 더 나아가 미의식 전체의 기준이 변화하는 계기를 제공하고 있었다.[17]

그런데 주목할 것은 이 모든 것이 서양 여인을 바라보는 저자의 기대에서 기인한 것이라는 점이다. 따라서 평범한 시골 사람이 옷을 걸친 마네킹을 여성으로 착각하게 만드는 서양 문화에 대한 개탄과 조계 속 여인들의 몸을 조인 코르셋이 만들어 내고 있는 곡선에서 천연의 자연미를 감지한 근대 문인의 인식상의 층위는 별반 차이가 없어 보인다. 이 둘은 모두 '자유'와 '문명'의 이미지로 구축된 근대도시 조계에 대한 오인에서 비롯한 것이기 때문이다.

2 미인의 기준에 불어온 바람

지금으로부터 100여 년쯤 전 『점석재화보』에 서양의 미인대회를 소개하는 그림이 실렸다. 화보 속 논자는 기사에서 서양 미인대회가 개최되었다는 소식은 들었으나 직접 보지 못해 소개할 수 없었는데, 최근 서양의 한 화가가 가져온 자료를 입수하게 되어 이를 소개할 수 있게 되었음을 밝힌다. 미인대회에 관한 도상(圖像)과 기사는 몇 가지 흥미로운 관점을 제시한다.

우선 신문물을 비롯한 신문화(新文化)에 대한 사회적 인식의 확산에 선도적 역할을 하고 있는 근대적 인쇄물에 대한 확인이다. 화가는 실물이 드러나지 않는 신문화의 경우, 언어에 비해 직접적으로 감각에 인지되는 인쇄매체의 시각 이미지에 의해 좀더 구체적이고 명확하게 정보와 지식이 제공될 수 있다고 여기고 있다. 화보가 이러한 인식과 체현에 중요한 구실을 하고 있음을 인지하고 있었던 것이다. 화보 속 도상이 그려 낸 신문화의 이미지들은 문명 개화의 도래를 시각적으로 주입시키면서, 근대적 일상과 풍속을 균질화시키고 확산·재편시키는 촉매로서 작용하고 있었다.[18]

다음으로 그림 속에 자리 잡은 원근법이다. 원근법은 응시의 차원을 생략한 채 시각 공

---

17) 羅蘇文, 『女性與近代中國社會』, 上海人民出版社, 1996, 161~171쪽 참고.
18) 홍선표 외 지음, 『근대의 첫 경험』, 이화여자대학교출판부, 2006, 18~19쪽 참고.

그림26 사진 속에 걸린 여인 중 가장 많은 표를 받은 여인이 영예의 대상을 차지하는 방식을 채택한 일본의 미인대회장이다. 「일본인의 미인대회」(日人賽美), 『점석재화보』 제272호, 1891. 8.

간을 기하학적 차원만으로 합리화시킨다. 그리고 이를 통해 구조화된 근대적 시각체제는 리얼리즘적 서술에 의해 코드화된 개인을, 보는 주체 또는 원근법적인 시각 주체로 구성하게 된다.[19] 미인대회장을 들어서고 있는 한 무리의 여성들은 항상 담론의 질서가 교차하기 마련인 텍스트로서의 도상이 주는 이미지 속에서 대상화된 객체로 형상화되고 있다.

마지막으로 당시 세계 미인대회에 대한 상당한 관심이다. 근대 초기 중국에 소개된 서양의 미인대회는 다양한 문화의 소개라는 차원에서 어느 정도 긍정적인 역할을 하고 있었던 것으로 보인다. 그러나 미인대회가 갖는 근본적인 특성상 문화적 다양성이라는 긍정적인 측면만이 부각될 수는 없는 노릇이니, 곧 그 면모가 드러난다. 1년 뒤 일본에서 세계 미인대회를 모방해서 개최한 미인대회의 몇 가지 특징적인 면을 살펴보도록 하자(그림26).

첫째, 선발 방식이다. 여성들은 주최 측에 자신의 상반신이 잘 나온 사진을 보낸다. 조직위원회에서는 사진을 수합하여 벽에 걸고 각 사진에 번호를 부여한다. 이제 사진 속 여인들은 잘 끼워진 액자 속에서 대회장을 찾은 사람(남성)들의 한 표를 기다린다. 순위는 득표수에

19) 근대성의 주체와 원근법은 리얼리즘적 재현이라는 측면에서 시각적 차원으로 연계된다. 주체와 객체의 엄격한 분리는 주체 자신의 조건이자 창조이며, 재현은 이 객관성을 창조하는 행위이다. 그러나 재현을 통한 주체의 세계 지배는 자기 자신과 세계의 진실에 대한 지식을 제한하고 만다. 원근법과 주체의 시각적 구성에 관한 구체적인 논의는 주은우, 『시각과 현대성』, 한나래, 2003, 189~250쪽 참고.

365

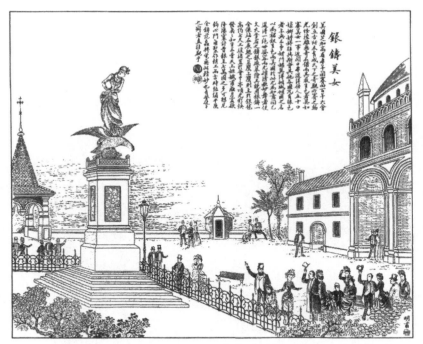

그림27 세계 미인대회에서 일등을 차지한 여인의 상으로, 제작에 거액의 돈이 들어갔다. 「은으로 주조된 미인상」(銀鑄美女), 『점석재화보』 제339호, 1893. 6.

따라 정해진다. 실내를 가득 메운 남성들의 벽에 걸린 사진 속 여성의 외모를 향한 시선과 평은, 이제 여성을 불특정 다수 남성들이 바라보는 대상으로 부각시켰다. 눈요깃감이 된 여성들, 공개적인 성(性)의 상품화라 할 만하다.

둘째, 자격 조건이다. 1년 전 거행된 미국에서의 미인대회 응모 자격이 "반드시 양가의 여인"이었던 것과 마찬가지로, 일본에서의 미인대회 출전 자격 역시 '부녀'(婦女)에 한정된다. 또한 미인대회에 참여하는 여인들은 적어도 스스로 자신의 외모에 자신감을 가져야 했다. "그 옛날의 동시가 찡그린 서시의 얼굴을 흉내 내다가 웃음거리가 된 것처럼, 남보다 못생긴 외모를 부끄러워하는 사람은 할 수가 없는" 일이었기 때문이다.

분명 당시 사람들에게 "미인대회는 별의별 기괴한 대회 가운데에서도 그 정도가 가장 심한 것"이었다. 다음 해 미국 시카고에서 열린 세계 미인대회에는 앞서 말한 방식으로 선발

---

20) 1990년대 후반 중국이 '미녀 경제'의 시대를 맞이한 이후, 2003년 해남도(海南島)에서는 자본주의 시장경제가 만들어 낸 대표적인 여성의 성상품화 기제라고 인식돼 온 미인대회인 미스월드 선발대회가 열렸다. 그것도 미인을 통한 경제적 효과와 국가 이미지 제고라는 미명 하에 중국 정부의 적극적인 후원을 받으면서 말이다. 개혁·개방 이후 경제특구에서 시작된 미녀 경제가 사회 전반으로 그 영역을 확대하면서 중국은 지금 공개적으로 미녀를 팔고 소비하는 사회가 되어 있다.

된 일본의 여인들을 비롯해 세계 각국에서 자국을 대표하는 미인들이 모여든다. 그리고 대회에서 선발된 가장 아름다운 여인에게는 거액을 들여 그 여인이 "그간 겪었을 고충"을 보상해 줄 만큼 "찬란히 빛나는" 은상을 주조해 준다.

미인대회에서 여성은 권력을 쥐고 있는 자들인 남성과 반대로 주체적인 선택권이 불분명한 위치에 놓여 있다. 또한 사회가 주입하는 논리대로 자신의 몸을 열등한 것으로 받아들여 자신의 몸에 대해 순수한 자의적 평가가 어려운, 객체화된 존재로 만들어질 수밖에 없다. 19세기 말이 되면 이제 기녀나 배우가 아닌 양갓집 부녀자들도 자신의 외모에 자신감을 가져야 했다. 평범한 여인들이 미처 반성이나 재사유의 능력을 갖기도 전에 이미 사회에 퍼져 가고 있는 권력의 이분화를 직접 혹은 간접적으로 수용하게 된 것이다. 20세기 초 여인들이 외모로 인해 겪게 될 자아정체성의 혼란과 상처는 21세기, 지금 중국에서 일고 있는 미녀 경제의 시대 속에서 살고 있는 여성들이 느끼는 그것과 크게 다르지 않았을 듯하다.[20]

┃여자, 조계를 수놓다┃

중국의 전통사회에서 여성의 의복이나 장식은 그 여성의 신분을 상징하는 것이었다. 그런데 청말, 이것에 변화의 조짐이 나타난다. 근대의 여성은 자신의 외모를 통해 자의식을 각성하기 시작한다.

1 신분을 뛰어넘은 유행

1870년대 상해에는 '유행을 좇다' (時式倚履)라는 신조어가 등장한다. 화보의 그림 속에 등장하는 도시 중상층 여인들의 모습은 대체로 폭넓은 소매가 달린 긴 옷을 입고 머리에는 보석 장식을 하고 있다. 꽃무늬가 그려진 옷감에는 장신구도 달려 있다. 이 여인들이 착용하고 있는 장신구나 의복의 모델은 기녀였다.

직업의 특성상 공공장소로의 출입이 자유로웠던 기녀들은 자신의 존재를 가능한 많은 손님들에게 알리기 위해 하루에 한 번씩 마차를 타고 조계를 돌았다. 새로운 사회 현상으로까지 자리 잡은 기녀들의 거리 나들이는 그녀 자신들에게는 중요한 하루 일과였고, 이를 바라보는 남성들에게는 흥미로운 볼거리였으며, 이제 막 세상으로 나오기 시작한 여인들에게는 도시문화를 체득하는 통로였다. 그리고 거리 나들이나 기원(妓院)에서 기녀들이 자신들을 광고하기 위해 선택한 방편은 독특한 차림새였다. 어떻게 해서든 '튀어서' 손님들의 눈에 띄어야만 했던 기녀들에게 의복이 지니는 성별·신분·국적·계급 등의 상징성은 **그림28**에서처럼 자신의 개성을 표출하는 수단일 뿐이다. **그림29**에 보이는 마갑(馬甲)은 반비(半臂)라고도 불렀던 조끼이다. 예전에 조끼는 하녀만이 입는 하녀의 상징이었다. 그런데 몇 년 전 상해에서 기녀들이 이 옷을 입기 시작했다. 기원에서도 "어울리지 않게 튀는 행동을 하곤 하던 기녀 한 두 명이 기발하게도 수입해 온 검은 색 레이스를 장식한 조끼를 활용해 독특한 모습을 연출해 낸" 것이다. 그런데 이후 "다른 기녀들이 다투어 이를 따라 하기 시작하더니, 최근 재외 공관 사택에서도 이러한 나쁜 풍속을 따르는 이들이 생겨나게 된다".

기녀와 규방의 여인들이 같은 옷을 입고 거리를 다닐 수 있다는 것, 사실 이것은 또 다른 혁명이었다. 이처럼 의복이나 장신구를 통해 성별과 신분의 구별이 가능했던 경계가 무너지는 사회 현상에 대해 당시 화보 속 논자는 걱정이 앞선다. 그래서 유행의 소비자로 급부상한 여성을 바라보는 논자의 서술 역시 부정적이다. 기녀들이 유포하는 '나쁜 풍속'을 좇는 상류

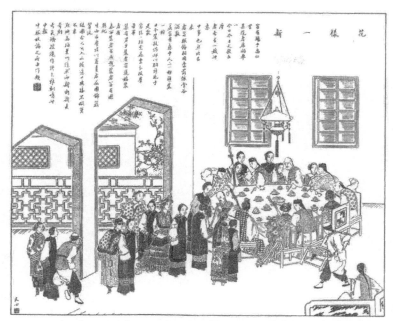

그림28 만주족·일본인·서양인·광동인·남자·무녀·비구니 등의 갖가지 복장을 한 기녀들이 보인다.
「새로운 모습의 기녀들」(花樣一新), 『점석재화보』 제147호, 1888. 4.

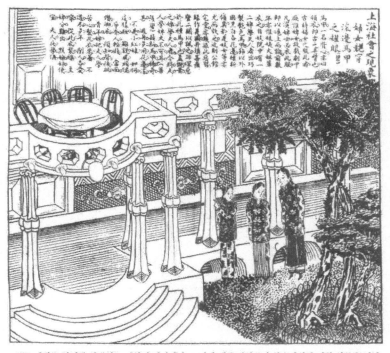

그림29 마갑은 하녀를 상징하는 의복의 하나였다. 그러나 이를 기녀들이 착용하면서 점차 상류층 여인
들 사이에서도 유행하게 된다. 「레이스 달린 조끼를 입은 부녀자들의 화려함」(婦女競穿滾邊馬甲之耀
眼), 『도화일보』 제92호, 1909. 11. 15.

그림30 "조계의 법령으로 한 대의 인력거에는 두 명이 탈 수 없다. 만약 그렇다면 인력거를 끈 이가 반드시 처벌을 받게 된다. 그런데 근래 기원에서는 자체적으로 인력거를 전세 내어 기녀들이 기원을 나설 때 매번 큰언니나 여종 등과 함께 나와 한 차에 타고 과시하듯 시장을 배회하기를 즐겼다. 두 여인이 한 차에 동석하는 조건으로 세금을 부과하니 경찰도 전세를 낸 인력거는 금지할 수가 없었다. 이처럼 전세를 낸 인력거는 날로 늘어나 사회의 새로운 현상이 되었다." 「좁은 인력거 안의 기녀와 여인들」(出局妓女實跟局人偕侶), 『도화일보』 제118호, 1909. 12. 11.

그림32 "안경이라는 물건은 지금까지는 눈에 질병이 있는 남자들이 사용하는 것이었다. 선글라스가 성행한 이후 사람들은 그것이 바람과 햇빛을 가릴 수 있다는 점을 좋아하여 착용하는 사람이 점차 늘어났다. 금테안경이 나온 이후로 여인들 가운데 이를 미용의 물건으로 여기는 사람이 생겨났으니, 최근에는 상류층 여인들에서부터 창기에 이르기까지 드물지 않게 보인다." 「다투어 금테안경을 끼는 부녀자들」(婦女競帶金絲眼鏡之時髦), 『도화일보』 제88호, 1909. 11. 11.

그림31 "어느 견사공장의 월급날 한 여공이 인파 속에서 귀걸이를 분실하고는 대성통곡한다. 이에 그녀의 서양인 고용주가 측은히 여겨 보수는 보수대로 지급하고 따로 귀걸이 값을 치러준 후 집에까지 바래다주게 한다. 이를 보고 주변 사람들은 서양인 가운데에도 덕을 배풀 줄 아는 사람이 있다면서 칭찬을 아끼지 않는다." 「덕을 잘 배푼다네」(好行其德), 『점석재화보』 제11호, 1884. 8.

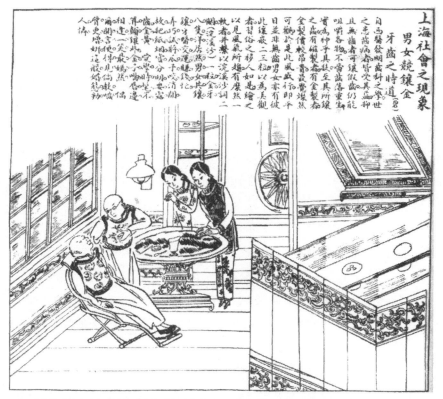

그림33 "서양 의학이 치과 의학을 발명한 이후 세상의 치통으로 고생하던 이들이 혜택을 받게 되었다. 하물며 썩은 이가 없는 사람도 가짜 이를 박아 음식을 씹을 수 있으니, 이가 빠지고 다시 나는 것뿐이 아니다. 실로 신기한 일이 아닌가?" 「남녀가 경쟁적으로 금니를 박는 시대 풍조」(男女競鑲禁牙齒之時道), 『도화일보』 제75호, 1909. 10. 29.

층 부녀자들의 무분별한 소비에 대한 우려와 더불어 그녀들의 문화적 신분이 기녀와 동등하게 추락하고 만 것에 대한 개탄이다. 물론 이러한 풍속이 새로운 여성 계층으로 급부상한 직업여성, 여성 노동자들에게만 예외였을 리는 없다. **그림31**을 보면 당시 여성 노동자 중 일부는 월급 가운데 상당한 액수의 돈을 의복이나 장신구에 소비하고 있었던 듯하다.

유행은 사람들의 구매의욕을 촉진시켜, 소비라고 하는 인간들의 행위를 유발한다. 또한 유행은 기능적으로 반드시 필요하지 않은 상품일지라도 사람들의 요구를 앞질러 소비시키는 힘을 지니고 있다(**그림32**). 그래서 '유행을 좇기' 위해 사람들은 주저 없이 신체를 개조하기도 한다(**그림33**). 물론 여기에 남녀노소의 구별은 없다. 서양 의술·의학이라는 미명 하에 또다시 반(反)자연화를 시작한 인간의 신체가 맞이하게 된 심각한 물적 의존이다. 그리고 이러한 일련의 과정 속에서 근대 상해 유행의 선도자로 급부상한 기녀들은 여성의 복식에 존재하던 귀천의 구별을 약하게 함으로써 의복으로 표현되던 신분 구분을 점차 사라지게 만드는 역할을 해내고 있다. 여성 복식에 다원화와 개성화가 더해진 것은 물론이다.

2 여심을 유혹하는 광고

유행의 근원지 "상해는 가장 먼저 문화를 개방한 곳이었다. 그래서 기차의 발달 역시 가장 빨랐다". 사방으로 철로와 도로가 뚫렸고 그 길 위로 기차와 자동차가 달리게 되었다. 새로운 교통수단은 "비록 때때로 들려오는 인명피해에도 불구하고 그 왕래의 편리함과 빠름으로 인해 많은 사람들이 즐겨 타는 것"이 되었다. 또한 그 "용도는 신비롭기"까지 했으니, 새로운 여가 형태의 등장을 촉진했다(**그림34**). 그리고 상해인들은 신속하게 공간을 이동하면서 온갖 광고와 마주쳤다. 활자가 아닌 그림을 통한 광고는 문맹인들에게도 공격적으로 전달될 수 있었다.

전화와 우체통을 비롯해 온갖 도시의 편의시설을 한 공간에서 즐길 수 있는 상해여관, 이곳은 철도를 타고 모여든 많은 수의 관광객과 외국인들이 가장 자주 찾던 호텔이었다.

방은 아주 크다. 채광도 좋고 환기도 잘 되어 위생 상태는 최고이다. 정원을 붉게 장식하고 있는 기이한 꽃들은 이곳에 들어오는 사람으로 하여금 여객의 신분을 잊게 하니 여관의 독특한 특색을 만들어 낸다. 자리와 휘장, 침구와 같은 갖가지 물건들은 서구식을 따라 대단히 정결하다. 신문을 볼 수 있는 방에는 각종 신문이 놓여 있고, 레크리에이션 방에는 풍금·아코디언·바둑·장기 등이 갖추어져 있어 손님들이 여정을 즐길 수 있다. 각 방에는 초인종이 설치되어 있어 일이 있으면 다방으로 신속히 부를 수도 있다. 우체통은 손님들이 편지를 보내기에 편리했고, 전화기는 안부를 묻는 데 편리했으며, 투숙객 일람표는 이곳을 찾아오는 친지들이 착오를 일으키지 않으니 편리했다. 종업원은 외부 손님들이 각종 일을 편리하게 물을 수 있어 사람들의 생소함을 덜어 주었으며, 구비된 욕실은 매일 씻고 목욕하는 것을 가능하게 했다. 특히 주도면밀한 배치는 손님을 맞이하는 데 적합했으며, 게다가 숙박비가 크게 비싸지도 않았다. 비록 상해에 큰 여

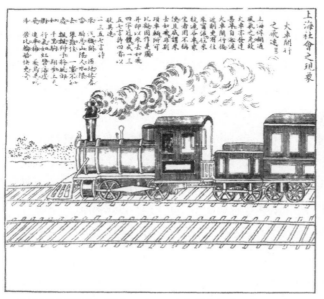

그림34 「빠르게 운행되는 기차」(火車開行之飛速), 『도화일보』 제121호, 1909.12.14.

관이 많았지만 손님들이 모두 기꺼이 상해여관을 찾는 이유들이다.

이 글은 **그림35** 「상해여관」에 그림과 함께 실린 호텔에 대한 소개 기사이다. 이곳을 방문한 여행객들의 중심에는 상해라는 도시의 근대문화가 자리 잡고 있다.

그림36을 보면, 마차에서 변발을 잡힌 채 끌려 내려오는 젊은이는 말끔하게 차려입은 그 모습이 영락없는 한량이다. 바닥에는 그가 들고 있었을 부채가 떨어져 있고 한 손에는 당시 신식 멋쟁이들의 필수품이었을 선글라스가 들려 있다. 하지만 화면 속에 그려진 장면 직전까지 누렸을 그의 향락은 자연스러운 것도 영원히 지속될 수 있는 것도 아니었다. 새롭게 형성되기 시작한 상해라는 근대도시는 끊임없이 유흥의 문화를 제공하고 있었고 이의 유혹을 뿌리치지 못한 젊은이가 그 문화를 탐닉하고 소비하기 위해 필요한 돈(자본)도 훔친 것이다. 그림 속 젊은이가 즐기고 싶었던 표면적인 대상은 기녀이다. 그런데 꽃단장을 하고 새초롬한 표정으로 앉아 있는 기녀는 누덕누덕 기운 옷을 입고 아들의 변발을 잡아당기고 있는 어머니와 사뭇 대조적이다. 그림으로 그 표정을 확인하긴 쉽지 않지만 보지 않아도 짐작이 가능한 어머니의 격앙된 모습과 달리 지금 눈앞에 벌어지고 있는 상황이 마치 자신과는 무관하다는 표정이다.

물론 그림 속 젊은이가 진정으로 소비하고 싶었던 것은 조계라는 근대도시의 문화였을 것이다. 유행으로 인한 통속적인 소비로 이루어진 도시문화는 그 자체로서 새로운 성

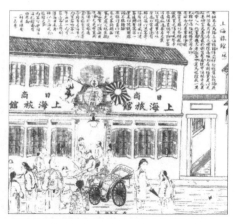

그림35 최신식 설비를 갖춘 상해여관의 모습이다. 당시의 호황을 짐작하게 한다. 「상해여관」(上海旅館), 『도화일보』 제9호, 1909. 8. 24.

그림36 도로에는 마차들이 다투어 달리고 기생집이 즐비하게 늘어서 있으니, 이는 상해 지역 전체가 단연 으뜸이다. 매일 저녁 5, 6시가 되면 친구를 불러내거나 기생을 데리고 정안사로 놀러 가는 것은 상해의 한 풍경이 되었다. 그림 속의 소년 역시 이곳에 와서 방탕한 생활에 빠져 지내다 모친에게 발견되어 머리채를 잡힌 채 끌려가고 있는 장면이다. 알고 보니 이 청년은 계약서를 훔쳐 집을 나간 후 빈둥거리며 노느라 여러 날 집으로 돌아오지 않았다가 이번에 그 모친에게 걸리고 만 것이다. 「기생에 빠져 부모를 잊다」(狎妓忘親), 『점석재화보』 제14호, 1884. 9.

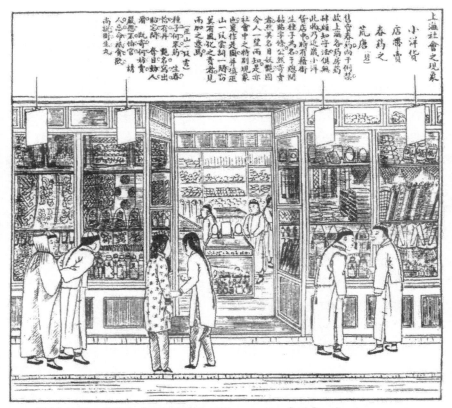

그림37 「춘약을 구비하고 판매하는 황당한 양화점」(小洋貨店帶賣春葯之荒唐), 『도화일보』 제153호, 1910. 1. 15.

적 상상력과 욕망의 대상이 되고 있었기 때문이다. 화면 속에는 소년이 "부모를 잊어"버리면서까지 빠져 들고 싶었던 상해라는 근대도시의 면모가 담겨 있다. 이 가운데 상해 소비문화의 공간으로서 무엇보다 주목할 공간은 대로이다. 공공전시의 중요한 중심지로 확립된 대로의 역할은 훨씬 더 광범위한 것으로 강조되고 다시 만들어졌다.

조계의 대로는 사방이 통하건만 성 안의 도로는 협소하기만 하다. 조계 거리는 대단히 깨끗하고 차들도 먼지를 날리지 않으며 그곳에 살고 있는 사람들은 거의 악사(樂士)들이다. 비록 성내(城內)에도 도로를 청소하는 부서가 있기는 하지만 운하에서는 악취가 코를 찌르고 후미진 지역은 지하도와 화장실이 연결되어 있으니 조계의 그것들과 비교할 때 천양지차로다.[21]

21) 李昧靑, 『上海鄕土誌』, 顧炳權 編著, 『上海風俗古迹考』, 華東師範大學出版社, 1993, 282쪽.

근대도시 조계는 그 자체로 하나의 극장과도 같았다. 조계의 포장된 대로는 길 위에서 북적대는 수레와 대중 운송수단 덕분에 그 자체만으로도 충분한 구경거리였다. 정안사(靜安寺)나 장원(張園), 예원(豫園) 역시 사교와 오락의 장소로 탈바꿈하며 도시의 외향적 형태를 부각시키는 데 일조했다. 또한 우후죽순처럼 솟아난 기루(妓樓)와 찻집〔茶館〕, 공연장은 사람들을 불러들였다. 대로는 이러한 신종 문화공간 안에서 이루어지는 공연 세계와 한데 녹아들어 자본의 풍요로움과 유행을 전시하는 장소를 창출하며, 상품의 물신숭배주의가 최고의 권위를 가지고 지배하는 공공장소가 된 것이다. 그리고 그 유혹의 기술은 진열대나 쇼윈도 너머 전시된 상품에서 시작되었다. 하릴없이 거리를 지나다니는 사람들의 흥미를 환기시켜 그들을 끌어들여 손님으로 만들어 버리고 마는 마력의 쇼윈도, **그림37**의 여성들은 이 기대를 저버리지 않았다.

3 상품과 소비되는 욕망

외모를 통해 자신을 표현하려는 욕구는 **그림38**을 보면 분명 나이를 불문했던 모양이다. 여성들의 소비품인 화장품과 장식품을 전문적으로 파는 상점은 이러한 여성의 심리를 적극 활용하고 있었다. 항주(杭州)의 한 화장품 가게에서 갑자기 불어온 강풍으로 인해 바깥에서 말리고 있던 연지가 날아가 버리는 상황이 벌어진다(**그림39**). 사람들은 이 사건으로 인해 올해 이 화장품 가게의 장사가 성황을 이룰 것이라고 위로의 말을 전한다. 그런데 화면 속 논자는 어쩌면 이것이 화장품 상점의 주인이 만들어 낸 말일지도 모른다는 생각을 숨기지 않고 피력한다. 상품을 광고하고 소비를 촉진시키기 위한 상인의 노력은 천재지변까지도 이용하게 만드는 시대였던 것이다. 물론 화보의 한 지면을 장식한 기사와 화면이 만들어 준 광고 효과가 더 컸을 테지만 말이다.

소비는 일련의 문화적인 과정으로서의 근대적인 도시를 재생산한다.

그림38 "상해의 번화함은 천하제일이다. 그래서 부녀자들도 꾸미기를 좋아하니, 소녀와 중년 부인들은 물론이다. 가장 기이한 것은 오십이 넘은 나이 든 부인들이 짙은 화장에 화려한 의복으로 얼굴 가득한 주름살도 잊은 채 온갖 추태를 드러내고 있는 것이니 이 그림을 그린다." 「짙은 화장을 한 노부인들의 추태」(老婦艷粧之醜態), 『도화일보』 제154호, 1910. 1. 16.

그림39 「바람이 연지를 날리다」(風箏臙脂), 『점석재화보』 제314호, 1892. 10.

철저하게 계획되고 만들어진 근대의 소비문화를 아주 잘 보여 주는 구체적인 공간 중 하나가 박람회이다. 제조물의 생산과 소비의 시선이 만나는 새로운 유통공간이었던 박람회는 문명 개화의 시각적 계몽장치이다.[22] 더불어 박람회는 필자로서의 국가·자본·흥행사, 그리고 그 속에서 다양한 행동을 복잡하게 짜 맞추면서 연기자로서의 역할을 충실히 해내는 관람객이 어울려 상연하는 다층적인 문화 텍스트로 작용하기도 한다.[23] 상품 박람회 관련 그림을 소개하고 있는 화보들(**그림40~그림45**)로부터 당시 여성들의 박람회 속에서 겪은 사회적 경험의 일부 내용을 엿볼 수 있다.

보기에도 상당히 웅장해 보이는 출품회장의 실내에서 패나 공을 들였을 법한 차림새로 물건을 살펴보고 있는 여인들의 모습도 보이고(**그림41**), 박람회가 지닌 흥행거리로서의 특징을 살리기 위해 마련된 특설 무대 및 전시장의 한쪽에 자리한 여인들도 보인다(**그림42~그림**

---

22) 홍선표, 「미술의 근대적 유통공간과 개념의 등장」, 『월간미술』 제14권 8호, 중앙일보사, 2002. 8.

23) 요시미 순야는 박람회의 산업 기술적 특성과 더불어 다음 세 가지 측면의 사회적 경험을 강조한다. 첫째 '산업'의 디스플레이인 동시에 '제국'의 디스플레이로서의 박람회, 둘째 대중을 근대의 상품 세계와 처음으로 만나게 한 장소로서의 박람회, 셋째 '흥행물'로서의 박람회. 이 세 가지 시점이다. 흥미로운 것은 국가와 자본, 흥행사가 연출해 낸 박람회를 찾은 사람들 각자가 맡은 역할이다. 일단 누군가 박람회를 찾는다면 그 순간부터 그의 사회적 경험은 자신에 의해 자유롭게 결정되는 성질의 것이 아니다. 요시미 순야, 이태문 옮김, 『박람회―근대의 시선』, 논형, 2004, 38~46쪽.

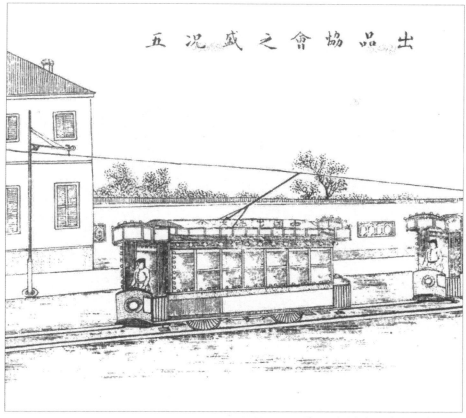

그림40 기차는 박람회장을 찾는 사람들에게 낯선 공간 및 시간에 대한 기대와 불안을 동시에 경험하게 한다. 『도화일보』 제
112호, 1909. 12. 5.

그림41 박람회장을 가득 메운 사람들 가운데 화려한 옷차림의
중국 여인들을 쉽게 찾아볼 수 있다. 「출품박람회장의 성황 1」
(出品協會會場之盛況一), 『도화일보』 제108호, 1909. 12. 1.

그림42 박람회장에 전시된 유성기들을 바라보는 여인들의 모습
이 보인다. 『도화일보』 제110호, 1909. 12. 3.

그림43 비정상적인 신체를 가진 이들은 박람회장의 색다른 볼거리였다. 『도화일보』 제117호, 1909. 12. 10.

그림44 박람회장에 설치된 특설 무대 공연장이다. 『도화일보』 제116호, 1909. 12. 9.

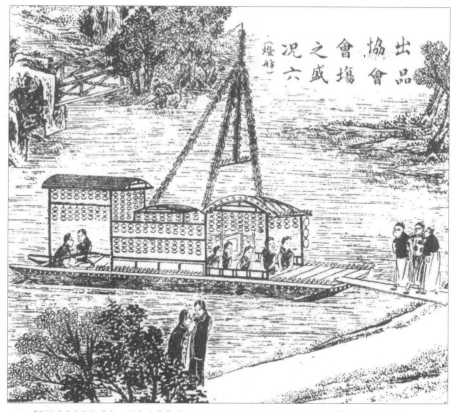

그림45 「출품박람회장의 성황 6: 불빛 찬란한 배」(出品協會會場之盛況六: 燈舫), 『도화일보』 제113호, 1909. 12. 6.

44). 성황리에 개최되고 있는 박람회의 모습을 스케치한 그림 가운데 특히 눈길을 끄는 장면은 「불빛 찬란한 배」(燈舫, 그림45)이다. 화려한 전등(불빛)이 갖추어진 것으로 보아 아마도 이 배는 저녁 무렵 그 진가를 발휘했을 것이다. 삼삼오오 무리를 지어 있는 남녀 간에 오고가는 시선도 발견할 수 있고, 이미 짝을 지어 비교적 한적한 뒤쪽에 앉아 담소를 나누고 있는 남녀 한 쌍도 보이며, 이러한 무리 속에 속할지 말지를 의논하는 것 같은 두 여인도 보인다. 박람회는 이성 간의 자연스러운 사교의 장소를 제공함으로써 근대 여성의 감각과 욕망을 재배치하고 있었다.

상업적이고 공적인 공간과 소비를 통한 그 공간의 사적 전유 사이의 공생관계는 이후 더욱 중요해진다. 여성들이 대로를 산책하고 쇼윈도를 구경하며 자신들이 산 물건을 재빨리 집이나 침실로 갖고 들어가기보다는 공적 공간에서 과시하는 것은 유행에 꼭 필요한 일이었기 때문이다. 상품이라는 구경거리가 공과 사의 구분선을 넘어 그 둘을 사실상 통합하게 된 것이다. 그리고 이 과정에서 소비자로서의 여성은 대로의 상점으로부터 박람회를 거쳐 이후 백화점으로 진출하게 된다. 상품을 전시하고 판매하는 장소는 관능적 욕구와 성적 교류가 가능

그림46 "서양인들이 봄과 가을로 개최하는 경마대회에는 상무정신이 담겨 있음을 어제 신문에서 말했다. 그런데 중국인들도 서양인들의 경마대회가 열릴 때마다 놀기를 좋아하는 이들은 반드시 무리를 지어 관전하러 간다. 유행의 첨단을 걷는 옷차림에 새로 화려하게 장식된 차를 타고 친척이나 친구들과 함께 혹은 식솔이나 관전을 위해 같이 온 사람들이다. 심지어 명문가의 가족들도 있었으니, 그들이라고 예외일 수 있었겠는가." 「서양인의 경마대회 관전을 위해 다투어 모여든 중국인들」(華人爭看西人跑馬之無謂), 『도화일보』 제79호, 1909. 11. 2.

한 공적 공간으로 거듭나며 그 공간을 공유하는 이들은 그 자체로 구경거리의 한 부분이 된다. 그리고 화보는 이를 어김없이 강화시키고 있다.

4 스포츠와 조응한 여자

상해의 서양인들은 봄가을로 날씨가 좋을 때 삼일간 경마 경기를 했다. 그리고 승자에게는 전쟁에서 이기고 돌아온 영웅과 같은 영예가 주어졌다. 조계의 중심부에 자리한 경마장은 그 자체만으로도 서양 문화의 과시적 표현이었다. 경마장을 사이에 둔 와이탄과 남경로는 근대 상해의 번영 상황을 이해하는 데 중요한 공간이다. 특히 이름 없는 작은 시골길에 불과했던 남경로가 근대 상해에서 대표적인 소비공간으로 변모된 데에는 경마장의 역할이 가장 컸다. 1850년 최초의 경마장이 건설된 이후 이 도로는 파극로(派克[park]路) 즉 경마장에 도달하는 길이라는 의미로 불렸고, 이후 다시 화원로(花園路)가 되었다. 1854년 경마장이 서쪽으로 옮김에 따라 화원로는 조금 더 연장이 되었고, 그와 동시에 노면은 또한 6m로 확장되며 기와가 깔렸다. 1863년 경마장의 2차 이동에 따라 이 길 역시 서쪽으로 확장되었고, 이번엔 노면에 화강석이 깔려 기와로 깔렸던 길을 대체했다. 3년 후 공부국의 명령 하에 화원로는 기타 간선로와 함께 이름이 정해지면서 남경로가 되었다. 두번째 공정이 완성되어 갈 무렵 남경로는 조계의 동서를 잇는 주요 도로가 되어 대표적인 소비공간으로 자리 잡는다. 외국인 상사(商社)나 서양 물건을 판매하는 상점(洋貨), 생사 도매상(絲行)이 집중된 남경로의 분위기는 사실상 대무역상사와 은행이 세워진 와이탄과는 또 다른 의미를 지닌 공간이었다.[24]

경마장에서 이어지는 화려한 소비문화의 공간 속에서 서양인들의 스포츠를 관람하기 위해 최신식의 옷차림을 하고 무리 지어 몰려다니는 사람들, 그 가운데 상당수가 여자였던 것은 **그림46**을 통해 한눈에 알아볼 수 있다. 청말 서양인이 소개한 스포츠는 무엇보다 신이 나는 볼거리였다. 이 볼거리에 담겨 있는 '상무정신'[25]은 사실상 이를 즐기기 위해 모여든 각계각층의 사람들, 특히 부녀자들에게는 그저 '무의미'한 것일 뿐이다.

사람의 몸이 노동으로부터 완전히 분리되어 그 자체로 즐기는 대상이 될 수 있다는 사실은 그것만으로도 흥미진진한 것이었다. 전통사회에서는 신체의 단련이나 개인의 즐거움을 위해 운동을 한다는 인식이 존재하지 않았기 때문이다. 스포츠는 몸에 대한 인식과 세계관에 거대한 변화를 가져온 일대 사건이었다.[26] 그리고 자전거 위의 서양 여인은 어느새 중국의 민첩한 젊은 여인들로 바뀌어 있다(**그림47**과 **그림48**). 19세기 말~20세기 초, 중국에서 스포츠는 소비적인 근대 여성의 전유물로서 널리 보급되고 장려되기 시작한다.

그림47 나는 듯 자전거를 타고 가는 서양 여인에 대한 주변 사람들의 탄복이 이어진다. 「자전거를 잘 타는 서양 여인」(西婦善御), 『점석재화보』 제251호, 1891. 2.

그림48 "근래 규방의 여인들 가운데에도 자전거 타는 것을 아주 좋아하는 사람들이 생겨났다. 매번 인적이 드문 거리에 여자들이 삼삼오오 무리를 지어 자전거를 타는데, 제비와 꾀꼬리가 스치고 비녀와 빈모가 날아가는 듯 여인들의 자태가 민첩하다. 「자전거를 타는 민첩한 부녀자들」(婦女亦乘脚踏車之敏捷), 『도화일보』 제104호, 1909. 11. 27.

24) 劉建輝 著, 甘慧杰 譯, 『魔都上海』, 上海古籍出版社, 2003, 68~80쪽.
25) 청말민초 시기 스포츠에서 계몽주의적 의도를 찾기란 어려운 일이 아니다. 상무정신과 결합한 학교의 운동회를 비롯해 체육 과목에 대한 중시는 부국강병책의 일환이었다.
26) 김경일, 『여성의 근대, 근대의 여성』, 푸른역사, 2004.

조계, 여성을 만들다

청말, 남성계〔男界〕에 상대되는 말로서 여성계〔女界〕라는 새로운 단어가 등장한다. 여성이나 남성이나 모두 사람이기에 평등한 인권을 가지며 높고 낮음의 구별이 없다는 인식도 생겨난다. 또한 여성들은 '해방되어야만' 하며 동시에 여성계의 일원으로 새로운 지위를 지니고 사회에 참여해야만 하는, 성별 인식에 대한 새로운 시각도 '만들어'진다.

왕동생(王東生)은 외국인 상사에서 일하는 아내 구(瞿)씨가 여러 차례 불러도 집으로 돌아오지 않자 합동심의 법정에 고소를 한다. 서양인 영사는 남편 왕씨가 무뢰한이므로 아내가 그를 거들떠보지 않을 수도 있다고 생각한다. 하지만 중국인 관리의 입장에서 이는 사회 윤리적인 문제와 연관될 수 있기에 함부로 선례를 남길 수 없는 문제로 간주한다. 그런데 왕씨가 사람을 시켜 아내를 데리고 가려 하자 아내를 고용하고 있는 외국인이 법정 밖에서 그 사람을 흠씬 두들겨 패 버린다. **그림49**의 기사를 보면 다음과 같은 구절이 나온다.

남자의 몸으로 아내를 보호하지는 못하고 오히려 고용인이 되어 벌어 오는 아내의 돈으로 먹고살아 가며 그 아내를 순순히 타인에게 양보하기까지 하였구나. 돈이 있을 때에는 귀머거리와 벙어리 행세를 하다가 돈이 없어지자 명분을 따지려 하니 이것은 있을 수 없는 일이로다.

부부간의 명분이라는 것도 남편이 아내를 부양해야 하는 책임을 다했을 때 세울 수 있는 것이니, 실직한 남편을 대신해 생계를 꾸려 나가는 아내의 경우에는 전통적인 윤리 강령이 적용될 수 없다는 설명이다. 실제 재판의 결과에 적용되었을 전통적인 윤리 잣대와는 다른 시각으로 사건을 해석하고 있는 것이다. 이것은 바로 상해라는 근대도시의 여론이다. 비록 남편의 보호를 받지 못하는 여성에게만 국한된 것이었기는 하지만 말이다. 물론 이러한 해석이 가능했던 이유로는 권력과 욕망이 되어 버린 돈, 즉 자본의 힘과 더불어 상해 조계에서 가졌던 외국인들의 특권을 고려해 볼 수도 있다. 조계에서의 외국인들은 신상과 재산상의 치외법권적 보호를 받으면서 1860년 이후 다양한 통치계급으로 구성된 청나라의 또 다른 권력계층으로 군림하게 된다. 이것은 외국인들이 어떤 눈에 띄는 식민의 방식으로 중국(또는 중국인)을 착취했음을 의미하는 것은 아니다. 권력이 되어 버린 외국인들은 그 존재 자체만으로 중국인들 스스로가 자신들의 생활 방식을 서양화하고자 하는 욕망의 대상이 되어 가고 있었음을 말하는 것이다.

또한 흥미로운 것은 화보에서 말하고 있는 사건들의 공간 배치이다. 여기에는 소위 근대

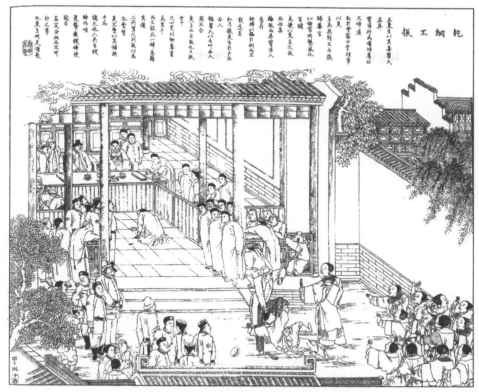

그림49 자신의 아내가 여러 날 집을 비우자 그녀의 남편이 서양인 고용주를 고소한다. 재판에서 불리함을 감지한 그 서양인 고용주가 법정에서 나오자마자 남편을 두들겨 패고 있다. 「남편의 위엄이 서지 않다」(乾綱不振). 『점석재화보』 제25호. 1884. 12.

적인 것과 전근대적인 것, 그 두 가지 시선이 공존하고 있기 때문이다. 화면 속에는 외국인 재판관과 중국인 재판관이 함께할 수밖에 없었던 조계의 법정을 찾아가 고소를 하고자 엎드려 있는 중국인의 모습과 법정 밖에서 외국인이 중국인을 두들겨 패는 모습이 동시에 담겨져 있다. 그리고 그 배치의 방식은 관찰자가 어느 고정된 자리에서 바라본 풍경을 재현하는 전통 산수화와는 다른, 시간-공간 중심적인 원근법주의에 따른 재현이다. 대상에 대한 주체의 이성적 파악과 지배를 재현하면서 곧 일정한 의미론적 신화로 이어지고 마는 원근법적 구성을 통해, 화보는 결국 당시 상해의 법제도가 외국인의 무력에 의해 무력화되고 있음을 확실하게 보여 주고 있다. 더불어 상해 사회가 외국(인)으로 상징되는 근대의 권력에 의해 '건강' (乾綱)으로 대표되는 전통 윤리강상들이 '펼쳐질 수 없는'〔不振〕 상황에 도달해 있음 또한 선명하게 각인시켜 주고 있다. 전통의 윤리강상들에 가장 깊은 구속을 받던 여성들에게서도 변화의 기운이 감지된다.

1 소비공간과 여성

1) 사라지는 명기

중국만이 아니라 인류 역사를 놓고 봤을 때에도, 기녀는 비정상적인 성 관련 현상으로서 충분히 주목할 만한 것이다. 여자가 남자의 성적 도구로 전락한 가장 전형적인 예로서, 그것이 존재한 시간 역시 아주 오래이다. 특히 중국 근대 시기 창녀로서의 기녀는 그 서막을 열어 준 아편이 지닌 기형적인 속성만큼이나 왜곡되어 형성된 소비문화의 중심에 놓여 있다. 기원(妓院) · 연관(烟館) · 다루(茶樓), 이 세 공간은 육체를 상품화하기 시작한 여성(창기)과 이를 소비하는 주체로서의 남성(청년)들이 참여하여 탄생시킨 새로운 공간이다. 그렇다고 근대적인 소비향락문화의 대표적인 이 세 공간을 채운 것이 근대적인 이미지의 서구식 공간일 수만은 없었다. 아직은 많은 경우 중국 고유의 전통이 혼합된 양상이었다.

그림50을 보면, 도시의 퇴폐와 환락의 이미지를 대표하는 소비공간인 찻집에서, 퇴락한 기녀와 손님[嫖客]이 근대적 소비문화의 대표적 상품인 아편을 매개로 절묘하게 어우러지고 있다. 주계선이라는 기녀는 당대 뭇 남성들의 심금을 울렸던 명기이다. 그러나 세월이 그녀만을 비켜 가지는 않았으니 이미 늙어 버린 그녀의 처량한 신세는 아편과 더불어 더욱 추한 모습만 남겨 놓았다. 그녀를 알아보는 사람 역시 이미 늙어 버린 빈털터리 유객이다.

그리고 그림51에 나오는 무덤의 주인공은 상해의 기녀 가운데 걸출한 명기 화상운(花湘雲)이다. 단아한 성정과 문장으로 많은 신사들과 글을

그림50 한 다관의 구석에서 아편으로 추하게 늙어 버린 명기와 그녀의 악기 연주를 듣고 있는 빈털터리 손님이 자리하고 있다. 「명기의 말로」(名妓下場), 『점석재화보』 제71호, 1886. 3.

그림51 한때 기예와 절조로 명성을 날리던 기녀 화상운의 무덤이다. 기녀로 보이는 여인들과 이들의 손님으로 보이는 표객들이 그녀의 죽음을 아쉬워하고 있다. 「이름난 기녀를 매장하다」(埋香韻事), 『점석재화보』 제178호, 1889. 2.

그림52 유원지는 기녀들과 그녀들의 손님이 자주 찾던 주요 공간 중 하나이다. 「장원」(張園), 『도화일보』 제10호, 1909. 8. 25.

주고받던 그녀의 가치는 돈 많은 유객이 와도 꿈쩍하지 않던 절조에서 빛이 났다. 그래서 그녀가 죽은 뒤에도 봄가을 날씨 좋은 날이면 많은 이들이 정안사 근처에 마련해 놓은 비석을 찾아 시사를 남겨 두고 가곤 했다. 하지만 이미 무덤 속에 묻힌 그녀의 향기는 다시 맡을 수 없는 지나간 추억에 불과하다. 그것도 자신의 값어치를 돈으로 매기는 기녀들이 유객들과의 유희를 즐기기 위해서 꼭 들르는 장소가 되어 버린 정안사에서는 더욱 그러하다.

근대 중국 기녀들의 명칭은 그 등급에 따라 서우(書寓)나 수우(收寓), 장삼(長三), 요이(幺二), 화연간(花煙間), 대기(臺基), 야계(野鷄) 등으로 나뉘었다. 그 중 서우와 장삼은 고급 기녀에 속한다. 요이는 논자에 따라 장삼보다는 못하나 가격 면에서 2원이라는 상당한 몸값을 지니고 있기에 고급 기녀로 분류되기도 했고, 미색은 갖추고 있으나 특별한 기예를 지니고 있지 못했기에 저급 기녀로 분류되기도 했다. 요이는 간혹 대중화의 길에 들어선 당시 기녀를 통칭하는 단어로 사용되기도 했다. 상대적으로 나머지 화연간·대기·야계는 저급 기녀에 속한다. 이들의 경계를 나누는 것은 무엇보다 기예의 정도이다. 기본적으로 악기를 다룰 줄 알아야 하는 고급 기녀도 곡(曲)의 한 대목 정도를 공연해 내지 못하고 그저 비파와 같은

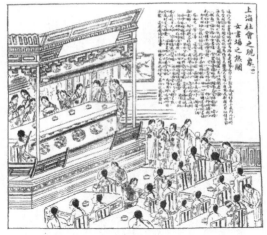

그림53 「여서장의 번성」(女書場之熱鬧), 『도화일보』 제22호, 1909. 9. 6.

그림54 찻집을 가득 메운 여인들은 모두 손님을 찾기 위해 모여든 기녀이다. 「새로 나온 차를 시음하다」(松風滿盤試新茶), 『도화일보』 제247호, 1910. 4. 28.

악기만을 다룰 수 있다면 서우에 이르지 못하고 장삼에 머문다. 그래서 최고의 기녀로서 충분한 소양과 자존심을 지니고 있던 서우만이 문인과의 정신적인 교감을 나눌 수 있었다. "기예만을 팔 뿐 몸을 팔지는 않는다"(賣藝不賣身)는 이들에게 육체적인 관계는 그야말로 최후의 영역이었다. 결국 이들은 전통적 기녀의 이미지를 만들어 낸 주역이었던 것이다. 그것이 여성을 에로티시즘의 대상으로 보고 그들을 혐오하면서도, 또 한편으로 신비화시키는 남성의 이중적 시선에서 비롯한 것이었을지라도 말이다. 그러나 이제 조계라는 공간은 기녀에게 남성(문인)의 이중적인 시선만을 허락할 수 없었다. 그래서 매년 엄격한 시험을 거쳐 그 자격을 인정받고 화류계에서는 '선생'(先生)으로 불리며 나름대로의 위상을 지니고 있던 서우는 어쩌면 이렇게 부재의 기억으로 존재할 때, 바로 그때에만 아름다울 수 있었는지 모른다.

조계는 신속히 새로운 부류의 사람들로 채워져 나갔고, 조계라는 공간 형성의 기원(起源)처럼 이곳의 가장 중요한 가치 지표는 자본이 되었다. 전통 공간에 발을 담고 있으면서도 일정한 자본의 힘을 구비하고 상해의 신흥 계층을 형성한 남성들은 약간의 문화적 소양을 갖추고 있으면서도 '다루기 쉬운' 기녀를 찾았다. 기예보다 자본을 중시하는 사회는, 그래서 비파교서(琵琶校書)라는 이름이 있음에도 장삼이라는 명칭이 더 잘 어울리는 그들을 고급 기녀의 대명사로 자리하게 만들었다. 삼삼(三三)이라고도 불렸던 장삼은 몸값으로 매겨진 돈의 가치에 따라 생겨난 호칭이다. 장삼은 3원을 지불하면 불러내 술자리에 배석하게 할 수 있었고, 다시 3원을 지불하면 밤을 함께 보낼 수도 있었다. 고급 기녀들에게 성매매의 의미가 더해진 것이다.

그림55 악기를 들고 공연 차례를 기다리는 기녀들과 마찬가지로 서양인 기녀 역시 중국의 전통 탄사를 공연했다. 「서양인 기녀의 탄사」(西妓彈詞), 『점석재화보』 제108호, 1887. 3.

서우나 장삼과 같은 고급 기녀가 주로 활동하는 공간은 기루(妓樓)이다. 하지만 이들을 손님과 연결시켜 주는 또 다른 장소는 다관(茶館), 특히 그곳에 마련된 서장(書場)이라는 공연 공간이다(**그림53**). 상해에 조계가 들어서기 전까지 일반적으로 다관의 주된 기능은 차를 마시는 것이었다. 비교적 작은 규모의 이곳은 상인들이 상거래를 하고 일반 시민들이 소일거리로 삼는 장소였다. 그러나 1870년대 조계의 인구가 급속히 증가됨에 따라 중국의 전통 찻집 다관은 그야말로 신천지(新天地)를 열어 갔다. 그리고 그곳은 새로운 오락거리로 가득한 유흥과 소비의 대규모 공간으로 탈바꿈했다(**그림54**).

그림55의 서양 기녀는 중국 여인의 복장을 하고 비파를 안고 있다. 그녀가 할 줄 아는 노래는 중국 음사(淫詞) 가운데 「십팔모」(十八摸)뿐이다. 그녀의 탄사를 들어본 이들의 평이 그리 좋을 리 없다. 하지만 그럼에도 불구하고 사람들은 그녀의 '독특함'에 끌려 그곳을 찾았다. 그래서 다관의 주인은 이처럼 그녀를 찾는 수요자들을 위해 며칠에 한 번씩은 서양인 기녀로 하여금 그 '재미없는' 탄사를 노래하고 또 비파를 연주하게 했다. 기예는 그저 손님을 끌어들이는 하나의 수단일 뿐이었던 것이다.

그림56 야계들이 손님 하나를 둘러싸고 극심한 호객 행위를 하고 있는 사마로 대신가구(大新街口)의 풍경이다. 「손님을 끌어당기는 거리의 여인들」(流妓拉客), 『점석재화보』 제106호, 1887. 3.

그림57 한 외지 사람이 소변을 보기 위해 길을 찾다가 마침 들어간 골목이 야계가 집중적으로 모여 있던 곳이었다. 사냥감이 나타났다고 판단한 야계들은 순식간에 몰려들었고 그림 속 남자의 표정에 당황함이 역력하다. 「몰려드는 창녀들을 피해 가까스로 벗어나다」(野鷄走狗), 『점석재화보』 제53호, 1885. 10.

2) 거리를 누비는 창기

청대에는 기본적으로 금창(禁娼)정책을 채택했다. 그러나 이것이 당시 중국에 기녀가 존재하지 않았음을 의미하는 것은 아니다. 조정과 멀리 떨어진 남방에서는 이른바 사창(私娼)이라는 암묵적인 형식으로 활기를 띠고 있었다. 하지만 이것도 성 밖 항구 부근이나 군영지 근처일 뿐이었고 19세기 초까지 성 안에는 기루가 없었다. 이후 속속 들어온 사창가의 손님도 여전히 대다수 부유한 상인과 세력 있는 군인으로 일반 백성이나 지위가 낮은 서생들은 생각지도 못하는 것이었다.

그러나 이러한 전통적 기녀의 존재 방식은 현성 부근에 조계가 들어선 이후 커다란 변화를 보인다. 유곽에 드나드는 손님은 놀기 좋아하는 사대부 자제로부터 막노동을 하는 사람까지 다양했다. 그 비용 역시 양은(洋銀) 3원에서 백문(百文)이 넘는 것까지 천차만별이었으니, 기녀를 소비하는 대상의 계층이 확대되었음을 보여 주는 것이다. 그 원인으로는 다음

두 가지를 들 수 있다. 첫째, 태평천국의 난으로 남경이 점령된 이후 다수의 창기 난민이 상해로 도망 오고 그녀들은 생계를 위해 손님을 선택할 자유를 잃게 된다. 둘째, 당시 영국과 프랑스 당국에서 중국의 금창정책을 무시하고 자신들의 관할 범위 내에서 공창제도(公娼制度)를 실시한다. 1880년대 조계 상업지구에 기원은 이미 빽빽할 정도로 늘어섰으며 사마로 등의 대로는 거리의 여인들로 가득 찼다.[27]

야계(野鷄)는 대부분 거리에서 손님을 호객하는 여인들로 그 수가 가장 많아 상해의 밤은 그야말로 이 여인들로 장식되었다. 야계는 일정한 장소가 아닌 거리에서 손님을 찾아다니

그림58 야계들이 주로 활동하던 거리 중 하나였던 복주로 남문 밖 야계 운집지에 매 한 마리가 먹이를 물고 날아가는 장면이 포착된다. 「꿩(야계)을 물고 가는 매」(鷹攫野鷄), 『점석재화보』 제368호, 1894. 3.

던 매춘부들을 말한다. 야계라는 단어에는 기녀를 가리키는 기(妓)와 중국어 발음(ji)이 같은 닭[鷄]이 마치 들판에 풀어 놓인 것처럼 일정한 거처도 없고 그래서 또 잡기도 어렵다는 의미가 담겨 있다(**그림56~그림58**).

주로 집창촌의 거리에서 호객 행위를 하던 야계들 가운데 연관(煙館)이나 화연간(花煙間)에서 성매매를 하는 이들도 있었다. 연관은 아편만을 피우는 장소이며, 화연간은 아편을 피우는 장소인 연관에서 성매매도 함께 이루어지면서 만들어진 장소이다. 화연간은 간혹 그 공간에서 성매매를 하던 창기[花娟間]의 의미로 쓰였다. 연관에서 성매매를 하는 여인들은 여당(女堂)으로 분류되었는데, 이들은 애초에 아편을 피우러 오는 이들에게 아편을 붙여 주거나 기타 시중을 드는 일을 맡았던 여인들이다. 그러나 점차 성매매도 함께 하게 되었으며, 아편을 피우는 이들과의 관계에서 만들어진 창기라는 의미로 속칭 '타포'(打炮)라고도 불렀

27) 이후 상해의 기녀 숫자는 상해의 인구 증가와 동일하게 증가하여 1920~30년대에 이르면 사창을 포함하여 10만여 명에 달한다. 당시 상해 인구는 대략 360만으로 그 중 여성이 150만이었으니 창기의 수가 여성 인구의 십오분의 일 가량인 셈이다.

그림59 한 다루에 질게 화장을 한 요희(妖姬)와 탕부(蕩婦)가 농염하게 앉아서 손님들을 유혹하고 있는 장면이다. 공부국에서 아편 금지령이 내린 이후 다루에 유기(流妓)들이 번성하게 되었음을 지적한다. 또한 설 자리를 잃은 연관 측에서는 자신들만 단속하는 처사에 대해 푸념을 늘어놓는다. 「암령의 운집」(雌雄翔集), 『점석재화보』 제268호, 1891. 7.

그림60 소탕된 대기들 가운데 잡힌 70여 세의 노파가 가운데 보인다. 그녀에 의해 매춘을 하게 된 여성이 수도 없이 많아서 이 사건은 중대 안건으로 다루어지고, 그 노파는 현성으로 보내진다. 그림 왼편에 수치심에 얼굴을 가리고 나오는 남자가 손님이었던 것으로 보인다. 「법률로 사악한 마음을 엄중히 다스리다」(律重誅心), 『점석재화보』 제237호, 1890. 9.

다. 그런데 아편을 피우는 이들의 대다수가 노인이어서 그들 가운데 죽는 이가 발생하는 사고가 빈번해졌다. 또한 비교적 비용이 저렴한 아편을 피우면서 이루어지는 성매매였던 까닭에 그 대상 계층이 하층민이었는데, 풍속의 문란함이라는 측면에서 결국 연관에서의 성매매는 금지된다. 아편이 정식으로 금지된 것은 1907년 5월이지만 이미 그 이전부터 단속은 시작되었다. 이에 따라 화연간 소속 기녀나 연관의 여당으로 활동하던 이들은 다관을 새로운 거점으로 삼기도 했다(**그림59**).

거리에서의 호객 행위를 통해 몸을 파는 방식을 취했던 이들로 대기(臺基)가 있다. 대기는 양가의 부녀와 유객을 연결해 주는 연결책을 가리키는데 제3의 장소를 정해 놓는 매춘의 한 방식으로도 통용되었다. 그리고 이 점에서 엄선된 고객을 대상으로 집을 빌려 매춘업에 종사했던 주가(住家)와 구분된다. 대기 역시 강력한 처벌의 대상이 되기는 마찬가지였다(**그림60**). 대기들이 살길을 마련하기 위해 강구한 자구책 중 하나는 포방(捕房)의 순포(巡捕)와 결탁하는 것이었다. 잡힐 경우 그 순포 역시 호되게 죗값을 물어야 함은 물론이다(**그림61**).

1860년대 이후에 시작되어 1890년대 본격적으로 형성된 조계의 서비스 공간들, 기원·아편굴·술집[酒肆]·희원(戱園)·찻집 등에서 만들어진 상업적인 이윤은 그에 대한 도덕적 여론을 경도한다. 상해는 그야말로 '악마의 도시'(魔道)라는 이미지로 구축되어 간다.

그림61 기원의 뒤를 봐주던 한 경찰이 붙잡혀 중한 처벌을 받는다. 「법망을 벗어나기는 어려운 법이다」(天網難逃), 『점석재 화보』 제445호, 1896. 4.

3) 황폐해져 가는 매춘 여성들

조계 이외의 지역에서는 여전히 금창정책이 실시되고 있었으나 그것이 확대되어 가는 기녀 의 상업화를 막을 수는 없었다. 그리고 사창가의 형성은 기녀를 둘러싼 인물들, 즉 유곽을 운 영하는 사장, 기생어미 그리고 호객꾼과 기둥서방 등을 하나의 전문 직업으로 만들어 간다.

그림62를 보면, 칼을 들고 있는 기둥서방, 관원의 변발을 잡고 있는 기생어미, 이층에서 영업 중인 기녀들의 모습이 보인다. 어느 날 상해 난방리(蘭芳里)라는 사창가에 어떤 하급관 리가 나타나 기녀 한 명을 데리고 가려고 한다. 이에 그 기녀를 데리고 있던 기생어미는 그에 게 뇌물을 주어 돌려보낸다. 그런데 다음날 또 다른 관원이 나타나 같은 기녀를 데려가겠다 고 했다. 결국 전날 온 관리는 가짜인 것으로 밝혀진다. 화가 난 기생어미와 관원 사이에 실 랑이가 벌어지고 이때 기둥서방이 나타나 칼로 관원을 찌른다. 결국 순포가 달려와 기생어미 와 기둥서방을 체포한다.

기녀업이 규모를 갖춘 사업의 하나로 자리를 잡아 감에 따라 기녀의 개인적인 운명은 더 욱 황폐해져 갔다. 대개의 기녀들이 처음 기생집에 팔려 갔을 때는 모두 손님을 맞으려 하지

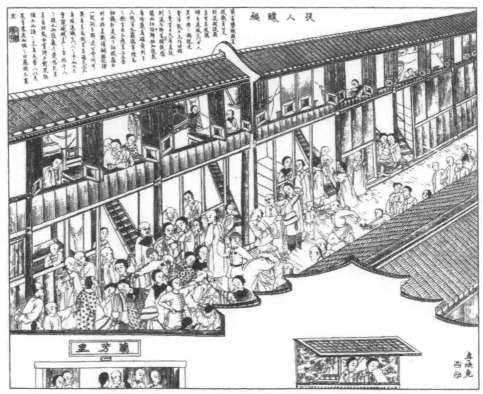

그림62 상해의 집창촌은 패쇄적인 골목(里弄)으로 이루어져 있었다. 「사람을 데려가려다가 화를 부르다」(提人纏禍), 『점석재화보』 제16호, 1884. 10.

않았기 때문에 기생어미와 기둥서방의 핍박과 고문, 학대를 받았다. 소주 창교토(倉橋堍)에는 왕구(王嫗)라고 하는 기생어미와 그녀의 양녀가 있었다. 강요에 못 이겨 손님을 맞이한 양녀는 비록 타고난 미인이었지만, 성격이 얌전하여 기생집에 놀러 온 돈 있는 손님들의 환심을 사지 못하고 그만 실수를 하고 만다. 그러자 왕구는 잔인하게도 붉게 달아오른 아편연(아편을 넣은 담배)으로 그녀의 젖꼭지를 지진다(**그림64**).

일반적으로 유곽에서는 기녀를 매우 엄격하게 지배하였고, 그들이 도망가는 것을 막기 위해 수많은 조치를 취하였다. 일례를 들자면 유곽에서는 돈의 일종인 '대가어음'을 발행하였다. 기녀는 이것을 사용하여 차비나 일상적인 잡비를 지불했고, 기녀의 주변 인물들, 이를테면 노점상인, 가게 주인, 마차꾼 등은 이 대가어음을 유곽에 가서 다시 현금으로 바꾸었다. 유곽의 기녀들이 유곽을 벗어나기 위해 필요한 현금을 소유할 길 자체가 차단되어 있었던 것이다. 자신의 의지와 무관하게 기녀가 된 이들이 구제받을 수 있는 기관이 설립되기는 했으나 사실 이 또한 당시 기녀를 비롯한 서비스업에 종사하는 여성들 모두에게 돌아갈 수 있는 혜택은 아니었다(**그림65**).

그림63 「큰 소동을 일으킨 기등서방」(大鬧亀玆), 『점석재화보』 제67호, 1886. 2.

그림64 기생어미가 손님 맞기를 거부하는 기녀의 젖꼭지를 아편연으로 지지고 있다. 「기녀에 대한 잔인한 학대」(虐妓慘聞), 『점석재화보』 제160호, 1888. 8.

그림65 "제량소는 서양의 한 여사가 창설한 곳[기녀 보호소]이다. 본소[總所]는 미국 조계 북쪽 지역인 절강로 화흥방구에 있으며 분소[分所]는 영국 조계 사마로에 있다. 스스로 원하여 기녀가 된 것이 아닌 여인들은 모두 이곳에 들어와 보호와 교육을 받는다. 규칙은 상당히 잘 짜여 있다. 상해에 제량소가 생겨난 이후 악랄한 기생어미들이 기녀를 학대하는 풍조가 점차 줄어들고 있으니 소녀들에게 주는 공덕이 실로 적다고 할 수 없겠다." 「기생어미의 학대에 제량소로 뛰어드는 기녀들」(妓女奔入濟良所之懼張), 『도화일보』 제49호, 1909. 10. 3.

그림66 「은밀히 부녀자를 유혹하고 있는 대기」(臺基引誘婦女之隱秘). 『도화일보』 제61호. 1909. 10. 15.

그림67 태어날 때부터 양성(兩性)의 특징을 가지고 태어난 사람의 부친이 자식을 여장시켜 기원에 넣지만 기녀들의 정기검진에서 발각되어 강제로 남장을 하게 한다. 「비정상적인 음양」(畸陰畸陽). 『점석재화보』 제307호. 1892. 8.

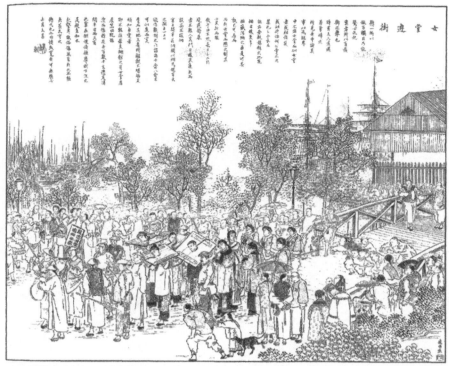

그림68 연관에 여당이 있으면 청결하게 유지되는 장점이 있음에도 불구하고, 결국 낮은 가격으로 이루어지는 성매매로 인해 풍속의 해악에 미치는 파급 효과가 커질 것을 우려하여 강력한 처벌이 이루어져야 함을 강조한다. 「거리에서 조리 돌림을 당하는 여당」(女堂游街), 『점석재화보』 제45호, 1885. 7.

또한 취업의 기회가 제한된 도시 생활 속에서 생계비를 충족하지 못한 이농 빈민층 여성들이 매춘이라는 기녀업에 종사하는 것은 필연적인 결과였다. 기녀들은 부모에 의해 팔려 오기도 하고 속아서 오기도 했으며 때로는 스스로 가족의 생계를 책임지며 일선에 나서기도 했다. 기혼 여성 역시 윤락의 유혹에서 벗어나기는 어려웠다(그림66).

한편 조계는 사창을 단속하고 성병을 방지할 목적으로 공창제도를 실시한다고 하였다. 따라서 공창이라는 제도 속에서 합법적 신분으로 기녀 생활을 하는 여성들은 끊임없는 단속의 대상이 되었다. 공창제도는 공창이라는 상품을 통해 여성의 섹슈얼리티(sexuality) 착취를 합법화하는 장치에 지나지 않았으니, 갈수록 심해지는 경제적 빈곤 때문에 여성들은 차별적인 성병 검사나 매우 낮은 수입에도 불구하고 더욱 공창제도 안으로 흡수되었다. 단속 대상이 된 기녀에 대한 사회적인 인식 역시 당연히 낮아질 수밖에 없었다. 또한 여성의 섹슈얼리티를 철저하게 수탈 대상으로 보는 발상 속에서 여성이 아닌 비정상적인 성은 철저한 배제 대상이었다(그림67). 동시에 비합법적인 방식으로 몸을 파는 창녀들 역시 혹독한 공개 처벌의 대상이 되었다(그림68).

청말, 기녀라는 직업의 대다수 여성은 소수의 관료나 귀족 및 지주와 같은 어떤 특수한 계층에게 노래와 춤으로 환심을 사는 것이 아니라 사회의 모든 남자를 직접 상대하는, 즉 도시의 유곽에서 몸을 팔아 남자의 성욕을 만족시키는 창녀로 전락하고 있었다. 빨라진 화폐의 순환을 좇아 사람들은 점점 더 금전과 육체의 상호 교환에 종사했다.

2 생산공간과 여성

1) 부끄러움을 모르는 여성

청말 여공은 농촌 여성, 도시의 서비스직 여성, 상류층의 부인, 남성 감독관 사이에 있는 존재다. 공장에 흡수되는 여성 인력은 상해가 타 지역에 비해 월등히 많았기는 했지만, 전체 일하는 여성을 놓고 볼 때는 여전히 소수였다. 도시 근방의 공장에서 일자리를 구하지 못한 사람들은 행상이나 잡업 등의 불안정한 고용 형태에 시달릴 수밖에 없었다. 그리고 많은 수의 여성이 매춘이라는 새로운 일자리로 몰렸다.

그런데 매춘 여성은 물론이고 공장에서 노동하는 여성들까지 성적 존재로서 공공연하게 부각되면서 여성의 성적 매력이 공적 공간에서 남성 욕망의 대상이 되고 소비되는 점에 주목할 필요가 있다. 근대성으로 포장된 노동 세계의 가부장제는 특히 여공에게 그 폭력을 집중적으로 행사하고 있기 때문이다.

그림69의 화보 속 논자는 예교의 고장이 야만의 땅으로 변화하는 당시의 세태에 대해 통탄을 금하지 않는다. 근대적 산업 현장 즉 물질계가 가져온 전통적인 정신계의 피해 혹은 손상에 대한 우려일 것이다. 그런데 흥미로운 것은 화면의 견사공장 맞은편에 배치되어 있는 다루이다. 굳이 간판에 보이는 '일본'〔東洋〕이라는 글자를 확인하지 않더라도 다루의 입구와 이층에서 내려다보고 있는 일본 복장의 여인들을 통해 일본인 기녀 혹은 왜색을 표방한 곳임을 한눈에 알아볼 수 있다. 물론 공장이 이곳에 위치한 이유 때문이었겠지만, 기사의 내용을 자세히 살펴보면 화면에 이처럼 일본인 복장을 한 기녀들을 배치한 이유를 확인할 수 있다. 기사에서는 먼저 전통적인 문학작품 속에서 "양심 없는 남자들과 부끄러움을 모르는 여자"들로 인해 만들어진 "음란한 풍속"들을 거론한다. 상해에서 음란한 풍속을 만들어 내는 주범이 창기들이었으니 당연히 다음 기사에서는 이들에 관한 이야기를 한다. 하지만 논자는 "장삼에서 화연간에 이르기까지 공공연히 몸값을 매기고 손님을 불러 모으는 이들은 물론이고 그 아래 주가(住家)나 대기와 같은 기녀들의 음란한 풍속은 "염치를 완전히 상실한 것"이기는 하지만 모두 "생계를 위한 것"이니 그래도 이들에 대해서는 이해를 하는 입장이다. 그런데 도저히 용납이 안 될 정도로 "괴이한 것"이 있으니 바로 "상해의 견사공장에서 일하는 부

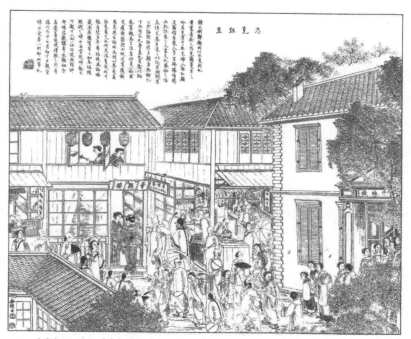

그림69 화면의 오른편 공장에서 일을 마치고 나오는 여공들은 거리 불량배들의 희롱 대상이 되곤 했다. 그리고 왼편에 일본 기녀들의 모습이 보인다. 「희롱당하는 여공들」(乃見狂且), 『점석재화보』 제15호, 1884. 9.

그림70 여공 선발에 새로운 권력이 개입되며 여공은 보호받아야 할 여성 집단으로 대두된다. 「여공의 명예와 정조를 지켜 주다」(全人名節), 『점석재화보』 제10호, 1884. 8.

녀자들", 여공들이다. "아리따운 나이와 교태라고는 숨어 있을 자리도 없는 푸른 진주 같은 자태"를 갖춘 이 여성들에게는 "일자리를 찾을 능력"도 있다. 그런데 이러한 여성들이 매일 밤 작업을 마치고 귀가하는 길에 건달들로부터 희롱과 모욕을 당하고 있으니 "예교의 땅"을 "교화가 미치지 못하는" 야만의 땅으로 만드는 데 일조를 하고 있는 것이다. 화보 속 논자에게 생계를 위해 꼭 필요한 것도 아닌 듯해 보이는 여성들의 밤길 귀가는 그 자체로도 못마땅하기만 하다. 이는 "양심 없는 남자"보다 "부끄러움을 모르는 여성"들에게 더 문제가 있기 때문이다.

빈번하게 발생하는 여공들의 피해 사례로 인해 공장 주인은 여공 선발의 권한을 지역 민병대 위원인 보갑위원에게 넘긴다(그림70). "폐단을 익히 잘 알고 있던" 까닭에 "화려한 의복을 하고 있거나 행동거지가 경박한" 젊은 여성은 제외된다. 유일한 선발 기준은 "나이도 있고 빈곤한 여성"이다. 이제 소작농 출신 하층 노동자 여성에게 공장이라는 근대적 공간은 그 위력을 발휘하기 시작한다. 공장의 남성 감독관들은 여공들의 작업에 대한 감시는 물론 성적 측면을 비롯한 일상 삶의 미세한 부분까지 통제력을 갖는다. 그들은 힘없는 빈농 출신 여공들을 두려움에 떨게 하여 무력화함으로써 지배하는 효과적인 장치였던 것이다.

청말, 공장에서 일하는 새로운 부류의 여성들은 문화적으로 또 경제적으로 열악한 처지에 있었던 농촌 여성이나 근대 도시문화의 주요 소비자로 부상한 중·상층 여성, 그리고 성을 상품화하였던 매춘 여성 이 세 부류 여성들 어디에도 속하지 않으면서 또 그들 모두의 모습에서 벗어나 있지 못한 면모와 역할을 보여 주고 있다. 여공은 분화되어 가는 여성 공간 속에서 새로운 직업군의 도시 여성으로서 계급과 자본과 섹슈얼리티의 복합관계를 다각도로 읽어 낼 수 있게 해주는 존재인 것이다.

2) 환영받는 저임금의 여공

조계의 도시화는 초보적이기는 하나 상공업 부문의 발전을 자극했다. 특히 1874년의 강남제조총국과 1890년 기기직포국의 설립으로 시작된 상해의 근대공업은 신해혁명을 계기로 비약적인 성장을 시작한다.

그림71을 보면, 상해제조국에서 건조한 270피트, 1470톤, 2400마력의 철갑 증기선 하수식이 황포강변에서 거행된다. 인근 관원과 수많은 구경꾼들을 불러 모은 철갑선을 만든 이들은 중국인 노동자였다. 청말 상해의 산업 노동자들은 선박 업종에 집중되어 있었으니, 1895년 외상선(外商船) 공장의 노동자는 대략 5,000명이었다. 그러나 중국 근대 초기 공업의 주요 업종은 수출 가공업이었다. 면방직업과 같은 경공업을 중심으로 한 공업 구조는 1920년대까지도 크게 변화하지 않는다. 그리고 이러한 공업 구조는 초기 산업 노동자 집단에 출현한 여공을 빠르게 확산시켰다. 1893년 『북화첩보』(北華捷報)의 통계에 의하면 상해 일대에는

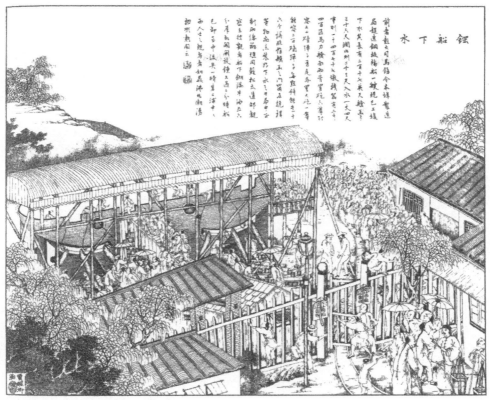

그림71 「철갑선 하수식」(鋼船下水), 『점석재화보』 제6호, 1884. 6.

"일만 오천 명 혹은 이만 명의 부녀자들이 고용되어 있었다".

　　1861년 5월 상해 최초의 기계식 제사공장이 건설될 당시 노동력은 본 지역 주민 가운데 선발하여 훈련하는 방식이 채택되었다. 처음에는 경험 있는 남성 노동자를 고용했다. 그러나 이후 점차 노동력은 여성들의 몫으로 넘어가게 되었다. 상인들이 여공을 고용하는 이유는 저임금 때문이었다. 중국 남성 노동자의 일당이 300동판(27센트)이었던 것에 반해 여성 노동자의 일당은 100동판으로 남성 노동자의 1/3 가량이었다. 이렇게 공장 노동에 여성이 흡수되었던 것은 고용주가 남성보다 여성을 선호했기 때문이다. 차등화된 여성의 저임금에도 역시 남성 부양자 이데올로기, 즉 "여공은 남자가 있어 부업으로 일하니 헐해도 상관없다"는 식의 가부장제 논리가 뒷받침한다.

3) 총명한 숙련공들의 저항
방직공장을 필두로 연초·성냥·제화·고무 등 제조 공업 분야의 공장들이 생기면서 소비재 공업 생산도 미미하게나마 증대한다. 그리고 공장 노동자 전체에서 여성이 차지하는 비율은

그림72 여공들이 빠른 손놀림으로 성냥갑에 성냥을 채워 넣고 있다. 「성냥갑을 채우는 여공」(裝火柴匣女工), 『도화일보』 제195호, 1910. 3. 7.

그림74 임금을 받지 못한 여공들이 단체로 법정 앞에 가서 자신들의 처지를 호소한다. 이에 법원에서는 조사 명령을 하달하고 여성들을 해산시킨다. 「무리 지은 여자들의 힘」(女黨之勢力), 『도화일보』 제30호, 1909. 9. 14.

계속 높아져 갔다. 여공은 가장 경제적이면서도 적응력이 뛰어난 최강의 노동 자원이었기 때문이다.

종이로 만든 성냥갑은 보기에 좋기만 하면 될 뿐이지 반드시 견고해야 하는 것은 아니다. 갑 속에 성냥을 가득 채우기 위해 각 공장에서는 여공들을 고용한다. 참으로 총명하게 일을 하는 여공들은 성냥을 가지런히 채워 넣는데 적지도 많지도 않게 잘 맞추는 것이 마치 손 안에 저울이 있는 것과 같다.(그림72)

채용되는 여공의 연령은 점차 낮아졌고 상해 조계 지역의 경우 어린이(12세 이하)의 비율은 점점 높아져 갔다. 이는 아마도 상해 산업에서의 어린이 고용 증대와 관련이 있을 것으로 생각된다. 청말 상해의 제사공장에서 일하는 여성 노동자들은 모두 임시직이었다. '관차

그림73 부실공사로 인해 여공들이 일하던 공장이 붕괴되는 사고가 발생한다. 「건물 붕괴로 인한 사상자 발생」(坍屋傷人), 『점석재화보』 제449호, 1896. 6.

적'(箐車的)이라 불리는 여공 감독관들에 의해 선발된 여공들은 노동계약서를 체결하지도 않았고 임금은 일당으로 지급받았으며 수시로 해고당하곤 했다. 이러한 풍토는 여공들이 집중되어 있는 기업의 보편적인 특징이었다.

여공들이 일하는 작업의 환경 또한 열악했다. 『점석재화보』는 한 실공장에서 공장의 일부가 무너진 사고를 보도한다(그림73). 이 공장은 이틀 후 공장 건물의 또 다른 일부가 무너져 오십여 명에 달하는 사상자가 발생한다. 이 공장의 분점 공장에서 또 이런 일이 벌어질까 격정하며 긴급히 수리를 하나, 결국 미봉책에 불과했던 건물 보수공사로 또다시 건물은 무너진다. 여공들은 끔찍한 노동이 이루어지는 공간을 일상적으로 체험하며 극도로 열악한 노동 환경으로 인한 직업병 때문에 죽음에 내몰리기도 한다. 이렇게 생명을 담보로 하는 작업과 끊임없는 감시 및 체벌의 공간 속에서 여공들의 자율성 확보를 위한 노력은 저항과 파업으로 이어진다.

7월 26일 오후 두시. 상해 제사공장의 여공 삼백여 명이 공공 법정에 운집한다(그림74). 그들 모두는 납급교(拉圾橋) 북쪽 공장에서 일하는 노동자들로 임금을 받지 못해 법원에서 조사 명령을 내려 줄 것을 요구하기 위해 모인 것이다. 몰려든 여인들을 보고 재판관은 즉시 조사원 두 명을 파견하여 공장주에게 지시사항을 하달하게 한다. 한편 재판관은 모여든 여인들을 해산시킨다. 많은 사람이 모여 소란을 피우는 것을 금지하는 훈령과 함께 말이다. 이에 여공들은 감사해 하며 해산한다. 열악한 조건과 낮은 처우를 경험한 여성 노동자들은 자신들이 몸담고 있는 환경을 극복하기 위해 힘을 모아 저항하며 그들만의 공간을 만들어 가고 있었다.

3 교육공간과 여성

1) 여학교의 설립

1898년 상해에 거주하던 절강 상인 경원선(經元善)은 중국인으로서는 처음으로 여학교 경정여숙(經正女塾)을 세우고 8세에서 14세까지 20명의 여학생을 받는다. 근대교육은 자율적인 주체의 탄생을 목표로 한다. 그러나 근대적 성의식에 근거한 성적 자율권을 민족주의자들은 강상(綱常)이 무너진 것이라고 비난했다. 장지동(張之洞)이 주관한 「주정학당장정」(奏定學堂章程)이 남녀유별(男女有別)의 전통사상에 의거하여 여학당의 설립을 허가하지 않은 것도 이런 이유에 근거한다.

가정교육법에서 다루어지던 여성교육은 1906년 교육부의 직무로 편입된다. 여성교육이 교육체계 속에 본격적으로 들어간 것은 1907년에 교육부가 여자사범학당의 규정 36조를 초안하면서이다. 여성교육의 목표는 현모양처의 양성이었다. 원세개(袁世凱)·단방(端方) 등 여학당을 창설하자는 측과 장지동 등 늦추자는 측의 갈등 속에 1907년 3월에 상주된 「주정여자사범학당장정」과 「주정여자소학당장정」 역시 기본 이념에는 큰 변화가 없었다.

청말 여학당의 설립 상황을 살펴보면 1904년 20여 개소에 불과하던 여학당의 총수가 1905년 70여 개소, 1906년 250여 개소, 1907년 400여 개소, 1908년에는 500여 개소로 증가하는데, 1907년 여학당 장정이 반포된 이후 여학당의 설립 증가율은 오히려 둔화된다. 장정의 규정이 여학당의 설립을 제한하는 데 주안점을 두었던 것과 당시 민간에 존재하던 여학당 파괴 풍조가 여학당의 설립 증가율을 완화시킨 요인이었다. 1911년까지 설립된 여학당을 종류별로 살펴보면, 대부분이 여자소학당(초등·고등소학당 및 양등소학당)이었고, 나머지는 사범학당(50여 개소)·직업학당(30여 개소)·몽학당(蒙學堂, 20여 개소) 등이었다. 직업교육을 실시하는 중의학교(中醫學校)·잠상학교(蠶桑學校) 등은 장정에 그 규정이 나와 있지 않는데, 이는 당시 사회적 수요에 의한 것이다.

여학당의 설립은 주로 민간에서 이루어졌다. 신정 초기 남학당의 설립이 관(官)의 주도

로 설립된 것과 다른 점이다. 여학당은
민립 중에서도 사립이 높은 비율을 차
지한다. 여학교 건설을 위해서 개량파
의 부인들은 거액의 자금을 희사하였
으며 그 성명과 금액은 『시무보』에 게
재되었다. 예를 들어 담사동의 처 이윤
(李閏)의 경우, "담태수(潭太守)의 처
이공인(李恭人) : 은 100원, 경상비의
추렴금 10원"이라는 식이다. 이윤의 경
우 중국여학회(中國女學會) 창립 이사
로도 활발한 활동을 했었지만, 기부자
이름이 그녀 자신의 이름만으로는 발
표되지 않았던 것은 사회적으로 아직
여자가 자신의 성명을 가지는 자립적
인 존재가 아니었기 때문일 것이다. 여
학당은 경비 부족으로 인하여 민가를
빌리거나 기존에 설립된 경절당(敬節
堂)이나 양제원(養濟院) 등을 일부 개축
하여 이용하였으며 사묘나 암자를 개
설한 것도 상당수 있었다. 장정으로 인
해 법제화되기는 했으나 여전히 제한
적인 측면이 강했던 여학당의 설립이
활성화될 수 있었던 데에는 여학에 대
한 신문 및 잡지의 지속적인 보도의 역
할이 컸다.

그림75 학당에 마련된 서장에서 공연된 음란한 내용의 설서를 남녀가 어우러져 감상하고 있다. 「서장과 학당의 관계」(書場與學堂之關係), 『도화일보』 제130호, 1909.12.23.

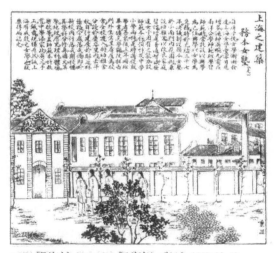

그림76 「무본여숙」(務本女塾), 『도화일보』 제64호, 1909. 10. 18.

　　그림75를 보면, 한 사찰 안에 들어선 관립 학당 내에 남녀 혼성 설서인(說書人)들이 서장 (書場)을 차려 놓고 밤낮으로 음란한 가사가 담긴 곡을 노래하고 연주하는 상황이 발생한다. 이는 엄청난 "센세이션을 불러일으키며 이 설서를 듣기 위해 먼 거리에서도 손님들이 분분 히 몰려든다. 심지어 남녀가 뒤섞여 수차례에 걸친 사단(事端)을 만들어 내기도 한다". 당시 그림 속 화자(또는 신문사)에게 "학교는 교육의 중지(重地)"였다. 그런데 이처럼 신성한 공간 이 "제멋대로 유린당하도록 방치"되고 말았으니, 이에 대한 책임을 마땅히 지방 관리들이 져 야 하는 것이었다.

경자사변 이후 여성교육이 점차 발달하여 상해의 여학당 또한 날로 늘어 간다. 상해의 신사 오원구는 남양공학사범반에서 교육학을 공부할 당시 늘 학문 진흥을 임무로 삼으며 여학이 우선되어야 한다고 여긴다. 그는 광서 27년[1901] 소남문 안 화원 거리에 무본여숙과 유아원 을 설립한다. 그리고 가정 습속을 개량하고 보통 지식을 증진하며 여자 고유의 능력을 발양 시키고자 사범학교의 본과와 예과 및 중학과 소학을 창설한다. …… 상해에서 거둔 여학의 성과라 할 만하다.(그림76)

여성교육의 측면에서 무술변법의 본질이 가장 잘 드러난 것은 양계초의 '여학론' [28]이다. "천하가 약해지게 된 근본 원인을 여성들이 교육을 받지 않은 데서 시작된 것"으로 본 양계 초는 여성교육을 추진해야 할 네 가지 이유를 제시한다. 첫째, 여성교육은 여성들의 경제적 독립 수단이다. 여성들의 경제적 독립은 또한 부국강병에 그 목적이 있다. 둘째, '재능이 없 는 것이 여성의 덕'이라는 종래의 여성관을 비판한다. 여성들의 시야를 넓히고 직업을 갖고 싶어 하는 여성에게 도움이 될 수 있는 교육을 시키는 것이 중요하다고 주장한다. 셋째, 현모 양처를 만들기 위해 여성교육이 필요함을 설명한다. 넷째, 태교를 위함이다. 양계초가 주장 한 여성교육의 최종 목적은 바로 나라를 강성하게 하고 민족을 보존하기 위한 것이었다.

2) 훈육되는 여국민

여성교육의 목표는 가정교육의 내용을 개선하고 여성들의 지식을 증진하여 여성 고유의 능 력을 개발하는 것이었다. 여학당의 교육 내용을 살펴볼 수 있는 교과서 가운데 주목할 만한 과목이 있으니 바로 수신(修身)과 체조이다.

수신은 여덕(女德), 즉 여성의 도덕규범이다. 따라서 그 내용이 시대에 민감하게 반응할 수밖에 없었다. 『최신여자수신교과서』는 전통 예교를 강조한 여자학당장정을 준수하여 『여 계』와 『여훈』, 『서양여자수신서』 가운데 주요 내용을 선별 취합한 것이다. 고등여자소학과 여자사범학당에서의 도덕교육 교재로 제공되었는데, 그 내용을 간략히 요약하면 다음과 같 다. 첫째, 여성들로 하여금 자신의 장점을 알게 한다. 둘째, 완전한 인격교육을 여성 도덕교 육의 기본 내용으로 하며 정신과 신체 두 가지로 나눈다. 셋째, 여성에게 국민의식을 주입한 다. 넷째, 민심을 계도한다. 다섯째, 여성의 처세에 따른 적절한 행위규범을 제공한다. 초창 기 설립된 몇몇 학당이 표방했던 현모양처의 양성이 국민의 어머니, 여자 국민의 양성으로 나아갔음을 보여 준다. 수신이 정신적인 측면에서 여자 국민으로서의 자격을 갖추기 위한 것

---

28) 양계초는 1896년부터 97년까지 「변법통의」(變法通議)라는 논문을 『시무보』에 발표하였다. 그 가운데 변법파의 사상 이 담긴 여성론을 전개하였는데, 이것을 흔히 '여학론'이라 부르고 있다.

그림77 중국여자체조학교에서는 독특한 프로그램들로 구성된 운동회를 개최하여 내빈들에게 독특한 볼거리를 제공한다. 「중국여자체조학교에서 운동회를 개최하다」(中國女子體操學校開運動會), 『도화일보』 제105호, 1909. 11. 28.

이라면, 체조는 육체적인 측면의 국민의식 강화를 위한 역할을 담당하고 있었다. 신체의 마디마디를 세분하는 체조는 하나의 규율로 통합된 신체의 움직임을 만든다. 신체에 대한 훈육의 과정으로서 운동회는 근대적 학교제도에도 적극적으로 수용된다.

중국여자체조학교에서 체조로 몸을 단련하고 상무정신을 키운 여학생들이 모여서 "2시에" 개최한 운동회는 "천여 명에 달하는 내빈들"에게 "특색 있는" 구경거리였다. 운동회를 통해 여학생들이 보여 준 특별 공연 프로그램의 내용을 살펴보면 음악에 맞춰 여러 명이 동시에 절도 있게 움직이며 무언가를 만들어 내는, 그야말로 "정확한 자세"가 필수적인 것들이다(**그림77**). 당시에 실시된 체육교육은 철저하게 남녀의 신체 조건에 따라 남자와 여자가 다른 내용으로 채워지고 있었다. 따라서 여성의 체육교육에서 우선시되는 것은 체조와 더불어 레크리에이션이었다. 여성의 신체 단련을 주장하는 동시에 남녀 간의 생리적 차이에 주목하여 여성에게 적합한 운동 방식을 선택·교육함으로써 과학적 태도를 유지하기 위한 시도였다. 또한 체조를 통해 내면화된 신체의 규율은 어려움에 처해 있는 국가를 위해 여성의 몸이 추구해야 할 목표였다. 운동회라는 공간, 이 공간에서 육성되는 개인은 국가라는 지평 위에서 작동할 수 있는 새로운 개인의 모습이었다.

　　운동회와 졸업식이라는 행사를 통해 보이는 신체의 움직임은 기계와 같이 질서정연하
다. 또한 절도 있는 동선과 행동의 통일을 요구하는 군대의 규율과 별반 차이가 없다. 체육을
통해 여성의 건강한 신체와 2세 국민의 건강을 증진하고 상무정신을 고취할 뿐만 아니라 여
성의 사회활동을 도모하려는 시도는 자주적 근대국가의 수립이라는 민족주의적 측면에서
애초에 여학당의 설립을 반대했던 장지동의 의도와 동일한 지향점을 지니고 있었던 것으로
보인다.

3) 두 여성의 죽음

『여계종』(女界鐘)은 김천핵(金天翮, 1874~1947)이 여성들의 혁명정신을 고취시키기 위해 쓴
소책자로, 중국에서 여성해방을 주장한 최초의 문헌으로 평가받고 있다. 작가에 따르면 도덕
과 지식은 본래 천부적으로 인간에게 주어진 것으로서 남녀차별은 있을 수가 없는 것이다.
공부하고 싶어도 허용되지 않고, 학교에 입학하고 싶어도 허용되지 않고, 친구와 사귀고 싶
어도 허용되지 않고, 여행하고 싶어도 허용되지 않으므로 결국 문학이나 연극·영화에 취미
를 붙이게 되고, 부처님 참배 같은 것에 마음이 끌리게 되어 현재와 같은 여성의 성품이 형성
된 것이다. 그러므로 여성들은 우선 진학의 권리, 교우의 권리, 영업의 권리, 재산 소유의 권
리, 출입 자유의 권리, 혼인 자유의 권리 등을 회복하지 않으면 안 된다. 이러한 권리들을 회
복하기 위해서는 학식이 요구되며, 따라서 여성교육이 매우 중요한 의미를 가지게 된다. 여
자를 단순한 아내 혹은 어머니로서만 보는 것이 아니라 독립된 인간으로 인정하기 시작한 것
이다.

그림78 「여성계 풍습의 변천」(女界風尙之變遷), 『도화일보』 제12호, 1909. 8. 27.　　그림79 추근의 사진.

그림80 부모의 성화에 못 이겨 결혼을 결정한 한 여성이 결국 결혼식 전날 자살을 한다. 「자유롭지 못한 결혼의 결말」(婚姻不自由之結局), 『도화일보』 제49호, 1909. 10. 3.

　　이러한 담론 속에서 남성 복장을 한 여성 혁명가 추근(秋瑾)이 등장한다(**그림79**). 호를 감호여협(鑑湖女俠)이라 한 추근은 1877년 절강(浙江)에서 고위 관리의 딸로 태어났다. '여자는 재능이 없는 것이 덕'(女子無才便是德)이라고 여기는 시대에 그녀는 어려서부터 시문은 물론 경마와 무술을 익혔다. 그리고 스무 살이 되던 해 아버지의 근무처인 호남(湖南)으로 시집을 간다. 당시의 습관대로 부모들 간의 혼담에 의해 정해진 신랑은 그 지방의 부호 가문 출신이었다. 1903년 남편이 관직을 돈으로 사면서 그녀의 가정은 북경으로 옮겨 갔다. 이때부터 중국의 나약한 모습과 청조의 쇠퇴를 깨닫기 시작한 그녀는 의화단의 난 이후 1904년 일본으로 떠난다. 유학 초창기 그녀가 열렬히 주장했던 것은 전족의 폐지였으며, 1905년에는 손문(孫文)이 이끄는 동맹회에 가입한다. 귀국 후에 소흥의 명도(明道)여학교에서 근무하였으며 상해로 옮긴 후에는 『중국여보』(中國女報)를 창간하여 남녀평등권을 제창한다. 이는 중국 최초의 여성 신문이었다. 이후 그녀는 호남으로 돌아가 각지의 무장조직과 연계를 맺으면서 동시다발의 봉기 계획을 세운다. '한족의 부흥과 국권을 회복하자'는 구호를 내걸며 실제로 몇 군데에서 봉기가 있었지만, 모두 실패하고 주요 인물들도 살해된다. 무장봉기 계획이 노출되자 그녀는 피신을 거부하고 끝까지 저항하다 체포된다. 1907년 7월 15일 추근은 "가을 바람과 가을비로 깊은 수심에 잠기다"(秋風秋雨愁殺人)라는 글귀를 남기고 사형장의 이슬로 사라진다. 이때 그녀 나이 29세였다. 그리고 그녀의 마지막 한 마디는 수많은 선전문보다 강한 선전 효과를 가졌다.

한편 자신들이 성적 주체임을 무시하면서 활약을 하는 여성들은 소수였고, 많은 여성들이 여전히 지속되고 있는 가정이라는 현실 속에서 지내야만 했다. 근대적인 문명을 접하고 근대적인 교육을 받은 이들이 퍼뜨린 다양한 담론들, 그로 인해 세상을 기웃거리던 평범한 여성들이 실생활과 의식의 균열 속에서 겪었을 혼란은 어쩌면 필연적인 것이었다.

빼어난 용모와 뛰어난 자질로 대단한 자부심을 지니고 있던 한 여인이 연로한 부모의 권유에 못 이겨 결혼을 결정한다(그림80). 그러나 성혼 전날 그녀는 결국 신랑이 깊은 잠에 빠진 틈을 타 방 안에서 목을 매고 자살을 하고 만다. 그 이유는 장차 남편이 될 인물의 "학문과 지향이 모두 좋은 배필감이 아니"었기 때문이다. 딸의 자살에 결국 부모 역시 그 뒤를 따르기로 한다. 그림 속 화자는 "이 또한 사리에 맞지 않는 잘못된" 판단이라는 말을 덧붙이며 기사를 마친다. 가족과 사회제도, 그리고 그 사이에 존재하는 여성교육에 대한 깊이 있는 고민은 5·4운동 이후로 미뤄진다.

7장 | **중국 근대의 공연오락문화**

■ 홍영림

'중국 근대의 공연오락문화' 개관

중국 공연문화의 꽃, 연극

'도시'는 근대 풍경의 핵심이다. 흔히들 중국은 아편전쟁 이후 근대화의 길을 걸었다고 하지만, 사실상 근대의 핵심인 도시는 18세기부터 확장·팽창되어 갔고, 그 속의 사람들이 꾸려 낸 문화는 중국의 모든 문화에 영향을 미쳤다. 도시는 다양한 지역에서 온 다양한 계층의 이주민들로 형성되었기 때문에, 이들의 문화 역시 다원성을 갖는다. 다양한 사람들의 다원적인 문화는 공연을 통해 한자리에 풀어놓을 수 있었다. 도시의 관객에게 공연이란 돈을 주고 볼거리를 소비하는 오락상품으로 인식되었다. 이 장에서는 이러한 배경을 지닌 중국 근대의 공연오락문화의 면모를 살피려고 한다.

중국 공연문화의 대표는 단연 연극이다. 연극은 문학·음악·미술 등 다양한 단일예술들이 절묘하게 조화된 종합예술이다. 어떤 연극학자들은 연극 속의 다양한 예술을 각 개별 요소로 분리해 내면 연극일 수 없고 이 요소들이 어우러져 있어야 연극일 수 있다는 이유를 들어, 연극이 단일예술이라고 주장한다. 즉 문학·음악·미술 등의 요소들을 단순히 버무려 놓는다고 해서 연극이 되는 것이 아니라, 서로 어우러져 유기적 관계를 이루어야 연극이라는 것이다.[1] 필자도 연극 그 자체를 단일예술로 보는 관점에 동의한다. 그러나 그것이 흘러온 역사를 짚어 볼 때, 연극은 연극 단일 형태로서만 변화·발전한 것이 아니라, 문학·음악·미술에서 일부를 떼어 왔다 제 살에 붙이는가 하면 그들에게 제 살 일부를 떼어 주기도 했다. 한마디로 연극은 태생적으로 타 예술장르와 친할 수밖에 없었다. 여기에 조화를 중시하는 중국의 예술정신에 힘입어, 연극의 예술 '사해동포주의'는 그 스스로를 공연문화의 대표 반열에 올려놓았다.

---

1) 테오도르 섕크, 김문환 옮김, 『연극미학』, 서광사, 1986, 2장 「단일한 순수예술로서의 극예술」, 29~50쪽 참조.

중국 연극의 역사

중국 연극은 크게 전통 양식을 따르는 희곡(戱曲), 서구의 연극 양식을 따르는 화극(話劇)으로 나눌 수 있다. 화극은 전통극인 희곡과 다르다고 하여 붙여진 명칭이다. 중국인들은 전통극 희곡이 노래와 대사로 이루어진 반면, 서양 연극은 노래 없이 대사로만 이루어졌다고 해서 말이란 의미의 '화'(話)를 넣어 불렀다. 서양 연극은 처음 상해 조계지의 영국인들이 결성한 '아마추어 드라마 클럽'(Amateur Drama Club)에 의해 중국인들에게 알려졌다. 이들은 이후 동치 5년(1866)에 중국 최초의 서양식 극장인 난심(蘭心)극장을 건립하기도 했다. 그러나 이들의 공간과 활동은 서양인들과 소수의 중국인들에게만 공개되었을 뿐이었다. 중국인들이 본격적으로 서양 연극을 주목한 것은 1899년이 되어서였다. 1899년 상해 성요한서원의 중국 학생들은 크리스마스이브 연극으로 당시의 시사적인 내용을 각색해서 무대에 올렸다. 이때부터 학생들은 당시 사회를 비판·풍자하는 내용을 담은 서양식 연극을 무대에 올리기 시작했다. 화극은 오늘날 100년이 좀 넘는 역사를 가지고 있으며, 그 시작은 사회 풍자를 목적으로 했고, 서양 교육을 받는 학생들에 의해 이루어졌다고 할 수 있다.

반면 전통극인 희곡은 12세기 남쪽에서 최초로 남희(南戱)라는 양식이 완성된 후 잡극(雜劇)·전기(傳奇)로 발전되었고, 곤곡(崑曲)·경극(京劇)을 거쳐 오늘에 이른다. 희곡은 노래·대사·동작·무술 동작으로 이루어진다. 노래를 맨 먼저 놓은 것은 그것이 참으로 중요하기 때문인데, '희곡'이란 명칭에 '곡'(曲)이 들어간 이유이기도 하다. 우리에게 '희곡'이란 단어는 단순히 연극 대본을 지칭하거나 시·소설과 구별되는 극문학을 말하지만, 중국인들에게 '희곡'은 노래, 즉 음악적 요소가 가장 중요한 전통극 양식을 의미한다. 위에 열거한 시대별 양식들 역시 음악적으로 얼마나 다른가에 따라 구분할 수 있다.

남희는 남송(南宋) 시기 절강성 남동쪽 연안의 온주(溫州)에서 완성되어, 남쪽을 무대로 유행했다. 잡극은 13세기에 북쪽 지방에서 완성되었고, 후에 항주(杭州) 등의 남쪽

그림1 중국 전통극 '희곡'에 사용되는 악기들. 왼쪽과 중앙은 관·현악기, 오른쪽은 타악기이다. 음악 개량을 거쳐 때로는 음색이 가까운 서구 악기들을 활용하기도 한다.

지역에서까지 사랑받았다. 남희와 잡극은 노래와 가사로 대본이 구성되어 있고, 공연 때는 동작이 첨가된다는 점에서는 동일하지만, 노랫가락은 매우 다르다. 전자는 남쪽에 뿌리를 두었고, 후자는 북쪽에 뿌리를 두었다. 우리 식대로 바꿔 말하면 하나는 제주도 민요가락을 토대로 노랫말을 지었고, 하나는 황해도 민요가락을 토대로 노랫말을 지었다고 할 수 있다.

전기는 본래 전통 지식인들이 소일거리로, 때로는 자신의 울분을 풀어내는 수단으로 창작하여, 스스로가 전기라고 불렀다. 주로 14세기부터 20세기 초까지 꾸준히 창작되어 왔는데, 그 중에는 무대 위에서 사랑받은 것도 있지만 단순히 읽는 레제드라마(Lesedrama)로 창작된 것도 많았다. 전기는 명청대 내내 문인에 의해 창작되어 역사가 길었다. 때문에 전기에 사용된 노랫가락의 변천도 다양했지만 종국에는 하나의 가락으로 귀결되었다. 명대에 전기가 처음 지어졌을 때는 해염(海鹽) 지역의 가락이 사용되었으나, 16세기 접어들어 위량보(魏良輔)가 당시 곤산(崑山) 지역에서 유행하던 가락을 정리하고 활용해 희곡을 만든 후에는 곤산가락이 전기의 대세가 되었다. 이를 곤곡이라고 하는데, 전통 지식인들

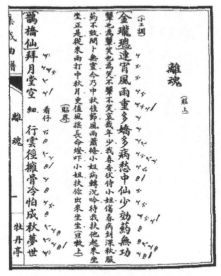

그림2 전기의 대표작 「모란정」(牡丹亭)의 대본과 악보. 오늘날의 음표 표기와는 확연히 다르다.

의 전폭적인 지지로 중국 전역으로 확산될 수 있었다. 그러나 확산 과정에서 대본은 어떻게 든 그대로 보급·전파될 수 있었으나, 본고장의 노래맛까지 그대로 전파될 순 없었다. 이에 각 지역에서는 곤곡을 본뜬 어설픈 곤곡이 유행하기도 했다. 이를 정리하면 **도표1**과 같다.

이 도표를 보면, 문득 의문이 생길 것이다. 11세기 남희를 잘 감상했던 민간의 관객들이 14·16세기의 전기·곤곡 시대에는 무엇을 통해 재미를 누렸을까? 14세기와 16세기를 거쳐 중국의 인구는 꾸준히 증가하고 있었는데, 그렇다면 증가된 인구들의 오락거리는 무엇이었을까? 그들도 연극을 즐겼을까? 이를 이해하기 위해서는 중국 희곡의 전래 상황을 살펴봐야 한다. 현재까지의 중국 정부 공식 보고에 따르면, 각 지역의 토종 희곡은 근 300종에 달한다. 이 많은 희곡들은 바로 전통 지식인들이 전기·곤곡에 심취해 있을 때 그 하위계층이 즐기고 누렸던 희곡이 오늘날까지 계승·발전된 것이다. 전기·곤곡은 공부를 많이 한 지식인인 문인(文人)이 일반인으로서는 이해하기 어려운 가사와 대사로 지었고, 그 가락 역시 너무나도 부드러워 민간에서 좋아할 것이 못 되었다. 오늘날의 상황에 견주어 예를 들면, 대중가요를 좋아하는 이들에게 클래식을 들어 주는 격이라고 할 수 있다. 향유층의 수는 상대적으로 적었으나 전기와 곤곡의 작가들이 주로 글을 독점하는 전통 지식인들이었던 탓에 오늘날까지 많은 작품이 전해지고 있다. 반면 민간에서 사랑받았던 작품들은 기록이 아닌 실제 공연을 중심으로 배우들에 의해 계승·발전되었다.

도표1 중국 전통극의 종류와 특징

구분	남희	전기	곤곡	잡극
형성 시기	11세기	14세기	16세기	13세기
형성 지역	남방	남방	남방	북방
유행 지역	남방	전역	전역	전역
주요 관객층	민간	전통 지식인	전통 지식인	민간. 전통 지식인
주요 창작자	민간	전통 지식인	전통 지식인	민간
주요 노랫가락	남방의 가락	남방의 해염·곤산 등의 가락	남방의 곤산 가락	북방의 가락
공통점	노래·대사·동작으로 구성			

　　민간은 주로 농촌을 의미한다. 농촌 중심의 민간에서 선호했던 연극은 농민들의 취향에 맞게 단연 해당 지역의 노랫가락을 기본으로 한다. 이렇게 좁은 지역 기반을 가진 회곡이 다른 지역까지 전파되어 사랑받기란 농촌에서는 매우 힘들었지만 도시에서는 가능했다. 도시는 다양한 지역 출신의 다양한 계층들이 모여 있는 곳이었기 때문이다. 지역 기반의 회곡이 도시에 입성해, 전국적인 회곡으로 탄생한 대표적인 경우가 경극(京劇)이다. 경극은 대략 건륭 55년(1790)에서 광서 6년(1880) 사이에 북경으로 몰려든 안휘·사천 지역 출신의 극단이 서로 원-원 전략에 의해 분해·결합되는 과정에서 형성되었다. 이 과정에서 경극은 여타의 회곡 양식이 가질 수 없는 '포용성'이라는 최고의 경쟁력을 갖게 되었다. 경극은 음악적 측면에서 서피(西皮)가락과 이황(二黃)가락이 결합한 피황(皮簧)가락으로 이뤄졌다. 서피가락은 본래 섬서성(陝西省)에서 호북성(湖北省) 북부로 확산되었던 노랫가락의 한 형태였다. 이황가락은 강서성(江西省) 의황(宜黃)으로부터 안휘성·호

북성·강서성의 일부 지역까지 확산되었다. 이렇게 광범위한 지역에서 연행되었던 가락 위주로 형성된 경극은 북경의 다양한 지역 출신 관객을 일시에 만족시키는 새로운 연극 양식으로 자리매김할 수 있었다. 또한 황실의 지지 역시 경극 발전에 한몫했다. 건륭제는 몇 차례의 남쪽 시찰 때마다 그 지역 유명 배우들을 황궁으로 데리고 와 공연하게 했다. 황궁 밖 유명 배우들의 명성이 들리면 가차 없이 궁궐 안으로 불러들여 즐겼다. 이에 황실 은 황궁 안 공연을 위해 승평서(升平署)를 두었고 경극을 전폭적으로 지지했다. 이렇게 경극을 지지하던 청 왕조는 도광 7년(1827)에는 북경 안 공연 금지령의 일환으로 이들을 민간으로 방출시켰고, 갈 곳을 잃은 배우들은 북경에 터를 잡았던 극단에 몸을 담아 희곡 의 질적 향상에 많은 기여를 했다. 경극에겐 분명 횡재가 아닐 수 없었다.

지금까지 희곡과 화극에 대해서 논했다. 희곡은 그 역사만큼이나 중국인들에겐 일시 에 덜어 낼 수 있는 대상물이 아니었다. 근대 시기 역시 서구의 놀랍고도 신기한 많은 공 연오락문화가 있었음에도 불구하고, 일시에 희곡을 버리고 서구의 그것을 택할 순 없었 다. 지금의 눈으로 보면 경극은 그리 새로운 것이 아닐 수 있지만, 그 시절 그들에겐 경극 이 새로운 유행이었다. 경극은 희곡으로서만의 의미가 아닌, 북경의 화려함을 대표하는 상징문화였다. 경극을 즐긴다는 것은 도시의 화려함과 부유함을 누린다는 것과 같은 의 미였다. 따라서 돈이 있는 사람들은 경극을 즐기려고 했다. 이러한 현상은 19세기 북경이 아닌 다른 신흥 도시, 즉 천진·상해 등에서도 마찬가지였다. 서울에 가면 63빌딩은 꼭 올 라가 보듯, 도시에 가면 경극은 필히 관람해야 하는 도시의 대표 문화가 되었다.

공연무대의 종류와 양상

중국의 공연문화는 공연무대의 이동 여부에 따라 고정무대와 이동무대로 크게 나눌 수 있다. 고정무대는 주로 신령을 모시는 사원이나, 동일 지역 출신의 상인과 신사들이 드나

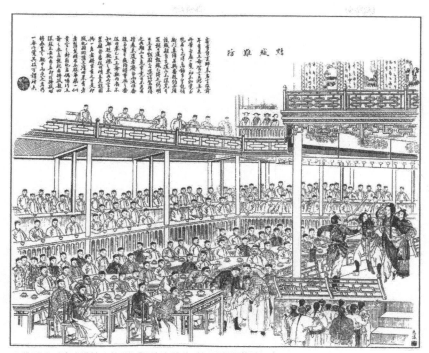

그림3 다원(茶園)에 납시어 연극을 관람하는 황실 귀족. 『점석재화보』 제247호, 1890. 12.

드는 회관(會館)에 건립된다. 다원(茶園)과 회원(戱院) 역시 이에 속하는데, 전적으로 공연만을 위한 공간이라는 점에서 차이가 있다. 이동무대는 장터 혹은 집안의 경조사 때 집안 한가운데 놓인다. 사원에 무대가 건립된 까닭은 사원의 주인인 신령에게 바치는 제물로 공연이 활용되었기 때문이었고, 다른 이유는 그러면서 근처 주민들도 놀아 보자는 발상에서였다. 때문에 사원 안 무대는 신령이 자리한 본전 맞은편에 위치한다. 회관의 경우도 회관 이용자들이 공동의 신령을 모시기 때문에, 무대의 구조·위치·용도가 사원의 경우와 동일하다. 이동무대는 우리 식으로 표현하자면 장돌뱅이 예인들이 주로 애용하던

그림4 붉은 양탄자만을 깔아 무대를 갖춘 이동무대. 『점석재화보』 제46호, 1885. 7.

무대 방식으로, 예인들의 사정에 따라 간이무대를 설치하기도 하고, 단순히 줄만을 둘러쳐 표시하기도 하고, 그도 아니면 공터에서 관객을 불러 모으고 공연을 시작하는 그곳이 바로 무대가 되기도 한다. 집 안에 세워지는 무대는 결혼·장례·탄생에 관한 의식이 행해질 때 조상신께 보우해 주실 것을 기도하고 분위기도 돋우는가 하면, 손님들을 귀히 대접한다는 의미에서 공연을 할 때 쓰였다. 1년에 많아 봐야 몇 번 활용하지 않는 무대이기 때문에, 간단하게는 붉은 양탄자만을 깔고 공연을 했고, 규모가 큰 경우에는 목재로 조그마한 간이무대를 설치하기도 했다. 일부 갑부들은 집 안에 무대를 짓기도 했지만, 전체적으로 보면 그런 사례는 많지 않았다.

　　무대의 양상을 보면 장돌뱅이 예인들의 경우를 제외하면, 모두 신령과 관련되어 있다. 대외적 모토가 신령을 위한 공연이므로, 공연 시기 역시 신령과 관련되어 있다. 중국은 근대 시기를 거치는 와중에도 대다수가 농업에 종사했다. 다수의 삶은 농업활동의 주기에 따라 영위되었기에, 신령에 대한 제사 역시 그 틀에서 유지되었다. 공연을 하며 신령을 섬기는 시기는 설날·정월대보름과 같은 중요 절기, 신령의 생일날 등이었다. 모든 문화가 그렇듯 신령을 섬기는 시기라고 해서 엄숙하기만 한 것은 아니다. 이 시기는 일상과 단절된 시기로, 일상에서는 감히 생각할 수 없는 일이 벌어지고 용인되는 무질서한 시기이기도 했다. 출신 지역 농촌에서 이러한 문화를 누렸던 도시 이주민들은 그 내용과 형식을 도시에서도 그대로 재현해 내고 싶어 했다. 따라서 상설공연이 아닌 경우, 도시의 기반이 결코 농업이 아님에도 불구하고, 도시 역시 신령과 관련된 행위들, 특히 공연 행위는 농촌과 동일하게 진행되었다.

도시, 여가, 공연오락문화

한편 오락성만을 강조했던 장돌뱅이 예인들 중, 질적 수준이 높은 무리들은 5일장·10일장을 전전하던 운영 방식을 청산하고, 보다 많은 관객이 모여 있는 근방의 도시로 입성했다. 그곳에서 살아남은 자는 도시의 상설공연장인 다원 혹은 희원에 예속되었으며, 살아남지 못한 자는 다시 장돌뱅이로 돌아갔다. 도시는 농촌에서는 생각할 수 없는 많은 인구가 당대 최고의 오락물인 희곡 공연을 사랑해 주었다. 도시인들은 자급자족의 농업환경에서 벗어나, 전적으로 시장에 의존하며 일상을 보냈다. 따라서 그들의 공연오락은 역시 농업에 기반을 둔 그것과는 다른 양상을 보였다. 농촌의 공연오락은 주로 1차적 사회집단이라 할 수 있는 가정 혹은 마을 단위로 벌어진다. 반면 도시의 공연오락은 가정과 이웃의 범주에서 벗어나 사회화·시장화·상업화된 공공장소에서 진행된다. 또 시간의 측면에서

농촌의 공연오락은 특별한 절기마다 이루어지거나 해가 지면 중단이 되는 반면, 도시의
공연오락은 상설화되는 경우가 대부분이었다.

소농 생산 중심의 농촌에서는 인력의 무한 투입이 생산성을 증가시킬 수 있기 때문에
근면을 미덕으로 삼았다. 그러나 도시의 상업화된 생활 방식에서는 노동과 여가의 구분
이 명확해져 여가는 고정화되고 일상화되었다. 즉 여가 역시 일상생활이 되었고, 도덕적
합법성을 갖게 되고 정당화되었다. 특히 근대 신흥 도시였던 상해의 공연오락문화는 이
러한 관점에서 더욱 발전할 수 있었다.

북경 vs 상해

상해는 강남 지역에 위치하였고, 강남 출신 전통 지식인들이 세력을 잡고 있었기 때문에,
개항 초반에는 곤곡이 주류를 이루었다. 상해에 대규모의 인구가 유입되자, 상해인들은
알아듣기 어려운 노랫말에 곱기만 한 가락을 가진 곤곡을 결코 좋아할 수 없었다. 이에 알
아듣기 쉽고 전투 장면이 많고 볼거리 위주인 휘주 출신 극단 즉 휘반(徽班)의 공연과 경
극을 선호했다. 실상 휘반의 공연과 경극은 동일한 뿌리에서 유래한 것이다. 전술한 바와
같이 경극은 북경에서 완성되었지만, 그 시작은 네 개의 휘반이 북경에 도착한 것에서 비
롯되었다. 휘반의 북경 입성과 그 이후의 경극 발전은 황실의 후원 하에 가능했다. 청말
중국 전역에서 경극은 궁정의 후원을 받아 발전했다는 점에서 예술적으로 독보적이었다
고 할 수 있다. 경극은 북경에서 황실의 보호를 받으며 생존·발전한 반면, 상해에서는 철
저히 시민사회에 의해 이루어졌다. 황실의 후원이 없는 상해에서 경극은 더욱 근대적인
공연오락문화로 거듭날 수 있었다.

상해인들의 경극 애호 열기는 북경의 수많은 경극 배우들을 상해로 불러들였다. 그
과정에서 상해만의 배우 운영체제가 확립되었다. 북경은 극단과 극장이 독립체제로 운영

된 것에 반해, 상해의 경우 극단과 극장은 한 몸체로 운영되었고 배우는 극장 주인에게 예속되었다. 이는 상해 연극계에 장점으로 작용했다. 즉 극단을 넘어선 운영이 가능하여 아직 자리 잡지 못한 상해 연극계에 각 지방 희곡의 명배우를 초빙하여 공연시킴으로써 배우들 간의 경쟁력을 강화하였고, 지방 희곡의 횡적 흡수를 통해 북경 경극과는 다른 형태의 경극을 산출했다. 이를 해파(海派) 혹은 남파경극이라 구분해 부른다. 남파경극은 훗날 매란방(梅蘭芳)과 같은 스타 위주의 공연 형태의 초석을 깔았다. 또한 장기 공연이 가능했다.

『신보』(申報)는 1872년부터 근대 희곡사상 최초로 각 극장의 공연 내용을 보도했다. 1882년 3월 21일부터 27일까지 보도된 레퍼토리를 보면 6개 극장에서 총 689작품이 나왔는데, 극장 간 중복 상연 혹은 교차 상연은 37작품에 불과했다. 공연은 경극뿐 아니라 각종 지방회들을 총망라한 것으로, 수많은 공연 속에서 새로운 공연 레퍼토리가 발굴되었고 다양한 연출 방법이 도입되었다. 그리고 극장주들은 전통극만을 고집하지는 않았다. 때로는 서양 연극·설창·연주회·서커스·마술·영화 등을 무대에 올려, 보다 나은 이윤을 챙기기도 했다.

한편 무대는 북경의 것을 그대로 가져와 다원과 희원을 세웠지만, 보다 대형이었다. 공연장에는 연극이 아닌 우리네 판소리와 유사한 설창(說唱)을 주로 공연하는 서관(書館)도 있었다. 희원·다원·서관은 모두 상설 공연장으로, 이윤 추구를 목적으로 한다. 따라서 보다 많은 이윤을 얻어 내기 위해 나름의 운영 전략들을 구사하기도 했다. 이 점은 다시 자세히 살펴볼 것이다.

공연장의 다변화

1 섬기는 연극과 즐기는 연극

연극은 누구를 위한 예술인가? 관객인 인간을 위한 것인가, 배우를 위한 것인가? 중국인들에게 연극은 인간만을 위한 예술일 수 없었다. 연극은 인간에 앞서 신령을 위한 예술이었다. 이러한 연극 전통은 너무나 강렬했고, 오늘날에도 곳곳에서 확인할 수 있다. 연극이 신령을 위한 것이므로 연극하는 행위 자체는 신성시되었고, 그 점은 공연무대도 예외가 아니었다.

도교 사원의 무대에 올려지는 공연은 본래 '신령을 섬기는 연극'으로 규정할 수 있다. 인간은 '굿이나 보고 떡이나 얻어먹는 격'으로 즐기는 것에 불과했다. 이때 공연 작품은 신령님이 좋아하는 내용을 선정하지만, 신령의 취향을 가늠하는 것은 인간이다. 자연스레 인간이 좋아하는 레퍼토리가 주로 공연될 수밖에 없었다. '신령을 섬기는 연극'이 교묘히 '인간이 즐기는 연극'이 된 것이다. 이는 신령과 사람이 너무도 친밀해져 버린 도교적 경향을 반영하는 것이기도 하다. 도교 신도는 신령을 신비하고 엄숙한 존재로 남겨 둔 것이 아니라, 신령들의 모든 면모를 속속들이 알고 있었다. 이는 곧 도교 신도들이 신령을 어려워하고 금기시하기보다는 신령을 친밀하게 여겨, 신령의 사소한 부분까지 규정하고 생김새와 성격 면에서 인간과 그리 다를 것 없는 신령을 만들어 낸 것을 의미한다. 즉 신령은 설명할 수 없는 금기의

그림5 도교 신령 중 최고 지위의 옥황상제. **그림6** 옥황상제의 부인인 왕모낭낭(王母娘娘). **그림7** 나쁜 것을 물리치는 복마대제(伏魔大帝)로서 가장 인기 있는 관우신. 왼쪽은 아들 관평(關平)이고 오른쪽은 주창(周倉).

그림8 사원에서의 연극 공연 상황 : 비록 남녀가 자리를 따로 하고 있으나, 유학자들의 눈에는 탐탁지 않을 수밖에 없었다. 『점석재화보』 제108호, 1887. 3.

세계에 둘러싸인 것이 아니라, 사람들이 원하면 언제나 신령이 좋아하는 바를 제공하여 불러들일 수 있는 세속화된 신령이었다.[2] 따라서 사람들이 좋아하는 연극이 신령을 즐겁게 한다는 생각은 당연한 결과였고, 이는 명청대뿐만 아니라 당송 때부터 유래한다.

사원무대에서의 연극 공연은 대단한 오락거리였으므로 수많은 인파가 몰렸다. 신령의 종교적 의미가 갈수록 희미해진 반면, 인간의 즐기고자 하는 욕구를 만족시켜 줄 것이 사원의 공연밖에 없었던 상황에서는 그 정도가 더욱 심할 수밖에 없었다.

사원에 공연이 있는 날, 이날만은 암묵적으로 혹은 가시적으로 일상의 규범이 사라지는 자유로운 순간이 된다. 혼돈의 순간처럼 평상시 감히 할 수 없는 일들이 '자행'되기도 한다. 따라서 유학자들의 눈에는 탐탁지 않은 순간이었다. **그림8**을 보면, 무대 앞뜰에 남자들이 서서 공연을 관람하고 있다. 양쪽 기다란 설치물 위로는 여자들이 의자 위에 앉아 있다. 남녀가 섞여 있지 않은 것을 보면, 남녀가 유별했다. 그 밑에 동네 아이들이 들어가 뭔가를 만지작거리고 있다. 무대 왼쪽의 여자 객석이 순간 무너졌는데, 그 아래에는 판자를 받치고 있는 나무

---

2) 도교 신령에 대한 사항은 앙리 마스페로, 신하령 외 옮김, 『도교』, 까치, 1999, 제2부 「근대 중국의 신화」 참조.

도표2 사원의 형태

도표3 희원의 형태

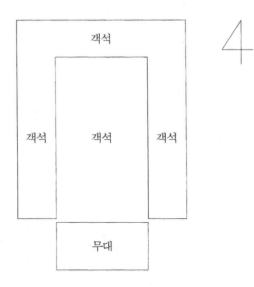

의자의 다리가 빠진 채 나뒹굴고 있다. 아이들이 뭔가를 만지작거렸던 것이 바로 이를 위한 것임을 짐작할 수 있다. 기사문에서는 이러한 장난이 허용될 수 있는 순간에 대해 불편한 시선을 드러내고 있다.

기사문에서는 정확한 지명을 밝히지 않고, 사원이 새롭게 지어졌거나 리모델링되면 이 지역 사람들은 반드시 연극을 공연해 신령을 맞아들여야 한다고 밝히고 있다. 기사문에서 어느 지역이고 누구를 모신 사원인가를 명확히 밝히지 않은 것은 지역과 신령에 관계없이 사원의 새 면모를 알리는 공연이 이미 보편적이었음을 의미한다고 판단된다. 이 밖에도 신령의 탄신일·절기 등에도 제사와 함께 공연이 이루어졌다. 사원에서의 제사는 농업생활을 근간으로 했지만, 나중엔 도시에까지 영향을 미쳤다. 농촌에서 도시로 유입된 이들은 농촌에서의 종교·문화활동을 그런대로 유지했다. 특히 사원의 형식은 도시에서도 그대로 유지되었다.

사원은 신령을 모시기 위한 곳이다. 따라서 중심 되는 곳에 가장 크고 높은 건물, 즉 본전(本殿)에 신령의 신상을 모신다. 그 맞은편에 무대가 있고, 무대 양 옆으로 객석을 위한 건물이 있다. 이를 간략히 나타내면 **도표2**와 같다. 사원의 본전을 객석으로 만들고, 지붕을 올려 공연이 날씨에 구애받지 않도록 하여 상설화를 추구했던 것이 도시의 극장, 즉 희원(戲園)이다. 희원 안의 구조를 간략히 나타내면 **도표3**과 같다. 희원에서 종횡무진 활약했던 극단과 공연작품 역시 농촌에서 기원해 도시로 진출한 것이었다. 이에 따라 농촌의 공연 환경도 도시에 그대로 유입되었다. 다만 농촌의 삶의 패턴과 밀접한 관련이 있는 종교적 요소가 사라져, 신령이 있어야 할 자리에 관객이 차지하고 앉았을 뿐이다.

 신령을 섬기는 연극을 공연했던 또 다른 장소는 회관(會館)무대였다. 회관은 명청 이래 타지에서 활동하는 같은 고향 혹은 동일 업종의 상인들이 주요 활동 지역인 북경 등의 상업 중심지에 설치했다. 회관은 상인조직의 상설기구이자 활동 장소를 가리키는가 하면, 때로는 동향 혹은 동일 업종의 상인에게 숙소와 모임 장소를 제공하는 곳이기도 했다. 명대에 생겨나기 시작해서 청대 전기에는 동향회관이, 후기로 접어들면서는 동업회관이 점차 증가했다. 청말 연극배우들 역시 자신들의 회관을 조성해 이원회관(梨園會館)이라 부르기도 했다. '이원'이란 당대(唐代) 이래 배우들을 가리키는 말이었다.

 회관이 동향에 의해 지어졌건 동일 업종의 상인에 의해 지어졌건, 회관 구성원은 공동의 신령을 모셨다. 동향에 의해 지어졌다면, 지역 수호신과 같이 고향에서 주요하게 모시는 신령을 모셨다. 동일 업종의 상인들은 장사를 잘하게 해달라고 주로 재물신인 관우신을 모셨다. 신령의 신상을 중앙에 모시는 것에 그치지 않고, 생일과 중요 명절이 되면 제사를 올렸다. 제사는 경건하게 치러졌지만, 제사를 둘러싼 모든 행사는 회관 성원에게 축제였고, 인근 주민들에게는 재미난 볼거리였다. 특히 신령에 대한 제사는 연극을 바치는 풍속이 있었기에, 회관 안에서는 신령에게 바치는 연극 공연이 벌어졌다. 때로는 평상시에도 외부 손님을 모셔와 연극을 공연하며 사업상의 상담을 벌이기도 했다. 이 때문에 회관에는 연극 공연을 위한 전문 건축물이 축조되기도 했다. 독립된 구조물이고 높기도 하여 흔히 '희대'(戱臺) 혹은 '희루'(戱樓)라고 명명했다. 그 위치는 회관의 수호신 격인 신령을 위해 신상을 모신 맞은편, 즉 사원의 경우와 같은 곳이었다. 이를 그림으로 확인해 보면 **그림9**와 같다.

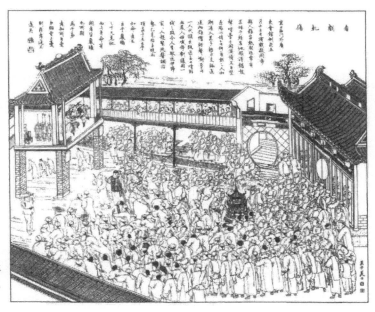

그림9 광동회관에서의 연극 공연 상황. 『점석재화보』 제6호. 1884. 6.

그림10 격리된 채 2층 측면에서 연극을 관람하는 여성들. 그림9의 부분.

왼쪽에 측면으로 보이는 건물이 무대이다. 그 밑으로 사람들이 지나가고 있는 것으로 보아, 무대 밑으로 회관의 문이 나 있음을 알 수 있다. 오른쪽 측면 건물이 신령을 모시고 있는 본전이다. 경구(京口; 강소성 남부에 있는 오늘날 진강 鎭江) 서문 밖에 위치한 이 광동회관은 매년 5월 13일 관우신에게 연극을 바쳤고, 사람들로 성황을 이루었다. 그림은 어떤 이가 인파에 떠밀려 회관 안으로 들어오고 급기야 피를 토하고 쓰러지는 바람에 사람들에게 업혀 가는 상황이다. 기사에 의하면 이 사람은 끝내 숨졌다고 한다.

사원무대든 회관무대든 입장료는 없었다. 이 기사에서 보듯 관람인파에 떠밀려 회관 안으로 들어와 압사당한 것을 보면, 회관 문 앞은 분명 표를 건네고 받을 수 있는 곳이 아니다. 사원과 회관에서는 지역 주민과 회관 구성원들이 추렴하여 극단을 불러 공연했다. 극단은 돈을 벌기 위해 출연 요청에 응하지만, 정작 요청한 측은 연극을 완전 개방했다. 그렇다고 아무나 와서 볼 수 있는 것은 아니다. 회관무대의 경우, 뜰 안 관객 중에 여자가 하나도 없지 않은가! 그림 맞은편 2층 가장 오른편에 여성으로 보이는 이들이 몇 명 있을 뿐이다. 당시는 아직 전통 관념이 유지되던 시기였기 때문에, 남녀가 섞여 있다는 것은 어불성설이었다. 게다가 이렇게 사람들이 엄청나게 몰리는 곳에 여자의 출현은 쉽게 용납될 수 없었다. 더구나 회관은 남성들의 사회활동 공간이 아닌가! 사원무대의 경우, 회관처럼 여성 전용 객석을 마련할 수 없다면, 그림10처럼 널빤지를 활용해 여성들만 따로 앉게 했다. 사원이나 회관은 의식을 행하는 공간이고, 의식은 남성들이 주도했다. 따라서 두 공간에 여성들이 남자들과 섞여 앉는다는 것은 그리 쉬운 일이 아니었다. 여성과 남성이 자유롭게 뒤섞여 연극을 관람하는 것은 도시의 대형 상설극장에서나 가능한 일이었다.

사원과 회관의 연극 공연은 신령을 모신다는 의미에서, 또 사람들에게 오락을 제공한다는 측면에서 이루어지기도 했지만, 구성원에게 돈을 갹출하려는 의도로 연극을 하기도 했다. 오늘날의 모금공연, 자선공연이라고 생각하면 된다. 이렇게 모금된 돈은 사원이나 회관의 주요 업무에 사용되기도 하고, 건물의 보수·증축이나 구성원의 복지를 위해 사용되기도 했다.

회관의 경우를 예로 들어 본다. 그림11을 보면, 화면 왼편 동그란 문 너머로 연극이 공연되고 있다. 오른편에서는 사람들이 무언가를 하고 있다. 사람들이 몰려 있는 곳의 오른편을 보면, 그림12처럼 무언가를 연신 적는 이와 돈을 저울에 다는 이들이 있다. 돈이 오가고 있고,

그림11 회관 안에서 연극을 매개로 모금을 하는 장면. 「연극으로 구휼을 권장하다」(演劇勸販), 『점석재화보』 제70호, 1888. 11.

이를 적는 장부임에 분명하다. 기사문에 따르면 1888년 10월 초하루, 한구(漢口)의 신사 동(董)씨가 영구(營口) 등지에서 자연재해가 일어났음을 듣고는 안휘회관을 빌리고 극단을 불러 공연을 벌여, 각지의 자선가들을 초청해 주머니를 열게 했다고 한다. 첫날 1,300여명이 왔고, 초청장을 받지 않았는데도 기부를 하러 온 이가 상당히 많았다고 전한다. 분명 돈을 기부한 이들은 신사층이거나 신사에 견줄 수 있는 상인일 것이라

그림12 모금 사항을 기록하는 자들과 모금된 은화를 측량하는 자들. 그림11의 부분.

생각된다. 이처럼 사원과 회관은 다양한 역할을 수행했는데, 그 중심에 연극 공연이 있었다. 그리고 이들 연극 공연은 명실상부 신령을 '섬기는 연극'으로서 제 역할을 하지만, 인간은 그 기회를 빌려 '즐기는 연극'으로서 공연을 관람한다.

섬기는 연극과 즐기는 연극은 고정무대가 아닌 간이무대에서 행해지는 경우도 있다. 저잣거리의 장돌뱅이 예인들은 줄이나 천을 둘러치는 것만으로 무대를 삼는다. 이들은 주로 삼삼오오 무리를 지어 이동을 하기 때문에 공연 레퍼토리가 한정되어 있다. 우리의 만담과 같

그림13 아들 생일잔치에 극단을 불러 연극을 공연하는 장면. 『점석재화보』 제3호, 1884. 5.

이 최소의 인원으로 최대의 효과를 내는 공연에 주력했다. 때문에 이들의 공연은 어설픈 경우가 많았다. 적어도 일정 규모의 극단이라야 당시 공연계에 어느 정도 영향을 줄 수 있었다. 규모 있는 극단은 도시의 회원 혹은 사원·회관의 무대로 공연을 다녔고, 개인사를 위한 공연에 불려 가기도 했다. 개인 가옥으로 불려 갈 때는 집 안뜰에 간이무대를 개설하고, 행사의 성격에 따라 공연 레퍼토리를 정했다. 그림13은 아들 생일잔치에 연극을 공연한 광경이다. 뜰 위에 약간 높게 널빤지를 이어 붙였고, 그림 왼쪽 곁채 방 한 칸을 분장실로 활용했다. 여기에서도 1층의 관객은 남자들뿐이고, 여자들은 2층의 창문을 통해 보고 있다.

이 밖에도 붉은 양탄자를 실내에 깔고 간단하게 공연을 즐기기도 했다. 이러한 공연 형태는 명청대에 전기·곤곡을 좋아하는 문인들의 감상 방식이었다. 후에 지방희 또는 경극 등이 도시를 위주로 발전하면서 볼거리를 제공하는 쪽으로 기울자, 집 안에서의 공연은 점차 사라지고, 도시에서는 아예 손님을 회원에 모셔다 놓고 공연을 즐겼다.

간이무대는 청말 도시와 농촌 양쪽에서 특별한 날에 빛이 났다. 도시에서는 황실 귀족의 특별한 날, 예를 들어 서태후의 생일 때에는 궁 밖 거리에 간이무대를 수없이 설치하고 여러 개의 극단이 동시에 연극을 펼쳤다. 관객은 이쪽 무대의 공연을 보다가, 저쪽 무대에서 환호성이 나면 그쪽으로 우르르 몰려가서 관람했다. 그 차에 극단은 서로 다투어 레퍼토리를 개발하고, 보다 흥미로운 장면들을 만들어 댔다. 농촌에서는 마을의 주요 신령 제사 때에 동일한 장면이 연출되었다. 사원 안에 무대가 하나임에도 사원 밖에 간이무대를 여러 개 설치했다. 몇 개를 설치하는가는 마을의 경제력에 좌우되었다. 그 무대들 위에서 여러 개의 극단이 동시에 공연했다. 주민들에게 인기를 얻은 극단만 돈을 받아 갈 수 있었기 때문에, 극단들은 있는 힘을 다해 장기를 펼쳤다. 이러한 공연은 주민 입장에서 보면 1년에 한두 번 접하면 많이 접하는 것이겠지만, 직업 극단의 입장에서는 흔히 접할 수 있는 상황이어서, 사람들을 사로잡아야 한다는 부담에 상호 간 경쟁이 치열했다. 극단 간의 치열한 공연을 유도하는 공연 환경 속에서 연극은 발전할 수밖에 없었다. 이러한 공연 환경은 궁극적으로 연극을 좋아하고, 시간적으로나 경제적으로나 즐길 여유가 되는 상황이 전제되어야 한다.

2 대형 상설극장의 성행

대형 상설극장은 명명백백 즐기는 연극을 위한 공간으로, 회원(戲園)·회관(戲館)·다루(茶樓) 등으로 불렸다. 희(戲)는 놀이, 즉 연극을 말한다. 다루라고 한 것은 연극 감상과 차를 동시에 즐겼기 때문이다. 연극 감상과 차가 완전히 관계를 끊고 독립하기 전까지, 연극 보러 간다는 말은 차를 즐기러 간다는 말에 다름 아니었다. 점차 차맛이 떨어지고 연극에 더욱 열광할 때까지 그러했다. 회원·회관 역시 명칭만 다를 뿐 실은 다루와 구조·운영 방식이 같은 대형 상설극장이었다.

차와 연극을 동시에 즐길 수 있는 공간은 도시에서나 가능했다. 농촌에서 한가로이 차를 마시며 연극 감상에 몰입할 여유가 어디 있었겠는가? 돈도 없고 시간도 없었다. 반면 도시, 특히 북경과 같은 대도시에서는 부가 넘쳐 났고, 그에 따라 여가 시간이 생겨났다. 특히 상인들과 귀족들이 자주 드나들었다.

차와 연극이 만나기 전, 차와 비슷한 품목인 술이 연극과 친했다. 역사적으로 보면, 차와 연극은 송대에 이미 친구 사이였다. 송대 기록인 『몽양록』(夢梁錄)을 보면, 도시 임안(臨安 ; 오늘날 항주)의 찻집에서 수많은 부잣집 자제들과 관리들이 모여 악기와 노래를 배웠다고 한다. 또 『번승록』(繁勝錄)을 보면, 밤에 찻집을 공연장으로 사용한 기록이 등장한다. 명대 들어 찻집과 연극은 잠시 이별하였는데, 그렇다고 당장 술과 연극이 친해진 것은 아니었다. 명대에 주공연장이었던 구란(勾欄)이라는 곳이 명대 중엽 쇠퇴하기 시작하자, 그동안 술안주 삼아 희곡 한 토막을 듣던 술집에서 본격적으로 연극을 공연하기 시작했다. 이러한 광경은 도시를 중심으로 청대까지 이어졌다.

그림14의 월명루는 연극 공연을 하는 청대의 대표적인 술집이다. 화면 중앙 2층이 무대이

그림14 월명루(月明樓)는 오늘날 북경의 선무문(宣武門) 근처에 위치한, 술과 연극을 동시에 하는 극장이다. 위 그림은 내몽고의 한 사찰 안에 걸려 있다.

그림15 광서 연간(1875~1908) 다루 내부 풍경.

다. 그 밑으로 문이 있는데, 이러한 구조는 사원무대 혹은 회관무대와 동일하다. 두번째 기둥 옆에 서서 관망하고 있는 이가 미행 나온 강희 황제이다. 그림 앞쪽 두 기둥 양 옆으로 한 사람은 웃통을 벗고 있고, 한 사람은 소매를 걸어올리며 당장이라도 한 방 먹일 태세다. 이런 소란이 벌어지니 공연이 제대로 진행될 리 없다. 관객들이 무대는 바라보지 않고 모두 두 사람 쪽을 쳐다보고 있다. 여기서 주목해야 할 것은 그림 오른쪽 앞에 보이는 사람들의 의자와 탁자 배치이다. 세 사람 중 두 사람은 음식을 먹느라 이쪽 싸움이 난 곳이나 무대에는 눈길도 주지 않는다. 실갱이 벌이는 이는 그렇다 쳐도, 무대 위에서 공연하는 배우들에게 이러한 관객은 반갑지 않았을 것이다. 의자는 관객의 시선과 무대를 90°로 만들어, 공연을 관람하려면 몸을 90°로 꺾어야 했기 때문에 상당히 부담스러운 자리 배치가 아닐 수 없다. 이는 공연장에서 술을 곁들였던 것이 아니라, 술집에서 공연을 벌였던 것이기 때문이다. 다시 말해 술이 주가 되고 연극은 술자리를 돋우는 부수적인 매개로 활용됐기 때문에, 연극을 주로 삼을 만큼의 좌석 배치는 아직 이루어지지 않았음을 알 수 있다.

그후 도광 22년(1842)에 간행된 『몽화쇄부』(夢華瑣簿)를 보면, "오늘날 희원은 모두 차와 간식을 갖추고, 술과 안주가 없기에 다루라고 한다"고 했다. 당시 대표적인 희원 내부를 보면 **그림15**와 같다. 객석은 여전히 탁자와 긴 의자가 놓여 있고, 배치 방향 역시 같다. 앞에서 본 술집에서 운영하던 극장에 비해서는 그래도 사람들의 시선이 무대를 향하고 있다. 그럼에도 좌석 배치가 여전하다는 것은 이곳이 아직 연극 위주로 운영되고 있지 않음을 보여 주는 것이다.

그러나 후에 희원의 좌석 배치는 달라져 있었다. **그림16**은 상해 단계루(丹桂樓) 안의 공연 모습이다. 단계루는 단계다원(丹桂茶園)으로 청말 상해에서 역대 최대 규모로 운영되었고,

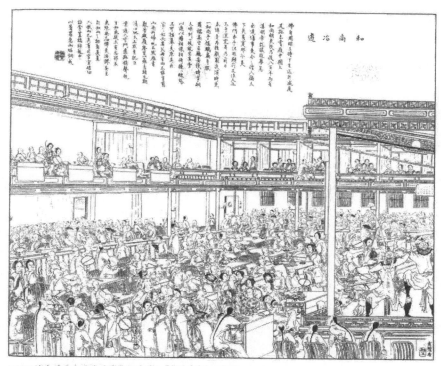

그림16 청말 상해의 대형 상설극장 단계루. 『점석재화보』 제15호, 1884. 9.

오랜 역사로 변화가 제일 많았으며, 영향력도 제일 컸던 경극 극장이었다. 북경의 회원이 300명 정도를 수용할 정도였다면, 상해의 다루들은 보다 대형이었다. 굳이 차를 마시려 했다면 이런 대형 공간이 필요했을 리는 없다. 이제 차를 마시기보다는 연극을 보기 위해 사람들이 모여들었다. 그 증거로 좌석 배치를 들 수 있다. 단계루의 좌석 배치만을 확대해 살펴보면 **그림17**과 같다.

　도표4의 좌석 배치를 보면 이전 북경의 경우와 달라져 있음을 알 수 있다. 그림의 관객은 뒤쪽 객석에서 벌어진 일들을 보느라 몸이나 고개가 모두 무대 반대쪽을 향해 있긴 하지만, 실제 연극을 감상하기 위해 더 이상 90°로 허리를 꺾으며 불편하게 공연을 볼 필요가 없

그림17 상해 단계루의 1층 좌석 배치. 그림16의 부분.

도표4 테이블당 좌석 배치

어졌다. 이제 차는 연극을 보는 동안 입을 축이는 정도가 되었다. 오늘날 우리가 영화를 보면서 팝콘을 먹는 것과 같다.

회원은 단계루의 경우에서 알 수 있듯이 1층 객석과 무대, 2층 객석의 구조로 이루어져 있다. 상해의 경우 영국 조계지였던 사마로(복주로)에 회원과 다루가 밀집해 있었는데, 모든 다루가 회원으로 운영되었던 것은 아니었지만, 회원은 항상 다루를 겸하고 있었다. 흥미로운 것은 정작 관객은 연극을 보러 왔음에도 찻값만을 지불했다는 점이다. 회원은 객석의 등급에 따라 테이블당 받기도 하고, 사람 수당 받기도 했다. 이러한 상황은 훗날 민국 시기로 접어들어, 공연장에서 차 테이블이 사라진 후에야 비로소 공연관람료를 내고 공연을 보게 되는 것으로 바뀐다.

3 서양식 극장의 출현

1874년 상해 조계지 영국인들은 유럽식 극장을 새로 건립했는데, 이것이 난심극장이었다. 이는 영국인의 '아마추어 드라마 클럽'이라는 연극 동호회를 위한 공간이었다. 그들은 이곳

그림18 1910년대 난심극장 내부 모습. 무대는 반원형을 이루고, 객석에는 테이블이 사라졌다.

에서 서양 연극을 공연했는데, 중국인 관객은 극소수에 불과했다. 그러나 액자형에다 넓어진 서양식 무대는 중국인들에게 새로웠으며, 훗날 중국 극장을 개혁하는 데 영향을 주었다.

그림19 1930년대 난심극장 전경.

1907년이 되어서야 난심극장은 중국 관객을 상대로 처음 공연을 했다. 상해의 연극 학교였던 통감(通鑑)학교 학생들이 화극을 공연한 것이었다. 그들은 3개월 뒤, 「흑인 노예 우천록」을 공연했는데, 결과는 대실패였다. 그러나 중국인들은 처음으로 서양식 극장을 경험하면서 그들의 아름다운 장식과 찬란한 조명, 음향시설, 무대장치 등에 매료되었다. 이는 낡고 시끄럽고 번잡한 중국식 극장과 비교되었다.

점차 지식인들을 중심으로 희곡개량 움직임이 번져 나가기 시작했다. 그러나 애석한 것은 연극의 중심인 관객과 배우들 위주로 진행되지는 못했다는 점이다. 도시의 대다수 관객은 여전히 중국식 극장에서 중국인 배우의 전통 레퍼토리에 열광하고 있었다.

▌상설극장의 생존 전략▌

1 대중의 취향을 따르라

중국에는 각 지방마다 말과 노랫가락이 달라 지방희들이 형성되었는데, 현재 중국의 공식 통계에 따르면 근 300종이다. 이 가운데에는 곤곡(崑曲)과 휘극(徽劇), 사천의 천극(川劇) 등 오랜 역사를 지닌 것들이 있는가 하면, 월극(越劇)·황매희(黃梅戱) 등 근대 이후에 형성된 것도 있다.

근대 이전 도시에서 공연되었던 전통극으로는 크게 곤곡과 경극(京劇)을 들 수 있다. 곤곡은 곤극(崑劇)이라고도 하는데, 명창 위양보(魏良輔)가 가정 연간(1522~66)에 곤산강(崑山腔)을 개혁한 후, 만력 연간 초기(1579~82)에 양신어(梁辰漁)가 이 음악으로 서시(西施)와 범려(范蠡)를 소재로 한 「완사기」(浣紗記)를 만들자 일시에 유행했다. '곤산'은 상해와 소주 사이에 위치한 지역으로, 곤산강 음악을 위주로 한 곤곡은 이 일대를 시작으로 유행하다가 문인들의 사랑을 받게 되었고, 전국으로 퍼져 갔다.

명청대 문화 중심지는 단연 절강성 북부와 강소성 남부 일대인 오중(吳中) 지역이었다. 이곳은 교역이 많아 상품경제가 발달했고, 과거급제자를 많이 배출하여 경제적으로나 문화적으로 중국 전역을 이끌 만했다. 상해 역시 이 지역들과 가까웠기 때문에, 경제·문화적으로

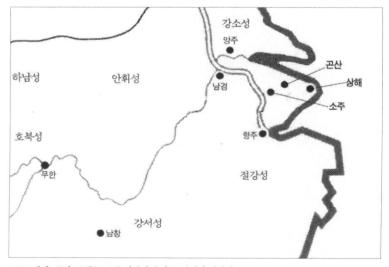

그림20 상해·곤산·소주는 오중 지역에 속하고, 거리상 가깝다.

영향을 받아 왔고, 연극 면에서는 곤곡이 인기를 얻었다. 강회 연간(1662~1722) 상해·소주 등의 현(縣) 소재 술집에서는 곤곡을 공연하느라 수많은 돈을 써 댔다고 한다. 또 건륭 연간(1736~95)에는 관련 배우와 극단이 늘어나면서 소주 이원총국(梨園總局)의 영향 아래 배우 단체를 설립했다. 건륭·가경 연간 이후 다른 지방희들이 성행하자 약간의 타격을 받았지만, 국가의 보호와 문인들의 애호 덕분에 주도권을 빼앗기지는 않았다.

후에 상해는 아편전쟁 이후 개항을 하면서 전국 으뜸의 공업·상업도시로서, 전국에서 사람들이 몰려들었다. 게다가 태평천국의 난이 발발하여 강남 지역에 영향이 미치자, 강소·절강성의 향신(鄕紳)과 부자들 및 서민들은 난을 피해 상해로 몰려들어 인구대폭발을 이루었다. 이때 곤곡 관련자들 역시 상해로 이주함에 따라 상해는 곤곡의 새로운 중심지가 되었다. 곤곡만을 전문으로 공연했던 상설극장도 있었는데, 함풍 연간(1851~61) 초기에 건립된 삼아원(三雅軒)이 대표적이었고, 이후에도 취미헌(聚美軒)·풍악원(豊樂園)·집수원(集秀園)·취수원(聚秀園) 등이 생겨났다. 동치 연간(1862~74)은 상해의 곤곡이 휘극·경극과 교류를 했던 시기이다. 곤곡은 다른 지방희와 달리 가락이 부드럽고 아름다웠지만, 대다수가 문인에 의해 창작되어 노랫말이 일반인에게 어렵다는 단점을 지녔다. 때문에 곤곡이 제아무리 역사와 전통이 오래된 연극이라고 해도, 상인이나 일반 서민들은 곤곡을 따분하다 여기기 일쑤였다. 상해에 양주(揚州) 휘극 극단이 들어와 취강(吹腔)가락의 시사극과 무술 동작이 많이 가미된 연극을 펼치자, 상해 관객들은 일시에 이들 공연에 매료되었다. 당시 일계헌(一桂軒) 및 만정방(滿庭芳) 등은 휘극과 곤곡이 합연토록 했고, 그 결과 곤곡 배우들은 수많은 휘극 작품을 배울 수 있었다. 당시 상해에 이름을 떨친 곤곡 배우로는 구아증(邱阿增)·주봉림(周鳳林)·강선진(姜善珍) 등이 있었다.

우아한 곤곡은 인기가 떨어진 반면, 곤곡과 같은 뿌리를 가졌지만 문인보다는 시장거리에서 관객을 모았던 연극은 상해로 들어와 사랑을 받았다. 초곤은 시골 저잣거리에서 강한 생명력과 친화력으로 다른 지방 연극과도 잘 결합했다. 예를 들어 소흥(紹興)의 곤익무반(崑弋武班)은 도광·함풍 연간(1821~61)에 상해 근교에서 인기를 끌었는데, 이들은 곤곡과 익강(弋腔)가락을 함께 노래할 수 있고, 무술 위주의 무희(武戱)에 능해 강호(江湖) 극단이라 불리기도 했다. 영파(寧波) 곤익반(崑弋班)도 1900년에 상해에 와서 공연한 후 상해 극단에 많은 영향을 끼쳤다.

휘주 극단은 함풍 연간에 상해로 들어왔는데, 조계지의 일계다원(一桂茶園)이 전용무대였다. 휘주 극단은 안휘 출신의 배우로 구성된 극단으로, 휘극을 전문으로 공연했다. 경극이 상해에 뿌리를 내리기 전, 상해 연극계의 주도권은 휘주 극단이 잡고 있었다. 그러나 경극으로 관객이 몰리면서 살아남기 위해 휘주 극단은 경극을 끌어들였다. 예를 들어 일계다원은 북방에서 경극 예인들을 데려와 자기 극장의 휘주 극단과 합동 공연을 펼치게 하고, 극장명도 금계헌(金桂軒)으로 바꿔 불렀다.[3] 이것이 효과를 보자 다른 극장 역시 뒤를 이어 점차 경극과 휘극을 동시에 공연하는 극장이 많이 생겨났다. 당시 인기를 끌었던 휘주 극단의 유명 배우로는 진계수(陳桂壽)가 있었다.

경극은 도광 연간(1821~50)에 휘주의 네 극단 삼경반(三慶班)·사희반(四喜班)·춘대반(春臺班)·화춘반(和春班)이 북경에 들어가 여러 가지 지방희의 장점을 종합하여 형성시킨 전통극으로, 상해 개항 후 새로운 시장을 찾아 남쪽으로 내려왔다. 경극 극단이 상해에 최초로 발을 들인 때는 동치 6년(1867)이었다. 1866년 영국 국적의 중국인 루이 경이 영국 조계지에 북경식 극장을 모방한 만정방(滿庭芳)을 지었고, 이듬해 봄 천진에서 경극 배우들을 불러 공연토록 했는데 반응이 폭발적이었다. 같은 해 유유충(劉維忠)이 만정방 근처에 호화스런 단계(丹桂) 회원을 세우고, 북경으로 직접 가서 당시 북경에서 이름을 날렸던 삼경반 극단과 사희반 극단의 유명 배우들을 불러왔다. 당시 상해는 북경의 유명 배우들 가운데 진덕림(陳德霖)을 제외하고 모두 다녀갔다고 할 정도로 북경 유명 배우들의 공연이 이루어졌다. 당시 손국선(孫菊仙)·양월루(楊月樓)·손춘항(孫春恒)·담흠배(譚鑫培)·왕계분(汪桂芬) 등의 북경 유명 배우들이 상해에서 잇달아 공연을 펼쳤다.

이 밖에도 경극은 북방의 방자희(梆子戲) 배우들 역시 끌어들였다. 방자희는 하북·하남·산서·섬서 등지에서 형성된 지방희이다. 광서 3년(1877) 방자희 배우 출신인 황월산(黃月山)은 대관다원(大觀茶園)을 열고 상해로 방자희 배우들을 불러들였다. 상해로 온 방자희 배우는 이곳에 정착하고, 다른 극장으로 진출하여 경극과 함께 무대에 올랐다. 당시 상해에서 인기를 끌었던 방자희 배우로는 달자홍(達子紅)·일잔등(一盞燈)·원원홍(元元紅)·십삼단(十三旦)·한계희(韓桂喜) 등이 있었다.

경극은 곤곡과도 한 무대에 오르기도 했다. 일례로 동치 초년 천선(天仙)극장은 높은 출연료 보장과 낮공연 제외, 그리고 가장 좋은 시간대에 공연할 것을 약속하는 등 좋은 조건을 제시하며, 당시 이름을 크게 떨쳤던 곤곡의 여자역할 전문배우 구아증(邱阿增)과 우스개역의 1인자로 꼽혔던 강선진(姜善珍)을 불러와, 경극 공연 중간중간에 두 사람의 공연을 끼워 넣었다.[4]

경극을 중심으로 곤곡·휘극·방자희 등 다양한 남북의 우수한 지방희가 한 무대에 오르면서 공연 기법·레퍼토리 등을 수용하였고, 상해 시민들의 다양한 관심에 부응했다. 이는 과거 전통 시대처럼 특정 문화를 선호하고 고집하는 황실이나 문인 집단의 후원에 따라 발전한

3) 田根勝, 『近代戲劇的傳承與開拓』, 上海三聯書店, 2005, 55쪽 각주 참조.
4) 같은 책, 55쪽 각주 참조.

것이 아니라, 다양한 지역·연령·계층이 모인 관객들의 다양한 입맛을 충족시키고 수익을 얻고자 하는 시장 원칙이 작용했기 때문이다. 경극은 자신의 형성 지역인 북경을 떠나 상해의 시장경제에서 당당히 살아남았고, 그 과정에서 여타 지방회의 장점을 흡수하면서 거듭났다. 경극은 이처럼 상해에 뿌리를 내렸고, 상해라는 새로운 환경에 적응하면서 북경에서와는 다른 형태인 해파(海派)경극을 형성시켰다.

한편 청일전쟁과 무술변법의 실패로 인해 혁명을 원하는 소리가 높아지기 시작하자, 상해에서도 청(淸) 정부를 반대하는 여론이 더욱 강해졌다. 공연계에서도 이러한 사회적 변화에 따라 희곡개량 운동을 제창했다. 희곡개량에 관한 주장은, 첫째 옛 왕후장상(王侯將相)과 재자가인에 관한 내용이 아닌, 현 시대를 변화시킬 수 있는 내용을 다룬 새로운 작품을 만들어 낼 것, 둘째 난해한 곤곡은 지양하고 이해하기 쉬운 경극과 방자희를 활용할 것, 셋째 서양 연극을 본받아 무대예술을 개혁할 것 등이었다.

근대 시기의 상해는 모든 전통극이 몰려든 도시였으며 동시에 탈전통의 움직임이 활발했던 도시였다. 전통극 간의 경쟁은 결국 경극의 승리로 이루어졌고, 그 과정에서 경극은 다양한 지방 희곡의 장점을 흡수하여 더욱 발전해 갔다. 또 전통극에 안주하지 않고 개량운동을 제창하면서 새로운 시대에 부응하는 새로운

그림21 천선다루(天仙茶樓) 앞. 『점석재화보』제173호. 1888. 12.

그림22 천선다루 앞 간판. 오른쪽 두 간판은 공연될 작품명과 배우 이름을 명기한 것이고, 왼쪽 다섯 간판은 출연 배우 이름만을 명기한 것이다. 모두 "우리 극장에서 특별히 모신 북경의"(本園特請京都) 누구임을 밝히고 있다. 북경에서 모셔 온 배우는 모두 경극 배우들이다. 상해에서 경극 배우들이 얼마나 인기가 높았는지 알 수 있다. 그림21의 부분.

연극을 모색하는 등의 노력을 쉬지 않았다. 근대 시기 상해의 연극은 다양하면서도 활기찬 모습을 담고 있었다.

2 극장주와 스타 배우 중심 체제

전통 시기 배우들은 신분사회 속에서 사회적으로나 경제적으로 열악한 대우를 받았다. 전통 시기 배우들에 관한 연구서들을 살펴보면, 그들이 주로 어떤 경로로 연극계에 입문했고 어떤 수련 과정을 통해 대배우가 될 수 있었는지, 그들의 인생역정은 어떠했는지에 관해 다루고 있다. 즉 전통 시기 배우들은 대대로 배우 집안 출신이 아니면, 가난한 집에서 팔려오거나, 가문이 몰락하여 배우가 되기도 했다. 그들은 사람들에게 기예를 팔았지만 사람들은 그들을 멸시했다. 가끔은 공연예술인으로서 평가되기도 했는데, 이는 문인(文人)들의 든든한 지지 혹은 후원이 있어야 비로소 가능했다. 전통 시기 배우들의 예술 수준은 높았지만, 신분사회의 제약으로 사회에 홀로 서거나 중심에 서지 못했다. 반면 근대 시기 배우들은 신분사회의 인식틀 속에서 좀더 자유로울 수 있었기에, 배우 스스로가 공연은 물론 공연 환경의 중심에 설 수 있었다. 이러한 변화는 근대 시기 대형 상설극장의 성행과 그 속에서 살아남으려는 극단·극장·배우들의 관계 양상에서 비롯되었다.

전통 시기 배우 개개인은 주로 극단에 소속되어 활동했다. 우리의 만담처럼 단 두 사람이 등장하여 간단한 내용과 동작을 연기하는 희극(喜劇)도 있었지만, 적어도 관객이 지루해

그림23 영화 「패왕별희」(霸王別姬)에서 배우 훈련기관인 과반(科班)의 졸업 사진 장면. 과반에서는 기초 훈련 뒤에 각색 행당 시스템에 의해 배우 훈련을 한다.

하지 않을 정도의 레퍼토리를 갖추기 위해서는 일정 정도의 인원이 반드시 필요했다. 중국 전통극은 각색행당(角色行當)의 시스템으로 이루어졌기 때문에, 자신의 각색 외에 다른 각색은 공연하기 힘들었다. 영화 「패왕별희」의 장국영(張國榮)이 연기한 데이의 배우 수련 과정에서 각색행당 시스템을 잘 엿볼 수 있다. 데이는 배우양성소에 들어가자마자 다른 아이들과 다리 찢기 등의 신체 훈련을 거친 후, 본격적으로 연기 훈련에 들어간다. 이때 데이는 수많은 아이들 가운데 혼자서 오로지 여성, 그것도 우아하고 품위 있는 여성의 동작·음성 등을 연마했다.

전통극 배우는 연기 훈련 과정에 각색을 정하고 그 각색에만 몰입하여 훈련하고, 훗날 정식 무대에 선 후에도 훈련한 각색의 등장인물만을 주로 공연한다. 각색을 넘나드는 것은 청말에 비로소 허용되었다. 섣불리 넘나들었다가 실력이 조금이라도 처지면 가차 없이 비난을 받았기 때문에, 각색을 넘나드는 것은 실력 있는 대배우에게나 가능했다. 각색행당은 배우들의 연기 분업 체제라고 할 수 있는데, 배우는 연기 수업 과정에서 자신에게 맞는 각색을 선택해 집중 훈련하고 평생 그 각색만을 연기한다. 이런 각색체제는 원대(元代)에 이미 있었고, 오늘날까지 이어지고 있다. 세부적 분류는 지방희들마다 다를 수 있지만, 경극을 예로 들면 크게 생(生)·단(旦)·정(淨)·축(丑)으로 나눌 수 있다. 생은 지식인 남성을, 단은 여성을 연기한다. 정은 얼굴 전체를 갖가지 색깔로 칠하는데, 개성 있거나 특징 있는 인물을 연기한다. 축은 우스갯짓을 하는 역할이다. 생은 남성의 나이와 연기 성격에 따라 노생(老生)·소생(小生)·무생(武生) 등으로 더욱 세부적으로 나뉘어 있다. 각 각색의 하위 분류가 많을수록 다양하고 개성 있는 인물이 등장할 수 있다. 이렇게 나누어진 각색을 배우가 맡아 전담하는 체제 그 자체를 '행당'이라 한다. '행'은 직업의 의미이고, '당'은 그 직업을 맡아 한다는 뜻이다. 각색 분류와 배우들의 연기 분업은 밀접한 연관관계가 있으므로, 종종 '각색행당'으로 붙여 부른다. 전통극의 각색행당으로 인해 극단은 일정 정도의 인원을 확보해야 할 필요가 있었다. 오늘날처럼 배우 1인이 등장하여 수많은 사람들을 연기하는 것이 체제상 불가능했기 때문에 배우 한 명이 제아무리 뛰어나다고 해도 다른 각색을 구비하지 않은 극단은 그만큼 공연할 수 있는 작품의 폭이 좁아질 수밖에 없었다. 마찬가지 이유에서 배우들 역시 극단에 예속될 수밖에 없었다.

극단에 소속된 배우들은 극단 중심으로 활동했다. 소속 극단을 벗어나 다른 극단에서 자유롭게 공연할 수도 없었고, 다른 극단의 배우를 불러올 수도 없었다. 극단은 공연 의뢰가 들어오면 극단 전체가 공연에 나섰다. 근대 들어 대형 상설극장이 하나둘 생겨나기 시작할 때에도 전통 시기의 모습은 어느 정도 남아 있었다. 초창기 북경의 극단들은 전통 시기의 모습대로 극단과 극장이 서로 별개의 독립체로 운영되었다. 극단은 다만 극장의 초빙을 받아 공연을 했고, 수입은 극장과 사전 협의된 대로 나누었다. 수입이 적어 제아무리 적자를 보아도

그림24 동치·광서 연간을 풍미했던 경극 배우 13인을 한자리에 모아 놓았다. 왼쪽에서 세번째 여인 복장을 한 단(旦) 배우가 매교령(梅巧齡)으로 훗날 1920·30년대 중국은 물론 세계적으로 명성을 얻은 경극 배우 매란방(梅蘭芳)의 할아버지이다. 왼쪽에서 여섯번째 수염을 달고 있는 이가 경극 형성에 커다란 공헌을 한 정장경(程長庚)이다. 오른쪽에서 두번째 배우가 담흠배(譚鑫培)이고, 오른쪽 마지막에 수염을 달고 있는 이가 양월루(楊月樓)이다.

극장으로부터 보상을 받을 수는 없었다. 여관을 드나드는 나그네처럼, 한 극단 전체가 4일에 한 번씩 다른 극장으로 옮겨 가며 순회공연을 했다. 반면 북경보다 한 시대 늦게 생겨나 번영했던 상해의 대형 상설극장은 북경의 것을 답습했으나, 그 안에서 자신들만의 경영 방식을 구축했다. 과거 북경의 극장은 극단과 별개로 운영되었던 반면, 상해에서는 극단과 극장의 독립 체제 양상을 깨고 합동 고용제를 추진했다. 다시 말해 극장주는 공연 이익을 독차지했고, 극단을 극장에 예속시켜 임금을 주었다. 극단을 거느린 극장주는 기존의 제도에서 과감히 벗어나 이윤을 추구했다. 우선 최소한의 평단원을 보유하고, 북경에서 스타 배우들을 초빙해 공연토록 했다. 상해로 온 스타들은 인기 폭발이었고, 그 소문을 들은 북경의 많은 배우들은 상해에서 공연을 하고 싶어 했다. 북경에서 상해로 가려면 처음에는 천진에서 배를 타야 했으나, 훗날 철로가 개설되자 상해 방문은 더욱 빠르고 편리해졌고, 더욱 많은 유명 배우들이 상해를 방문했다. 그 과정에서 상해 경극 관중들의 기호를 파악해 무술 위주의 작품과 여성이 주인공인 작품을 주로 무대에 올렸다. 또 극종을 가리지 않고 관객이 좋아한다면, 어떤 극종의 배우라도 불러들였다. 이 때문에 상해에서는 곤곡·휘극·직예방자(直隸梆子)·한극(漢劇)의 유명 여배우들이 공연을 했고, 이들의 연기술이 경극 무대에 접목되기도 했다.

대형 상설극장이 늘어가고, 또 극장이 극단 위에 서는 상황에서, 극장은 더욱 새롭고 발전된 공연을 선사하기 위해 새로운 레퍼토리 창출과 독창적인 공연예술을 발굴해야만 했다. 19세기 말에는 이 때문에 대량의 신흥 작품들이 쏟아져 나왔다. 1882년 3월 21일부터 27일까지 『신보』에 게재된 공연작품 수를 통계내 보면, 1주일 동안 여섯 극장에서 모두 689작품을 공연할 예정이었는데, 이중 중복 공연하는 작품은 전체 16작품으로 전체의 2.3%만을 차지하고 있었다. 또 같은 작품을 다른 시간대에 공연하는 경우는 21작품, 약 3%였다.[5] 이렇게 많은 작품이 공연될 수 있었던 것은 그만큼 작품 기반이 탄탄했고, 새 작품을 많이 발굴해 냈

기 때문이라 판단된다. 반면 상해 극장에 집중된 수많은
배우들과 공연예술들은 경쟁력을 잃지 않기 위해 더 자극
적인 장면을 만들어 내는 등의 폐단도 가져왔다.

한편 전통 극단의 배우들은 극단주와 1년 단위로 계
약을 맺고 1년 동안 공연의 질과 양에 상관없이 고정된 수
입을 받았다. 스타 배우들은 자신의 수입에도 목소리를
높였다. 기존의 방식에서 배우들은, 공연 기여도에 따라
연봉 액수가 정해지면 1년간 출연횟수에 상관없이 고정된
급여를 받았고, 다른 극단의 공연에도 출연할 수 없었다.
그러나 1880년대 상해 공연을 마치고 북경으로 돌아간 양
월루(楊月樓)는 자신의 인기가 날로 올라가자 극단주와 협

그림25 담흠배(1847~1917).

의하여 희분(戲份)이라 불리는 출연료 산출 방식을 타결했다. 희분은 극장의 그날 수입에서
정해진 일정 비율을 급여로 받는 것이다. 이 제도는 연봉제에 비해 훨씬 많은 수입을 가져다
주었고, 다른 극단의 공연에 출연할 수 있는 발판이 되었다. 이 제도에 의해 부를 축적한 배
우들은 극장을 인수하여 운영하기도 했다. 일례로 양월루는 1876년 학명다원(鶴鳴茶園)을
열었고, 이듬해 황월산(黃月山)은 대관다원(大觀茶園)을 인수했다. 이외에도 많은 스타 배우
들이 자신의 인기를 발판으로 투자를 받거나 동업하여 극장을 운영하기도 했다. 물론 이들은
전문 경영자가 아니기에, 극장 운영에 어려움을 겪고 금방 문을 닫기도 했다. 그러나 이는 전
통 시대 배우가 주로 공연 내용에만 관여하고, 공연 환경에는 제 목소리를 낼 수 없었던 것과
는 대조적인 근대의 모습이라고 판단된다.

스타 배우가 자신의 목소리를 높일 수 있는 것은 그만큼 그를 사랑하고 찾는 관객이 있
기 때문이었다. 극단 역시 이들 스타 배우의 연기를 더욱 돋보이게 할 수 있는 방법을 강구했
다. 다름 아닌 전통극에서 가장 중요한 요소인 음악 부분을 특별 관리한 것이다. 초기에는 극
단 내에서 모든 것을 해결하던 것과 달리, 스타 배우가 자신의 기량을 더욱 드높일 수 있도록
외부로부터 전담 반주자를 초빙해 따로 두었던 것이다. 북경에서 담흠배(譚鑫培)가 1896년
최초로 이를 시행한 후, 점차 다른 스타급 배우들이 따라했다.

과거 전통 시대 배우는 기예를 파는 비천한 일개 예인(藝人)에 지나지 않았다. 그들에게
예술에 대한 갈망과 열정은 있었지만, 이를 기반으로 사회적·경제적인 보상을 얻는다는 것
은 쉬운 일이 아니었다. 근대 시기 일반 관객들이 극장으로 몰리면서 기량 있는 배우들은 대

---

5) 田根勝, 『近代戲劇的傳承與開拓』, 56쪽 각주 참조.

중의 인기를 얻게 되었고, 과거 극단에 예속되어 개인의 목소리를 낼 수 없었던 상황에서, 이제는 자신의 활동공간인 극장에서 자신의 목소리를 내기 시작했던 것이다.

3 여성, 극장으로 진출하다

중국의 현대사와 그 속의 공연문화, 특히 경극을 알고자 하는 이에게는 영화 「패왕별희」를 추천하며, 동시에 영화는 영화일 뿐이라는 사실을 상기시키고자 한다. 「패왕별희」는 1920년 대에서 1980년대까지를 배경으로, 경극 배우 살로와 데이, 그리고 살로의 처 주산 간의 사랑과 인생역정을 그렸다. 이 영화는 1993년 칸느 영화제에서 황금종려상을 수상해 세계적으로 더욱 널리 알려졌다. 영화를 본 관객은 살로와 데이 간의 '동성애' 코드를 단연 인상 깊다고 여길 것이다. 여자만을 연기하는 데이는 극중 우미인(虞美人)과 자신을 동일시하고 우미인이 섬기고 사랑했던 패왕을 연기하는 살로를 사랑하지만, 살로는 주산과 혼인한다. 각색행당 중에서 여자 역할을 하는 배우를 단(旦)이라 부르는데, 단 역의 배우가 현실에서도 여성으로 사는 이야기는 영화 「M 버터플라이」에도 등장한다. 다른 것은 「M 버터플라이」의 배우가 현실에서도 화장을 하고 여성의 옷을 입고 여성으로 사는 반면, 「패왕별희」의 데이는 극중 인물과 자신을 동일시하고 극중 연인인 패왕과 살로를 동일시하지만 현실에서는 남성으로 산다는 점이다. 남자이면서 여자 역할을 도맡아 했던 중국 전통극의 배우 체제는 분명 오늘날 우리에게 이해되기 힘들다. 그런 만큼 위의 두 작품은 관객에게 깊이 각인될 수 있었으며, 동시에 단 역의 배우들은 모두 영화 속 인물처럼 여성으로 살았다고 오해받기 쉬웠다.

사실 중국 전통극에서 남자가 여자 배역을 연기하는 것은 명대 말기 문인 가문에 소속된 극단에서 차츰 보였지만 일반적인 현상은 아니었다. 청대 들어서 순치제·강희제·건륭제 등이 여성이 대중오락에 참여하는 것은 풍속을 해친다고 판단해 수차례에 걸쳐 금지시켰다. 당시 환경에서 여성의 대중오락 종사는 웃음을 파는 일도 겸하기 쉬웠기 때문이다. 이 때문에 청대 들어 차츰 여성은 대중오락에 종사하지 못했고, 그 자리를 남성들이 맡게 되었다. 그렇다고 중국 전역에서 여성의 참여가 완전히 불가능했던 것은 아니다. 시골 농촌에서 각광받았던 화고희(花鼓戲)[6]와 같은 투박한 연극에서는 여성의 참여가 가능했다. 다만 이들은 국법이 지엄한 도시에서는 활동하지 못했다. 경극은 도시를 중심으로 전파되어 간 연극이었기 때

---

6) 간단한 에피소드를 주로 남자 1인, 여자 1인이 등장하여 걸쭉한 사투리를 사용해서 주고받는 형식으로, 콩트에 가깝다. 주로 농촌에서 유행했고, 남녀가 무대에 올라 야한 농담도 곧잘 주고받았기 때문에, 지식인들에게는 볼썽사나운 연극이기도 했다. 그러나 꾸준히 사랑을 받았고, 근대 시기 상해와 같은 도시로 진출해서, 월극(越劇)·황매희(黃梅戲) 등의 새로운 연극 형식이 탄생하는 밑거름이 되었다.

문에, 도시 혹은 경극과 관련된 사항에서는 여성 배우를 찾아볼 수 없었을 따름이다. 이러한 상황은 19세기 후반부터 상해 조계지를 시작으로 천진·북경 등 도시를 중심으로 변화하기 시작했다.

상해가 위치한 강남 일대에서는 여성이 출연하는 연극을 속칭 '모아희'(髦兒戲)라고 불렀다. 이는 19세기 전반기 요섭(姚燮)의 시에 나오는 '묘아'(猫兒; 髦 와 猫 는 모두 중국어로 '마오'로 발음한다), 즉 고양이에서 유래한다. 전하는 바에 따르면, 양주의 한 여성이 연기를 상당히 잘해 여자 아이들을 제자로 두고 가르쳤는데, 그녀의 아명(兒名)이 '묘아'(猫兒)였기에 그리 이름 붙인 것이라고 한다. 훗날 호사가들이 고양이란 뜻을 지닌 '묘'(猫)가 듣기에 좋지 않다 하여 '모'(髦)로 고쳐 불렀다. 모(髦)는 어린아이들의 이마에 드리운 짧은 머리라는 의미여서 어린 여자 아이가 출연하는 이미지에 걸맞고, 또 중국어로 '쓰마오'(時髦)라 하면 '유행'이란 의미로 새롭게 공연계에서 활발히 활동하는 그녀들의 모습과도 일맥상통했다.

근대 시기 성행했던 경극의 경우, 여성으로 구성된 극단을 곤반(坤班)이라 불렀다. 현재 문헌으로 확인이 되는 초창기 여성 극단은 경극에서 축(丑) 역을 맡은 이모아(李毛兒)에 의해 조직되었다. 이모아는 동치 연간 상해로 건너온 초창기 경극 극단 소속의 배우였다. 당시 그는 출연료가 너무 보잘것없자, 강남의 곤곡과 휘희(徽戲)의 경영주를 참조해 안휘성 안경(安慶)에서 가난한 집 소녀들을 사서 데리고 와 상해에서 연기 수업을 시킨 후, 극장 공연은 제외하고 집안 행사에만 출연하도록 했다. 여성 극단의 수입은 전적으로 극단주의 차지였고, 소녀들은 먹고 자는 것과 약간의 용돈 외에는 별도의 급여를 받지 못했다. 대우도 열악했고 극단 조직도 급조된 측면이 없지 않아 공연의 질이 떨어지기도 했으나, 광서 연간의 관련 기록을 보면 이들도 일정한 수준을 갖추기 시작했다.[7] 1894년에 이르러서는 상해에 최초의 여성 경극 극장인 미선(美仙)극장이 문을 열었다. 뒤이어 예선(霓仙)·군선(群仙)·여단계(女丹桂)·대부귀(大富貴) 등이 여성 경극 극단의 전용 극장으로 속속 문을 열었다. 이로써 상해의 여성 극단도 고정된 공연 장소를 확보하여 정식으로 도시 극장 무대에 진출, 남자만으로 구성된 극단과 경쟁을 하게 되었다. 여단계극장과 군선극장은 외지의 여성 극단을 불러와 공연하기도 했다. 이때 천진의 진가무반(陳家武班)·영가반(寧家班), 소주의 왕가반(王家班), 항주의 운가반(雲家班) 등이 와서 공연했다.

한편 북경은 상해보다 더욱 보수적이었다. 1907년 10월 북경에 문명(文明)극장이 문을 연 후에야 여성 관객의 극장 출입이 가능했다. 또 민국 시기에 접어들어서야 비로소 여성 극단이 생겨나기 시작했고, 유희규(劉喜奎)·선영지(鮮靈芝)와 같은 유명 배우가 배출되었다.

7) 北京市藝術硏究所·上海藝術硏究所 編著, 『中國京劇史』(上), 中國戲劇出版, 1990, 281쪽.

이렇듯 여성 극단이 성행했으나, 여전히 남성과는 섞일 수 없었다. 상해가 여성 극단의 길을 활성화했다면, 남녀가 한 무대에 선 것은 북경에서였다. 북경의 경우, 1912년 유진정(兪振庭)이 천진에서 여성 극단을 불러온 지 얼마 후 여성 극단이 각광을 받았다. 이때 유진정은 이들 여성 배우들을 남성 배우와 함께 공연토록 했다. 애석하게도 다음 해에 금지법이 공포되어, 남성과 여성은 동일 극단에 소속될 수 없게 되었다. 그러나 사회는 변하는 법. 1918년과 이듬해 여성 배우의 상대역은 여성이 해야 한다는 조건을 달고 남녀가 같은 극단에 있는 것을 허용했다.

한편 연극의 또 다른 중요 요소인 관객의 경우에도 변화가 일었으니, 바로 여성 관객이 극장에 드나들게 되었다. 19세기 말 전통적으로 남성만이 드나들었던 곳 가운데 여성들이 출입하기 시작한 곳은 찻집·술집·극장·아편관 등이었다. 이 가운데서도 출입 횟수가 가장 많은 곳은 찻집이었고 그 다음이 극장이었다. 1870년대에 이미 여성들이 출입하기 시작하더니 80년대에는 일상이 되어 버렸다. 1874년 1월 7일자 『신보』에 「현령이 여성의 극장 출입을 엄금하는 포고문」이 실렸음에도, 1885년 8월 6일자 『신보』에 "상해는 통상의 집합지로, 조계는 더욱 번성한 지역으로, 상점이 운집하고 풍속이 사치스러워 찻집과 아편관이 즐비하게 늘어서 있다. …… 여성들이 친구를 불러 집오리떼처럼 우르르 몰려간다. 남녀가 섞여 앉아 주야로 즐기고 노난다. …… 이미 풍속이 되어 하나도 이상하지 않다"[8]는 말이 실린 것으로 보아 여성의 유흥오락장 출입은 시대의 대세였다. 그러한 흐름에 따라 여성 관객의 극장 안 출입 역시 보편적인 현상이었음을 알 수 있다.

극장 안의 여성 출입 허용은 수요자 확대라는 측면에서 경제적 이점을 가져왔다. 또 여성들의 취향이 연극계를 주도하여, 기존의 노생(老生)으로 대표되는 경극의 '전삼걸'(前三傑)·'후삼걸'(後三傑)의 판도를 단(旦) 중심으로 바꿔 놓았다. 경극은 전삼걸인 여삼승(余三勝)·정장경(程長庚)·장이규(張二奎)에 의해 형성되었고, 후삼걸인 손국선·담흠배·왕계분에 의해 성숙되었다고 해도 과언이 아닌데, 이들의 각색행당이 노생이다. 다시 말해 경극이 북경에서 형성되고 성숙되었던 것은 뛰어난 노생들의 활약에 힘입은 바 크다고 하겠다. 이제 19세기 말~20세기 초 공연계에 새로이 대두된 여성 관객들은 제 아무리 실력 있는 배우라고 해도 풍성한 수염에 비쩍 마른 몸으로 등장하는 이들 노생에게 어떠한 매력도 느낄 수 없었다.[9] 신흥 여성 관객은 아리땁게 꾸미고 등장하는 단 역에 열광했다. 특히 노생의 전통이 강한 북경보다 상해에서 이런 경향이 더욱 강했다. 급기야 1871년부터 1874년까지 단계(丹桂)와 금계(金桂)의 두 경극 극장은 곤곡·휘주 극단, 방자회 극단 등의 다양한 단(旦) 역 배우

---

8) 李長莉, 『晚淸上海社會的變遷』, 天津人民出版社, 2002, 431쪽 재인용.
9) 이는 매란방이 그의 자서전 격인 『무대생활사십년』(舞臺生活四十年; 團結出版社, 2006)에서 밝힌 바이다.

그림26 '네 명의 유명한 단 배우'는 매란방(1894~1961: 그림의 중앙 위), 상소운(尙小雲, 1900~1976: 왼쪽), 정연추(程硯秋, 1904~1958: 중앙 아래), 순혜생(荀慧生, 1900~1968: 오른쪽)으로 모두 「패왕별희」의 데이처럼 남자가 여성 역할을 하였다.

를 불러 간판배우로 내세우기도 했다. 이로써 단 역의 배우들은 곤곡·휘극·방자희 등 각종 지방희 중에서 단 역의 연기 등을 경극 안으로 흡수시켜 경극의 단 각색을 더욱 발전시켰다.

　북경 출신이었던 매란방(梅蘭芳) 역시 1916년 처음 상해에 입성해 공연을 벌일 때, 북경에서 각광 받던 가창력 돋보이던 작품을 포기하고, 상해인들 입맛에 맞도록 단(旦)의 아름다운 표정과 동작을 두드러지게 바꾼 후 무대에 올렸다. 이러한 영향 하에 1920~30년대에 비로소 매란방을 위시한 '네 명의 유명한 단 배우'(四大名旦)가 탄생하고, 전 세계에 경극을 알릴 수 있었다.

4 이윤 창출을 위한 객석 마케팅

근대 초기 대도시의 연극 공연장에서 고객이란 용어를 사용할 수 있는 곳은 대형 상설극장, 혹은 기존의 찻집을 겸하고 있는 소형 상설극장이 유일할 것이다. 회관무대나 사원무대의 경우, 상술한 바와 같이 입장료를 받지 않기 때문에 관객을 '고객'이라고 칭하기에 미흡하다. 여기서는 근대 시기 활성화된 대형 상설극장의 고객에 관한 부분만을 다루도록 한다.

　상설극장은 규모에 따라 가격이 천차만별이었고, 극장 안 객석과 가격도 다양했다. 북경과 상해의 두 도시를 비교한다면, 상해의 대형 상설극장은 기본적으로 북경의 것을 따르고 있었지만 나름의 운영 방식을 채택했다. 북경이 보다 전통적인 모습을 갖추고 있었다면, 상해는 상대적으로 근대적인 면모를 갖추었다. 우선 북경의 대형 상설극장의 구조를 살펴보면 **도표5**와 같다.

도표5 청말 북경의 대형 상설극장 내부 평면도

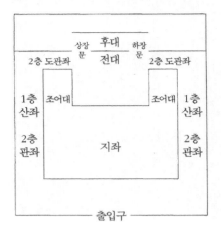

중국 전통극 무대는 삼면이 돌출된 무대이기 때문에, 오늘날의 무대처럼 막을 여닫을 수 없다. 무대 위에는 배우가 입장하는 상장문(上場門), 퇴장하는 하장문(下場門)이 있고, 악단은 무대 앞과 뒤의 경계를 둔 커튼 앞에 앉아 연주하기 때문에 관객이 다 볼 수 있다. 오늘날은 현대식 액자무대로 이루어져 오른편 관객이 보이지 않는 곳에 숨어서 악기를 연주한다.

대형 상설극장은 기본적으로 전통식의 사원무대 구조를 그대로 가져온 상태에서 신령이 위치한 무대 앞쪽 자리를 관객에게 내어 준 점과 지붕을 올렸다는 점이 다르다. 사원무대가 신령을 위한 장소였다면, 대형 상설극장은 이윤 창출의 공간이었다. 도시의 다양한 계층의 수많은 관객이 몰려들다 보니 객석에도 차등을 두고 가격도 달리 책정해 운영했다. 북경 극장의 객석 등급화는 상해의 경우보다 전통적인 측면을 많이 가지고 있었다. 즉 객석이 신분제 사회의 면모를 그대로 표상하고 있었다는 것이다. 극장에서 좋은 자리는 모두 2층에 있고 박스석(일명 포상包廂)으로 운영된다. 이 중 가장 좋은 자리는 '관좌'(官座)로 2층에서 좌우로 무대에 가장 가까운 쪽에 설치한 박스석인데 통째로 빌린다. 좌우 관좌 중에서도 하장문 쪽 관좌가 더욱 귀했다. 무대에서 퇴장한 단(旦) 배우가 귀한 손님을 접대할 수 있었기 때문이다. 그 명칭 자체의 '관'(官)자는 귀한 손님을 의미하는 것으로 지체가 높을 수도 있고 돈이 많을 수도 있지만, 북경이 수도인 점을 감안하면 지체가 높은, 즉 고위 관직 혹은 그에 상응하는 집안의 자제들이 앉았다. 이곳에서 널찍한 의자에 푹신한 방석을 놓고 책상다리를 하고 앉아 둥근 부채를 휘휘 부치며 점잔을 빼며 연극을 봤다. 관좌 뒤쪽에는 조금 낮은 가격의 박스석을 두었다. 2층 무대 정면은 사원무대의 전통에 따라 본래 객석을 두지 않았으나, 점차 상설극장에 종교적 의미가 옅어지면서 객석을 두기 시작했다. 2층은 이 밖에도 '도관좌'(倒官座), 즉 관좌를 뒤집어 놓은 객석을 두기도 했다. 이는 무대 뒤쪽 2층 좌우측에 마련한 객석으로, 배우들의 뒷모습만 볼 수 있기 때문에 배우들의 연기가 아닌 노래를 감상하고자 하는 이가 앉았다.

1층에는 산좌(散座)·지좌(池座)를 마련했다. 산좌는 일반석으로, 1층 양쪽 벽을 따라 긴 의자를 놓고 관객이 어깨를 맞대고 앉아서 관람한다. 지좌는 가장 일반적인 좌석으로 홀 중앙에 수많은 탁자를 놓고 일반 시민들이 앉아 본다. 또 '조어대'(釣魚臺)가 있는데, 이는 돌출무대 양 옆 공간에 마련한 좌석이다. 이곳은 배우들의 등퇴장문 바로 옆에 있어 어수선하기

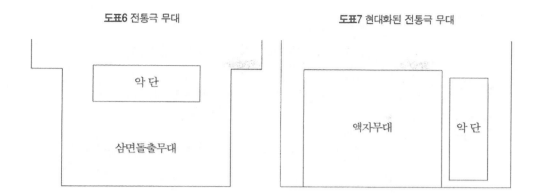

때문에 가장 낮은 등급으로 분류된다.

상해 극장은 북경과 달리 중앙홀의 입지가 크게 높아졌다. 북경에서는 이곳을 지좌라고 하여, 일반 서민들이 앉는 좌석으로 가장 가격이 낮았다. 심지어 무대에서 멀리 떨어진 산좌가 지좌보다 가격이 높았다. 이는 북경이 오래 역사를 가진 수도로서, 신분제라는 전통 관념이 매우 강했기 때문으로 보인다. 비록 중앙홀이 연극을 보는 시야는 좋았으나, 지체 높은 이들이 일반인과 섞여 앉을 수는 없었기에, 신분제 등급에 따라 구분해서 앉아야 했던 것이다. 또 북경 극장이 사원무대의 전통에서 크게 벗어나지 않은 탓도 한 원인이다. 사원무대의 경우 지좌는 노천으로 일반인들이 선 채로 뒤엉켜 관람하던 곳이었기 때문에, 관습적으로 등급이 가장 낮은 위치일 수밖에 없었다.[10] 반면 상해 극장에서 가격이 가장 높았던 좌석은 중앙홀 좌석과 2층 박스석이었다. 북경과 달리 상해 극장들은 시야가 좋은 중앙홀을 중요하게 여긴 것이다.

상해 좌석 배치 구도를 보면, "중앙홀에는 무대에서부터 대여섯 줄로, 한 줄에 작은 탁자를 대여섯 개 놓는다. 탁자마다 의자 세 개는 일렬로 놓고, 두 개는 탁자 좌우에 놓는다. 그 뒤와 좌우에는 폭이 좁고 긴 책상을 놓고 의자를 놓아 변청(邊廳)이라고 하는데, 중앙홀 탁자 좌석의 80% 가격이다. 2층 박스석은 개당 8~10명이 들어갈 수 있고 박스당 계산한다. 1층 벽을 따라 삼면을 변상(邊廂)이라 하고 대략 3척 높이의 난간을 설치해 중앙홀과 구분 짓는데, 가격은 중앙홀의 절반이다. 그 뒤에 짧은 목판을 설치하고, 목판 밖에 기마좌(起碼座)를 둔다. 관객은 차를 마시는데 찻값은 따로 내지 않았다. 중앙홀과 변청, 2층 박스석은 모두 뚜껑 있는 고급 찻잔을 썼다. 변상 좌석의 찻잔은 뚜껑이 없다. 손님이 만약 기생을 불렀다면

---

10) 廖奔, 『中國古代劇場史』, 中州古籍出版社, 1997, 160쪽.

그림27 오우여(吳友如)의 『신강승경도』(申江勝景圖, 1884) 가운데 중국인 극장 장면. 신강(申江)은 상해를 말한다.

녹색 찻잔을 써서 양갓집 규수와 구분토록 했다. 중앙홀 각 탁자 위에는 과일 6접시와 건과류 4접시를 내고, 공연 중반부에는 반드시 간식을 내놓는데, 맛이 없어 먹는 이가 드물다. 이 것이 동치·광서 연간 극장 좌석 운영의 대략적 내용이다."[11] 북경에서는 관람 시야가 가장 좋음에도 관객이 어수선하게 밀집해 있다 하여 낮게 평가되었던 중앙홀을, 상해 극장은 널찍한 1인용 의자와 간단한 다과를 먹을 수 있는 탁자를 두어 가치를 높이고, 궁극적으로 수입을 높였다. 북경의 극장이 과거 전통 시대 신분제의 잔재를 여전히 갖고 있었다면, 상해의 극장은 이를 타파하고 철저히 상업성을 추구하는 방향으로 나아가고 있었던 것이다.

11) 海上漱石生, 『上海戲園變遷志』; 周華斌 等編, 『中國劇場史論』, 北京廣播學院出版社, 2003, 556~557쪽 재인용.

공연 형태의 다양화

1 듣는 연극에서 보는 연극으로의 전환

중국인들은 전통적으로 연극을 '듣는다'(聽戱)고 하지, '본다'(看戱)고 하지 않는다. 연극을 하는 입장에서는 전통극을 '노래한다'(唱戱)고 말한다. 전통극은 노래와 동작, 대사로 이루어지는데, 그 중에서 가장 중요한 요소가 노래였기 때문에 '듣고', '노래한다'고 했던 것이다. 이 때문에 북경의 경극 극장에서는 연극을 보지는 않고 들을 수만 있는 좌석 도관좌(倒官座)가 생겨나기도 했다.

경극은 북경에서 형성되었지만, 상해가 발전하기 시작한 후 수많은 북경의 유명 경극 배우들이 상해로 건너와 제자들을 받아 가르쳤다. 또 상해의 수많은 곤곡·휘극·방자희 배우들이 경극으로 업종 변경을 하기도 했다. 이렇게 상해에는 경극 관련 종사자들이 폭발적으로 늘어 갔고 급기야는 북경을 넘어서기도 했다. 그 결과 북경과는 다른 상해식의 경극이 탄생했으니, 이것이 해파경극이었다.

해파경극은 작품 「상군이 반란군을 평정하는 이야기」(湘軍平逆傳)를 효시로 시작되었다. 상군(湘軍)은 태평천국 군대를 물리치기 위해 신사층을 중심으로 조직된 군대이다. 작품은 태평천국군의 철공계(鐵公鷄)와 맞서 싸워 진압하는 향영(向榮)과 장가상(張嘉祥)의 일화를 다룬 시리즈물(일명 연대본희連臺本戱라 함)로, 허구이다. 이전의 경극 작품이 주로 『삼국지』·『수호지』 등의 연의소설을 제재로 한 것에 견주면, 확실히 시사적이다. 이 작품은 1898년 12월 4일 단계다원에서 진짜 총과 칼로 싸움 장면을 연기했다. 그간의 다른 연극 역시 진짜 총과 칼을 들고 연기했으나 단지 들고 춤을 추었을 뿐, 실제 총을 쏘는 스릴 만점의 효과를 내지는 않았다. 또 무대배경을 설치했고, 노래와 동작을 줄였으며, 대사는 경극의 기법이 아닌 상군의 근거지인 호남성 억양을 써서 리얼리티를 살렸다. 또한 공중제비돌기 등 관객이 보고 놀랄 만한 동작들을 가미해 재미를 더했다. 또 무대장치에 조명과 같은 근대 과학기술을 접목하여, 눈이 휘둥그레질 정도로 놀랍고 새로운 장면을 연출했다.

그리고 이 시기에는 공연에 마술 장면을 도입하여 관객의 이목을 끌었다. 이러한 변화는 결국 보는 것에 대해 관심이 증대되면서 나온 결과라고 생각된다. 중국 근대의 모습을 잘 보여 주는 『점석재화보』의 그림과 기사를 근거로 판단할 때, '듣는 것'에 비해 '보는 것'에 대한 관심이 압도적으로 컸다. '듣는 것'이란 음악과 같은 청각예술을 들 수 있고, '보는 것'이란 연극·전시회·그림 등의 시각예술을 말한다. 흥미로운 것은 청각예술에 관해 다루고 있는

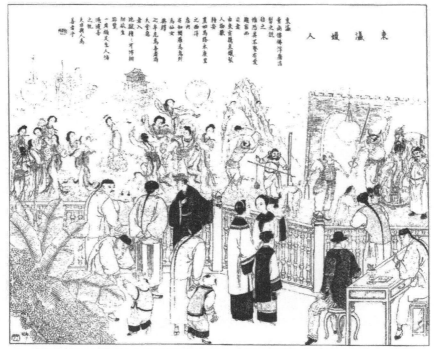

그림28 밀랍인형으로 개최한 전시회. 「일본 밀랍인형」(東瀛蠟人), 『점석재화보』 제81호, 1886. 7.

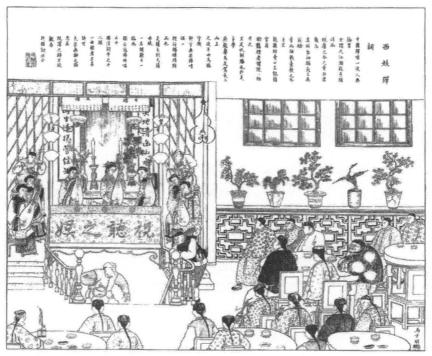

그림29 중국인들 앞에서 노래를 하는 서양 기녀. 「서양 기녀의 탄사」(西妓彈詞), 『점석재화보』 제108호, 1887. 3.

기사는 외국의 청각예술에 대해서는 부정적으로, 중국의 것에 대해서는 긍정적으로 언급하고 있다는 점이다. 또 시각예술 관련 그림은 외국의 것이 압도적으로 많았고 절대적으로 긍정적이었다. 예를 들어 「일본 밀랍인형」(그림28)은 일본에서 가져와 전시한 밀랍인형들이 마치 살아 있는 듯한 모습이라고 감탄하고 있다. 전시는 염라대왕·판관·우두(牛頭)·마면(馬面)의 밀랍인형으로 지옥의 모습을, 선녀·부처의 밀랍인형으로 천당의 모습을 대조적으로 보여 주고 있다. 이외에도 많은 기사에 서커스·전시회 등을 다루고 있다.

반면 「서양 기녀의 탄사」(그림29)에서는 서장(書場)에서 중국의 노래를 불렀던 서양 기녀가 청중에게 사랑받지 못했음을 보여 준다. '서장'은 우리의 판소리와 같이 1인이 악기 반주에 맞춰 노래와 대사로 이야기를 전달하는 탄사(彈詞)의 전용 공연장이다. 극장보다 크진 않지만, 다관(茶館)의 모습을 갖춰 영업을 한다. 그림의 서양 기녀는 수일에 한 번 이곳에서 중국인 반주자를 옆에 두고 야한 내용의 「십팔모」(十八摸)를 부르는데, 청중의 반응은 썰렁했고 어떤 이는 지겹다고까지 했다 한다. 서양의 창법과 중국의 그것이 달랐기 때문에, 서양 기녀가 제아무리 흉내를 내려 해도 쉽지 않았을 것이다.

사람들에게 반응이 좋았던 탄사 이야기꾼은 『점석재화보』「금천풍월」(琴川風月)에 등장한다. 기사문에 따르면 금천(琴川) 일대의 가난한 집 소녀들은 모두 탄사를 잘하고 미모도 뛰어나, 상해의 서장에서는 모두 금천 사람을 불러 공연토록 했다. 급기야 다른 지방 출신도 금천 출신이라고 속이기도 한다. 금천 사람들의 뛰어난 재능으로 상해 서장은 더욱더 손님이 늘어났다.

한편 서양으로 간 중국 가수는 어떠했을까? 「유행가가 귀를 즐겁게 하네」(그림30)를 보면, 부인과 시누이, 여동생이 독일로 일하러 간 남편을 찾아갔는데, 뜻밖에도 남편이 객사했다. 세 사람은 생계가 막막해 어렸을 때 배웠던 패왕편(覇王鞭)[12]을 생각해 내고 거리에서 공연을 했다. 한 독일 부인이 이 노래와 춤이 색다른 것을 보고 집으로 데려가 손님들에게 보이니, 손뼉을 치며 좋아라 하지 않는 손님이 없었다. 그림은 독일 부인 집에서의 공연 상황을 그렸다. 청각예술의 측면에서 봤을 때, 중국인은 서양 기녀의 노래에는 별 감흥이 없었던 반면, 서양인은 중국인 아마추어의 저잣거리 음악에 지대한 관심을 보였다. 『점석재화보』제197호(1889. 8)에 실린 「서양 연극 두 가지」(西劇二則)에서도 서양의 오페라에 관한 언급을 하면서, 번역된 노랫말을 들으니 그들의 문학 수준이 매우 높은 것은 알겠지만 원어로 부른 노래를 들으니 무슨 소리인지 알아들을 수 없었다고 한다. 오페라는 여러 사람이 배역을 정해 이야기를 노래로 전달한다는 점에서 중국의 전통극과 유사점이 많다. 기사문은 서양 연극

12) 민간 무용에 쓰이는 도구로, 색깔 칠한 짧은 곤봉으로 양끝에 구멍을 뚫고 구리 조각을 끼워 소리 나게 한다.

그림30 관심 있게 지켜보는 서양의 여성 관객과 그 앞에서 신나게 공연하는 중국 여인들. 「유행가가 귀를 즐겁게 하네」(俚歌悅耳), 『점석재화보』 제139호, 1888. 1.

에 대해 부정적이지는 않으나, 말이 통하지 않아 접근하기 힘들다는 사실을 은근히 드러내고 있다.

『점석재화보』가 발간된 십오 년 동안 4천여 점의 기사문에서 서구에서 유입된 다양한 시각예술은 많이 다룬 반면, 청각예술에 대해서는 위에 언급한 기사문이 거의 전부라고 할 만큼 소수이다. 시각문화가 대세였던 근대의 상황을 반영한 것이라고 볼 수 있다. 반면 몇 안되는 청각예술 관련 그림과 기사에서 서양의 것에 대해서는 시각문화만큼 선뜻 수용하려는 자세는 보이지 않는다. 당시 외국문화의 번역은 주로 서적을 통해서 이루어졌고, 공연예술 분야에는 아직 번역 작업이 행해지지 않아 대중의 접근이 용이하지 않았다. 이는 공연문화의 개혁과 발전에도 영향을 주어, 무대장치·연기동작 등의 시각적인 무대기법은 서양의 것을 참조하여 적극 개혁해야 한다는 주장이 있었던 반면, 음악과 같은 청각 부분은 경극·곤곡·방자희 등 중국 지방희의 장점을 취사 선택하려는 노력만이 있을 뿐, 서양 것에 대한 언급은 전혀 없었다.

이제 공연계는 시각 부분에 개혁의 박차를 가했다. 개혁의 목표는 리얼리티와 볼거리를 보다 살리는 것이었다. 그 결과 시사적 내용을 소재로 삼고, 시대 배경에 상관없이 고정된 의상을 입던 것에서 시대 배경을 고려하기 시작했다. 텅 빈 무대 위에 배우가 자신이 산을 넘고 있는지, 배 위에 있는지를 말로 혹은 동작으로만 보여 주었던 것에서 실제 배경 그림을 배치했다. 신출귀몰한 이는 몸에 철사를 매달아 하늘을 날아다니게 했다. 전투 장면을 증가시켰고 보다 생동감 있게 연출했다. 이러한 연극계의 변화는 당시 시각문화의 범람과 그 경향을 그대로 반영한 것이라고 할 수 있다.

2 서양 오락문화의 유입

상해 개항 후 유럽의 서커스를 비롯한 공연물이 속속 중국에 진출했다. 도광 26년(1846) 서양 서커스단이 상해 조계지에서 공연을 하고 항주·영파·하문(厦門) 등지에서 순회공연을 펼쳤다. 동치 연간에는 초기 조계지에 외국인들이 지속적으로 증가하면서, 서양 오락도 더욱더 수입되었다. 동치 2년(1863)에는 오늘날 남경서로(南京西路) 외진 곳에 아시아 최대 규모의 경마 도박장이 들어섰다. 이곳 경마들은 모두 영국인들이 애초에 아편과 우편 운송에 사용되었던 말을 활용한 것이었다. 이어 프랑스인 역시 조계지에 경견장을 세웠다. 이곳은 애초에 서양인들을 위한 장소였으나 후에 중국인들 중 서양인과 사업상 관계를 맺거나 통역관을 지내던 사람들 및 새로운 것을 좇는 한량들이 참여했다.

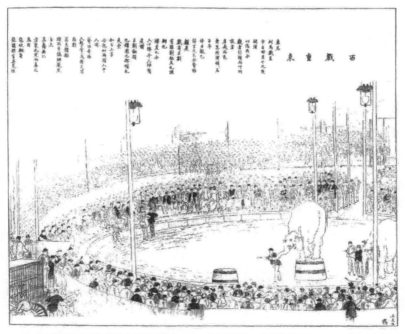

그림31 서양인과 중국인들이 섞여 앉아 관람하고 있다. 「서양 서커스가 다시 오다」(西戲重來), 『점석재화보』 제78호, 1886. 6.

　　이후 상해에는 몇몇의 외국 극장이 건립되기도 했다. 1872년 4월 20일의 『신보』에 "오늘 서국(西國)극장에 새로 남녀 서커스단이 와서, 말 위에서 마술을 부리고 공중돌기를 하고 다방면으로 기교를 부린다. 로얄석은 양은(洋銀) 1원, 2등 좌석은 0.5원, 3등 좌석은 2.5각(角 ; 1각은 0.1원)이다. 공연 후 선물 증정이 있을 예정이다"라고 광고했다. 같은 해 '난전모'(蘭佃姆) · '모득리'(謀得利) 등의 외국 극장이 개업을 했다. 난전모극장 개관에는 영국의 유명 마술사가 와서 공연을 했는데, 서양 관객 외에도 상당수의 중국인 관객이 관람을 했다. 이 극장은 차 마시는 왁자지껄한 중국식 극장과는 달리 담배도 필 수 없고, 음식도 먹지 못하며 음식을 먹더라도 휴식시간에 별실에 가야 가능했다. 외국 극장의 개관과 함께 서양의 서커스단도 계속 중국을 방문해 공연을 했는데, 이들 무리 속에는 배우도 포함되어 있었다. 이들은 공연 시작 전 거리 행진으로 사람들의 이목을 끌면서 각광을 받았다.

　　한편 중국 전통극과 서양 연극의 만남도 이루어졌다. 1873년 3월에는 사마로에 위치한 당구장에서 중국과 서양의 연극 배우를 불러 합동 공연토록 했다. 이때 영국 영사는 청나라의 관복을 입고 영국 · 미국 조계의 회심(會審)과 상해의 관리 · 상인들과 함께 연극을 관람했다. 1874년 3월에는 단계다원극단이 서양인의 부름에 응해 서국극장에서 서양 극단과 한 무대에서 공연했다. 이들의 만남에서 서양 연극은 서커스가 사랑을 받았던 만큼 크게 각광을 받지는 못했다. 그러나 그 과정에서 전통극 종사자에게 많은 시사점을 주기도 했다.

　　서커스 · 마술 · 경마 · 연극과 같은 서양 오락의 유입은 중국의 토착 오락문화에 커다란 충격을 주었다. 그들은 풍부한 볼거리로 사람들을 끌어들이는 서양 오락에 맞서 살아남기 위해 계속해서 새롭게 거듭나야 했다.

3 불야성의 휘황찬란한 밤

1886년 9월 17일자 『신보』의 「세상을 깨우치는 좋은 말을 보고 느낀 바가 있어 글 씀」에서는 "북경에서 온 자는 모두 북경의 극장이 배우의 연기력 면에서 상해보다 월등하고, 각색도 상해의 몇 배라고 말한다. 이는 정말 그렇다. 그러나 널찍한 실내공간에 좌석도 넉넉하고, 야간에 가스등을 낮처럼 밝히는 것은 북경이 할 수 없다"고 했다. 북경은 내성과 외성으로 둘러싸여 있었다. 내성은 자금성(紫禁城)을, 외성은 오늘날 천단(天壇)까지를 둘러싸고 있었다. 북경의 경우, 야간 통행금지가 존재했기 때문에 내성에는 극장을 세울 수 없었다. 따라서 내성에서 가장 가까운 외성인 정양문(正陽門)에 극장이 몰려 있었다. 내성과 외성의 출입문은 등을 켤 무렵 닫혔다. 따라서 내성에 거주하는 관객들이 제시간에 집으로 돌아갈 수 있도록 하기 위해서 내외성의 문이 닫히는 시간까지 주로 공연을 했다. 때문에 공연 시간은 주로 오후

에 시작해서 저녁 6~7시쯤 끝났는데,
겨울에는 더욱 짧아졌다. 만일 내성에
돌아가지 못해 밤에 발각되면 관청에
넘겨졌다.

　반면 상해 극장은 조계지 안에 많
았고, 관객 역시 조계지 안에 사는 이
가 많았다. "조계지 곳곳을 거닐며, 붓
가는 대로 그려 보네. 크고 작은 극장
이 골목 가득하고, 음악 소리 대보름
처럼 밤마다 울리네."[13] 보풍원(寶豊
園)·구락원(久樂園) 같은 소극장의 경
우, 낮공연은 1인당 30문(文; 1문은
0.01원), 밤공연은 40문이고, 2층 귀빈
석은 낮공연 200문, 밤공연 280문이

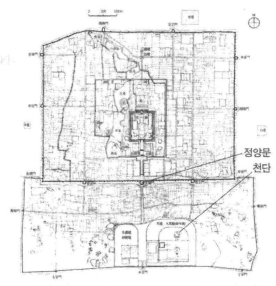

그림32 북경의 내외성 지도. 위쪽 정사각형이 내성이고 아래쪽 직사각
형이 외성이다.

었고, 2층 측면 박스석은 낮공연 120문, 밤공연 180문이었다고 한다. 대극장 역시 낮공연이
밤공연보다 저렴했다.[14] 입장료가 비쌌다는 것은 그만큼 많은 이들이 찾아들었다는 사실을
증명해 준다. 밤공연이 활성화된 것은 북경처럼 저녁 시간의 유흥오락을 규제하지 않았던 것
도 원인이었겠지만, 근대 시기 새로이 보급된 조명이 커다란 역할을 했다. 상해 조계지는 자
정에 통금을 시행했으므로, 적어도 그때까지는 공연이 허용되었다. 상해는 개항 후 석유등을
무대조명으로 사용하여 무대 위 분위기를 돋우기도 했다. 1860년대 초반에는 곤곡 전용 극
장에서 우연히 등불을 활용한 일명 채등회(彩燈戱; 燈戱 혹은 燈彩戱라고도 함)를 무대에 올
려 각광을 받자, 천선(天仙)·단계(丹桂) 등의 다른 많은 극장이 앞다투어 채택했다. 1864년
상해가스공사가 설립되었고, 이듬해 시내에 가스등이 보급되었다. 가스등은 석유등보다 밝
고, 밝기를 조절할 수 있어서 수많은 극장에서 무대배경에 사용하기 시작했다. 1882년 가스
등보다 더욱 밝은 전등이 보급되어 무대 위를 더욱 화려하게 장식했고, 등회는 더욱 사랑을
받았다.

꽃등을 다 봤으면 극장으로 가자　　　　　　　花燈看罷戱園行
대보름에 새로이 등회공연 한다네　　　　　　燈節新排燈戱精

13) 養浩主人, 「戱園竹枝詞」, 顧炳權 編著, 『上海風俗古迹考』, 華東師範大學出版社, 1993, 321쪽.
14) 海上漱石生, 『上海戱園變遷志』; 周華斌 等編, 『中國劇場史論』, 556쪽 재인용.

연극이 등불이고 등불이 연극이니	戲卽是燈燈卽戲
등불인지 연극인지 분명치 않네	是燈是戲不分明
모두 두우궁(斗牛宮)이 명작이라는데	出名共說斗牛宮
신무대 극장 작품은 크게 다르다네	新舞臺中大不同
장대 위에 사람 올려 마술을 부리는데	撞閣高蹻加戲法
입신(入神) 경지에 오르고 가장 정교하네……	出神入化最精工

그림33은 상해 새해의 장면 중에 등회 공연을 다룬 것이고, 위 기사문에서 언급한 「두우궁」(斗牛宮)은 「낙양교」(洛陽橋)와 함께 등희의 대표작으로 손꼽혔다. 「두우궁」은 조월선(趙月仙)과 동방삭(東方朔) 간의 이야기다. 조월선은 나이는 어리나 심성이 착했다. 옥황상제가 이를 듣고 동방삭을 보내 시험토록 했다. 동방삭이 월선에게 구걸을 했더니, 월선은 흔쾌히 도와줬다. 동방삭이 그림 하나를 주면서 공부방에 걸어 놓고 아무도 없을 때 "청수화"(淸水化)를 세 번 외치면 그림 속에서 미인이 튀어나올 것이라고 했다. 월선이 그대로 따라했더니, 과연 미인이 출현했고, 마침내 둘은 부부가 되었다. 1888년 신단계(新丹桂)극장에서 「두우궁에서 잘 놀다」(善游斗牛宮)라는 작품의 공연 내용을 기록한 것을 보면, "위에는 관음, 아래 줄에는 선재(善才)와 용녀(龍女)가 있어, 장치 위에 앉아 끝없이 회전했다"는 구절이 전한다. 이는 **그림33**과도 일치하는데, 그림에서 무대 위 인물들이 서 있는 원반형의 발판이 회전판일 것이다. 신무대극장은 1907년 겨울 전통희곡개량을 위해 경극 종사자들이 연합하여, 유럽과 일본의 신식 무대와 상해의 난심극장을 참고해서 이듬해 문을 열었다. 무대는 반원형으로 돌출되었고, 전통 무대에 보이는 앞쪽 두 기둥은 없앴다. 또 회전 장치를 두어 동시에 두 가지 무대배경을 장치할 수 있도록 했다. 전통 극장에서 보이는 먹고 마시는 행위는 없애고, 탁자 대신 좌석을 배치했다. 1910년에는 회전장치를 하나 더 늘려 설치했다. 그림에서 회전장치가 두 개인 것으로 보아 적어도 1910년 이후의 것으로 보인다. 그러나 회전장치가 있는 것만 다를 뿐, 다른 공연 사항은 19세기 후

그림33 등회를 관람하는 사람들. 『도화일보』 제186호, 1910. 2. 26.

그림34 상해 영국 조계지의 경축일 거리 풍경 중 하나이다. 탑을 높이 쌓고 붉은 깃발을 꽂고 층마다 수십 개의 전등을 달았다. 또 우물을 파고 수돗물을 채운 후 기암괴석으로 치장하고 위에 오색 유리등을 설치해 이목을 끌었다. 『점석재화보』 제119호, 1887. 7.

반의 기록과 크게 다르지 않다. 그림에서 맨 위 학 위에 올라탄 이가 선재, 난새 위에 올라탄 이가 용녀인데, 관음은 보이지 않는다. 등희는 뮤지컬이나 오페라 같은 어떤 특정한 연극 형태를 지칭하기보다는 등을 무대장치로 본격적으로 사용했다는 점에서 붙여진 명칭이다. 주로 신선세계, 용궁, 지옥 등 상상의 공간을 사실적으로 그려 내는 데 활용했다. 기사문에서는 연극인지 등불인지 분명치 않다고 하는데, 이는 대보름날 저녁 연례행사로 행하는 등불놀이에 견준 것으로 보인다. 그림 속 인물 중간 중간에 오색 등불을 장치하여 더욱 화려하게 꾸며 시선을 끌어들인 것이다.

등희의 출현은 분명 전등의 발명과 보급이라는 서양의 과학과, 화려한 볼거리를 원했던 상해인들의 취향이 결합한 결과라고 생각된다. 과거 촛불을 활용한 등희도 있었으나 화재의 위험 때문에 보다 스펙터클하게 진행할 수 없었다. 또 상해인들은 이미 서양인들이 거리에 마련해 놓은 전등 불빛의 화려함을 이미 만끽한 상태였다. 이제 상해인들은 더욱 안전하고 화려하게 전등이라는 서양에서 보급된 근대 과학의 산물을 자신들의 공연오락에 접목하기에 이르렀다.

공연장 안팎의 풍속도

1. '그들' 만의 직업신

각종 직업에는 모두 신령이 존재한다. 직업을 가진 이들은 그 직업의 조상신 혹은 보호신을 섬긴다. 배우의 경우도 예외는 아니었다. 배우는 대대로 전해져 온 그들의 신령을 섬긴다. 이는 단순한 미신이 아니라, 신령과 의식을 통해 자신들의 사회적 지위를 높이고 결속력을 다지는 결과를 낳았다.

현재 중국 지방 고유의 연극 양식(지방희)이 근 300가지나 되는데, 어느 지역의 연극 양식이든 배우들은 자신의 신령을 일제히 노랑신(老郎神)이라고 부른다. 그러나 정작 그가 누구인지 지목하는 인물이 제각각이다. 혹자는 당(唐) 현종(玄宗)이라고도 하고, 혹자는 후당(後唐) 장종(莊宗)이라고도 하며, 혹자는 익숙성군(翼宿星君)이라고 한다. 그 가운데 가장 많이 거론되고 인정을 받는 이가 당 현종이다. 당 현종은 양귀비(楊貴妃)와의 러브스토리로 잘 알려진 황제이다. 중국 전통 시기에 흔히들 배우를 이원제자(梨園弟子)라 한다. 이원(梨園)은 당 현종이 근 300명의 악사와 수백 명의 춤 잘 추고 노래 잘하는 이들을 선발해 설치한 부서로, 명실상부한 황실 가무단(歌舞團)이었다. 중국의 전통극 배우들은 예술에도 재능이 있었던 현종이 이원 소속 악사와 배우들을 일일이 훈련시키며 실력을 높이도록 했던 전적을 근거삼아 그를 배우들의 보호신, 즉 직업신으로 섬겼다. 그 시작이 언제였는지는 알 수 없지만, 근대 중국의 전통극 배우들 역시 그를 노랑신이라 부르며 섬겼다.

노랑신은 그만의 사당에 모시는가 하면, 무대 분장실에도 자리한다. 신령을 모시는 감실 속에 약 30cm의 자그마한 신상을 모시는데, 얼굴은 희고 잘 생겼고 노란 도포를 입고 있다. 청대 『양주화방록』(揚州畵舫錄 ; 1795년)에 다음과 같은 기록이 있다. "성안 소창가 노랑신 사당은 배우가 모두 모이는 곳이다. 극단은 성안에 들어갈 때마다, 먼저 노랑신 사당에서 기도를 올려야 하는데, 이를 '간판 걸기'[掛牌]라고 한다. 다음엔 사도(司徒) 사당에서 공연을 하는데, 이를 '옷 걸기'[掛衣]라고 한다. 그러나 노랑신을 모시는 사당은 북경이나 소주 같은 대도시에서나 볼 수 있는 일이다. 배우들이 많이 몰리는 대도시에서나 그만한 비용을 마련할 수 있기 때문이다. 이렇게 독립된 공간 외에 배우들은 분장실에서도 노랑신을 모시고,[15] 들고

---

15) 노랑신 옆에는 또한 금과(金瓜)·월부(鉞斧)·조천등(朝天鐙) 등의 무대도구를 함께 놓아 받든다.

그림35 오른쪽 탁자 위가 월궁이고, 왼쪽 네 명의 동자의 호위를 받고 있는 이가 현종으로 보인다. 배우가
공연 도중 실성을 했다는 내용을 기사화했다. 「연극 중 우스개 사건」(演劇笑談), 『점석재화보』 제464호,
1896. 10.

날 때와 아침저녁으로 절을 하고 섬긴다. 만약 이를 어겼을 시에는 어떤 인물을 연기해도 제
대로 연기해 내지 못한다는 말이 전해졌다. 때로는 그보다 더 심한 일이 벌어지기도 했다.

　　그림35의 『점석재화보』 기사에 관련 내용이 보인다. 한강(邗江)의 한 관리가 명절날 극단
을 집으로 불렀다. 「월궁(月宮)에서 놀다」라는 대목에 이르러, 한 노생(老生)이 품과 소매가
넓은 도포를 입고 현종으로 분장하고 성큼성큼 나오더니, 갑자기 "네 놈은 대체 어떤 놈이길
래, 소인의 낯짝을 하고 감히 황제의 의관을 망령되게 입었느냐?"라고 소리치더니, 옆에 있
는 엽법선(葉法善) 역할의 배우를 노려보았다. 원래 공연은 현종이 추석날 저녁 도사 엽법선
의 도술로, 하늘로 올라가 월궁에서 기분 좋게 한바탕 노는 내용이었다. 때문에 현종이 엽법
선을 노려보거나 꾸짖을 대목이 아니었다. 관객은 공연 내용을 미리 알고 있었기 때문에, 예
상된 내용과 다르게 극이 진행되는 상황에서 한바탕 크게 웃었다. 이런 상황이 벌어진 것은
다름 아니라, 현종 역할의 배우가 실성을 했기 때문이라고 기사는 전한다. 극단 관련자들이
이를 눈치 채고 다른 배우로 교체해 공연을 했다고 한다. 이에 대해 혹자는 이 극단이 노랑신
을 섬겨 밤마다 제사를 지내는데, 오늘 밤에 이를 잊어 이런 변고가 생긴 것이라고 말했다고
화보는 전했다. 밤에 공연하느라 제사를 지낼 시간이 없었다는 생각에서 한 말일 것이다. 이
렇게 말한 이는 배우들의 풍속과 생리를 잘 알고 있는 이다. 그가 실로 배우의 실성이 노랑신

의 변고에 의한 것임을 믿었는지 알 수 없지만, 배우들이 노랑신을 섬겼다는 사실만은 간접적으로 보여 주고 있는 기사이다.

노랑신은 평상시 외에도 음력 10월 8일을 탄신일로 정해 제사를 성대히 지내고, 다른 명절 때도 제사를 지낸다. 중요한 공연을 시작할 때는 반드시 노랑신 신상을 극장 밖에서 무대 뒤 분장실로 맞아들여 제사를 지내고, 폭죽을 터뜨리고 닭의 피를 뿌리고 음악을 곁들여 무대를 깨끗이 한 후 공연을 시작한다.

배우 전체는 노랑신을 섬기지만, 중국 배우들은 각자 맡은 역할이 분업화된 각색행당 체제에 의해 운영되는데 무생(武生)은 무창신(武猖神)을 섬기고 악단은 이귀년(李龜年)·청음동자(淸音童子)·고반낭군(鼓板郎君)을 섬긴다. 의상과 무대도구를 넣어둔 상자를 관리하는 이는 청의동자(靑衣童子)를 섬기고, 머리를 만지는 자는 관음보살을 섬긴다. 이들 신령 신상은 각자 일하는 탁자 위에 놓아두고 받든다.

이렇게 신령을 섬기는 풍속은 전통극 배우들 간에 전승되었다. 이들의 신령 섬기기는 단순히 종교적인 측면만 있는 것은 아니다. 그들에게는 신령을 중심으로 동일 업종의 사람들을 결속시키고자 하는 마음이 강했다. 이러한 풍속과 전통은 근대가 진행되고 서양 연극의 자극을 받아 등장한, 노래 없이 말로만 공연이 이루어지는 화극(話劇) 배우에게는 계승되지 않았다. 앞서 중국의 전통극을 '섬기는 연극'과 '보는 연극'으로 크게 나눈다면, 초기 근대의 전통극은 겉은 보는 연극이었지만, 그 안에는 섬기는 연극이 가졌던 종교적 측면이 그대로 계승되었다. 그리고 후에 화극이 등장하면서 그 전통은 단절되었다. 현재 대도시의 전통극 배우들은 화극의 배우들처럼 신령을 섬기지 않지만, 농촌의 배우들에게는 아직 이러한 전통이 남아 전하기도 한다.

2 무대 뒤, 엄격한 규약의 공간

『점석재화보』에는 다수의 연극 관련 화보가 실려 있다. 공연 순간의 상황을 그림으로 표현했거나, 적어도 기사문에서 연극 공연이 있었음을 밝힌 화보는 총 43개이다. 흥미로운 것은 이 중 공연 내용 자체를 다룬 것은 단 한 편에 불과하다. 동시대 일간지였던 『신보』의 경우, 그날 그날 상해의 주요 극장에서 공연되는 레퍼토리를 실어 광고를 했는데, 그 작품량이 만만치 않다. 일례로 『점석재화보』가 발간되기 시작한 1884년 5월 10일부터 5월 15일까지 『신보』에 광고된 노단계다원(老丹桂茶園)·영예다원(詠霓茶園)·의춘다원(宜春茶園)·천선다원(天仙茶園)의 공연 레퍼토리는 총 335작품이었다. 이 중 중복되는 것을 제외하면 227작품이나 된다. 이렇게 많은 작품들이 공연된다는 것은 그만큼 많은 관객이 찾는다는 얘기이고, 그렇게 되면

그림36 무대 뒤의 모습 : 두 쪽문 중 오른쪽이 등장하는 상장문, 왼쪽이 퇴장하는 하장문이다. 이 너머가 바로 무대이고 객석이다. 「비호받는 여배우」(女伶得庇) 부분, 『점석재화보』 제56호, 1885. 11.

공연 내용이 사람들 입에 오르내리지 않을 수 없었을 것이다. 그럼에도 『점석재화보』에서는 단 한 편만 작품 내용을 거론했다.[16] 반면 무대 뒤 분장실의 모습은 종종 눈에 띈다. 이는 필시 무대 뒤를 엿보고자 하는 관객들의 욕망을 충족시키기 위함이었을 것으로 생각된다. **그림 36**에서 무대를 엿보는 남자(원으로 표시된 남자)처럼 말이다.

지금도 그렇지만, 무대 뒤는 스탭이나 배우가 아니면 들어갈 수 없고, 들어간다고 해도 그들의 허락이 필요하다. 당시 사회에서 배우는 사회의 하층으로 멸시받아 마땅하나, 관객들의 눈에 보이지 않은 '그들만의' 공간은 호기심의 대상이 아닐 수 없다. 배우나 스탭이라고 무대 뒤를 마음대로 활보할 수는 없다. 그곳은 자신들의 직업신을 모시는 신성한 곳이기 때문이다. 무대 뒤는 매우 좁고 협소한데도, 배우는 물론 다양한 무대도구와 의상, 분장도구 등을 들여놓아야 했다. 종교적인 의미에서나, 실질적인 의미에서나 정해진 엄격한 질서에 따라 운영되었다.

극단은 이동을 해야 하므로, 공연에 필요한 모든 도구는 나무 상자 속에 분류해서 넣어 둔다. 이 상자는 무엇을 담는가에 따라 명칭이 달라진다. 대의상(大衣箱)은 노랑신의 신상과 신분이 높은 사람들이 입는 옷을 넣고, 이의상(二衣箱)은 그 외의 의상을 담는다. 또 신발과

---

16) 화보 기사에 따르면, 영파(寧波) 지역 풍속에 예부터 포로희(鮑老戱)를 공연해 왔는데, 일명 대두화상(大頭和尙)이라고도 한다. 고행 중에 여색에 미혹되어 파계한 중이 유취(柳翠)란 기생으로 환생하고, 성불한 월명스님이 그녀를 초도하는 내용이다.

그림37 극단의 이사 행렬. 「배우의 난동」(伶人肇釁) 부분, 『점석재화보』 제52호, 1885. 9.

의상 속에 받쳐 입는 모든 의상을 넣는 삼의상(三衣箱)이 있고, 모자와 머리 장식 일체를 넣는 회두상(盔頭箱)이 있다. 극단은 극장에 도착해 무대 뒤에 이 상자들을 열어 정해진 자리에 가지런히 늘어놓는다. 무대 뒤는 그림에서 보이는 것처럼 분장실이 따로 갖춰져 있는 것이 아니라, 객석과 무대 위 공간을 나무판으로 가로 막고 양쪽에 출입할 수 있는 문을 만들면 그뿐이다. 등·퇴장도 규칙이 있는데, 등장은 그림의 오른쪽 문으로, 퇴장은 그림의 왼쪽 문으로 해야 한다.

　배우는 분장실에 들어오면, 우선 직업신인 노랑신에게 예를 행한 후 분장을 했고, 크게 말하거나 웃어서는 안 되었다. 각자 고정된 자리에 앉아야 했는데, 내용물을 꺼낸 상자가 배우들의 의자로 쓰였다. 초기 대규모 경극 훈련기관이었던 부련성(富連成)[17]의 자체 규약에 따르면, 생(生)은 이의상에, 단(旦)은 대의상에, 무술 동작을 주로 하는 무행(武行)은 소도구를 담는 상자에 앉는다. 각색 중 어디에 앉아도 괜찮은 이가 축(丑)이다.[18] 축은 코 주위에 두부처럼 흰색 칠을 해서 두부 얼굴이라고도 하는데, 주로 우스갯짓을 하는 역을 맡는다. 경극에서 축이 주인공인 작품은 그리 많지 않다. 그럼에도 축에게 이런 자유를 부여하는 것은 전적으로 직업신인 노랑신 때문이라고 한다. 노랑신 중 하나로 지목받는 이랑신(二郞神)은 놀다가 득도한 신령이었기에 배우들의 섬김을 받게 되었고, 이런 그의 특징은 우스갯짓을 하면서도 날카롭게 풍자하는 축의 성격과 일맥상통하다. 때문에 노랑신이 보살펴 주는 배우들 사이를 마음대로 휘젓고 다닐 수 있었던 것이다. 무대 뒤에는 이들 상자 외에 화장통을 놓는 탁

17) 경극만을 전문으로 가르치는 사설 학원을 과반(科班)이라고 한다. 1903년 길림 상인 우자후(牛子厚)가 돈을 내어 경극 배우 엽춘선(葉春善)이 1904년 희련승(喜連升)이란 이름으로 북경에 정식 창립했다. 후에 희련성(喜連成)으로 이름을 바꾸었다. 1912년 경영난으로 심(沈)가에게 인도했고, 이때 부련성(富連成)으로 이름을 바꿨다.
18) 청대 양장생(楊掌生)의 『몽화쇄록』(夢華瑣錄)과 서가(徐珂)의 『청패류초』(淸稗類鈔)의 기록에 따른 것이다.

자, 머리장식 도구를 놓는 탁자 등이 놓인다. 배우들이 옷을 입는 곳도 정해져 있다. 옷은 정해진 방식에 따라 맞게 입어야 하므로, 옷을 관리하고 입혀 주는 일만 전담하는 이가 있다.

이 밖에 공연에 늦거나, 태만히 하거나, 극단 안에서 무리를 결성하거나, 극단을 무단으로 떠나 버리거나, 극단 안에서 도둑질을 하거나, 싸움을 하면 벌을 주는 등 공연과 관련된 일상에 관한 여러 가지 규약을 세워 극단을 통제하기도 했다. 또 배우들만의 조합을 결성하여 정부의 법령을 전달하거나, 국가 시책에 협조하거나, 배우들의 복지를 위해 힘쓰거나, 예인들 간에 분쟁이 일어났을 때 조정을 하기도 했다. 북경의 경우 정충묘(精忠廟)가 그것이었다. 청대 이래 정충묘 옆에 천회궁(天喜宮)을 두어 노랑신을 섬기고, 이원회관 역시 천회궁에 설치했다. 정충묘는 배우 조합을 가리키는 말로 통했다.

3 극장 앞, 향락과 소비의 공간

공연이 끝나고 극장 문이 열리면 사람들이 밀려 나오고, 순간 극장 앞은 아수라장이 되어 버린다. 관객을 태우려는 마차꾼, 인력거꾼들이 뒤섞여 호객 행위 한다. 이런 소란 와중에 소매치기가 들끓어 아무리 허리춤을 부여잡아도 당해 낼 재간이 없다. 이것이 극장 앞 풍경이다.

상해를 비롯한 근대도시의 상설극장 앞은 매일 이런 광경이 펼쳐졌다. 근대의 도시는 기술적 합리성, 인간관계의 도구화, 소비·상품성·화폐화, 공공성과 민주성, 중심성과 체계성,

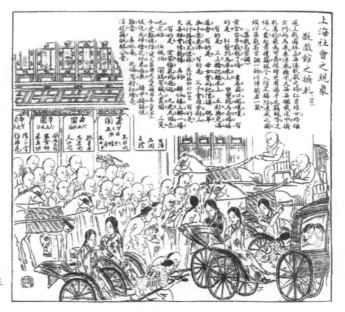

그림38 『도화일보』의 '상해 사회의 현상' 중 「공연 뒤의 혼잡」(散戲館之擁擠). 『도화일보』 제29호, 1909. 9. 13.

그림39 근대 상해의 향락문화 속에서 남의 돈을 빌려 향락을 일삼는 젊은이가 속출했다. 「속빈 강정 나으리」(空心大老官), 『점석재화보』 제242호, 1890. 11.

대중적 미학성, 남성성, 진보·발전이라는 근대성을 특징으로 갖는다.[19] 근대에 관한 논의는 여전히 분분하지만, 『점석재화보』에 표상된 연극문화 주변에는 근대성과 관련하여 소비의 공간으로서, 향락·사치·돈·여인(기녀) 등이 항상 등장한다. 그림39는 「속빈 강정 나으리」라는 제목의 화보 그림이다. '속빈 강정 나으리'란 뜻의 공심대로관(空心大老官)이란 겉은 번지르르한데 실제는 빈털터리를 말한다. 『점석재화보』에는 이렇게 자신의 재력이 아닌, 횡령 혹은 도둑질로 유흥비를 마련하는 젊은이에 대한 기사를 종종 다루고 있다. 화보는 돈을 빌려 허장성세하며 향락을 일삼는 젊은이가 마침 좁은 길에서 빚쟁이를 만나 곤경에 처하는 상황을 그렸다. 화보 위 기사문에는 젊은이에 대해 다음과 같이 언급하고 있다.

　　공심대로관은 어디 사람인지 알 수 없고, 또한 그 성씨도 자세히 알지 못하는데, 나이는 약관을 넘겼고, 잘생긴 외모에 꾸미기를 좋아하고, 유흥가에 드나들기를 좋아했다. 평소 요란한 차림에 아름다운 옷을 입고, 기생집 사이를 건들거리며 유유히 돌아다니고, 때로는 이름난

19) 조명래, 「근대성·도시·도시론」, 『한국사회학』(제31집/여름), 1997. 366~367쪽.

기생을 옆에 끼고 마차에 앉아 거들먹거리며 시장거리를 지나다니는데 거리낄 것이 없었다. 때로는 선글라스를 쓰고, 권련을 입에 물고 못된 애들과 어울려 술과 놀이를 추구하고, 자신을 풍류롭다 자부하며, 스스로 혼탁한 세상에 초탈한 귀공자라 여겼다.

공심대로관은 분수에 맞는 생활이 아닌, 모두 빚으로 호사스런 생활을 한 것이다. 상해는 사치 풍조가 대단했고, 이에 편승하여 돈 한푼 없는 이들 역시 '풍류를 배운다'(學闊綽)는 명목으로 부자 행세를 하기도 했다. 유사한 기사가 1891년 2월 『비영각화보』(飛影閣畫報) 제13호 「하루 아침에 폭로되다」(一朝敗露)에 보인다. 여기서는 극장비를 내지 않고 거들먹거리는 도련님에게 극장의 일꾼이 본때를 보여 주기 위해 외투를 벗기자, 그 도련님의 헤진 옷이 밖으로 드러나 창피를 당한다는 내용이다.

그림39의 기사문에 따르면 때는 바야흐로 중추절이며, 화보 속 이미지로 보아 적어도 밤이다. 서회방(西薈芳)에서 나오는 가마꾼이 등불을 들고 나오는 것이나, 그 옆 ○○이원(利源)이라는 상점 앞에 등불이 달려 있는 것이나, 그 옆 태구전장(太久錢莊) 카운터 앞에 놓인 등불에서 알 수 있다. 서회방은 골목〔里〕의 명칭으로, 영국 조계지 사마로 북쪽에 위치했는데, 이곳은 수많은 기원들이 밀집해 있던 곳이었다.[20] "사마로 가운데가 사람이 가장 많은데 양쪽에 서우(書寓: 고급 기녀)와 창녀촌이 있다. 회원과 다관이 서양요리를 함께 마련하고, 유객들은 돌아가기를 잊고 절반은 흠딱 빠져 있다."[21]

따라서 화보 속 가마에 앉은 여인은 기녀임에 틀림없다. 이들이 서 있는 건물에 커다랗게 '승평루'(昇平樓)란 간판이 있다. 승평루는 승평헌(升平軒)으로, 실제 상해에서 1870년에 경극 노생 손국선이 친구와 함께 소동문(小東門) 남단계(南丹桂)회원 자리에 문을 연 전통식 극장으로 추정된다. 화보 속 인물인 공심대로관은 못된 사람과 어울려 다니며 주색잡기를 하는 인물이다. 따라서 주인공의 일행으로 보이는 화보 오른쪽 사람들 가운데 여자는 기녀일 가능성이 짙다. 기녀와 중추절 밤 신나게 연극 보러 가는 길에 빚쟁이와 맞닥뜨린 것이다. 화보 속에서 기원 거리와 회원, 전장과 유흥비로 빚더미에 올라앉은 철없는 젊은이는 결코 단순한 조화가 아니다.

『점석재화보』에는 이와 비슷한 양상을 보이는 화보가 종종 보인다. 예를 들어 「차마 고개를 돌리지 못하다」(不堪回首: **그림40**)가 그러한데, 대략적인 내용은 다음과 같다. 강소성에서 순검(巡檢) 벼슬을 지냈던 아무개가 인력거꾼으로 전락하였다. 하루는 인력거를 끌고 조

20) 사마로는 중앙부에 있는 북쪽의 서회방리(西薈芳里)와 남쪽의 동경리(同慶里)를 중심으로, 동쪽으로 중화리(中和里)에서 서쪽 대흥리(大興里)까지, 북쪽에서는 삼마로(三馬路) 공양리(公陽里)에서 남쪽으로 오마로(五馬路) 경운리(慶雲里)까지 수백 집의 기원이 들어찼다.
21) 顧安主人,『上海市景詞』; 顧炳權 編著,『上海風俗古迹考』, 283쪽 재인용.

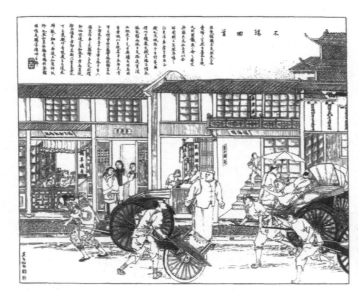

그림40 순검에서 인력거꾼으로 전락한 이가 회원·기원·전당포가 있는 거리에서 옛 부하를 만나 차마 고개를 돌리지 못하였다. 『점석재화보』 제4호, 1884. 6.

계의 번화한 거리를 지날 때 손님이 인력거를 불러 세워 보니, 전에 관청에서 밑에 두고 있던 이였다. 그래서 고개를 돌리지도 못하고 지나쳐 도망갔다는 내용이다. 화보에는 그가 어떤 경로를 통해 거지와 같은 처지인 인력거꾼으로 전락하게 되었는지에 대한 설명은 없다. 그러나 배경에 회원·기원·전장을 등장시키면서 간접적으로 보여 주고 있다.[22] 세 여인 옆의 문에는 'ㅇㅇㅇ서우'라는 간판이 나란히 7개 걸려 있고 그 위에 보경리(普慶里)라고 적혀 있다. 보경리는 현재 복주로에 위치해 있는데 당시에는 기원 밀집지였다. 위 화보 역시 기원과 서우를 함께 배치했다. 오른쪽 간판에는 "우리 극장에서 특별히 호북 제일의 명배우 채규희를 모셔 옴"(本園特請湖北一等名角蔡桂喜), "우리 극장에서 특별히 북경에서 초청, 상해로 돌아온 명배우 손춘항을 모셔 옴"(本園特請京部回申名角孫春恒) 등이 써 있다. 희원의 이름은 홍등에 가려 보이지 않지만, 간판 내용으로 보아 이곳이 극장임을 알 수 있다. 혹 화가는 예전 그가 기생을 끼고 타고 다녔던 인력거를 이제는 몰락한 자신이 끌고 다녀야 하는 상황을 아이러니하게 표상한 것은 아닐까?

두 화보는 모두 상해를 배경으로 하므로, 화보 속에 표상된 세계는 상해를 대상으로 한다고 말할 수 있다. 근대의 대표 도시로서의 상해는 향락과 사치가 심했던 곳이며, 그 바탕에는 근대도시의 특징인 소비·상품성·화폐화가 깔려 있다. 극장 앞은 이를 가장 잘 표상했던 공간이기도 했다.

22) 자세한 사항은 민정기, 「그림으로 '읽는' 근대 중국의 사회와 문화 —『점석재화보』 연구를 위한 서설」, 『중국현대문학』 제28호, 2004. 3 참조.

8장 | 근대 중국의 타자들

민정기

'근대 중국의 타자들' 개관

자기와 다른 생김새·언어·습속을 가진 개체 혹은 문화에 대한 거부와 혐오는 어느 문화권에서나 발견되는 현상으로, 미지의 것에 대한 불안이나 거부감과 상응하는 태도 혹은 심적 상태라고 할 수 있다. 나아가 자신을 중심적이며 옳은 것으로 보고, 그 밖의 것들을 주변적이거나 그른 것으로 돌리는 경향 역시 보편적 현상일 것이다. 하지만 자신을 세계의 절대적인 중심으로 두고 그 밖의 것은 모두 '비-문명'으로 치부하는 사유체계가 중국만큼 강력하게 자리 잡고 또한 장구한 시간에 걸쳐 효과적으로 작동했던 예는 그리 많지 않다. 춘추·전국시대에 걸친 정주민 집단 간의 오랜 전쟁과 북방 유목 집단과의 대치 상황은 '화'(華)와 '이'(夷)가 서서히 구분되는 과정에 다름 아니었다. 진(秦)의 통일을 거쳐 한(漢)대에 와서 이러한 구분은 물리적으로는 북방 유목 집단의 남하를 가로막는 기나긴 성벽의 형태로, 그리고 담론상으로는 사마천(司馬遷)의 '흉노론'으로 결집되는 화이론(華夷論)의 사유형식으로 중국 문명의 안팎에 각인되기에 이른다.[1] 화이론적 세계관은 짧지 않은 시간 동안 무력을 통해 확인되기도 했지만, 그것이 장기 지속될 수 있었던 더 강력한 기반은 한자를 이용한 우월한 기록수단이었다. 기록의 수단을 갖지 못했거나 한자를 사용한 기록과 경쟁하여 그것을 능가할 만큼 보편적인 기록수단을 소유하지 못한 집단들, 또는 부득불 한자를 수용할 수밖에 없었던 집단들은 설령 일시적으로 '화'의 세계를 압도했을지라도, 혹은 정복과 피정복의 관계가 아닌 다른 관계들로 연계되었을지라도, 시간이 지남에 따라 한문이 갖는 명명과 기록의 힘 앞에서 결국은 스스로 화이론의 굴레 속으로 빠져 들 수밖에 없었다. 물론 화이론은 엄밀히 보면 종족적인 구분이라기보다는 문화론적 혹은 문명론적 구분이라고 할 수 있으며, 그런 면에서는 상당 정도 유연성을 갖는 세

---

1) 고대 중국에서 화이론이 성립되는 과정에 관해서는 니콜라 디코스모, 이재정 옮김, 『오랑캐의 탄생』, 황금가지, 2005, 특히 제4장을 볼 것.

계관이다. 청(淸)을 세운 만주인 귀족 집단은 중화문화의 정수를 계승했다고 자처하며 스스로 '화'가 되었다. 조선이나 일본이 상황에 따라 나름대로 진정한 '화'임을 자처할 수 있었던 것도 화이론의 그와 같은 성격 탓이다.

화이론적 세계관과 오랑캐

화이론적 세계관은 '야만적인 오랑캐'와의 대비 속에서 '중화'의 정체성을 공고히 하고 그 문명이 결집·재생하는 데 기여했다. 동시에 그것은 '바깥' 세계에 대해 보다 정확히 인식하는 데 걸림돌이 되었다. 이론상 천자(天子)의 나라에는 결핍이 있을 수 없었는데, 이는 다양한 형태의 교환들이 적극적으로 정당화되고 수행되는 데 결코 우호적인 전제가 아니었다. 한(漢)과 당(唐)은 제국의 경계를 서쪽으로 크게 확장함으로써 유라시아 대륙 동서 간에 활발한 교류를 가능케 했으며, 제국의 번영 또한 바로 그러한 교류에 힘입었다. 불교를 배우려던 학승들이 인도를 오가며 남긴 서역의 여러 지역에 관한 기록들이 중국 밖의 세상에 대한 지식을 다소간 확장한 것도 사실이다. 그러나 어느 시대고 중국 밖 세계에 관한 지식이 학문의 중요한 부분을 구성한 적은 없었다. 당 제국의 수도 장안(長安)에 '호희'(胡姬)들이 넘쳐나고 '호악'(胡樂)이 한참 유행할 바로 그 즈음, 한유(韓愈)와 같은 이는 외래적인 것에 대한 거부감을 드러내며 중화문명의 '순수성'을 사유했다. 공식적인 역사의 기록에서 중국 밖의 세계는 문명의 교화를 받아들인 조공자들의 땅이거나 이를 거부하는 야만인들의 땅으로 재현될 수 있을 뿐이었다.

조정과 일부 관원·학자에 국한된 것이긴 했지만 서양을 포함한 중국 밖 세계에 관한 중국인의 이해는 15세기 초엽 정화(鄭和)가 이끈 선단의 해외 원정과 17세기 초부터 이루어진 마테오 리치 등 예수회 선교사들의 중국 내 활동에 힘입어 상당히 증대했다. 그러나 명 중엽 이후 해금(海禁)정책이 강화되고 청조가 이러한 정책을 계승하여 외국과의 공식

---

2) 『황청직공도』는 서양 여러 나라와 중국과의 관계를 실제 조공국이었던 조선이나 안남(安南)과의 관계와 마찬가지로 "請封貢", "來朝貢", "通貢" 등의 술어로 표현하고 있으며, 각 나라 사람들을 '하란국이인'(荷蘭國夷人)과 같이 지칭하고 있다. 영국에 대해서는 네덜란드의 속국이며 제법 부유하다는 기술과, 남녀 복식에 관해 간략히 소개한 것이 전부로 네덜란드, 프랑스 등 다른 나라에 관한 서술의 반 정도 분량이다. 『皇淸職貢圖』 1권(영인본), 遼瀋書社, 1991, 23~154쪽의 곳곳을 볼 것.

적인 교류를 제국 남동쪽 끝의 광주(廣州)로 제한한 데다가, 18세기 초 전례 문제를 둘러싼 갈등 끝에 예수회 선교사들이 중국에서 철수하게 되자 서양에 대한 중국인의 인식은 진전의 계기를 상실했다. 중국인들이 18세기 중엽 이후 산업혁명을 거치며 큰 변화를 겪고 있던 동시대 서양의 문물을 접할 수 있는 통로는 지극히 좁아진 것이다.

　중국인들은 서양인을 중화질서의 변경에 위치한 여러 '오랑캐' 가운데 하나로 여겨 '바다 건너의 오랑캐'(洋夷)라 칭했다. 건륭시대에 제작된 『황청직공도』(皇淸職貢圖)는 서양에 관한 당시의 공식적 지식의 정도를 잘 보여 준다. 중국 밖의 여러 민족과 나라를 소개하고 있는 첫번째 권에는 이탈리아·포르투갈·네덜란드·영국·프랑스·러시아 등의 나라에 대한 설명이 각 지역 남녀의 그림과 함께 소개되어 있다. 이 책에서는 각 나라가 중국과 맺고 있는 혹은 맺고자 한 관계를 '공'(貢)이라는 글자로 적고 있는데, 이들 나라를 바라보는 청 조정의 공식적인 시각을 여실히 보여 준다. 한편, 영국을 이미 해양 대국의 자리를 잃고 있던 네덜란드에 비해서는 물론이고 동유럽의 작은 나라들에 비해서도 소략하게 다루고 있는 점이나 심지어 네덜란드의 속국이라고 소개하고 있는 점은 변화중인 유럽, 나아가 세계의 판도에 대한 청 조정의 무지를 드러내 준다.[2] 아편전쟁 직전인 1830년대에 쓰인 소영유(蘇令裕)의 『잉글랜드에 관해 기술함』(記英吉利)과 같은 책에는 영국의 식민지 경영과 침략성에 관해 경계하고 있는데, 영국인은 바다에서 주로 활동하는 족속이라 파도에 흔들리는 것이 익숙하여 평지를 밟으면 중심을 잡지 못한다거나, 양 무릎을 천으로 묶고 있어서 펴고 구부림이 불편하여 뭍에 오르면 기술이 궁해진다는 등의 다소 황당한 서술이 보인다. 이 같은 인식은 아편전쟁 당시 영국군이 뭍에서는 전혀 승산이 없을 것이라는 낙관론의 근거가 되기도 했다.[3] 19세기 초에는 동남아 지역의 기지를 근거로 활동하던 개신교 선교사들에 의해 서양을 소개하는 한문 서적이 더러 출판되었지만 중국인 식자층에 큰 영향을 주지는 못했다. 이들의 저술은 아편전쟁 이후에야 위원(魏源) 등을 경유해 중국인에게 전해지게 된다.

---

3) 아편전쟁을 전후로 한 시기까지 중국인의 서양관에 관해서는 최소자, 「중국에서 본 서양 — 전통시대를 중심으로」, 『동양사학연구』 제80집, 2002를 참조. 특히 106~120쪽의 청대 서양 인식에 관한 부분을 볼 것. 서양에 대한 흥미로운 오해의 사례들이 인용되어 있다.

서양에 대한 인식 전환

중국은 영국과의 아편전쟁 이래 서양과 몇 차례 전쟁을 거치면서, 나라가 조각조각 분할
될지 모른다는 위기의식이 증대되어 가는 가운데 '근대적' 세계질서 속으로 진입하게 되
었다. 이러한 정황은 중국인들이 세계 및 세계 속의 '자신'을 새롭게 인식해 가는 데 결정
적인 조건이었다고 해도 과언이 아니다. 중화로서의 자대감 그리고 부정확하거나 낙후한
정보에 근거한 서양 인식은 전쟁에서의 거듭된 패배와 근대 서양 문명과의 직접적 접촉
의 증대에 따라 변동을 겪게 된다. 근대 서양과의 경이·공포에 찬 최초 충돌의 경험은 종
종 '선박은 견고하며 포는 성능이 우수하다'(船堅炮利)라는 말로 압축되어 표현되었는데,
이 말은 근대 전환기 서양관의 핵심을 잘 보여 준다. 물론 이와 같은 인식에는 경이와 공
포(배가 견고하고 화포의 성능이 우수하구나!)만 포함되어 있던 것은 아니었다. 문화의 핵
심 영역에서는 중화가 우위라는 여전한 자대감(배는 견고하고 화포의 성능은 우수하다
만……)이 또한 자리하고 있었다. 아편전쟁을 통해 서양의 우수한 군사력을 절감하면서
그들에 대한 보다 정확한 정보와 이해의 필요성을 갖게 되었지만, 중국인들에게 그들은
여전히 선박과 화포 제조 부문에서나 빼어난 '이'(夷)일 뿐이었던 것이다.

　　당시 위원은 "오랑캐의 뛰어난 기술을 배워 오랑캐를 제어한다"(師夷之長技以制夷)는
유명한 주장을 했다. '오랑캐를 배우자'라는 제안을 했다는 점에서 획기적이었지만 배움
의 대상을 여전히 '오랑캐'로 칭하고 있는데, 이는 이후 동치시대에 진행된 이른바 양무
운동의 근저에 깔려 있는 의식이었다.[4] 서양에는 '문'(文)이 없으며 이익을 좇아 폭력을
일삼는 야만적 오랑캐라는 조야(朝野)의 화이론적 시각은 제2차 중영전쟁(1856~60년)
당시 영불연합군이 북경 진주 후에 보여 준 예상 외의 질서정연한 모습과 화약(북경조약)
이 이루어진 후 이를 성실히 이행하는 모습 등의 계기를 통해 다소간 조정되기도 했다.[5]
하지만 그와 같은 기조는 청일전쟁을 거치며 양무운동식의 발상이 효과가 없음을 절감하
기에 이르기까지 크게 달라지지 않았다. 물론 1858년에 체결한 천진조약에 따라 공식적

4) 위원이 편찬한 『해국도지』(海國圖志)에 보이는 서양관, 기독교에 대한 적대적 인식 등에 관해서는 김의경, 「위원의
　　『해국도지』에 나타난 서양 인식」, 『중국사연구』 제5집, 1999. 2를 볼 것.
5) 신승하, 『근대 중국의 서양 인식』, 고려원, 1985, 76~87쪽.

인 문서에서 서양을, 특히 영국을 '오랑캐' 라고 드러내 놓고 칭할 수는 없는 상황이었다. 영국 측은 '夷' 라는 문자를 'barbarian' 의 등가어로 규정했고 그들 자신이 'barbarian' 으로 보고 있었음을 중국인에 의해 '夷' 라고 불리는 것을 결단코 거부했다. 이에 자신들이 그 글자로 지시되어서는 안 된다는 사실을 명기해 두었다. 누군가를 '夷' 로 부른다거나 혹은 그렇게 불리기를 거부한다는 것은 자존심 겨루기 이상의, 지시와 명명의 힘을 둘러싼 대단히 실제적인 문제였다. 그렇다고 하더라도 비공식의 영역에서는 중국인들은 여전히 서양인을 '夷' 로 칭했고 그렇게 인지했다.

가급적 서양인과의 직접적 접촉을 피하려 했던 관료들은 서양에 관한 대부분의 지식을 '한간'(漢奸)이라 폄하해 불렀던 서양인들의 협력자들 또는 서양인과 거래하던 상인들을 통해 입수했다. 서양인과 직접 접촉했던 이들은 서양의 구체적 사정이나 서양인들의 행태에 대해 보다 광범위한 지식을 쌓고 있었지만, 서양과 서양인에 대한 근본적 태도는 당초 관료층과 크게 다르지 않았다. 예를 들어, 1847년에 처음 상해를 방문하여 서양인과 접촉했으며 이듬해 묵해서관(墨海書館, London Missionary Society Press)을 운영하고 있었던 선교사 메드허스트(Walter Henry Medhurst)를 위해 일하기 시작한 왕도(王韜)는 서양인과의 오랜 접촉을 통해 그들을 적지 않게 이해하게 된 후에도 그들을 '이상한 소리를 지껄이는 오랑캐' 라는 뜻인 '주리'(侏僞)라고 칭하였으며, "오랑캐들에게 몸을 기탁하고 있어 고명하신 성현의 가르침에 누를 끼쳤다"라고 한탄했다. 이와 같은 표현이 서양과의 교류를 근본적으로 반대한 고루한 이들도 아닌 그 자신이 거듭 선을 대려고 했던 양무 관료들을 의식한 것이라고 본다면, 서양에 관해 어느 정도 긍정적 입장을 가지고 있는 이들 사이에서조차도 서양과 서양인에 관해 내심 깊은 곳에서는 어떤 심경을 가지고 있었는지 대강 헤아려 볼 수 있다.

왕도의 이와 같은 태도는 한참 후 직접적인 유럽 체험을 계기로 바뀌게 된다. 1862년 태평천국 측과의 연루 혐의를 받고 홍콩으로 망명한 그를 고용했던 선교사이자 한학자였던 제임스 레게(James Legge)의 초청으로, 1867년 말부터 1870년 초까지 2년 여 동안 스코틀랜드에 체류하며 영국과 프랑스의 이곳저곳을 둘러본 후의 일이다. 당시의 견문을 적은 『만유수록』(漫遊隨錄)의 서술을 보면 그가 진심으로 서양의 문명에 탄복하고 있으며 그들 문화의 우수성을 인정하게 된 것을 알 수 있다. 이제 왕도에게 서양인은 그저 좋은 대포와 함선이나 만들 줄 아는 '야만인'이 아니라 우수한 제도를 지닌 '문명인'으로 새롭게 인식되었다. 그의 눈에 영국은 심지어 감옥 제도까지도 우수한 나라였다.

감옥의 죄수들은 시간에 맞추어 일하고 있었는데, 게으름을 피우는 기색은 없었다. 모포를 잣고 있었는데 빛깔이 매우 화려했다. 밖에 내다 팔면 수십 파운드에 값하는 것이었다. 감방은 청결하였고 음식 역시 훌륭했다. 죄수로서 이런 데에 감금되어 있다는 것은 참으로 복이로다![6]

이 밖에 박물관·도서관·극장·상수도·세무제도 등 갖가지 유무형의 제도들은 그가 유럽인들을 다시 바라보게끔 만든 것들이었다. 그리고 이러한 모든 것들은 중국이 결여하고 있는 것들이었다. 중국에 결여된 것은 비단 특정 부문의 기술력과 그에 바탕을 둔 풍요로운 물질 생활만이 아니었던 것이다. 나아가 왕도는 서양 사회가 돈독한 풍속과 도덕을 바탕으로 번성한 문명임을 이야기한다.

에딘버러는 북방의 큰 도시이다. …… 그 경계에 들어서면 시장에는 이중 가격을 붙이는 법이 없고 길거리에서는 떨어진 물건을 주워 가지 않는데, 이를 통해 그 관대한 다스림, 승평시대(升平時代)의 정치를 볼 수 있다.[7]
대개 그 나라(영국)는 예의를 가르침으로 삼고 있으니, 오로지 병력에만 의지하는 것은 아니다. 신의를 기초로 하여 속임수와 힘을 앞세우지 않는다. 교화와 덕의 은택을 근본으로

---

6) 王韜, 『漫游隨錄』, 「重游英京」; 『中國近代文學大系·筆記文學集 1』, 上海書店, 1995, 517쪽.
7) 王韜, 『漫游隨錄』, 「蘇京故宮」; 같은 책, 496쪽.

하며 부강만 도모하지는 않는다. 유럽의 여러 나라들은 모두 이렇게 할 수 있었기에 오랫동안 번영을 유지하며 쇠퇴하지 않을 수 있었다. 영국 영토와 같은 경우, 비록 북쪽 귀퉁이에 치우쳐 있지만 적국으로부터의 외환이 없은 지 이미 천여 년이 되었으니, 생각건대 그러한 풍속이 효력을 드러내는 한 예가 아니겠는가! 나는 또한 사실을 가지고 이야기하는 것인바, 서양인들을 찬미하는 것으로 치부하지 말기 바란다.[8]

이처럼 왕도의 눈에 영국으로 대표되는 서양은 예와 덕을 갖춘 우량한 사회로 인지되기에 이르렀고 그들의 풍속은 중국에 비해 훨씬 돈독한 것으로 비쳐졌다. 물론 유럽 사회에 대한 왕도의 관찰과 인식은 많은 경우 피상적이며, 훨씬 뒤의 관찰자들이 그러했던 것처럼 그 사회의 내재적인 모순까지 간파하지는 못하고 있었다. 서양의 물질문명과 그 제도, 문화적 기반을 연결시키는 데에도 다소 자의적인 면이 있다. 그러나 문제가 되는 것은 그 인식의 수준이나 그가 인식한 내용의 진위가 아니라 왕도에게 왜 서양 사회가 이렇게 인지되었는가 하는 점이다. 19세기 중반 중국 사회는 서양과의 갈등은 차치하고라도 왕조 후기에 두드러지는 각종 사회 모순들이 분출하고 있는 시기였다. 중국 지식인의 눈에 당시 사회는 해결해야 할 내부의 난제가 산재한 상황이었으며 많은 개혁 지향적 지식인들이 그 타개에 골몰하고 있었다. '천조'(天朝)인 청 황실이 다스리는 중국은 태평시대는 고사하고 그에 이르는 중간 단계인 '승평시대'라고도 볼 수 없는 상황이었다. 아마도, 늘 절박한 심정으로 나라의 문제들을 걱정하고 있던 왕도와 같은 이의 눈에는, 바야흐로 팽창일로에 있던 대영 제국은 자연히 태평시대에 한발 더 접근한 사회로 보였을 것이다.[9]

왕도가 19세기 후반의 중국인이 가질 수 있었던 서양 인식의 한 극을 보여 준다면 또 다른 극단을 우리는 서양과 서양인에 대한 민간의 인식에서 발견할 수 있다. 서양과의 폭력적 접촉의 최전선에 서 있던 것은 바로 일반 백성들이었으며, 새로운 무역 질서의 도래로 인한 지역 경제 피폐의 가장 직접적 피해자들 역시 기층의 민중이었다. 이들의 눈에 서

8) 王韜, 『漫游隨錄』, 「游博物館」: 같은 책, 498쪽.
9) 왕도의 생애와 유럽 체험 전후의 서양 인식 변화에 관해서는 민정기, 「만청 시기 상해 문인의 글쓰기 양상에 관한 연구」, 서울대박사학위논문, 1999의 제3장과 민정기, 「19세기 중엽, 중국 지식인의 유럽 체험과 세계관의 전변 — 왕도의 경우」, 『인문과학연구』 제11집, 안양대학교 인문과학연구소, 2003. 9를 볼 것.

양인은 금수나 도깨비와 다름없는 위협적인 존재들이었다. 이 같은 민간의 인식은 채집되어 오늘날까지 남아 있는 민가의 가사에서 확인할 수 있다.

> 서방의 오랑캐는 본시 개화되지 못하여, 금수와 같은 꼴에 뱀과 도마뱀의 마음을 가졌네.
> 야만인 땅의 원숭이들이 바로 그들의 조상, 중화에 와서 이리처럼 흉포하게 구네.[10]

> 통상의 문이 열려 양인들을 끌어들였는데, 양인들은 호랑이나 승냥이보다 사나워라.
> 사람의 고기를 먹고 사람의 피를 빠니, 백성들은 사시나무처럼 말라 간다.[11]

앞의 가사는 1855년 상해 조계에 뿌려진 전단에 적혀 있던 운문이고, 뒤의 가사는 의화단의 난이 발생한 20세기 벽두 무렵의 것으로 추정되는 민가이다. 19세기 후반부터 민가에서는 자주 서양인들에 대한 적대적 감정이 노골적으로 표현됐다. 서양인들을 종종 '귀신'〔鬼子〕, '서양귀신'〔洋鬼〕, '변방놈'〔老番〕, '야만인'〔蠻子〕 따위로 칭하였고, 사나운 짐승에 빗대기도 했다.

근대적 세계질서와 '타자'의 재구성

이 시기에는 서양에 대한 인식 전환과 함께 조선과 베트남, 일본 등 중화와 야만의 경계에 있던 지역들에 대한 시각에도 조정이 일어나고 있었다. 조선과 베트남은 가장 대표적인 조공국으로 명청대의 중국인들은 이들을 '동문동종'(同文同種)의 속방(屬邦)으로 간주했다. 그렇기에 중국에서는 열강의 베트남과 조선 침탈을 단순히 이웃나라의 일로 보지 않고 적극적으로 개입하고자 했다. 이와 같은 과정에는 '종주국으로서 속방을 지켜 낸다'라는 전통적 층위와 함께 제국주의적 경쟁으로 재편된 새로운 세계질서 속으로의 편입이라

---

10) 程英 編, 『中國近代反帝反封建歷史歌謠選』, 中華書局, 1962, 17~18쪽.
11) 같은 책, 422쪽.

는 층위가 공존하는 양상을 보인다. 중국 스스로 세계 속의 부강한 일원이 되고자 하는 욕망이 강해질수록 과거 속방에 대한 주도권을 잃지 않으려는 노력 또한 거세어졌으며, 이는 1894년 조선을 사이에 둔 일본과의 전쟁으로 극에 달했다. 조공 질서의 보다 먼 변경에 위치했던 일본에 대해서는 조선이나 베트남과 같은 속방으로 보는 의식은 희박했지만 역시 '동문동종'으로 간주했는데, 이러한 인식은 청일전쟁을 계기로 크게 흔들린다. 부강한 근대적 국가를 꿈꾸기 시작하던 19세기 후반의 중국인들에게 일본은 서양의 열강과 마찬가지로 침략자인 동시에 배워야 할 모범 혹은 스스로의 경상(鏡像: mirror image)으로 자리매김된다. 한편 세계를 '문명', '반(半)문명', '야만'으로 구별짓고 서양의 압도적 화력과 그에 동반한 명명의 강제 속에서 부득불 스스로를 '반문명'으로 규정해 갈 수밖에 없던 중국인들은 과거 중화문명의 바깥에 있는 것으로 보던 오랑캐들을 더욱 철저히 타자화함으로써 스스로의 문명 정도를 부각시키게 되는바, 화이론적 세계관이 근대적 세계 질서에 적응하며 변용되는 다양한 층위들이 존재했음을 알 수 있다.

『점석재화보』를 필두로 중국 밖의 세계에 대한 중국인의 시각적 재현이 본격적으로 제시되기 시작한 시점은 바로 이와 같은 인식상의 전환과 시각 간의 밀고 당기기가 한참 이루어지고 있던 1880년대 중반의 시기였다. 이전까지 중국 밖 세계에 대한 시각적 재현의 전통은 거의 전무했다고 할 수 있다. 『산해경』(山海經)과 같은 고대 인문지리서에 덧붙여진 그림들은 화이론적 시선에 의해 상상 혹은 왜곡된 중국 밖의 존재들을 보여 줄 뿐이다. 『서유기』와 같은 소설의 삽화 역시 은유로서의 '외부'를 보여 주고 있을 뿐이다. 그러므로 『점석재화보』로부터 시작된 근대 중국의 대중적 시각문화는 중국 밖의 세상에 대한 시각적 재현이라는 측면에서도 획기적인 현상이었다고 할 수 있다. 어느 시대의 중국인도 중국 밖의 세계에 대해 이만큼의 시각적 정보를 누리지 못했다. 동시대 다른 형태의 재현들과의 호응과 길항 속에서 당시의 시각적 재현들은 당시의 중국인들이 다양한 '타자'들을 전유·구성하고 자신과 바깥을 사유하는 데 주요한 축이 되었다.

상해 조계의 외래인들

1 개항과 서양인의 도래

1793년, 무역의 확대와 제도적 보호를 희망하며 중국을 방문하여 우여곡절 끝에 건륭제를 알현한 영국의 매카트니 사절단은, 천조(天朝)는 결여하고 있는 것이 없으므로 무역 따위는 필요가 없다는 위압적인 가르침을 듣고 떠나야 했다. 서양 상인들은 광주(廣州)의 공행(公行)을 통한 제한적인 무역에 만족해야 했으며, 마카오 등지를 근거로 기독교를 전파하길 희망했던 선교사들도 중국 내지로 들어갈 방법이 없었다. 당시까지 서양인에 대한 중국인의 기본 인식은, 매카트니 사절단을 조공사절로 간주해 황제 앞에서 머리를 땅에 찧는 고두 예의를 요구한 조정의 반응에서 드러나듯 철저히 화이론적 세계관에 입각한 것이었다.

이 같은 상황에 일대 전환을 가져온 최초의 계기는 잘 알려진 바와 같이 1840~42년에 걸쳐 벌어진 제1차 중영전쟁이다. 중국과의 만성적인 무역적자를 해결하기 위한 방편으로 영국인들은 식민지 인도에서 제조한 아편을 중국에 유통시켰고 단기간에 중국에는 중독자가 만연했다. 아편을 금하는 칙령이 거듭 내려졌으나 실효가 없었다. 아편 문제 해결의 임무를 띠고 양광총독(兩廣總督)으로 광주에 부임한 임칙서(林則徐)가 서양 상인들의 아편을 몰수하여 폐기한 일을 계기로 제1차 중영전쟁이 발발했다. 흔히 '아편전쟁'이라고 불리는 중국과 서양 세계 간의 최초 대규모 충돌에서 승리한 쪽은 영국이었다. 이 전쟁 결과 체결된 남경조약을 통해 영국은 광주에 덧붙여 하문(廈門), 복주(福州), 영파(寧波), 상해(上海) 등 중국 동남 연해 지역의 다섯 항구의 개방을 얻어 냈다. 조약 조문에 조계지에 관한 명시적인 언급은 없었으나 이후의 추가 협약을 통해 상해를 위시한 조약항에는 외국인의 거주와 영업 활동을 위한 공간이 할당되었다.

영국 측의 요구에 따라 상해 현성 북쪽의 일정 구역에 조계가 획정된 이래로 서구 열강은 주요 통상 항구에 두루 조계지를 얻게 된다. 1860년대 들어 장강(長江)을 통한 내륙으로의 용이한 진입이 보장되고 강남 지역의 풍부한 물적·인적 자원을 가지고 있던 상해가 다섯 조약항 가운데 광주를 제치고 중심적인 무역항으로 성장함에 따라, 그곳의 조계는 단연 가장 큰 규모로 성장했다. 조계는 식민지와는 다른 것이어서 본래 그 지역에 관한 행정적·사법적 책임과 권한은 속지주의의 원칙이 적용되는 것이 관례였지만, 당시 중국 관리들이 이러한 국제법이나 관례에 어두워 조계는 획정되자마자 사실상의 치외법권 구역이 되었다. 조계의 외국인 인구는 1840~50년대까지는 비교적 완만히 증가하여 수백 명에 불과했지만 1860년대

그림1 황포강에서 바라본 1860년대의 상해 조계. 서양인들이 조성한 강변 구역이라는 의미에서 오늘날에도 흔히 '와이탄'(外灘)이라고 불린다. 당시 중국의 다른 지역에서 상해를 찾아온 이들에게 가장 인상 깊은 풍경은 와이탄의 서양풍 건물들이었다.

를 지나면서 증가의 속도가 빨라져, 1865년에 2천여 명이던 것이 1895년에는 5천여 명에 이르렀고 1931년이 되면 약 6만 명에 달했다.[12]

상해의 조계에 관한 최초의 장정(章程)에는 중국인이 조계 내에 거주하는 것을 금하는 조문이 있었다. 이는 조계를 자신들만의 공간으로 점유하고자 한 서양인들의 요구와 자국민의 서양인과의 접촉을 최대한 줄이고자 했던 중국 당국의 요구가 맞아떨어진 결과였다. 서양인들의 고용인이나 협력자들은 상해 현성이나 조계 외곽 지역에 거주하면서 조계를 넘나들어야 했다.

조계의 일상을 중국인들이 보다 밀접하게 나누고 서양인과 그들의 문화를 보다 광범위하게 접하게 된 것은 1853년 상해 현성 지역에서 비밀결사 소도회(小刀會)가 봉기한 사건이 계기가 되었다. 난리를 피해 중국인 인구가 조계 지역으로 유입되기 시작했고, 이후 10년 동안 태평천국 군대와 정부군 사이의 싸움을 피해 인근 강소(江蘇)·절강(浙江) 등의 사람들이 사실상 외국인들의 영향권 아래 있으면서 그 보호를 받을 수 있는 상해의 조계로 밀려들어, 중국인과 서양인이 만나는 공간으로서의 근대 상해 역사가 본격적으로 시작된다. 이로부터 조계 내의 중국인 인구는 거듭 증가하여 1870년대 이후로는 조계에 거주하는 중국인 수가

12) 熊月之·馬學强·晏可佳 選編,『上海的外國人(1842~1949)』, 上海古籍出版社, 2003, 1~3쪽.

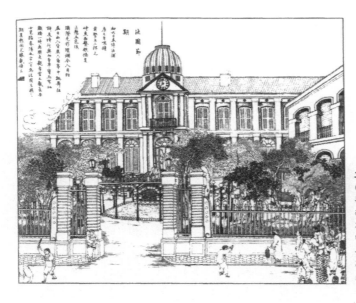

그림2 프랑스 조계 자치기구인 공동국 (公董局) 정원에서 자국 명절을 축하하 는 연회가 벌어지고 있다. 이를 구경하 러 중국인들이 몰려들었고 중국인 순 경들이 이들을 몰아내고 있다. 연회를 벌이는 프랑스인들의 모습은 화면 밖 응시자의 눈에도 쉽사리 포착되지 않 는다. 「프랑스 명절」(法國節期), 『점석 재화보』 제8호, 1884. 7.

매해 평균 외국인의 30~40배에 달했다.[13]

　중국인 인구가 아무리 증가했고 수적으로 다수였다고 해도 중국 내의 여러 조계는 결국 바다를 건너온 외래인들이 자신들의 거주와 영업을 위해 배타적 권리를 행사하는 공간이었 다. 이 공간 속에서는 이들과 중국인이 결코 대등할 수 없었다.

2 이쪽과 저쪽의 거리

조계지의 외래인들은 중국이 바깥의 세계와 만나는 가장 일차적인 통로였다고 할 수 있다. 중국인들은 조계지의 서양인을 통해 그들의 생김새와 행동거지, 관습과 사유를 이해해 갔다. 조계지에서의 접촉 경험은 『점석재화보』와 같은 시각 매체의 서양인 재현의 근거가 되었으 며, 이와 같은 재현은 다시 중국인들의 서양인 이해에 주요한 시각적 근거가 되기도 했다. 조 계라는 비틀린 공간의 외래인들은 중국인의 눈에 어떻게 비쳤을까?

　조계 내 서양인과 중국인 사이의 '거리'는 일부 계층에 국한된 것이기는 하지만 조계 내 중국인들의 역할이 확장되고 그들의 일상이 보다 근대화·서구화된 20세기 20~30년대에

---

13) 徐公肅·丘瑾璋 著, 『上海公共租界制度』, 中國中央研究社會科學研究, 1933, 9~12쪽의 통계자료 및 王臻善, 『滬租界前後 經過槪要』, 『近代中國史料叢刊』 74, 文海出版公司印行, 1925, 35쪽의 통계자료 참조. 또한 1900년부터 1930년까지의 출신 성(省)별 호구 통계를 보면 상해 조계 내 중국인 인구의 1/2이 강소 출신, 1/3이 절강 출신으로 나타난다.

그림3 「프랑스 명절」 부분. 자
세히 살펴보았을 때에야 울타
리 안 저들의 모습을 발견할 수
있다. '저쪽'과 '이쪽'의 경계
는 명확하다.

오면 상당 정도 줄어든다. 하지만 1890년대까지만 해도 그 거리는 만만치 않았다. 중국인들
은 서양식 건축물 등이 일구어 낸 공간 속에서 서양의 일부를 경험하고 있었다. 그런데 조계
라는 공간을 함께 점유하고 있었음에도 그 공간은 다시 서양인들의 공간과 중국인들의 공간
으로 엄격히 구획되어 있었기에, 서양인들의 일상 속에 보다 가까이 다가가 그들의 일상을
접하는 것은 대부분의 중국인에게는 쉽지 않았던 것으로 보인다. 상해 조계를 묘사한 『점석
재화보』의 화면 가운데 상당수가 이러한 '거리'를 보여 준다.

서양인과 그들의 일상, 그들의 문화는 가까이 있으면서도 다소간 베일에 가려져 있었으
며, 그렇기에 더욱 호기심을 자극하는 원천이었다. 그러나 그들의 놀이를 엿보려고 찾아온
중국인은 동포 순포(순경)들의 내몰림을 당할 수밖에 없는 초대받지 않은 이들이었다. 울타
리 너머의 '서양'은 손에 잡힐듯 가까이 있지만 쉽게 도달할 수 없는 공간이었다. 서양과 서
양인은 이처럼 중국 속에 들어와 있었지만 '거리'로서 경험될 수밖에 없는 대상이었다.

3 벽안의 지배자들

중국인 쪽에서 보기에 서양인들은 무엇보다도 남의 땅을 차지하고 군림하는 자들이었다.
1850년대 내내 상해 조계 묵해서관에서 영국인 선교사들의 번역 작업을 도왔던 왕도는 1859
년의 일기에 이렇게 적은 바 있다.

春成手著

그림4 중국인 부인의 가슴에 생긴 커다란 종기를 칼로 도려내는 서양인 여의사. 외과적 시술은 서양인들이 가져온 경이로움 가운데 하나였으며, 의사들은 가장 고마운 서양인들이었다. 그런데 그림의 전체적 구도가 암시하듯 집도하는 자와 시술받는 자의 관계란 쉽게 지배하는 자와 지배당하는 자로 전치되는 관계였다. 「외과수술로 병을 고치다」(著手成春), 『점석재화보』 제23호, 1884. 12.

"서양인들은 코는 우뚝하고 눈은 움푹하며 사려가 깊은데, 그 성격은 밖으로는 강포하며 안으로는 음험합니다. 우리 중국인을 대함에 심히 야박하여, 그들의 집에 고용된 이들을 견마(犬馬)와 같이 부리어 이리 뛰고 저리 뛰느라 지쳐도 터럭만큼도 안타까워하지 않습니다. 우리 선비를 대함에 있어서도 멸시하고 깔보아 예로써 대접하지 않습니다. 중국인들이 그들에게 고용되는 것은 비록 먹을 것과 입을 것을 해결하려는 고려에서 강제된 것이라고는 하나 역시 중국의 재력의 피폐함과 백성의 살림살이의 궁핍함을 볼 수 있는 바입니다. 그러므로 서양인들이 우리 중국을 얕보는 것이 나날이 심해지는데도 중국인들은 또한 그 모멸을 감수하면서 어찌할 수 없는 것입니다. 무릇 서양인들의 집에서 생계를 도모하는 이들 가운데 단정한 사람이 적기는 하지만, 영광스런 지위에서 퇴락한 선비가 남몰래 그 가운데 숨어 있는 경우도 전혀 없다고는 할 수 없을 것입니다."[14]

왕도가 "코는 우뚝하고 눈은 움푹하며"라는 표현으로 '우리'와는 다른 '저들'의 모습을 묘사했듯 『점석재화보』의 화면에서도 서양인은 움푹 들어간 눈과 높은 코, 기다란 얼굴 그리고 비례적으로 긴 다리 등의 체형상의 특징과 '서양식' 모자·머리장식·복식 등의 조형을 통해 표상된다. 서양인 형상은 기본적으로 『점석재화보』의 화가들이 상해 현지에서 접할 수 있었던 서양인들을 모델로 하고 있는 것으로 보이지만 때로는 서양의 사진이나 그림을 모본으로 삼은 것이 분명한 것들도 있다. 후자의 경우 묘사된 서양인의 모습이나 필치 등에 있어서 차이를 보여 준다. 근대적 재현주의를 표방했던 『점석재화보』에서는 아주 작은 크기로 재현된 서양인일지라도 그 형상은 중국인과 분명한 대조를 이루고 있다. 하지만 이들은 왕도의

---

14) 王韜, 方行·湯志鈞 整理, 『王韜日記』, 中華書局, 1987, 82~83쪽, 1859년 2월 2일 조목에 인용된 주등호(周騰虎)에게 쓴 편지.

서술에서도 보이듯 그저 다르기만 한 존재가 아니었다. 조계의 일상 속에서 중국인에게 서양인은 주로 고용인의 위치에 있었는데, 양자 사이의 관계는 궁극적으로는 19세기 후반 제국주의화한 서구 열강의 세계 지배를 반영하는 것일 수밖에 없었다. "견마와 같이 부린다"라는 왕도의 표현은 이러한 관계를 잘 드러낸다. 조계라는 같은 공간을 점유한다고 하더라도 이들이 결코 대등한 관계일 수 없었던 것이다.

서양인의 억압적 현전(presence)은 그들의 도래의 성격에 비추어 볼 때 본질적으로 불가피한 것이었다고 할 터이다. 밉살스러운 외래인의 이미지는 술 먹고 난동을 피우는 서양인 선원의 모습으로도 나타나며, 닭을 야생 꿩으로 오해하여 물의를 빚는 사냥꾼의 모습으로도, 때로는 아이들을 폭행하는 목사의 모습으로도 나타난다. 그런데 주목할 점은 『점석

그림5 으르렁거리는 것으로 묘사된 개는 서양인 주인의 분신으로 포착된 것일까? 기사에 따르면 그림으로 표현된 장면에 곧이어 서양인이 인력거꾼을 폭행했다. 「흉포한 짓을 하는 것이 가증스럽다」(遑凶可惡), 『점석재화보』 제10호, 1884. 8.

재화보』의 경우, 화면의 구도상 중국인과 서양인 사이의 거리나 대치를 암시하는 경우는 적지 않지만, 조계 내 서양인의 억압적 현전을 직접적으로 그리거나 서양인과 중국인의 적대적 관계 혹은 갈등을 그린 화면은 좀처럼 찾아보기 힘들다는 것이다. 직접적으로 제시되는 이미지로만 보자면 조계지의 서양인은 오히려 베푸는 자에 가까운데, 이는 거의 매 경우 화면을 크게 차지하며 묘사된 서양인 의사의 시술 장면에서 두드러진다(그림4).

「흉포한 짓을 하는 것이 가증스럽다」(그림5)라는 제목의 그림은 조계지 내에서 서양인이 지닌 지배자로서의 위치와 그 위세가 어떤 배치들로 구현되는지 시각적으로 잘 보여 준다. 딸린 기사문은 서양인의 지배에 대해 비통해 하는 탄식조로 맺어지고 있다. 당시 언론계에 종사하고 있던 이들이 서양인들을 기본적으로 어떻게 보고 있는지 잘 알려 주는 대목이다. 그림을 꼼꼼히 살펴보면 이러한 인식이 시각적으로 어떻게 웅변되고 있는지 알 수 있다.

그림에서 볼 수 있듯 한 중국인이 인력거꾼을 향해 손가락질을 하며 높은 모자를 쓴 서양인에게 무엇인가 하소연하고 있다. 그림만 보아서는 '흉포한 짓'을 한 자가 누구인지 가늠

그림6 서양인들이 만화적 풍자 속에서 시각적으로 분명히 '억압하는 자'로 묘사되기 시작한 것은 20세기 초에 들어 와서다. 『북경성세화보』(北京醒世畵報) 제32기, 1910.1.2.

하기 힘들다. 사나운 모습을 하고 있는 것은 서양인 발치의 개뿐이다. 서양인이 다소 심술궂게 생기긴 했다. 기사의 설명인즉, 서양인의 하인이 중간에서 차비 일부를 가로챈 탓에 시비가 발생했는데 중국어를 잘 모르는 서양인 고용주가 무턱대고 인력거꾼에게 덤벼들어 상해를 입혔다는 것이다. 기사는 서양인이 위세를 떤 지 오래되었는데 언제나 하늘의 도가 제대로 돌아올까 하고 개탄하고 있다. 이 경우 기사는 분명 조계지에서 서양인과 중국인 사이의 불평등한 관계를 충분히 드러내고 있지만, 일견 그림은 이 같은 정황을 온전히 포착하고 있지 못한 듯하다. 왜 서양인이 인력거꾼을 폭행하는 장면을 그리지 않았을까 라는 의문이 생긴다. 이는 조계지에서 발행되는 매체의 한계로, 서구의 시선이 방해한 것으로 볼 수도 있다. 그러나 그림을 다시 자세히 살펴보면 기사와 호응하는 배치들을 발견할 수 있다. 우선 눈에 들어오는 것은 사람들 뒤에 버티고 선 커다란 서양식 저택이다. 이것은 장소가 상해임을 명시해 주는 표지인 동시에 서양인의 배후에 있는 거대한 어떤 것을 내비친다. 그리고 그 뒤의 높다란 돛. 이는 조계지가 어떤 성격의 공간인지 암시한다. 바다를 통해 온 거대한 세력의 존재! 한편 화보 속의 서양인은 대문 안쪽에 서 있음으로써 바깥의 중국인과의 사이에 필연적으로 존재할 수밖에 없는 단절을 보여 준다. 약간 아래로 눈길을 돌리면 서양인 발 아래 개가 다시 시야에 들어온다. 사납게 으르렁거리고 있다. 제 주인의 폭력적 성향을 암시하는 것일 수 있다.

그러나 역시 '흉포한 짓'을 한 자가 모호하게 처리된 점은 문제적인 부분이라고밖에 할 수 없다. 『점석재화보』에서 서양과 관련된 부정적 사건의 경우, 창간 당시 교전 상태에 있던 프랑스를 제외하고는 대체로 국명을 밝히지 않고 '서국'(西國)이나 '서인'(西人) 등으로 제시된다. 특히 부정적 맥락 속에서 영국(인)이 직접적으로 언급된 기사는 단 두 편밖에 발견되지 않는다. 적지 않은 화면이 조계에서 벌어진 서양인과 중국인의 대치를 그리고 있지만 나라 이름이 명시된 경우는 프랑스가 유일하며, 그 외에는 공히 '서인'이라고 칭하고 있다. 이러한 현상은 『점석재화보』의 발행인 어니스트 메이저(Ernest Major)가 영국인이라는 사실과 관련 있을 가능성이 있다. 메이저는 명망 있는 일간지 『신보』의 발행인이기도 했다. 그는 자신이 고용한 편집진에게 특별한 입장을 강요하지는 않았던 것으로 알려져 있지만, 그의 편집인들과 화가들이 검열의식까지는 아니더라도 내면화된 조정의 기제를 가지고 있었을 가능성은 충분히 있다. 나아가 이미 인도라는 식민지를 성공적으로 경영하고 있던 영국인들 스스로가 지배자로서의 현전을 효과적으로 은폐할 수 있는 방법을 터득하고 있었기 때문인지도 모른다. 조계 내 서양인의 억압적 현전의 재현을 둘러싼 정황을 잘 보여 주는 것은 오히려 인도인 순포의 이미지이다.

그림7 상해의 시크인 순포와 우편배달 소년.

4 시크인 순포 '홍두아삼'

1845년 상해의 행정장관과 영국 영사는 최초로 토지 이용에 관한 규정을 정하면서 서양인들이 조계 내 치안을 위해 경찰을 고용할 수 있다는 점을 명기했다. 이들을 중국인들은 '순포'라고 불렀는데 최초에는 십수 명에 불과한 이들이 야간 순찰과 시각을 알리는 일을 담당했다. 1854년, 공공조계 자치위원회에서 공부국 산하에 정식 경찰조직을 두는 것을 결의했고 홍콩에서 책임자를 데리고 왔다. 이후 프랑스 조계에도 경찰조직이 성립했다. 초기에는 서양인과 중국인으로 이루어진 조직이었는데, 이후 영국과 프랑스 조계 당국은 본국이 지배하고 있던 식민지 출신을 영입하여 일선의 업

그림8 『점석재화보』에는 인도인 순포가 중국인에게서 금품을 빼앗는 장면이 몇 차례 묘사되었다. 특히 이 그림에서는 수많은 화면에서 도덕적 타락의 상징처럼 보여 주던 불교 승려와의 대조 속에 인도인 순포의 악행은 더욱 도드라진다. 「인도인 순포가 돈을 강탈하다」(印捕行劫), 『점석재화보』 제160호, 1888. 8.

그림9 중국인과 인도인 순포 사이의 가장 극단적 대립은 「조계지의 큰 소란」(大鬧洋場)에서 볼 수 있다. 조계 당국의 영업세 인상에 항의하는 인력거꾼의 난동을 진압하는데, 인도인 순포가 칼을 휘두르며 선봉에 서 있다. 수부들까지 가세하여 규모는 한층 더 커졌다. 『점석재화보』에 전쟁 장면을 제외하고는 중국인과 외국인이 이처럼 적대적으로 대치하고 있는 장면이 묘사된 화면은 없다. 화면 왼쪽으로 자신들의 상관인 영국인들을 향해 달려가는 인도인의 모습이 눈에 띈다. 이들의 폭압적 진압 뒤에 버티고 있는 제국주의의 존재를 고발하는 것일까? 『점석재화보』 제480호, 1897. 4.

무를 담당케 하였다. 이 가운데 영국령 인도에서 건너온 시크교도[15]의 수가 많았다.

　시크인 순포는 조계 내에서 눈에 띄는 존재들이었다. 이들은 서양 지배자들의 대리인으로 서양인 간부들과 중국인 하급 순경들 사이의 지위를 차지했고, 영국인들이 직접 나서기 곤란한 경우의 온갖 궂은 일과 악역을 도맡아 했다. 서양인들 못지않은 큰 체구와 머리에 두른 붉은 터번 그리고 짙은 눈썹과 부리부리한 눈의 이들은 중국인들에게는 다소간 호기심과 공포의 대상이었으며 '홍두아삼'(紅頭阿三)이라 불렸다. 『점석재화보』에 시크인 순포의 모습이 처음 등장하는 것은 1885년 초의 화보다. 이후로 상해 조계에서 벌어진 정돈되어야 할 모종의 상황을 묘사한 『점석재화보』 화면에 '붉은 터번의 핫산'은 거의 어김없이 등장한다. 총 23폭의 화면에 등장하는 인도인 순포는 종종 몽둥이를 치켜든 모습으로 묘사되는데, 서양인 순포나 중국인 순포의 경우에도 종종 몽둥이를 휘두르는 모습으로 그려지고 있으므로 그 자체로 특별할 것은 없다. 하지만 그들의 체구가 유달리 크게 묘사되고 있음으로 해서 몽둥이를 치켜든 동작은 시각적으로 훨씬 더 위협적으로 느껴진다. 이들이 서양인보다도 더 크게 느껴진 것은 아마도 머리 하나만큼 크게 말아 올린 그들의 터번 때문이었을 것이다.

  과연 화보의 작자들이 인도인을 그들 자체로 부정적인 타자로 인식했는지, 인도인들을 통해 조계 당국의 실제 지배자들을 비판하고자 했는지는 단언하기 어렵다. 어떻든 거듭 제시되는 인도인 순포의 거대한 체구는 결국 조계 당국의 실제 폭압적 지배자를 은폐하거나 적어도 모호하게 만들고 있다.

---

15) 15세기 인도 북부 펀잡 지방에서 태동한 시크교는 이슬람의 신비주의 등 다양한 종교적 영향 하에 힌두교를 개혁하고자 일어난 종교운동에서 비롯되었다. 이들은 힌두교의 다신관과 계급제에 반대하면서 자신들만의 공동체를 건설했으며, 원인 중의 원인이 되는 유일한 존재에 대한 묵상과 평등주의적 나눔의 실천을 강조한다. 힌두교와 이슬람교 정권들의 탄압 속에 자신들의 종교와 생활양식을 지켜오면서 시크인들은 강인한 전사로 성장했는데, 영국 식민주의자들은 이들과 다수인 힌두교 인도인 간의 갈등을 식민지 통치에 이용했다. 특히 1857년 무렵에 걸친 동인도회사의 인도인 용병 세포이들의 반란이 일어나 인도 전역으로 확대되었을 때, 영국은 시크교도들의 힘을 빌려 진압하기도 했다. 영국 식민당국은 이러한 내력을 갖는 시크인들을 상해의 조계에까지 데려왔던 것이다.

┃전쟁과 타자┃

1 '악당' 프랑스인

전쟁은 폭력적인 방식으로 가장 강력하게 타자의 상을 자아에 각인시킨다. 쌍방 간의 모든 차이와 공통점은 다만 승자와 패자라는 이분법 속으로 수렴되며 이러한 이분법은 타자 인식의 기저를 이루게 된다. 그러므로 전쟁의 계기를 통해 이루어진 타자 인식은 다른 계기를 통한 그것보다 편견으로 기울 가능성이 높지만 동시에 그 강렬함으로 인해 다른 계기를 통한 인식을 종종 압도한다.

중국인이 근대 서구라는 타자를 확실하게 인식하게 된 계기 역시 다름 아닌 전쟁의 상황이었다. 영국과의 이른바 아편전쟁에서 패한 후 '견고한 선박과 성능 좋은 대포'(堅船利炮)라는 표상과 '호랑이와 승냥이 같은 족속'(虎狼), '바다 건너온 귀신'(洋鬼子)이라는 표상은 표

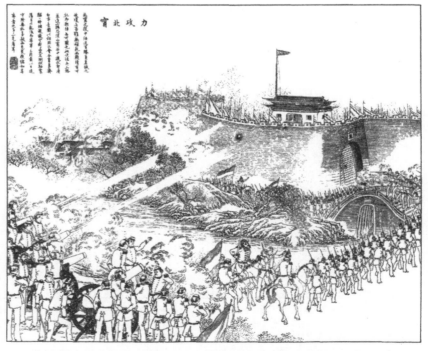

그림10 『점석재화보』 창간호의 첫 화면이 베트남 북부에서 중국군의 주둔지를 공격하는 프랑스 군대를 그리고 있다는 점이 의미심장하다. 프랑스에 대한 적대적 태도는 이 잡지가 발행된 15년 동안 내내 이어졌다. 「프랑스군의 박닌(북녕)성 공격」(力攻北寧), 『점석재화보』 제1호, 1884. 5.

리를 이루며 패자인 중국 측의 타자 인식과 그에 상응하는 자기 인식을 구성해 갔다. 19세기 중엽 중국인에게 서구 타자는 우수한 기술과 그에 따른 우월한 군사력을 지닌 존재, 그러나 문화는 결여한 이해할 길 없는 '이'(夷)였으며 '짐승' 혹은 '귀신'과 같은 존재였다.

대중매체의 시각적 재현에서는 서구(인)를 대체로 어떤 맥락 속에서 그리고 있을까? 『점석재화보』의 경우, 1884년부터 15년에 걸친 4,665편의 화면 가운데 서양인이 등장하는 화면은 총 616편이고 서양(인)에 관해 구체적으로 무엇인가를 전하는 것은 499편의 화면인데, 이 가운데 미국(인)과 관련된 기사가 가장 많고, 다음으로 많은 양을 차지하는 것이 프랑스(인)에 관한 기사, 그 다음이 영국(인)에 관한 기사 순이다.[16] 이 가운데 프랑스(인)에 관한 기사들이 그 부정적 인식 내용 때문에 특히 주목할 만하다. 프랑스와 관련된 화면은 청불전쟁이 진행 중이던 기간에 발행된 첫 60호분에 집중되어 34편이 등장하고 있다. 『점석재화보』가 발행되었던 1884년부터 1898년 사이에 중국과 외국 간에는 청불전쟁과 청일전쟁 두 차례의 전쟁이 있었다. 그렇기 때문에 『점석재화보』 전체에 걸쳐 묘사된 서양 군대와의 대치 장면은 모두 프랑스군과의 대치 장면이다. 첫 60호 가운데 중국인-서양인 간 대립 구도의 가장 극단적 형태라고 할 수 있는 청군과 프랑스군의 대치 장면이 9번 등장하는데, 결과적으로 프랑스는 적어도 『점석재화보』를 통해서만큼은 가장 부정적인 이미지로 구축된 셈이다.

『점석재화보』에서 서양과 관련된 부정적 사건들은 프랑스를 제외하고는 대체로 국명을 밝히지 않고 제시된다. 특히 서양(인)과 관련된 부정적 사건 가운데 중국과 서양 간의 폭력적 접촉의 원조이자 중국에서의 서구 열강의 가장 두드러진 현전이었던 영국(인)이 부정적 맥락 속에서 언급된 기사는 단 두 편이 있을 뿐이다. 그런데 그 중 한편에서 흥미로운 점이 발견된다. 황포강에서 영국 자딘-매시슨 상회의 증기선이 작은 배를 들이받고서도 구명에 나서지 않아 중국인 인명 피해가 크게 발생한 사건을 다루고 있는 기사문 「많은 사람이 참담히 죽다」(慘斃多命; 제37호, 1895. 4)를 보면, 중국인의 목숨을 닭과 개의 것이나 다름없이 여기

16) 『점석재화보』 전체 발행분 가운데 미국(인)에 관한 것이 92편, 프랑스(인)에 관한 것이 68편, 영국(인)에 관한 것이 58편, 독일(인)에 관한 것이 22편, 그 밖에 러시아, 스페인, 이탈리아, 스웨덴 등 국명이 언급된 나라와 그 나라 사람들에 관한 것이 70편, 나라 이름이 언급되지 않고 '서인'(西人) 혹은 '서국'(西國) 등으로 칭해진 경우가 189편이다. 단일 국가로는 단연 미국이 가장 많은 편수를 차지하는데, 이는 당시 중국인들이 미국에 대해 가지고 있던 모종의 기대감 내지는 환상을 반영하는 것으로 보인다. 미국은 선발 열강들의 뒤를 따라 중국에서의 이권 획득에 뛰어들긴 했지만 1901년 의화단을 진압하게 위해 8개국 연합군의 일원으로 북경에 진주하기 전까지는 영국이나 프랑스, 독일 등과는 달리 중국과 무력으로 대치하지 않았으며 중국 영토의 일부를 떼어 갖고자 하는 열강의 경쟁에도 참여하지 않았기 때문이다. 물론 이러한 정황은 미국이 남·북부의 갈등 등 국내 문제를 해결하는 중이어서 아직 외부의 식민지 개척에 적극적으로 나설 형편이 아니었기 때문이었지만, 중국인들에게 어떻든 미국은 제국주의 영국의 지배로부터 스스로를 독립시킨 후 부강을 이룩한 나라로 서구 국가들 가운데 동일시할 만한 역사 경험을 가진 나라로 간주되었다. '미리견국'(彌利堅國)을 '영이'(英夷)와 달리 바라보는 이와 같은 인식은 아편전쟁 무렵부터 발견되는데, 세계의 지리·역사를 다룬 위원 등의 저술을 관통하고 있다. 이러한 인식은 1880년대부터 미국 내 중국인 이주민 노동자에 대한 차별과 핍박이 심해지면서 바뀌어 가지만, 적어도 『점석재화보』의 발행 기간 동안에는 내내 미국(인)에 대한 호의적 관심이 두드러지는 것을 볼 수 있다.

그림11 시정 무뢰배들의 난투극처럼 묘사된 프랑스인들의 '결투' 장면. 「무뢰배와 같은 장교」(無賴兵官), 『점석재화보』 제23호, 1884. 12.

고 있다며 영국인을 비판하고 있다. "우리와 같은 족속이 아니면 그 마음 씀씀이는 다를 수밖에 없다"고 하면서 그들도 "프랑스인과 마찬가지다"라고 적고 있는 것이다.

그렇지만 프랑스가 처음부터 중국인의 눈에 '악당'의 전형으로 비친 것은 아니었다. 아편전쟁 직후의 중국인에게 악랄한 서양을 대표하던 것은 당연히 영국이었다. 그 무렵 중국인이 세계를 새롭게 인식해 가는 과정을 잘 보여 주는 위원의 『해국도지』는 다양한 자료를 동원해 편찬된 것으로, 세계에 관한 객관적 지식을 서술하는 것을 목표로 하고 있지만 전쟁 상대였던 영국에 대해서만큼은 적대적 의식을 완전히 숨기지 못하고 있다. 『해국도지』(총 100권)의 50권부터 53권에 걸친 '영길리'(英吉利)에 관한 부분에서는 영국을 '영이'(英夷)라고도 칭하며 영국인 관리를 '이관'(夷官), 그들의 선박을 '이박'(夷舶)이라고 칭하고 있는데, 이는 다른 나라나 민족도 왕왕 '무슨무슨 이(夷)'라고 칭하던 당시의 관념에 비추어 볼 때 특별한 점은 아니다. 내용상으로 영국을 헐뜯거나 비하하는 내용 또한 보이지 않는다. 그런데 59권의 아메리카 대륙에 관한 도입 부분을 보면 영국의 침략성에 대한 비판적 인식과 적대감이 도드라진다.

아메리카국은 …… 무도한 호랑이와 승냥이 같은 잉글랜드에 대해 격분하였다. …… 북아메리카를 개척한 것은 프랑스였는데, 잉글랜드 오랑캐가 함부로 그 땅을 빼앗았다. 격분하여 잉글랜드 오랑캐를 내쫓은 것은 아메리카였으며 프랑스가 그들을 도왔다. 그렇기 때문에 아메리카와 프랑스는 대대로 잉글랜드 오랑캐와 적대적 관계에 있었다.[17]

그림12 학교를 짓는다는 명목
으로 중국인들의 동업 조합 건
물을 침탈하는 프랑스 병사들.
「공소를 강탈한 프랑스 군대」
(彊奪公所), 『점석재화보』 제
527호, 1898. 7.

영국을 거듭 '영이'(英夷)라고 칭하고 있는데 이것 자체로는 큰 의미가 없지만, 미국은 '미리견'(彌利堅), 프랑스는 '불란서'(佛蘭西)라고만 칭하는 것과 명확히 대조된다. 무엇보다도 영국을 '호랑이와 승냥이'에 빗대고 있음에 주목할 필요가 있다. 이는 주로 민요에 보이는데, 서양 세력 특히 영국을 사나운 짐승에 빗대던 당시의 대중적 인식과 맞닿아 있는 지점이다. 프랑스는 오히려 영국에 대한 적대감 속에서 상대적으로 우호적으로 묘사되는 나라였다.

이 같은 형편은 프랑스가 1860년의 제2차 중영전쟁 때에 영국 편으로 가담하고, 급기야 1880년대 들어와 베트남을 사이에 두고 중국과 충돌하게 되면서 크게 바뀌게 되었다. 영국과의 폭력적 접촉이 잊혀져 가고 있던 즈음 베트남을 침탈한 프랑스가 '주적'으로 부상한 셈이다. 중국 곳곳에서 발생한 프랑스인 선교사와 지역민 사이의 충돌도 프랑스에 대한 전반적인 악감정이 형성된 배경 중 하나였다. 『점석재화보』에 도드라지는 반(反)프랑스 정서는 발행인 어니스트 메이저가 영국인이라는 사실과 관련 있을 가능성도 충분히 있다. 당시 프랑스는 식민지 쟁탈 등 모든 부문에서 영국의 가장 큰 경쟁 상대였기 때문이다.

어찌되었든 적어도 『점석재화보』를 통해 프랑스는 음흉하고 잔인한 서구 열강의 전형으로 묘사되고 있다. 근대 중국인의 타자 인식의 맥락 속에서 일종의 희생양이라고 해야 할까?

17) 魏源, 『海國圖志』 卷59, 中州古籍出版社, 1999.

자신의 적을 배워야 하는 곤혹스러운 상황 속에서 당시 중국인들은 이러한 인식론적 희생양을 필요로 했는지 모르며, 또한 당시의 복합적인 정황 속에서 프랑스가 악역을 맡게 된 것인지도 모른다. 전쟁과 직접 관련이 없는 장면에서도 프랑스인은 자주 부정적인 형상으로 묘사되었다.

이해관계가 엇갈려 저희들끼리 사생결단 결투를 벌이는 프랑스인들에 대한 묘사를 통해, 그리고 담벽을 부수어 가며 중국인과 대치하고 있는 프랑스군에 대한 묘사를 통해 이들 텍스트가 구체적으로 목표로 하는 바는 프랑스(인)에 대한 적대감과 멸시를 드러내는 것이어야 할 터이다. 하지만 사실 기사를 꼼꼼히 보기 전에는 화면의 서양인이 프랑스인인지, 영국인인지, 독일인인지 알 길이 없다. 조형적으로 프랑스인을 여타 서양인과 구분해 주는 특별한 장치라고는 화면에 나타나는 군인의 복장이 거의 전부라고 할 수 있다. 프랑스인의 군복은 대체로 정확히 재현되어 있는 것으로 보이지만, 그것을 영국이나 독일의 군복과 정확히 구별할 수 있는 감식안을 가진 독자가 과연 얼마나 되었을까? 그렇기 때문에 이와 같은 화면들은 한편으로는 '야만적'인 서양인 전반의 이미지를 구축하는 쪽으로 기능하기도 했을 것이다.

2 동문동종의 이웃에서 원수의 나라로, 그리고 다시 근대화의 모범으로 — 일본

중국인들에게 일본은 문명과 야만의 경계에 있는 나라였다. 실제로 일본은 조공 질서에 반쯤 걸쳐 있는 나라였고 중국에 조공하던 나라인 류큐(琉球)에게 오히려 조공을 요구하기도 했다. 일본은 조선을 침공해 명나라에 위협이 되기도 했고, 왜구들은 내내 중국 동남해안에서 조공 질서를 위협하는 존재이기도 했다. 하지만 기본적으로 중국은 일본을 중화의 문명을 상당 정도 받아들인 '동문동종'(同文同種)으로 보았다.

일찍부터 중화제국의 경계에서 세계 속의 중국을 바라보기 시작한 선각자들은 일본이 장차 동아시아 지역의 질서에 중요한 변수가 될 것임을 예견하기도 했다. 일본인들의 문화적 소양에 감복하기도 했던 왕도는, 공적인 글쓰기를 통해

그림13 청대의 중국인들은 일본인을 교활하고 거친 족속으로 보았으며, 중국의 해안을 노략질하던 해적들과 늘 연계시켰다. 『황청직공도』(권1)에 그려진 일본인.

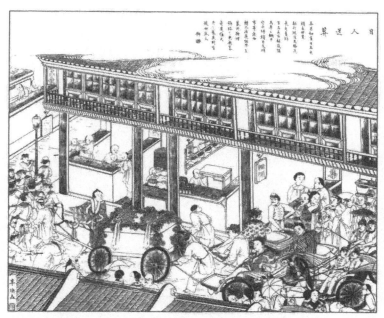

그림14 상해 조계에서 치러진 일본인 장교의 장례식을 전한 화보다. 기사문은 전례상에는 별반 신기할 게 없었지만 장졸의 복식이 모두 서양식을 따르고 있다는 점이 특이했다고 전하고 있다. 「일본인들의 장례 행렬」(日人送葬), 『점석재화보』 제13호, 1884. 9.

서는 일본의 영토 야심을 누차 경계했으며 메이지유신 이후의 추세를 주의 깊게 관찰했다.

　『점석재화보』와 같은 대중적 매체에서 일본과 일본인은 당초 호기심의 대상 이상도 이하도 아니었다. 이따금 등장하는 일본(인) 관련 소식은 어머니의 병 치료를 위한 인간 폐를 구하려고 아내를 죽인 남편 이야기 등, 주로 중국인의 눈으로 혹은 '근대인'의 눈으로 보았을 때 상궤에서 벗어난 행위나 사건들이었다. 이러한 시선은 조선이나 여타 중국 주변 지역을 재현하는 시선과 크게 다르지 않으며, 중국의 향촌을 재현하는 시선과도 유사하다. 이는 궁극적으로 비서구 지역을 재현하는 서구의 시선과도 닮아 있는바, 상해에서 발행되던 이 근대적 매체가 벗어 던져야 할 자신의 '전근대적' 과거를 어떻게 타자들의 신상에 투사하는지 잘 보여 준다.

　1880년대 중반, 상해의 조계에는 이미 적지 않은 일본인이 들어와 있었다. 그 가운데 눈에 띄는 존재들은 서양식 군복을 입은 군인들과 전통 복식을 한 일본인 기녀들이었다. 중국인과 같은 모습을 하고 있으면서도 메이지유신 이후 급속한 서구화로 서양인들과 같은 두발과 복식을 하고 있는 일본의 신식 군인들은 흥미로운 구경거리였다.

　1894년, 조선에 대한 지배권을 두고 힘을 겨루던 청과 일본은 결국 동학운동의 진압을 빌미로 한반도와 황해에서 전쟁을 벌이게 된다. 이 전쟁을 계기로 중국인에게 일본인은 자신보다 다소 뒤떨어진 '동문동종'에서 적대적 타자로 전이된다. '동문동종'의 적인 탓인가, 전

그림15 청일전쟁의 발발과 함께 『점석재화보』의 제목과 기사는 일본을 '왜'(倭)로, 일본인을 '왜놈'(倭奴)이라고 칭하기 시작한다. 전쟁 장면 외에도 일본의 국정을 전하는 화면이 자주 등장하는데, '왜놈' 들은 상식에서 벗어난 행위를 일삼는 무리로 표상된다. 화면은 빈곤한 작은 나라가 전쟁을 수행하기 위해 강제로 군인을 징발하는 상황을 비판적으로 전하고 있다. 「백성을 끌고 가 병력을 충당하다」(拘民當兵), 『점석재화보』 제382호, 1894. 8.

그림16 청일전쟁 기간 내내 『점석재화보』는 청군이 계속 유리하게 전황을 이끌다가 화약에 이르게 된 것처럼 보도했다. 화면은 평양성에서 청군이 일본군을 무찌르는 모습을 그리고 있다. 「파죽지세의 승리」(破竹勢成), 『점석재화보』 제384호, 1894. 9.

쟁을 계기로 일본인은 프랑스인보다도 더욱 밉살스런 존재로 그려진다. 20세기의 문턱에 이르러, 적어도 『점석재화보』의 화면 속에서 일본인은 프랑스인과 더불어 가장 적대적이고 미운 타자, '구웨이쯔'(鬼子)들이었다.

　그러나 청일전쟁 이후 일본은 중국 지식인들의 눈에 본받아 배워야 할 이웃으로 탈바꿈한다. 신속한 근대화를 이룬 일본은 훌륭한 모범이었으며, 지리적으로도 가깝고 언어 습득의 부담이 상대적으로 적었기에, 일본으로의 유학이 흥하기 시작했다. 20세기 초 일본에 유학한 중국인들은 이제 더 이상 문명의 중심으로 자처할 수 없게 된 노후한 제국으로부터 온 학생들이었다. 이들의 변발과 복식은 종종 비문명적이고 비위생적인 것으로 치부되어 멸시의 대상이 되었다. 적지 않은 학생들이 청에 대한 반대를 표하고 문명의 손을 들어주기 위해 '땋은 머리를 자르고 일본식 복장을 입었다. 불과 십수 년 전까지만 해도 중국인들은 일본인들을 덜떨어진 존재로 비웃었다. 위치가 전도되어 이제 일본적인 것이 문명적인 것이 된 것이다.

그림17 공화혁명을 지지하는 입장에 서게 된 장태염(章太炎)은 일본 망명 중 『민보』의 지면을 통해 입헌군주제를 옹호한 강유위 일파와 논전을 벌였다. 일본에 유학 혹은 망명한 지식인들은 변발을 자르고 화복(和服)을 입기도 했는데, 당시 일본풍은 곧 진보적이라는 느낌을 주는 것이었다.

3 보호해야 할 번속, 결별해야 할 과거 — 조선과 베트남

조선과 베트남은 오랫동안 중국의 가장 충실한 조공국이었다. 중국인은 이들의 이와 같은 존재를 당연한 것으로 여겼고 그 당연함을 조공국이 거역할 때에는 무력으로 짓밟는 것도 서슴지 않았다. 19세기 중엽 이후 이 당연함은 중화질서의 외부로부터 도전을 받게 되었고, 중국 입장에서는 이들 지역을 새롭게 인식해 나가는 계기가 되었다.

　중국은 수차례 전쟁을 거치면서 세계 속의 자신을 새롭게 인식해 가고 있었으며, 서서히 중국을 여러 국가들 가운데 하나로 인지해 가고 있었다. 그러나 주변의 여

그림18 『황청직공도』(권1)에 그려진 조선인. 조선에 대한 소개는 이 책의 맨 앞에 위치하고 있으며, 조선 민간인의 경우에만 '이인'(夷人)·'이부'(夷婦)가 아닌 '민인'(民人)·'민부'(民婦)로 칭하고 있다. 그만큼 조선을 '각별한' 관계로 보고 있었던 셈이다.

그림19 『점석재화보』의 발행 기간 중 일어난 양대 전쟁, 즉 청불전쟁과 청일전쟁은 각각 중국이 베트남과 조선에 대한 종주권을 잃게 되는 전쟁이었다. 전쟁 상황을 보여 주는 화면은 사실 여부와는 상관없이 주로 중국의 승전보로 구성되며, 마치 자신의 땅에 쳐들어 온 침략자들을 물리치는 듯 보도가 이루어졌다. 화면은 출병한 청군을 베트남 백성들이 환영하고 있는 것을 묘사하고 있다. 이러한 재현 속에서 수세기에 걸친 침략자로서의 자신들의 지난 행적은 망실되고 만다. 「청국 군대를 환영하다」(以迎王師), 『점석재화보』 제20호, 1884. 11.

그림20 『점석재화보』는 이례적으로 한 호 전체를 할애하여 1884년 조선에서 일어난 갑신정변을 다룬 바 있다. 일본의 지원을 받은 개화당을 역도로 묘사한 일련의 그림 속에서 조선의 왕은 중국 군대가 보호해야 할 대상으로 그려졌다. 「분연히 창을 휘둘러 간신의 목을 베고, 유약한 조선 군주는 청국군 진지에 몸을 의탁하다」(奮天戈奸臣授首, 投軍寨弱主潛身), 『점석재화보』 제31호, 1885. 3.

그림21 조선의 수도 한성의 삼청동에 출현한 괴물. 서양의 대도시나 상해 조계는 결코 이와 같은 괴담의 배경이 되지 않는다. 「동굴 속 괴물」(洞中有怪), 『점석재화보』 제463호, 1896. 10.

러 나라들, 특히 조공을 하던 나라들을 자신과 동등한 '국가'로 인식하는 데에는 인색했던 듯하다. 이러한 태도는 새로운 세계질서 속에서 조선이나 베트남을 식민지화하려는 움직임을 보인 조정은 물론, 재야의 지식인들도 마찬가지였다. 1884~5년에 걸친 전쟁의 결과 베트남이 프랑스의 식민지가 된 것을 용인할 수밖에 없었을 때 중국 조야(朝野)가 받은 충격은 작지 않았다. 1910년, 조선이 일본에 합병되고 이듬해 일어난 혁명으로 결국 청조가 종말을 고하게 됨으로써 동아시아 지역의 특징이었던 전통적인 조공 질서는 근본적으로 해체된다.

그렇지만 이러한 극단적 상황과 관련해서가 아니라면 조선이나 베트남은 대단한 관심의 대상이 되지는 못했다. 시선이 온통 서구, 그리고 나중에는 일본에 가 있던 중국인들에게 조선이나 베트남은 기껏해야 향촌적 미담이나 지괴(志怪)의 공간이었으며, 자신들이 결별하고자 하는 과거가 투사되는 대상에 다름 아니었다.

▌도깨비와 야만인 그리고 침략자들 ▌

1 서양 도깨비들

소영유는 아편전쟁 직전에 쓴 『잉글랜드에 관해 기술함』에서 영국인은 바다에서 주로 활동하는 족속이라 파도에 흔들리는 것에 익숙하여 평지를 밟으면 중심을 잡지 못하고, 양 무릎을 천으로 묶고 있어서 펴고 구부림이 불편하여 뭍에 오르면 움직임이 둔해진다고 소개하고 있다. 지금 보면 어처구니없지만 당시 중국인들이 서양(인)을 인식한 것은 이 같은 대단한 '차이'를 통해서였다는 것을 분명히 보여 준다. 이런 형편은 조선이나 일본, 베트남을 (물론 위계적 인식 하에서이긴 하지만) '동문동종'으로 본 것과는 확연히 다르다. 이처럼 부정확한 정보와 편견에 근거한 인식은 이후 직접적 접촉이 많아지면서 서서히 변화했지만, 서양인들을 문화를 가진 중국의 '사람'과는 '다른 족속'으로 여기는 관념은 쉽게 바뀌지 않았다. 개항장의 지식인으로 당시 누구보다도 서양인을 잘 알고 있었을 왕도(王韜)조차도 그들을 '이상한 소리를 지껄이는 오랑캐'라 칭하고, 자신이 "오랑캐들에게 몸을 기탁하고 있어 고명하신 성현의 가르침에 누를 끼쳤다"라고 한탄한 것을 보면 일반 사인(士人)들의 인식이 어떠했으리라는 것은 미루어 짐작할 수 있겠다.

　　오히려 전쟁이라는 폭력적 교환의 경험을 거치면서 중국인은 서양인을 인륜을 알지 못하는 흉악스러운 '귀신'이나 '짐승'과 같은 존재로 인식하게 된다. 서양과의 폭력적 접촉의 최전선에 서 있던 것은 바로 일반 백성들이었기에 민간에서 보는 서양인은 특히 그러했다. 19세기 후반기의 민요에는 종종 서양인들에 대한 적대적 감정이 노골적으로 표현되었으며 그들을 종종 '도깨비'(鬼子), '서양 도깨비'(洋鬼), '서양 개'(洋狗), '변방놈'(老番), '야만인'(蠻子) 따위로 칭하며 사나운 짐승에도 빗대고 있는데, 이러한 언어적 표상은 다만 과장으로만 그치는 것은 아니었을 것이다.

　　그렇다면 『점석재화보』와 같은 청말의 시각 매체는 이들 서양인들을 어떻게 그려 내고 있을까? 『점석재화보』는 '차나 술을 마신 뒤의 여흥'을 제공한다는

그림22 건륭 연간 제작된 『황청직공도』(권1)에 실린 영국인. 영국을 네덜란드의 속족이라고 표시하는 등 문자로 전달되는 정보의 부정확성에 견주었을 때, 시각적 재현에 특별한 무리나 과장은 발견되지 않는다.

취지와 함께 올바른 정보와 지식의 전달을 내세운 매체였고, 사물에 대한 '정확한' 조형적 재현을 지향했다. 그렇기 때문에 이후 등장한 풍자화나 만평에서 종종 서구 열강과 일본을 사나운 금수에 빗대어 표현한 것과 같은 시각적 과장과 비유 그리고 그에 따른 의도적 왜곡은 보이지 않는다.

19세기 중반에 왕도는 서양인 형상을 "우뚝 솟은 코와 움푹 들어간 눈"(隆準深目)이라는 말로 묘사한 바 있는데, 아마도 당시 서양인의 모습에 관한 일반적인 언어적 재현이었을 것으로 보인다. 『점석재화보』의 화면에서도 서양인은 움푹 들어간 눈과 높은 코, 기다란 얼굴 그리고 비례적으로 긴 다리 등의 체형상 특징과 '서양식' 모자·머리장식·복식 등을 통해 표상된다. 아주 작은 크기로 재현된 서양인일지라도 그 형상은 중국인과 분명한 대조를 이루고 있다. 언어적 재현에서 '차이'를 통해 서양인을 구성하는 것과 마찬가지인 셈이다. 시각적으로 재현된 서양인 형상은 재현된 중국인과의 '차이'를 가장 중요한 속성으로 갖는다. 이들은 생긴 것도 입은 것도

그림23 서양인과 중국인이 함께 등장한 경우. 실제 화면상의 얼굴 길이가 약 1cm의 작은 인물상이더라도 조형상의 특징은 확연하다. 『점석재화보』 제60호, 1885. 12.

그림24 서양에서 제작된 화면을 모본으로 한 듯한 서양인 인물 묘사. 『점석재화보』, 제9호, 1884. 7.

그림25 화면은 호북성 한구(漢口)에서 발생한 서양인 목사의 폭행 사건을 다루고 있다. 목사는 자신이 키우는 닭을 괴롭힌 이웃 아이들을 난폭하게 다루어 상해를 입혔고 결국 배상하라는 판결을 받았다. 제목에서 그는 "목사놈"(牧奴)라고 칭해지고 있다. 하지만 아무리 난폭한 행위를 하는 서양인이라도 사실주의 조형의 원칙을 따른 시각적 재현 속에서 그는 나름대로의 의관, 그리고 그것이 의미하는 바와 같이 문명을 가진 인간의 모습을 하고 있다. 「서양인 목사가 멋대로 아이들을 괴롭히다」(牧奴肆虐), 『점석재화보』 제118호, 1887. 7.

그림26 20세기에 들어와 풍자적 시각 재현이 이루어지면서 서양인에게 '짐승' 혹은 '귀신' 이라는 언어적 표상에 상응하는 시각적 이미지가 비로소 부여된다. 중국이라는 고깃덩어리를 놓고 침을 흘리고 있는 열강들은 각기 여러 짐승의 모습이다. 『북경성세화보』(北京醒世畵報) 제41기, 1910. 1. 11.

그림27 제임스 웨일 감독의 1931년 작 「프랑켄슈타인」 포스터. 메리 셸리가 만들어 낸 가장 널리 알려진 고딕 소설의 캐릭터 가운데 하나인 프랑켄슈타인의 괴물은 20세기 들어와 영화라는 새로운 매체의 주인공으로 부활했다. 가장 흉측하면서도 애처로운 괴물 주인공이 부르주아의 위선적 금욕주의가 극에 달했던 빅토리아 시대의 '여성'에 의해 만들어졌다는 것이 과연 우연일까? 부르주아 윤리에 의해 타자화된 욕망들은 죽음·시체·고성(古城)·광기·다중인격 등의 표상들을 통해 반격을 시도한다.

다르기 때문에 중국인이 아니며 마찬가지 이유로 일본인도 조선인도 아니다.

그런데 이들은 일정 범위 내에서 중국인들과 다르지만 나름대로의 '의관'을 갖추고 있다는 점에서는 중국인과 다르지 않다. 시각적으로 일정한 의관을 갖추었다는 점은 문화 혹은 문명의 표지에 다름 아니다. 일본인과 조선인, 베트남인과 인도인 등은 중국인과 다르지만 나름대로 일관된 의관을 갖추고 있다는 점에서 문화를 가진 부류로 표상된다. 서양인도 마찬가지다.

2 '진짜' 귀신과 도깨비들

근대적 합리주의가 '비과학적'·'미신적'이라는 꼬리표를 붙여 근대성의 타자로 몰아낸 것들은 오래지 않아 '비주류적'인 여러 예술 형태를 경유하여 대중 속으로 되돌아왔다. 빅토리아 시대에 유행한 고딕 소설이 한 예로, 낭만화된 괴기스러움 속에서 부르주아 윤리와 합리성은 조롱되고 비판받는다. 프랑켄슈타인의 괴물과 드라큘라 백작은 부르주아 사회에 대한 도전을 표상하기도 하지만, 억눌리고 잊혀진 매혹적인 욕망들과 미지의 세계들에 대한 두려움 섞인 동경을 표상하기도 한다. 물론 한편으로 이러한 소설들은 타자들의 괴물성을 부각함으로써 부르주아 사회의 안전함을 강조하기도 하며, 비합리적이고 기괴한 것들을 양식화된 틀 속에 안전하게 가두어 두는 기능을 하기도 한다.

근대 저널리즘에서도 '신기'와 '기괴'에 대한 관심은 결코 부수적이라고 치부할 수 없을 정도로 큰 비중을 차지한다. '현실'(the real)에 대한 근대적 관념이 형성되면서 서서히 그 경계 밖으로 밀려 나가고 있던 것들은 근대적 합리주의와 그것에 대한 거부감, 그리고 상업적 저널리즘이 교차하는 시선 속에서 다시금

그림28 정보와 지식의 전달 못지 않게 도시민을 위한 여흥거리를 제공하는 것 역시 주요 임무였던 『점석재화보』에서 신기한 사건이나 기물에 대한 소개는 상당히 큰 비중을 차지했으며 인간 세상사에 대한 소식에 못지 않게 인간 세상 밖의 일로 보이는 것들에 대한 소식도 적지 않게 실려 있다. 그 가운데 심심찮게 볼 수 있는 것이 도깨비 또는 귀신에 관한 이야기다. 기사문은 종종 재현되고 있는 현상이나 대상의 '비현실성'을 강조하지만 그것들은 시각적 조형성을 부여받음으로써 자신의 사실성을 웅변한다. 그러나 궁극적으로 그것들은 제압되고 퇴치되어야 할 타자였다. 「악양근공 이야기」(岳襄勤公遺事), 『점석재화보』 제353호, 1893. 11.

'신기'한 것으로 전유되어 대중들의 볼거리로 제공되었다. 중국 근대의 저널리즘 역시 예외는 아니어서, 심지어 『신보』(申報) 같은 가장 근대적이라고 할 수 있는 매체조차도 이전의 지괴 전통과 맞닿아 있는 기사들을 적지 않게 게재했다. 『점석재화보』와 같은 시각 재현 중심의 매체는 일반적 신문·잡지보다 훨씬 더 많은 지면을 지괴적인 것의 재현에 할애했다. 물론 이런 관심을 지괴 전통의 가감 없는 계승이라고 보기는 어렵다. 근대 중국의 맥락에서도 기이한 것에 대한 추구는 한편으로는 비합리적인 것으로 밀려난 근대성의 타자들에 대한 복권인 동시에 그것의 '안전한' 합리적 재배치라고 할 수 있다. 시각적 재현 속에서 그것은 물리적 형상을 부여받으며 대중적 층위에서 확대 재생산되는 계기를 갖지만, 동시에 그것은 한정된 지면에 시각적으로 양식화되고 고정됨으로써 형식상 근대적 합리주의의 큰 영역 안으로 포섭되는 것이다. 게다가 유교적 교훈과 과학적 설명의 틀 안으로 수렴되면서 그것들은 신비의 영역으로부터 설명 가능하고 묘사 가능한 세속적 지식의 영역으로 끌어 내려진다. 그것들은 결국 사실주의 재현의 큰 맥락 속에서, 온갖 희한한 볼거리와 기형들에 관한 백과사전적 나열 속에서, 근대성의 주류에서 벗어난 온갖 타자들과 어깨를 나란히 하게 되는 것이다.

3 야만인, 도깨비, 그리고 침략자들

언어문자적으로는 비유적으로 '도깨비'라고 전유되는 대상일지라도 『점석재화보』의 현실주의적 재현 속에서 서양인들은 중국인들과 다름없이 의관을 갖춘, 즉 문명을 가진 존재로 그려지는 것이 당연한 귀결이었다. 반면 기사를 통해 '번인'(番人)으로 표현되는 중국 변방과 대만의 일부 종족들, 그리고 아프리카와 남미, 태평양 작은 섬의 원주민들은 모두 중요한 부분만 가린 모습으로 형상화된다. 이들은 대개 검은 피부를 하고 있으며 외관상 별 다른 차이를 띠지 않는다. 문명의 바깥에 있는 '야만인'들의 모습은 중국 내 소식 중 많은 비중을 차지하는 기담(奇談)에 종종 등장하는 도깨비 형상과 크게 다르지 않다.

이와 같은 맥락에서 보면 서양인은 중국인과 다르면서도 크게 다르지는 않은 부류로 전유되는 셈이다. 문자 재현 혹은 구두언어 재현에 의해 왜곡될 수 있는 혹은 달리 상상될 수 있는 서양인은 '진짜 야만인'들을 타자화하는 시각적 질서 속에서 중국인과 '동류'로 끌어들여진다. "우리의 족류(族類)가 아니면 그 마음 씀씀이가 반드시 다르다", "그 성격은 밖으로는 강포하며 안으로는 음험하다"라는 부정적 진술과 병치된 "우뚝 솟은 코와 움푹 들어간 눈"[18]이라는 언어적 재현이 상상케 하는 형상의 범위나 앞에서 본 민요 가사와 같이 금수 같

그림29 '인간'을 위협하는 '산도깨비'. 「산요괴가 길을 막다」(山魈截路), 『점석재화보』 제307호, 1892. 8.

그림30 동남아 조호르 사람. 『점석재화보』에서 야만인들은 산도깨비와 다를 바 없는 모습으로 묘사된다. 하지만 그림31을 보면 전통적으로 조호르인들은 복식을 갖춘 사람들로 묘사되었다. 하지만 근대 시기에 와서 여타 많은 지역의 민족들과 마찬가지로 일률적으로 야만인의 지위를 부여받으며 입고 있던 복식을 박탈당한 것이다. 조형적 사실주의의 이름으로 행해지는 근대적 매체의 인식론적 폭력성을 잘 보여 준다. 「조호르의 풍속」(柔物風土) 부분, 『점석재화보』 제42호, 1885. 6.

桑佛國夷婦

그림31 『황청직공도』(권1)의 조호르 여인. 후대 화보에 묘사된 것과는 달리 '야만인'의 모습은 아니다. 조호르(Johor)는 말레이 반도 남단의 술탄국이었으며, 오늘날 말레이 연방을 이루는 13개주 중의 하나가 되었다. 한자로는 '桑佛' 또는 '柔物'로 적었다.

은 끝에 뱀과 도마뱀의 마음을 가졌고 호랑이나 승냥이보다 사나우며 사람의 고기를 먹고 피를 빠는 서양인과 비교해 보면, 화보의 화면이 만들어 내는 호의적 전유는 명백하다. 설령 중국인과의 극한적인 대립 가운데 있는 서양인이라도 그 모습은 '인간'의 그것이기 때문이다. 『점석재화보』가 그려 내는 세계에서 사람의 고기를 먹고 피를 빠는 사나운 짐승과 같은 존재는 서양인이 아니라 도깨비와 같은 형상의 '야만인'들이다.

시모노세키조약 체결 후 대만을 접수하기 위해 상륙한 일본군은 잔류한 청국 군대와 대만 토착 부족의 저항에 부딪혔다. '왜놈'들이 대만 토인의 손에 찢겨 잡아먹히는 장면은 청일전쟁의 패배를 겪은 중국인 독자에게 도대체 어떤 효과를 가져다주었을까? 모르긴 해도 '인과응보다', '고소하다'라는 반응을 불러

淡水右武乃等社生番

그림32 『황청직공도』(권3)에도 중국 문화에 전혀 동화되지 않은 '생번'(生番)들은 도깨비의 모습으로 묘사되었다.

18) 왕도가 중국번의 막료로 가 있던 주동호에게 보낸 편지. 王韜, 方行·湯志鈞 整理, 『王韜日記』, 中華書局, 1987, 82~83쪽, 1859년 2월 27일 조목.

그림33 잘라 낸 인두의 입 부분에 술을 부어 피와 섞어 마시는 '야만인'. 「사람 머리로 술을 거르다」(人頭濃酒) 부분, 『점석재화보』 제185호, 1889. 4.

그림34 대만에 상륙한 일본군을 잡아먹는 토인. 「대만의 토인이 왜인을 먹다」(番食倭肉) 부분, 『점석재화보』 제418호, 1895. 8.

일으켰을 법하다. 하지만 동시에 이 공포스러운 화면은 문명과 야만의 대립을 부각시키기도 한다. 부강한 근대적 국가를 꿈꾸기 시작하던 19세기 후반의 중국인들에게 아이러니하게도 서양이나 일본은 침략자인 동시에 배워야 할 모범 혹은 스스로의 경상(mirror image)이었던 반면, 과거 중화제국의 최변경에 위치했던 야만인들은 더욱 철저히 타자화되어 귀신·금수·도깨비와 같은 존재로 형상화되었으며 문명 세계에서 저 멀리 추방되었다.

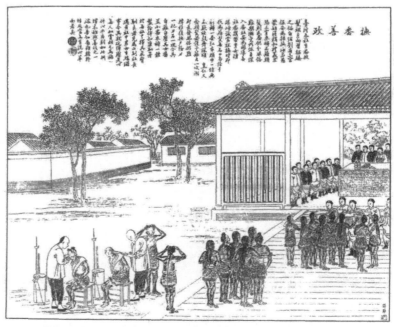

그림35 야만인은 제대로 된 두발 모양과 복식을 갖춤으로써 문명인으로 거듭난다. 대만의 한인(漢人) 관리들은 중화의 품으로 귀화한 대만 토인들의 머리칼을 변발로 바꿈으로써 이들을 문명인으로 받아들인다. 「원주민을 위무하는 훌륭한 다스림」(撫番善政), 『점석재화보』 제325호, 1893. 2.

서양인의 땅

1 서양을 닮은 상해, 상해를 닮은 서양

19세기 말 중국의 시각적 재현에서 서양의 공
간은 무엇보다도 중국의 것과는 다르게 그려
진 서양풍(으로 상정된) 건축물을 통해 중국의
공간과는 '다른' 것으로 표상된다. 가장 눈에
띄는 표지라면 교회의 뾰족한 첨탑과 3~4층
에 이르는 석조 건축물이다. 그런데 교회 건물
을 포함해 서양을 그린 화면에 보이는 대부분
의 건축물들은 사실 조형적으로 '정확히' 재현
된 것이 결코 아니었다. 어떤 의미에서 그것들
은 서양임을 나타내 보이기 위해 사용된 표지
에 더 가깝다. 이를테면 『점석재화보』의 화가
들이 가장 충실하게 재현할 수 있었던 것은 발
행지였던 상해 조계와 그곳에서 일어나는 일

그림36 영국 조계의 성삼일당(Holy Trinity Church). 교
회의 첨탑은 멀리서도 그곳이 서양인들의 공간임을 알
수 있게 해주는 가장 명료한 시각적 지표였다.

들이었다. 건축물은 서양에서 제작된 원본 그림이나 사진을 근거로 한 것으로 보이는 소수의
경우를 제외하고는 대부분 상해 조계의 서양풍 건축물을 모델로 하고 있다.

　　1880년대와 90년대에 상해에서 볼 수 있는 서양풍 건축물은 이후 새로 지어진 건물들에
비해 유럽 현지의 건축물보다는 영국의 식민지였던 인도에서 지어지던 건물의 영향을 많이
받은 '식민지 양식'의 건물들이었다. 상해 조계가 처음 형성된 1840년대와 50년대에는 상해
의 정확한 풍토를 파악하지 못한 영국인들이 열대 지방인 인도의 식민지풍 건축물을 그대로
들여와 지었다고 한다. 이들 건축물의 가장 현저한 특징이라면 높다란 아치를 둔 테라스와
위아래로 길게 난 창, 기와를 얹은 지붕 등이다. 이 같은 건축물은 19세기 말에 가까워질수록
점차 완전한 서양식 건물이나 보다 '중국화'한 서양풍 건물로 대체되었지만 여전히 인도 식
민지풍의 잔재가 많이 남아 있었다.[19] 이렇듯 유럽 건축 양식을 기초로 식민지 양식과 중국

19) 이안, 『상해 근대도시와 건축(1845~1949)』, 미건사, 2003, 65~67쪽.

그림37 뉴욕의 금융 대란을 묘사한 「은행이 부도나 문을 닫다」(銀行倒閉). 화면의 '뉴욕' 거리는 실제 뉴욕을 묘사한 것이라기보다는 교회를 중심으로 조성되어 있는 조계 내의 특징적인 장소를 기초로 재구성된 것으로 보인다. 『점석재화보』에는 교회를 주요 지표로 둔 공간 구성으로 다른 서양 도시를 묘사한 화보가 종종 보인다. 『점석재화보』 제8호, 1884. 7.

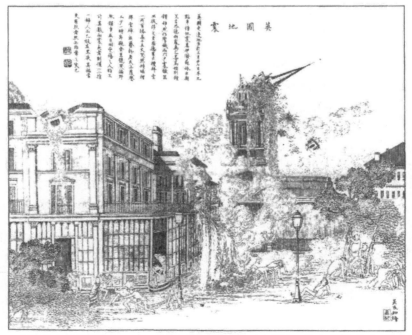

그림38 영국의 지진을 보도한 화보. 부서지는 첨탑이 도드라진다. 이 공간이 조계가 아닌 것은 화면에 중국인이 한 명도 그려져 있지 않은 데에서 표명된다. 「영국의 지진」(英國地震), 『점석재화보』 제4호, 1884. 6.

건축 양식이 섞여 있는 건물들이 우리가 『점석재화보』에서 숱하게 만나게 되는 '서양'의 건물들인 셈이다. 이러한 모양의 건물들과 교회의 첨탑은 그려지는 공간이 런던이건 뉴욕이건 혹은 구미의 다른 지역이건 거의 예외 없이 등장하여 그곳이 서양임을 가리키는 표지로 배치되었다.

2 보편적인 중국의 산수—타자의 공간을 전유하는 방식

『점석재화보』의 그림에 재현된 서양 공간은 상해 조계의 모습을 본뜬 것이다. 이 제작자들이 실제 서양의 공간에 관해 제한된 시각적 정보만을 가지고 있었으리라는 점 외에 무엇을 우리에게 말해 주며 어떤 의미가 있을 수 있을까?

우선 중요한 점은 화가들이 중국의 것이라고 명백하게 인지될 조형적 지표들과는 다른 어떤 것을 제시함으로써 서양 공간을 표상하려고 노력했다는 점이다. 즉 서양 공간은 '차이'를 통해 제시되어야 마땅한 타자적 공간이었다. 그러나 한편으로 실제의 화면은 익숙한 어떤 것(조계)을 통해 새로운 것 혹은 타자(서양)를 전유하는 인식의 과정을 보여 준다. 이와 같은 양상은 물론 근대 중국인만의 특별한 외부 인식 방식이라고 하기는 어렵다. 어느 문화에서나 타문화를 접할 때 유사한 기제가 작동하기 때문이다. 그렇지만 문명의 중심, 아니 문명 그 자체를 자부하던 중국인들이 외부를 사유할 때, 이 같은 기제는 더욱 강하게 작동했던 것으로 보인다. 근대에 들어와 중국인이 외래적인 것을 수용하는 과정에서 '그것은 예로부터 이미 있었다'(古已有之)라는 논리에 크게 의지했던 것이 한 예라고 할 수 있다. 천하의 중심으로 자처해 온 중국인들이 바깥을 사유하는 오래된 방식과 19세기 중엽 이후 근대 서양을 포함하여 외부를 사유한 방식 사이의 연관성은 충분히 고려되어야 할 부분이다.

그림39 왕도의 기행문집 『만유수록』(漫游隨錄) 삽도본에 수록된 스코틀랜드 수도 에딘버러를 그린 그림. 산 위의 중국식 탑이 도드라진다. 『점석재화보』의 대표화가 가운데 한 명인 장지영(張志瀛)이 그렸다.

그림40 중국 산수화의 전통에 의거해 묘사된 외국의 산수. 가옥의 모양과 화면을 가로질러 달리는 열차가 '외국' 임을 보여 준다. 「해외의 높은 산」(海外崇山), 『점석재화보』 제333호, 1893. 4.

그림41 영국 빅토리아 여왕과 부군의 초상. 중국풍 배경이 인상적이다. 이처럼 '중국화' 된 공간의 표현은 서양(인) 에 대한 호의적 전유를 가능케 하는 장치 중 하나다. 「영국 군주의 초상」(英君相像), 『점석재화보』 제52호, 1885. 9.

　그런데 이 같은 전유의 양식은 제작자와 향유자를 포함하는, 『점석재화보』와 같은 시각적 재현물을 둘러싼 인식의 주체들이 서구를 사유하는 데 어떤 방식으로 개입하였을까? 그것은 궁극적으로 서구라는 타자의 공간, 미지의 공간을 비교적 익숙한 이미지로 재구성함으로써 결과적으로 그와 같은 공간이 완전히 이질적이거나 파악할 수 없는 공간은 아니라는 태도의 형성에 기여했을 것이라고 볼 수 있다. 심지어 교회당이나 대형건물을 제외한 일반 건물은 중국의 민가와 거의 다름없는 모습으로 재현되어 있으며 식물이나 산수의 모습은 완전히 중국풍으로 묘사된 것을 볼 수도 있는데, 이를 보는 독자들은 모르긴 해도 저들이 사는 모습이 우리와 완전히 다르지는 않구나 하는 생각을 가질 수 있었으리라. 여기서 '차이'는 불가피하게 존재하지만 극복 불가능한 간극은 아니다. 이 같은 점은 중국과 인접해 있지만 야만적인 '번인'들의 공간을 재현한 화면 또는 북극의 빙하나 열대 지역의 사막 환경을 재현한 화면과의 대비를 통해 서양 사람들이 중국인과 더욱 친연성이 있는 부류라는 느낌을 가질 수 있도록 했으리라.

서양인이 본 근대 중국인

1 마르코 폴로, 마테오 리치, 그리고 아서 스미스 — 시간의 간극, 인식의 차이

13세기, 몽고인들이 다스리고 있던 중국을 찾은 마르코 폴로(Marco Polo)의 눈에 그 땅은 경이 그 자체였다. 유럽에서 가장 번성한 도시 가운데 하나였던 베니스 출신인 그였지만, 중국이라는 세계는 그 크기와 풍성함에 있어 그를 끊임없이 압도했다.

16세기 말, 복음화의 사명을 품고 중국 땅을 밟은 마테오 리치(Matteo Ricci)의 눈에 비친 명 후기의 중국은 어떠했을까? 가톨릭 쇄신의 사명을 자임한 예수회 회원인 동시에 이탈리아 르네상스의 인문주의자이기도 했던 그에게 중국의 윤리·학문과 예술은 그리스도교의 가르침과 대립하는 것이 아닌 존중되어야 할 복음화의 그릇이었다. 신학자이자 과학자이고 예술가였던 그는 중국에 관한 폭넓은 저술을 했는데, 만년에 이탈리아어로 저술한 『보고서』(1600)에 보이는 유교에 관한 다음의 언급은 그의 중국관을 압축적으로 웅변한다.

그림42 마르코 폴로의 기록에 의거해 폴로 형제가 쿠빌라이 칸을 알현하는 장면을 묘사한 그림. 유럽의 화가들은 그들이 알고 있는 유럽 궁정의 모습을 기초로 이 같은 화면을 만들었다. 쿠빌라이의 모습이 영락없는 유럽의 군주다.

그림43 예수회 선교사들의 노력에도 불구하고 중국의 지식인 가운데 지극히 소수의 사람들만이 유럽에 관한 새로운 정보를 받아들였다. 중국인들은 여전히 고집스레 네덜란드와 포르투갈이 동남아 어디쯤에 있다고 여겼다. 반면 선교사들이 전한 중국 소식은 유럽에 '중국열'을 일으켰다. 루소 등이 중국을 지독한 전제의 나라로 서술하기 전까지 중국은 종종 이상향처럼 그려졌다. 중국 문인 가족의 정원에서의 휴식을 그린 태피스트리.

문관들은 이 법〔유교〕의 목적이 왕국의 평화와 안녕, 가정과 개인의 원만한 생활에 있다고 합니다. 그리고 이 책들은 이런 일에 관해 참으로 훌륭한 의견을 말하고 있으며, 그 견해는 모두 자연의 빛과 가톨릭의 진리에 들어맞습니다. (『보고서』 1권, 10장)[20]

유교에 관한 마테오 리치의 이와 같은 입장은 현지화를 중시한 예수회 선교사이자 탁월한 인문학자로서의 위치를 반영한 것이지만, 르네상스 시대부터 계몽주의 시대에 걸친 시기의 유럽인들은 대체로 중국에 대해 긍정적이고 우호적인 관념을 가지고 있었다. 로욜라(Ignatius de Loyola)와 함께 예수회를 창시했으며 일본 전교에 힘써 동방의 성자라고 불리는 프란시스코 하비에르(Francisco Xavier)는 중국 전교를 희망하며 이렇게 이야기한 바 있다. 그가 1552년에 유럽의 교우에게 보낸 서신 일부이다.

중국은 일본 바로 옆에 있으며, 이곳에서 불교의 교의가 일본으로 건너왔습니다. 중국은 넓은 나라이며 평화롭고 전쟁 같은 것은 없다고 합니다. 그곳에 있는 포르투갈인의 글에 따르면, 중국에서는 정의가 매우 존중되고 있으며 그리스도교 세계의 어느 나라보다도 바른 정치

20) 히라카와 스케히로, 노영희 옮김, 『마테오 리치』, 동아시아, 2002, 171쪽에서 재인용.

가 이루어지고 있다고 합니다. 그리고 제가 일본과 그 외의 나라에서 살핀 바로는, 중국인은 아주 교양이 있고 일본인보다도 영리합니다. 또한 중국은 물자가 넘쳐 나며 인구도 대단히 많아 수많은 대도시가 있습니다.[21]

몇 세기 후, 산업혁명과 부르주아 혁명을 통과한 서양은 자신들이 구축한 새로운 체제를 비서양 사회에도 강제하기 시작했다. 신속히 성장한 부르주아 경제는 결코 유럽의 경계 안에서 성장을 멈추려 하지 않았다. 자신들의 시대를 역사상 그 어느 때보다도 우월한 시간으로 지각한 근대 유럽인들에게 중국을 포함한 다른 모든 세계는 자기 과거의 어느 시점에 대응하는 열등한 사회로 표상되었으며, 이 같은 표상을 통해 '유럽'의 자기 인식은 강화되었다. 이로 인해 중국에 대한 여하한 기록도 이러한 서구 근대의 오리엔탈리즘적 표상에서 자유로울 수 없게 되었다. 중국 곳곳에 들어가 기층 사회를 관찰하고 여러 면에서 소중한 기록을 남긴 19세기 후반과 20세기 초의 서양 선교사들의 담론에서도 과거에 비해 크게 달라진 이들의 중국관을 발견하게 된다. 아서 스미스는 널리 읽힌 저서 『중국인의 특성』의 마지막 장에서 이렇게 적고 있다.

중국 사회는 중국의 일부 풍경을 닮아 있다. 어느 정도 거리에서 바라보면 곱고 매력적으로 보인다. 하지만 조금 다가가 보면 지저분하고 혐오스러운 것들이 산재해 있으며 공기는 향기롭다 할 수 없는 냄새로 가득하다. 어떤 사진도 중국의 풍경을 온전히 담아내지 못한다. 사진술을 "한치 양보 없는 정의"라고들 하지만, 중국을 찍었더라도 먼지와 냄새는 빠져 있는 사진의 경우에는 사실이 아니다.[22]

스미스는 유교의 이상적 가르침이 실제의 중국인들을 교화하는 데는 전혀 효과를 갖지 못했으며, 그리스도의 빛으로 중국을 구원해야 한다고 역설하는 것으로 글을 맺는다. 이사벨라 비숍의 경우 그 자신이 근대사회의 억압된 타자였던 서양 여성이었으므로 다소 다른 시선으로 동양을 바라보기도 했지만, 궁극적으로 미개하고 나태하며 더러운 것으로 표상하는 데에서 크게 벗어나지는 못했다. 중국의 긍정적인 모습을 많이 소개했으며 중국이 결코 무너져 가는 지나간 문명이 아니라고 역설했지만, 중국은 궁극적으로 기독교 세계에 의해 구제받아야 한다는 믿음은 확고했다. 그녀는 중국 기행을 기록한 1899년의 저서에서 이렇게 말했다.

---

21) 히라카와 스케히로, 『마테오 리치』, 46~47쪽에서 재인용.
22) Arthur H. Smith, *Chinese Characteristics*, Fleming H. Revell Company, 1894, Ch. XXVII "The Real Condition of China and Her Present Needs".

오후에는 중국인에게 구원의 복음뿐만 아니라 문명의 복음이 필요하다는 사실을 입증하는 사건이 하나 발생했다. …… 내가 탄 문 없는 인력거가 신기하면서도 혐오스러웠는지 2천 명은 족히 되는 중국인이 한쪽 강둑에서 몰려 내려왔다가 건너편 강둑으로 올라가면서 지팡이와 막대기를 휘두르기 시작했다. 이어서 "양귀(洋鬼)다!", "어린아이를 잡아먹는 년이다!" 하는 야유와 고함이 쏟아졌다. …… "양귀다!", "양구(洋狗)다!" 하는 고함소리는 갈수록 거세졌다. 돌은 계속해서 날아들었고 큰 돌 하나가 내 뒷머리를 때리는 순간 난 앞으로 고꾸라지며 혼절하고 말았다. …… 그런데 여기서도 또다시 난폭한 사건이 벌어졌다. 8백 미터를 걸어가는 동안 '온 도시가 합심하여' 나를 모욕하고 공격하기 시작한 것이다. 아주 큰 폭력은 없었지만 군중이 몰려와 인력거를 막대기로 후려치며 "양귀다!", "양구다" 하고 욕설과 야유를 퍼부었다.[23]

2 서구 대중매체가 재현한 중국인 형상

아서 스미스의 저술에는 심지어 중국인을 곰, 거미 따위의 짐승에 빗대는 경우도 심심찮게 보인다. 결국 중국인도 서양인도 서로 상대방을 짐승으로 본 셈인데, 그렇다고 피장파장이라고 할 수는 없다. 한편은 침탈하고 억압하는 두려운 대상을 그렇게 빗댄 것이고 한편은 자신들이 지배하는 혹은 지배하고자 하는 대상을 그렇게 빗댄 것이다. 언어가 놓인 힘 겨루기의 장 속에서 후자가 갖는 수행성이 훨씬 강한 것이어서 서양인들에 의해 짐승으로 명명된 자들은 정말로 스스로를 짐승으로 여기기라도 하는 듯 자신의 생김새와 사는 방식 모든 것이 부끄러워졌다.

　이 같은 명명의 폭력성이 시각적으로 재현되면 어떻게 될까? 서양인들이 중국인들을 재현할 때 상투적으로 사용한 조형적 특징들은 과장될 대로 과장되어 기괴한 요괴의 모습을 닮아 가게 된다. 이러한 악의적 과장은 황화 담론의 만연과 함께 증폭되며, 특히 미국 내에서 중국인 이민 노동자에 대한 반감이 확산됨에 따라 최고조에 이른다.

　다사다난했던 20세기를 지나 21세기의 첫 십 년도 어언 꽉 차 가는 지금, 어찌 보면 세상은 많이 달라져 있다. 하지만 조금만 눈을 돌려 보자. 과연 우리는 지난 두 세기의 유산으로부터 얼마만큼 자유로운가? 과거 제국주의 열강의 세계 지배는 모습은 달라졌지만 여전하며 민족들 간의 경쟁, 지역들 간의 갈등, 문화들 간의 몰이해와 반목, 그리고 온갖 불평등과

---

23) 이사벨라 버드 비숍, 김태성·박종숙 옮김, 『양자강을 가로질러 중국을 보다』, 효형출판, 2005, 411~413쪽.

그림44 중국인은 원숭이가 돼지로 '진화'하는 과정에서 중간 단계로 묘사되었다. 이 같은 적대적 표상 속에서 중국인은 짐승보다도 못한 존재가 되어 버렸다. 뿌리 깊은 이 같은 적대감과 비하 그리고 그와 짝하는 두려움은 사뭇 달라진 오늘날에 와서까지도 쉽게 사라지지 않고 있다. "Darwin's Theory Illustrated: The Creation of Chinaman and Pig", *The Wasp*, 1877. 1. 6.

그림45 누런 얼굴과 길게 찢어져 위로 치켜 올라간 눈, 뻐드렁니는 '중국인'을 형상화하는 전형적 요소들이다. 이처럼 괴기스럽게 형상화된 중국인은 쉽게 요괴나 야수의 모습으로 변한다. "The Coming Man", *The Wasp*, 1881. 5. 20.

그림46 중국인의 변발은 문명의 여신이 진보의 가위로 잘라 버려야 할 모든 낡은 것의 상징이다. 중국인의 표상 속에서 야만인들은 변발을 함으로써 문명인이 되었다. 그러나 정작 자신들은 변발을 잘라야 할 운명에 처했다. "The Pigtail Has Got to Go", *Puck*, 1898. 10. 19.

그림47, 48 우리는 종종 이와 같은 한 장의 사진으로, 혹은 한두 마디 비하의 언어로 중국(또는 인도나 그 밖의 여러 나라)을 표상하곤 한다. 표상을 통해 지배하고자 하는 오리엔탈리즘의 시선은 우리 안에 깊이 내면화되어 좀처럼 의식되지 않는다. 서양인들이 혹은 일본인들이 우리를 종종 그렇게 표상했음을 발견했을 때에야 놀라워하며 우리의 시선을 점검하게 된다.

억압은 그 정도나 양태는 다를지언정 우리가 해결해야 할 과제로 남아 있다. 비서구를 바라보는 서구의 시선 또한 마찬가지다. 비서구를 노골적으로 비하하고 적대시하는 태도도 아직 완전히 사라지지 않았거니와, 교묘한 명명과 재현을 통해 비서구를 열등한 타자로 구성하는 시선은 여전히 유령처럼 세상을 배회한다. 어디 유령처럼 배회만 할 뿐이겠는가. 특히 대중 매체의 재현들 속에서 저 도깨비 같은 비서구 타자의 형상은 구체적인 물건으로 거듭 재생산 되고 있다. 더 경계할 것은 그러한 시선이 고스란히 우리 가운데에 뿌리내려, 우리들이 서로를 바라보고 평가하고 재현하는 시선 또한 지배하고 있다는 점이다. 이러한 형편을 뼈저리게 인지하고 그것을 극복하고자 힘쓰지 않는다면, 우리가 중국을, 나아가 세계를 온갖 다름과 같음을 포용하는 가운데 공평하게 이해하고 공존해 나갈 길을 찾는다는 것은 공염불에 지나지 않을 것이다.

참고문헌

:: 국내문헌

고홍명, 김창경 옮김, 『중국인의 정신』, 예담차이나, 2004.

구자억, 『양계초와 교육』, 원미사, 1998.

_____, 『중국교육사』, 책사랑, 1999.

김경일, 『여성의 근대, 근대의 여성』, 푸른역사, 2004.

김의경, 「위원의 『해국도지』에 나타난 서양 인식」, 『중국사연구』 제5집, 1999. 2.

김태승, 「근대상해의 도시구조―인구구성과 공간배치를 중심으로」, 『역사학회』 제155호, 1997.

김형숙, 『미술, 전시, 미술관』, 예경, 2001.

낭소군, 김상철 옮김, 『중국 근현대 미술―전통을 딛고 새로운 지평을 열다』, 시공아트, 2005.

디코스모, 이재정 옮김, 『오랑캐의 탄생』, 황금가지, 2005.

라오서, 최영애 옮김, 『루어투어 시앙쯔』, 통나무, 1989.

레이 황, 권중달 옮김, 『허드슨 강변에서 중국사를 이야기하다』, 푸른역사, 2001.

루쉰, 홍석표 옮김, 『무덤』, 선학사, 2001.

류다린, 노승현 옮김, 『중국성문화사』, 심산문화, 2003.

류창교 편저, 『왕국유 평전』, 영남대학교출판부, 2005.

마스페로, 신하령 외 옮김, 『도교』, 까치, 1999.

모스, 서강여성문학연구회 옮김, 『내셔널리즘과 섹슈얼리티』, 소명출판, 2004.

미야자키 마사카츠, 오근영 옮김, 『하룻밤에 읽는 중국사』, 중앙M&B, 2001.

민정기, 「만청 시기 상해 문인의 글쓰기 양상에 관한 연구」, 서울대박사학위논문, 1999.

_____, 「19세기 중엽, 중국 지식인의 유럽 체험과 세계관의 전변―왕도의 경우」, 『인문과학연구』 제11집, 안양대학교 인문과학연구소, 2003. 9.

_____, 「그림으로 '읽는' 근대 중국의 사회와 문화―『점석재화보』 연구를 위한 서설」, 『중국현대문학』 제28호, 2004. 3.

박진빈, 「만국박람회에 표현된 미국과 타자, 1876-1904」, 『미국사연구』 제18호, 2003.

벤야민, 반성완 옮김, 「사진의 작은 역사」, 『발터 벤야민의 문예이론』, 민음사, 2005.

볼크먼, 석기용 옮김, 『전쟁과 과학, 그 야합의 역사』, 이마고, 2003.

북경중앙미술학원 편저, 박은화 옮김, 『간추린 중국 미술의 역사』, 시공사, 1998.

블롬, 이민아 옮김, 『수집 ─ 기묘하고 아름다운 강박의 세계』, 동녘, 2006.

비숍, 김태성·박종숙 옮김, 『양자강을 가로질러 중국을 보다』, 효형출판, 2005.

사사지마 쓰네스케, 임영무 옮김, 『중국체육사』, 태근문화사, 1991.

사카모토 히로코, 양일모·조경란 옮김, 『중국 민족주의의 신화』, 지식의풍경, 2006.

생크, 김문환 옮김, 『연극미학』, 서광사, 1986.

서지원, 「미셸 푸꼬의 계보학적 입장에서 본 공공미술관」, 『한국미학회』(제41집/봄), 2005.

손세관, 『깊게 본 중국의 주택』, 열화당, 2001.

손택, 이재원 옮김, 『사진에 관하여』, 시울, 2005.

스펜스, 김희교 옮김, 『현대중국을 찾아서』 1·2권, 이산, 1998.

신승하, 『근대 중국의 서양 인식』, 고려원, 1985.

양신 외, 정형민 옮김, 『중국회화사삼천년』, 학고재, 1999.

옌안성, 한영혜 옮김, 『신산을 찾아 동쪽으로 향하네』, 일조각, 2005.

왕정화, 문정희 옮김, 「드러난 '중국' ─ 1904년 만청시기의 미국 세인트루이스 만국박람회연구」, 『미술사논단』 제20호, 2005.

왕차오꽝, 「상해의 초기 영화산업과 '근대성'」, 배경한 엮음, 『20세기 초 상해인의 생활과 근대성』, 지식산업사, 2006.

요시미 순야, 이태문 옮김, 『박람회 ─ 근대의 시선』, 논형, 2004.

요시자와 세이치로, 정지호 옮김, 『애국주의의 형성 ─ 내셔널리즘으로 본 근대 중국』, 논형, 2006.

이만재, 유미경 옮김, 『해상화파』, 미술문화, 2005.

이안, 『상해 근대도시와 건축(1845~1949)』, 미건사, 2003.

이종찬, 『동아시아 의학의 전통과 근대』, 문학과지성사, 2004.

장의식, 「청말의 동문관 천문·산학관 증설 논쟁 ─ 정통과 비정통의 충돌」, 『대구사학』 제78집, 2005.

장정호, 「중국 유아교육의 근대적 전환 ─ 청말 몽양원의 창설과 발전을 중심으로」, 『비교교육연구』 14호, 2004.

전진성, 『박물관의 탄생』, 살림, 2004.

정병모, 「중국의 민간연화(1)」, 『미술세계』, 2002. 3.

_____, 「중국의 민간연화(2)」, 『미술세계』, 2002. 4.

조명래, 「근대성·도시·도시론」, 『한국사회학』(제31집/여름), 1997.

조은영, 「미국의 동양읽기 ─ 문화적 타자로서의 일본과 동아시아, 1853~1914」, 『미술사학연구』 제235호, 2002. 1.

주경철, 「프랑스의 고문서보관소제도」, 『역사비평』 제36호, 역사비평사, 1997.

주은우, 『시각과 현대성』, 한나래, 2003.

진동원, 최수경·송정화 옮김, 『중국, 여성 그리고 역사』, 박이정, 2005.

첸강·후징초, 이정선·김승룡 옮김, 『유미유동 ─ 청나라 정부의 조기유학 프로젝트』, 시니북스, 2005.

최봉림, 『세계 사진사 32장면(1826~1955)』, 디자인하우스, 2003.

최소자, 「중국에서 본 서양―전통시대를 중심으로」, 『동양사학연구』 제80집, 2002.

최인진, 『사진과 포토그라피』, 눈빛, 2002.

카메론 외, 이영준 편역, 『중국의 얼굴』, 열화당, 1995.

코르뷔지에, 정성현 옮김, 『도시계획』, 동녘, 2003.

크롤, 김미경 외 옮김, 『중국여성해방운동』, 사계절, 1985.

푸코, 박홍규 옮김, 『감시와 처벌』, 강원대학교출판부, 1993.

풍자개, 홍승직 옮김, 「나의 고학(苦學) 경험」, 『아버지 노릇』, 궁리, 2004.

프랑크, 이희재 옮김, 『리오리엔트』, 이산, 2003.

하세봉, 「식민지 이미지의 형성과 멘탈리티」, 『역사학보』 제186집, 2005. 6.

하시코토 히로시, 오근영 옮김, 『하룻밤에 읽는 과학사』, 랜덤하우스중앙, 2005.

한성구, 「중국 근대 '격치학'의 변천과 중서 격치학 비교」, 『한국철학논집』 제18집, 2006.

홉슨, 전경옥 옮김, 『서구 문명은 동양에서 시작되었다』, 에코리브르, 2005.

홍선표, 「미술의 근대적 유통공간과 개념의 등장」, 『월간미술』 제14권 8호, 중앙일보사, 2002. 8.

홍선표 외, 『근대의 첫 경험』, 이화여자대학교출판부, 2006.

홍중립 외, 정우열 옮김, 『중외의학문화교류사』, 전파과학사, 1997.

히라카와 스케히로, 노영희 옮김, 『마테오 리치』, 동아시아, 2002.

:: 해외문헌

『警鐘日報』.

『東方雜誌』.

『民國上海縣志』.

『時務報』.

『申報』.

『俄事警聞』.

『浙江潮』.

『點石齋畫報』(線裝本, 5函 44冊), 廣東人民出版社, 1983.

『點石齋畫報』(大可堂版, 15冊), 上海畫報出版社, 2001.

『中國近代文學大系』, 上海書店, 1995.

『中西見聞錄』.

『皇淸職貢圖』(영인본), 遼瀋書社, 1991.

葛元煦, 『滬游雜記』, 上海書店出版社, 2006.

劍虹, 「音樂于敎育界之功用」, 『雲南』 第2號, 1906.

故宮博物院 編, 朱誠如 主編, 『淸史圖典』 第十二冊, 紫禁城出版社, 2002.

高洪興, 『纏足史: 纏足的起源與發展』, 上海文藝出版社, 1995.

近藤正己, 「臺灣總督府の '理蕃' 體制と霧社事件」, 『近代日本と植民地 2: 帝國統治の構造』, 岩波書店, 1992.

金松岑,「同里教育支部體育會演說」,『蘇報』, 1903. 3. 17.

金子務,「初期『太陽』と明治寫眞術の展開」,『雜誌『太陽』と國民文化の形成』, 思文閣出版, 2001.

金天翮 著, 陳雁 編校,『女界鐘』, 上海古籍出版社, 2003.

羅福惠,『黃禍論』, 立緒文化事業有限公司, 1996.

羅蘇文,『女性與近代中國社會』, 上海人民出版社, 1996.

_____,『上海傳奇——文明變遷的側影, 1553-1949』, 上海人民出版社, 2004.

_____,『近代上海: 都市社會與生活』, 中華書局, 2006.

譚嗣同,「經常章程五條」, 陳景磐·陳學恂 主編,『淸代後期敎育論著選』下册, 人民敎育出版社, 1997.

戴敦邦 圖, 沈寂 文,『老上海小百姓』, 上海辭書出版社, 2005.

戴定九 外 編輯,『中國民間藝術』, 上海人民美術出版社, 1992.

馬陸基,「上海大學生的足球隊的回溯」, 上海市政協文史資料委員會,『上海文史資料存稿匯編』, 上海古籍出版
　　社, 2001.

馬運增,『中國安攝影 1840~1937』, 中國安攝影出版社, 1987.

梅蘭芳,『舞臺生活四十年』, 團結出版社, 2006.

毛禮銳·沈灌群 主編,『中國敎育通史』第四卷, 山東敎育出版社, 2005.

門多薩, 何高濟 譯,『中華大帝國史』, 中華書局, 1998.

民權報館 編,『民權畫報(上-下)·淸代報刊圖畫集成 11~12』, 全國圖書館文獻縮微複製中心, 2001.

方向東,「早期的博覽會與博覽建築——倫敦水晶宮展丁」,『裝飾』, 2005. 8.

北京市藝術硏究所·上海藝術硏究所 編著,『中國京劇史』(上), 中國戱劇出版, 1990.

斯當東, 葉篤義 譯,『英使謁見乾隆紀實』, 上海書店出版社, 1997.

上海民呼日報社 編,『民呼日報圖畫·淸代報刊圖畫集成 6』, 全國圖書館文獻縮微複製中心, 2001.

上海時報館 輯,『時報附刊之畫報·淸代報刊圖畫集成 10』, 全國圖書館文獻縮微複製中心, 2001.

上海時事報館 編,『輿論時事報圖畫·淸代報刊圖畫集成 9』, 全國圖書館文獻縮微複製中心, 2001.

上海市歷史博物館 上海人民美術出版社 編,『上海百年攝影』, 上海人民美術出版社, 1992.

湘湖仙史,「洋場繁華小志」, 顧炳權 編著,『上海風俗古迹考』, 華東師範大學出版社, 1993.

徐公肅·丘瑾璋 著,『上海公共租界制度』, 中國中央硏究社會科學硏究, 1933.

舒新城 編,『中國近代敎育史資料』中册, 人民敎育出版社, 1981.

小川陽一,『中國の肖像畫文學』, 硏文出版, 1934.

蘇萍,『謠言與近代敎案』, 上海遠東出版社, 2001.

孫繼南·周柱銓 主編,『中國音樂通史簡編』, 山東敎育出版社, 1991.

松田京子,『帝國の視線』, 吉川弘文館, 2003.

時事報館,『圖畫新聞(上-下)·淸代報刊圖畫集成 7~8』, 全國圖書館文獻縮微複製中心, 2001.

時事新報館 編,『新聞畫報(上-下)·淸代報刊圖畫集成 3~4』, 全國圖書館文獻縮微複製中心, 2001.

申報館 編,『申報圖畫·淸代報刊圖畫集成 5』, 全國圖書館文獻縮微複製中心, 2001.

神州畫報社 編,『神州畫報·淸代報刊圖畫集成 5』, 全國圖書館文獻縮微複製中心, 2001.

沈寂,『老上海南京路』, 上海人民美術出版社, 2003.

阿蘭·佩雷菲特, 王國卿 外譯,『停滯的帝國』, 三聯書店, 1993.

梁啓超,「論中國積弱由於防弊」,『時務報』, 第9冊, 1896. 10. 27.

_____,「續譯列國歲計政要敍」,『時務報』 第33冊, 1897. 7. 20.

_____,「論中國人種之將來」,『清議報』, 第19冊, 1899. 6. 28.

_____,「慧觀」,『清議報』 第37冊, 1900. 3. 1.

_____,「論中國之將强」,『飲氷實文集』 2, 中華書局, 1989.

_____,『飲氷室詩話』, 張靜蔚 編選 · 校點,『中國近代音樂史料匯編』, 人民音樂出版社, 2001.

楊炳延 主編,『舊京醒世畵報』, 中國文聯出版社, 2002.

嚴復,「實業教育」, 陳景磐 · 陳學恂 主編,『淸代後期教育論著選』 下冊, 人民教育出版社, 1997.

嚴修,「白話珠算講義序」, 陳景磐 · 陳學恂 主編,『淸代後期教育論著選』 下冊, 人民教育出版社, 1997.

吳嘉猷 繪,『飛影閣畵冊(上-下) · 淸代報刊圖畵集成 1~2』, 全國圖書館文獻縮微複製中心, 2001.

吳敬梓,『儒林外史』, 外文出版社, 1999.

吳釗 · 劉東升 編著,『中國音樂史略』, 人民音樂出版社, 1990.

吳友如 畵,『吳友如畵寶』, 上海書店出版社, 2002.

王佳楠 · 蔡小麗 收藏, 陳玲 外 編著,『明信片淸末中國』, 中國人民大學出版社, 2004.

王國維,「論小學校唱歌科之材料」,『教育世界』, 1907. 10.

王韜,『漫游隨錄』, 湖南人民出版社, 1982.

_____, 方行 · 湯志鈞 整理,『王韜日記』, 中華書局, 1987.

_____,『瀛壖雜誌』, 上海古籍出版社, 1989.

汪毓和 編著,『中國近現代音樂史』, 人民音樂出版社, 2004.

王臻善,『滬租界前後經過槪要』,『近代中國史料叢刊』 74, 文海出版公司印行, 1925.

寥奔,『中國古代劇場史』, 中州古籍出版社, 1997.

于安東,「中國近代美術教育興起的意義」,『巢湖學院學報』 第8卷 2期, 2006.

郁慕俠,『上海鱗爪』, 上海書店出版社, 1998.

顧炳權 編著,『上海風俗古迹考』, 華東師範大學出版社, 1993.

顧炳權,『上海洋場竹枝詞』, 上海書店出版社, 1996.

魏源,『海國圖志』, 中州古籍出版社, 1999.

喻本伐 · 熊賢君,『中國教育發展史』, 華中師範大學出版社, 1999.

劉心武 主編, 張仲 著,『小脚與辮子』, 國際文化出版公司, 1994.

劉精民 收藏,『光緒老畵刊—晚淸社會的『圖畵新聞』』, 中國文聯出版社, 2005.

李文海 等編,『民國時期社會調査總編』(城市生活卷), 福建教育出版社, 2005.

李味靑,『上海鄕土誌』, 顧炳權 編著,『上海風俗古迹考』, 華東師範大學出版社, 1993.

李世愉,『中國歷代科擧生活掠影』, 瀋陽出版社, 2005.

李長莉,『近代中國社會文化變遷錄』, 浙江人民出版社, 1998.

_____,『晚淸上海社會的變遷』, 天津人民出版社, 2002.

李天綱,『人文上海—市民的空間』, 上海教育出版社, 2004.

林樂知,「重視教育說」,『萬國公報』 第137冊, 1903.

張偉,「上海租界越界築路與城市道路的發展」,『文史雜誌』 第4期, 1999.

_____, 「說明書上的電影譯制歷程」, 『老照片』第32輯, 山東畵報出版社, 2003. 12.

張偉 等 編著, 『老上海地圖』, 上海畵報出版社, 2001.

田根勝, 『近代戲劇的傳承與開拓』, 上海三聯書店, 2005.

錢林森, 蔡玄寧 譯, 『開放的中華: 一個番鬼在大淸國』, 山東畵報出版社, 2004.

程英 編, 『中國近代反帝反封建歷史歌謠選』, 中華書局, 1962.

丁韙良, 「火輪車安危考略」, 『中西聞見錄』18號, 1874. 2.

朱誠如 主編, 『淸史圖典』第12冊, 紫禁城出版社, 2002.

朱壽朋 編, 『光緒朝東華錄』第一六九, 中華書局, 1958.

周華斌 等編, 『中國劇場史論』, 北京廣播學院出版社, 2003.

陳國慶 主編, 『晩淸社會與文化』, 社會科學文獻出版社, 2005.

陳平原 選編/導讀, 『點石齋畵報選』, 貴州敎育出版社, 2000.

陳平原·夏曉虹 編, 『圖像晩淸』, 百花文藝出版社, 2006.

陳和 等, 『老上海』, 上海敎育出版社, 1998.

天民報館 編, 『天民畵報·淸代報刊圖畵集成13』, 全國圖書館文獻縮微複製中心, 2001.

焦潤明·蘇曉軒 編著, 『晩淸生活掠影』, 沈陽出版社, 2002.

鄒依仁, 『舊上海人口變遷的硏究』, 上海人民出版社, 1980.

熊月之·馬學强·晏可佳 選編, 『上海的外國人(1842~1949)』, 上海古籍出版社, 2003.

包天笑, 『釧影樓回憶錄』, 大華出版社, 1971.

馮桂芬 著, 戴揚本 評注, 『校邠廬抗議』, 中州古籍出版社, 1998.

夏曉虹, 『晩淸女性與近代中國』, 北京大學出版社, 2004.

海上逐臭夫, 「滬北竹枝詞」十八, 『申報』, 1872. 5. 18.

胡毅華 編, 『淸代俗語圖說』, 上海書店出版社, 2005.

胡夏米, 張忠民 譯, 「阿美士德號 1832年上海之行紀事」, 『上海硏究論叢』第2輯, 上海社會科學院出版社, 1989.

環球社編輯部 編, 『圖畵日報』, 上海古籍出版社, 1999.

黃樊材, 『滬游勝記』.

侯杰·王昆江 編著, 『醒俗畵報精選』, 天津人民出版社, 2005.

Alexander, E. P., *Museum Masters : their Museums and their Influences*, American Association for State and Local, 1983.

André, James St., "Picturing Judge Bao in Ming Shangtu xiawen Fiction," *Chinese Literature : Essays, Articles, Reviews* 24, 2002. 12.

Bennet, Tony, *The Birth of the Museum-History, Theory, Politics*, Routledge, 1995.

Bökemann, "Die Stadtanlage von Tsingtau", *Koloniale Monatsblätter*, November 1913.

Chang, Chung-li, *The Chinese Gentry: Studies on Their Role in Nineteenth-Century Chinese Society*, University of Washington Press, 1955.

Choy, Philip P., Lorraine Dong, and Marlon K. Hom(eds.), *The Coming Man*, University of Washington Press, 1994.

Ch'ü, T'ung-tsu, *Law and Society in Traditional China*, Mouton & Co. 1965.

Colquhoun, Archibald R., *China in Transformation*, Harpers, 1895.

Connelly, James L., "The Grand Gallery of the Louvre and the Museum Project : Architecture Problems", *The Journal of the Society of Architecture Historian*, vol.31, no.2, May 1972 .

Demerliac, Jean. *L'odyssée JULES VERNE*, Albin Michel, 2005.

Denison, Edward, and Guang Yu Ren, *Building Shanghai*, Wiley-Academy, 2006.

Edkins, Jane R., *Chinese Scenes and People*, J. Nisbet, 1863.

Ellis, W. & K. Gutzlaff, *Journal of Three Voyages Along the Coast of China in 1831, 1832 and 1833 with Notices of Siam, Corea and the Loo-Choo Islands*, Westley & Davis, 1834.

Elvin, Mark, "The Administration of Shanghai", *The Chinese City between Two Worlds*, eds. Mark Elvin and G. William Skinner, Stanford University Press, 1974.

Eytinge, Margaret, "Pretty and Precise : Ceremonies of the Japanese as shown in Chicago", *Chicago Tribune*, 30 July, 1893.

Fortune, Robert, *Three Years' Wanderrings in the Northern Provinces of China*, Murray, 1847.

Foucault, Michel, *Discipline and Punish : the Birth of the Prison*, trans. Alan Sheridan, Vintage, 1979.

Gild, Gerlinde, "The Evolution of Modern Chinese Musical Theory and Terminology under Western Impact", Michael Lackner & Natascha Vittinghoff, *Mapping Meanings*, Brill, 2004.

Hegel, Robert E., *Reading Illustrated Fiction in Late Imperial China*, Stanford University Press, 1998.

Lanning, George and Samuel Couling, *The History of Shanghai*, Kelly & Walsh, 1921~23.

Lu Hanchao, *Beyond the Neon Lights*, University of California Press, 1999.

Macauley, Melissa, *Social Power and Legal Culture : Litigation Masters in Late Imperial China*, Stanford University Press, 1998.

Martin, William A. P., *The Chinese : Their Education, Philosophy and Letters*, Harper & Bros, 1881.

_____, *A Cycle of Cathay or China, South and North with Personal Reminiscences*, Fleming H. Revell Company, 1897.

Merryman, J., "On the Convergence (and Divergence) of the Civil Law and the Common Law", *New Perspectives for a Common Law of Europe*, ed. M. Cappelletti, Sijthoff, 1978.

Nick, Old, *La Chine ouverte. Aventures d'un fan-kouei? dans le pays de Tsin*, Fournier, 1845.

Norman, Henry, *Far East collection*, Circa, 1890.

Rawski, Evelyn Sakakida, *Education and Popular Literacy in Ch'ing China*, The University of Michigan Press, 1979.

Scarth, John, *Twelve years in China : the People, the Rebel, and the Mandarins*, T. Constable, 1860.

Smith, Arthur H., *Chinese Characteristics*, Fleming H. Revell Company, 1894.

Staunton, George, *An Authentic Account of an Embassy from the King of Great Britain to the Emperor of China*, W. Bulmer, 1797.

Waley-Cohen, Joanna, "Politics and the Supernatural in Mid-Qing Legal Culture", *Modern China*, vol. 19, no. 3, 1993. 7.

Watt, John R., "The Yamen and Urban Administration", *The City in Late Imperial China*, ed. G. William Skinner, Stanford University Press, 1977.

Williams, Samuel Wells, *The Middle Kingdom*, Charles Scribner's Sons, 1907.

Ye Xiaoqing, *The Dianshizhai Pictorial : Shanghai Urban Life, 1884~1898*, Center for Chinese Studies, The University of Michigan, 2003.

찾아보기